U0610539

本书由浙大城市学院资助，
为浙大城市学院科研成果

古希腊罗马哲学原典集成

主编　王晓朝

斐洛全集

下卷

[古罗马] 斐 洛　著　王晓朝　译

人 民 出 版 社

“古希腊罗马哲学原典集成”
丛书要目

第 1 册

《苏格拉底以前的哲学家残篇汇编》

《色诺芬哲学著作选》

第 2—4 册

《柏拉图全集》

第 5—8 册

《亚里士多德全集》

第 9 册

《伊壁鸠鲁学派著作残篇汇编》

《斯多亚学派著作残篇汇编》

《学园派著作残篇汇编》

《物性论》（卢克莱修）

《塞克斯都·恩披里柯著作集》

第 10—12 册

《斐洛全集》

第 13—17 册

《西塞罗全集》

第 18 册

《古代诺斯替主义经典文集》

第 19—20 册

《普罗塔克哲学著作集》

第 21 册

《哲学文集》（琉善）

《沉思录》（马可·奥勒留）

《爱比克泰德著作集》

《神学要义》（普罗克洛）

《论风格》（德米特里）

第 22 册

《塞涅卡哲学著作集》

第 23 册

《九章集》（普罗提诺）

目　录 Contents

论美德

提 要

本文的希腊文标题是“ΦΙΛΩΝΟΣ ΠΕΡΙ ΑΡΕΤΩΝ ΑΣ ΣΥΝ ΑΛΛΑΙΣ ΑΝΕΓΡΑΨΕ ΜΩΥΣΗΣ ΗΤΟΙ ΠΕΡΙ ΑΝΔΡΕΙΑ ΚΑΙ ΕΥΣΕΒΕΙΑΣ ΚΑΙ ΦΙΛΑΝΘΡΩΠΙΑΣ ΚΑΙ ΜΕΤΑΝΟΙΑΣ”，意为“斐洛论美德，以及摩西描述的其他美德，或者论勇敢、虔诚、仁慈、悔改”，英译者将其译为“On the Virtues”。本文的拉丁文标题是“De Virtute”，缩略语是“Virt.”。中文标题定为“论美德”。全文分为“论勇敢”、“论仁慈”、“论悔改”、“论出身高贵”四个部分，共分41章(chapter)，227节（section)，译成中文约3.4万字。

第一部分（1—50节），论勇敢。真正的勇敢是知识，而不是战争中的野蛮表现。那些身体虚弱，但为了其他人的利益而努力奋斗的人是勇敢的(1—4节)。有多种情况呼唤勇敢：不怕贫困，过简朴的生活（5—7节）；较高的智慧也是一种财富（8—9节）；身份低微或无足轻重不要紧，只要我们尊重贤人（10—11节）；不能感知也不打紧，只要我们的心灵拥有视力（12节）；身体患病也不要紧，只要灵魂是健康的（13—14节)。勇敢是一种品质，使我们能够处理所有事情（15—17节)。律法禁止男人穿女人的衣服，表明勇敢或男子汉精神这种美德的重要性（18—21节)。律法书各处都在教导和平时期的勇敢，但我们必须注意战争时期的勇敢（22节)。胆怯者不能在士兵名册上登记(23—26节)，不愿意让他们的事业受损的人也不能(27—

31节）。摩西在寻找身心健全的勇士，他们宁愿死，也不愿一辈子默默无闻（32—33节）。要挑选一万二千人与米甸人打仗，许多以色列人被米甸人的女人诱惑（34—41节），因而受到惩罚，摩西用一小支军队战胜敌人，报复米甸人（42—44节）。这场胜利归功于神的支持，神在《申命记》中应许，只要服从律法，就能在战争中获胜（45—50节）。

第二部分（51—174节），论仁慈。仁慈这个美德与虔诚最接近，是虔诚的孪生姐妹，摩西的生平和立法是这种美德的最好范例，在讲述立法之前，先讲述摩西的生平故事（51—52节）。摩西知道自己快要离世，他寻求神的许可，要把继承权交给约书亚，而不是交给自己家人（53—65节），他把约书亚带到聚集起来的民众面前按立（66—69节），对他进行鼓励（70—71节），然后唱起伟大的颂歌（72—75节），整个部落为他祝福（76—79节）。作者提供了摩西律法中的几个仁慈的例子（80—81节）：禁止借贷收取利息（82—87节），雇工要在干活的当天支付工钱（88节），债权人不得进入债务人家中取走抵押品（89节），收获期间不要拾取遗落的谷物，也不可割尽田角（90—94节），要留下初熟的谷物和头生的家畜（95节），要把迷失的家畜归还给它的主人（96节），安息年要休耕土地，要允许穷人进入富人的种植园拾取自生自长的作物（97节），要把第五十年当做圣年，让那些已经转让给别人的财产再次回到最初的所有者手中（98—100节）。那么，对以色列兄弟该如何显示仁慈（101节）？对改变信仰的异邦人和外国人该如何显示仁慈（102—104节）？对外来定居的移民该如何显示仁慈？要对他友好，爱他如己（105—108节）。如何在战争时期仁慈地处理敌人（109节），处理女俘（110—115节）？如何在私人生活中把保护牲畜的义务扩展到敌人身上，由此结束纷争（116—118节）？所有这些都表明，摩西律法的伟大目的在于增加和平和兄弟情谊（119—120节）。以上仁慈的对象都是自由人，但是奴隶也应当得到同等的仁慈。贫困者在第七年应当完全豁免（121—123节），如果那些天生的奴隶乞援，也不能排斥对他们仁慈（124节）。对动物也应当仁慈，七日内不能夺走尚在哺乳的幼崽，乳汁是自然的馈赠，不能杀害幼畜（125—133节）。不得同日宰杀母畜和幼崽，不能屠杀怀孕的母畜（134—138节）。依据同样的原则，有些立法者禁止处死犯罪的孕妇，直到她们分娩。摩西把这种仁慈延伸到动物身上，谴责那些诽谤者（139—141节）。仁慈更为引人注目的例子还有不可用山羊羔母亲的奶煮山羊羔（142—144节），禁止牛在场上踹谷的时候笼住它的嘴（145节），禁止使用牛和驴一道耕地（146—147节）。最后是对植物的仁慈，禁止砍伐树木，毁坏谷物（148—154节），精心培育幼树到第四年，四年内不得采摘果子（155—159节）。植物、动物、人，从最低等级到最高等级（160节）。所有这些禁令都是为了反对人的傲慢和自大（161—164节），摩西谴责这些邪恶行为，吩咐我们使用神赐给我们的全部力量，用来改善其他人，尽可能把他的睿智告诉他的邻居，要延续他的节制、实施他的勇敢、履行他的公义，人应当尽可能模仿神，使自己在各个方面尽可能像神（165—170节）；极端的傲慢会使他们不可救药，律法也令人敬佩地处理了这种情况，傲慢是一种灵魂的恶，灵魂是不可见的，只有神能看见灵魂。如品达所说，傲慢者总是充满非理智的精神，以为自己既非凡人又非半神，而完全是神，声称自己已经超越了凡人的界限。这种人认为自己在财富、身价、美貌、力量、智慧、节制、公义、雄辩、知识等方面优于所有人；他把其他人都当做贫穷的、卑贱的、可耻的、愚蠢的、不义的、无知的、无家可归的，实际上一无是处的人。这样的人，如启示者告诉我们的那样，有神作为他的指控者和复仇者（171—174节）。

第三部分（175—186节），论悔改。这是一篇简短的训诫文，悔改的价值被说成“第二位”的；这种品质最初表现在那些转变信仰，抛弃偶像崇拜的人身上，应当友好地对待他们（175—179节）；一般说来，律法并不遥远，就在我们附近，就在我们身体的口、心、手三个部分中间；它们分别象征我们的语言、思想和行为，因为口是语言的象征，心是思想和意图的象征，手是行为的象征，而幸福与这三个部分相关（180—184节）。摩西这位真正的仆人和乞援者，尽管在数量上只是一个人，而在实际价值上，神亲自选中了他，他相当于全体选民，相当于整个民族，神对他的选择使每个人都成了神的子民（185—186 节）。

第四部分（187—227 节），论出身高贵。贤人是真正的出身高贵，傻瓜是真正的出身卑贱。举例来说，犹太人的先祖拥有众多美德，但若我们不能继承这些美德，我们就不能得益（187—197 节）。首先，以《创世记》为例，说明善良父母的子女会退化堕落。亚当出身高贵，然而却生了该隐（198—200 节），挪亚生了含（201—202 节），亚当本人确实是神的儿子，但是他却堕落了（203—205 节）。在犹太人的历史上，我们发现除了以撒，亚伯拉罕的其他儿子都没有什么价值（206—207 节），而以扫是以撒的儿子（208—210 节）。其次，说明坏的或邪恶的父母会有善良的子女。亚伯拉罕是占星家和偶像崇拜者的儿子，然而他的生活和人格极为高尚（211—219 节）；对女人来说也一样。他玛来自异教家庭，但她过着一种荣耀的生活（220—222 节）；雅各的侍妾尽管原先是使女，但后来得到提升，得荣耀，她们的子女亦得到与婚生子女同样的荣耀（223—225 节）。事实上，按照一个人的行为，而非按照他的血统来判断他的价值，这是唯一健全的学说（226—227 节）。

正　文

论勇敢

【1】[1] 有关正义这个主题以及相关的其他所有要点都已经讨论过了，下面我将依序讨论勇敢。所谓勇敢，我指的不是大多数人所理解的那些战争狂人，偏激地对着他的顾问发火，而是一种作为知识的勇敢。[2] 有些人受到刺激以后变得鲁莽而又大胆，一身气力，全副盔甲，披挂上阵，勇猛作战，杀死了许多人，赢得勇敢的名声，但这算不上什么高尚的成就，尽管他们获得的胜利使他们在判断者眼中格外荣耀，而本性和实践的结合使他们变得野蛮、残忍，嗜血如命。[3] 还有一些人居家度日，由于长期患病或者年迈而身体衰弱不堪，然而，他们的灵魂却是健康的、年轻的，充满高远的志向和最坚定的勇气。他们甚至从来不做梦，不会在梦中见到自己拿起武器打仗，而是向共同体提出卓越的建议，为它提供最高的服务，对利益进行坚定不移的思考，指导个人的私生活和国家的公共生活。[4] 所以，他们在智慧中训练他们自己养成勇敢。而其他人由于无知而生活不健全，并抗拒所有治疗，他们得到勇敢这样的名称是虚假的，恰当地说，应当称做鲁莽的大胆，就像一枚硬币，我们说赝品与真品是相似的。

【2】[5] 另外，人生还有许多事情是难以忍受的，贫困、坏名声、残废、各种各样的疾病，在那些几乎没有智慧的人身上生长出怯懦，他们甚至缺乏抬起头来的勇气。而那些充满智慧的人则志向远大、勇于斗争、全力抵抗敌人，藐视和嘲笑各种威胁和恐吓。他们埋藏财富以抗拒贫困，但这样做不是盲目的，而是有着敏锐的目光，他们的珠宝和财富在灵魂中有天然的仓库。[6] 在贫困的打击下，许多人被打倒，就像运动员筋疲力尽地倒在地上，没有了男子汉的精神。然而，在真理看来，没有一个人是贫困的，自然的财富

会满足他的需要，会把他需要的东西提供给他；首先是性命攸关的空气，它是我们生命持久的源泉，我们夜以继日不停地呼吸；然后是泉水，夏天充沛地喷涌，冬季涓涓不停地流淌，供我们饮用；还有我们的食物，各种丰收的谷物，不同的树木，到了秋季就结出累累硕果。没有人会缺乏这些东西，而是任何地方的每一个人都有充裕的供给。[7] 但是，有些人不去解释这种自然的财富，却去追求无用的关于财富的意见。他们挑选那些匮乏的人，而不是有眼界的人，在这种有缺陷的意见指导下，迈出的脚步必然跌倒。

【3】[8] 财富作为身体的卫士和自然的幸福馈赠，我就说到这里，但我们也必须提到，比较高级的和高尚的财富不属于所有人，而只属于真正高尚的、有神圣天赋的人。这种财富由智慧通过伦理学、逻辑学、物理学的学说和原则来馈赠，美德出于这些清泉，去除灵魂的卑躬屈膝和奢侈过度，形成一种易于满足的和节俭的爱，使灵魂尽可能像神。[9] 因为神没有需求，他不需要任何东西，他自身是完全自足的，而愚蠢者有许多需求，渴望得到一切不存在的东西，期待着能够满足他的贪婪和永不餍足的欲望，他的欲望就像一团烈火，到处燃烧。高尚的人需求很少，他介于可朽者和不朽者之间。他有某些需求，因为他的身体是可朽的，但他没有许多需求，因为他的灵魂有美德，想要得到不朽。[10] 以这种方式，贤人积蓄财富以抵抗贫困。为了反对坏名声，他们积蓄好名声，赞扬的源泉来自高尚的行为，就像泉水常年流淌，而它在不思考的民众中是不流通的，这些人的习惯是随意说话，暴露出他们的灵魂反复无常，为了获得某些不体面的奖赏，他们经常可耻地反对那些拥有精选过的美德的人。但是这样的人数量很少，因为美德在凡人中分布并不广泛。[11] 还有一种感觉的衰退。有了这种毛病，对成千上万的人来说就是早死，因为他们找不到药物来治疗这种疾病。它的对手是智慧，这是我们拥有的最佳品质，它会在心灵中种下眼睛，敏锐的心灵胜过身体的眼睛，所以如人们所说，与心灵相比，眼睛“什么都不是”。[12] 身体的眼睛观看可见事物的表面，需要外在光线的帮助，而心灵穿透物体，准确地观察它们的全部内容和组成部分，它也考察无形体事物的本性，这是感

觉无法察看的。可以说，它具有眼睛所能拥有的敏锐的视觉，而不需要任何外来的光，因为它本身就是一颗星，可以说它是上苍星宿的拷贝和相似物。[13] 还有，如果灵魂是健康的，身体疾病就不会带来什么伤害。如果健康的灵魂功能健全，理智、激情、欲望三部分和谐一致，理智统领和约束其他两部分，这些部分就像倔强的驭马。[14] 这种健康的专门名称是节制，也就是审慎或“思想的保留”，因为它保存了我们的一种力量，亦即聪明的思考。被情欲的潮汐所裹挟，力量处于危险之中，这是常有的事，而精神上的健康可以防止灵魂在深渊中迷失，也可以防止灵魂过于亢奋，不断地刺激它，给它某种不朽性。[15] 上述这些事情是教训和教导，在多处律法中有记载，它们对那些容易驾驭者进行温和的敦促，对那些不易驾驭者进行严厉的敦促，要他们藐视身体的和外在的善物，过一种合乎美德的生活，并以此为唯一目的，追求有利于实现这一目的的一切。[16] 如果我没有在我早先的著作中充分处理过每一条有利于简洁的规则，那么在这里我会尝试着详细叙述它们，列举散乱在经文各处的戒律。但由于这些都是我已经说过的，所以我想最好还是不要重复。[17] 还有，那些在这项任务面前不退缩，而是努力钻研经书的人应当明白，有关简洁的事情实际上包括勇敢，因为它是灵魂的标志，它是有力的、英勇的、充满勇气的，它藐视一切浮华，不会在任何意义上荣耀生命的毁灭。

【4】[18]律法热心地想要训练灵魂，使之通过练习而具有男子汉的勇敢，律法甚至为灵魂立下穿衣服的规矩。它严格禁止男人穿女人的服装，为的是不让男人有女性的痕迹和阴影，不让这些东西糟蹋男子气。律法总是与自然相一致，哪怕是在最小的事情上，规矩背后也有本性在起作用。[19] 我们可以清楚地看到，男人和女人的身体就像它们的表面轮廓有很大差别，男人和女人各自应当过不同的生活，一个要过家庭生活，一个要过公民生活；律法对其他事情也做出很好的判断，制定了所有规矩，这些规矩并非由自然决定的，而是与自然相一致的。这些规矩就是生活习惯和衣着习惯，以及其他诸如此类的事情。[20] 律法考虑到，在这些事情上真正的男人应当坚持他

的男子气概，尤其是他的衣着，无论是白天还是晚上，他穿的衣服都不应当显得怯懦。[21] 以同样的方式，律法也要训练妇女合乎礼仪的打扮，禁止她穿男人的衣服，要防止女人有男子气，就像防止男人有女子气。他知道这就像造房子，如果挪动一块基石，其他基石就不能保持在原处。

【5】[22] 人类最初的世代可以分为战争时期与和平时期，我们可以观察美德在这两个时期占据的地位。至于其他事情，我们已经讨论过了，如果需要的话，我们会再提，但是现在需要仔细考察的是勇敢。摩西在律法书的许多地方颂扬勇敢在和平时期的效果，他总是抓住机会这样做。值得注意的是，他总是在恰当的地方这样做，而我们要开始描述勇敢在战争中的作用。[23] 不过，有一项预备性的评价必须提出。摩西在制定士兵名录时考虑到，要召集所有适龄者，同时他也会排除一些人，以恰当的理由豁免他们的兵役。胆怯者和胆小者肯定要最先排除，这些人是软弱的牺牲品，也会在其他战士中间产生恐惧。[24] 这是因为，一个人的邪恶经常会在他的邻居那里再现，尤其是在战争时期，恐惧令理智能力降低，乃至于使人无法估量事实。人们习惯上把胆怯称做谨慎、把胆小称做预见、把缺乏男子气称做保险，给这些最卑鄙的行为贴上体面的、漂亮的标签。[25] 因此，他不愿意让自己的事业受到胆怯者的伤害，因为胆怯者若是上了战场，会使敌人有机会轻易地征服他们退化堕落的身体，获取荣耀；要知道，一群懒惰者对战斗胜利不会有什么帮助，他们只是对成功的一种妨碍，所以按照相同的原则，他会排除胆怯者和缺乏勇气的胆小鬼；我认为，将军不会强迫那些身体有病的人服役，也会赦免那些虚弱者的兵役。[26] 但是胆怯也是一种疾病，对身体有很大影响，因为它摧毁灵魂的功能。身体得病是暂时的，而胆怯是一种天生的恶，它与生俱来，超过身体的其他部分，从早年到极度的老年，除非它能得到神的治疗。对神而言，一切都是可能的。[27] 再说，他甚至不用列举所有那些最勇敢的人，他们的身体和灵魂都如此强健，愿意在前线战斗，面对一切危险。神赞扬他们的决心、大公无私的精神、大无畏的品质，他仔细考察他们是否出于其他考虑才表示愿意这样做的。[28] 他说，要是

一个人建了一所房子，但还没有时间住进去，或者刚刚亲手在葡萄园里插下葡萄嫩枝，然而还没有机会品尝果实，或者与一位姑娘订婚，但还没有娶亲，所以，他的一切兵役都被赦免了，他通过律法的慈悲而获得安全。[29] 这里面有两个原因。一个原因是，战争事务是不确定的，那些没有付出辛劳的人不应当拿走那些辛苦劳动者的财产。如果一个人不能享受他自己的劳动成果，不能住进他自己建造的房子，或者不能采摘他自己种植的葡萄，或者不能迎娶已经订了婚的姑娘，这些似乎是残忍的，因此，不应当使那些期待幸福生活的人希望落空。[30] 另一个原因是，当他们的身体在战斗的时候，他们的灵魂不应当落后和迟缓。在这样的情况下，他们的心灵必须能够感受到对快乐的渴望和由此产生的痛苦。正如饥饿和口渴的人，当食物或饮水出现在他们前面，他们会奔跑过去争夺，不会有丝毫迟缓，所以那些付出辛劳的人希望获得合法的妻子、房子、农庄，并且期望能合法地使用，这种权力一旦被剥夺，他们就陷入极大的困顿，在身体中呈现的这种期待存在于灵魂这个较好的部分，灵魂是成功或失败的决定性因素。

【6】[31] 所以，他不认为征兵应当包括这些人或者像他们这样的人，而宁可是那些情欲在他们身上找不到入口，无法以那里为家的人，情欲要进入他们身上为的是能够自由自在、无拘无束，而他们可以约束自己，不至于陷入危险。就好比患病或受伤的身体无法使用整套盔甲，只能将它抛弃，因为体力过于虚弱，所以灵魂若是受到这样的情欲感染，这种情欲与摆在它面前的任务不一致，那么健全的身体也会毁灭。[32] 考虑到这些问题，他不仅挑选了他的队长、将军和其他官员，而且也挑选了每一个士兵，对他们进行考验，看他们的身体是否健康，看他们的思维是否健全。对他们的身体，他要看肢体有无缺陷，是否灵活，是否适合运动；对他们的灵魂，他要看是否充满勇气，富有进取心，能否抗拒恐惧，是否宽宏大量，是否睿智，是否珍惜荣誉，是否宁愿死也不愿一辈子默默无闻！[33] 分开来看，这些性质本身都是一种力量；如果它们全都相配，能够结合在一起，那么拥有它们的人会展示充分的力量，可以战胜一切对手和敌人，能够赢得不流血的胜利。

【7】［34］关于这些陈述，圣书中包含着非常清晰的证明。[①] 阿拉伯人古时候的名称是米甸人，这个民族人口众多。他们老是和希伯来人作对，主要原因在于希伯来人敬畏和荣耀万物的创造者和父亲，供奉这个最高的和最初的原因。与此相应，阿拉伯人想出了各种办法，试图尽一切可能让希伯来人偏离荣耀唯一的、真正的存在者，把他们的宗教转变为不虔诚的。如果在这一点上能够取得成功，那么他们会认为这种征服轻而易举。但是在经过言语和行动上的无数努力，到了最后，他们筋疲力尽，濒于死亡，处于危险之中，没有获得拯救的希望，于是他们发明了下面这个计划，作为最后的办法。［35］他们派人去把他们最漂亮的女人叫来，对她们说："你们看，希伯来人数量众多，但是危险不在于他们的数量，而在于他们的团结一致和互相帮助，这才是巨大的威胁。这种团结一致的最高和最大的源泉是他们有关一神的信条，通过神，就像通过源泉，他们相互之间感受到爱，直到他们之间形成牢不可破的友谊。［36］男人很容易成为快乐的俘虏，尤其是那种与女人交媾的快乐。你们长得非常漂亮；美丽是一种天然的诱惑，年轻人很容易失去自控。［37］不要害怕卖淫或通奸的名称，以为它们会带来耻辱，而要用你们的行动产生的好处来反对它们——这些好处能使你的不光彩转变为声誉，这种声誉不认老年或死亡。尽管从外表来看你们在用身体卖淫，但实际上你们在用智慧战胜敌人，你们的灵魂保持贞洁，未来将会戴上贞洁的冠冕。［38］这场战争会给你们带来史无前例的荣耀，取得完全成功的是女人而不是男人，我们承认，我们这个性别的人失败了，因为我们对手的战争技艺更加杰出，你们将取得完全的胜利，你们的表现无比卓越，你们取得了巨大的功绩而没有冒什么危险。你们只是被看见，就在刚露头的时候，没有什么流血杀戮，或者说，没有通过什么努力，好日子就是你们的了。"［39］听了这些话，这些女人表示同意，她们从来没有梦见过贞洁的生活，也没有品尝过健全的教育。迄今为止，她们都认为谦虚的品质只不过是虚伪。她们用

① 相关论述参见《民数记》25：1—18。

昂贵的外衣和项链来打扮自己，还有其他妇女们常用的化妆品，让她们自己的天生丽质更加美丽。她们想要赢得的奖品也决不是微不足道的，她们要俘虏那些迄今为止尚未被捕的年轻人。[40] 她们公开抛头露面，靠近年轻男子，向他们抛媚眼，用甜言蜜语和淫荡的行为哄骗他们，对着他们虚弱的心灵放下诱饵，因为他们的品性无稳定可言。可耻地使用她们的身体，她们勾住了情郎的灵魂，传唤它们献祭，向那些凡人制作的东西献祭，献祭没有供品，只有不会带来和平的奠酒。就这样，她们使这些人疏离了对唯一者的事奉，亦即真正存在的神，由此产生了影响，把好消息传给世人。[41] 她们还勾引其他那些更不稳定的人，使他们不能得到神的仁慈和怜悯，让神对他们可悲的情景感到遗憾，惩罚这些疯狂的冒犯者，数量上有二万四千人①，他们就好像被湍急的河流淹没，恐惧万分，但后来又重新获得感觉，是神把他们又带了回来。[42] 这位民族领袖往他的子民耳里灌输真理，对他们的灵魂进行劝说，要他们坚持虔诚，他从每个部落挑选一千名最优秀的人，为的是对那些利用这些妇女做工具下圈套的敌人进行报复，所以，他们希望在神圣的顶峰让这些人统统毁灭，尽管他们只能在上面提到的这些事情上获得成功。

【8】[43] 这支小小的军队要抗击无数的敌人，他们要结合技艺和勇气，以其自身为伴，嘲笑一切危险的思想，猛烈攻击敌人密集的队形，杀死一切挡住他们去路的人，他们横扫千军，大获全胜，没有留下一个活着的敌人。他们也杀死女人，这些女人是那些男人不圣洁的策划的共谋者，但他们对少女宽大处理，因为她们年轻无知。[44] 如同这场伟大的战争顺利进行，他们没有失去一个自己人，而是全数班师回朝，没有人受伤，全都完好无损，或者倒不如说，他们的士气更加高昂。因为由胜利的欢乐引发的力量决不亚于他们最初的力量。[45] 所有这些事情的唯一源泉是那种与危险勇敢相遇的热情，这种热情引导他们在战斗中成为虔诚的卫士，在这场战争中，神是

① 《民数记》25：9。“那时遭瘟疫死的，有二万四千人。”

第一位的斗士，也是无敌的辅助者，用聪明的计谋激励他们的心灵，使他们的身体无比勇猛，不可抗拒。[46] 有证据表明神是他们的同盟者，无数的人在一小队人手中溃不成军，没有一个敌人能够逃脱，而他们的朋友没有一个战死，他们的数量和体力都没有减少。[47] 因此，他告诫说："若追求公义、圣洁和其他美德，你们将摆脱战争，和平地生活；如果战争兴起，你们将在神的不可见的统领下轻易地征服敌人，他会精心拯救善者。[48] 所以，要是有一支装备精良的人马向你们进攻，要是他们提前占据了有利地形，向你们攻击，成了战场上的主人，或者他们有了充足的供应，而不是惊恐失措和恐惧万分，而你们缺乏所有这些东西，同盟军、军队、有利的地形，装备。"①[49] 所有这些，就像一艘装满了各种昂贵货物的商船在大风中突然倾覆失事；但是，在他们卑贱和贫穷的地方，神派遣一支拯救的力量，就像给干旱枯萎的玉米下阵雨或阵雪，给他们力量，让他们清醒，让他们过上新的生活，使他们的果实成熟。[50] 因此，很清楚，我们必须坚持公义和圣洁。因为，如果神是我们的朋友，那么我们是极为幸福的；而神若是我们的敌人，那么我们是极为不幸的。关于勇敢这个主题，我们已经说够了，现在必须搁下。

论仁慈②

【9】[51] 下面要考察的美德是仁慈，这项美德与虔敬最接近，是它的孪生姐妹。先知先觉的立法者爱她胜过爱其他美德，因为他知道她通向神圣

① 这段话可能是对圣经的松散引用。参见《申命记》28：1，2，7。"你若留意听从耶和华你神的话，谨守遵行他的一切诫命，就是我今日所吩咐你的，他必使你超乎天下万民之上。""你若听从耶和华你神的话，这以下的福必追随你，临到你身上，仇敌起来攻击你。""耶和华必使他们在你面前被你杀败。他们从一条路来攻击你，必从七条路逃跑。"

② 仁慈（Φιλανθρωπία），对人类的爱，仁爱，博爱，慈爱。

的大道，她曾经激励和训练他的所有属下要有友爱之心，并把他自己的一生如同设计者的模型那样安放在他们面前，作为他们的美好榜样。[52] 在前面两卷我撰写的摩西传中，我已经叙述了他的行迹，从早年到晚年，关心和保护每一个人。不过还有一两件事情值得一提，在他行将离世时发生，可以用来证明他的生活非常高尚，他在灵魂上留下了清晰的最后印记，他的灵魂是由神雕刻而成的。[53] 当他快要离世，并通过明显的暗示得知他必须离开这个世界去另一个世界的时候，他没有仿效其他人，国王或者普通人，这些人的心愿和祈求就是让他们的儿子成为继承者；相反，尽管他有两个儿子，但他没有把国家的领导职位传给任何一个儿子，也不允许自己受家庭和亲情的影响，要知道，尽管他对自己儿子的品质有些怀疑，但他还有一些品德高尚的侄儿，可以担任大祭司，作为对他们的美德的报答。[54] 然而，他也许认为不再事奉神不是一件好事情，或者说他认为这是极为可能的，他认为同一个人要成功地担任两个职位，即祭司和国王，是不可能的，一个职位要虔诚地事奉神，另一个职位要全心全意地保护民众。也许，他认为在这些重大问题上担任仲裁者不是一件好事；挑选本性最适合担任统治者的人，这个任务几乎需要神圣的力量来完成，只有神能够洞察人的品质。

【10】[55] 我能给这一陈述提供的最清楚的证据如下：他有一个朋友，自幼就非常了解，名叫约书亚。这种友谊产生的方式与其他普通朋友产生友谊的方式不同，因此这种友谊产生的爱是喜乐的、纯洁的、属天的、真正来自神的，实际上，神也是一切美德的源泉。这位约书亚与摩西生活在一起，除了某些他必须独处的时候，亦即他受到神的激励，领受神谕的时候。他总是以一种非同寻常的方式服事摩西，就像摩西的副手，协助摩西履行统治的职能。[56] 然而，尽管摩西长时间用言行考察他的品德，其中最重要的是他对这个民族的忠诚，但摩西不认为应当把继承权留给他。摩西担心的是自己可能受骗，以为他是一个好人，而他实际上并不是好人，因为人的判断标准是模糊的，不确定的。[57] 因此，他不急着相信自己，而是恳求神，神审视不可见的灵魂，只有神才能彻底洞察人的心灵，按优点挑选最合适的人

担任统治者，让他像父亲一样照料他的臣民。[58] 如果可以用比喻的说法，那么他朝着天上伸展他纯洁的、处女般的手，说道："愿万人之灵的神，立一个人治理会众，可以在他们面前出入，也可以引导他们，免得神的会众如同没有牧人的羊群一般。"①[59] 然而，如果有人听到这样的祈祷，有谁不会感到十分惊讶呢？他会说："主人，你在说什么呢？你难道没有合法的儿子，没有侄儿吗？把统治权留给你的儿子，这是第一选择，因为他们生来就是继承者，或者说，要是你认为他们不配，那么至少可以留给你的侄儿；[60] 或者说，要是你认为他们也不合适，想把众人的利益放在你最亲近的人的利益之前，那么你至少还有一个无过错的朋友吧，他已经向你证明了他的完美的美德，对你来说，他该是最聪明的人了。如果挑选继承人不是根据出身，而是根据道德品质，那么你为什么不选择他呢？"[61] 但是摩西会这样回答："我们应当把神当做我们判断一切事物的法官，这样做是对的，尤其在重大事情上，在这些地方，关于是好还是坏的决定会给成千上万的人带来幸福，或者相反，带来不幸。没有什么事情能比统治权更重要，城市和国家的一切事务都归于它，无论是战争还是和平时期。正如成功的航海需要有一名具有良好判断力和知识的舵手，所以需要有一名拥有全面智慧的总督来确保他属下的在各处的民众过上幸福和有序的生活。[62] 智慧的年纪非常古老，不仅比我年长，而且比整个宇宙还要古老；除了神和那些真诚、纯洁、真正热爱她的人以外，任何人要评判她，都是不合法的和不可能的。[63] 我的经验之谈，不要挑选那些似乎合适的人担任某个职位。我不会挑选志愿者来管理和主持公共事务，我也不会从任何人手中接受这种委任，相反倒是神通过清晰的神谕和明确的戒律向我启示祂的意愿，命令我扮演统治者的角色；考虑到任务重大，我犹豫不决，我恳求和祈祷，直到后来祂多次发出命令以后，我才终于诚惶诚恐地服从了祂。[64] 这一事例就摆在我面前，理智确实需要我按照同样的步骤接受神的命令，在请求神允许我担任统治者的时

① 《民数记》27：16—17。

候，我恳求神在没有人的判断干预的情况下选择继承者，因为人的判断与现象而不是与真理有更加密切的关系。这样做的具体原因是，受命担任统治者的这个人要管理的不是某个普通的民族，而是所有民族中人口最多的民族，这个民族承认自己是神的乞援者，这位神是真正存在的，是万物的创造者和父亲。[65] 这种最卓越的哲学的门徒从它的教导中得到的东西就是知道万物的最高的、最古老的原因，拒斥被造的众神的欺骗，这种东西犹太人是从其古代的习俗和律法中获得的。实际上，被造的存在者不是神，而只是人的想象，它已经失去了永恒者最基本的属性。”

【11】[66] 关于他向他的所有同胞显示的仁慈和忠诚，我们在这里拥有第一项证据，但有另外一项证据并不亚于它。当他的门徒约书亚模仿他的道德品质以及对他们表现出与之相应的爱，并被神判定最适合担任统治者时，摩西并不因其他人可能知道他自己的儿子或侄儿未被选中这一事实感到沮丧，而是非常高兴，因为他想到这个民族有了一个在各方面都很完美的统治者，他知道被神选中的人一定有高尚的品德。[67] 所以他用右手挽着约书亚，把他带到聚集起来的民众面前。他对自己即将死去并不感到害怕，而是与此相反，除了以前的快乐，又增添了新的快乐，因为他不仅思念先前由各种合乎美德的生活带给他的幸福，而且还抱着这样一种希望，随着由容易堕落的生活转变为不易堕落的生活，他将要成为不朽的。[68] 就这样，带着内心的欢乐和喜悦的面容，他兴高采烈地说："我脱离肉体生活的时候就要到了，这个人是我的继承人，是神挑选来照料你们的"，然后他开始复述他接到的神谕，认为这是神指派继承者的证据；他朝约书亚看去，吩咐他要有十足的勇气，坚定执行明智的政策，制定良好的行动计划，努力实现所有目标。[69] 尽管他对之晓谕这些告诫的人不需要这些告诫，但摩西不能隐藏他对全体民众的热爱，正是这种爱促使他把他认为有益的东西公布于众。[70] 他还接到神的命令，要鼓励他的继承者勇敢地管理国家，不要害怕承担责任。就这样，未来的统治者都会把摩西视为典范和榜样，不会吝啬对他们的继任者提出好的忠告，与此相反，他们都会用告诫和规劝

训练他们的灵魂。[71] 因为好人的劝告能够振奋沮丧者的精神，鼓舞他们的士气，使他们不为环境和事件所左右，激励他们英勇无畏的精神。[72] 对其臣民发表了演说、对其后裔宣布了继承者以后，他开始唱赞美诗[①] 称颂神，在诗中他为自己从出生到年老的尘世生活都非常幸运地拥有非同寻常的恩典而表达了最后的感恩。[73] 神把一切存在者和宇宙的主要部分神圣地组装在一起，大地和天空，一个是必死者的寓所，另一个是不朽者的家园。[74] 他在天地间唱起了赞歌，配上各种和谐与甜美的音乐，既唱给人类听，又唱给当使者的天使听；作为门徒的人，他们应当向他学习如何以同样的方式表达内心的感恩，而作为观察者的天使，由于他们自己就是音乐大师，所以他们能够察觉颂歌是否走调；任何被禁锢在可朽肉体中的凡人几乎都不可能喜欢日月星辰组成的神圣合唱队，以此调节他的灵魂，使之与神的乐器相和谐，亦即与天空和整个宇宙相和谐。[75] 就这样，位于他在这个永恒的合唱队的位置上，这位伟大的启示者把他对神的感恩与他自己对国家的挚爱融为一体，其中有对他们以往罪行的斥责，也有现在对他们提出的告诫，然后还有对他们未来的安慰，说他们将来一定能够幸福。

【12】[76] 唱完了赞美歌，我们可以称之为宗教与仁慈的结合，他开始穿越他那可朽的存在，进入不朽的生命，并且逐渐意识到构成他的身体的那些元素的离去。像外壳一样覆盖他的肉体被剥掉了，灵魂露了出来，从此迫切希望离开这里。[77] 在为他的离开做好准备以后，他并没有马上出发，奔赴新家，而是在为他的民族的所有支派祝福以后才迁移，他提到了每个支派的创建者的名字。我们必须相信这些祝福都会实现，因为祝福者是热爱人类的神喜欢的人，他出身高贵，在万物的创造主和父亲率领的军队中拥有最高的等级。[78]（祈祷是寻求真正的善物，不仅在今生这个尘世生活中拥有它们，而且在灵魂脱离肉体束缚以后更多地拥有它们。）[79] 很清楚，只有摩西从一开始就认识到，这整个民族从一开始就与神圣

---

① 参见《申命记》32：1—43。

的事物有亲缘关系，这种关系比血缘关系还要纯正得多，因此他宣称它是人性所能包含的一切善物的后裔。他自己拥有的东西，他会立即给他们使用，而他没有的东西，他也会恳求神提供给他们，因为他知道，神的恩惠的源泉是永不枯竭的，但并非对所有人开放，而是只给予那些恳求者。恳求者是热爱合乎美德生活的人，对于他们来说，从神圣的源泉中汲水是允许的，因为他们渴求智慧。

【13】[80] 我们已经陈述了有关这位立法者的仁慈和同胞情谊的证据，他拥有这种品质乃是因为天性善良，也是他学习圣谕的结果。不过，我们也必须谈到他给子孙后代留下来的戒律，如果不能列举所有戒律，这样做很困难，我们至少也要提到那些与他的思维方式关系最密切的戒律。[81] 他并没有把体贴和温顺确定为人与其同伴关系中最基本的东西，而是无比宽容地把这些东西扩展到非理智的动物和栽种的树木上。我们必须依次提到他确立的这些法规，就从与人有关的法规开始。

【14】[82] 他禁止任何人借钱给兄弟的时候收取利息，他所说的兄弟不仅指同一父母生的孩子，而且也指拥有相同公民权或国籍的人。他不认为钱生钱是对的，就像母牛生牛犊。[83] 他劝告其他臣民不要为此而犹豫不决，不愿捐款，相反要热情地、真心实意地救济穷人，要想到免费的礼物在某种程度上会使领受者在更合适的时候自愿而不是被迫偿还债务。能这样做当然是最好的，但若他们不愿这样做，那么至少救济者乐意出借，并不期待收回比本金更多的东西。[84] 以这样的方式，穷人就不会因为被迫归还的东西比借来的东西多得多而变得更加无助，债主也不会感到委屈，尽管他们收回的仅仅是他们出借的。然而，不是“仅仅”！由于他们没有收取利息，因此他们在收回本钱的同时将得到人生最美好的东西，这就是仁慈、和睦、慈善、慷慨、好名声和好声誉。[85] 有什么获得物能与这些东西相提并论呢？不能，甚至与一种美德相比，伟大的国王也会显得像是最贫穷的人。因为他的财富是无生命的，被收藏在仓库里，深埋在地底下，但是美德的财富却位于灵魂至高无上的部分、最纯粹的部分，那就是天穹，万物之父的神声

称拥有美德。所以，我们应当看重这些为了积蓄钱财而放高利贷的人吗？他们的富有实际上是一种富有的贫困，他们好像是口袋里装满黄金的国王，但他们甚至在梦中也从未见过这样的财富。[86] 有些人已经坠入腐败的深渊，一旦没有钱，他们就会靠出借粮食来获利，只要收回来的粮食比借出去的多。如果他们在粮食丰收的时候制造饥荒，从不幸者的空腹中获利，给食物和饮料过秤只是为了确定没有给过量，那么他们很长时间内不会对乞丐进行施舍。[87] 所以，他要求他的神圣共同体的成员绝对抛弃这些赢利的方法，因为这些做法表明灵魂是奴性的、不自由的，标志着灵魂已经转变为野蛮的，具有野兽的本性。

【15】[88] 下面讲的也是一条促进仁慈的诫命。穷人的工钱要在干活的当天支付，这不仅是因为干完了活马上得到报酬是合理的，而且还因为，如有些人所说，就像负重的牲畜，这些体力劳动者或搬运工非常辛苦，"得过且过"，如俗话所说，希望能够马上拿到报酬。如果他立即得到报酬，他会很高兴，第二天就会以双倍的热情卖力干活。但若他得不到报酬，除了使他很烦恼外，他还会觉得苦恼而失去信心，乃至于无法面对日常的工作。

【16】[89] 还有，他说，债主一定不可进入负债者的屋里，强行拿走任何东西，作为其贷款的抵押品或典当物，而应当站在门廊外，温和地恳求他们把东西拿出来。如果他们有，他们是不会不给的，因为正确的方式是这样的，债主不应该滥用权力，行为傲慢，乃至于侮辱那些向他借钱的人，而欠债者应当提供恰当物品作抵押，以便记住应当偿还所借的款项，这样做是合适的。

【17】[90] 还有，有谁会不赞美那些关于收割者和摘葡萄者的戒律① 呢？因为神吩咐人们收获期间不要拾取所遗落的谷物，也不可割尽田角。以这种方式，他让那些有着高尚自由心灵的富人献出他们自己的财物，而不是贪婪

① 参见《利未记》19：9，23：22。"在你们的地收割庄稼，不可割尽田角，也不可拾取所遗落的。""在你们的地收割庄稼，不可割尽田角，也不可拾取所遗落的，要留给穷人和寄居的。我是耶和华你们的神。"

地盯着所有谷物，把它们全部收尽，像珍宝那样带回家去。与此同时，他也给了那些穷人新的勇气，尽管他们自己没有财产，但他允许他们进入同胞的田里拾取遗留的庄稼，好像这是他们自己的一样。[91] 还有，在秋季，他吩咐葡萄园的主人不可摘尽葡萄，也不可拾取掉在地上的果子。① 他对摘橄榄者也发出了同样的命令，就像一位十分慈爱公正的父亲平等对待他的孩子，他们有些生活富裕，有些十分贫困。出于怜悯与同情，他把穷人请来，让他们分享财物，使用属于他人的东西，好像这就是他们自己的，让他们不要感到难为情，反而要使他们成为同伴，不仅可以分享果实，而且可以分享种植园。[92] 但是也有一些人利欲熏心，一心只想挣钱，锱铢必较，视之为事关生死的大事，而从不考虑财富的源泉是什么，乃至于摘光橄榄园和葡萄园的果实，割尽大麦田和小麦田，由此尽显他们的奴性和吝啬，也显示出他们的亵渎。[93] 因为他们自己对耕作几乎不起任何作用。对于丰产贡献最大的东西来自自然：滋润作物的季节性的雨水、适宜的空气温度、柔和的露水、恢复生机的微风、一年四季无害的更替，夏天不太热，冬天不太冷，在春夏换季期间，生长着的作物不会受到任何伤害。[94] 尽管他们知道这些事情，而且看到正是自然在连续不断地完成她的工作，并把她珍贵的礼物慷慨地赠送给他们，但他们仍旧明目张胆地私吞良好的馈赠，就好像他们自己才是所有事情的原因一样，没有把任何东西与其他人分享。他们的行为表明他们是不仁慈的，也是不虔敬的，因为他们没有心甘情愿地劳动以获取美德，因此他对他们进行告诫，要他们遵守那些好人会自愿遵从而坏人不愿顺从的神圣律法。

【18】[95] 律法吩咐我们②，要用各种初熟的土产向主持献祭的祭司做十一奉献，献上一定比例的谷物、酒、油、家畜、羊毛，装满篮子，并附上出于对神的尊崇而创作的赞美诗。这些赞美诗保存在神圣的书卷中。还

① 参见《利未记》19：10。“不可摘尽葡萄园的果子，也不可拾取葡萄园所掉的果子，要留给穷人和寄居的。我是耶和华你们的神。”

② 参见《申命记》26：1—11。

有，头生的公牛、绵羊、山羊不可算作私人的财产，而应看做头生的，一方面用来荣耀神，另一方面可以用来约束我们的习惯，把所有东西均视为自己的收益，这样一来，他们就有可能拥有美德之女王，亦即虔诚和仁慈。[96] 还有，他说，如果你看到你的亲戚、朋友，或者你认识的人的牲畜在荒野中迷了路，那么你要把它牵回来，并设法归还原主①；如果牲畜的主人离得很远，那么你要把它当做自己的，小心地看护它，把它当做寄存物，直到主人来认领，而你作为发现者归还牲畜乃是出自你对邻居的天然友好情感。

【19】[97] 还有关于第七年而制定的律法，所有土地在这一年都应该休耕，且应当容许穷人不受伤害地进入富人的种植园去拾自生自长的作物，那是自然的礼物。② 难道这一律法还不表现出慈善和仁慈吗？[98]这条律法说，土地的主人应当享用土地六年，因为他们拥有和耕种土地。但是有一年，亦即第七年，要让那些既不拥有土地又没有钱的人享有它，因为这一年休耕，什么农活也没有。某些人劳动而其他人享有劳动成果，这会使人感到不公正。而这条律法就是要使土地在某种意义上没有主人，也没有被耕种，而这样的产物完全可以视为神的馈赠，是祂为了解除穷人的困苦而充分提供的。[99]还有，在有关第五十年③ 的所有规定中，我们看不到最高的仁慈吗？如果他不是只在嘴上说说律法的内容，而是真正醉心于其中甜蜜的、优美的原则，那么有谁会不同意这一点呢？[100] 相关规定重复了那些关于第七年的规定，但他添加了一些更加伟大的内容，使那些已经转让给别人的财物再次

---

① 参见《申命记》22：1—2。“你若看见弟兄的牛或羊失迷了路，不可佯为不见，总要把它牵回来交给你的弟兄。”“你弟兄若离你远，或是你不认识他，就要牵到你家去，留在你那里，等你弟兄来寻找就还给他。”

② 参见《出埃及记》23：10—11。“六年你要耕种田地，收藏土产，只是第七年要叫地歇息，不耕不种，使你民中的穷人有吃的，他们所剩下的，野兽可以吃。你的葡萄园和橄榄园也要照样办理。”

③ 参见《利未记》25：11。“第五十年要作为你们的禧年。这年不可耕种，地中自长的，不可收割，没有修理的葡萄树也不可摘取葡萄。”

回到最初的所有者手中。[①] 他不允许人们购买其他人无条件拥有的财物，由此堵塞通向贪婪的道路，为的是能够控制那些阴险的对手，万恶之源。他也不认为最初的拥有者的财物应当被永远剥夺，因此他们要为他们的贫穷而受惩罚，这种惩罚不会是公正的，而贫穷有各种理由应当得到怜悯。[101] 具体的法令还包括许多与同胞有关的内容，由于我在以前的论文中已经对它们作过充分的解释，所以我满足于刚才已经提到的这些内容，我把它们当做适合证明我的观点的事例来添加。

【20】[102] 在为同一国家的成员制定法律以后，他认为移民也应当受到照顾，国民要爱他如己，[②] 因为他们抛弃了他们的血缘、国家、习俗、神庙、神像、供物、荣耀，到一个更好的家园旅居，他们原先相信空洞的故事，而现在能清晰地看见真理，崇拜唯一真正存在的神。[103] 他命令国家的所有成员要热爱外来的移民，不仅要把他们当做朋友和同胞，而且要把他们当做自己，既在身体方面，又在灵魂方面；在身体方面，要看到国人与这些移民有共同利益，在灵魂方面，他们和移民同喜同乐，就像同一个生命体的不同部分，同胞情谊把它们紧密联系在一起。[104] 我不需要继续谈论食物、饮水、衣服，以及和所有日常生活必需品有关的权利，法律赋予移民应有的权利，而对本国人来说要遵循这些法规[③]，对移民表现友好，爱他如己。

【21】[105] 还有，他把这种天然的仁慈进一步扩展到外来的定居者身上。他会让各种情况下的移民以各种方式尊敬接受他们那个地方的民众，这种接受伴随着热情和友好，如果比较有节制，那就仅限于接受。得到允许，

---

① 参见《利未记》25：10。“第五十年，你们要当作圣年，在遍地给一切的居民宣告自由。这年必为你们的禧年，各人要归自己的产业，各归本家。”

② 参见《利未记》19：33—34。“若有外人在你们国中和你同居，就不可欺负他。和你们同居的外人，你们要看他如本地人一样，并要爱他如己，因为你们在埃及地也作过寄居的。我是耶和华你们的神。”

③ 暗指有关客人的法律：(1) 遵守安息日，《出埃及记》20：10；(2) 如果受了割礼，可以吃逾越节的羊羔，《出埃及记》12：28；(3) 分享逃城，《民数记》35：15；(4) 献祭，《民数记》15：14—16。

进入外国的避难所，或者说仅仅是得到允许踏上外国的土地，对那些不能在自己国家居住的人来说，这本身就是一项充足的恩惠。[106] 仅仅是公平本身就需要这样做，但他超越了这一限制，那些热情好客的人不会对客人产生恶意，也不会虐待他们，他们不会仅仅表现出名义上的仁慈，而实际行为不仁慈。因此，他毫无保留地说："你不可憎恶埃及人，因为你在他的地上作过寄居的"；① 然而，埃及人有没有虐待过这个民族，甚至把新仇旧恨结合起来，残忍地泄愤？[107] 还有，由于他们一开始就接受了这个民族，没有关闭城门不让他们进城，也没有不让他们住在乡下，所以他说，他们应当承认移民有这种权利，这是一种友好的表示。[108] 如果他们中间有人希望成为犹太社团的成员，那么一定不要把他们当做敌人的孩子来藐视和抛弃，而要欢迎他们，到了第三代就可以邀请他们参加公会，让他们成为神圣启示的分享者，他们的血统无可指摘，完全应当接受他们。

【22】[109] 这些法律就是他制定出来要人们在接受定居者时遵守的，但是还有其他一些非常仁慈的规定②，处理战争时期的敌人。他宣称，一定不要把他们当做敌人，哪怕他们驻守在城门口和城墙上，或者在那里排兵布阵，使用护城器械，直到有使者前来和谈，这样一来，要是他们投降了，他们可以获得最高的友谊的恩惠，但若他们拒绝投降，继续为敌，你们可以公义地加强进攻，捍卫你们的胜利。[110] 还有③，他说，如果你在被掳的人中见到有美貌的女子，恋慕她，要娶她为妻，那么你要温和地对待她，以各种方式安慰她的不幸，改变她的命运。[111] 你可以为她剃头发，修指甲，脱去她被掳时穿的衣服，让她单独居住一个月，允许她不受打扰地为她的父母和其他家人哀哭，因为她与他们分离了，要么是由于他们已经死去，要么是他们当了战俘，承受着当奴隶的痛苦。[112] 然后，你要与她生活在一起，

① 参见《申命记》23：7。"不可憎恶以东人，因为他是你的弟兄。不可憎恶埃及人，因为你在他的地上作过寄居的。"

② 参见《申命记》20：10 以下。

③ 参见《申命记》21：10—13。

把她当做你的合法妻子，因为丈夫需要妻子贞洁，让妻子上床不是作为受雇的娼妓，不是拿她的年轻美貌做交易，而是因为你爱她，要和她生孩子，因此你应当赋予她应有的婚姻权利。[113] 这些规矩中的每一条都值得赞扬。首先，他不允许那种难以控制的欲望不受拘束，而是通过给它三十天自由来约束它的暴力。其次，他检验了男人的爱是野蛮、轻浮、完全受情欲驱使的，还是包含理智的成分，有某种比较纯粹的东西。理智要束缚欲望，而不是允许它肆虐，理智要迫使欲望等候它指定的一个月的时间。[114] 最后，他对战俘表示遗憾，如果战俘是一名未婚的少女，那么没有父母能够救她，让她和家人团聚，如果战俘是一名寡妇，那么她已经丧夫，想要尝试新的婚姻，然而她害怕主人，不知他能否平等相待；因为处境卑微者总是害怕优胜者的力量，哪怕优胜者脾气温顺，彬彬有礼。[115] 如果有人在充分满足欲望以后不再照料战俘，那么法律也作了一些规定，对这些人的行为进行告诫。法律吩咐他[①]，不能把她当做财产出售，也不能把她当做奴婢，而要给她自由，给她离开这个家的权利，免得另外一位妻子到来替代她，她们之间会由于妒忌而发生争吵，而对主人来说，他也会喜新厌旧，从而给她带来致命的灾难。

【23】[116] 在另外一个系列的新禁令中，这是他讲给那些温顺的民众听的，他吩咐道，要是看到驮畜被重驮压倒在地，你不可走开，哪怕驮畜的主人是你的敌人，你要和驮畜的主人一同抬开重驮。[②] 这句经文中包含着进一步的教训：不应当以对手的厄运为快乐。他知道这种恶意的快乐是一种野蛮的、充满仇恨的欲望，与妒忌有亲缘关系，同时又和妒忌相对。说它们有亲缘关系，乃是因为它们各自都是一种欲望，它们的行为覆盖相同的区域，并且几乎形影相随；说它们相反，乃是因为对我们邻居的好事产生悲伤是一

---

① 参见《申命记》21∶14。“后来你若不喜悦她，就要由她随意出去，决不可为钱卖她，也不可当婢女待她，因为你玷污了她。”

② 参见《出埃及记》23∶5。“若看见恨你人的驴压卧在重驮之下，不可走开，务要和驴主一同抬开重驮。”

回事，对他的坏事产生快乐是另外一回事。[117] 还有，要是看见你的仇敌的牲畜迷了路，你要放下你和你的仇敌之间的争执，放下你的仇恨心，把牲畜牵回来交还给他。[①] 你本人从中得到的好处会大于他得到的好处；他得到的是一头非理智的、可能没有什么价值的牲畜，而你得到了整个世界上最伟大、最富贵的财富——真正的善。[118] 确实就像影子追随物体，这样做会带来一个结果，这就是原先不和的终结。他是好处的接收者，虽无这种意愿，但被一种善意引向友谊。你是帮助他的人，用良好的行为伴以忠告，你很容易被对方认为是在谋求和解。[119] 这些就是我们最神圣的先知立下的法规，旨在创造全体一致、亲仁善邻、同伴情谊、互利互惠的情感，藉此，家庭、城市、民族、国家、全人类将臻于至高无上的幸福。[120]迄今为止，这些事情确实只存在于我们的祈祷中，但我深信，它们将超越一切争论，变成事实，只要神像祂每年都赐给我们果实一样，赐给我们能够丰盛地开花结果的美德。愿享有这些美德的人能与我们分享，他们几乎从一开始就使我们渴望拥有这些美德。

【24】[121] 这些法规和其他类似的法规出于他的判断，适用于自由人。然而非常清楚，他也以同样的基调为奴仆立法，允许他们在仁慈的精神中获益。[122] 不能让那些由于不能维持生计而使自己沦为他人奴仆的自由民承担与其自由民身份不配的工作，[②] 他鼓励人们在雇工时要考虑避免这样的事情发生，在他们的情况发生改变的时候仍旧尊重他们。有些人由于临时借钱而成为债务人，承受这个名称的后果及其带来的痛苦，有些人欠下了更加紧迫的强制性的债务，有可能使债务人从自由人变为奴隶，对于这种情况，他不允许他们永远处于邪恶的困境，而会在第七年完全豁免他们。[123]他说，因为那些没有收回债款或者先前用其他某些形式获得财产的债权人可以让债务人以六年为期提供役使，但那些并非生来为奴的人重获自由人身分的希望

① 参见《出埃及记》23：4。“若遇见你仇敌的牛或驴失迷了路，总要牵回来交给他。”

② 参见《利未记》25：39。“你的弟兄若在你那里渐渐穷乏，将自己卖给你，不可叫他像奴仆服事你。”

不应当完全被剥夺。[124] 如果别人的奴仆，他们也许已经是两代为奴，逃到你这里来寻求庇护，由于害怕主人的恐吓，或者害怕受到虐待，或者他并没有冒犯主人，但他的主人很残忍，无慈悲心，完全无视他的要求。① 交出乞援者和逃跑的奴隶是一种该遭天谴的行为，这是因为乞援者逃到你家里来，就像逃到神庙里一样，有权在那里避难，他应当通过诚实而公开的协商来获得保护，万不得已才把他卖了。尽管改换主人仍旧是不确定的，但他有可能遭受的邪恶肯定不像已知的那么大。

【25】[125] 这就是他制定的有关同胞和外国人、朋友和敌人、奴隶和自由人，以及一般人类的法规。他还把节制与温和的观念继续贯彻到非理智的动物世界，让它们也饮用善水，就像出自甜美与令人欢娱的甘泉。[126] 他吩咐他们在牧养绵羊、山羊、公牛这些家畜的时候，不可杀死刚出生的幼崽，无论是用来当食物，还是当祭祀的供品。② 他想到，这样的灵魂是残忍的，仅仅为了满足肚腹而使新生的幼崽和母畜马上分开，而这种不自然的食物会使灵魂感到不快和惊骇。[127] 所以，他会对这个人说，应当顺从最神圣的共同体来生活。“好先生，你应当充分享用你的食物，对此我无可指摘。这样的行为或许也可以原谅，因为贫困和饥饿迫使我们做许多我们不想做的事情。但是，你有义务在自我约束和其他美德中卓越超胜，如同居于最荣耀的位置，让天然正义的理智来统领你的灵魂，为了它们的缘故你必须学会温和，不允许任何残忍进入你的心灵。”[128] 在母畜分娩产崽的痛苦之上，再给它添加丧子之痛，没有任何行为能比这种行为更加残忍。如果幼崽被夺走，母畜必然陷于巨大痛苦之中，这是因为母亲对子女拥有天然的情感，尤其是在怀孕生产期间，它们的乳房若无幼崽的吮吸会乳腺阻塞，乳汁会凝结

---

① 参见《申命记》23 : 15—16。“若有奴仆脱了主人的手，逃到你那里，你不可将他交付他的主人。他必在你那里与你同住，在你的城邑中，要由他选择一个所喜悦的地方居住。你不可欺负他。”

② 参见《利未记》22 : 27。“才生的公牛，或是绵羊或是山羊，七天当跟着母，从第八天以后，可以当供物蒙悦纳，作为耶和华的火祭。”

变硬，给它们带来巨大的痛苦。[129] 他继续说："把幼崽当做礼物，送到它的母亲那里去喂乳，如果不是在所有时候，那么至少在头七天里要这样做，不要让那些自然生成的乳房变成无用的东西，不要毁坏自然恩赐的第二样恩惠，永恒的、最高的智慧对未来有深刻的预见，这些恩惠就是她为这些事件准备的后果。[130] 自然的第一样馈赠是出生，经过出生原先非存在的东西成为存在的东西，第二样馈赠是乳汁，母畜在产下幼崽后就会适时排出乳汁，给幼崽提供营养。乳汁既是食物，又是饮水，水一样的部分是饮水，浓稠的部分是食物，它能使幼崽免遭饥渴，以一种形式提供两种营养，让幼崽同时摆脱饥饿与口渴。"[131] 读了这条律法，你们获得高度褒奖的善良的父母会由于害臊而盖上你们的脸，如果你们邪恶地观看它们离开子宫，并等着把它们抛弃，那么你们就是全人类的死敌。[132] 如果你们是杀害自己孩子的凶手，那么你们对谁会有仁慈的感觉？是谁使城市成为废墟，并开始让你们自己的血肉毁灭？是谁颠覆自然的法则，毁坏她建设的一切？是谁武装你们野蛮和残忍的灵魂，使生命死亡？[133] 你们难道看不到，甚至在非理智的动物中，我们全然卓越的立法者费尽力气想要确保幼畜在哺乳期不与母亲分离吗？我的好先生们，更多的是由于你们的缘故，才有了这条法令的颁布，如果自然没有这样做，那么这条命令可以教会你们亲情的责任。通过观看小羊羔，你们可以看到是谁不会阻碍它们需要的充分满足。适合这种目的，自然在最佳地点提供了这种满足，而那些需要这种满足的动物很容易找到实现的手段，这位立法者极为关心未来，不希望看到有人干扰神的馈赠，正是这种馈赠带来了幸福和平安。

【26】[134] 他渴望以多种形式在他们的心灵中播下温顺与节制，他制定了另外一项性质相同的法令作为前导。他禁止他们在同一天用母畜和幼崽作献祭的供品，① 若是必须用它们献祭，那么无论如何也要在不同的时候。同一天杀死生成的原因和生成的产物，这样做是极为野蛮的。[135] 为什么

---

① 参见《利未记》22：28。"无论是母牛是母羊，不可同日宰母和子。"

有人要这么做呢？要么是为了献祭，要么是为了满足肚腹。如果是为了献祭，那么它的名称撒了谎，因为这样的行为是屠杀，而不是献祭。神的祭坛不允许接受这样的供品；什么样的烈焰不会把它们分成两个部分，缩成邪恶的混合物？确实，我想，它不可能延续，无论有多么短，而会直接死去，假如它就像空气和气息的神圣元素，不会被升起的烟雾所玷污。[136] 如果这些东西不是献祭用的，而是开筵席的，谁会不藐视这种荒谬的暴食，这种欲望是奇怪的、不自然的，不是吗？因为这种人追求的快乐形式反常，尽管他们有肉可吃，他们正在品尝的美味佳肴来自母畜和幼崽，他们这样做能有什么快乐？确实，我在想，要是有人把二者的肢体混在一起烤着吃，那么这些肢体不会保持沉默，而会发出声音，对这种无可比拟的暴行义愤填膺，愤怒谴责准备这种食物的人的贪婪，对这种食物应当禁食，而不是拿来开筵席。[137] 但要注意，律法也禁止用怀孕的家畜为祭品，直至它们生产，[①] 这样算来，那些仍旧在子宫深处的幼崽和那些已经出生的幼畜就当是同样的，这里暗示要对这样的行为加以约束，否则将使一切事物混乱。[138] 如果这个生命像植物那样仍旧还在生长，仍旧算做孕育它的母亲的一个组成部分，经过几个月的孕期，在那些共有器官的哺育下，长成为一个活生生的幼崽，在母亲的保护下不受伤害，也不像上面所说的那样受到玷污，在这样的情况下，有多少幼畜已经有了它们自己的身体和灵魂？同一天在同一场合杀死母畜和幼崽，这样做是极为亵渎的。[139] 我想，依据这一原则，某些立法者引入了这样一条法规，犯了死罪的妇女，如果是孕妇，应当先羁押，直到孩子出生，不要因为她们的罪行而毁掉她们子宫里的小生命。[140] 他们的这些法规也适用于人类，但摩西站得更高，将它扩展到公平对待非理智动物这项义务，所以，通过仁慈地对待不同种类的生灵，我们可以在一个非常圆满的尺度中表明我们对同类的仁慈，放弃同类之间的相互斗争和烦恼，不把我们个人的善物当做珍宝圈积，而是把它们算做所有人的公共财产，他们就像天生

① 律法书中没有这样的法令，斐洛在这里讲的可能是这条律法的合理推论。

的亲戚和兄弟。[141] 此后，让那些能干的诽谤者继续这样做吧，要是他们能够做到，指责这个民族愤世嫉俗，指责这条法律，我们看到，这条律法禁止人们不和气，不友好，因为这些律法清楚地把同情和怜悯延伸到他们的牛羊身上，而我们的民众从早年开始就在律法的指导下学习矫正灵魂的任性，将任性转化为温和的行为。[142] 他有许多优点，多才多艺，提出许多令人敬佩的训诫，他不满足于自己的勇敢，而在进一步的竞赛中挑战它。他禁止人们从母畜身边抓走还没有断奶的山羊羔或其他小牲畜。他也禁止同一日杀死母畜和幼崽。他用这样的话来表达他的仁慈，“不可用山羊羔母的奶煮山羊羔”①。[143] 这是因为他认为这样做极不合适，用喂养牲畜的乳汁煮牲畜，或者当调味品，自然使母畜产生乳汁，通过乳腺喂养幼畜，所以不能滥用乳汁，让这种维持幼畜生命的东西成为摧毁身体存在的东西。[144] 如果有人确实认为用奶煮肉是好的，那就让他这样做，不算残忍和亵渎。因为各地都有无数的牛群，每天都有牧牛人和牧羊人挤奶，牧牛人的收入的主要来源就是牛奶，有时候是鲜奶，有时候是鲜奶凝固后制成的奶酪；正是由于牛群产奶丰富，这个人才用母牛的奶煮羊羔肉，表现出他残忍的本性，表明他缺乏同情心，而怜悯这种情感对人来说性命攸关，最接近理智灵魂。

【27】[145] 我也钦佩另一条律法，这条律法与上面提到的律法极为和谐相配。它禁止牛在场上踹谷的时候笼住它的嘴。② 牛在播种之前要给土地备耕，它要劈开沟垄，供天空和农夫使用；农夫可以在恰当季节播种，天空可以仁慈地降雨，让土地储藏水分，为谷物提供营养，直到长出初熟的谷穗，直到圆满产出一年一度的果实。在此之后，牛还必须提供劳役，要在打谷场上踹谷，去除谷物的秕糠。[146] 由于我已经提到这种和牛在场上踹谷有关的仁慈，所以下面我要引用一条有关牛耕地的律法。③ 这条律法属于同

① 参见《出埃及记》23∶19，34∶26；《申命记》14∶21。

② 参见《申命记》25∶4。“牛在场上踹谷的时候，不可笼住它的嘴。”

③ 参见《申命记》22∶10。“不可并用牛，驴耕地。”

一类。它禁止同时使用牛和驴一道耕地，因为这样做不仅会引起牲畜之间不协调，而且由于牛属于洁净的，驴属于不洁净的，所以不宜让它们一道耕地，还有，它们的力气也不相同。这里担心的是弱者，不想让弱者承受来自强者的力量和压迫，在这里，尽管弱者是这头驴，被驱逐出圣地，而这头公牛被律法接受为献祭用的牺牲，献祭需要最圆满的东西，但这里没有藐视不洁者的软弱，也没有允许圣洁者使用力量，而非顺从正义。[147] 那些有耳朵的灵魂几乎也能听他大声讲明白，他坚持认为我们不应当恶待其他民族的人，如果除了种族差异他们无可指摘，邪恶和出于邪恶的东西应当受到指摘，但不能仅仅依据怀疑就这样做。

【28】[148] 他非常慷慨地扩展仁慈的对象，首先，从理智的存在者扩展到非理智的存在者，然后，从非理智的存在者扩展到植物或草木。我马上要讲的就是最后这一类，因为前两类我们已经处理过了，亦即人类和有生命的动物。①[149] 关于第三类东西，他指出了明确的方向，不可砍伐田间的树木，也不可在谷物成熟以前就割谷穗，总之，不能毁坏果实，这是为了人类可以有丰富的粮食，也可以饲养很多牲畜，这些东西不仅是生活必需品，而且也能使我们的生活舒适。谷物可以算做维持人生的必需品，而众多的果子能使我们生活舒适，一旦发生饥荒，也能成为第二种粮食。

【29】[150] 站在一个新的高度，他甚至命令他们摧毁敌人的土地，但是禁止他们砍伐树木和进行其他方面的破坏，因为他们对人的愤怒不能转移到这些东西身上，这些东西没有犯下任何罪行。[151] 再说，他要求他们不要只看到眼前，而要高瞻远瞩，用敏锐的目光看到未来。因为世上没有任何东西能够亘古不变，而是万物均有盛衰和变化，所以，我们可以期待我们的敌人到了一定的时候会派使者前来谈判，对我们直接表现友好。[152] 嗯，作为朋友，很难剥夺他们的生活必需品，这样做也无助于对付未来的不确

---

① 149—154 节的论述依据《申命记》20∶19。“你若许久围困，攻打所要取的一座城，就不可举斧子砍坏树木。因为你可以吃那树上的果子，不可砍伐。田间的树木岂是人，叫你糟蹋么。”

定性。古人说得好极了，在享受友谊的时候，我们不可忘记可能发生的敌意，我们要着眼于未来的友谊而处置我们的争执，每个人都要用他自己的本性来确保自己的安全，如果不这样做，亦即不用行动或言辞来掩饰这些事实，那么他会对自己的过去感到后悔，为他自己的粗心大意而责备自己。[153] 国家也应当遵守这条格言，和平时期要为战时的需要做准备，战争时期也要考虑和平时期的需要，不要轻易相信同盟者，以为它们决不会发生变化而变成对手，也不要绝对不相信敌人，就好像它们绝对不会对你表示友好。[154] 我们不需要做任何事情去帮助敌人，只是寄希望于与他和解，没有任何植物是我们的敌人，而且它们全都是和平的，可供使用的，那些人工栽培的植物尤其是必需的，它们的果实是完全意义上的食物，可以当做食物来拥有。所以，我们还有什么必要对树木抱着敌意呢，砍伐，焚烧，甚至把它们连根拔起——这些树木受到自然本身的照料，阵雨、微风使它们愉快地成长和成熟，它们可以每年把果实献给人类，就好像臣民向国王朝贡，不是吗？[155] 像一名好卫士，他也关心通过训练能产生的力气和健壮，不仅涉及动物，而且涉及植物，尤其是人工栽培的植物，因为它们应当得到更多的照料，这些植物拥有和野生植物不同的特性，需要用农夫的知识使它们具有更大的力量和活力。[156] 他吩咐他们要看护新种下的树木，给它们剪枝，使它们节省养料，在它们周围开挖沟壕，不让有害的东西逼近，阻碍它们成长。[①] 他也不允许他们为享用而采摘果实，不仅因为从不完善的植物只能得到不完善的果实，就像没有完全长成的动物不能生育繁殖，而且也因为这样做会给幼苗带来伤害，也就是说，只能让它们在地面上生长，不能让它们抽芽。[157] 因此，有许多农夫在春季看到幼树抽芽，长出花蕾，就会马上把它们掐掉，因为害怕它们会给树木的生长带来伤害。因为，要是不采取这些预防措施，那么到了它们应当产出完全成熟的果子的时候不能产出，或者结

① 参见《利未记》19：23。“你们到了迦南地，栽种各样结果子的树木，就要以所结的果子如未受割礼的一样。三年之久，你们要以这些果子，如未受割礼的，是不可吃的。”

出的果子没有成熟就掉落，因为它们尚无能力使果子成熟，就好像谷穗太重似的，到了最后树干和树根部分都无力承担。[158] 不过，三年以后，树根会扎得更深，树干会长得更加结实，能够支撑果实，树木就像有了不可移动的基础那样成长和取得活力，树木就能在第四年成圣，与四这个完全数和谐一致。①[159] 但是，在这第四年中，他命令他们不要采摘果子供自己享用，而要当做初熟的果子全部献给神，部分作为感恩的供品，部分用来表示希望来年结果更多，能够获得更多的财富。[160] 你们瞧，他表现出来的仁慈和善良有多么伟大，他对各种生灵表现出来的仁慈有多么大方，首先是对人，哪怕是对外国人或敌人，然后是对非理智的动物，尽管它们是不洁的，最后是对所有播种的谷物，还有树木。这是因为，他首先学会了公平对待那些没有自觉意识的存在者，不会冒犯任何拥有动物生命的存在者，他自己决不会去折磨那些被造的动物，也会把对它们的这种关照延伸到对待理智的存在者。

【30】[161] 用这样的教训，他驯服和软化了他共同体中的公民心灵，让它们摆脱骄傲自大、品质邪恶、最大的痛苦和道德败坏，尽管大多数人把这些东西当做最卓越的，尤其是无限多的不受限制的富裕、名望和高位。[162] 傲慢在无足轻重之处和晦涩之处产生，就好像其他情欲、疾病和灵魂的紊乱，尽管傲慢的范围没有增长，也没有像火焰缺乏燃料那样变得暗淡。从大的方面来说，它是显而易见的，就像我在前面说过的那样，尤其是当富裕、名望、高位不受任何限制地供人攫取，也像有人喝了烈酒而变得沉醉，言语粗鲁，愤怒斥责奴仆或自由人，有时候也对整个城邦发火。因为如古人所说，“饱足生傲慢”②。[163] 因此，作为一位可敬的启示者，摩西在他的作品中鼓励他们戒绝所有罪行，尤其要戒绝傲慢。然后，他提醒他们使这种情欲发作的原因是吃得饱足，拥有美好的房屋居住，拥有大量的土地和牛羊。

---

① 参见《利未记》19：24。“但第四年所结的果子全要成为圣，用以赞美耶和华。”

② 从此处开始到最后是一篇训诫辞，与《申命记》8：11 以下有关。

人们很容易失去自制，得意洋洋，能够治愈他们这种毛病的方法就是要他们决不要忘记神。①[164] 因为，就如太阳升起时黑暗退隐，万物充满光明，所以当神，灵性的太阳，升起和照耀灵魂的时候，情欲和邪恶的黑夜就会散去，美德用她所有的纯洁和美丽启示出她无与伦比的光明。

【31】[165]他对傲慢很好地下了判断，还想进一步压制和摧毁它，于是，他列举原因，说明他们为什么应该保持对神的记忆，就像把神像置于神龛之中，决不要忘记神。他说："力量是他给你的"②——这些话充满训诫，因为他接受过充分的教导，知道自己的活力和勇气都是神的馈赠，想到自己在获得神的馈赠之前的软弱，他可以把高傲的精神搁在一边，对神感恩，因为是神带来了这种幸福的改变。感恩的灵魂就是傲慢的敌人，正好相反，不感恩则是傲慢的亲戚。[166] 他说："如果你们兴旺发达，蒸蒸日上，如果你们得到了无穷的力量，你们也许并没有预见到能获得这种力量"，他这样说是什么意思呢？这些话的意思一定要清楚地解释给那些不能完全察觉它的充分意义的人。许多人试图对别人实施与他们自己体验过的善物相反的事情。他们变富，但使别人变穷，他们得到大量的荣耀和名望，但给别人带来丢脸和羞耻。[167] 倒不如说，贤人应当尽可能把他的睿智告诉他的邻居，要延续他的节制、实施他的勇敢、履行他的公义，总而言之，要行其所善。因为这些东西显然都是力量，有价值的人以它们为目标，视其为与他自身亲缘的东西，而它们的对立面，无能和弱点，与正义的品质正好相反。[168]尤其是，他把这条教训视为最适合理智的本性，人应当尽可能模仿神，使自己在各个方面尽可能像神。

【32】[169] 他说："那么，当你从最有力者手中得到力量，也把你的

---

① 参见《申命记》8：12—14。"恐怕你吃得饱足，建造美好的房屋居住，你的牛羊加多，你的金银增添，并你所有的全都加增，你就心高气傲，忘记耶和华你的神，就是将你从埃及地为奴之家领出来的。"

② 参见《申命记》8：18。"你要纪念耶和华你的神，因为得货财的力量是他给你的，为要坚定他向你列祖起誓所立的约，像今日一样。"

力量给予他人，就像他们对你一样，这个时候你可以模仿神布施同样的恩惠。”因为，主要统治者的馈赠是一种普遍的恩惠，接收这些恩赐不是为了收藏，也不是用来伤害其他人，而会投入公共事业，就好像举行公宴，可以邀请尽可能多的人来与他们共享。[170] 然后，我们对已经拥有财富、名望、健康的身体，或者知识的人说，他应当使那些与他相遇的人变得富裕，拥有崇高名望，拥有健康的身体，灵魂中充满知识和一般的善，而不是妒忌美德，站在这些人的对立面上，这些人是以这种方式兴旺发达的。[171] 有些人非常喜欢吹牛，这种极端的傲慢使他们不可救药，律法令人敬佩地处理了这种情况，不是把他们交给人来审判，而是把他们交给神的法庭来处理，因为经上说“那些擅敢行事的人，无论他是谁，亵渎了神”①。经上为什么要这样说呢？[172] 第一，傲慢是一种灵魂的恶，而灵魂是不可见的，只有神能看见灵魂。惩罚不是针对盲眼人，而是针对能看见的人；其中一个应受指责，因为他的无知在为反对他的指控作见证，而另一个值得赞赏，因为他的行动通过知识来采取。第二，傲慢者总是充满非理智的精神，如品达所说，以为自己既非凡人又非半神，而完全是神，声称自己已经超越了凡人的界限。[173] 他的身体的每一个姿势和动作都像他的灵魂一样有毛病。趾高气扬、气度不凡、昂首翘尾，脖子梗直，完全超出他的自然状态，他极端自我膨胀，只看见自己眼中能见之物，只听那些产生误会的东西。他把奴仆当做公牛，把自由人当做奴仆，把同胞当做陌生人，把朋友当做吃白食的，把本邦公民当做外国人。[174] 他认为自己在财富、身价、美貌、力量、智慧、节制、公义、雄辩、知识等方面优于所有人；他把其他人都当做贫穷的、卑贱的、可耻的、愚蠢的、不义的、无知的、无家可归的，实际上一无是处的人。当然了，这样的人，如启示者告诉我们的那样，有神作为他的指控者和复仇者。

---

① 参见《民数记》15：30。“但那擅敢行事的，无论是本地人是寄居的，他亵渎了耶和华，必从民中剪除。”

论悔改

【33】［175］我们最神圣的摩西热爱美德和善良，尤其热爱他的同胞，他在各处都告诫所有人，要追求虔敬和正义，要悔改，以荣耀他们的胜利，荣耀这个能够获得最高奖赏的最优秀的共同体的成员，荣耀能够给予大大小小幸福的成员。［176］因为就价值而言，身体最重要的事情就是无疾病的健康，航海最重要的事情就是无危险的旅行，灵魂最重要的事情就是把值得记忆的事情牢记在心，不会遗忘。身体次要的事情就是各种形式的复原，病愈、摆脱航海旅行遇到的巨大危险、克服遗忘而产生回忆。最后这件事情的兄弟和近亲是悔改，尽管它不属于第一类事情，不具有最高等级的价值，但它位列第二等的事情，获得第二等奖赏。［177］绝对无罪只属于神，或者也许属于神圣的人；从有罪的生活转向无过错的生活，表明智慧者对于那些对他有益的事物并非完全无知。［178］因此，摩西把这些人召集起来，向他们传授奥秘，这个时候他真诚友好地邀请他们，劝诫他们，要诚实，不要虚荣，要坚持真理和简朴，视之为必要的美德和幸福的源泉，要反抗那些从婴儿时期就被父母、保姆、家庭教师和许多朋友熟人灌输在心灵中的虚构的神话，这些人使他们在寻找至善的时候走了无穷的弯路。［179］万物的至善者除了是神，还能是什么呢？他们把神的荣耀归于那些根本不是神的东西，并且对它们大加赞扬，但由于他们的愚蠢，他们遗忘了神，不是吗？因此，所有那些最初不承认他们有义务崇敬万物的创造者和父亲，但后来又信奉一、不信奉多的人，必定可以接受为我们最可爱的朋友和最亲密的邻居。他们表现出对神的敬仰，尤其是能够导致友谊和亲密关系，我们必须庆幸能够与他们在一起，就好比尽管他们最初是瞎的，但是现在已经恢复了视力，摆脱了最深邃的黑暗，能够看到最耀眼的光明。

【34】［180］我们现在已经描述了第一种，也是最重要的一种悔改形式，但是人要悔改的不仅是他受到欺骗，长期在创世主和创造者之前敬畏受造

物，而且也要悔改生活中的其他重要事情，好比要抛弃最邪恶的统治形式，即暴民统治，而代之以民主制，在这种政治体制中良好的秩序才能最好地得到遵守。这就意味着，从无知变为有知，从愚蠢变为聪明，从缺乏自制变为自制，从不公正变为公正，从怯懦变为勇敢。[181] 抛弃邪恶的情人，抛弃恶行，毫不犹豫地回到美德的队伍中来，这样做是好的，可取的。正如阳光下影子跟随形体那样，在尊崇存在的神的地方，美德的团体也必定会随之出现。[182] 改宗者立刻就会变得节制、谦逊、慷慨、仁慈、人道、虔敬、公正、宽宏大量、热爱真理、不计较金钱和享乐，与此相反，那些违背神圣律法的人是无教养的、无耻的、不公正的、不虔敬的，是谬误和作伪证者的同伴，他们为了美酒佳肴和异性美色而出卖自由，追逐感官的享乐，最终导致身心的严重损害。[183] 确实值得敬佩的也还有关于悔改的告诫，教导我们要改变我们的生活方式，使之从混乱无序的状态变为较好的状态。他告诉我们，① 这件事情既不宏大，又不遥远，既不是在天涯，又不在海角，乃至于我们根本无法企及，而是离我们非常近，就在我们身体的口、心、手三个部分中间，分别象征我们的语言、思想和行为，因为口是语言的象征，心是思想和意图的象征，手是行为的象征，而幸福与这三个部分相关。[184] 当我们的思想和语言相对应，我们的行为和意图相吻合的时候，生活就值得赞美，就是完善的；但若它们相互冲突，生活就是不完善的，该受谴责的。如果人没有忘记维护这种和谐一致，他就会蒙神的喜悦，就会既爱神又为神所爱。所以，与刚才说的话完全一致，经上提出的是这一启示：“你今日认耶和华为你的神；神今日认你为他的子民。”②[185] 这种互换是非常荣耀的，

① 参见《申命记》30：11—14。“我今日所吩咐你的诫命不是你难行的，也不是离你远的。不是在天上，使你说，谁替我们上天取下来，使我们听见可以遵行呢，也不是在海外，使你说，谁替我们过海取了来，使我们听见可以遵行呢，这话却离你甚近，就在你口中，在你心里，使你可以遵行。”

② 参见《申命记》26：17—18。“你今日认耶和华为你的神，应许遵行他的道，谨守他的律例，诫命，典章，听从他的话。耶和华今日照他所应许你的，也认你为他的子民，使你谨守他的一切诫命。”

人渴望事奉存在者，而神也不拖延，立刻把向他恳求的人视为自己人，希望他真诚地事奉自己。这位真正的仆人和乞援者，尽管在数量上只是一个人，但在实际价值上，被神选中的他相当于全体选民，在价值上相当于整个民族。[186] 在自然中，情况也是这样。舵手在船上的重要性相当于全体船员，将军在军队中的价值相当于所有士兵，因为要是他倒下了，失败就不可避免，整支军队就会被消灭。所以，这件事情也一样，依据整个民族的价值，这位贤人能够保存他自己的价值，因为虔诚的壁垒在保护他，使他坚不可摧。

论出身高贵

【35】[187] 这也表明，那些把出身高贵赞扬为最大恩赐以及其他重大恩赐之源泉的人不应当受到相应的谴责，这是因为，首先，他们认为那些世世代代富贵和显赫的人是高贵的，尽管他们引以为豪的祖先并没有在充裕的财产中寻找幸福。真正的善物不能在任何外在事物中找到家园，不能在有形体的事物中找到家园，甚至也不能在灵魂的各个组成部分找到家园，而只能在灵魂有主权的部分找到家园。[188] 神在仁慈和善良的时候，也想在我们中间建立善者，但他在大地上找不到比理智更有价值的神庙，而只有在理智中，善者才能得到更好的供奉，尽管有些从来没有进行过尝试，或者只是啜饮智慧的人不相信。金银财宝、荣誉声望、高官厚禄、身体俊美，这些东西就好像那些受日常生活支配的人，与事奉美德女王的人相比，他们从来没有看到过它充分闪耀的光明。[189]由于高贵是清除了污点的心灵的特殊部分，我们必须把高贵这个名称只给予节制和正义，哪怕它们的父母是奴仆，无论是家养的奴隶，还是买来的奴隶；但对善良父母的邪恶子女而言，这个部分必须关闭。[190] 因为愚蠢没有家园，没有城邦；愚蠢被逐出美德，而美德正是睿智的本土。由于愚蠢不可避免地和卑贱一起来到，所以尽管它的祖父或祖先的生活是清白的，但它习惯把高贵当做陌生人来对待，在它自己和高

贵之间，在言辞和行动两个方面，设下一道鸿沟。[191]邪恶不仅不能高贵，而且实际上，我看得很清楚，它们全都是高贵在道德上的敌人，因为它们毁灭了祖先的威望，使之失去光泽，最后使这个家族的光明和荣耀湮灭。

【36】[192] 我想，就是由于这个原因，当儿子表现出来的邪恶压倒了父母在他们身上种下的亲情的时候，那些对儿子充满深情的父亲会剥夺儿子继承家产的权利，不让他们回家。[193] 通过其他事情，我说的这些话的真实性很容易认识。如果一个人的眼睛不能看了，他祖先的敏锐视觉能帮助他看见吗？如果他的舌头麻痹了，他的父母或祖父的好嗓子能帮他更好地表达自己吗？如果由于长期患病而衰弱不堪，他的家族创建者的健壮体格和勇猛精神能使他恢复活力，能使他成为奥林比亚赛会，或者其他伟大赛会的胜利者吗？他们的身体仍旧会像过去那样虚弱，无法靠碰运气来改善。[194] 以同样的方式，公正的父母无助于不公正者，节制的父母无助于不节制者，一般说来，善良的父母无助于邪恶者，法律也无助于那些破坏法律者，法律的存在为的就是要惩罚他们，而那些真诚地追随美德的人的生活可以被称做不成文的法律。[195] 然而，我想，如果像塑造人形一样塑造高贵，神会面对那些反叛者的后代，对他们说出这样的话："在由真理主持的法庭上，亲情不仅要通过血统来衡量，而且也要通过行为和追求的一致程度来衡量。而你的实践与此正好相反。我珍视的东西你深怀敌意，我视之为敌的东西你却热爱。在我眼中，节制、真实、控制情欲、朴素、无罪是荣耀的，而在你眼中它们是可耻的。无耻、虚假、情欲不受控制、虚荣、罪恶是我的敌人，而对你来说，它们是你最亲密的朋友。[196] 通过你自己的行为，你使自己成了陌生人，但你为什么要用一个似是而非的名称，伪善地称自己是我们的亲人？我不能忍受骗人的技艺和聪明的诡计。要发明聪明的话语对任何人来说都很容易，但要把坏品德改为好品德不是一件易事。[197] 这些事情就摆在我面前，我现在把它们视为敌人，将来也会这么看；那些对我持有敌意的人，我也会对他们表示不满，我对他们的责备胜过对那些出身不高贵的人的责备。他们可能会承认自己并没有卓越的美德，但你要忍受责备，因为你来

自足以自豪和荣耀的伟大家族。尽管你这边有良好的模范，确实有与你出身几乎相同的伙伴，但你决不会有意复制他们的任何优点。”［198］他认为高贵取决于获取美德，美德的拥有者才是高贵的，而非父母高贵子女就是高贵的，这一点有许多事例可以表明。

【37】［199］比如，谁会否认那位土生者的儿子具有高贵的出身，是出身高贵的子女的先觉者？他们命中注定生来要比他们的后代杰出，人类的始祖生育了他们的后代，最先的那名男子和那名女子来到一起交媾而生儿育女。然而，在他们的后代中间，年长的没能避免杀害年幼的，犯下弑兄这种最该遭受诅咒的罪行，最先用人的鲜血玷污了大地。［200］他的灵魂表现得如此卑贱，所以，高贵的出身对他能有什么好处，关注人间事务的神看到他犯下的罪行，非常痛恨，对他进行惩罚以后把他赶了出去。这种惩罚是这样的。神没有马上杀死他，因为这样的话他对要承受的痛苦就会毫无知觉，而是把他的死罪悬置起来——使死亡自身感受到一连串的悲伤和恐惧，让他充分理解他所处的最邪恶的困境的可悲。［201］后来，在最高贵的人中间有一个人特别圣洁，他是圣典的制定者，他的虔诚应当在圣书中记载。大地上发大洪水的时候，城市都被淹没了，哪怕是高耸入云的山峰也没入水中，只有他和他的家人得救，这是对他无法超越的高尚美德的奖赏。［202］然而，他的三个儿子分享着父亲的恩惠，其中有一个伺机责备那些保全父亲体面的儿子。他轻视和嘲笑不自觉地赤身而卧的父亲，并且告诉他的兄弟，由此给生养他的父亲带来耻辱。所以，他并没有从他荣耀的出身中得到什么好处，因此受到咒诅，这一点成为他作为继承人而遭遇不幸的来源，与这个不考虑荣耀父母的人相配的就是这种命运。①［203］然而，我们为什么要提到这些事

① 参见《创世记》9：20—25。“挪亚作起农夫来，栽了一个葡萄园。他喝了园中的酒便醉了，在帐篷里赤着身子。迦南的父亲含，看见他父亲赤身，就到外边告诉他两个弟兄。于是闪和雅弗，拿件衣服搭在肩上，倒退着进去，给他父亲盖上。他们背着脸就看不见父亲的赤身。挪亚醒了酒，知道小儿子向他所作的事，就说，迦南当受咒诅，必给他弟兄作奴仆的奴仆。”

情，却漏掉那个最先从地上的尘土中出生的人呢？他的出身无比高贵，其他任何凡人无法与之相比，神这位伟大的雕塑家用圆满的技艺亲手塑造了这个人的身体，他的灵魂不是来自其他被造物，而是来自神的气息，神依照凡人的本性所能承受的限度向这个人输出他自己的权能，不是吗？在这里我们不是有了一种对高贵出身的超越吗，其他任何著名事例都无法与之相比。[204]他们的声望取决于他们祖先的好运，但是他们的祖先是凡人，是会衰老和死亡的生灵，所以他们比较幸福的经历是最不确定的，短暂的。他的父亲不是凡人，而是永恒的神，在一定意义上他的形像就是在他灵魂中处于统治地位的心灵。[205]尽管他应当使他的形像不受污染，尽可能遵循他父母的美德，但当相反的东西摆在他面前供他选择的时候，善与恶、荣耀和卑贱、真实与虚假，他很快就选择了虚假、卑贱和邪恶，踢开了善良、荣耀、真实，及其自然的后果，因此他用不朽交换了可朽，放弃了他的幸福，走上了一条辛苦和不幸的易行之路。

【38】[206] 这些例子可以作为一个标志提醒所有人，那些不具有真正美德品性的人不应当为其种族伟大感到自豪。但是，除了这些共同的例子，犹太人还有其他具体事例。因为，在这个种族的创建者中间，有些人没有从他们的祖先那里得到美德上的好处，被证明是有罪的，应受谴责，可以定罪；如果不由其他法官定罪，那么无论如何也可以由他们的良心来定罪，这是唯一不会被演说家的花言巧语引入歧途的法庭。[207] 这位父亲，娶了三位妻子，生了许多孩子，不是为了满足淫欲，而是为了生养众多，使家族繁荣。在他众多儿子中，只有一个儿子可以继承遗产。而其他所有儿子都不能表现出健全的判断，没能再现他们父亲的品质，于是都被打发走了，他们的高贵血统被切断了。①[208] 还有，被指定为继承人的这个人生了双胞胎儿子，但兄弟俩长得一点儿也不像，无论是身体还是性情（除了双手，但只是

① 参见《创世记》25：5—6。“亚伯拉罕将一切所有的都给了以撒。亚伯拉罕把财物分给他庶出的众子，趁着自己还在世的时候打发他们离开他的儿子以撒，往东方去。”

为了做出一个特殊的行为）。[1] 因为这位弟弟孝顺父母，赢得了神的青睐和赞扬，而这位哥哥不孝顺，放纵自己，不约束肚腹之乐和身体下部的情欲。在这些因素的影响下，他把长子的名分卖给了他的弟弟，尽管他马上就后悔了，想要他弟弟的命，他关心的事情就是以这种方式给他父母带来悲伤。[209] 所以他们给这位弟弟祝福，让他在所有儿子之先得着福分，祈求神赐福与他，让所有祈福应验。他们对年长的哥哥抱着同情，让他事奉他的弟弟，他们正确地认为，让傻瓜当自己的主人是不妥的。[2][210] 确实，如果他安心忍受这种事奉，那么他会得到次一等的奖赏，因为他在道德上是勇敢的。然而，由于他生性倔强，摆脱卓越美德对他的支配，他给他自己和后代带来了沉重的责罚，所以，他的生活根本不值得记载，这就清楚地表明，对那些不配高贵的人来说，高贵没有价值。

【39】[211]这些人都属于犯了错误的那一类人，是善良父母的邪恶子女，他们没有从他们父母的美德中得到什么好处，而是从他们心灵的邪恶承受无限的伤害。但是，我可以举例说明其他相反类别的人，比较好的人，虽然他们的祖先是罪人，但他们自己的生活值得效法，这方面有许多良好的报道。[212]从血统上说，古代的犹太人大多数是迦勒底人，他们是占星家的儿子，其中有人研究了这种知识，他们认为星辰、天穹和宇宙都是神，神就是这些落到每个人头上或好或坏事件的创造者，除了我们用我们的感官可以察觉的事物以外，不存在所谓最初的原因。[213] 首先，灵魂中完全缺乏高贵和有关的知识，还有什么东西能比这更加悲伤或者更能加以证明；其次，被造物只能引导灵魂蔑视"唯一者"、"最初者"、"非被造者"、"万物的创造者"。那么，这里所说的连人的理智都无法包含的最卓越的品德是什么呢？[214]

---

① 参见《创世记》27∶16，23。"又用山羊羔皮包在雅各的手上和颈项的光滑处，""以撒就辨不出他来。因为他手上有毛，像他哥哥以扫的手一样，就给他祝福。"

② 参见《创世记》27∶27—29。"他就上前与父亲亲嘴。他父亲一闻他衣服上的香气，就给他祝福，说，我儿的香气如同耶和华赐福之田地的香气一样。愿神赐你天上的甘露，地上的肥土，并许多五谷新酒。愿多民事奉你，多国跪拜你。愿你作你弟兄的主。你母亲的儿子向你跪拜。凡咒诅你的，愿他受咒诅。为你祝福的，愿他蒙福。"

抱着对真理的知觉、在神的激励下，他离开了祖国、民族和家园，他知道如果停留在对多神论信条的妄想之中，就不可能发现“唯一者”，而只有它是永恒的，是万物之父，无论是知性的事物还是感性的事物；但若他搬走了，这种幻觉就会从他的心灵中消失，虚假的信条就会被真理取代。[215] 还有，与此同时他心中仍旧充满希望，想要知道存在者，而神圣者会屈尊给他警告。有神圣者的指导，他的步伐决不会犹豫不决，他会热情地寻求“唯一者”；他也不会停顿，直到更加清楚地察觉到远像，不是关于神本质的远像，这是不可能的，而是关于他的存在和天命的远像。[216] 然而，他是第一个谈论神的人，[①] 因为他信神，他第一个掌握了坚定不移的真理的概念，知道有一个高于一切的原因，它是这个世界的原因，也是位于这个世界之内的一切事物的原因。获得了信仰这种最确定的美德，他也就获得了其他各种美德，所以在他定居的那个地方，他被当做国王，[②] 这不是因为周围环境，而是因为他有一颗伟大的灵魂，他的灵是一位国王的灵。[217] 他们确实尊敬他，就像臣民尊敬统治者，对他伟大而又圆满的本性充满敬畏。因为他寻求的社会和他们寻求的社会不一样，他更多地处于灵感之下，这也使得他更加令人敬畏。每当他被圣灵凭附，他身上的一切都会变得更好，双眼、面色、身材、马车、运转、声音。因为圣灵从高处吹向他，在他灵魂中居住，被异常美的身体包裹，他的声音有说服力，他的听者有理解力。[218]你不是说，这位没有亲戚朋友的孤独的流浪者具有最高贵的品性，渴望与神结亲，努力用各种办法生活在神的大家庭中，他位列先知高位，不相信其他被造物，只相信非被造者和万物之父，如我所说，他在那些定居者中间被当做国王，他的这种王权不是通过武器获得的，也不是通过强大的军队获得的，就像其他有些人那样，而是凭着神的拣选，凭着他是美德之友，神用至高无上的力量奖赏虔诚的热爱者，使他们周围的人得利，不是吗？[219] 他是所有高尚的

---

① 参见《创世记》15：6。“亚伯兰信耶和华，耶和华就以此为他的义。”

② 参见《创世记》23：6。“你在我们中间是一位尊大的王子。”

改宗者的标准，在一块比较好的土地上定居，在一个共同体中过着真正有活力的生活，以真理为其向导和统领，而他们抛弃了陌生的律法，以及卑贱而又古怪的习俗，这种习俗把神圣的荣耀赋予木头、石头和无灵魂的事物。

【40】[220] 具有这种高贵性，不仅男人渴望得到神的喜爱，而且女人也是这样，尽管她们会忘掉规矩；这种无知使她们荣耀凡人制造的东西，君主政体的原则在学校里就可学到，而整个世界受这条原则统治。[221] 他玛是一位妇女，来自巴勒斯坦的亚兰，在一个承认众神、充满偶像和木制雕像的家庭和城邦里长大。① 随着时间流逝，她能在黑暗中瞥见一丝真理的光芒，冒着生命危险逃向虔诚的营地，她不在意能否存活，就好像她过的生活不是好生活。她认为这种好生活除了是“伟大原因”的奴仆和乞援者以外，其他什么也不是。[222] 尽管她轮流与两兄弟同房，而两兄弟都是坏人，她与哥哥同房是把他当做丈夫，她与弟弟同房是在尽律法规定的义务，② 因为哥哥没有留后，但无论如何，她实际上过着贞洁的生活，能够赢得好名声，所有追随她的人都可以追溯这些善，这些善就是高贵最初的源泉。尽管她是外邦人，但无论如何她是自由人，有自由人的血统，这一点可能没人注意。[223] 这些女人出生在美索不达米亚，③ 而到了巴比伦，她们是有钱人出嫁时陪嫁的使女。④ 当她们被判定应当与这个贤人同房时，她们起初作为侍妾，不再被当做使女，但她们的实际地位与她们的女主人几乎相等，确实难以置信，这位女主人竟然把她们提升到和自己相同的尊严地位。⑤ 这是因为，妒忌在贤人的灵魂中没有找到家园，也就不能与他者分享它们的好东西。[224] 使女生的出身卑贱的儿子与合法妻子生的儿子得到同样的对待，不仅从父亲那里，父亲可以对不同母亲生的不同子女同样温和，让他的父权在所有子女身

---

① 参见《创世记》38：6 以下。

② 参见《创世记》38：7 以下。

③ 即拉班之家，参见《创世记》24：10。“那仆人从他主人的骆驼里取了十匹骆驼，并带些他主人各样的财物，起身往美索不达米亚去，到了拿鹤的城。”

④ 参见《创世记》29：24。“拉班又将婢女悉帕给女儿利亚作使女。”

⑤ 参见《创世记》30：4。“利亚见自己停了生育，就把使女悉帕给雅各为妾。”

上延续，也从那些后母那里得到承认。[225] 他们在自己身上排除了仇恨后母生育的孩子，用一种格外的热情来取代，为了他们的利益荣耀他们的后母，就像对他们的生母一样，而非婚生的子女会回报她们的善意。他们之间，尽管按血统来说只是半个兄弟，但他们并不认为相互之间只能有一半的亲情，而是表现出双重增加，既爱对方，又被对方所爱；这种关系迅速弥补各种缺陷，使整个家庭统一，使家庭成员情感日增。

【41】[226] 所以，有些人把高贵设定为他们自己最宝贵的财产，对这种说法我们一定不要绝对加以排斥，这种高贵属于其他人，这些人与我们刚才提到的人不同，可以视为犹太人的敌人，这种高贵也是世界各地每一个人都拥有的，不是吗？说他们是我们这个民族的敌人，那是因为他们让他们的同胞相信他们祖先的美德，蔑视那种要过一种健全和稳定生活的想法。说他们是一般民众的敌人，那是因为如果说他们的父母和祖父母在道德上无可指摘，甚至抵达道德上的高峰，那么他们的高贵对此就没有什么帮助了。[227] 我确实怀疑，如果能够提出比这更加有害的教义，那么正义的复仇就不会追随善良父母的孩子，如果他们变成恶人，对邪恶者的善良子女的奖赏也不会成为荣耀，由此与律法冲突；律法根据每个人自己的功绩来评价，在对他进行赞扬或惩罚时不会考虑他的亲属的美德或邪恶。

论 赏 罚

提 要

本文的希腊文标题是“ΠΕΡΙ ΑΘΛΩΝ ΚΑΙ ΕΠΙΤΙΜΙΩΝ”，意为“论奖赏与惩罚”，英译者将其译为“On Rewards and Punishments”，本文的拉丁文标题为“De Praemiis et Poenis”，缩略语为“Praem.”，中文标题定为“论赏罚”。原文共分 29 章（chapter），172 节（section），译成中文约 2.6 万字。

文章开头对摩西律法书作评价（1—3 节），指出有些人遵守律法，有些人轻视律法，由此引出主题：奖赏顺服律法者，惩罚违抗律法者。圣经历史书中的描述可以分为个人、家庭、群体、城邦、国家、民族、区域等层次（4—7 节）。

第一部分（8—78 节）谈论给予个人的奖赏。第一个不完善的三一体由以诺士、以诺、挪亚组成，分别代表希望、悔改、公义。希望是人的全部努力的动因，信神是其唯一真正的形式（8—13 节）。希望者以诺士的奖赏是他这个名字，意思是他是一个真人（14—15 节）。以诺的悔改得到的奖赏是逃离反叛的身体，得到一个新家和过一种独立的生活（16—21 节）。义人挪亚从大洪水中得拯救，成为新人类的创始人（22—23 节）。第二个三一体是亚伯拉罕、以撒、雅各，它代表鄙视虚妄的真正的宗教（24—27 节），教训者亚伯拉罕学习信神，给他的奖赏是信念（28—30 节）。自学者以撒对神的所有天命感到喜乐，给他的奖赏是喜乐（31—35 节）。实践者雅各寻求看见神，根据他的工作推论他的本性，给他的奖赏是异象，这一点从他的名字也可推论出来（36—46 节）。“麻痹阴私部位”象征他的灵性品质（47—48 节）。概述这些教训（49—51 节），指出我们一定不要忘记摩西和给他的四重奖赏：王权、立法、先知、祭司（52—56 节）。亚伯拉罕和以撒的家庭包含某些卑劣的成员，只有雅各的子孙配得上奖赏，他的子孙有十二个支派，以此为基础扩张为一个伟大的民族（57—62 节）。从这三个家庭可以得出教训，也可以视之为灵魂的三种类型（63—66 节）。接下去转为讨论惩罚，提供两个例子：第一，对个人的惩罚，例子是该隐，他受到的惩罚是一直处于垂死的状态，但不是死亡，在这种状态下喜乐被消除，只有永久的悲伤和恐惧（67—73 节）；第二，对家族的惩罚，例子是可拉族长时期的利未人的反叛。由于原文佚失，没有提到对他们的惩罚（74—78 节）。

第二部分（79—126 节）谈论给义人的应许和赐福。不仅要聆听这些律法，而且要执行这些律法（79—84 节）。第一项赐福是战胜敌人。敌人有两种：野兽和人。人变得善良时会回避战争，野兽也会变得温顺（85—92 节）。战争不会到来，若有人疯狂地发起进攻，也会被挫败，良好的政府会建立起来（93—97 节）。第二项赐福是财富，圣经有许多段落描写财富的充裕（98—107 节）。第三项赐福是长寿，指出善良生活是真正的长寿，神可以召回人的灵魂，正如神应许召回忏悔的流放者（108—117 节）。第四项赐福给予身体，应许身体可以不生病，善良的心灵可以在身体里休息和思想（118—126 节）。

第三部分（127—172 节）讨论惩罚或诅咒，内容上密切追随《利未记》和《申命记》。第一种惩罚是灾荒，自然或敌人摧毁各种庄稼（127—133 节），饥荒导致人吃人，即使自杀都不能逃过这种劫难（134—136 节），遭受种种不幸的奴役（137—140 节），这种惩罚不仅针对土地，而且针对所有行业（141—142 节）。作为惩罚的有身体的各种疾病（143—146 节），战争，痛苦，野兽的恐怖，城邑的毁灭和荒芜；与此同时，有许多人改变宗教信仰，因此带来拯救的不是种族，而是顺服（147—152 节）。然后谈论安息日和安息年，指出否定安息日和安息年是错误的，恪守安息日和安息年将产生一个更好的种族（153—158节）。“无丈夫的她有许多子女”，这句谚语可以用来解释灵魂抛弃罪恶，产生美德（159—161节）。最后，给这个民族的应许，这个民族的生活将得到更新，重新繁荣昌盛，超过以往（162—168节）。诅咒会落到逼迫者头上，他们会发现自己的胜利是暂时的，他们藐视的这个种族拥有一颗种子，会从中生发新的生命（169—172节）。

正 文

【1】[1] 通过先知摩西传递的神谕有三种：第一种涉及创世；第二种涉及历史；第三种涉及立法。有关创世的故事讲得很完整，与神圣的主题非常相配，它始于天的生成，终于人的塑形。天是不朽事物中最完善的，人是可朽事物中最完善的，不朽的存在者和可朽的存在者都是原初的组成部分，造物主从中创造出这个世界，先创造一个组成部分，让它发布命令，然后再创造另外一个组成部分。[2] 历史这部分是对善的和恶的生活的记载，也还记录每一世代对二者的审判，一个得奖赏，另一个受责罚。律法这部分也分为两个部分：一个涉及比较一般的主题，另一个涉及的主题包括具体的法规。一方面，我们知道有十个标题或者概述，它们不是通过某个人传下来的，而是在高天之上形成和发出的声音；另一方面，神谕中的具体法规通过先知之口提供。[3] 所有这些内容以及他指定给和平与战争的其他美德在以前的文章中已经作了尽可能详尽的讨论，现在我要适时开始讨论善人和恶人分别能够期待的奖赏和惩罚。[4] 对他政体中的公民进行了温和的指导和劝告，以及比较严厉的警示和告诫以后，他号召他们把所学到的东西付诸实践。可以说，他们进入了神圣的竞技场，打算在比赛中展示他们的风采，最终让他们的真诚得到确定无疑的考验。[5] 所以我们看到，真正的美德运动员不会让训练他们的律法希望落空，而那些没有男子汉气概的灵魂因天生的软弱而衰败，没等到有什么强壮的对手前来征服，他们就已经倒下，不但自己蒙羞，也成为观众的笑柄。[6] 因此，前者得以享受奖赏、赞美，以及给予胜利者的所有奖励，而后者不但没有带着冠冕离开，而且带有失败的耻辱，比那些参加体育竞赛的人更加可悲。因为那些运动员的身体弯曲以后，可以轻易地再次直立。而这些人的整个生命都跌倒了，一旦覆灭，就不可能再站起来。[7]他提出有关特权和荣耀的教训，而有关惩罚的教训，他按序排列和论述，从个人、家庭、城邦、国家、民族，直到大地上最广阔的区域。

【2】[8] 我们首先必须考察有关荣耀的教训，这些教训更加有益，也更加悦耳动听，我们将从给予每个具体个人的荣耀开始。希腊人说，远古时候的英雄特里普托勒摩① 乘着长翅膀的巨龙从空中向整个大地播撒谷物种子，好让人类有一种既有营养又非常可口的食物，代替原来的橡树子。然而，这个故事与其他许多相似的故事一样，只是神话传说而已，可以留给那些猎奇者去玩味，不过他们培养出来的不是智慧而是诡辩，不是真理而是欺骗。[9] 起初创造万物的时候，神事先就叫大地出产，为一切有生命的活物，尤其是为人类，准备必不可少的给养，因为祂把主权赋予人类，叫他们统治一切土生的活物。神的工没有一样是后来做的，所有看起来后来由人的技能和劳动所完成的事情，其实早已根据自然的预见有所预备，是半成品，由此可以公正地说学习就是回忆。[10] 但这不是我们现在要讨论的要点。我们要考虑的是造物主栽种在理性灵魂这块富饶土地上的最具生命力的种子。[11] 最先种下的是希望，这是引导我们生活的源头。希望获得利益，商人努力掌握多种赚钱方式。希望顺利航行，船长穿越浩瀚的大海。希望得到荣耀，有野心的人选择政治生涯，处理公共事务。希望得到奖牌和冠冕，运动员刻苦训练，参加竞技比赛。希望获得幸福，促使美德追求者努力学习智慧，相信只要这样做就能识别一切存在物的本性，就能按照自然本性行事，给他们带来最好的生活方式，沉思的和实践的生活，这种生活必定使他们成为幸福的拥有者。[12] 不过，有些人对待希望的种子就像对待战争中的仇敌，把它们放在他们点燃的灵魂邪火里焚烧；或者像漫不经心的农夫那样懒惰懈怠，任凭种子自行灭亡。还有一些人似乎把种子照看得很好，但倾向于独行专断，而不是虔诚，以为他们自己就是他们所取得的一切成就的源泉。[13] 所有这些人都应当受谴责。只有把希望寄托于神的人才是值得称颂的，神不仅是他存在的源泉，也是使他远离伤害和毁灭的唯一力量。那么，在这样的比赛中得着胜利桂冠的人可以得到什么奖赏呢？这就是成为这样的存在者，

① 特里普托勒摩（Τριπτόλεμος），希腊神话人物，半人半神的英雄。

其本性是可朽与不朽的复合体，甚至成为人，但这个人不是那个胜利者本人，而是另外一个人。[14] 他的希伯来名字是“以挪士”，译成希腊文就是 ἄνθρωπος，或者人，他以人这个类名词作为个人的名字，这是一项特别荣耀的奖赏，也包含这样的意思，人若不把希望寄托于神，就根本不能视之为人。

【3】[15] 希望得胜之后举行第二场比赛，悔改成了这场比赛的冠军。悔改不具有那种始终停滞不前、一成不变的本性。它已经陡然充满狂热的愿望，想要改邪归正，渴望离开天生的贪婪和不义，转向清醒、公义和其他美德。[16] 悔改也在抛弃卑劣和选择卓越中赋予它的双重成就以两种赏赐。这些奖赏就是得到一个新家和一种孤独的生活；因为他在说到那个逃离反叛的身体、加入灵魂的力量的人时说：“他就不见了，因为神使他变了形。”[17] 这里说的“变形”显然就是指新家，而“不见”指的是孤独的生活。二者也是相互关联的。如果一个人真的开始鄙弃享乐和欲望，完全真诚地下决心，想要超越一切激情，那么他必须准备改变居所，义无反顾地离开本家、本国和亲戚朋友，绝不回头。[18] 因为亲情的吸引力是非常强大的。我们可以担心，如果他待在原地，就有可能被剪除，被周围众多美色俘虏，必定会想起以前的许多场景，使那些已经摒弃了的陋习故态复萌，使那些原本应当彻底忘却的东西又重新生动地显现。[19] 事实上，许多人在离开他们的祖国以后拥有了比较聪明的心灵，只要不让他们再看见享乐的场景，切断激情的诱因，就能治愈他们狂野炽热的欲望。而要隔离他们的视线，就要让他们在空旷的地方行走，因为这样的空间才不会出现享乐的刺激物。[20] 再说，如果他改变住所，他肯定会避免参加众人的聚会，喜欢孤独。当然了，就算是在异国他乡，必定也像在家乡一样，会有许多陷阱，而那些目光短浅的人仍旧会以参加大型聚会为乐，肯定会受困于此。须知，人群就是一切混乱不堪和应受责备的事情的别名，而与人群为伍对初来乍到的定居者的美德是极为有害的。[21] 正如大病初愈、身体羸弱、体力尚未完全恢复的人很容易重新垮下来。同理，灵魂刚刚变得健全的人的心灵肌腱非常虚弱，

此时若与愚拙者为伍，必会诱发激情，灵魂就有重新被激情控制的危险。

【4】[22] 悔改赢了这场比赛以后，会给公正颁发第三样奖赏。抵达公正的人获得两样奖赏，一样是在众生毁灭时得救，另一样是受委托管理和保护各种动物的样本，每种动物一公一母，以便在第一代遭受灭绝以后能繁衍第二代。[23] 造物主断定要由此人来终结恶人、开始清白的世代，这样做是好的，是在用实际行动而不是口头话语教训那些不承认世界是按照神旨来管理的人，好叫他们知道，依据他按照宇宙本性所制定的律法，人若是过着不公正的生活，哪怕人数众多，种族繁杂，其价值还不如一个不曾抛弃公正的人。在这个人生活的时代曾经发大洪水，他的名字在希腊语里叫丢卡利翁[①]，在希伯来语里叫挪亚。[24] 在这个三一体之后会出现另一个更加圣洁、更加亲近神的三一体，全都属于一个家族。父亲、儿子和孙子追求同一个生活目标，也就是要成为造物主和万物之父悦纳的人。对于众人所仰慕的东西，荣誉、财富和享乐，他们一概鄙视和讥笑为虚妄，认为那只是谎言编织成的罗网，是欺骗者持有的诡计。[25] 虚妄是一个骗子，是一种巨大而可怕的侵略武器，它神化无生命的东西，用诡计蒙骗每一座城邑，不失时机地捕捉年轻人的灵魂。它从人刚出生的婴儿时期就开始住在他们的灵魂里面，直到老年。它在里面扎根，唯恐真理之光会照耀他们，真理就是虚妄的对手。虚妄在真理面前退缩，尽管是缓慢的、不甘心的，但它最终必然会被高尚的权能击溃。[26] 这样的人虽然很少，但他们有多种能力，力量强大，甚至在大地上没有一个地方能够容纳他们，所以他们带着一种深切的渴望直抵天庭，进入沉思，想要永远与神圣事物相伴。全面考察整个可见世界以后，它直接进到无形体的理智世界，不是委身于任何感觉器官，而是抛弃灵魂的一切非理智部分，只使用那被称为心灵和推理的部分。[27] 在接受神圣信条的过程中，这位领袖第一个摒弃虚妄，走向真理，凭着从教训中得来

① 丢卡利翁（Δευκαλίων），希腊神话人物，普罗米修斯和克吕墨涅之子，皮拉的丈夫。

的美德使自己圆满，由于信神而得到奖赏。他生来就有快乐的天性，他的美德不是从别人那里听来的，也不是从别人那里学来的，更不是别人所教的，而是他本性中拥有的，快乐就是对他的奖赏。这位实践者不知疲倦、坚定不移地辛劳着，使自己成为卓越者，为自己赢得冠冕，得见神的面。相信神、终生喜乐、永远得见存在者的面，还有谁能设想比这更加有益或者更加令人敬畏的事情呢？

【5】［28］不过，让我们仔细观察这些东西，不要被名称误导，而要睁大眼睛，探索它们的全部含义。这个忠诚地信神的人已经学会了不相信其他一切，凡是被造的事物都只能走向灭亡，理智和感觉在他身上大声地肯定自身。这两种力量各自设有会堂和法庭，它们在那里履行视察之责，一个考察理智的对象，另一个考察感觉的对象，一个追求真理，另一个以意见为目标。［29］意见显然是不稳定的、反复无常的，因为它们来自事物的表象，貌似有理，实则不然；而每一种表象都以其蒙蔽人的相似性来歪曲原型。理智是感觉的主人，它认为自己的职责是判断抽象的东西，亦即始终保持同一状态的事物，不过，它在许多问题上都面临极大的困难。当它开始艰难地对付大量具体问题的时候，它就变得无能为力、筋疲力尽，就像运动员遇到强大的对手而轰然倒下，被大力所征服。［30］然而，信神的人不仅凝视并超越有形的事物，还超越无形的事物，把神作为他唯一的终点，并有果断坚定的心智，以及永不松懈的信心为后盾。这样的人必定是真正快乐的人，必得三重祝福。［31］信心之后的奖赏专门留给那些没有经过争战、完全从自然本性中获得美德的胜利者。这种奖赏就是喜乐。因为他的名字用我们的语言来说就是喜笑，而在希伯来语中称做以撒。喜笑是心灵里面看不见的喜乐的外部身体特征，喜乐实际上是比较高级的情感中最优秀、最高尚的情感。［32］通过这种情感，灵魂浸淫在轻松愉悦之中，以万物之父和造物主为乐，也以祂所行的一切为乐，因为祂所行的一切中没有丝毫邪恶，尽管它们并不导致自己的快乐，但有助于保持现存的一切，所以值得为之而乐。［33］医生在处理严重而危险的疾病时，有时会切除身体的某些部分，希望能够保障

身体其他部分的健康；船长在风暴来袭时会把货物扔出船外，以保证旅客的安全。无论是医生的截肢，还是船长抛弃财物，都不会有人指责。相反，二者都受到称赞，因为它们关心的是有益而不是享乐，这样做是对的。[34] 同理，我们必须始终敬仰无所不包的自然本性，欣然接受它在宇宙里的所作所为，它们原本没有任何恶意。摆在我们面前的问题不是这些事情是否能使我们个人高兴，而是宇宙这驾马车或大船是否得到正确的引导，安全行驶，就像一个秩序井然的城邦。[35] 所以他也会得到祝福，一点儿也不会比第一人少。他从来不知忧愁和沮丧，他的日子自由而又快乐，全然没有恐惧和悲伤，生活的艰辛和恶劣对他不发生任何作用。他连做梦都是快乐的，因为他的灵魂的每一个角落都已经被喜乐占据。

【6】[36] 这个人自学以后，凭着自然的恩赐，第三个抵达完满，他就是实践者，得到看见神的特殊奖赏。他涉及了人类生活的方方面面，对它们有了真诚的了解和把握，从不逃避发现真理需要付出的艰辛和面对的危险，他的寻求与这种爱完全相配，他发现位于黑暗之中的可朽的东西也广泛分布于地上、水中、低空和以太。在他看来，以太和整个天空与黑夜相似，整个可感世界没有确定的界限，所以不确定与黑暗密不可分，甚至可以说它们就是俩兄弟。[37] 早年的时候，他的灵魂之眼还是闭着的，随着他的不断努力，他的灵魂之眼渐渐开启，最后终于拨开笼罩在眼前的迷雾。因为突然有一束比以太更加纯粹的无形体的光照耀在他身上，显现出由驾驭者主宰的理智世界。[38] 这位驾驭者被纯净的光束环绕，他的视线无法看见，也无法推测，因为眼睛被炫目的光线照耀会什么也看不见。然而，尽管眼睛被火一样的光线湮没，但他的视力仍旧保持难以言说的切慕，渴望看见异象。[39] 天父和救世主察觉到他真诚的切慕，出于怜悯，赐给他力量，使他的视力具有穿透能力，并且毫不吝啬地允许他看见自己的脸，这当然只能在可朽的、被造的本性所能接受的范围内看见。因此这异象只显示了祂在，而没有显示祂是什么。[40] 因为祂比善者更善，比一元更庄严，比单一更纯粹，无法被其他人察觉；得到允许理解神的只有神自己。

【7】[41] 关于祂存在这一事实可以在其实存的名下得到理解，但并非所有人都能领会，或者至少不能以最好的方式领会。有些人明确否认有神这样的东西。有些人则犹豫不决，支支吾吾，说不出究竟是有还是没有。有些人有关神的实存的观念是从习惯中来的，而不是从那些原创者的思想中来的，他们自以为已经顺利获得了宗教，但却任凭这种宗教被打上迷信的烙印。有些人从知识中汲取力量，能够直面万物之造物主和统治者，对从地上到天上的事物抱着同样的看法。进入这个世界，他们如同进入一个秩序井然的城邑，看到大地坚实挺立，高原和低地上都长满庄稼、树木、果子，遍布各类生命被造物；还有，这个世界的表面还分布着海洋、湖泊、江河，春天的小溪，冬天的急流。他们还看见微风宜人，赏心悦目，一年四季按照和谐的秩序进行更替，日月星辰，行星和恒星，整个天空和属天的族类，一层接着一层，而在这天穹中有一个真正的宇宙在自转。[42] 对这些东西他们感到惊讶和敬仰，于是根据所见的一切产生了一种想法，认为所有这些美以及这种超验的秩序都不是自动形成的，而是某个建筑师和世界创造者的作品；还有，他们认为其中必有神意的安排，因为造物主应当照料被造物，这乃是自然的法则。[43] 这些人无疑就是真正可敬的人，优于其他各种类型的人。如我所说，他们借助一架天梯，从地下升到天上，并借助理智和反思从造物主的作品中推断出造物主本身。但是还有一些人，如果有这种人的话，无须借助任何推论过程，能够直接通过神本身领会神，这样的人必定是圣洁的，是真正的崇拜者，是真正意义上的神的朋友。[44] 他在希伯来语里被称做以色列，而在我们的语言里被称做神的先知，在这些人的陪伴下，他看见的不是神的真正本性，如我所说，这是不可能的，而是神的存在。他的这种知识不是从哪个源泉得来的，不是出于地上的或天上的东西，也不是出于各种元素，或者出于可朽者与不朽者的结合，而是出于神的召唤，唯有神愿意向祈援者显明祂的位格。[45] 如何获得这样的路径，可以从一个例子看得很清楚。我们不就是通过感知太阳而看见太阳，通过感知星辰而看见星辰的吗？推而广之，我们不就是通过感知光而看见光的吗？同理，神也是这样，

祂自己就是光，唯有通过祂自己才能看见祂，没有任何合作者或什么东西能帮你完全领会祂的存在。[46] 所以他们只能努力从祂的创造物中辨认那非被造的、创造万物的主，作出快乐的猜测，就像那些试图从二追溯一的本性的人；然而，探求二又应当从一开始，因为它是起点。① 追求真理的人就是那些通过神去想象神，通过光去看光的人。

【8】[47] 他的主要奖赏就说到这里。除此之外，这位实践者还得到另外一个奖赏，这个奖赏听起来难听，但深入思考它的含义，就会发现它卓越不凡。这个奖赏被象征性地称做“阴私部位的麻痹”。“阴私部位”意指傲慢和自大，因为灵魂在错误的方向上过度扩张；“麻痹”就是对傲慢、自高自大、自我膨胀的限制。[48] 使自由放纵、毫无约束的情欲受到限制，麻痹它们的生命力，使之失去功能，这是最有益的事情，这样的话，放荡不羁的激情会渐渐平静，从而为灵魂中较为优秀部分的扩展提供广阔的空间。[49] 还需进一步考虑的问题是：赐予这三人的奖赏个个都显得那么恰当。信心是赐给这个通过教训得以完全的人的，因为学生必须相信他的老师的教导；如若不然，教育一个不信的人非常困难，甚至是不可能的。[50] 喜乐赐给那个借着自然赋予的快乐而达到美德的人。因为良好的能力和自然的天赋是可喜乐的事情。心灵为自己的理智和这种能力的实施而感到欢欣鼓舞，这种能力使它不费吹灰之力就能发现所寻求的东西，如同有一个内在的提词员在口授似的。迅速找到解决难题的办法必定能够带来莫大的喜乐。异象为了那个获得智慧的实践者而出现。[51] 年轻人的职业生活之后的老年人的沉思生活，是最美好、最神圣的生活，这种生活是神派给船只的舵手，祂把舵交给舵手，使之能够很好地引领世俗事务的进程。若无沉思和沉思所带来的知识，任何活动都不可能取得杰出的成就。

【9】[52] 为了能够避免长篇大论，我要提到另外一个人，开始讨论这个主题的下一部分。这个人在一场接一场神圣的比赛中崭露头角，拔得头

---

① 把一等同于造物主，把二比做被造物。参见《论梦》II.70。

筹，成为胜利者。所谓神圣的比赛，我指的不是人们通常所说的比赛，那些比赛不是圣洁的，因为它们对暴力的行为、不法的行为和不公正的行为不是给予严厉的刑罚，而是给予荣耀和冠冕。我所说的神圣的比赛是灵魂必须参加的比赛，以智慧战胜愚昧和狡诈，以节制战胜挥霍和吝啬，以英勇战胜鲁莽和胆怯，还有用其他德性战胜逐一对应的邪恶，这些邪恶不仅与自己不符，与别的邪恶也相互冲突。[53] 诚然，一切美德都是贞洁的，但其中最美好的是虔诚这位公认的舞魁，教导神圣知识的摩西本人在特定意义上拥有这种虔诚，并且凭借它获得大量其他的恩赐，我们在讨论他的生平的著作里已经描述了这些恩赐，亦即四种专门的奖赏：王、立法者、先知和大祭司的职分。[54] 他成为王不是依靠通常的方式，不是依靠军队、武器、强大的战舰、步兵、骑兵的帮助。神凭借祂对下属的自由判断任命他担任这些职分，神使他们心甘情愿地选择祂作为他们的主宰。我们从经上读到，他没有演讲的天赋，① 也没有大量的家产，却成了王，能这样做的只有他一人，他避开盲目的财富，拥抱能看见的财富，而且我们可以毫无保留地认为，他拥有的一切都是神给他的财产。[55] 这个人也是立法者。因为作为一位国王总要命令和禁止，而律法不是别的，就是要求人们去做应该做的事情，禁止人们做不应该做的事情。但由于我们的无知，我们经常责令人们做不该做的事，禁止人们做该做的事，因此，他得到第三种恩赐，即作先知，是完全适当的，这样一来他就可以保持脚步坚定而不跌倒。因为先知就是神的解释者，神从里面提醒他该说什么话，与神同在是永远不会出错的。[56] 他应当拥有第四种职分，即大祭司的职位，使他可以用充实的预言知识敬拜那自存者，这也是恰当的，当臣民们行事端正时，他就为他们献上感恩祭，当他们行事不端时，就为他们祷告、恳求，祈求赎罪。所有这些恩赐都是同类的，它们应当和谐共存，体现在同一个人身上，因为若是缺少其中一项恩赐，他就不能完全担当治理之职，他管理的公共事务就会停滞不前，甚至半

---

① 参见《出埃及记》4：10。摩西说："我本是拙口笨舌的人。"

途而废。

【10】[57] 为个人设立奖赏的问题已经讲够了，但是拥有许多成员的家庭和家族也有自己的奖赏。比如，一个民族分成的十二个支派拥有同样数量的首领，他们不仅出于同一个家族，而且还有更加亲密的关系，因为他们实际上就是同一位父亲所生的兄弟，他们的祖父、曾祖父，还有他们的父亲，都是这个民族的创始人。[58] 第一位创始人从虚妄转向真理，为了更加清晰地看清和追随异象而抛弃骗人的迦勒底星相学；他被异象所吸引，就像铁块被磁石所吸引一样，由此在神的教导下他从文士转变为圣贤；他有许多儿子，但全部都有缺点，只有一个儿子是完全的，所以他就把种族的锚索紧紧地拴在这个儿子身上，在那里找到了一个安全的避风港。[59] 这个儿子也拥有特殊的本性，天生睿智，无师自通。他生了一对双生子。一个儿子狂野放荡，性情残暴，欲望强烈，拿灵魂的非理性部分来与理性部分争战。另一个儿子却正好相反，温文尔雅、行为高贵、举止得体、热爱平等和单纯，追求美好的事业、拥护理性、反对愚拙。[60] 这个人就是第三位创始人，他也生了众多儿女，但其中只有三个得到祝福，在任何方面都不曾遭遇不幸；就像一位快乐的农夫，他看着自己的庄稼安全、健壮，在自己手下长势旺盛，结出硕果。

【11】[61] 这三位创始人的文字故事各自表示一种隐蔽的含义，需要深入考察。每一个接受教训的人在接受知识的时候必然抛弃无知。无知有多种形式，因此说到三位创始人中的第一位，我们说他虽然生了许多儿子，但除了一个儿子以外，其他的都不配作他的儿子。同理，我们也可以说学习者必须敌视和抛弃无知的后代。[62] 还有，我们所有人在理性还没有完全成熟之前必然处于邪恶和美德的分界，不偏不倚。而当心灵完全成熟，见到善者之面并让所见之善渗透到它的生命机能里面的时候，它就可以振翅高飞，自由地飞向那异象，把邪恶这个善的双胞胎兄弟远远抛在身后，邪恶也在飞，但它的方向完全相反。[63] 以此为基础，他说那拥有极高天赋的人是双生子的父亲。因为每个人的灵魂刚诞生的时候，就在自己的肚腹里怀着双生

子，即善良和邪恶，如我所说的那样，都能看到摆在它面前的两种景象，而当它逐渐获得应有的快乐和幸福之后，毫无例外地会倾向于神，绝不会偏向相反的方向，也不会在二者之间摇摆。[64] 如果灵魂再次获得善的本性和良好的教训，还有第三样，按照美德的原则进行实践，这些原则没有一个是易变的、肤浅的，而全都深深地、牢固地刻在灵魂里面，彼此团结、形成一个整体，那么灵魂就赢得了健康，赢得了力量，此外还有优雅端庄的外表和强壮俊美的形体。[65] 这个灵魂通过本性、学习和实践这个卓越的三一体获得大量美德，它里面再也没有空余的地方可以容许别的东西进入；它还生了十二个儿子，十二是六的两倍，这是个完全数，是黄道十二宫的复本，是大地之物增添福泽的源泉。就是这个家庭有安全保障，不受外界伤害，无论从文字还是从寓意来看，它都是完全的、统一的，它所得到的奖赏，如我所说，就是成为这个民族所有支派的首领。[66] 随着时间的推移，这个家庭繁衍成人数众多的家族，建立了繁荣有序的城邑、智慧的学校、公正的宗教，在那里还有其他美德，如何获得美德就是他们研究的最高尚的主题。

【12】[67] 我们已经讨论了以往给予善人以各种奖赏的典型例子，包括独善者和与人共善者，任何人从这些例子中都可以轻易地察觉那些人们不曾注意到的东西。接下去，我们要考虑指定给恶人的惩罚，不过是一般的谈论，因为现在还不到描述具体事例的时候。[68] 最初，就在人类还没有大量繁衍的时候，就已经出现杀兄弟的事。这位弑兄者就是第一个遭受诅咒的人，他第一个把人血流在地上，使原本洁净的大地染上最大的污秽；当各种动物和植物生长和发育，正在展望丰收和结实之际，是他第一个阻断了人们对果实的期盼，又是他第一个用毁灭来对抗生成，用死亡来战胜生存，用忧愁对抗喜乐，用邪恶反对善良。[69] 他虽然只做了一件事情，但这件事已经把所有残暴和邪恶都包括在内，所以，对这样的人应该怎样处治才能使他罪有应得呢？你也许会说，杀死他。这是凡人的主意，这些人对公正的大法庭不感兴趣，因为在凡人看来，死亡就是惩罚的终结，而在神的法庭里，它几乎还不能算做开始。[70] 既然这样的事情在当时是史无前例的，那么给

予的惩罚也必须是史无前例的。这是什么样的惩罚呢？就是他必须永远处于一种垂死的状态，也就是说他要永远承受死亡的痛苦，没有终点，不会停止。死亡有两种，一种是去世，它可能是好事，也可能无所谓好坏；另一种就是垂死，那绝对是最糟糕的，将死未死，无尽头地忍受，这是更加痛苦的。[71] 就这样，死亡要永远停留在他身上。请注意这样的状态会有什么样的结果。灵魂中有四种激情，其中有两种是善的，可以是现时的，也可以是将来的，它们就是喜乐和渴望；另外两种是恶的，也可以是当下的或将来的，它们就是忧愁和恐惧。好的那对情感已经被神从他身上连根拔掉，叫他永远没有机会感受喜乐或者渴望，植根于他里面的只有那对邪恶的情感，产生毫无欢乐的忧愁和不可缓解的恐惧。因为神说，祂立了一个咒诅给杀兄弟的人，叫他永远“呻吟、颤抖”。①[72] 祂还给他立了一个记号，免得人遇见他就杀他，这样他就不会一次死去，而要永远处于垂死的状态，如我所说，带着悲伤、忧愁和无休止的苦难，最可悲的是他必须感受自己的不幸处境，体验当下的重重灾难，还要预见那些他根本无力阻挡的祸害向他汹涌袭来。他的盼望已经被剥夺，盼望原本是神种在世人中间的，好叫那些行为还不至于无药可救的人得着安慰，让这安慰成为他们本性的一部分，减缓他们的忧愁。[73] 所以，就像一个被湍流卷走的人对席卷他的水流感到惊恐，但让他感到更加恐惧的是从上面猛烈地、不停地向他倾泻而来的洪水，还有要来淹没他的高高升起的巨浪，威胁着要吞噬他；还有，近在身旁的灾难是可怕的，但那些因恐惧而来的灾难更加令人痛苦，恐惧所产生的痛苦源源不断，就像从一个源头滚滚而来。

【13】[74] 这些惩罚就是为第一个犯了弑兄罪的人制定的，但是还有一些法令针对合伙犯罪的团伙。② 有些圣殿里的侍从和圣所里的仆人受命担负看门人的职责。但是这些人被疯狂的野心充满，起来反对祭司，声称祭司的

---

① 参见七十子本《创世记》4：12。

② 参见《民数记》16：1—35。

特权应当属于他们。[75] 他们推举他们中间的长者当暴动的领袖，这个人连同其他一小撮疯子策划了这起叛乱行动，他们离开圣殿正门，离开它的外部，进入到圣所里面，妄图取代那些由神判定有资格担任祭司的人。[76] 可想而知，这种行为引起所有会众的极大不安。他们感到他们原有的基本制度被动摇，他们的律法受到侵犯，圣地的高尚秩序遭到破坏，变得混乱不堪。[77] 所有这一切都激起这个国家的管理者和统治者的义愤。刚开始的时候，尽管他很愤怒，但还没有发脾气，因为这与他的本性格格不入，所以他努力用告诫的话语奉劝他们，想使他们恢复善良的心，阻止他们突破由神规定的界限，或者违反神圣的、令人尊崇的制度，这是全族人的盼望所依赖的基础。然而，他发现这样做毫无效果。[78] 他们对他的话充耳不闻，相信他任命自己的兄弟做大祭司，把祭司的职位交给自己的侄子，暴露出他犯了任人唯亲的错误。尽管这确实是令人极为痛苦的指责，但他并不感到怎么伤心。令他无法忍受的是他们竟然蔑视神的指令，要知道，祭司人选就是根据这些指令确定的……①

【14】[79] 圣经清楚地记载了这一证据。我们先引用他对神的呼告，习惯上他称之为赐福。② 他说，你们若是遵守神的诫命，服从祂的法规，接受祂的律例，不只是听从它们，还要在生活和行为中贯彻它们，那么你们所得到的第一个赐福③ 必定是战胜你们的仇敌。[80] 这些诫命不是非常庞大和沉重，乃至于接受者的力量无法承受，也不是非常遥远，在海之涯，地之角，需要你们长期离乡背井，疲于奔命，更不是要你们突然离开此地，去天上定居，人无论如何振翅飞翔，也难以抵达。不，诫命其实就在眼前，就在我们身边，牢牢地站立在我们每个人的三个部位：口、心、手。这三个部位分别代表言语、思想和行动。[81] 如果我们所说的和所想的一致，所做的和所说的一致，三者相互跟随，由牢不可破的和谐之链捆绑在一起，那么快

① 此处原文有佚失。

② 比如《申命记》11：26，28：2。

③ 参见《利未记》26：7。

乐就会洋溢出来，而快乐就是纯洁无瑕的智慧，包括较高的智慧和较低的智慧，较高的智慧用于敬拜神，较低的智慧用于规范人的生活。[82] 既然律法的诫命就在我们唇边，那么接受它们对于我们来说就不算什么；另外再加上与诫命相一致的行为，表示我们整个生活方式的这些行为，那么我们可以说，诫命必定会从黑暗的深渊中升起，进入到光明里，被良好的声誉之光所包围。[83] 事实上，无论本性有多么恶毒，有谁会否认这样的事实：只有那个国是富有智慧的，充满知识的，① 它的历史没有哪一段缺乏神的告诫，没有与之相反的行为，而是充满神的话语和值得赞美的行动，不是吗？[84] 这样的种族的住处离神不远，天穹的美丽景象总能在他们眼前呈现，对上苍的渴望指引着他们的脚步。所以，若有人问“什么样的国是大的”，这个时候其他人可以恰当地回答，“就是那个国，当它出于真心、虔诚地祷告的时候有神倾听，当他们以纯洁的良心求告祂的时候又有神与他们相近”②。

【15】[85] 敌意有两类：一类是人的敌意，出于自私的动机，并且是有意而为之；另一类是野兽的敌意，那是出于本性的反感，而非有意而为之。因此我们必须分别对待它们，首先来看我们的天敌野兽，它们的敌意不是指向某个城邑或者某个国家，而是指向全人类，并且不是持续一个有限的时期，而是长期的，没有范围或时间的限制。[86] 有些野兽怕人，就像害怕自己的主人，所以在人面前畏首畏尾，但本性中仍旧对人持有根深蒂固的敌意；还有一些野兽比较胆大，敢于冒险，所以它们会先发制人，处于弱势时，它们会埋伏起来伺机进攻，当它们比人更强大时，就会公然发起攻击。[87] 这是一场战争，不可能有宽恕或妥协；如同狼和羊，所有野兽，无论是在陆上的，还是水中的，都与所有人为敌。没有人能够消除这样的战争，只有那非被造者才能镇压它们；神论断说有一些人配得上得救，就是性情平和、爱兄弟、爱同胞的人，在他们中间，嫉妒要么根本找不到立足之地，要

---

① 参见《申命记》4∶6。

② 《申命记》4∶7。“哪一大国的人有神与他们相近，像耶和华我们的神，在我们求告祂的时候与我们相近呢。”

么进去也只是为了全速退出，因为他们的愿望就是把自己私人得着的赐福放入公仓，让所有同类人共享。[88] 要是这样善良的恩赐在我们的生命中闪光，那么我们就可能看到野兽变得驯服和温顺的日子到来。但是，要等到这一天，必不可少的一个前提是灵魂里的野兽必须被驯服，没有比驯服灵魂里的野兽更大的赐福。若是以为任由我们里面的野兽发展到十分野蛮的地步，我们却还能躲避外面的野兽对我们的伤害，这岂不是愚蠢之极吗？因此，我们不必放弃希望，当我们里面的野兽完全驯服的时候，外面的野兽也会变得温顺。[89] 那样的日子到来时，我相信，熊、狮子、豹子，印度的动物，大象、老虎，以及其他力大无穷、不可战胜的野兽，都会改变它们原先彼此分开、离群独居的生活方式而转向群居，在仿效群居动物的过程中，在与人碰面的时候逐渐变得顺服。它们不再像过去那样，一看见人就露出残忍的本性，一味地攻击，而会对人表现出敬畏的态度，把他视为它们天生的主宰和主人，而另外一些动物则在模仿中变得温顺，它们会向主人示爱，就像马耳他小狗，欢快地摇动尾巴，以表达它们的喜好。[90] 然后，蝎子、蛇，以及其他爬虫都不再使用它们的毒汁。埃及河里那些吃人的动物，鳄鱼和河马，也非常靠近那个国家里的居民，海里大量可怕的兽类也是这样。在所有这些野兽中，高贵的人在它们面前显得神圣不可侵犯，因为神重视美德，赐予它特权。任何东西都不可妄图加害于它。

【16】[91] 就这样，那种长期的、出于本能的、因而也是最古老的战争就宣告结束，通过这种改变，野兽成为驯服的和温顺的。然后，它的后继者，也就是人与人之间出于私利的战争，及精心策划战争的方法，也就容易得到解决，因为我想，既然非理智的动物都已经驯服，人不会再有受到它们伤害的危险，那么有理智的人若还显得比动物还要野蛮，想想也会感到可耻。[92] 天性残忍的食人野兽没有什么友谊或伙伴的观念，如果连它们都已经变得温顺，养成和平的性情，那么天生温和善良的、拥有根深蒂固的友好与和睦观念的被造物人，如果还要毫不宽容地索取同类的性命，那确实是一种奇耻大辱。[93] 或者如他所说，刀剑根本不会经过虔信者的土地。一

旦仇敌认识到对手的本性，看到他们有公正的、不可阻挡的同盟者，必定会自行瓦解，分崩离析。这是因为，美德是伟大而庄严的，能够独立而悄无声息地化解邪恶的进攻，无论邪恶有多大。[94] 或许有些战争狂徒会藐视克制，无视告诫，迅速发动进攻，在尚未真正卷入战争之前，他们必定会飞扬跋扈、自吹自擂，而一旦遇到袭击，经受考验，他们就会发现自己原来是在毫无意义地夸夸其谈。这样的人要想得胜是不可能的。在你们的大力追赶下，他们必定仓促溃逃。你们五个人要追赶他们数百人，你们数百人要追赶他们一万人，他们来时从一条路来，逃跑时却从多条路逃跑。①[95] 就算有人追赶也不必惊慌失措，有些人会转过身来，成为他们敌人的极好的目标，由此看来，所有人倒在一个人的刀下也可以是一件轻而易举的事情。因为神谕说："必有一个出来"，率领他的族人去争战，他必定征服人口众多的大国，因为神已经派了有益于虔信者的增援力量给他，那就是灵魂的大无畏精神和身体的最强大力量，这两样东西中的任何一样都足以使敌人魂飞魄散，若是二者合在一起，那就更加所向披靡。[96] 他说，有些敌人不值得去征战。他应许要反对他们，让他们蒙羞和毁灭，这些人就像一群黄蜂与虔诚者为敌，神的信徒不仅要在战场上赢得永久的、不流血的胜利，还要赢得无人能比的主导权。凡顺服它的人都会从中受益，这种益处必随他们感受到的喜爱、敬畏、尊敬而增长。[97] 他们的统治者的行为表现出三种高尚品质，使他们的政权安全而不被颠覆，这三种品质就是尊严、严厉、仁慈，分别产生上面提到的三种感情。尊敬产生于尊严，严厉产生于敬畏，喜爱产生于仁慈，这些情感在灵魂里和谐地结合，使臣民俯首帖耳，顺服他们的统治者。

【17】[98] 这些就是他告诉我们必将临在跟随神的信徒的第一类赐福，因为他们无论何时何地都坚持神的诫命，把诫命与生活的各个部分紧密相连，不让任何部分偏离正道，误入歧途。第二种赐福就是财富，财富必然跟

---

① 参见《利未记》26：8；《申命记》28：7。"你们五个人要追赶一百人，一百人要追赶一万人，仇敌必倒在你们刀下。""仇敌起来攻击你，耶和华必使他们在你面前被你杀败。他们从一条路来攻击你，必从七条路逃跑。"

随和平与权威而到来。[99] 简单的自然财富就是食物和遮盖物。食物包括面饼和泉水，这世上有人居住的各个部分都有清泉涌出。遮盖物有两种，衣服和住房，我们藉此可以避免寒冷和酷暑带来的伤害，只要我们愿意不使用昂贵奢华的物品，那么每个人都很容易得到这两种东西。[100] 然而，那些追求上面提到的这种财富的人欢迎自然的恩赐，但他们不是徒有其表的人，他们的生活节俭和自制，会拥有另外一种财富，也就是美味的食物，而且不费吹灰之力就可以得到。它将涌现出来满足这些人的需要，把他们视为最适合得到它的人，确立了严肃的目标、知道如何正确使用它的人；它乐意与挥金如土、残暴成性的人脱离关系，免得把它的益处给予那些处处伤害别人的人，而错过那些为公众谋福利的人。[101] 神对那些谨守神圣诫命的人有一个应许[①]，天空必降下时雨，大地必产出各类丰富的物产，低地长出谷物，高地结出果子，每个季节都有适量的赐福，没有哪个时节没有收获，而且神的恩赐连续不断，“打粮食要打到摘葡萄的时候，摘葡萄要摘到撒种的时候”[②]。[102] 在这种永无休止、永不中断的循环中，他们一边收获前一季的收成，一边期盼下一季的丰收，一季连着一季，这一季的结束就是下一季的开始，如此循环不断，凡是美好的东西，没有哪样会在这个过程中被消除。[103] 大地的大量产出不仅能满足当下的使用和享受，而且还足以提供丰富的贮备，以备将来不时之需，旧谷尚未用完，新谷又已成熟，仓库堆得满满的。有的时候收割的庄稼实在太多，乃至于人们对粮食毫不在意，既不去耕作，也无须贮藏，无论谁想使用，都可以毫无顾忌。[104] 那些拥有贮存在天上的真正财富的人也拥有大量地上的财富。在神旨的护佑和关照下，他们的仓库永远是满满的，因为他们心灵充满动力，双手辛勤劳作，顺利实现他们始终热切追求的目标。[105] 然而，那些由于不公正和不虔诚而没有分享天上之分的人也就不可能成功地获得地上的财物，就算万幸得着地上的财

---

① 参见《利未记》26：3，4；《申命记》11：13，14。

② 《利未记》26：5。“你们打粮食要打到摘葡萄的时候，摘葡萄要摘到撒种的时候，并且要吃得饱足，在你们的地上安然居住。”

富，也会迅速消失，似乎它的到来完全不是要使它的拥有者得益，而是要使他遭受更大的痛苦，原先拥有的财富突然失去，当然会引起痛苦。

【18】[106] 他说，如今别人怎样待你，以后你的繁荣昌盛和兴旺发达必定会使你以其人之道还治其人之身。如今由于你不尊重律法或祖传的习俗，对它们嗤之以鼻，所以你会缺乏生活必需品，要在高利贷者家里等候借高利贷。[107] 但是，如我所说，到那时你必反其道而行之，你既拥有大量财富，变得十分富有，就要借钱给别人，而不是只借给少数人，也不是出借一小笔钱，而是把一大笔钱借给许许多多的人，甚至借给全国的人。[①] 繁荣昌盛必使你在一切事上蒙福，在城里蒙福，也在乡间蒙福；[②] 在城里是因公正的执政、周全的政策、为公众谋福利的言行而获得职位、荣耀、名誉；在乡间得着各类丰产，包括生存必需品，米、酒、油，和其他生活奢侈品，也就是无数果树上所结的果子，还有日益增多的牛群、羊群和其他畜群。[③] [108] 但是，也许有人会说，一个人若是膝下无子，没有继承人可以继承遗产，那么这一切于他又有何益处呢？有鉴于此，他把赐福推论到极处，说没有男人不生育，没有女人不怀胎，神的所有仆人都要按照自然律法生儿育女。[109] 男人都要做父亲，女人都要做母亲，都会对他们所生养的儿女由衷地感到欢喜，所以，每个家庭都会人口众多，都有一连串亲属，没有哪个部分或者哪种名称的亲属缺失。较高的亲属有父母、叔伯、祖父母，与此相同，较低的亲属有儿子、兄弟、侄子、孙子、外孙、堂表兄弟、堂表侄子，事实上，所有人都由于血缘而联系在一起。[110] 只要遵守律法，没有人会不幸夭折，没有人会折寿，神指定给人的各个生活阶段不会缺少哪一个，每个人都会从婴儿时期开始一步步上升，就像跨过一级级台阶，按照顺序经过指定的各个年龄阶段，满了指定的数目，直到最后一级，处于死亡的隔壁，或者毋宁说是不朽，超越那真正美好的老年，留下一个子孙满堂的大家庭以

① 参见《申命记》15：6。

② 参见《申命记》28：3。

③ 参见《申命记》7：13，28：4。

填补他自己的位置。

【19】[111]“我要使你满了你日子的数目”①，这就是他的预言要表达的意思，其措辞之准确和贴切实在令人敬佩。如他们所说，无知的不法之徒毫无价值，因此也没有数目，而他是传授教训、制定神圣律法的人，他获得的第一个赐福就是得到神的高度重视和赞赏，因而在此有序名单中赢得数目和位置。[112] 这句话极为贴切之处还表现在这里满了的不是月数，不是年数，而是日数，这表明高贵者的每一天都不可能有虚无空洞的时候，从而使罪恶有机可乘，他的每一天的分分秒秒都被美德和善良的行为所占据，因为美德和善良不是按数量而是按质量来判断的。因此，他认为贤人所过的一天就相当于整个一生。[113] 这就是他在另一处要表达的意思，他说这样的人出也蒙福，入也蒙福，② 因为他的一举一动，无论是行走还是站立，既表明了他的内在美，也彰显了他的外在美，他既是持家者，又是治国者，他的持家本领表现在对家庭事务的正确管理，他的治国才能表现在为了国家的繁荣而进行外部改革。[114] 所以，如果在城邦里能找到这样的人，那么这个人会比城邦更卓越，这样的城邦必定会比周围的国家更优秀，这样的民族会超越所有民族，如同头部高于身体，在各方面都非常显著，但它不是为自己得荣耀，而是叫观看者得益处。因为持续地凝视高贵的型相会在灵魂中留下它们的印记，只要灵魂还没有变得完全僵硬。[115] 因此，人若能效法这些品德高尚、生活良善的人，必定不会失去改邪归正、改善自己的希望，他们被邪恶驱散的心灵也可以回归智慧和美德之地。[116] 当神是仁慈的时候，祂使一切事务变得轻省，而对那些心怀羞愧、从放纵转向节制的人，神确实变得非常仁慈，因为这样的人为过去所犯的罪行悔恨，憎恶以前印在灵魂里的卑劣而虚幻的影像，他们首先努力遏制放荡的情欲，然后力求过上平静安宁的生活。[117] 所以，就像神一个召唤就可以轻而易举地把在天涯地极的人

---

① 《出埃及记》23：26。“你境内必没有坠胎的，不生产的。我要使你满了你年日的数目。”

② 《申命记》28：6。“你出也蒙福，入也蒙福。”

召回，祂想让流亡者住在哪儿，就把他放在哪儿，同理，心灵不适当地崇敬快乐和淫欲这两个情人，受到它们的恶待而长期漂泊、四处流浪，心灵也完全有可能被怜悯它的救主从没有道路的野地里带出来，回到大路上，一上正道，它就义无反顾地朝前奔跑，这不是被追逐的可耻的逃跑，而是人被逐出邪恶，向着救恩奔跑，这样的驱逐真可以说比召回更好。

【20】[118] 这些就是神应许的外在的赐福：战胜敌人，在争战中得胜，建立和平，提供大量美好的事物，比如和平、荣誉、职位，赞美成功者，所有人，无论是朋友还是敌人，都齐声称颂。朋友的称颂出于善意，敌人的称颂出于畏惧。但是，我们还要再说一下个人事务，即给予身体的赐福。[119] 神应许这些人定将领受完全免除疾病的恩赐①，他们努力培养美德，制定神圣律法来引导他们的言行举止，无论以私人身份还是以公众身份，即使有某些疾病临到他们身上，那也不是要伤害他们，而是提醒人们他毕竟只是凡人而已，由此使他过于自负的心灵变得谦卑，从而改善他的道德状况。健康能使各个感官有效运作，各个部位健全完整，从而毫无障碍地各就各位，各尽其职。[120] 神认为把这项特权赐给有价值的人是适当的，他的身体，即他的灵魂天生且终身的房屋，应当从基础到屋顶建造得精致完美，为生命提供许多必不可少的、有用的东西，尤其是为我们正在叙说的这个纯洁无瑕的心灵。[121] 这个心灵是神圣奥迹的一名新的入会者，它与绕轨道运行的天体一起旅行，已经从神那里荣获宁静的恩赐；神希望它能够专心致志，不受身体所产生的烦人感觉的影响，免得受制于不法地篡夺统治权的感觉。如果过分寒冷或炎热，房子会变形和开裂，或者相反，变得潮湿不堪，所有这些都会使理智无法正确指引自己的生活道路。[122] 但若它居住在一个健康的身体里，它就能过上舒适安逸的生活，致力于研究和追求智慧，从而获得幸福与快乐。正是这样的心灵畅饮神赐之大能的烈酒，饱餐神圣的思想和教义。[123] 所以先知说，神行走在这样的心灵里，如同行走在殿里，因为事实上

① 参见《申命记》7：15。

贤人的心灵就是神的殿和家。正是这心灵被公开宣布独自拥有神，亦即万物之神，它又是神拣选的子民，这些子民不属于某些具体的统治者，而属于那唯一真正的统治者，这些子民是圣洁的，如神的圣洁一般。[124] 这心灵如今压在许多享乐、淫欲和无数痛苦的轭下，这些都是它的邪恶欲望所必然产生的，但是神已经将它赎回，中止奴役它的灾难，使它恢复自由。① 这个心灵得到一种恩惠，不是屏息说出来的，而是纷纷传说，四处宣告出来的，因为它的捍卫者实在具有大能，不是把它拖向尾部，而是使它升到首部。② [125] 最后这句话包含一个比喻，是一种象征性的表达。正如对一个动物来说，头是首要的也是最好的部位，而尾则是最后的也是最卑微的部位，它实际上不是一个帮助身体成全所有肢体的部位，而是一个掸掉寄居在身体上的蚊蝇的工具；他说有美德者，无论是一个人，还是一个民族，都必将成为人类的头，就像身体的四肢，向头部和顶端汲取它们生命的力量。[126] 这些就是临在善良之人身上的恩福，善良之人用自己的行为成全律法，这些恩福必定借助神的恩赐得以应验；神之所以荣耀人，把美德赐给他作奖赏，乃是因为人就是祂自己的肖像。现在，我们必须考察对违法者和悖逆者的诅咒。

【21】[127] 他描述的第一项诅咒针对他们所犯的最轻的邪恶，使他们贫困、饥饿、缺乏生活必需品，以及处于赤贫状态。他说，庄稼尚未成熟就被摧毁，或者在成熟收割的时候遭受敌军的袭击，由此带来双重不幸：一是饿了朋友；二是饱了敌人。③ 须知，敌人的好运比我们自己的不幸更令人感到痛苦，或者至少同样痛苦。[128] 即使敌人没有采取行动，大自然降下的巨大灾难也不可忽视。你把种子撒在低地的深土里，必有蝗虫突然飞来，将它们吃了去，播下的种子只剩下微不足道的一部分你可以收进。④ 你种下一

---

① 参见《利未记》26：13。“我是耶和华你们的神，曾将你们从埃及地领出来，使你们不作埃及人的奴仆，我也折断你们所负的轭，叫你们挺身而走。”

② 参见《申命记》28：13。“你若听从耶和华你神的诫命，就是我今日所吩咐你的，谨守遵行，不偏左右，也不随从事奉别神，耶和华就必使你作首不作尾，但居上不居下。”

③ 参见《利未记》26：16。“你们也要白白地撒种，因为仇敌要吃你们所种的。”

④ 参见《申命记》28：38。“你带到田间的种子虽多，收进来的却少，因为被蝗虫吃了。”

个葡萄园，不惜工本，付出无数辛劳，指望有个好收成，然而，当它长得枝繁叶茂，结出大量果实的时候，必有虫子来把葡萄吃了。①[129] 你看到自家橄榄园里的橄榄树长势旺盛，果实累累，自是满心欢喜，指望有个好收成，不曾想去摘果子的时候却面临不幸，或者倒不如称做这是对不虔诚者的惩罚。② 因为橄榄的油脂都在不经意间流失，徒留外壳，如同灵魂被掏空了所有的美德一样，只剩下失望。事实上，凡你所种的庄稼和果树，都要发霉，连同它们结的果实一同毁灭。

【22】[130] 然而，除了这些灾难以外，还有别的灾难虎视眈眈，随时准备制造匮乏和荒芜。自然用来向人类提供恩惠的资源，天和地，都会变得荒凉贫瘠。种子还未破土，果实还未长成，大地就要把它们毁灭，使它们无法成全。天空也变得贫乏，不再有春夏秋冬，寒来暑往，它们界限分明，各司其职，一切都在一种专横跋扈的强大力量的压迫下混合在一起，变得界限模糊，胡乱地堆积在一起。[131] 没有大雨，没有阵雨，没有细雨，没有水滴和露珠，凡能促进生长的东西都没有了。而与此相反，一切损毁植物生长或果实成熟的事情却冒出来，阻止植物走向完全。因为他说：“我要使你头上的天变为铜，你脚下的地变为铁”③，表明天地都不再像原先那样履行各自独特的功能。[132]铁何时抽穗结籽，铜何时带来雨水，这些可是一切生灵，尤其是人必不可少的东西啊？这句话也暗示，天地不仅带来荒芜，产生混乱的时令，而且还是战争以及战争所产生的无数无法忍受的邪恶的源泉，因为铜和铁就是制造武器的材料。[133] 大地要生出尘沙，天空要降下粉末，④ 带来令人窒息的烟雾，毁灭生命，所以，凡是灭绝生命的招数尽数使用。人丁

---

① 参见《申命记》28：39。“你栽种，修理葡萄园，却不得收葡萄，也不得喝葡萄酒，因为被虫子吃了。”

② 参见《申命记》28：40。“你全境有橄榄树，却不得其油抹身，因为树上的橄榄不熟自落了。”

③ 参见《申命记》28：23。“你头上的天要变为铜，脚下的地要变为铁。”

④ 参见《申命记》28：24。“耶和华要使那降在你地上的雨变为尘沙，从天临在你身上，直到你灭亡。”

兴旺的家族日渐衰弱，断子绝孙，繁荣昌盛的城邑顷刻变得荒芜，[①] 以往的辉煌成了记忆，飞来横祸接踵而至，给后人留下警示，希望他们能够吸取教训，获得智慧。

【23】［134］由于食物如此匮乏，他们抛开一切顾忌，靠吃同类来维生，不仅吃家族以外的陌生人，而且吃他们最亲近的人。[②] 父亲要吃儿子的肉，母亲要吃女儿的内脏，兄弟要吃兄弟，子女要吃父母，弱者总是成为强者邪恶的、可咒诅的盘中餐。与这个恐怖时代发生的巨大灾难相比，堤厄斯忒斯[③] 的故事只不过是儿童游戏罢了。［135］除了这些灾难以外，正如富足的人渴望活着享受他们的恩福，邪恶的人同样也在内心深处强烈地渴望活下去，哪怕经历无穷无尽、毫无办法克服的灾难。人在绝望的时候通过死亡来中断苦难，这是一件相对容易做到的事情，那些还有一点儿理智的人往往会做这种选择。而那些晕头转向的受难者只想尽可能延长生命，就好像对遭受巨大灾难永不满足。［136］这些就是匮乏带来的自然后果，而匮乏本身显然只是神按照公义的审判降下来的最轻微的灾难。如果我们感受到马上带来灭绝生命的寒冷、干渴和饥饿，那么它们当然是难以忍受的，但若它们持续不断地毁损灵魂和身体，那么必将产生令人吃惊的苦难，这无疑是因为它们带来强烈的痛苦，超过悲剧舞台上表现的苦难。

【24】［137］自由人遭受奴役是一件最无法忍受的事情。为了避免这样的事，明智的人宁愿死，并且随时准备死，甘愿冒任何危险与那些以奴役相威胁的人抗争。然而，无法抵抗的敌人也是某种无法忍受的东西，如果暴虐的权力和敌意都集中在一个人身上，那么还有谁能与他抗衡呢？他的权力使

---

① 参见《利未记》26：31。“我要使你们的城邑变为荒凉，使你们的众圣所成为荒场，我也不闻你们馨香的香气。”

② 参见《利未记》26：29；《申命记》28：53—57。

③ 堤厄斯忒斯（Θυέστεις），希腊神话人物，珀罗普斯之子。他一直受到诅咒的折磨，逃离家乡后来到迈锡尼，被国王阿特柔斯驱逐。堤厄斯忒斯为了报仇，派自己抚养的阿特柔斯的儿子普勒斯忒涅斯去杀死阿特柔斯。阿特柔斯杀死普勒斯忒涅斯。而在得知他的真实身份后，阿特柔斯邀请堤厄斯忒斯回到迈锡尼，在宴会上让堤厄斯忒斯吃他自己儿子的肉。

他大行不公道之事，无法消解的敌意使他往往毫无怜悯之心。[138] 所以他宣告说，那些蔑视神圣律法的人必定会把无情无义的敌人当做自己的主人来事奉。[①] 他们被俘为奴不但由于遭受敌人的侵略，而且由于饥饿和匮乏所带来的痛苦，所以他们自愿地、主动地向敌人投降。在有些人看来，为了逃避大的罪恶，可以允许犯小的过错，然而，说实在的，这里提到的罪恶有哪一样是小的？[139] 他们受奴役的身体要按残忍的命令行事，更加残忍的是他们不得不目睹令人痛苦的场面，把他们的灵魂折磨得几近疯狂。他们要看着自己建造的房屋、栽种的庄稼、挣来的财产统统被敌人占有，看着他们原来拥有的以及将要收获的一切好东西被敌人享用。他们要看着自己肥美的牛羊被宰杀和烹煮，掠夺者在被掠者面前尽情享用，畅饮饱餐。他们还要看着自己下聘娶来生儿育女的女子，他们贞洁、温顺、可爱的妻子，被肆意蹂躏，就好像她们是妓女一般。[140] 他们想要保护妻子，但他们丧失了全部力量，他们的神经早已松弛，除了挣扎几下，不可能有任何建树。他们的妻子定会成为骚扰、掠夺、抢劫、攻击和伤害的目标，成为伤害、蹂躏、毁灭的对象。没有腿会变瘸或者虚弱，真正的眼和手必领它们全部抵达目标。[141] 他们要在城里和乡下受诅咒，要在自己的家里和农庄里受诅咒。田地要受诅咒，落在田里的一切种子要受诅咒，高地上肥沃的田野和各种树木要受诅咒，它们要在熟透的时候被摧毁。[142] 他们装满物品和钱财的库房要变得空空如也；他们的生意要无利可图；所有技艺，多种行业，成千上万种谋生手段要成为徒劳。总之，他们想要实现野心的希望和他们从事的一切都要因其恶行而受挫，因为他们放弃了对神的事奉和追求完善。这些就是不敬和悖逆的代价。

【25】[143] 除此之外，身体的各种疾病必定压倒和吞噬肢体和部分，[②] 毁损整个身架，这些疾病有热病、冷病、痨病、恶疮、黄疸病、眼坏疽，直到整个皮肤溃疡、化脓、传染，痢疾、肠胃紊乱，肺部管道堵塞，呼吸不

① 参见《申命记》28：48。“所以你必在饥饿，干渴，赤露，缺乏之中事奉耶和华所打发来攻击你的仇敌。他必把铁轭加在你的颈项上，直到将你灭绝。”

② 关于身体的咒诅参见《申命记》28：16—19。

能通畅。[144] 如果舌头不灵，耳朵失聪，眼睛失明，或者其他器官变得迟钝，功能紊乱，那么我们的境况虽然很可怕，但与下面这些更加严重的病症相比，就显得不那么可怕了，也就是动脉里的血失去生命力，气管里的气不再能够从它的天然伙伴那里，即外面的空气，得到有益的更换，神经衰弱变得神经质。这些病症必然导致连接各肢体协调一致的基础彻底破裂。[145] 它们已经在风湿的病痛下艰难挣扎，这种病痛悄然潜入，被封闭在狭窄的管道里，没有通畅的出口，努力通过时就会产生很大的压力和几乎无法忍受的疼痛。这种病又会影响脚和关节，至今没有对症之药，无论你有多少聪明才智，也找不到治愈它们的良方。[146] 这种情景会使人惊讶不已，原本身强体壮的人突然之间就消瘦得不像人样，只剩下皮包骨头；生活一直舒适安逸、从小到大尽享荣华富贵、长得妩媚优雅的女子，由于受到病魔的无情摧残，身体和灵魂竟变得如此干瘪。[147] 然后，仇敌也要追赶他们，刀剑要向他们复仇。他们会逃回自己的城邑，自以为找到了安全的地方，岂不料幻觉欺骗了他们，敌人早已埋伏在那里，他们要被一举歼灭。[①]

【26】[148] 倘若这些都不能使他们学会智慧，仍然要偏离通向真理的正道，那么胆怯和恐惧必将在他们的灵魂里生根。即使没有人追赶，他们也要逃跑；谣言往往使他们一头栽倒，风吹过树叶的最轻微的声音也会引起巨大的恐慌和战栗，就好像有强大的敌人发动了最残酷的战争。所以，子女不顾念父母，父母不顾念子女，兄弟不顾念兄弟，还以为相互帮助就会导致毁灭，每个人都只顾自己得救。[149] 然而，恶人的希望不会实现；那些以为自己已经避开灾难的人要遭受更大的灾难，或者至少不会比那些先前被掳的人命运更好。[②] 而且，就算有人逃过了追捕，也会遇到天敌的后备军。它们就是比人更加凶恶的野兽，天生配备致命的武器，神在起初创造宇宙的时候就创造了它们，目的就是要使那些能够接受警告的人感到畏惧，也为了毫不

---

① 参见《利未记》26：25。“我又要使刀剑临到你们，报复你们背约的仇，聚集你们在各城内，降瘟疫在你们中间，也必将你们交在仇敌的手中。”

② 参见《利未记》26：39。“你们剩下的人必因自己的罪孽和祖宗的罪孽在仇敌之地消灭。”

宽容地惩罚十恶不赦的人。[1]［150］那些看到城邑连同其根基一道倾毁的人，必不会相信那里曾经有人居住，[2] 继富足而光明的日子之后突然降临的所有灾难，无论在律法书上有无记载，[3] 都将成为他们的笑谈。[4]［151］疾病必侵入他们的肠胃，使他们绝望和痛苦；恐惧一个接一个，生活动荡不安，就好像套在绳索上，日复一日，夜复一夜，把灵魂折腾得七上八下，醒的时候感受灾难，睡的时候出现可怕的梦境，使他们早晨巴不得到晚上，晚上巴不得到早晨。[5]［152］皈依者因其幸福崇高的命运而成为四方仰慕的对象，他被人感到惊讶和受人祝福是由于两件事情上的卓越，一件事情是他来到神的营帐，另一件事情是他赢得了与他的功绩完全相配的奖赏，就是得到在天上的一个稳固的位置，其伟大难以言表；而那些出身高贵，但是玷污了他们纯正血统的人要被直直地拖进地狱，跌入最深的黑暗。因此，但愿看见这些事的人都能变得比较聪明和智慧，知道神喜欢出身卑微者产生的美德，[6] 知道祂完全不在意根，而只接纳成全了的茎，因为它已经从杂草变成丰满的果实。

【27】［153］城邑被大火焚烧、田地变得荒芜以后，大地要开始抬起头来呼吸，因为住在上面的人一直残暴地对待那些土地，他们赶走贞洁的安息日，既从田地里驱逐，也从他们的思想上驱逐。自然指定的、唯一的，或者说得谨慎一点儿，主要的假日，就是不断循环的第七天和第七年，第七天是给人休息的，第七年是给土地休息的。［154］但是他们却对整个律法闭上眼睛，看不见盐、奠酒、求得怜悯的祭坛和公灶，所有这些东西都用于维系友谊和美好的愿望，都由神圣的七产生，并包含在七里面。他们给人添加沉重

---

① 参见《利未记》26：22。“我也要打发野地的走兽到你们中间，抢吃你们的儿女，吞灭你们的牲畜，使你们的人数减少，道路荒凉。”

② 参见《利未记》26：31—32。

③ 参见《申命记》28：61。“又必将没有写在这律法书上的各样疾病，灾殃降在你身上，直到你灭亡。”

④ 参见《申命记》28：37。“你在耶和华领你到的各国中，要令人惊骇，笑谈，讥诮。”

⑤ 参见《申命记》28：65—67。

⑥ 参见《申命记》28：43。“在你中间寄居的，必渐渐上升，比你高而又高。你必渐渐下降，低而又低。”

的负担，强者压迫弱者，弱者被迫做工，没完没了；对于土地，他们出于贪婪和卑鄙的欲望，不停地追求不公正的收获，他们的行为毫无节制，他们的欲望永不满足。[155] 他们不让人过规定的假日，就是每隔六天以后的休息日，这些人确实是他们的兄弟，和他们出于同一个母亲，和他们拥有共同的本性；他们也不让土地过每隔六年以后的安息年，让土地从耕种的重负下解脱，免得因连续耕种而耗尽地力，但他们完全无视这些温和的告诫。[156] 他们竭尽全力压迫众人的灵魂和身体，为了积聚财富和满足贪欲，他们向土地索取大过它的产能的贡品，不仅要求它每年的产出达到极限，而且要它每天都有最大的奉献，深厚的土地的肥力就这样被削弱，最终完全丧失。[157] 由于这个原因，他们自己必定遭受上面提到的所有诅咒和惩罚，经历了太多暴行而变得疲惫不堪的田地到那时必定得以解脱，甩掉邪恶居民强加给它的沉重负担。它环顾四周，再也看不到任何一个先前那些傲慢而又自负的破坏者，看不到它的市场上再有混乱、争战、恶行，它能看到的只有宁静、和平和公义，它要重新焕发青春，在第七日里安详地歇息，就像拳击运动员打完第一轮后需要休息，恢复体力，以重整旗鼓。[158] 然后，它像一位慈祥的母亲怜悯失去的儿女，尽管他们死后，甚至在还活着的时候，就是父母的伤痛。它要再次年轻，生育纯洁无瑕的孩子，补偿已经逝去的一代。如先知所说，那些没有丈夫的必有众多优秀儿女，这一说法也可以用来比喻灵魂的历史。[159]灵魂有“很多”孩子，这指的是灵魂充满情欲和邪恶，享乐、欲望、愚昧、放荡、不义都聚在灵魂周围，这个时候，灵魂虚弱多病，几近死亡。但是，当它绝育，不再生养，或者把它们完全抛弃的时候，它就变成一位纯洁的童贞女。[160] 然后，接受神圣的种子，它形成胚胎、生出新生命，也就是高尚的品德和情操，智慧、勇敢、节制、公正、圣洁、虔诚，以及其他美德和良好的情感。不仅生育这些孩子是好事，而且期盼这样的生育也是好事，有期待就能使灵魂振作欢乐起来。[161] 盼望乃是喜乐之前的喜乐，它虽然没有成就了的喜乐那样完全，但在两个方面比那种喜乐更加优越：一是它给我们慰藉，如同圣油，解除我们的焦虑，润滑我们贫瘠的心灵；另一是它作为先行的预报者，告诉我们将有大量的好事到来。

【28】[162] 至此，我已经毫无保留地描述了那些人应当遭受的诅咒和刑罚，因为他们抛弃了有关公正和虔诚的神圣律法，受到多神崇拜的信条的诱惑，最后走向不敬神，忘却他们的宗族和列祖的教训；他们本来从小就得到教训，要认信太一的实在，至高的神，凡追随真理而不是虚妄的人，必定只能属于这一位神。[163] 然而，如若他们接受这些惩罚作为警告，而不是作为毁灭他们的打算，那么他们会责备自己误入歧途，并作出充分的忏悔，承认自己犯下的全部罪过：首先，在他们自身中使他们的心灵净化，摆脱各种隐藏的污点；其次，用他们的舌头把他们的听众带上一条较好的道路；最后，他们会发现救世主、神、仁慈者的青睐，神把主要的亲缘关系和圣言赐给人类，以其为原型，创造出人的心灵。[164] 哪怕他们居住在最偏僻的地方，给那些把他们掳走的人为奴，但是他们身上的某个记号总有一天会给所有人带来自由。他们对美德的皈依必会使他们的主人大为敬畏，必定释放他们，因为主人羞于辖制比自己优秀的人。

【29】[165] 这些人至今还散居在希腊和外部世界的各个岛屿和地方，当他们得到这种意外的自由以后，他们必定会从四面八方赶来，目的只有一个，就是要去指定给他们的那个地方，一路上有神奇的异象为他们作向导，别人看不见这异象，只在他们从流放地回归家乡的时候向他们显现。[166] 要与天父和好，他们必须诉诸三位调解者。一位是祂的仁慈和宽厚，祂喜欢赦免胜过惩罚。第二位是人类始祖的圣洁，他们的灵魂已经摆脱身体，以其赤裸的单纯表明他们对统治者的忠心，并为其儿女不停地恳求，他们的恳求不是徒劳的，因为天父赐给他们特权，让他们的祷告能被听见。[1] [167] 第三位比其他任何东西更能推动其他二者的仁爱欣然显现，亦即那些被领来订立和平之约的人的改过自新，这些人经历了太多的苦难，终于能够从无路的

---

① 参见《利未记》26：42。“我就要纪念我与雅各所立的约，与以撒所立的约，与亚伯拉罕所立的约，并要纪念这地。”

野地来到正道，走上这条正道没有别的目标，只为发现神的青睐，如同儿子寻求父亲的宠爱一般。[168]他们一旦抵达，现在还是废墟的城邑必定重建，荒芜的土地必定有人居住，贫瘠的土地必将变得丰饶，他们拥有的财富必将使他们列祖列宗的财富相形见绌，他们的财富源自神的慷慨的恩赐，如同从常年不断的源泉汩汩流出，每个人和整个共同体都拥有财富的河流，嫉妒无任何立足之地。[1][169] 所有的一切突然峰回路转，神要把诅咒加在这些悔改者的仇敌身上，[2] 仇敌以该国的不幸为乐，讥笑诽谤他们，以为自己得到了永不毁坏的财产，并指望把财产传给子孙，世代永存；又以为他们必能永远看着自己的对手陷在永不改变的困境里，世世代代皆如此。[170] 他们晕了，不知道他们曾经拥有的短暂辉煌不是由于他们的缘故，而是为了让其他人得到教训，那些人颠覆了祖先的制度，因此要制造出忧愁来作良药，也就是让他们看着仇敌的好运产生极为痛苦的情感，拯救他们脱离地狱。所以，他们中间那些还没有完全毁灭的人，只要以眼泪和叹息来痛悔自己的过失，就可以从相反的路径返回，这条道路通向祖先过去的繁荣。[171] 但是这些敌人嘲笑他们的叹息，把他们不幸的日子宣告为公众的节日，一般说来，就是把别人的不幸当成自己的快乐，然而，当这些人开始得到残酷的报应时，必定发现他们的恶行针对的不是无名小卒，而是出身高贵的人，这些人身上闪现着高贵血缘的星星之火，它虽然熄灭了一阵子，但必定能够发出耀眼的光芒，成为燎原之火。[172] 正如植物的茎虽被砍去，但只要根还没有被完全破坏，就会长出新的枝子，接替旧的植物，同理，灵魂里面若还有一颗小小的种子能长出美德，那么尽管别的因素都被剥夺，从那弱小的种子里还是能够生发出人类生活中最美好、最贵重的东西，以此为基础，由善良公民组成的政府可以建立，国家也可以发展成为人口众多的大国。

---

① 参见《申命记》30：5。“耶和华你的神必领你进入你列祖所得的地，使你可以得着。又必善待你，使你的人数比你列祖众多。”

② 参见《申命记》30：7。“耶和华你的神必将这一切咒诅加在你仇敌和恨恶你，逼迫你的人身上。”

善人皆自由

提　要

本文的希腊文标题是“ΠΕΡΙ ΤΟΥ ΠΑΝΤΑ ΣΠ ΟΥΔΑΙΟΝ ΕΛΕΥΘΕΡΟΝ ΕΙΝΑΙ”，英译者将其译为“Every Good Man Is Free”。本文拉丁文标题为“Quod Omnis Prous Libersit”，缩略语为“Quod Omn.”。中文标题定为“善人皆自由”。原文共分为22章(chapter)，160节(section)，译成中文约2.3万字。

本文属于斐洛的早期著作，文中仅有五次引用摩西五经，由此可见，作者撰写本文时尚未把解释摩西五经当做终生事业。因此有人怀疑本文的真实性，但缺乏很好的理由。公元3世纪的基督教史学家欧西庇乌（Eusebius, 约260—339年）在列举斐洛著作时提到本文的篇名，并且从中引用了很长一段话。[①] 圣安布罗斯（St. Ambrose, 约339—397年）也使用过这段引文，尽管他没有指出作者的名字。[②] 本文与斐洛其他著作在文风上的相似，几乎没有给本文的著作权留下任何疑问。

本文主题是论证斯多亚学派的一个观点：只有善人是自由的。斯多亚学派哲学家宣称，只有贤人可以当将军、船长、诗人、鞋匠，只有贤人是自由的、富裕的、高贵的、美丽的。这一观点为后世的道德论者所呼应。本文的

---

① 欧西庇乌：《福音的准备》第8卷，第12章，第75—91节。

② 安布罗斯：《书信》第36封。

独特之处在于论证的详尽和冗长，堪称斯多亚辩证法的一个样本。斯多亚主义创始人的著作没有存留下来，他们的观点能以这样的方式保留至今纯属偶然，因为作者的主要工作是解释摩西五经。作者在文章开头处告诉我们，他的前一篇文章的主题是“恶人皆奴仆”。所以，本文是一项详尽研究的第二部分，欧西庇乌在他开列的书目中也提到过这一点。按照正统斯多亚主义的观点，人可以分为自由人和奴隶，也可以分为贤人和傻瓜，如果只有贤人是自由的，那么傻瓜必定是奴仆。所以，必须同时接受这两个结论。

第一部分（1—15 节），开场白。讲述前一篇文章的主题“恶人皆奴仆”以后，指出如此崇高的学说是未受教育的大众无法理解的，他们认为这些想法只是幻觉（1—5 节）。作者把贤人和无知者之间的对立比做公民和流放者、富人和穷人，指出这里要讨论自由人和奴隶的对立（6—10 节）。无知者就像病人，要把他们置于医生（哲学家）的指导之下。如果他们这样做了，他们会感到自己过去是在浪费时间，因此需要从小就进行哲学教育（11—15 节）。

第二部分（16—61 节），论证善人皆自由。本文不处理身体的奴役和自由（16—18 节），因为真正的自由，就像真正的主权一样，在于追随神（19—20 节）。然后进入主要论点，贤人摆脱情欲的主宰（21—22 节）。诗人藐视死亡和疾病，贤人通过勇敢面对死亡来确认自由（23—25 节）。摔跤运动员的决心说明了这一点（26—27 节），贤人心灵坚定，不动摇，因此是大众的领袖（28—31 节）。

人们对奴役的某些看法是自相矛盾的，但服务不等于受奴役，士兵自己要做很多事情，但他们并不受奴役，贫穷的自由人也是这样，而奴隶经常控制其他人（32—35 节）；受奴役是被迫服从，儿童服从父母，但他们仍旧是自由的；买卖产生奴役，自由人要交付赎金，被卖的奴隶经常统治他们的主人，就像被购买的狮子恐吓它们的所有者（36—40 节）。

贤人是幸福的，像摩西一样，是神的朋友，因此他们是自由的（41—43 节）；遵守法律的城邦是自由的，服从理性法则的人也是自由的（44—47 节）。

贤人享有平等的权利，而愚人不享有（48—52 节）；引用芝诺的话来证明这一观点，并假定他的话源自摩西五经（53—57 节）。最后作出论证：贤人是自由的，因为他行事正义，不会被迫行恶（58—61 节）。

第三部分（62—160 节），以讲故事的方式说明善人皆自由。有些人对能否找到贤人表示怀疑。然而，这样的人确实存在，尽管非常稀罕，很难找到，因为他们隐退逃避这个世界的邪恶（62—63 节）。我们应当寻找这样的人，而不是到陆地和海洋中去寻找珠宝（64—66 节）。如果能够恰当地培育良好的思想、言辞、行动，就能够产生良好的果实（67—70 节），但由于我们轻视这一点，带来有美德者稀少的后果（71—72 节）。

拥有美德者不仅存在于希腊，也存在于希腊之外，存在于波斯人和印度人中间（73—74 节）。详细解释巴勒斯坦艾赛尼派的群体美德，他们从事清白的行业（75—78 节），拒绝使用奴隶，献身于律法学习，守安息日（79—82 节），爱神、爱美德、爱人（83—84 节），财产共有，住处共享，照料病人和老人（85—87 节）。他们的卓越美德得到证明，连暴君和压迫者也对他们表示敬意（88—91 节）。

举例说明个人美德：与亚历山大大帝抗争的印度天衣派信徒卡拉努斯（92—97 节）、希腊欧里庇得斯戏剧中的赫拉克勒斯（98—104 节）、爱利亚学派的芝诺和阿那克萨库斯（105—109 节）。还有一些不是哲学家的人表现出英勇无畏的精神。这样的人有拳击手和摔跤运动员（110—113 节），甚至有妇女和儿童（114—117 节），还有像桑昔亚人这样的民族（118—120 节）。从这些人身上，我们可以看到一种藐视死亡、不屈不挠的精神。讲述刚毅精神，这方面的例子有犬儒学派的哲学家第欧根尼（121—124 节）、卡瑞阿斯和塞奥多洛（125—130 节）。以斗鸡为例，说明藐视死亡者具有刚毅的品德（131—135 节）。

普世公认，在一般意义上自由就是高贵，而奴役是羞耻（136—137 节）。以元老院议员和将军为例，来说明这种感觉（138—139 节），节日游行和阿尔戈号船上不使用奴隶，表明人们对奴役的厌恶（140—143 节）。贤人嘲笑一切试图威胁他的独立性的人（144—146 节），比如奴隶在避难所里经常表现得极为大胆，贤人会在他的美德中找到更加强大的避难所，会放弃一切不正当的狡诈的方式（147—155 节），以为释放奴隶就能赋予他们真正的自由的看法是荒谬的（156—157 节）。最后的结论，自由在于消除情欲，实现这一目的需要教育青年（158—160 节）。

正 文

【1】[1] 塞奥多图[①]，我们上一篇文章的主题是“恶人皆奴仆”，我们用了许多合理的、无可辩驳的论证把它确立起来。当前这篇文章与它有密切联系，是它的亲兄弟，确实，我们可以说它们是双胞胎，在其中我们将看到善人皆自由。[2] 我们知道，毕泰戈拉学派有许多神圣的教义，其中有一条是“不可走大路”[②]。这句话的意思不是说我们应当去爬陡峭的山坡，这个学派谈论的不是脚底下的事情，而是通过这个具象来说明，我们的言行不应当从众，不应当墨守成规。[3] 所有真正的哲学崇拜者都服从这条诫命，恪守这条律法，或者说用这条超级律法来预知未来，相当于一条神谕。他们超越普通民众的意见，开辟新的道路，行走于其中而决不会踩到外部世界，因为他们要研究和识别真理，揭示理想的型相，不洁者不能触摸它们。[4] 所谓不洁，我指的是所有那些从来没有品尝过教育滋味的人，或者其他一些接受了歪曲形式的教育的人，他们把智慧之美的标志改变为智术之丑的标志。[5] 由于灵魂之眼的虚弱，这些人不能察觉概念之光，为闪耀的光芒所遮蔽，就好像长夜极地的居住者，不相信生活在日光之下的人的所有故事，以为他们在日光下清晰地看见的所有事物都是虚幻的幽灵——比那虚假的木偶表演好不到哪里。[6] 他们认为，以这种方式使用名称，把流放者这个名称用于这些人确实是荒谬的，这样做只不过是玩杂耍的表演者的诡计，这些人不仅在城市中央过日子，而且担任议员、陪审员、公民大会成员，有时候还担当市场管理的重任，或者管理体育场和其他公共设施；还有一些人从来没有在花名册上出现，或者说他们被判了刑，剥夺了公民权，被流放到边境去，不仅不能立足于这个国家，甚至不能远远地观望他们祖先的土地，除非被专司复

① 塞奥多图（Θεόδοτε），人名。

② 参见第欧根尼·拉尔修：《名哲言行录》8：17，徐开来、溥林译，广西师范大学出版社 2010 年版，第 795 页。

仇的女神追赶到那里。[7] 当他们返回那里的时候，会有无数法官在等待他们，依据个人的感觉对他们实施报复，同时也做好准备，完成律法的命令。

【2】[8] 他们接着说："你们的其他论述也和理智相悖，充满厚颜无耻和疯狂，或者说是莫名其妙、不知所云，很难找到恰当的言语来描述这些放肆的说法。你们把这样的人称做富人，他们缺乏生活必需品，过着悲惨的生活，食不果腹，忍饥挨饿，给他们灌输空洞的美德无异于用空气喂养蚱蜢。[9] 而那些腰缠万贯、金银满仓、地产丰富、收成充足，拥有无数美物的人，你们却称之为穷人，这些人的财富不仅可以使他们的亲戚朋友受益，还可以惠及家族以外的大量族人和病人，说得更宽一点，可以资助国家，满足它在和平时期或战争年代的需要。[10] 同样，你们竟然认为这样的人是奴隶，他们出身高贵，不仅父母、祖父母，乃至于他们家庭始祖的每一代父系祖先和母系祖先都极为显赫；而对那些祖孙三代都打着烙印、戴着脚镣，自古以来就受奴役的人，你们却把他们归为自由人，这完全是痴人说梦。"[11] 如我所说，他们就是这样想的，这些肤浅的说法表明他们的心灵被蒙蔽，意见被束缚，感觉被捆绑，他们的议会反复无常，总是为求情者的贿赂敞开大门。[12] 如果他们全心全意地追求真理，那就不应该让身体有病者比自己还要审慎。想要健康的人会把自己托付给医生，而这些人不愿意求助于聪明人帮他们除去缺乏教养的灵魂所患的疾病，不愿意向智慧者学习知识，驱除自己的无知，而知识乃是人类特有的财富。[13] 我们从柏拉图的神圣权威中得知，嫉妒在神的歌队里没有立足之地，① 智慧是最神圣的，最慷慨大方的，从来不会关闭思想的大门，凡是渴望讲道之甜美之甘泉的人，她向他们敞开大门，② 使他们能够畅饮永不枯竭的纯粹教义之泉，还会劝勉他们陶醉于那永不醉人、清醒持重的醇酒。[14] 然后，就像初入秘仪的入会者，他们在获得充足启示以后会严厉谴责自己先前的无知，感到自己从前的日子是

① 参见柏拉图：《斐德罗篇》247a。

② 参见柏拉图：《斐德罗篇》243d。

在浪费时间，认为缺乏智慧的生活毫无价值。[15] 所以，世界各地的所有年轻人都应该把他们风华正茂的青春年华首先用于学习，无论是对年轻人还是对老年人，文化都是好的居所。正如人们说新器皿总能留下最先装入的东西的气味，同理，年轻人的心灵对第一次接触的思想会留下难以磨灭的印象，以后的流水再大，也不能把它们冲洗干净。所以，它们保留着最初的形式，好让众人看见。

【3】[16] 这些问题就谈到这里。让我们开始讨论主题，对它作详细的考察，免得被那些模棱两可的词句所迷惑，偏离正题；我们要明白我们在谈论什么，要围绕主题进行论证，这样才能证明我们的观点。[17] 奴役在一个意义上用于身体，在另一个意义上用于灵魂，身体以人作为它们的主人，灵魂以邪恶和情欲作为它们的主人。这对自由来说也是对的：一种自由产生安全，使身体脱离优胜者的力量；另一种自由使心灵摆脱情欲的支配，获得自由。[18] 从来没有人把第一种自由当做考察的对象。因为人生有许多跌宕起伏，在许多场合，在许多时候，拥有最高美德的人由于遭受命运的打击而失去他们天生的自由。我们要考察的是这样一些人，他们从来没有受缚于欲望、恐惧、快乐、忧愁之轭，可以说他们已经逃离了牢狱和紧紧捆绑他们的锁链。[19] 因此，我们要抛弃似是而非的遁词和那些没有实际意义、只是习惯用法的术语，比如“家养的”、“买来的”、“战争中俘虏的”，等等；让我们考察真正的自由人，尽管有一群人宣称是他的主人，但实际上只有他才是独立自主的。让我们来听听索福克勒斯① 的声音吧，他的话与任何德尔斐神谕一样真实可靠，“我的主是神，不是人”②。[20] 一点儿也没错，只有把神当做自己首领的人才是真正的人，只有他是自由的，尽管在我看来他也是其他人的首领，因为他从那位伟大的、不朽的国王得到授权，管辖大地上的事物，尽管他是个凡人，但他是行使主权的总督。关于这位贤人的主权我

---

① 索福克勒斯（Σοφόκλεις），希腊三大悲剧诗人之一，公元前 496 年—前 406 年。

② 参见亚里士多德：《优台谟伦理学》1242a37。

们必须推迟到更加适当的时候去讨论，现在我们要仔细考察他的自由。[21] 一个人要是洞察事实，就会清晰地看到，没有哪两样东西比行动的独立和自由具有更加密切的联系，因为恶人有许多累赘，诸如热衷于金钱、名利、享受，而善人毫无累赘。他昂首屹立，藐视情爱、恐惧、胆怯、忧愁，以及诸如此类的事情，如同拳击场上的胜利者傲视失败者。[22] 他已经学会鄙视那些目无法纪者强加给他的种种规定，他对自由的热望使他的心灵激动，其应有之义就是不服从任何命令，不遵从任何意志，只按自己的意愿行事。有些人赞扬写下这句诗的作者，"连死都不在意的人，谁能奴役？"① 他很好地理解了这句诗所包含的思想。他的意思是，没有什么东西能比向往生存、害怕死亡更能奴役人的心灵。

【4】[23] 但是我们必须深思，摆脱奴役的人为什么不仅对死亡毫不在意，而且对贫困、坏名声、痛苦，以及其他大多数人视为邪恶的东西无动于衷，尽管他们自身和他们的论断中存在着邪恶，他们为什么只根据奴仆所从事的工作来考验他，把眼睛只盯在他做的事情上，而不关注他那自由的品性。[24] 凡以卑劣的心灵违背自己的恰当论断而行卑鄙可耻之事的人就是真正的奴隶。能够调整自己的身心，顺应所处的环境，心甘情愿并耐心忍受命运的打击，认为人世间无新事，凭借勤勉的思考使自己相信凡属神的都拥有永恒的秩序和快乐，凡属人的都只能在环境的波涛中颠来倒去，不停地摇摆，能够高尚地忍受降临在他头上的任何事情，这样的人确实不再需要任何东西，他就是一名哲学家和自由人。[25] 因此，他不会无论谁的命令都服从，无论用多么可怕的暴行、刑罚、威胁来恐吓他，也不能使他顺服，他必定会公开大胆地拒斥："烧死我吧，吃我的肉，喝干我的乌血；除非星辰落到地下，大地升到天上，你们才能从我嘴里听到奉承的言语。"②

【5】[26] 我观察过拳击和摔跤比赛中的运动员如何手脚并用、一拳一

---

① 普鲁塔克：《年轻人应如何听诗》13。普鲁塔克引用欧里庇得斯的诗句。

② 欧里庇得斯：《腓尼基人》521。

脚地搏击，他们每个人目标明确，亲力亲为，无一疏漏，确保胜利，但到最后都会筋疲力尽、垂头丧气地离开竞技场，一无所获；他们的对手拥有真正运动员才有的体魄，肌肉结实、筋骨强健，像磐石或钢板，任人拳打脚踢而岿然不动，能凭借健壮的身躯和顽强的耐力，彻底摧毁对手的力量，最终获得完全的胜利。[27] 在我看来，拥有美德者也与此大同小异，他的灵魂坚定地建立在理智的基础上，坚不可摧，能迫使施暴者精疲力竭而最终放弃，除非他自己甘愿不按自己的论断行事。这个说法在那些不曾有过美德体验的人听起来似乎是不可思议的，对那些不懂摔跤比赛的人来说亦如此，但无论如何，这是千真万确的事实。[28]这正是安提司泰尼① 的意思，他说有美德的人搬起来很沉重，因为缺乏理智就会变得轻飘飘，不稳定，而拥有良好的理智则立场坚定，根基扎实，不摇摆，沉重而不可撼动。[29] 犹太人的立法者说贤人的手发沉，② 借助这个比喻指出他的行为不是肤浅的，而是有坚实的基础，是那永不动摇的心灵的产物。[30] 由于这样的人藐视痛苦和死亡，所以任何人都不可能逼迫他，按照自然法则，他已经征服了所有愚昧的人。正如山羊、公牛、绵羊都有牧人看管，而畜群不可能反过来命令牧人。同理，众人就像牲畜似的需要一个主人，一个统治者，要让有美德的人来当他们的首领，担负统领他们的职责。[31] 荷马经常把国王称做“人民的牧人”，但自然更确切地把这头衔给予善人，因为国王更多时候处于羊的位置，而不是牧人的位置。他们受制于好酒、美色，那些厨师和点心师用珍馔佳肴就把他们制服了，更不要说他们对金银和野心的追求了。而善人则不受任何束缚，况且他们若是看见有人落入享乐之罗网，还有警告他们的责任。

【6】[32] 服务并不是受奴役的证明，这在战争时期表现得非常清楚。

---

① 安提司泰尼（Ἀντισθένης），古希腊哲学家，昔尼克学派创始人，约公元前 444 年—前 365 年。

② 参见《出埃及记》17 : 12。“但摩西的手发沉，他们就搬石头来，放在他以下，他就坐在上面。亚伦与户珥扶着他的手，一个在这边，一个在那边，他的手就稳住，直到日落的时候。”

我们看到，战场上的士兵都依靠自己的力量做事情，不仅自己扛上所有的武器，还要像牲口一样背负各种生活必需品，以及自己出去寻找水、柴火和马料。[33] 至于为了抵御敌人而付出的劳动，比如挖渠开沟，砌墙造船，以及使用双手和身体其他部位的技艺和辅助性劳动，在这里就没有必要细讲了。[34] 另一方面，还有一种和平时期的战争，它一点儿也不比使用武器的战争显得轻松，这是由羞耻、贫困、极端缺乏生活必需品所引发的战争；在这种战争中，人被迫去干最卑贱的活，在地里挖掘和劳作，干不体面的营生，一刻不停地劳动而只为挣得一份菲薄的口粮；他们还经常在市中心，在那些曾经是童年和少年时期玩伴的同胞面前忍辱负重。[35] 还有一些人生来就是奴隶，但后来由于时来运转而谋得一份自由人的职业。他们管理房子、地产和庞大的财产，有时候还成为其他同伴奴隶的管理者。有许多人把妻子或孤儿托付给他们照料，认为他们比朋友和家庭的其他成员更值得信任。尽管他们从事借贷、购买、税收，还有许多人向他们献殷勤，但他们仍旧是奴隶。[36] 所以，当相反的情况发生，一个人的好运突然转变为厄运，不得不去从事奴隶的工作，这个时候我们为什么要感到惊讶呢？你会说："因为他服从别人，失去了自由。"那么，为什么孩子要听从父母的命令，学生要服从老师的吩咐呢？没有人愿意成为奴隶；父母肯定不会极端仇恨自己的子女，乃至于要强迫他们干这样的活，而按你的标准，干这样的活就是最明显的受奴役的标志。[37] 还有，人若是以为被绑架和出售的人由此就变成了奴隶，那也是完全偏离真理的。买卖不能使购买者成为主人，也不能使被卖者成为奴隶。无论是在袭击中被抓走，还是在战争中被虏，父亲会为儿子付赎金，儿子也会为父亲付赎金，而这些人都是自由人，这是自然法所主张的，要知道自然法比我们低级世界的律法具有更加牢固的根基。[38] 确实，在这样的买卖中，有些人时来运转，彻底改变处境，不再是购买者的奴隶，反倒成为他们的主人。我本人经常看到一些小女奴，她们天生丽质，能说会道。拥有这两样力量的源泉，亦即姣好的脸蛋和说话的天赋，能使她们的主人大为倾倒，因为这两样武器用来对付软弱的、没有定力的灵魂特别有效，甚至比摧毁城墙的机器还要强大。[39] 只需看她们的主人如何苦苦地追求她们，恳求她们，哀求她们，就好像是在祈求财富或者精灵，就会一清二楚。如果受到嘲笑，她们的主人就会陷入绝望；如果看到一个友好的眼神，她们的主人就会欣喜若狂。[40] 如果说买卖构成奴役，那么我们得说，一个购买了狮子的人就是所买狮子的主人，然而，如果这些野兽转过身来，用凶狠的眼睛盯着他，那么这个可怜的人马上就能体验到，他买来的这个主人身份有多么可怕、多么残忍。如果狮子都不能被奴役，我们怎么能够认为有智慧的人能够被奴役呢？要知道，在他那自由的、未受任何损伤的心灵里有一种强大的抗拒奴役的力量，这种力量比他那天生就像奴隶般的身体以及他的其他所有体力所能产生的力量都要大。

【7】[41] 善人的自由还可以用其他方式来了解。没有哪个奴隶是真正幸福的。因为，还有什么事情能比尽管活着却不能支配任何东西，包括他自己，更可悲呢？而贤人是快乐的、坚定的，充满高尚的道德，从而使他有力量能够支配任何东西，所以，毫无疑问，我们完全可以肯定善人是自由的。[42] 此外，谁也不能否认神的朋友是自由的。确实，当我们承认国王的熟人不仅享有自由，而且也享有权力，因为他们作为首领参与管理和执政，所以对于这些身居高位、如同天神一般的人，我们一定不可称之为奴隶，他们爱神，因此也必定是神所爱的人，他们显示多少爱，也会得到多少爱的回报，在论断真理的时候，他们如诗人所说的那样，是万物的统治者，是众王之王。[43] 犹太人的这位立法者本着一种更加勇敢的精神，践行他那所谓的“赤裸裸”的哲学，把这种精神贯彻到底，他大胆地说他只喜爱崇拜自存者，说他自己已经从人变成了神，尽管他实际上还是人面前的神，而不是天上的神，就这样，他把众王之王、众神之神的位置留给万有之父。①[44] 这样一个获得如此巨大提升的人岂不应当称做唯一自由的，难道我们还要认

① 参见《出埃及记》7:1。“耶和华对摩西说，我使你在法老面前代替神，你的哥哥亚伦是替你说话的。”

为他是奴隶吗？尽管凭他自己的能力，他还不配列入神的行列，然而他既然有神作为他的朋友，就必然拥有最大的赐福，他的支持者不是虚弱的，也不会轻视朋友的权利，祂是朋友的神，时刻关注同伴的要求。[45] 再者，就像城邦，处于寡头政治或者暴君统治下的城邦遭受奴役，因为民众有残忍而苛刻的主人，迫使民众服从他们的权势，与此相反，那些有律法照料和保护的城邦是自由的，人也是这样。那些被愤怒、欲望或其他激情，或者任何阴险的邪恶支配的人完全处于被奴役的状态，而其生活由律法来规范的所有人都是自由的。[46] 正确的理智是一种绝对可靠的律法，它不是刻在凡人身上，这个人或那个人，人死了律法也就消失了，也不是刻在羊皮纸或木板上，像它们一样没有生命，而是由不朽的本性刻在不朽的心灵上，永远不会磨灭。[47] 所以，我们当然要对那些目光短浅的人感到吃惊，他们竟然看不到明显不同的事物的特点，他们声称梭伦和莱喀古斯的法律足以保证世界上两个最伟大的国家的自由，雅典和斯巴达，因为那些享有公民权的人都忠诚地接受它们的统治，然而否认作为所有律法根基的正确理智能够把自由赋予贤人，他们遵从一切规定和禁令。[48] 除了上面提到的这些事情，我们还有一个非常清楚的关于自由的证据，所有善人都承认彼此之间是平等的。因此，可以认为下面这句诗包含深刻的哲理：“律法的任何部分或地方都没有奴隶。”此外还有：“你若是奴隶，就没有说话的权利。”[49] 正如音律使所有懂音乐的人能够平等地讨论音乐、语法和几何，法律使各自领域里的专家能够在同一平台上交谈，同理，人类生活和行为的律法也使那些精通生活问题的人之间有相同的平等。[50] 善人在这些事务上都是能手，因为他们对自然本性十分在行。有些善人被公认为自由的，因此凡有权与这些善人平等交谈的人都是自由的。由此可以推论：没有一个善人是奴隶，凡是善人皆自由。

【8】[51] 按照同样的论证路线也可以表明愚人就是奴隶。音律、语法和一般的艺术规则使得音盲、文盲，以及任何不懂艺术的人不可能平等地讨论音乐、文学，以及其他艺术。同理，生活和行为的法则也使那些不懂生

活的人不可能与行家平等讨论。[52] 但是这些律法赋予的平等讨论的权利却给了所有自由人，而某些善人是自由的。在生活问题上，恶人都是外行，贤人则最擅长生活，所以恶人没有一个是自由的，他们全都是奴隶。[53] 芝诺① 按照美德生活，甚至到了登峰造极的地步，他更加强有力地证明恶人不能与善人平等地讨论美德。他说："恶人若是否定善人的看法，岂不要为此懊悔终身？"所以，恶人没有权利平等地对善人说话。[54] 我知道，许多人听了这样的话会破口大骂，认为芝诺的话表现出傲慢，而不是明智。然而，等他们骂完、笑完之后，如果他们愿意仔细观察，清楚地理解这句话的含义，那么他们会十分惊异地发现它说得一点儿都没错，没有什么事情能比拒不听从贤人的话更加可以懊悔。[55] 与邪恶以及邪恶所产生的各种后果相比，没收钱财、剥夺权利、驱逐出会、残酷鞭打，都是不足挂齿的小事。多数人由于理智的盲目，不能认识灵魂蒙受的损害，只能感受外在伤害的痛楚，因为他们丧失了判断能力，而只有判断力才能使他们理解心灵遭受的伤害。[56] 如果他们能够恢复视力，看到愚蠢带来的欺骗、胆怯导致的暴行、过度行为造成的麻木迟钝、不公正引起的无法无天，看到自己拥有的最美好的东西陷入巨大的困境，那么他们必定充满无穷无尽的悔恨，甚至拒不接受安慰，因为临到他们头上的邪恶实在太大。[57] 我们完全可以这样设想，芝诺这一思想的来源就是犹太人的律法书，书中讲到两兄弟，一个智慧而有节制，另外一个放肆无度，他们俩的父亲出于怜悯也为那个没有美德的儿子祷告，愿他作他兄弟的奴仆。② 人们认为受奴役是万恶之首，而他认为对愚拙者来说这可能是最好的恩惠，因为他失去了自主性，就不会由于不惧怕刑罚而行悖逆之事，他的品性也会在支配他的权柄的控制下有所改善。

【9】[58] 至此，在我看来，能够证明这一命题必须说的话我都已经说了，然而，正如医生经常使用多种治疗方法来处理多种疾病，同理，如果我

① 芝诺（Ζηνών），希腊斯多亚学派创始人，公元前 333 年—前 261 年。

② 《创世记》27 : 40。"你必倚靠刀剑度日，又必事奉你的兄弟。到你强盛的时候，必从你颈项上挣开他的轭。"

们提出的命题，由于不为人们熟知，被认为是自相矛盾的，那么我们就有必要使用一系列证据来证明它。有些人显然只有在不断拿出有力的证据向他证明的情况下才有可能明白我们的观点。[59] 因此，下面这个论证很能说明问题：凡行事理智者，总能行得好；凡行得好者，总能行得正当；凡行事正当者，所行之事必无瑕疵和过错，必无可指摘，必无害处，因此这样的人有能力做任何事情，能按照自己的愿望生活；凡具有这种力量者，必定是自由的。而善人总是理智地行事，所以只有善人是自由的。[60] 还有，凡是不能被强迫做任何事情的，或者凡是不能受阻做任何事情的，不可能是奴隶。而善人既不可能被强迫，也不可能受阻，所以善人不可能是奴隶。善人既不能被强迫也不能受阻止是明显的。当一个人得不到他想要的东西时，他是受阻止的，而善人想要的东西源于美德，他本人就具有这些东西，所以他不可能得不到。还有，一个人若是被强迫，那么他的行为显然与意愿相悖。但在任何有行为的地方，行为要么是出于美德的正义的行为，要么是出于邪恶的恶行，或者是中性的行为，是非义非恶的。[61] 善人行义不是出于强迫，而是出于自愿，因为他认为他所行的一切都是值得行的。行恶则是必须避免的，他甚至做梦都不会去做它们。在非善非恶的事情上，他当然也不是被迫的。对这些事情，他的心灵训练有素，就像立在天平上，保持平衡，既不因为它们力量大而投降它们，也不认为它们可恶而敌视它们。由此可以清楚地看出，他从来不做自己不愿做的事情，从来不做被迫的事情；而倘若他是奴隶，那么他就是被迫做的，因此善人是自由人。

【10】[62] 在那些与缪斯几乎没有接触的人中间，有些人对逻辑推论的方法感到无法理解，只能依据现象做出一般的陈述。这些人常问："你设想的这种人过去有谁，现在还活着的又有谁呢？"有一种很好的回答是，在古代有过这样一些人，他们在美德上超过他们同时代人，把神当做他们唯一的向导，按照自然的正确理智的法则生活，不仅自己享有自由，还把自由的精神传给他们的邻居。同理，在我们的时代仍旧有这样的人，他们是按照圣贤大德的原型塑造出来的。[63] 如果这些拒绝邪恶者的灵魂缺乏自由，受制

于愚蠢和其他邪恶，我们不能由此推论说整个人类也是这样。善人不会成群结队地出现，这一点不足为奇。首先，这是因为大善的榜样本来就是稀少的；其次，他们总是避开比较愚蠢的大众，使自己能够自由地沉思自然的本来面目。他们的祈求是，如果可能，他们愿意努力改进别人的生活方式，因为美德原本就是为大众谋福利的。但由于城邦里暴行肆虐，灵魂的激情和邪恶的力量聚集在一起，所以他们立刻逃避，免得被汹涌的波涛卷走。[64] 至于我们，如果对善良有任何热情，就应当到它们隐藏的地方去追寻它们的足迹，坐在它们面前，恳求它们，劝它们加入到我们中间来，教化我们，使我们脱离兽性，过上有美德的生活，用和平、自由和其他丰富的福祉来取代战争、奴役和一系列祸害恶行。[65] 实际上，为了得到钱财，我们会彻底搜索每一个角落，为了得到金银铜铁，以及诸如此类的东西，我们会挖开地上的每一条矿脉，会开采大部分低地和许多高地。[66] 这种空洞的思维方式把虚妄视为神圣，潜入海底寻找隐藏在那里的悦人耳目的珍宝。当它发现某些不同的多彩宝石，有的附着在岩石上，有的价值更高的嵌在贝壳上，就极为看重这些令人陶醉的玩物。[67] 而对于智慧、节制、勇气、公义，它既不曾在陆地上搜寻，哪怕道路平坦、行走轻松，又没有在海里探索，尽管有许多船长每年夏季都在海上航行。[68] 然而，寻求美德何须在陆地上远足，在大海上航行呢，它们的造物主已经把它的根基安放在我们附近，就如这位聪明的犹太人的立法者所说“在你口中，在你心里，在你手上”，形象地表明它们就在我们的话语、思想和行为上，不是吗？① 当然，所有这些都需要栽培者的技能。[69] 那些懒散成性、不愿劳作的人，不仅妨碍它们的生长，而且会使它们的根须枯萎。而那些认为懒散有害、愿意劳作的人，会像农夫一样对待美德的幼苗。他们不断地细心培植，使美德长出茎干，直升上天，使树木开出永不凋谢的花朵，不断结出快乐的果子，或者如某些人所认为的那样，与其说结出的果子是快乐的，不如说快乐就存在于它们自身。

① 参见《申命记》30：11—14。

摩西经常用一个复合词来称呼这些美德，称之为全果。[70] 就从地里生长而言，既不是树木长出果子，也不是果子长出树木，而是在灵魂的园子里，智慧、公正、节制的幼树完全变成了果子。

【11】[71] 既然我们身上有这样的潜能，那么如果我们指责人类没有智慧，岂不感到羞愧，智慧就好像隐藏在风箱里，只要柴堆有一丁点儿火星，就可以化为烈焰，不是吗？这些东西原本是我们应当努力追求的，与我们紧密相关，对我们如此真实，而我们却对它们全无热诚，漫不经心，漠然视之，由此摧毁了美德的萌芽，而对那些若是缺乏就是长处的东西，我们却孜孜以求，永不满足。[72] 结果，大地和海洋上充满富人、名人、享乐者，而智慧的、公正的、善良的人却很少。不过，这个小小的群体虽然人数极少，但绝对不是完全不存在。[73] 对此，我们有证据，不仅有希腊的例子，也有希腊以外的世界的例子。在希腊曾经有圣贤活跃，著名的有七贤，我们完全可以期待，在他们之前和之后也还有其他圣贤存在，只是年代久远，关于他们的记忆在岁月中流逝，而对那些生活年代比较近的人，由于他们同代人的普遍疏忽，对他们的记忆也日渐模糊。[74] 外部世界有许多人用言语和行动传播信息，我们发现他们中间有许多人拥有最高的美德。波斯人中有一个术士等级，他们默默地研究自然，获取真理的知识，通过比言语更清晰的异象，给出并接受圣神的启示。在印度也有一批天衣派信徒，① 他们研究伦理学和自然哲学，把他们的全部生活视为美德的展示。

【12】[75] 巴勒斯坦的叙利亚也产生了高尚的道德典范。有一大批犹太人在这个国家里生活，像人们所说的那样，其中包括艾赛尼派，他们的人数超过四千。我认为，他们的名称是 ὁσιότες 的变体，尽管这个希腊词的形式不是十分准确，之所以这样称呼他们，乃是因为他们的所作所为表明他们特别虔诚地事奉神，不仅提供活物作祭品，而且决意使自己的心灵成为圣洁

---

① 天衣派（Γυμνοσοφιστὰς），公元 1 世纪印度耆那教派别之一。该派信徒没有私人财产，以天为衣，重苦行，靠乞讨为生。

的。[76]关于这些人，第一件值得一提的事情就是他们离开城镇，定居乡村，因为有一些罪恶在城市居民中已经根深蒂固、无法根除。他们知道和这样的人相处会对自己的灵魂产生致命的影响，就像传染病通过空气传给别人。他们中有些人在地里耕作，有些人则从事手工艺，与人和平地协作，既有益于自己，也有益于邻人。他们不储藏金银或者谋取大片土地，因为他们不想发财致富，只想保障生活必需品的供给。[77] 在整个人类中，他们几乎鹤立鸡群，他们之所以变得身无分文，上无片瓦、下无寸土，不是由于命运不济，而是由于他们故意放弃钱财土地所致，他们被尊为最富有者，因为他们把俭朴和满足视为最大的财富，事实上也确实如此。[78] 至于飞镖、标枪、匕首，或者头盔、胸铠、盾牌，你在他们中间找不到有一个人制造这些东西，总之，任何人都不会去生产武器和战争器械，任何与战争有关的行业，或者和平的行业，只要有可能使人陷入邪恶，他们都不会去碰，因为他们对商业没有任何概念，无论是批发，零售，还是海运，只要能引发贪欲，全部会被消除。[79] 他们中间也找不到一个做奴隶的，所有人都是自由的，彼此交换服务；他们指责奴隶的拥有者，不仅因为奴隶主违背了平等的律法，这是一种不公正，而且因为他们废除了大自然的法规，这是一种不虔诚；要知道，大自然就像母亲，同等地生养众人，使他们成为真正的兄弟，不仅在名义上是这样，而且在实质上也是这样，尽管由于邪恶的贪婪获胜，使这种亲缘关系陷入了混乱，疏离取代了亲密，仇恨取代了友谊。[80] 至于哲学，他们抛弃了逻辑学中吹毛求疵、咬文嚼字的部分，认为这对获得美德毫无帮助；他们摒弃了物理学中幻想式的空谈，认为那是人的本性所无法掌握的，他们只保留讨论神的存在和宇宙创造的那部分哲学。但是他们非常勤勉地研究伦理学部分，把列祖列宗的律法看做他们的教练，因为这样的律法若不是受到圣灵的感动，光凭人的心灵不可能构思出来。[81] 在其他所有时间他们都接受这些教导，尤其是在第七天的时候。因为这一天专门保留下来用于保守圣洁。在这一天，他们放弃一切工作，进入神圣的场所，也就是他们所谓的会堂。在会堂里，人们按年龄排队，小的坐在下排，大的坐在上排，他们正襟危坐，侧耳倾听，他们的举止与这特定的场合极为相配。[82] 然后，有一个人拿起圣书大声朗读，还有一位特别精通经书的人起来解释人们不懂的经文。他们学习哲学大部分都通过寓意解经的方式进行，在这个方面他们效法古人的传统。[83] 他们接受训练，养成虔诚、圣洁、公正的家庭和公民行为，认识什么是真正的善、什么是真正的恶、什么是中性的非善非恶，学习如何选择应该做的事情和避免不应该做的事情，以三种爱作为他们界定事物的标准：对神的爱，对美德的爱，对人的爱。[84] 他们对神的爱通过大量证据表现出来，一生从不间断的宗教涤罪、禁止诅咒、说话诚实、相信神是一切善事之源，在祂那里没有任何邪恶；他们对美德的爱表现在不爱钱财、名誉、享乐，保持自制、忍耐，还有生活俭朴、容易满足、谦虚谨慎、尊重律法、坚忍不拔，以及种种诸如此类的品德；他们对人的爱体现在仁爱、平等、友好，这些品德都无须用语言来描述，当然，稍微描述一下也不会显得不妥。[85] 首先，没有一个人的家是他自己的，这样说的意思是任何人的家都与众人分享，他们实际上都生活在一个共同体里面，此外他们的门对那些外地来的共享他们信仰的人是敞开的。[86] 还有，他们只有一笔财富，共同支出；他们的衣服是共有的，他们的饮食也由公共食堂供应。我们找不出还有其他社团能像他们那样在实际生活中实行共享，同吃、同住、共同生活。这些都还没有超出人的想象。另外还有，他们每天挣来的工钱都不会留作私人财产，而会成为公共储蓄，由大家各取所需。[87] 病人不会因为没有贡献就被忽视，公共储蓄里的钱财足以支付他们治病的开支。对待老人他们给予尊敬和关爱，像亲生儿女对待自己的父母一样，使他们可以从无数双手和无数颗心中得到充足而慷慨的供给，安度晚年。

【13】[88] 追求美德的运动员就是这样，摆脱了希腊式的累赘的哲学造就了他们，这种哲学要求学生身体力行，把哲学理论付诸这些可加赞美的行动，由此牢固建立那些永远不能被奴役的自由。[89] 在此我们有一个证据。许多人在各种不同场合上升为统治者，掌握了国家的统治权。他们在本性和他们遵循的行为方式两个方面有所不同。有些人嗜血成性，比野兽还要残

忍，极为野蛮。没有哪种酷刑是他们没有试用过的。他们成批屠杀臣民，或者像厨师宰杀牲畜一样，把人活活地切成碎片，毁损他们的肢体，在考察民情的法官来访之前不会住手。[90] 还有一些人把这种疯狂的嗜好转变为另一种形式的凶残。他们的行为表现出他们的刻骨仇恨，但他们的言语却镇定自若，尽管温和的语言并不能掩饰他们歹毒的心。他们表面上像一群猎狗那样对着主人摇尾乞怜，暗地里却喷洒毒汁，给全城人带来难以弥补的伤害，他们的邪恶和无情到了无以复加的地步。[91] 然而，这两种人，无论是极端残忍的，还是十足奸诈的，都不能对这里所描述的艾赛尼派或圣洁的社团有任何指摘。他们无法抗拒这些人的高贵品质，不得不把他们视为自治的、本性自由的人，赞扬他们的公餐制和无以言表的友爱之情，这是完美和极乐生活的最明显的证据。

【14】[92] 然而，由于有些人认为大团体的美德决不可能是完善的，只能发展和提高，到一定程度会停滞不前，所以我们必须引用个别善人为例，最清楚地证明自由的存在。[93] 卡拉努斯是印度本地人，是天衣派的信徒。由于比同时代人更加能够忍耐，能把美德付诸实践，他受到普遍的尊重，不仅本国同胞尊重他，其他种族的人也尊重他，更加奇特的是，甚至连敌国的君王也尊重他。[94] 因此，马其顿的亚历山大想要向希腊世界展示一个野蛮人的智慧典范，就像依照原画创作一个摹本，所以他力邀卡拉努斯与他一道旅行，从印度出发，指望在整个亚细亚和欧罗巴赢得美誉；当他的邀请被拒绝以后，他声称要强迫卡拉努斯与他同行。[95] 卡拉努斯的回答既高贵，又贴切。他说："我要是被迫去做我不愿意做的事，那么亚历山大，我还有什么值得你向希腊人炫耀展示？"这些话说得有多么坦诚，更多地体现了自由的思想。但是他的书面文字比他的讲话更为久远，在这些文字中他留下了一种清晰的、不可奴役的精神标记。[96]他给亚历山大的信是这样写的："卡拉努斯致亚历山大：您的朋友敦促您用暴力逼迫印度的哲学家。然而，您的这些朋友从来不曾，甚至连做梦也不曾见过我们的所作所为。您可以强迫身体从这个地方到那个地方，但是您不可能强迫灵魂去做它不愿意做的事，这

样做就好像强迫砖头和木棍说话。大火会引起极大的麻烦，能够毁灭活的身体，而我们比大火还要优越，我们可以把自己活活烧死。任何国王，任何统治者，都不能强迫我们去做我们不愿意做的事情。我们和那些希腊哲学家不同，他们总是在节庆聚会中玩弄辞藻，而我们怎么说就怎么做，言行必须一致。行动会很快过去，话语也只有短暂的力量，但是美德能够确保我们得到幸福和自由。”[97] 这样的抗议和论断使我们想起芝诺的格言：“除非你能把充满气的皮囊沉入水底，否则你不可能强迫虔诚者违背自己的意愿去做他不愿做的事。”有正确的理智和坚定的原则，这样的灵魂绝对不会投降或者遭受失败。

【15】[98] 虔诚者的自由还可以有诗人和散文作家作证，在他们看来，希腊人和野蛮人一样，都是从摇篮里长大的，都能获得品德上的改进，尽管由于错误的培养和生活方式，他们的灵魂的成色像硬币那样已经有所降低，但慢慢地又会有所弥补。[99] 比如，赫拉克勒斯在欧里庇得斯的戏剧里说：“烧死我吧，吃我的肉，喝干我的乌血；除非星辰落到地下，大地升到天上，你们才能从我嘴里，听到奉承的言语。”① 确实，摇尾乞怜、阿谀奉承、遮遮掩掩，都是言不由衷的，言语和思想在开战，这样的人完全处于奴役状态。而自由的言说真诚无伪，是从纯洁的良心里涌现出来的，与高贵的出身相吻合。[100] 还有，你们注意看，这同一个人② 哪怕是在被贩卖的时候也没有一点儿委琐的神色，反倒使观看者感到敬畏，觉得他不仅是自由的，还会成为购买他的人的主人。[101] 比如，赫耳墨斯在回答赫拉克勒斯是否卑微时说：“卑微？远非如此，恰恰相反，他的举止端庄高雅，没有一点儿自贱自惭，也不像奴隶那样堆积多余的脂肪，显得臃肿难看，他的衣衫多么整洁，他还能舞枪弄棒。”③ 对此，另外一个人答道：“谁愿意买一个比自己强的人，

---

① 欧里庇得斯：《腓尼基人》521。斐洛四次引用这段话，其他三处见《寓意解经》III.202；《论约瑟》78；《善人皆自由》25。

② 即赫拉克勒斯。

③ 出自欧里庇得斯的某部羊人剧，但显然与阿波罗多洛的版本有出入。

带回去做家里的主人？你的眼睛充满了火，看上一眼就使人害怕，你看上去就像一头公牛，在观察狮子的进攻。”接着，他又说道：“尽管你什么也没说，但你的表情足以证明你是不会顺服的，你的专长是下达命令，而不是接受命令。”[102] 后来，绪琉斯买了他，把他派到地里干活，但他的行为表明他的本性里面没有一点儿奴性。因为他杀了牛群里最健壮的公牛，名义上向宙斯献祭，实际上独自饱餐一顿，然后又拿出大量美酒，非常惬意地躺在那里痛饮。[103] 绪琉斯赶来以后非常气愤，既因为损失了财产，也因为这名仆人悠闲自得、桀骜不驯的行为，而赫拉克勒斯对绪琉斯的到来脸不变色心不跳，他没有改变姿势，收敛行为，反而大胆地说：“躺下来，让我们喝个够，看谁能喝，是你，还是我？”[104] 我们该如何描述他和他的主人的关系？他是仆人还是主人，不但享有这些自由，而且向主人发布命令，如果主人拒绝，就要把主人打倒在地，如果主人叫别人来帮忙，就把他们一起消灭！可以肯定的是，这些记载着所谓买卖关系的契约只不过是一个笑柄，一堆废话，一旦契约上所写的被卖之人有强大的力量把它们踩在脚下，它们就不如一张白纸，注定要彻底消灭，不是被虫咬，就是被磨损，或者发霉腐烂。

【16】[105] 不过，某个反对者会说，把英雄的成就拿来作为证据是不公平的。他们拥有高于凡人的伟大本性。他们与奥林波斯圣山上的众神抗争，拥有神的血缘，是凡人与不朽的种子结合生育出来的，完全可以称做半神，因为他们身上属人的成分已经被属神的成分控制了，所以他们对那些试图奴役他们的人嗤之以鼻，这样做并没有什么特别的。好吧，就算如此！[106] 但是，阿那克萨库斯或者埃利亚的芝诺怎么样呢？他们是英雄或者众神的后代吗？他们落在凶狠的暴君手上，但仍旧能够从容不迫、镇定自若，因此激起暴君的恼怒，引发更大的暴行；他们的身体仿佛不是自己的，而是别人的，甚至是仇敌的，尽管这些暴君绞尽脑汁，想出种种稀奇古怪的酷刑来折磨他们，他们仍旧岿然不动，鄙夷种种恐怖的酷刑。[107] 凭借对知识的热爱，他们一开始就使灵魂习惯于高高升起，摆脱激情的干扰，依靠修养和智慧，使灵魂远离身体，以智慧、勇敢和其他美德为家。[108]正因如此，

当芝诺被捆绑在车轮上、要他说出不可泄露的秘密时，他表现得比世界上最强大的东西，亦即火与铁，还要强大。他咬碎了自己的舌头，吐在拷问者脸上，免得在酷刑下不自觉地说出那为了遵守道义而不能泄露的秘密。①[109]阿那克萨库斯的言辞表现出最坚定的忍耐。他说："你们可以碾碎阿那克萨库斯的皮肉，但是你们不能碾碎阿那克萨库斯。"② 这些例子充满真正的勇气和反抗精神，其价值远远超过英雄们世袭而来的高贵品质。英雄们的荣耀属于他们的出身，而不是出于他们自己的意志。哲学家们的荣耀则依赖美德的成就，出于他们自己的自由选择，可以说，正是这些成就使真诚地实践美德的他们成为不朽的人。

【17】[110] 我知道有许多拳击手和摔跤运动员，他们雄心勃勃，渴望胜利，尽管身体已经疲软无力，仍旧鼓足勇气，奋力拼搏，没有别的任何东西能够帮助他们，只有灵魂，他们的灵魂已经习惯于藐视困难，在这种情况下他们能够坚持到最后一口气。[111] 如此看来，既然那些从事体力锻炼的人都能克服对死亡的恐惧，无论是出于对胜利的渴望，还是为了避免让人看见自己失败的下场，那么那些从事不可见的心灵锻炼的人，那些真正的人，住在感官所能感知的形体里面的人，也就是那些用哲学的话语和美德的行为训练心灵的人，我们岂能说他们不愿为自由而死，带着藐视任何受奴役的精神，完成他们命定的人生旅程呢？[112] 据说在一场神圣的比赛中有两名运动员势均力敌，一个进攻，另一个必定施以同样的反击，谁也不肯相让，直到最后双双倒地而死。"噢，你自己的勇敢注定将你毁灭"③，这句话正适用于这样的人。[113]所以，如果说为了橄榄枝或欧芹花编成的花冠而死在竞技场上是运动员的荣耀，那么为自由而死确实是贤人

---

① 参见第欧根尼·拉尔修：《名哲言行录》9：27，徐开来、溥林译，广西师范大学出版社 2010 年版。

② 参见第欧根尼·拉尔修：《名哲言行录》9：59，徐开来、溥林译，广西师范大学出版社 2010 年版。

③ 荷马：《伊利亚特》6：407。

更大的荣耀，对自由的这种热爱植根于灵魂深处，与其他任何东西都不同，不是作为一个偶然的附件，而是灵魂整体最本质的部分，所以这种爱要是被切除，整个系统必将遭受重创。[114] 考察道德典范的人歌颂那位拉科尼亚[①]男孩，他所属的那个种族，或者他自己的本性，拥有一种不容奴役的精神。这名男孩被某个安提戈努[②]的人俘虏以后，只接受自由人所做的工作而拒不接受奴隶的工作，声称自己不会成为一名奴隶。尽管他年纪尚幼，未谙莱喀古斯法律的精义，但就其有限的了解，他在得到救赎完全无望以后，认为死亡比他眼前这种毫无价值的生活更加快乐，于是就高兴地结束了自己的生命。[115] 另外还有一个达尔达尼亚[③]妇人的故事，[④]她们被马其顿人俘虏以后，认为当奴隶是最可耻的事情，于是就把她们还在吃奶的孩子扔进河的最深处。她们说："去吧，趁着你们还没有开始悲惨的生活，这样做你们至少不会成为奴隶，悲惨的生活会缩短你们的寿命，趁你们还能自由地踏上黄泉路，这是每个人都要走的。"[116] 在悲剧作家欧里庇得斯的笔下，波吕克塞娜[⑤]也对死亡考虑极少，对自由想得很多。她说："我情愿去死，那样就没人会碰我的身体了。我要真心诚意地说，以上苍的名义，让我自由地走吧，要么就杀了我，好叫我至死都是自由的。"

【18】[117] 所以你们看，妇女和儿童都如此深爱自由，前者生来缺乏理智，后者因年龄太小而无力保证自己的安全，为了使自己不失去自由，他们宁愿尽快求死，好像死亡是一种永恒，我们还能够假定那些畅饮智慧之纯酒的人是不自由的吗？他们心中拥有一处大无畏的快乐的源泉，没有任何邪恶的力量能够征服它，因为它继承的永久遗产是主权和王位。[118] 的确，我们听说有的宗族为了保卫自己的自由，同时维护他们对已经死去的

---

① 拉科尼亚（Λακωνία），地名。

② 安提戈努（Ἀντιγόνους），人名。

③ 达尔达尼亚（Δαρδανία），地名。

④ 这个故事出处不详。

⑤ 波吕克塞娜（Πολυξένα），人名。特洛伊国王帕里亚之女，帕里亚应阿喀琉斯亡灵的要求，以波吕克塞娜为祭品。

恩人的良好信念，不惜自灭满门。这就是近年来人们传诵的桑昔亚人[①] 的故事。刺杀朱利乌斯·凯撒[②] 的一名凶手，也就是布鲁图[③]，带着一支人马向他们开来，这个时候他们畏惧的不是他们的城池会毁灭，而是担心自己被一名杀人凶手所奴役。这个人杀死了他自己的领袖和恩人，因为凯撒原来既是他的首领，又是他的恩人。[119] 当还能战斗的时候，他们顽强地进行抵抗，后来，他们的人数逐渐减少，但他们仍旧坚守岗位。等耗尽了全力，再也无力回天之后，他们就把他们的女人、孩子和父母赶回各自家中，把他们全部杀死，把尸体堆在一起，用火焚烧，最后把自己也杀死在火堆里，就这样，在一种自由而高贵的决心的激励下，他们成全了作自由人的必要条件。[120] 这些人为了逃避敌人的冷酷无情而选择光荣地死，不愿苟且偷生，而另外一些人效法赫拉克勒斯的勇气，在环境允许的时候勇敢地求生，耐心忍受，他们同样表明自己超越了欧律斯透斯[④] 强加给他们的工作。[121] 犬儒学派的哲学家第欧根尼就是这样的人。他的心灵非常伟大和高尚，当他被劫匪掳掠，只能勉强吃到一丁点食物的时候，仍旧镇定自若，毫不畏惧那些掌握他命运的人的残忍。他说："这太荒谬了，猪崽和羊羔在出售之前尚能得到精心喂养，保证它们长得肥肥胖胖，惹人喜爱，而作为最高等动物的人却因缺吃少喝而瘦得皮包骨头，只能卖个低价。"[122] 后来，他得到了充足的食物。当他和其他俘虏一起被领到市场上去的时候，他首先坐了下来，然后兴致勃勃地就餐，还把食物分给他周围的人吃。他们中间有一个人不能做到随遇而安，确切地说，那个人神态极为沮丧，于是他说："不要垂头丧气，凡事要往好的方面看，就连金发的尼俄伯[⑤] 也要吃饭，尽管她已经在剧场里失去了十二个儿女，六个儿子，六个女儿，个个都是大好的青春年华。"[⑥]

---

① 桑昔亚人（Ξανθίους），族名。

② 朱利乌斯·凯撒（ἸουλίυςΚαίσα），罗马独裁统治者。

③ 布鲁图（Βροῦτος），罗马政治家，刺杀独裁者朱利乌斯·凯撒。

④ 欧律斯透斯（Εὐρυσθέως），希腊神话中的迈锡尼国王，赫拉克勒斯为他服役。

⑤ 尼俄伯（Νιόβη），希腊神话人物，底比斯王后，她的十四个子女因自夸而被杀死。

⑥ 荷马：《伊利亚特》24∶602—605。

[123] 后来，有人想把他买下来，问他有什么特长，他大胆地说："我擅长治理人"，这个回答显然是从他的灵魂中发出来的，表现出自由、高贵和天生的王者风范。还有，我们看到，当众人都充满忧郁和沮丧的时候，他却以他一贯的风格放肆地制造诙谐。[124] 比如，他看到买主中间有一人长得非常柔弱，脸上全无男子汉气概，就走到他面前对他说："你应该把我买下来，因为在我看来你需要一个丈夫。"那个人听了这话大受震动，深感羞愧，悄然退下，其他人则对他的勇气和机敏的戏谑感到惊讶。对这样的人，我们必须只用自由这个词，而不能用奴役或其他词，奴役对自由没有支配力，不是吗？[125] 他的自由言论被一个有教养的人卡瑞阿斯①所效仿。当卡瑞阿斯住在埃及的亚历山大里亚的时候，曾经惹怒了托勒密国王，后者用极其恶毒的话语威胁他。卡瑞阿斯认为自己天生自由，一点儿也不比那个国王身份低下，所以他答道："虽然你是埃及国王，但我毫不在意，你的愤怒没有任何价值。"②[126] 高贵的心灵都有一种王者气概，它的光辉不是贪恋财富的人所能遮挡的，正是这种气概使他们力求与那些具有最高权威的人保持平等，并以自己的自由言论来抗拒傲慢。[127] 有一个故事是讲塞奥多洛③的，他的绰号是无神论者。他被逐出雅典以后，前去投奔吕西玛库④。这位权贵对他的到来提出质问，并指出他之所以逃到这里来是因为被判定为无神论者和腐蚀青年。对此，他回答说："我是被驱逐的，但我与宙斯之子赫拉克勒斯遭受的命运相同。[128] 赫拉克勒斯也被阿尔戈⑤号上的船员扔出船外，不是因为他做了什么错事，而是因为只有他能使船只超载，因此他使那些船员感到恐慌，担心船舱进水失事。我改变住处也是由于同样的原因，因为雅典的政治家无法跟上我高远而宏伟的理智；还有，我也是妒忌的对象。"[129]

---

① 卡瑞阿斯（Χαιρέας），人名。

② 参见荷马：《伊利亚特》1：180。

③ 塞奥多洛（Θεόδορος），人名。

④ 吕西玛库（Λυσίμαχους），人名。

⑤ 阿尔戈英雄（Ἀργοναωτῶν），希腊神话中的一群英雄，在伊阿宋的率领下夺取金羊毛。

吕西玛库又问："那么，你被驱逐是由于他们妒忌你吗？"他回答说："不，不是由于妒忌，而是因为我的天资卓尔不群，这个国家无法容忍。[130] 就像塞墨勒[①]怀了狄奥尼索斯[②]，她难以承受腹内胎儿的重量，直到分娩的时候，宙斯惊愕地从她的肚子里取出早产的胎儿，把它列为天上众神之一，而我也是这样。我的国家太小，无法容纳一种宏伟的哲学思想，某位低级或高级的神就决意让我离开那里，要我转移到一个比雅典更好的地方。"

【19】[131] 贤人的自由，和人的其他所有美好天赋一样，也可以在非理智的动物身上体现出来。公鸡经常勇敢地战斗，尽管体力不占优势，但它们绝对不会屈服和退缩，一直战斗到死为止。[132] 雅典名将米尔提亚得[③]看过斗鸡，当波斯国王率领整个亚细亚的精兵强将进入欧罗巴，认为能够不战而胜、吞并希腊的时候，米尔提亚得在泛雅典娜大节上召集他的士兵，让他们观看斗鸡，相信这样的场景能够产生语言说服所不能起的效果。[133] 他的判断没有错，看到这种非理智的被造物身上都体现出这种不可战胜、至死不渝的英勇和坚忍的品质，他们备受感动，拿起武器就上了战场，遇到这样的对手，敌人只能尸横遍野；他们不考虑伤害和杀戮，只想保家卫国，如果他们倒下了，至少他们所立足的这块国土还能保持自由。没有什么比我们凡人还要卑微的被造物能够产生如此巨大的动力，能使我们取得出乎意料的成就。[134] 悲剧作家伊翁[④]也在下面这些话里提到公鸡格斗的事："身体受到重创，双眼已经变瞎，它鼓足勇气，重整旗鼓，虽然虚弱不堪，但仍然啼鸣不已，因为它宁死也不受奴役。"[135] 既然如此，我们怎能认为贤人不会高兴地选择死亡，而是受人奴役？如果说年轻而天赋极高的灵魂在这场美德比赛中竟然输给鸟类，屈居第二，而且还要勉强为之，那么岂不是全然乱

---

① 塞墨勒（Σεμέλης），希腊神话人物。众神之神宙斯爱上美丽的凡人塞墨勒，塞墨勒受到赫拉的蛊惑而要求宙斯以神的面目出现，最终因无法承受霹雳之火而被烧死。

② 狄奥尼索斯（Διονύσιος），古希腊神话中的酒神，宙斯与塞墨勒之子。

③ 米尔提亚得（Μιλτιάδης），人名。

④ 伊翁（Ἴων），人名。

套，哪里还会符合理智？[136] 对每个稍有文化的人来说，这也是众所周知的真理：自由是可敬的，奴役是可耻的；可敬的东西与善人相关，而可耻的东西总是与恶人相连。由此可以清楚地推论，凡真正高贵的人没有一个是奴隶，尽管受到一大群索取者的威胁，他们造出契约来证明自己的主人身份；也没有任何一个愚拙的人是自由的，就算他是克娄苏①，或者弥达斯②，或者就是那位大王③ 本人。

【20】[137] 自由是光荣的、可敬的，奴役是可悲的、可耻的，这一学说也得到许多城邦和国家的证明，城邦和国家比较古老和持久，对可朽者来说，它们可以说是不朽的，它们说的每一句话都是真的，因为这是它们存在的法则。[138] 元老院和公民大会几乎每天都要聚会，讨论最多的问题是：如果他们已经拥有自由，该如何巩固它；如果还没有获得自由，该如何获取它。希腊人和外部世界一直处于国与国的争斗之中，为什么要这样，不就是为了避免奴役、赢得自由吗？[139] 所以，在战场上，军团、大队、支队、百人队的指挥官在鼓励士气时主要使用这样的模式："士兵兄弟们，奴役是万恶中最可恶的。让我们把它赶出去。自由是人的幸福中最宝贵的，我们绝对不能失去自由。自由是幸福的泉源，从它流淌出一切幸福。"[140] 我想，正是出于这个理由，希腊人中最富有理智的雅典人——雅典之于希腊，犹如眼球之于眼睛，理智之于灵魂——在纪念可敬的女神而举行游行时，奴隶不许进入游行队伍，只有自由的男女举行各种庄严的仪式；这样的选择不是偶然的，而是正好表明他们热切追求一种纯洁无瑕的生活。依照同样的原则，用于宴会的面饼必须由那些经过严格选拔的年轻人来制作，他们也把这项工作视为一种荣誉，而事实确实如此。[141] 不久前，有几位演员表演一出悲剧，他们背诵欧里庇得斯的诗句："自由的名字配得上整个世界；人若缺乏自由，那就让他多想想自由。"我看到全场观众激情澎湃，难以自抑，乃至于

---

① 克娄苏（Κροῖσος），吕底亚国王，极为富裕。

② 弥达斯（Μίδας），大富翁，能点物成金。

③ 指波斯国王。

全部站起来大声喝彩，声音盖过演员的歌唱，他们不仅赞美自由的内容，而且由衷地称颂它的名字。[142] 我也敬佩阿尔戈英雄，他们的船员全部都是自由人，不接受奴隶，甚至那些必须做的粗活也不雇用奴隶，只欢迎那些自由的姐妹提供服务。[143] 诗人是我们终身的教育者，就如父母在私人生活中教自己的孩子智慧，他们在公共生活中教他们城邦智慧，如果我们有正当的理由聆听诗人的诗篇，如果我们相信他们的话，那么甚至连伊阿宋[①]率领的阿尔戈号也拥有理智和灵魂，充满对自由的热爱，不让受缚的奴隶上船。所以，埃斯库罗斯[②]提到这条船的时候说："说话吧！阿尔戈号神圣的声音在哪里？"[③][144] 对某些人威胁的姿势和语言，贤人完全可以予以藐视，像长笛手安提吉尼达[④]那样作出回答。有一位专业对手愤怒地对他大吼大叫，他非常机智地回答说："我要把你买回家，这样我就可以教你演奏了。"[145] 同理，高贵者也可以对他可能的买主说："我可以给你上一课，让你学习什么是自制。"如果有人用驱逐相威胁，他可以说："每块土地都是我的祖国，如果我的财产损失了，我可以满足于过一般的生活。"[146] 如果有人以拳头甚至死亡相威胁，他可以说："这些鬼把戏吓不倒我。我并不比拳击手或摔跤手逊色，他们只看见真正美德的暗淡影子，因为他们只培养身体的强壮，而我在两方面都接受勇敢的训练。我支配身体的心灵充满勇气，我斗志昂扬，精神振奋，足以承受并且战胜任何一种痛苦。"

【21】[147]（因此，我们必须小心，不要带来这样一种野兽，它不仅力大无穷，而且在恐怖的外表下还表现出无法征服的可怕本性。）[⑤][148] 用作圣地的那些地方经常为被捆绑的奴隶提供避难所，使他们的安全得到保障，他们可以随意说话，就好像他们与其他人拥有同等的权利和特权。我们可以

---

① 伊阿宋（Ἰάσον），阿尔戈英雄的首领。

② 埃斯库罗斯（Αἰσχύλος），古希腊著名悲剧家。

③ 故事说雅典娜在阿尔戈号船头插入一块会说话的多多那橡树板。参见《阿波罗多洛》I.9.19。

④ 安提吉尼达（Ἀντιγενίδα），人名。

⑤ 英译者认为本节被误植于此。

看到，那些祖辈不知道从哪一代开始就沦为奴隶的人，当他们作为乞援者坐在圣殿里的时候，能够自由自在地高谈阔论，全无畏惧之心。[149] 有些奴隶不仅表现得与人平等，而且在与自己的主人讨论公正问题时还表现出极大的优势。这些奴隶主不管出身如何高贵，完全有可能受到良心的谴责而沦为奴隶，而那些乞援者，既然已经在不可侵犯的圣地得到身体上的安全保障，因此就在灵魂上展现出自由和高贵的品质，这就是神创造的胜过一切的证据。[150] 事实必定如此，因为有谁认为这些事情毫无道理，尽管这些地方给人勇气，能够让人自由说话，但和最富有神性的美德无关，而这些地方和其他分有智慧的所有东西都借助美德才变得神圣？[151] 确实，那些以所谓神圣不可亵渎之地作为避难所，把自己的安危只托付给这些地方的人，仍旧受缚于无数顾虑，比如妻子被礼物引诱，孩子蒙羞受辱，爱情方面的背叛，等等。而那些在美德里面避难的人，就像躲进了固若金汤、坚不可摧的堡垒，蔑视悄悄逼近他们的情欲的刀剑。[152] 有这种力量作坚强后盾，人就可以自由而大胆地说话，而别人都成了偶然环境的受害者，只有我可以对悲剧诗人说："我可以顺从我自己，也可以命令我自己。我以美德为法度衡量一切。"[153] 因此，当克娄苏命令普里耶涅[①]的彼亚斯[②]吃洋葱的时候，彼亚斯极为鄙夷地反驳克娄苏的威胁，[③]吃洋葱这个短语就是"流泪"的意思，因为一吃洋葱眼泪就会滚滚而下。[154] 本着这种精神，贤人认为没有什么东西能比美德更高贵，美德是人终身的首领，而人是为它而战的士兵，不要害怕被美德视为部下的其他人的命令。所以，两面派的、变化多端的人被普遍认为是奴颜婢膝的和奴性十足的。[155] 另外一个对句也很好地表达了同样的思想："奴隶的头从不直立在他的肩膀上，而总是缩在他那扭曲的脖颈上。"因为狡诈的、虚伪的、欺骗的人是十足卑鄙的，而正直的、单纯的、

---

① 普里耶涅（Πϱιηνε），地名。

② 彼亚斯（Βίας），人名。

③ 参见第欧根尼·拉尔修：《名哲言行录》1∶83，徐开来、溥林译，广西师范大学出版社 2010 年版。

真诚的人，思想与言语一致的人，则是高贵的。[156] 我们完全可以嘲笑这些人的愚昧，他们以为只要自己与主人脱离了主仆关系，他们就是自由人。确实，他们一旦被解雇，就不再是奴仆了，但他们仍旧还是奴隶，并且是最卑劣的奴隶，他们不是人的奴隶，做人的奴隶倒还不那么可悲，而他们却成为最不名誉的无生命物的奴隶，受制于好酒、调味香草、烤肉，以及厨师和点心师精心制作的各种食品，折磨可怜的肠胃。[157] 因此，犬儒学派的第欧根尼看到某个所谓的自由人在精心打扮自己、博得许多人的衷心赞美，于是就大为感叹理智和辨别能力的缺乏。他说："一个人完全可以宣布他的某个仆人从今天开始已经成为语法学家、几何学家，或者音乐家，尽管他对艺术浑然无知。"这样说既不能使他的仆人成为有知识的人，也不能使他们获得自由，因为自由乃是一种幸福的状态。只有自由才能使他们不再是奴隶。

【22】[158] 所以，让我们放弃这种无谓的幻想，因为有太多的人无力地求助于这样的幻想，要把我们的爱投注于真理这种最神圣的财富，但不可把公民身份或者自由归结为所谓的公民权利，或者把受奴役归结为奴仆的权利，无论是家养的奴隶，还是买来的奴隶，我们要取消人种、所有权证书、一般的身体事务等问题，研究灵魂的本性。[159]如果心灵受到欲望的驱动，或者受到快乐的引诱，或者由于恐惧而偏离正道，或者由于悲伤而颤抖，或者由于愤怒而感到无助，那么它就使自己处于奴役状态，使拥有这个心灵的人成为一群主人的奴隶。但是，如果它以健全的理智征服无知，以自制克服放纵，以勇敢克服怯懦，以公正战胜贪婪，那么它不仅摆脱了奴役，还获得了恩赐的统治权。[160] 然而，还没有获得任何一种品性的灵魂，既没有受奴役的品性，又没有建立自由的品性，它就还是赤裸的婴儿，一无所有，这样的灵魂必须给予照顾和哺育，先给它喂流质，用来代替牛奶，再给它喂柔软的食物，也就是让它接受学校里的各门课程，再给它吃比较坚硬的肉食，也就是教它哲学。通过这样的抚养，使它成长为男子汉，拥有强健的体魄，最终抵达快乐的顶点，这就是芝诺，或者是比芝诺更高的神谕，吩咐我们追求的顺从自然的生活。

论沉思的生活

提 要

本文的希腊文标题是“ΠΕΡΙ ΒΙΟΥ ΘΕΩΡΗΤΙΚΟΥ Η ΙΚΕΤΩΝ”，意为“论沉思的生活或论乞援者”，英译者将其译为“On the Contemplative Life or Suppliants”。本文的拉丁文标题为“De Vita Contemplativa”，缩略语为“Vit. Cont.”。中文标题定为“论沉思的生活”。原文共分11章（chapter），90节（section），译成中文约1.3万字。

作者在《善人皆自由》（75—91节）和《为犹太人申辩》（II.1—18节）等处描写过犹太人的艾赛尼派。作者在本文中提到，亚历山大里亚附近有一个社团，被人称做塞拉普提派，或苦行派。文中描述了塞拉普提派的特点和体制，予以赞扬，并与艾赛尼派进行比较：艾赛尼派的特点是修行，而塞拉普提派的特点是沉思；塞拉普提派不从事任何职业，不共享住处或衣服，除了特殊场合，也不在一起公餐；艾赛尼派只有男性信徒，而塞拉普提派接纳女性过公共生活；艾赛尼派生活俭朴，但不禁欲，而塞拉普提派把禁欲推向极端。本文概要如下：

派别名称的来源：塞拉普提派这个名称源于θεραπεύω，这个词的意思是“治疗”或者“崇拜”（1—2节）。其他类型的崇拜有的崇拜基本元素，土、水、气、火，有的崇拜天体、宇宙、半神、偶像（3—7节），而埃及人崇拜动物（8—9节）。

塞拉普提派（苦行派）的崇拜特点：这个派别渴望能看见唯一神的神秘异象，为此放弃一切私人财产（10—13节）。但与阿那克萨戈拉和德谟克利特相反，他们不会任由他们的家产被人浪费，而是把它捐给朋友和亲属，他们自己由此得到闲暇，可以献身于比较高贵的生活（14—17节）。摆脱世俗事务以后，他们切断与家庭的联系，寻找隐居之处，摆脱城市的影响（18—20节）。在希腊和野蛮世界的许多部分都能发现苦行派，尤其是在埃及，他们中最优秀的苦行者从各地聚集到马瑞亚湖，那里位置优越，天气舒适（21—23节）。他们建造十分简朴的房子，每所房子有一间修行用的密室，从日出到日落，他们学习圣经（24—26节）。他们也祈祷和唱圣歌（27—29节）。在安息日，这种孤独的生活得以缓解，他们在会堂里聚会，男女分开坐，聆听布道（30—33节）。在禁食期间，六天中日落之前不能进食，在某些情况下禁食三整天，但在安息日比较宽松，他们的食物就是面饼，喝清泉水（34—37节），这种禁欲也延伸到他们的穿衣（38—39节）。

异教徒的宴会：犹太教的安息日聚会不包括宴会，但他们有时候举行宴会，可与异教徒的宴会对照。首先，异教徒的宴会具有暴力和醉酒倾向（40—47节）；其次，这种宴会是奢侈的，从它的家具、酒具、餐具、侍者的美貌，以及服饰的精美可以看出来（48—52节）；最后，有数量众多的美味佳肴供食客享用（53—56节）。色诺芬和柏拉图记载了两次著名的宴会，这样的宴会仍旧充满愚蠢，这样的宴会只是给鸡奸者提供机会（57—63节）。

塞拉普提派的节庆聚会：聚会的时间和场合（64—65节）；准备工作和祈祷，长者的座席，男女分开就座（66—69节）；长者在聚会中使用躺椅，在聚会中事奉的不是奴隶，而是自由人（70—72节），聚会中提供简单的食物（73—74节）。主持在聚会中布道，讲述圣经教导和要点，全体会众聚精会神地聆听，在结束时鼓掌（75—79节）。布道以后唱圣歌，先由主持唱，然后由会众轮流唱，每首圣歌结尾时合唱（80—81节）。晚餐以后是守夜仪式，男女分别组成两个歌队唱圣歌，然后合唱（82—85节），这样的组织与红海边由摩西和米利暗率领的歌队相仿（86—87节）。唱圣歌一直持续到黎明，会众面朝东进行祈祷，然后各自回到祈祷室（88—89节）。最后的结论，塞拉普提派的美德使他们得到神的赐福（90节）。

正 文

【1】[1] 我已经讨论了艾赛尼派[①]信徒，他们锲而不舍地追求积极的生活，或者说他们力图在所有方面出类拔萃，或者说得谦虚一点，力图在大多数地方有出色的表现。现在，我马上要按照我们讨论的主题的需要，开始说明这些接受沉思生活的人需要些什么。在这样做的时候，我不会添油加醋以改变事实，就像诗人和历史学家常做的那样，因他们记载的生活和实践缺乏亮点而进行这种添加，而会绝对追随事实真相。尽管我知道，在这种情况下，哪怕最伟大的演说家也会失去勇气，而我们必须坚持不懈，不能回避冲突，因为这些人表现出来的伟大美德一定不会让那些人的舌头被勒住，他们认为，对任何卓越之事都不可缄默不语。[2] 从这些哲学家的名称马上就可以看清他们所从事的职业，他们被称做"塞拉普提派"[②]和"苦行者"[③]，这些名称源于 θεραπεύω，这个词的意思要么是"治疗"，因为他们声称精通某种治疗技能，比在城邦里流行的治疗方法更好，后者只能治愈身体的疾病，而他们的治疗同时针对积郁成疾的灵魂，以及那些难以治愈的由享乐、欲望、忧愁、恐惧、贪婪、愚昧、不义和其他数不胜数的情欲和邪恶引起的顽症；要么是"崇拜"，因为人的本性和神圣的律法都教育他们要崇拜自存的本体[④]，祂比善者更善良，比元一[⑤]更纯洁，比单体[⑥]更基本。[⑦]在自称虔诚的人中间，有谁能和这些人相提并论呢？[3] 我们能把这些人与敬拜土、水、气、火这

① 艾赛尼派（Ἐσσαίων）。

② 塞拉普提派（θεραπευταὶ）。

③ 苦行者（θεραπευτρίδες）。

④ 本体（τὸὄν），希腊哲学概念，亦译存在。

⑤ 元一（ἑνὸς），希腊哲学概念，亦译太一，表示神，超越一切事物之上。

⑥ 单体（μονάδος），希腊哲学概念，亦译单一体。

⑦ 单体和太一均为毕泰戈拉学派使用的哲学概念，单体与双体（δυάς）相对，前者为父，后者为母。

些基本元素的人进行比较吗？这些东西在不同的民族中有不同的名称，火被称做赫淮斯托斯，因为它能点燃（ἐξάπτω）；气被称做赫拉，因为它能升腾（αἴρω），上到高处；水被称做波赛冬，也许因为它能湿透（ποτός）；土被称做得墨忒耳，因为它显然是一切动物和植物之母。[4] 聪明人为这些元素起了这样的名称，但是元素本身是无生命的质料，自己不会运动，造物主将其确定为各种形状和性质的基质。[5] 崇拜用这些元素塑造而成的物体的人会怎么样呢？这些物体是太阳、月亮，其他恒星或行星，甚至是整个天空和宇宙？这些物体也不是自生的，而是由一位拥有最完善知识的建筑师建造的。[6] 半神的崇拜者怎么样？这样称呼他们确实极为荒唐。同一个人怎么可能既是可朽的，又是不朽的，更不必说他们的出生原本就应加以谴责，实际上带有放荡的青春所留下的淫乱痕迹，他们厚颜无耻地把这种淫乱归咎于极乐而神圣的权能，臆想不受一切情欲困扰的神圣三一体也曾与凡人女子交媾。[7] 各种偶像的崇拜者怎么样？它们的实体是木头和石头，不久以前它们还是无形状的，采石工人和伐木工人把它们砍伐和开凿出来，塑造为偶像，而它们的其他"兄弟"，也就是从相同地点砍伐和开凿下来的其他木头和石头，则做了水缸和脚盆，或者成为不那么荣耀的器皿，在黑暗中使用，而不是在光明里使用。[8] 至于埃及人的神祇，哪怕提到它们都几乎是不体面的。埃及人把神圣的荣耀赋予非理智的动物，不仅赋予温顺的动物，而且赋予最凶恶的野兽，他们的崇拜对象选自世上各类动物，从陆上动物中选取狮子，从水生动物中选取他们本地的鳄鱼，从天上的飞鸟中选取老鹰和埃及红鹳①。[9] 尽管他们看到这些动物有出生，需要食物，吃起东西来狼吞虎咽，满身污秽，分泌毒液，吃人，会染上各种疾病，不仅会自然死亡，而且会相互残杀，但他们竟然去崇拜动物，这是文明人崇拜不文明的、未驯服的野兽，有理智的崇拜无理智的，神的亲属崇拜丑陋无比的、连忒耳西忒斯② 都不如的

① 红鹳（ἶβιν），埃及人视为神鸟。

② 忒耳西忒斯（Θερσίτης），特洛伊战争中希腊联军最丑的人，胆小，多嘴，被阿喀琉斯打死。

受造物，统治者和主人崇拜天生卑微的奴隶。

【2】[10] 确实，这些人的愚昧不仅影响他们自己的同胞，还波及他们的邻人，他们必定是不可治愈的，因为他们已经丧失了最重要的感觉，亦即视觉。我这里指的不是身体的视觉，而是灵魂的视觉，只有这种感觉才能提供分辨真假的知识。[11] 那么好吧，苦行者总是一开始就教导人们使用视觉，想要看见存在者的影像，飞向我们感觉的太阳，但绝不离开这支带着他们走向完善的幸福的队伍。[12] 这些人致力于这种事奉，不会只跟随习俗，也不会只听从别人的建议和告诫，而会在上苍的炽热之爱的引导下，像酒神崇拜者或科里班忒① 一样全神贯注和迷狂，直至看见他们渴望的对象。[13] 所以，他们就是这样渴望不朽的幸福生活，认为他们的现世生活已经完结，所以他们把财产都留给儿女或者别的亲属，从而把承受天上产业的时间主动提前；那些没有亲属的人则把财产留给同伴和朋友。他们这样做是对的，那些手头已经获得眼睛可见之财富的人，应当把那些盲目的财富交给心灵盲目的人。[14] 希腊人赞美阿那克萨戈拉② 和德谟克利特③，因为他们怀着追求哲学的欲望，任由自己田地里的庄稼被羊群吞噬。我本人也敬佩他们，因为他们表明自身比财富更加可贵，然而他们若是不让自己的地产成为牲畜践踏之地，而是使之产生益处，满足他们的亲属和朋友的需要，使贫乏转变为富足，这样做要好得多。这两种行为，前者显得没有头脑，我甚至可以说显得疯狂，但这样做的人却得到希腊人的敬佩，而后者显得头脑清醒，深思熟虑，富有理智。[15] 敌人的军队所做的事情不就是把对方国家的庄稼割掉、树木砍光，迫使他们因粮食匮乏而投降吗？这就是德谟克利特对他的骨肉至亲做的事情，人为地使他们贫困和匮乏，这样做也许没有什么

① 科里班忒（Κορυβαντιῶτες），众神之母库柏勒的祭司，在施行秘法时狂歌乱舞，用长矛碰撞，在疯狂中互伤。

② 阿那克萨戈拉（Ἀναξαγόρας），希腊哲学家，约公元前500年—前428年。“他把祖产转让给了他的亲戚。”（第欧根尼·拉尔修：《名哲言行录》II.6，徐开来、溥林译，广西师范大学出版社2010年版。）

③ 德谟克利特（Δημόκριτος），希腊哲学家，约生于公元前460年。

恶意，但他缺乏远见，也没有考虑别人的利益。[16] 而这些人岂不是更加善良、更值得敬佩，他们对学习智慧丝毫也不缺乏热情，同时对别人宽宏大量而不是漠不关心，他们不是把自己的财产浪费掉，而是捐献出来，这样做既有利于别人也有利于自己，使别人拥有丰富的资源，使自己能更好地研究哲学，不是吗？持家理财是很花费时间的，能够充分利用时间是一桩了不起的事情，诚如医生希波克拉底所说："人生短暂，技艺长存。"[17] 我认为荷马在《伊利亚特》第十三卷开头说的话也表达了同样的想法："擅长近战的米西亚人和高贵的喝马奶的马勒人，只有马奶能维持他们这些完全公义的人的生命。"① 它要表达的意思是，生计和赚钱的焦虑会产生不公正，坚持并遵从与之相反的信条则产生公正。前者蕴含不平等，而后者蕴含平等，这就是调节自然财富的原则，其地位高于虚妄的意见。[18] 既已抛弃一切所有，不再有财产的网罗，于是他们就义无反顾地逃离，离开自己的兄弟、子女、妻子、父母，离开广大亲朋好友，离开生养他的祖国，因为亲情的吸引力和诱惑力太强了。[19] 他们不是移居到另一个城市去，像那些不幸的或卑贱的奴隶，奴隶要求主人把他们卖掉，只是想要变换主人，而不是为了获得自由。因为每一座城市，哪怕治理得最好，也会有无数骚动和混乱，凡已接受智慧指导的人，没有一个能够忍受这一切。[20] 所以，他们没有移居到另一座城市，而是在野外寻找荒凉的园子或僻静的乡村度日，这样做不是想要习惯遁世的苦涩，而是因为他们知道与志趣完全不同的人交往是何等不利和有害。

【3】[21] 这种事情在世上有人居住的许多地方都存在，因为完全的善必定为希腊人和希腊以外的其他地方的人共同享有，在埃及各省，这种情况也非常普遍，尤其是在亚历山大里亚周围。[22] 不过，这些来自各地的最优秀的修道士找到了一个非常合适的地方，作为他们的家园。这个地方位于

---

① 荷马：《伊利亚特》13：4—5。

马瑞亚湖[①]上方一座低矮的山丘上，环境优雅，空气清新，适宜居住。[23]说它安全是因为周围都是农舍和村庄，说它空气清新是因为这个湖泊流入附近的大海，湖面上不断有微风吹拂。海风轻，湖风近，二者结合，形成最有利于健康的天气。[24] 这样聚集起来的社团，他们的房子极为简单，其实只能抵御两大最直接的危险，一个是炽热的太阳，另一个是冰冷的空气。这些房子不像在城里那样彼此靠得很近，因为对这些向往孤独的人来说，住得太近是一件令人厌烦和不悦的事情，但是这些房子也不是相距太远，因为他们珍视团契，一旦遇到强盗袭击，也好彼此有个照应。[25] 每座房子里面都有一个被称做圣室或密室的房间，他们把自己关在密室里，由此开始神圣生活的秘仪。进入密室的时候，他们不带水、食物，或者别的生活必需品，只带通过众先知之口传下来的律法和神谕，还有诗篇，以及培养和完善知识的其他东西和虔诚。[26] 他们时刻牢记永生的神，甚至在睡梦中看见的也只有神圣高尚的美德和权能。确实，有许多人在酣睡的时候说出他们神圣哲学的荣耀的真理。[27] 他们每天祷告两次，一次在早晨日出之时，一次在黄昏日落之时。早晨，他们祈求日子过得真正美好和快乐，祈求天上的光芒充溢他们的心灵。黄昏，他们祈求灵魂完全摆脱感觉和感觉对象的压迫，安坐于她所在的法庭和议会，寻求真理。[28] 从早晨到黄昏之间的时间全部用于灵修。他们阅读圣经，从祖传的哲学中寻求智慧，把圣经当做一个寓言，因为他们认为经文的字面只是某些隐秘之事的象征，通过研读才能揭示文字背后隐藏的含义。[29] 还有老一代人的作品，这些人是他们的思维方式的奠基者，这些作品记载了许多喻意解经的文章，他们把这些文章看做样板，效仿里面使用的喻意解经的方法。所以，他们自身并不限于沉思，他们还创作各种韵律的赞美神的诗篇，为了使诗篇更加庄严，他们在创作时还使用了必要的韵律和节拍。[30] 他们独自在上面提到的密室里待六天，寻求智慧，绝对不出门槛一步，甚至不会远远地看它一眼。但是到了第七天，他

① 马瑞亚（Μαρείας），湖名。

们就出来参加聚会，按照长幼顺序正襟危坐，双手放在衣服里面，右手放在前胸和下巴之间，左手收到腿侧。[31] 然后，他们中间的长者，也是他们公认最了解教义的人，上前来发表逻辑严谨、充满智慧的演讲。他不像现今的演说家或智者那样炫耀巧妙的修辞，而是力求用词得当，表达准确，所以他的话不只是停留在听众的耳边，而是经过听众的感官进入他们的灵魂，安全地停留在那里。其他所有人都安静地聆听，只用表情或者点头来表示赞同。[32] 他们每个第七日都在这个公共的圣所举行这样的集会。公共的圣所被分隔成两部分，一部分供男人使用，另一部分供妇女使用。因为妇女也怀着同样的热情，定期蒙召前来参加聚会。[33] 两个部分之间有一垛三四肘尺高的隔墙，从隔墙到房顶是敞开的。这样的安排有两个目的：既保全女性应有的端庄稳重，又使坐在隔壁的妇女也能听清演讲，因为没有什么东西阻挡演讲者的声音。

【4】[34] 他们把自我节制设立为灵魂的根基，在此基础上再去建立其他美德。太阳落山之前，他们谁也不会把食物或水送到嘴边，因为他们认为哲学会在白天找到它的正确位置，而满足身体需要则应当在晚上，所以他们把白天用于学习哲学，把晚上的一小部分时间用来满足身体的需要。有些人学习智慧的愿望比较强烈，甚至三天以后才想起进食。[35] 还有一些人在真理的豪华宴会上无比喜悦、尽情享受，坚持用两倍的时间学习，直到六天以后才让自己补充维持生命所必需的食物。他们逐渐习惯了禁食，就像蚱蜢① 一样，据说蚱蜢以空气为生，我想这是因为它们的歌唱使进食成了微不足道的小事。[36] 但是，到了第七天，他们认为这一天是最神圣、最喜庆的，于是就把这一天应得的特权授予它，既然已经在过去为灵魂提供了大餐，那么在这一天也让身体得到必要的补充，他们对待身体如同对待牲口，让它在持续劳作之后得到一定的休息。[37] 即便如此，他们也不吃昂贵的东西，只吃普通面饼，蘸点儿盐，再用点牛膝草调味，就算是美味佳肴了；

---

① 参见柏拉图：《斐德罗篇》259c。柏拉图提到，蝉只顾唱歌，忘了吃喝，一直到死。

他们喝的水就是泉水。既然自然把饥渴配给必死的身体作了情人，那就得抚慰它们，但不是挖空心思去求宠，博取它们的好感，而是给它们这些必需的东西，没有它们生命就无法维持。所以，他们吃饱饭免得饥饿，喝足水免得干渴，但他们憎恨暴饮暴食，把这种行为视为灵魂和身体的邪恶敌人。[38] 至于两种遮蔽的形式，即穿衣和住房，我们已经说过，那些房子没有什么装饰，建造起来只是为了实用。同理，他们的衣服也是最经济的，仅够他们抵御严寒和酷暑，冬天是一件厚厚的粗毛衣，夏天是一件背心或者麻布衬衫。[39] 他们实行简朴的原则，他们知道简朴是真理的源泉，而它的对立面奢华则是谬误的源泉，谬误和真理都是其他事物的源泉，从谬误流出各种邪恶，从真理涌出人性与神性之善的大量溪流。

【5】[40] 我还想谈论一下他们的公共集会和欢乐的宴饮，并与其他人的集会和欢宴作些比较。有些人一灌满烈酒，其行为就显得疯狂，就好像他们喝的不是酒，而是巫师施了魔法的毒药，他们充满狂热和其他可以想象的更加致命的东西，足以使他们失去理智。他们像野狗一样狂吠，相互攻击，咬掉对方的鼻子、耳朵、手指，以及身体的其他器官，这种撕咬的行为恰好见证了诗人所说的奥德修斯① 和库克罗普斯② 的故事，他们比库克罗普斯更加残忍。[41] 因为库克罗普斯只报复那些他怀疑是他仇敌的人，而他们报复的却是自己的熟人、朋友，有的时候甚至连自己的骨肉至亲也不例外；他们一边泼洒和平的奠酒，一边参与争斗，就像那些体育竞赛的参与者，他们只是模仿了男人的运动，但他们绝对不是摔跤运动员，而只是下流无耻之徒，这才是他们的正确名称。[42] 运动员在竞技场上做事情的时候头脑是清醒的，他们在光天化日之下，在全希腊人的众目睽睽之下，怀着胜利和取得冠冕的希望，施展自己的技能，而饮酒狂欢者的活动是卑鄙的，他们不停地在夜晚设宴狂饮，喝得酩酊大醉，神情恍惚，但还有心辱骂和诽谤他们攻

---

① 奥德修斯（Ὀδυσσέως），特洛伊战争英雄，又称乌利西斯。

② 库克罗普斯（Κύκλωπος），希腊独眼巨人。

击的对象。[43] 要是没有人担任裁判，阻止和驱离这些人，他们就会更加放肆地将这种比赛进行到底，其最终结果只能是杀人或被杀。因为他们自己所遭受的一点儿也不比他们所施予其他人的少，只是他们对此毫无知觉，仍旧沉迷于喝酒，痴迷于毁损，如喜剧诗人所说，不仅伤害邻居，而且毁损自己。[44] 所以，那些人刚来参加宴会时还是身体健康、心地良善的，然而在离开时却已经心怀仇恨，身体伤残了，真可谓心灵的仇恨需要律师和法官来解决，身体的伤残需要药师和医生来帮助。[45] 另外一些人我们可以认为属于比较节制的一派，他们处于一种满溢的状态。一口烈酒在他们看来就像是曼陀罗草，他们抬起左手，仰起脖子，仰到一个正好的角度，一杯杯痛饮，然后沉沉入睡，双眼迷醉，双耳失聪，仅剩一种感觉还在起作用，那就是最可鄙的味觉。[46] 我认识一些人，他们在喝得半醉、还没有完全丧失知觉之前，安排捐赠和赞助，他们以为当前令人兴奋的因素就是有望在将来完全陶醉。[47] 就这样，他们的一生都没有温暖的家，他们与父母、妻子、孩子为敌，与国家为敌，与他们自己为敌。因为毫无节制的放荡生活是人人都讨厌的。

【6】[48] 有些人也许会赞赏当前各地盛行的宴会方式，渴望意大利式的昂贵和奢华，无论是希腊人还是非希腊人，都仿效这种做法，他们的各种安排与其说是为了享乐，不如说是为了炫耀。[49] 餐室里的躺椅① 有三套或者很多套，用龟壳、象牙，甚至更加贵重的材料制成，大多数还镶嵌着宝石；桌布染成紫色，用金丝镂嵌，或者织有彩色花纹，引人注目；陈列各种款式的酒具，无柄大口杯、连盖单柄杯、酒壶，还有各种高脚杯，由技术娴熟的工匠镂刻，显得极其精致和华美。[50] 在一边侍候的仆人也打扮得非常漂亮，让人以为他们不是来服事客人的，而是来露露脸，让观众饱饱眼福的。有些仆人还是童子，他们负责倒酒，而拿水的仆人都是成年小伙子，他

① 共和国末期和帝国时期，财富的急剧膨胀改变了罗马贵族的宴饮状况，举办宴会成为他们日常生活中不可或缺的一部分。富裕的罗马人养成了吃饭时坐躺椅的习惯。

们刚刚沐浴完毕，胡子刮得干干净净，脸上抹了粉，眼睑上了油，头发编成好看的辫子，束得很牢。[51] 他们的头发又长又多，从来不剪，顶多把额头处修剪整齐，形成完美的弧线。他们穿的长袍质地良好，如蜘蛛网一般透明，有炫目的白色腰带；外衣的前摆垂到膝下，外衣的后摆在膝下稍过一点，用卷曲的丝带把前后摆连接起来，然后让衣边斜垂下来，两边的凹陷部分很宽。[52] 另外还有一些成年小伙子站在不太引人注目的地方，他们刚长出胡须，容光焕发，成为鸡奸者的宠爱，他们精心打扮是为了承担更大的任务，所有这些都证明了雇用他们的主人的富裕，但也表现出他们的低级趣味。[53] 除此之外，宴会上还有各种烤肉和美味菜肴，有各种调味品，都是厨师和点心师辛勤劳动的结果；他们一丝不苟地工作，不仅要取悦于客人的口味，还要使各种食物看上去精美绝伦，使客人赏心悦目。宴会上的客人左顾右盼，贪婪地看着丰盛的食物，闻着肉食发出的弥漫香气。等他们看够了、闻够了以后，就开始大放厥词，赞美这样的款待和主人的慷慨。[54] 整个宴会至少有七桌菜肴，甚至更多，菜谱包括各种肉类，有地上爬的，海里和河里游的，空中飞的，兽、鱼、鸟，每一种都经过精心挑选，专拣那些强壮的，每一桌菜肴都各不相同，烹饪方法也各有特色。可以说，凡是在野外能看到的东西，没有哪样没有出现在餐桌上，最后一桌上来的是各种水果，不包括留做饮酒比赛用的酒水，以及那些被他们称做正餐以后的小吃的食品。[55] 有些桌子上的食物被贪婪的食客吃光，他们像鸬鹚一样张开大嘴狼吞虎咽，甚至连骨头也啃得一干二净；其他桌子上的各色菜肴皆被糟蹋、剩下一半残羹冷汤。他们吃得筋疲力尽，吃下去的食物撑到喉咙口，但仍然欲壑难填；再吃已经没有力气了，那就转向喝吧。[56] 如今这样的行为受到许多头脑清醒者的谴责，认为人的欲望可以找到有效的控制途径，而这样做只会给欲望的发泄提供更多的通道，既然如此，我们为什么还要对此详加叙述呢？因为人应当祈求遇上一些大多数人都不愿遭遇的事情，也就是饥饿与干渴，而不是祈求在这类宴席上遇到奢华和过量的食物和酒水。

【7】[57] 在希腊人举行的宴会中，有两个例子非常出名，引人瞩目，

苏格拉底参加了这两个宴会：一个在卡里亚[①]家中举行，庆祝奥托吕科[②]取得胜利，赢得冠冕；另一个在阿伽松[③]家中举行。这两次宴会值得纪念，这是色诺芬[④]和柏拉图的论断，从他们的品格和言论可以看出他们是哲学家，他们记载了这些宴会，认为值得这样做，还说这些宴会必定会成为后代举行快乐宴会的样板。[58] 然而，若与我们这些拥有沉思生活的人的宴会相比，他们的宴会只能成为人们的笑柄。这两次宴会的主要特点都是快乐，不过色诺芬记载的宴会更具有普通人性。宴会上有吹笛子的姑娘，有跳舞的、耍杂技的、说笑话的，这些人都对自己搞笑和逗乐的天赋感到自豪，还有其他一些更加肆无忌惮的搞笑活动。[59] 在柏拉图描写的宴会上，谈话几乎完全围绕情爱展开，不仅是男子对女子的苦恋，或者女子对男子的苦恋，这些自然法则认可的情欲，而且还包括男子对其他男性的爱恋，他们之间只有年龄上的差异。如果我们在其中看到有某个地方显然是在巧妙地谈论天上的爱神和阿佛洛狄忒[⑤]，那也只是为了表现一点儿幽默而已。[60] 它的主要部分所涵盖的都是普通的世俗的爱情，这种爱情使男人丧失勇气，而勇敢则是和平年代和战争时期的生活中最有价值的美德；要获得勇气，变得勇敢，人就应当在各个方面经受锻炼，学会克制，但是这种爱情却使他们的心灵沾染柔弱的女子气，使他们成为半男半女的人。[61] 由于童年时代遭受的蹂躏，男孩被降低到女孩的层次和状态，受到同性恋人的缠磨，这种恋爱给人带来的伤害主要表现在三个方面：身体上的，灵魂上的，财产上的。因为这种恋人的心灵必定关注他所爱的对象，他的眼睛只关注他的恋人，而对其他事务，无论是私人的还是公共的，都视而不见；他的身体由于欲望而变得虚弱，尤其是在他求爱不成功的时候；而他的财产则由于两个原因而减少，一个是因

---

① 卡里亚（Καλλίας），人名。

② 奥托吕科（Αὐτολύκος），人名。

③ 阿伽松（Ἀγάθων），人名。

④ 色诺芬（Ξενοφῶν），古希腊历史学家，约公元前 430 年—前 356 年。

⑤ 阿佛洛狄忒（Ἀφροδίτης），希腊美神，女爱神。

为无心打理，另一个是在恋人身上花销太大。[62] 我们还看到一种附带的结果，这就是给整个国家的利益带来更大的伤害。城市荒废了，优秀的人变得稀少，随之而来的就是不孕不育，无子无孙，因为这些人对耕种一无所知，不是把种子播在低地的深土里，就是撒在盐碱地里，这些地方多沙石，难以耕种，这些地方不仅长不出任何果实，而且还会把播在里面的种子破坏殆尽。[63] 我略去那个双身人的神话故事，① 这些人最初是合在一起的，后来分离开来，就好像几个分离的部分，一旦把它们联系在一起的纽带松开了，它们也就散开了。所有这些故事都具有诱惑力，借着稀奇古怪的念头蒙骗耳朵，然而摩西的门徒从小就接受锻炼，他们热爱真理，把这些故事当做最卑鄙的东西，从来没有上当受骗。

【8】[64] 既然这些众所周知的宴会故事充满荒诞不经之处，那么对不愿意听从广泛流传意见的人来说它们是有罪的，它们本来就是这个样子；所以我要对照这些宴会描述另外一些人的节日聚会，这些人全身心致力于追求真理，沉思自然，遵循先知摩西的真正神圣的教导。[65] 首先，过了七七四十九天以后，所有人都参加聚会，因为他们尊敬七，不仅尊敬七，而且尊敬七的平方，他们知道这个数字是神圣的、永远贞洁的。这个时候是五十大庆的前夕，五十是最神圣的数字，深深地植根于自然中，自然由直角三角形的平方构成，直角三角形是整个宇宙得以产生的源泉。[66] 所以，他们聚集在一起，身穿洁白的衣服，脸上带着既欢喜又非常严肃的表情，他们并不急着就座，而是根据值班员的指令，按照一定的顺序排队，这些值班员是当天在聚会中事奉的人；队伍排好以后，他们的眼睛向上仰望，双手也举向天空，眼睛朝天是因为他们一直接受这样的训练，要用双眼凝视值得沉思的事物；双手朝天表示他们是洁净的，没有做什么谋利的事情，也没有被赚钱之道所玷污。就这样，他们站着向神祷告，祈求他们的宴会为神所悦

① 参见柏拉图：《会饮篇》189a—193e。对话人阿里斯托芬讲了一个神话故事，描述原初人类的状况。原初的人类具有球形的身体，雌雄同体，后来由于有罪而被分裂为两个人，失去自己的另一半。

纳，并按神的旨意进行。[67] 祷告完毕以后，长者依据入会时间的先后就座，因为他们并不认为长者就是年龄大、白头发的人，这样的人如果只是最近才爱上这种生活规则，那么可以说他们还只是孩子，而那些从小到大一直在追求哲学沉思的人才是长者，他们确实是最高贵的和最像神的。[68] 这场宴席也为女子所共享，她们大多数是大龄的未婚青年，她们保持贞洁不是出于强迫，如某些希腊女祭司那样，而是出于自己的自愿，因为她们热烈渴望智慧。既然以智慧作为生活伴侣，他们就摒弃肉体快乐，不谋求可朽的子孙，只谋求永恒的后裔，而只有为神钟爱的灵魂才有能力独自生育这样的孩子，因为天父已经在她里面播下灵性之光，使她能够看见智慧的真理。

【9】[69] 他们的座位是这样安排的，男子坐在右边，女子坐在左边。有人也许会想，应当给那些出身好、品德高、践行哲学的人提供虽非昂贵但比较柔软的躺椅。这些躺椅其实就是普通木头制作的床，上面铺一层很便宜的本地产的纸莎草，扶手处略微抬高，人可以斜靠在上面。当他们想要多少缓解一下他们斯巴达式的艰苦时，他们总是满足于这种与自由相匹配的朴素，并竭力反对诱发情欲的享乐。[70] 他们没有奴仆在旁侍候，因为他们认为拥有奴仆是完全违背本性的。因为所有人生来都是自由的，只是有些人追逐不平等这个邪恶的源头，行恶劣而贪婪之事，把他们的轭强行加在弱者身上，并且使强者有权力欺凌弱者。[71] 在这场神圣的宴会上，如我所说，没有奴仆，各种服务都由自由人提供，他们作为侍者不是出于强迫，而是出于自愿，不是等待命令，而是带着满腔善意，自觉主动地预想可能会有的需要。[72] 派来提供服务的人也不是任何一名自由人，而是精心挑选出来的社团成员，他们非常在意他们的专门功德，努力追求善良而高贵的品德，力求抵达美德的顶峰。他们乐意提供服务，并为此而感到自豪，就像儿子服事他们的亲生父母，把他们视为所有人共同的父母，甚至比骨肉至亲还要亲密，因为对心地正直的人来说，没有比高贵的生活更加紧密的纽带了。他们尽义务的时候不束腰带，衣衫下垂，以这样的装束表明他们身上没有一点儿迹象会被误认为是奴仆。[73] 我知道有些人会讥笑这样的宴会，但只有那

些所作所为需要用眼泪和悔恨来洗刷的人才会如此，这场宴会从头到尾都没有酒，只有水，而且是最清澈的水，给大多数客人喝的是冷水，给年老体弱者喝的是温水。桌子也保持纯洁，没有任何一种动物的肉；摆在桌上的食物就是面饼，加上一点儿盐作为调味品，有时候也有牛膝草，那就算是美味佳肴了。[74] 祭司在献祭的时候要禁酒，这样做是正当合理的，所以他们终生禁酒。因为酒就像毒药，会产生愚蠢，而昂贵的菜肴则会激起人们对动物的无法满足的欲望。

【10】[75] 这就是宴会的入席阶段。客人们按照顺序就座，如我已经描述过的那样，侍者们各就各位，准备履行他们的职责，这个时候会场上一片安宁，在这里也许可以问会场上什么时候有过喧哗，但这个时候比以往任何时候都要安静，静得令人不敢发出一点声音，连呼吸也不敢粗声粗气，就在这样的安静中，我要说，大会主持人开始讨论和圣经有关的问题，或者解答其他人提出来的问题。在这样做的时候，他丝毫没有炫耀的意思，因为他没有野心，想要以机敏的演讲获得荣誉，而只想对某些具体问题获得更加深入的理解；即使得到这样的理解，他也不是要自己私下里保存，不和其他人分享，因为其他人即使没有他那样清晰的理解，至少有同样强烈的愿望想要了解它。[76] 他的讲话风格轻松自由；他慢慢地讲着，娓娓道来，而且放慢节奏，延长时间，经常重复，这样一来他的思想就会在听众的心灵里牢牢地打上烙印，如若讲话者滔滔不绝，连口气也不换一下，那么听众就难以跟上他的话语，就会感到迷茫，不知道他在说什么。[77] 他的听众几乎保持同样的姿势，一动不动，双眼盯着他看，用点头和扫视表示理解，用脸上欢快的神色表示对他赞赏，用头部的轻微移动和伸出右手的一个手指头表示理解有困难。站立的年轻人专心致志，一点儿也不亚于坐躺椅的人。[78] 讲解圣经用喻意解经的方法来表达经文的内在含义。对这些人来说，整个律法书看起来就像一个生灵，文字的法规是给身体的，隐藏的奥义是给灵魂的。正是用这样的心灵，理智的灵魂开始沉思与自己同缘的事物，透过圣经话语，如同透过一面镜子，看见律例的炫目之美，揭开和除去象征性的覆盖物，把

思想对那些人展现出来，置于日光之下，那些人只需要少许点拨，就能够透过外在可见的东西察觉隐藏在内里的东西。[79] 主持认为自己已经讲够了，两边的听众也都确信自己达到了目的，也就是演讲者取得了预期的效果，实现了自己的目的，听众理解了演讲的要旨，这个时候全体鼓掌，表示大家都十分高兴地期待下一个节目。[80] 接着，主持起身，献上一首赞美歌，他的赞美歌可能是他自己刚创作的，也可能是以前的诗人留下来的老歌；他们留下的圣歌很多，包括各种韵律的，有六韵部的、抑扬格的、抒情诗的，适合列队行进、祈祷，奠酒时吟唱，在祭坛上吟唱，也可用于歌队站立吟唱，或者用于伴舞；这些圣歌精心选用旋律，必要时可以做出适当的改变。主持唱完之后，其他人按照安排好的顺序轮流吟唱，一个人在唱的时候，其他人都十分安静地聆听，只有唱到末尾副歌时大家都提高嗓门，男女齐声应和。[81] 圣歌唱完以后，年轻人摆上前面提到过的餐桌，桌上摆放着真正纯洁的食物，也就是发酵饼，加上盐和牛膝草作调料，而为了尊敬摆放在圣殿前厅里的圣桌，圣桌上的面饼是未发酵的，盐是未掺杂的，没有辛辣的调料。[82] 这样做是理所当然的，把最单纯、最洁净的食物分配给最高等级的人，亦即祭司，作为对他们的事工的奖赏；而其他人可以向往获得同样的特权，但不能像他们一样，要让高贵者保留他们的优先权。

【11】[83] 晚餐之后，他们举行神圣的守夜仪式，具体过程是这样的。他们全体起立，站在餐厅中央，首先分成两个歌队，一队是男的，一队是女的，各队选出领队和领唱人，是他们中间最有名望的人，也是最懂音乐的人。[84] 然后他们就唱各种节拍和旋律的圣歌，有时候齐声合唱，有时候分部轮流歌唱，手脚合着音乐打拍子；他们热情高涨，时而列队行进，时而止步歌唱，时而踏着舞步左右旋转。[85] 然后，两个歌队分开，在集会上各尽本分，按照酒神节礼仪饮下热爱神的烈酒，然后两个歌队又合并成为一个，模仿从前在红海边建立的歌队，那是为了荣耀神在那里所行的奇迹而建立的。[86] 当时，在神的命令下，这片大海成为一方的得救地，成为另一方的毁灭地。强大的力量使海水一分为二，向后退却，形成两堵高墙，中间

拓展为一条平坦而干燥的大路，人们在公义的引领下走上这条道路，一直走向对岸的高地。而当海水再次回流时，海水从两边奔腾而来，淹没了原来显现为干地的地方，毁灭了前来追赶的敌人。[87]这是一种神奇的景象和体验，超越言语、思想和希望，所以男男女女满怀狂喜地组成一个歌队，吟唱圣歌，感谢和赞美他们的救主，男人由先知摩西率领，女人由女先知米利暗率领。[88]总之，正是按照这样的样式，塞拉普提派的歌队，包括男队和女队，一声和一声，一句应一句，女高音混合着男低音，形成最悦耳的和声，这是最真实的音乐。思想是美好的，言语是高尚的，歌者是可敬的，思想、言语和歌者的目的都是虔诚的。[89] 就这样，他们一直歌唱，直到黎明，如痴如醉，但是这种陶醉没有一丝羞耻，他们也没有变得头重脚轻，双眼迷离；相反，他们比刚来参加宴会时更加警觉，更加清醒。他们脸朝东站立，看到太阳升起就把双手伸向天空，祈求明媚的阳光、真理的知识和敏锐的洞察。祷告完毕以后，他们就散开，回到各自的私人住所，继续努力耕耘他们习惯了的哲学田野。[90] 关于塞拉普提派就讲到这里，这些人已经真心爱上了沉思的生活，他们沉思必须教导的自然法则，只过一种灵魂的生活，作为天国和世界公民；依靠他们的美德，他们忠诚的保人，他们得以站立在天父和造物主面前；美德还为他们求得神的友谊，外加一重恩赐，这就是真正善的生活；这是胜过一切好运的恩赐，是人们可以企及的最高福气。

论世界的永恒性

提 要

本文的希腊文标题是“ΠΕΡΙ ΑΦΘΑΡΣΙΑΣ ΚΟΣΜΟΥ”，英译者将其译为“On the Eternity of the World”。本文的拉丁文标题为“De Aeternitate Mundi”，缩略语为“Aet.”。中文标题定为“论世界的永恒性”。原文共分27章（chapter），150节（section），译成中文约2.6万字。

本文是一篇神哲学论文，文章的真实性有较大争议。怀疑本文不是斐洛所著的主要理由是，文中表达的某些观点与犹太教一神论的神学立场有相悖之处。

本文可以分为四个部分，各部分概要如下：

第一部分（1—19节），本文主题。本文讨论世界的永恒性，为了讨论这个重大问题而祈求神的赐福（1—2节）。界定世界和毁灭这两个术语。世界这个术语在三种不同意义上使用，本文在第一种意义上使用，即世界就是由天空、大地和大地上的植物和动物组成的体系。世界的毁灭不是严格意义上的变为不存在，而是经历变化，化解为某种同质的东西，或者衰退为完全混乱的东西，就像事物变得支离破碎（3—6节）。关于世界的永恒性有三种观点：第一种是德谟克利特、伊壁鸠鲁和大多数斯多亚主义者的观点，认为这个世界是被造的和可灭的；第二种是亚里士多德的观点，在他之前还有毕泰戈拉学派持有这种观点，认为这个世界是非被造的，不可灭的（7—12

节)；第三种是柏拉图的观点，认为这个世界是被造的，不可灭的，尽管柏拉图所说的世界的含义有争论（13—16 节)，有人认为赫西奥德也持有这种观点，在《创世记》中也能找到这种观点（17—19 节)。

第二部分（20—54 节)，六个一般论证。作者认为上述第二种观点比第一种更有价值，应当优先考虑。第一个论证：事物的毁灭总是由于某些内在或者外在于物体的原因，但这两种情况对于宇宙来说是不可能的（20—27 节)。第二个论证：复合物以一种非自然的秩序合成，它们的毁灭在于它们的组成部分回归它们原先的自然秩序，而宇宙已经处于它的自然秩序（28—34 节)。第三个论证：万物皆寻求保存它自己的本性，但是宇宙的组成部分，比如植物和动物，没有力量这样做；宇宙同样寻求保存其本性，它拥有这种力量，因为每个部分在被毁灭的时候都会给其他部分提供力量（35—38 节)。第四个论证：引进神学上的假设，如若宇宙被毁灭，那么它必定是神的事工，可以问神出于什么动机要这样做（39—44 节)。第五个论证：与斯多亚学派的观点进行辩论，斯多亚学派提出世界会定期发生大火，宇宙会毁灭和重建，这样的假设涉及神圣天体的毁灭，甚至涉及世界灵魂的毁灭，即神旨的毁灭（45—51 节)。第六个论证：以假设时间无开端或终结为前提，由于时间是世界运动的尺度，因此这个世界必定没有开端或者终结（52—54 节)。上述论证一般认为是逍遥学派提出来的。

第三部分（55—103 节)，个别哲学家的具体论证。从逍遥学派的热爱者克里托劳开始。他的第一个论证是，如果这个世界是被造的，那么人类也是被造的，也就是说最初的人必定不是由父母生的。这一论证转变为批评龙牙的故事，希腊神话说龙牙跌落在土中，长出最初的人，这些人全副武装，从土中跳出（55—60 节)。如果过去从土中可以生出人来，那么现在大地仍旧会生出人来，因为大地一直是多产的（61—64 节)。由此得出结论，如果人类是永恒的，那么这个世界也是永恒的，因为人类是这个世界的组成部分（65—69 节)。归于克里托劳的第二个论证非常简短：万物的存在由宇宙引起，因此万物必定是宇宙自身存在的原因。被造的世界也是这样，最初不完善，然后成长，抵达圆满，最终衰退。作者斥责这个观点，认为它亵渎宇宙的圆满性。还有三样事情引起生物的死亡，疾病、衰老、贫困，但这些事情对宇宙没有影响。斯多亚学派本身承认命运或原因链条，既无开端，又无终结，所以应当按照同样的范畴考虑宇宙的本性（70—75 节）。

接下去讨论斯多亚学派哲学家的观点。著名的波埃修斯不接受斯多亚学派共同持有的宇宙大火和重建的学说。重述本文第 20—27 节的论证：如果在这个世界之内或之外没有任何东西能够毁灭宇宙，那么这个毁灭必定要由某些非存在的东西引起，但这是不可思议的（76—78 节）。毁灭的方法有三种：肢解、主要性质的湮灭、融合，但这些方法不能用于宇宙（79—82 节）。宇宙大火期间神在做什么？什么也不做吗？但是斯多亚学派主张神是这个世界的灵魂，世界灵魂是永久活动的（83—84 节）。作者考察世界大火的理论。火元素有三种形式：炭火、火焰、火光。宇宙实体本身的毁灭也会使火焰和火光毁灭，宇宙毁灭不会剩下任何东西，因此宇宙的重建是不可能的(85—88 节)。斯多亚学派假设，在这个时期末尾的时候还有一些火残留（89—93 节）。克律西波说火是新世界的种子，但是种子产生活物，被烧毁的东西不能产生种子(94—96 节)。种子不能仅靠自身生长，而需从土中接受食物。这个世界化为火以后，没有食物可以提供（97—99 节)。从种子产生的事物长得较大，而宇宙重建占据的空间比大火占据的空间要小，大火扩散为虚空(100—103 节)。

第四部分（104—150 节)，转为一般的论证。万物皆有对立面，但若一切事物都转变为火，火就没有对立面了（104—105 节)。把神说成是毁灭的原因，这是一种亵渎。以火作为唯一的元素，认为宇宙化解为火，这种观点与元素之间的转化和互换的平等性相悖（106—112 节)。发生毁灭的方法有四种：增加、减少、变形、演变。但这些方法不能用于宇宙（113—116 节)。从此处开始，文章剩余部分都在引用逍遥学派哲学家塞奥弗拉斯特的观点。他说，对四个方面的考虑误导了这些人，他们认为这个世界是被造的，有毁灭：大地表面的崎岖不平、大海的退缩、宇宙各元素的分解、陆地动物的完全毁灭。第一个方面，看到大地在雨水的作用下变得崎岖不平，所以这个世界是被造的（117—119 节）。第二个方面，从前被大海淹没的德洛斯岛重新出现，表明大海在有些地方退缩，在有些地方前进，其他元素会逐渐被毁，所以这个世界不会永存（120—123 节）。第三个方面，直接证明世界是可毁灭的，因为构成宇宙的四种元素是可毁灭的，如果是这样的话，那么作为整体的这个世界是可毁灭的（124—126 节）。附带说明火是跛足的，没有燃料的支持，火就不能存在，以蛇吸大象的血为例来说明这一点（127—129 节）。第四个方面，技艺是人类生活必需的东西，但是技艺的发明是相对晚近的事情，可见人类不是永恒的，由此可以证明这个世界也不是永恒的（130—131 节）。

塞奥弗拉斯特对这些方面的回答如下：第一，高山尽管在大雨中遭受损失，但可以被新的积淀物所替代，按照某种理论，高山最初是在火的作用下隆起，这种力量使它们的主体保持永恒（132—137 节）。第二，大海没有退缩，因为某些岛屿浮现，某些岛屿被淹没，比较著名的有大西岛（138—142 节）。第三，这个论证是错误的，因为只有某事物的所有部分同时被毁，该事物才被毁灭，从部分的可毁性不能证明整体的可毁性（143—144 节）。第四，技艺的发明者是相对晚近的人，宇宙大火和大洪水是毁灭人类的主要原因，但在经历了这样的毁灭以后，人类又会产生新的种族，重新繁荣昌盛（145—149 节）。文章最后许诺，今后还要对这几个论证的反对者的观点作出回答（150 节）。

正　文

【1】［1］处理任何晦涩的重大问题，最好请求神的帮助，因为祂是善的，因为祂是造物主，祂拥有关于万物的绝对准确的知识，对祂来说，没有任何事情是晦涩的。如若讨论的主题是世界的不灭性，那就格外需要神的帮助。因为在可感领域中，没有比这个世界更加完善的事物，而在可知的领域中，没有比神更加完善的事物；理智总是接受感觉的命令，而可知的事物也总是接受可感事物的命令。对真理的热爱深深地扎根在这些人身上，他们遵守这样的法则，涉及这个主题的知识要向发布命令者和统治者寻求。［2］如若受过智慧、节制和其他所有美德的教育，我们洗涤了情欲的污点和灵魂的瘟病，那么神也许不会拒绝通过托梦、神谕、预兆、奇迹，把属天事物的知识传递给我们彻底净化过的、明亮的、发光的灵魂。但是由于不义、愚蠢和其他邪恶在我们身上打下了深刻的烙印，我们必须满足于通过可能的学习、凭借自己的努力，发现某些和真理相似的东西。［3］世界和毁灭这两个词都在许多意义上使用，因此我们最好从世界是否不灭这个问题开始讨论，考察这些术语，以区别它们在这一场合的具体含义。我们并不需要列举它们具有的所有含义，而只需指出有益于我们当前目的的含义。

【2】［4］在一种意义上，世界或宇宙表示天空和星辰的整个体系，包括大地和大地之上的植物和动物；在另一种意义上，它只表示天空。阿那克萨戈拉凝视天空，有人问他为什么不辞劳苦整个夜晚在野外仰望天空，他说他这样做是为了对宇宙进行沉思，宇宙就是星辰的和谐运动和运行。第三种意义，这是斯多亚学派认可的观点，宇宙是连续存在的某个事物，经历了大火，它的实体减少或者没有减少，他们说时间就是宇宙运动的尺度。① 我们

---

① 斯多亚学派认可的时间定义，参见第欧根尼·拉尔修：《名哲言行录》VII.141，徐开来、溥林译，广西师范大学出版社2010年版。

当前的讨论涉及第一种意义上的世界，亦即由天空、大地和其中的生命组成的世界。[5] 毁灭这个词在一种意义上表示变得较差，在另一种意义上表示完全丧失存在，我们必须断言这是不可能的事情，因为正如无物能从非存在中产生，所以无物能被毁灭为非存在。“这样的事情从未听说或流传，事物能从非存在中产生，存在的事物会彻底毁灭。”① 某位悲剧诗人也说：“有生必无死，它的部分四处散失，取了另一种形式。”②[6] 实际上没有谁会如此愚蠢，乃至于提出这个世界是否毁灭为非存在的问题。关键是它是否经历了这样一种变化，从原先有序的构成，通过各种形式的元素，以及元素间的结合，转变为单一同质的东西，或者衰退为完全混乱的东西，就像事物变得支离破碎。

【3】[7] 关于我们面前的这个问题有三种观点。有些人断言这个世界是永恒的、非被造的、不可灭的。有些人与此相反，说它是被造的、可灭的。其他人吸取这两种观点。从后一种观点他们吸取了被造的，从前一种观点他们吸取了不可灭的，把二者组合在一起，说这个世界是被造的和不可灭的。[8] 德谟克利特、伊壁鸠鲁③，以及大批斯多亚学派的哲学家，主张世界的被造与可灭，但他们的论证方式不一样。前两位哲学家设定有许多个世界，把世界的起源归因于原子的相互碰撞与结合，把世界的毁灭归因于由原子形成的物体的连续碰撞。斯多亚学派只承认一个世界，认为神是世界被造的原因，但不是世界毁灭的原因。这要归因于存在于事物中的永恒的活火的力量，在时间的长期循环过程中，一切事物分解为它本身，然后按照这个世界的建筑师的设计，再造一个世界。[9] 按照这些说法，这个世界从一个观点看是永恒的，从另一个观点看是可灭的；就其是一个再造的世界而言，它是可灭的，就其受制于大火而言，它是永久的，通过不停地再生和循环而不

① 恩培多克勒残篇。

② 欧里庇得斯：《残篇》839。亦于本文第 30 节、第 144 节引用。

③ 伊壁鸠鲁（Ἐπίκουρος），希腊化时期的原子论哲学家，公元前 341 年—前 271 年。

朽。[10] 但是亚里士多德[1] 在反对这种观点的时候确实表现出一种虔诚的、宗教的精神，他说这个世界是非被造的，不可灭的，把那些坚持相反观点的人斥责为令人厌恶的无神论者，这些人认为人造的偶像和伟大的可见的神没有什么区别，他们信奉太阳、月亮，以及真的可以被称做恒星和行星的众神。[11] 据说他曾经遭到尖刻的嘲笑，说他过去为他的房子担心，害怕它会被狂风暴雨推倒，或者由于年久失修而坍塌。而现在他生活在更大的恐惧之中，害怕这些理论家要毁灭整个世界。[12] 有人说这种学说的制造者不是亚里士多德，而是某位毕泰戈拉主义者，我读过卢卡尼亚[2] 人俄刻鲁斯[3] 的一本书，标题是《论宇宙的本性》，他在书中不仅叙述，而且寻求证明这样一种学说，宇宙是非被造的，不可灭的。

【4】[13] 柏拉图在《蒂迈欧篇》中认为这个世界是被造的和不可毁灭的，他说众神聚会，最老的主神对年轻的众神说：“这些神又生育了下一代神。我是你们这些神圣作品的制造者和父亲，未经我的许可，我亲手创造的作品不容毁坏。确实，所有组合而成的事物都可以分解，但只有邪恶者才会同意分解那些和谐、幸福的结合物。正是由于这个原因，作为有生成的生灵，你们既不是完全不朽的，又不是完全不可分解的。但你们确实不会解体，也不会遭受死亡的命运，因为你们得到了符合我的意愿的保障，这种保障比你们在生成时得到的保障更加伟大，更加庄严。”[4] [14] 有些人认为，柏拉图把这个世界说成是被造的，他的意思不是说这个世界从被造开始，而是说这个世界若是被造的，就不会以他描述的方式以外的其他方式构成，或者说他使用这个词是因为可以看到这个世界的部分是生成的，变化的。[15] 但是，他们这种微妙的解释不如前面提到的观点那么完好或逼真，之所以如此，不仅因为柏拉图在整篇文章中把众神的创造者说成父亲、造物主、工匠，把这个

① 亚里士多德（Ἀριστοτέλης），古希腊大哲学家，公元前 384 年—前 322 年。

② 卢卡尼亚（Λευκανια），地名。

③ 俄刻鲁斯（Ὀκέλλος），人名。

④ 柏拉图：《蒂迈欧篇》41a。

世界说成祂的作品和后裔，是理智原型的一个可感的摹本，而且说这个世界包含所有可感事物，就像理智世界包含可知事物一样，这个世界给感性知觉打上的烙印是绝对完善的，就好像理智世界给心灵打上的烙印一样。[16] 另一个原因是，柏拉图的这个观点有亚里士多德为证，亚里士多德非常尊重哲学，不会歪曲任何东西。而做老师的不会拥有比学生提供的证明更可信的证据了，尤其是像亚里士多德这样的学生，他不把文化当做辅助性的工作，或者轻浮地对待文化，粗心大意，而是认真地想要超越古人发现的真理，他开辟了一条新的道路，给哲学的每一个部分都添加了至关重要的内容。

【5】[17] 有些人认为，赫西奥德① 是柏拉图这种学说的父亲，赫西奥德认为这个世界是非被造的和不可毁灭的，他说这个世界是非被造的，因为他说“最初是混沌，然后是胸膛宽广的大地，一切永久事物的安全住所”，他说这个世界是不可毁灭的，因为他从来没有宣称过这个世界会化解或毁灭。[18] 在亚里士多德看来，混沌是空间，因为物体必须要有某个东西来支撑，而某些斯多亚学派哲学家认为混沌（χάος）就是水，它的名字来源于水的漫延（χύσις）。[19] 这些观点无论哪一个正确，赫西奥德已经非常清晰地说明这个世界是被造的，而早在赫西奥德之前，犹太人的立法者摩西在圣书中说这个世界是被造的，是不可毁灭的。这些圣书共有五本，他把第一本称做《创世记》。他在这本书的开头说：“起初神创造天地。地是看不见的，没有形状。”② 后来，他又说：“昼夜、季节、年岁、日月，它们的天然功能就是度量时间，它们与整个天空一道，命中注定是不朽的，不可毁灭的。”③ [20] 出于对可见之神的尊重，我们需要以恰当的方式开始讨论，首先提出论证，证明这个世界是非被造的和不可毁灭的。凡是易于消灭的事物均受制于两

---

① 赫西奥德（Ἡσίοδον），古希腊诗人，约公元前 7 世纪。

② 此处引文按圣经希腊文七十子本译。参见《创世记》1∶1—2。“起初神创造天地。地是空虚混沌。渊面黑暗。神的灵运行在水面上。”

③ 参见《创世记》1∶14，8∶22。“神说，天上要有光体，可以分昼夜，作记号，定节令，日子，年岁。”“地还存留的时候，稼穑，寒暑，冬夏，昼夜就永不停息了。”

个毁灭的根源：外在的根源和内在的根源。可以发现铁、铜，以及类似的实体，都会被锈蚀，这个过程就像缓慢发生的疾病；而通过外力的作用，比如一所房子或一座城市着火了，它们也会在熊熊烈火中熔化。同样，动物自身也会死去，通过疾病或者由于外部的原因，被刀剑杀死，被石头砸死，被火烧死，或者被吊死，承受这种不洁的死亡。[21] 如若这个世界被毁灭，必定要通过从外部来的某些力量，或者通过包含于它自身之中的某些力量，而这两种情况都是不可能的。因为在这个世界之外无物存在，如果这个世界是唯一的、完全的、不老的，那么一切事物皆归入和充塞于这个世界；说它是唯一的，因为若是有某些东西被遗留，就会生成另一个世界，就像现在这个世界一样；说它是完全的，因为所有存在者都被用于创造这个世界；说它能抵御和抗拒衰老，因为身体会成为疾病和衰老的牺牲品，会屈服于外部来的冷与热，以及其他所有极端的力量，这些力量没有哪一种能逃避包围和攻击它的这个世界，因为它们全部都被限制在这个世界之中，没有哪个部分能居于这个世界之外。如果有什么东西外在于这个世界，那一定是虚空，虚空是存在的无反应的形式，既不能作用，也不能被作用。[22] 任何内在的原因也不能使这个世界分解。首先，这是因为，若是能这样的话，部分就会大于和强于整体，这完全是违反理智的。因为这个世界拥有的力量不能被它所有的部分超越，不能被任何事物超越。其次，这是因为，毁灭的源泉是双重的，一重是外在的，一重是内在的，受制于这两重源泉之一的事物必定会受另一重源泉的影响。[23] 关于这一点的证据，我们看到一头公牛，或一匹马，或一个人，或其他类似的动物，它们易于被铁制的武器所杀，也易于死于疾病。要发现通过外在的原因而遭到毁灭的事物完全不能由于内在的原因而遭到毁灭，这是困难的，或者倒不如说是不可能的。[24] 因此可以表明，这个世界不会被任何外部的东西毁灭，因为在它之外没有任何东西，在这个世界里面也没有任何东西能引起这个世界的毁灭，这一点已经由上面的论证证明了，也就是说倾向于被一重原因毁灭的事物必定也会受到另一重原因的影响。

【6】[25] 在《蒂迈欧篇》里我们拥有下列证言，说明这个世界能够抵御疾病和未来的毁灭。“在创造这个世界的过程中，四种元素的每一种都用上了。造物主在创造这个世界时使用了所有的火、水、气、土，不留下任何一部分元素或能量。[26] 祂这样做的用意是：首先，作为一个活物，它应当是一个整体，应当尽可能完整，应当由所有部分组成。其次，它应当就是唯一的，因为没有任何东西留下来，可以用来创造另一个像它的东西。最后，它应当不会衰老，也不会生病。造物主明白，如果炎热和寒冷，还有其他一切强大的力量，包围着这个合成的物体，并且从外面向它进攻，结果就会使它分解，加诸于它的疾病和衰老也会使它销蚀。出于这样的考虑，造物主把这个世界造成一个整体，完全拥有每个部分，从而使世界完善，既不会衰老，也无病痛。”① [27] 这就是柏拉图提供的证词，他认为这个世界不可毁灭；按照后果的自然法则，这个世界是非被造的。分解是被造的后果，不可毁灭是非被造的后果。“有生必无死”这句诗的作者似乎命中了真理，理解了生成与毁灭之间的因果关系。[28] 这个问题还可以这样理解。一切被毁灭的混合物都会化解为使它们得以构成的那些事物。所以，可以看到分解不是别的什么，而就是回归各自的自然状况，因此与分解相反的合成迫使各种成分汇集在一起，处于一种不自然的状况。[29] 确实，这一事实的绝对真相如下。我们人是四种元素的合成，这四种元素的整体就是宇宙的四元素，亦即土、水、气、火，我们人在合成的时候只从中借用了一小部分元素。但是这样部分元素的合成丧失了它们的天然位置。热向上飞升，使土下降，沉重的实体变得轻巧而占据了上方的位置，构成我们头部的元素大部分是土。[30] 但是，暴力的束缚是一切束缚中最卑贱的，只能延续很短时间。它很快就被反叛的囚徒所打破，他们渴望能够天然地自由运动，朝着他们出发之处前进。如悲剧诗人所说：“来自土的东西复归于土，生自以太的东西返回天穹；有生必无死，它的部分四处散失，

① 柏拉图：《蒂迈欧篇》32d—33a。

取了另一种形式。”①[31] 支配一切可毁灭事物的法则是这样的。当合成的事物处于存在的复合状态时，它们接受了无序的状态，以交换它们的天然秩序，朝着相反方向运动，回归自然。所以，在这种意义上，它们就像生活在外国土地上的陌生人。而当它们分解的时候，它们复归它们的本性特有的状况。

【7】[32] 但是，我们讲的复合物在这个世界上并没有什么混乱。通过观察可以知道，如果这个世界经历毁灭，那么它的几个组成部分必定处于一种非常不自然的位置，而这样的假设是没有道理的。因为这个世界的所有部分都有最好的位置与和谐的秩序，所以每个部分都像居住在它珍爱的祖国中一样，不会寻求任何试图变得更好的变化。[33] 所以，大地被指定在中间的位置上，大地上的万物都会下降，哪怕它们被往上抛，这是它们的自然位置的标志，因为若有任何东西静止在某处而不被迫去其他地方，那么可以说这就是它最适宜的地方。水分布于大地的表面，气与火以它们自己的方式位于中部到上部，气的位置在水与火之间，火在最上面。所以，哪怕你点着一支火炬，扔在地上，火焰仍旧会以它自身的力量飞快地向上升腾，这种运动对火来说是很自然的。[34] 事实上，如果我们同意说其他生物组成部分的不自然的排列引起它们的毁灭，而这个世界的每个组成部分都安排得很自然，每个部分都有指派给它的恰当位置，那么我们有正当的理由说这个世界是不可毁灭的。[35] 每个人都肯定清楚的另一个观点是这样的。自然在各种情况下都努力维持和保存自然的事物，就好像有可能使之不朽似的。[36] 树木的本性在树木中起这样的作用，动物的本性在每一种动物中起这样的作用，但是任何具体部分的本性过于虚弱，乃至于不能永久长存。因为其他情况下的丧失、切割、寒冷、杂多通常会影响它，使它发生剧烈的动摇和松懈、最终挣脱捆绑它们的纽带，尽管没有外在力量打算攻击它，但就其自身所涉及的范围而言，它会保存大大小小的事物，抵御衰老。[37] 所以这个

---

① 欧里庇得斯：《残篇》839。后三行亦引于本文第 5 节、第 144 节。

世界的本性必定想要保全万物。因为它不劣于任何具体部分的本性，它会拔腿就走，离开它的岗位，试图制造疾病而非健康，产生毁灭而非完全保存，因为“她的头和眉毛高于它们，很容易辨认，尽管它们全都那么美丽”①。但若这是真的，那么这个世界不会轻易受到影响而毁灭。为什么会这样？因为自然用强大的力量把它捆绑在一起，它是无敌的，胜过一切能够伤害它的东西。[38] 所以柏拉图说得好：“因为在它之外没有其他任何东西，没有任何东西要从它那里出来，也没有任何东西从其他地方进到它里面去。它自身排泄的东西就为它自己提供了食物。它所做的一切或承受的一切都发生在它内部，是它自身的行为。因为它的造物主明白，自给自足的事物胜过需要其他东西的事物。”②

【8】[39] 我知道还有另外一条更加合理的论证路线，许多人骄傲地认为它非常准确，绝对难以反驳。他们问，神摧毁这个世界有什么动机？这个动机要么是停止创世，要么是创造另一个世界。[40] 第一个动机与神的本性不符，这样做需要祂把混乱改变为有序，而不是把有序改变为混乱。第二个动机，祂要允许自己改变自己的心灵，这样的改变是一种情感，是一种对灵魂的藐视。这是因为，要么祂完全没有创造世界，要么祂的工作适合祂自身，祂对已经创造出来的东西感到欣喜。[41] 对第二个动机需要的考察不算小。如果神能使用已经存在的地方创造另一个世界，那么这样创造出来的作品，要么比原来的糟糕，要么比原来的优秀，这两种推论都不能令人满意。如果比原来的糟糕，那么它的创造者也会比原来的糟糕，但是神以最圆满的技艺和知识创造这些作品，不需要对它们进行批评、谴责或者矫正。如他们所说，哪怕是一名妇女也不会如此缺乏理智，在比较好的东西已经存在的时候，去选择比较差的东西。对神来说，适宜的事情是把形式赋予无形的事物，用神奇的美包裹最丑的东西。[42] 如果这位工

---

① 荷马：《奥德赛》VI.107。

② 柏拉图：《蒂迈欧篇》33c。

匠费尽力气创造的是一个相同的世界，那么他的智慧与相当无知的儿童没有什么区别，这些儿童会在沙滩上玩耍，会用手堆起巨大的沙堆，然后再把它夷为平地。他们这样做比建造一个同样的世界要好得多，它既不需要减少，又不需要增加，既不需要变得较好，又不需要变得更糟，而是使它回复原先创造时的那个样子。[43] 如果这样作品变得比较好了，那么这位匠人也会比较好，结果就是他在建造第一个世界的时候，他的技艺和理智不那么完善。然而，哪怕有这样的想法都是亵渎神的，因为神与祂自身相等，与祂自身相同；祂的权能不允许祂松懈，变得较差，也不允许祂紧张，变得较好。这样不规则的事情发生在人的生活中。人的本性使他们朝着好和差这两个方向改变。增长、推进、改善，及其对立面，对他们来说是平常事。[44] 此外，我们凡人的作品确实是可毁灭的，而神的那些作品完全可以期待是不可毁灭的。可以合理地假设这些匠人制造出来的东西吸收了制造它们的这些人的本性。

【9】[45] 还有，每个人都肯定清楚，如果大地被毁灭，陆上动物作为一个种族必定全部灭亡；同理，如果水被毁灭，水生动物也会灭亡，如果气和火被毁灭，气中的飞行者和火中的出生者也会灭亡。[46] 以此类推，如果天空被毁灭，太阳和月亮也会灭亡，其他行星也会灭亡，恒星也会灭亡，这些星辰就是众多强大的可见的神，人们公认它们的幸福来自老一代神祇。如果设定众神被毁灭，结果也一样，这个假设就相当于设定凡人不朽。哪怕我们这样的比较是无用的，但我们在考察中会发现哪个假设比较合理。通过神的恩惠，凡人可以获得不朽，但众神不可能失去它们的不可毁灭性，而无论那些可朽的哲学家如何胡言乱语。[47] 确实，那些提出宇宙大火和再生学说的人公开宣称，星辰具有神性，他们在理论中摧毁星辰的神性而不感到羞愧。因为他们必定会，要么宣称它们是一团火红的金属，就像有些人胡说八道，把天穹说成是一个监狱，要么把星辰当做神祇或超人的存在者，还认为它们拥有只有众神才有的不可毁灭性。事实上他们犯了大错，远离了真理，他们没有看到他们的哲学前后矛盾，把毁灭给予神旨，而神旨就是世界

的灵魂。[48]至少，他们中最受人尊敬的克律西波[①]说过这样的话，他在那篇《论增长》的文章中作了如下神奇的表述：不可能有两个人具有相同的实体，从这个前提出发，他继续说道："举例来说，假定有一个人拥有所有肢体，而另一个人只有一只脚，那么让我们把第一个人称做狄翁[②]，把有缺陷的那个人称做西昂[③]，然后假定狄翁的一只脚被砍掉。"现在要问这俩人中间哪一个承受了毁灭，他认为，说西昂承受毁灭是比较正确的回答。[49] 然而，这个例子更像是悖论而不是真理。因为，我们怎么能够说西昂并未丧失肢体，而被砍去一只脚的狄翁承受了毁灭？他会答道："你说的很对，因为被砍去脚的狄翁已经经历过西昂有缺陷的实体。而两个个体不能具备相同的实体，所以狄翁必定仍旧是狄翁，而西昂被毁灭了。" 如悲剧诗人所说："是他们自己，而不是其他人，给杀死他们的箭杆黏上了羽毛。"[④] 通过再造这一论证形式，把它运用于整个世界，可以非常清楚地表明神旨本身也被毁灭。[50] 我们可以作如下考虑。假定一方面，这个完整的世界就像狄翁，而另一方面，世界的灵魂就像西昂，因为部分小于整体。然后，正如我们砍去狄翁的脚，我们砍去这个世界身体的所有部分。[51] 然后我们必须说这个失去了身体的世界没有被毁灭，正如说被砍去脚的狄翁没有被毁灭。但是这个世界的灵魂被毁灭了，正如没有遭受伤害的西昂被毁灭了。这个世界进入了一个较小的状态，因为它的部分身体被拿走了，它的灵魂被毁灭了，因为两个个体不能具有同样的实体。现在我们可以说神旨被残忍地毁灭了，但若神旨是不可毁灭的，那么这个世界也是不可毁灭的。

【10】[52] 证明这个世界的永恒性的另一个重大证据是由时间提供的。如果时间是非被造的，那么这个世界必定也是非被造的。为什么？因为如伟大的柏拉图所说，时间要靠昼夜、月份、季节的更替来表示，没有太阳的运

---

① 克律西波（Χρύσιππος），斯多亚学派哲学家，公元前 282 年—前 206 年。

② 狄翁（Δίων），人名。

③ 西昂（Θέων），人名。

④ 埃斯库罗斯：《密耳弥冬》残篇。

动和整个天空的运转，这些东西都不能存在。就这样，这些习惯给事物下定义的人正确地把时间解释为宇宙运动的尺度，由于这一点是合理的，所以这个世界与时间共存，是时间的最初源泉。[53] 设想有这样一个时候，这个世界已经存在，但还没有时间，但没有什么能比这样的想法更荒谬了。按其本性，时间既无开端又无终点，因为“过去是”、“时候”、“何时”这些术语和时间有关。由此可以推论，这个世界还不存在的时候，时间也不存在，因为不存在的东西不能运动，时间也不能表示这种不存在的宇宙运动。因此，世界和时间必定永恒存在，没有任何发生的开端，而源自永恒的事物是不容许毁灭的。[54] 某些爱好争辩的斯多亚学派的诡辩者可能会说，时间被解释为运动的尺度，不仅是当前这个世界运动的尺度，表现宇宙的秩序，而且是这个世界的尺度，这个世界设定要发生宇宙大火。对这种说法可以这样回答：“我的朋友，你转移了你的术语，把宇宙的含义转变为对宇宙的否定；如若我们看到的这个世界非常适宜在专门的意义上被称做宇宙，那么它是有序的、用圆满的技艺制造的，它不承认有任何改进；而把它描述为一团大火，那就是对这个宇宙的否定。”

【11】[55]缪斯① 女神的一位崇拜者克里托劳② 热爱逍遥学派③，他赞成世界永恒性的学说，并使用下列论证：如果这个世界是被造的，那么大地必定是被造的，人类也必定是被造的；但是，人是非被造的，人类将永远存在，因此这个世界也是永恒的。[56] 这个观点我们留待以后论证④，确实，这些观点显然需要证明。但他们确实需要这种观点，因为神话制造者用他们的虚伪污染了我们的生活，把真理驱离它的边界。他们不仅强迫城市和家庭，而且强迫每一个个人失去最佳的财产，用诱饵使他们陷入罗网，更以一种吸引人的节拍和韵律来表达他们的观点。用这些东西他们蛊惑了傻子的耳朵，就

---

① 缪斯（Μούσαις），希腊神话文艺女神，共九名。

② 克里托劳（Κριτόλαος），人名。

③ 逍遥学派（Περιπατητικῆς），亚里士多德学派的名称。

④ 参见本文第 125 节。

像丑陋的、令人厌恶的妓女用表面的打扮迷惑人们的眼睛，因为她们缺乏真实的东西。[57] 这些人说，人生人是自然后来的作为，最初的生育形式是人从土中产生，因为大地是万物之母，也被认为是万物之母，在希腊人的传说中，人的种子在大地中播撒，人像树木一样在土中充分生长，然后全副武装地从土中跳出来。[58] 有许多理由可以看出这是一种神话的虚构，有一个理由是，最先出生成长的这个人必定要遵循由确定的尺度和数字决定的时间周期。自然创造出年纪的阶梯，就像某种梯子，人可以说沿着这部梯子上下，在成长的时候向上，在衰老的时候向下。向上的梯子的限制就是青年时期的顶点。当他抵达这个顶点以后，他就不再前进，而是像某些来回跑的奔跑者，抵达终点以后就沿着原路返回，在衰弱的老年偿还他在精力旺盛的青年时代得到的一切。[59] 但是，认为这些人出生之初就已经充分成长，这就表现出一种像不变的雕像似的无知，这就是自然法则。我们的决定和判断表明，可朽元素之间是不一致的，我们的伙伴可以期待并接受变化和不稳定。但是宇宙的本性没有这样的迂回，这种本性高于一切，是稳固的，它一旦做出决定，就会保持从一开始就确定了的不变的限制。[60] 如果自然认为大地产出生长完全的人是合适的，那么人类到现在也应该以这种状况产生，不是作为婴儿，不是作为儿童，也不是作为年轻人，而是直接造就成年人，他们也许能完全抵御衰老和死亡。不会增长的东西也不会减少，因为变为成人的过程是一个增长的过程，而从成年变为老年是一个减少的过程，免除第一种变化的事物也不会受制于后续的变化。[61] 是什么东西在阻止人们现在再像从前那样从大地里跳出来？是因为大地也随着时间的流逝而变得衰老，不能再生育了吗？与此相反，大地一直保持着年轻状态，因为它是所有元素中的第四部分，为了保存其他事物，它一定不能腐朽，正如它的姊妹元素水、气、火，能持续地抵御衰老。[62] 植物是一项清晰的证据，表明大地持续地保持着它的活力，使自己永远处于精力最旺盛的时候，大地要么受到泛滥的河水的荡涤，如他们所说的埃及的情况，或者被下雨所荡涤，它在这个时候暂时摆脱生产果实的辛劳，在这个间隔中得到休息，重新恢复自然的力量，达到全盛状态，然后再次生产果实，给各种动物提供它们需要的食物。

【12】[63] 因此，在我看来，诗人把潘多拉的名字赋予大地并没有错，因为她把幸福和享受赐予万物，而不仅仅是把有意识的生活给予所有动物。假定某人插翅高飞，从高空俯瞰高地和低地，那么他会看到低地上郁郁葱葱，长满了青草，出产牧草、大麦、小麦，以及其他各种谷物，有些是农夫播下的，有些是在某个季节自己生长出来的。他会看到高地被树木覆盖，枝叶茂盛，出产大量果实，不仅有那些可以食用的果子，而且还有那些已经证明可以用来治病的果子。橄榄树的果子治疗身体的疲乏，适度饮用葡萄汁可以缓解灵魂的悲伤。[64] 还有，他会嗅到众多鲜花散发的香气，看到它们绚丽的色彩，那是大自然超人的技艺造就的。还有那些可以栽培的植物，他会察看白杨、香柏、松树、杉树、高大的橡树，还有其他原始森林，横跨山岭，遮天蔽日，连绵不断，树下有深厚的泥土。[65] 看到所有这些东西，他认识到这个永远年轻的大地仍旧处在壮年，拥有无穷的精力。因此，大地原有的力量不会减少，如果说大地以前产生过人，那么它现在仍旧在这样做，这样说有两个最有说服力的理由：一是避免抛弃它特有的职责，尤其是播种和生育人，让人这种最优秀和最主要的动物行走在大地上；二是帮助女人，妇女的怀孕和生产是十分繁重的负担，怀胎长达十个月，生产时经常有妇女死于分娩的痛苦。[66] 确实，假定大地在它的腹部有一个可以生出人来的子宫，那岂不是太愚蠢了？因为子宫是产生生命的地方，生命只有在自然的作坊中可以塑造成形，如有人称呼的那样，但这不是大地的一部分，而是雌性动物的一部分，用来生育其他动物。这样说确实是愚蠢的，因为我们还不得不说大地就像一个女人，生下后代以后就要有乳房，这样可以使生下来的后代能够得到适当的食物。但是，在这个有人居住的大地上，没有记载说有哪条河流或清泉流淌的是奶而不是水。[67] 此外，正如新生的婴儿需要哺乳，人也需要有衣物来遮盖，避免冷热给身体带来伤害，因此奶妈和母亲必定急于用襁褓尽快包

裹婴儿。那么，如果大地生育的动物是赤身裸体的，难道不会遭到毁灭吗？要么被寒冷的空气冻死，要么被产生疾病的热量热死。[68] 神话虚构者一旦开始轻视真理，就会制造出这种神奇的说法，播种在地里的人全副武装地出生，然而大地下面有什么铁匠或者赫淮斯托斯[①] 如此强大，能够给他们立刻准备好全套盔甲？最初的这代人和穿盔甲之间有什么恰当的联系？人是最温和、最仁慈的动物，因为自然赋予他理智的特权，迷惑和驯服了野蛮的情欲。人不是武装起来，而是做一个理智的存在者要好得多，应当从地下跳出来的是象征协议的传令兵，他可以向世界各地的所有人宣布的是和平而不是战争。

【13】[69] 现在，既然这些反对真理、增添虚假的愚蠢想象已经受到满意的驳斥，我们必须肯定从这些永久的人产生以后的世代。男人把种子播入子宫，就像在田野里播种，女人接受种子，给予安全的保护；不可见的本性塑造和型塑身体的每个部分，赋予整个种族我们这些个体不能接受的东西，即永恒性。这是因为，种族可以永世长存，而具体的个体会消灭，这就是神奇的真相，是神的工作。人只是万物的一小部分，如果人是永恒的，那么这个世界也肯定是非被造的，因此它是不可毁灭的。

【14】[70] 克里托劳在争辩中还进一步使用这样一种论证：能使其自身健康的东西是不患疾病的，能使其自身醒来的东西是清醒的，如果是这样的话，那么能使其自身存在的东西是永恒的。这个世界能使其他所有事物存在，也能使其自身存在，因此这个世界是永恒的。然而，事实并非如此。[71] 值得进一步考虑的一个要点是，每一被造的事物在开始的时候必定相当不完善，只能随着时间的延伸而成长，直至抵达圆满。因此，如果这个世界是被造的，那么我也可以从人生的发展阶段中借用一个术语，那就是婴儿时期，然而随着岁月的流逝而进步，经历很长时期，最终抵达圆满。因为寿命长的东西抵达它的顶点必然很迟。[72] 若有人认为这个世界经历了这样

---

① 赫淮斯托斯（Ἥφαιστος），古希腊神话中的火和冶炼神。

的变化，那么他最好承认自己受到欺骗，处在幻觉之中。因为不仅是这个世界的身体部分在增长，而且它的心灵也在前进，而那些鼓吹这个世界有毁灭的人也假设这个世界是理智的。[73] 所以就像一个人那样，他最初生成的时候是非理智的，但抵达顶点的时候是理智的。这样的观点是不虔诚的，不仅说出来不虔诚，而且连想一想都是不虔诚的。确实，这个世界是全善的，包含可见的事物，众神也是这个世界的居住者，应当把这个世界视为全善的，身体如此，灵魂亦如此，它不会得病，与一切被造物和可毁灭的事物密不可分。

【15】[74] 除此之外，克里托劳说生物的死亡除了外部原因，还受制于三个原因：疾病、衰老和贫乏，但这个世界不受这些原因的困扰。这个世界是所有元素压紧以后产生的，所以它不会承受留在这个世界以外的任何暴力，抗拒外力对它的控制。它支配带来虚弱的各种力量，使这些力量远离疾病和衰老。它绝对是自足的，独立于各种需要。它什么也不缺，能够确保自身的永久，排除空虚和饱满之间的连续更替，这是生物通过它们粗野的活动而经历的过程，因此它们招致的不是生命而是死亡，或者说得更加谨慎些，它们经历了一种比灭绝更加可悲的存在。[75] 还有，若是看不到自然的永久形式，那么那些指出这个世界有毁灭的人似乎可以为他们的邪恶拥有一个很好的理由，他们在眼前找不到永久存在的例子。但由于按照最优秀的自然哲学家的意见，命运既无开端又无终结，命运就是一条锁链，是连接各种事件的原因，它持续不断，永无止境，没有间隔或中断，那么我们为什么不能也宣布这个世界的本性或宇宙的体系是永久的呢？它是无序者的秩序，未调整者的调整，不和谐者的和谐，不一致者的统一，它显现为木头和石头的结合，庄稼和树木的成长，一切动物的有意识的生命，人的心灵和理智，善者美德的圆满。如若这个世界的本性是非被造的和不可毁灭的，那么这个世界显然也是非被造的和不可毁灭的，被一条永恒纽带的强大力量捆绑着。[76] 有些被真理和他们的对手的论证征服了的人改变了他们的观点。因为美有力量把我们召唤到它那里去，而真理拥有神奇的美，就如虚假具有可怕的丑。

就这样，西顿[1]的波埃修斯[2]和帕奈提乌[3]，斯多亚学说的有力的支持者，在神的激励下抛弃了宇宙大火和再生的观点，遗弃了更加严谨的整个世界不可毁灭的学说。[77] 据说第欧根尼年轻的时候认同宇宙大火的学说，但是到了晚年则感到困惑，悬置了这个判断，这是因为，是老年人而不是年轻人能够察觉宝贵的事物，他们更加值得尊敬，尤其是在下判断方面，他们不是凭借非理智的和欺骗的感觉，而是凭借绝对纯洁和纯粹的心灵。

【16】[78] 波埃修斯的学派所提供的证明是非常令人信服的，下面我要开始讲述这些证明。他们说，如若这个世界是被造的和可灭的，那么我们将拥有某些从非存在创造出来的被造物，而斯多亚学派把这一点当做非常可笑的。为什么会这样呢？因为要发现内在的或外在的毁灭这个世界的原因是不可能的。在这个世界之外除了虚空什么也没有，因为元素已经被完全融入这个世界，在这个世界里也没有能够引起如此伟大的神祇死亡的原因。如若这个世界被毁灭而没有原因，那么毁灭的源泉显然产生于不存在的东西，这种解释显然会遭到拒斥，甚至想都不会想。[79] 他们还说，毁灭的方法有三种，即肢解、主要性质的湮灭、融合。原先分离的单位结合成群体，比如山羊或公牛组成的畜群、歌队、军队，或者部分组成的整体压缩以后形成新的整体，这些东西被拆解或肢解。我们用蜡重新塑型，这个时候可以看到主要性质的湮灭，蜡会变得平滑，但并不采取其他不同的形状。我们在医生使用的组合剂中看到药物的融合，因为原先汇集起来的实体的性质消失了，产生了具有单一价值的新药剂。[80] 我们说，这些方法中的哪一种适用于毁灭这个世界？拆解吗？这个世界既不是由个别单元组合而成的，所以可以拆解，又不是由许多部分连接起来的，所以可以分离，又不是我们身体这样的统一体，因为它的组成部分本身是不可灭的，只是处于无数可悲的影响之下，而这个世界的力量是无敌的，足以支配一切。[81] 主要性质的湮灭怎

---

① 西顿（Σιδών），地名。

② 波埃修斯（Βοηθὸς），斯多亚学派哲学家。

③ 帕奈提乌（Παναίτιος），斯多亚学派哲学家。

么样？这是不可能的，按照那些持有相反观点的人的看法，这个世界的最初构造仍旧处于大火之中，尽管收缩了，但它仍旧是一个减弱了的实体，亦即宙斯①。[82] 融合怎么样？这是胡说八道。因为我们再次被迫承认毁灭要通过非存在。为什么呢？因为若是元素各自被毁灭了，它们会改变为其他别的东西，但若通过融合它们全部湮灭在一个物体之中，那么我们就要被迫假设某种不可能的事情。[83] 还有，如若万物在宇宙大火中湮灭，神在这段时间在做什么？祂会什么也不做吗？这个推论确实很自然。因为祂在当前查考每一事物，监护所有事物，就好像祂确实是它们的父亲，祂指引着真理的马车，驾驶着宇宙的航船，是日月星辰的保护者，也是天空和世界其他部分的保护者，祂为了整体的保全与一切需要的东西合作，完美地管理着这个正确理智所要求的世界。[84] 但若一切事物都被毁灭或停滞，那么祂会变得无所事事，祂的名称会变得毫无价值，所以，世上还有比这更加可怕的事情吗？我不愿说出这种亵渎神的思想，而保持沉默也会带来神死亡的后果，因为你若是废止了灵魂的永久运动，你也就毁灭了灵魂本身，而按照我们对手的看法，神是这个世界的灵魂。

【17】[85] 另一个值得考察的问题是：如果万物均在火中分解，那么再生如何出现？因为，若是实体被火消耗殆尽，那么火也必定熄灭，因为没有任何东西可以继续给它当燃料。如果大火仍旧保持燃烧，那么有序的准则会得以保存，但若大火熄灭，准则也将随它一道毁灭，这是一种暴行，是双重亵渎，不仅预示这个世界的毁灭，而且消除它的再生，就好像神喜欢混乱、静止、缺陷似的。[86] 但是我们必须更加仔细地加以考察。我们要从下面这个观点出发考虑问题。火有三种形式：炭火、火焰、火光。炭火是一种蕴藏在土这种实体里的火，它渗透到燃料中，从这头延伸到那头。火焰是从燃料上升到空中的火。火光是从火焰发出来的，它与眼睛合

---

① 斯多亚学派区分作为造物主和统治者的神与附属的众神，前者是普世的神圣力量，作为一个整体在世上起作用，后者是它的组成部分和显现。他们用宙斯这个术语来表示前者，用众神来表示后者。

作，提供对可见事物的理解。火光和炭火之间的位置由火焰占据，因为火焰熄灭的时候，火就退缩到木炭中去，而火焰在点燃的时候就放射出光芒，尽管火的可燃烧的力量已被剥夺。[87] 如果我们说在这场大火中这个世界化解了，那么在那里就不会有炭火，这是因为，若是那里有大量的土性的质料是包含火的实体，那么它会继续保留，而不会有其他实体持续存在，土、水、气都已化解为纯粹的、简单的元素。[88] 还有，那里也不会再有火焰，因为火焰与燃料相连，当没有什么东西留下的时候，火焰就熄灭了，因为它缺乏实体。由此还可推论，火光不是产生的。因为火光本身没有存在，而是从前面二者获得存在，炭火和火焰是发生出来的，从炭火发射出来的火光较小，从火焰发射出来的火光较大，照射得很远。但由于其余二者，如上所示，炭火和火焰在这个时候还不存在，所以此时也不会有火光。当太阳运行至大地之下时，巨大而遥远的日光马上脱离我们的视线，隐藏到夜晚中去，尤其是在没有月亮的日子。因此，这个世界不是被宇宙大火吞噬的，而是不可毁灭的，如果这个世界会被吞噬，那么也不会生成另一个世界。

【18】[89] 这种观点说服了某些斯多亚学派的人，他们具有敏锐的观察力，很早就预见到将要到来的驳斥，他们想为关于这个世界死亡问题的主要学说提供帮助，但他们这样做却是徒劳的。他们说，由于火是运动的原因，而运动是生成的源泉，所以没有火就不会有任何东西生成，在这场宇宙大火之后，新的世界被创造出来，但并非所有的火都熄灭了，而是有一部分保留下来。他们充满惊恐，担心如果整个世界熄灭了，这个宇宙就会停滞，而不会重建，因为不再有任何能引起运动的东西。[90] 然而，这些观点都是那些吹毛求疵者的不真实的虚构，他们费尽心机想要推翻真理。为什么会这样呢？因为如上所示，这个世界在被大火吞噬时不会变得像一块燃烧着的煤炭，因为有大量属土的质料会残留下来，火会被这些质料包围，在这种情况下我们也许要说，大火仍旧需要建立它的力量，因为最重的和最能抵抗的元素，亦即土元素，还没有化解。所以可以肯定，土元素要么变成火，如克林

塞斯[①] 所认为的那样，要么变成光，如克律西波[②] 所认为的那样。[91]但若它变成火，一旦开始熄灭，它就不会部分熄灭，而是完全熄灭。因为火的存在系于燃料提供者，如果燃料充足，它会增长和扩展自身，但若燃料不足，它就会减弱。我们可以从自身经验得出这样的判断。我们一旦给一盏灯添加了灯油，它就会放出明亮的光，但若我们停止这样做，剩下的灯油用完了，它马上就会熄灭，不能再保持火焰。[92] 再换一种说法，如果变成光，这种变化也是整体的。为什么呢？因为火没有自身确定的存在，而是从火焰中生成的，如果火焰整体和绝对地熄灭，那么光也不是部分地而是整体地消灭。所谓火焰是就燃料提供者而言的，而所谓光是就火焰而言的。因此，正如火焰与它的燃料提供者一道灭亡，光与火焰一道灭亡。[93] 因此，这个世界不会有再生，因为并没有秉持同样原则的余烬存在于这个世界，而是全部熄灭了，这个世界之所以存有这个剩余部分是因为火，这个世界之所以拥有这个同样的原则是因为缺乏支持者。这些事实清楚地表明，这个世界仍旧是非被造的和不可毁灭的。

【19】[94] 现在，如克律西波所说，假定火的实体会化解，看这个被造世界的种子会带来什么后果，看他关于这个主题的理论有无谬误。首先，这个世界从种子中生成；第二，自然哲学证明这个世界也是理智的，不仅有生命，而且有心灵，还有，它的心灵是聪明的，不会去证明与他想要证明的东西相反的东西，亦即证明它决不会被毁灭。[95] 对于那些不回避考察的人来说，有关的证据就在手边。显然，这个世界要么具有植物的生命，要么具有动物的生命，但是无论它具有哪一种生命，假定它在一场大火中毁灭，它决不会变成它自身的种子。以我们自身关于植物和动物的经验为证，它们无论是大还是小，都不会在被毁灭的时候成为能产生后代的种子。[96] 我们看到有许多种栽培过的树木，也有许多野生的树木，遍布大地各处。这些树

① 克林塞斯（Κλεάθης），斯多亚学派哲学家。

② 克律西波（Χρύσιππος），斯多亚学派哲学家。

木只要树干是健全的，就能产出果实，树木的胚芽也是如此。但是，随着时间的流逝它变得枯萎，或者它的树根以其他方式被摧毁，这个时候它全身没有任何一个地方可以产生种子。[97] 数量庞大的动物有不同的种类，甚至要说出它们的名称都很困难，动物在其生存和具有活力的时候以同样的方式射出精液，但当它们死了以后，就不会有任何部分变成精液。假定人在活着的时候会使用他的生命原则的第八个部分，这个部分被称做生殖部分，生育和他相似的个体，但他在死亡以后要用他自身的整体来这样做，那是愚蠢的。因为死亡不会比生命更有用。[98] 此外，没有哪一样存在的事物能在缺乏专门食物的情况下只从种子中产生。种子相当于开端，开端本身并不一定导致圆满。你一定不可假设仅从农夫播撒在田野里的种子就能长出麦穗来。来自土地的双重因素，潮湿和干燥，在种子的成长中是重大的因素，在子宫中成形的胚胎不能仅靠精液成活，而需要来自外部的营养，要有怀孕的母亲提供食物。[99] 说这些话的目的何在？这样说是为了说明在这场宇宙大火中只剩下种子，不存在能滋养它的东西，所有能提供营养的事物都化为火烬，残缺不全，因此这个世界将要从再生开始，在这个顶点能有最好地合作，而作为源泉和起点，寻求养育的种子被摧毁了。这种说法的荒谬之处是自明的，无须进一步驳斥。[100] 还有，万物始于种子，但是万物的形体比它们的种子要大，可以看到它们占据较大的空间。就这样，参天大树始于小小的籽粒，体型庞大臃肿的动物出于那微小潮湿的精液。还有前不久提及的一个事实，事物出生以后在一段时间里生长缓慢，到后来体型增大，直至抵达圆满。[101] 但是在这个宇宙身上会发生相反的事情。种子是庞大的，占据更多的空间，而产生出来的结果却是比较小的，占据较少的空间，宇宙从种子开始形成它本身，但不会逐渐生长，而是相反，它从较大的体积缩减为较小的体积。[102] 这个说法的真相很容易看清楚。每一个变化为火的物体都扩散和分解，但是当物体中的火焰熄灭了的时候，它会收缩和坍塌。事实如此清楚，无须证明，尽管它们是不确定的。确实，这个世界被火吞噬的时候会变得更大，因为它的整个实体化解为非常精致的以太。在我看来，斯多亚学派预见到了这一点，因此在他们的理论中没有给外在于宇宙的无限虚空留下空间，所以当它不得不接受一种无限扩散的说法时，它可以不缺少地方接受这种溢出。[103] 所以，当宇宙前进和成长到这个程度，处于无限的压力之下，它的轨道几乎延伸到无限的虚空，甚至以此作为种子，而当宇宙再生的时候，它被带向一种圆满，在一种减弱的状况下，被当做整个实体，尽管处在熄灭状态的火收缩为浓厚的气，气收缩和降解为水，水浓缩为最密实的元素土。这些结论与那些能够正确判断事件结果的人接受的原则是相反的。

【20】[104] 除了已经提到的这些论证，还有另外一个论证可以用来证明这个观点，这个观点也将赢得不愿意过度争论的那些人的赞同。在相互对立的两个事物中，不可能有一个事物存在，而另一个事物不存在。如果有白，那么必定要有黑，如果有大，那么必定要有小，奇偶、苦甜、昼夜皆如此。但是，当宇宙大火发生的时候，这种不可能就成为可能。[105] 请考虑下列事实。万物分解为火的时候，会出现某些轻巧、稀薄、炽热的东西，这些东西的性质属于火，但是这些东西却没有它们的对立面，沉重、浓厚、寒冷。我们怎样才能更好地表达由这种宇宙大火的理论带来的混乱，除了说这些自然共存的事物与它们的对立面分离以外，没有更好的办法，这种分离一直在延伸，我们必须用其中的一套话语来表达这种永恒，而用另一套话语来表达这种永恒的不存在。[106] 还有，那些真理的考察者说，如若这个世界被毁灭，它要么是被某些原因所毁灭，要么是被神毁灭，我认为他们提出的观点很好。除此之外，其他没有任何原因可以使这个世界分解。因为没有任何东西是它未曾包含的，而被包含的东西总是比包含者要弱小，因此包含者也支配着被包含者。另一方面，说它被神毁灭是一种最糟糕的亵渎和不敬。那些持有真正信条的人承认神是原因，祂不是混乱、失调和毁灭的原因，而是秩序、和谐和生命的原因，祂是一切最卓越的事物的原因。

【21】[107] 那些把宇宙大火和再生当做永恒来谈论的人对我们的困惑感到兴奋，不仅由于前面说过的、证明了他们信条之谬误的理由，而且特别

因为下面这些理由。这个世界由四种元素构成，土、水、火、气，但是他们为什么要把火单独提出来，断言只有火会化解呢？确实，我们可以说火会化解为土，或者化解为水或气，因为所有这些元素都具有卓越的力量，然而无人宣称这个世界转变为三者中的任何一个，所以很自然的结论是它也不会转变为火。[108] 还有，对内在于这个世界的平等性的观察使他们感到害怕，或者说他们对确认这样一位大神的死亡感到可耻。这四种力量之间有一种巨大的交换，它们按照平等的原则和公义规定的界限规范相互之间的交换。[109] 正如季节的循环，每个季节为其后继者提供空间，而年份则在不停地循环出现，所以这个世界的元素在它们的相互交换中似乎死亡了，然而，最奇怪的是这种死亡被当做不朽，就好像它们在来回往复地跑，按照同一条道路上山和下山。[110] 上山的旅程从土开始。土通过化解转变为水，水通过蒸发转变为气，气通过稀薄转变为火。下山的旅程从顶端开始，火熄灭以后转变为气，气压缩以后转变为水，水浓缩以后转变为土。[111] 还有，赫拉克利特说："灵魂之死就是变成水，水之死就是变成土"，他设想灵魂就是气息，气的最终目的是变成水，而水又变成土，他使用死这个词的意思不是完全消失，而是转变为另一种元素。[112] 这种自我决定的平等应当是永远没有缺点的，是不变的，这不仅是自然的，而且是必然的。因此，由于不平等是不公正，而不公正是邪恶之子，邪恶被逐出不朽者的住所，而这个庞大的世界是神圣的，它是可见的神的住所，断言这个世界的被毁表明他们不能发现自然的链条和事件不间断的顺序。

【22】[113] 这些人认为这个世界是永恒的，他们中间有些人极大地发挥了他们的机灵劲，用下面这个论证来确立他们的观点。他们说，我们发现毁灭有四种主要的方式：增加、减少、变形、演变。比如，通过增加一，毁灭了二，变成了三；同理，通过减少一，四变成了三。通过变形，字母 X 变成了 H，也就是把两条直线垂直竖起，再分别向两侧移动，原来两条直线的交点延伸成为联系两条直线的线段。通过演变，葡萄酒毁灭，变成了醋。[114] 但是，这里列举的方式没有一样能够影响这个世界。我们能说给这个

世界增加什么东西就能毁灭这个世界吗？不能，在这个世界之外没有任何东西，没有任何东西不是这个世界自身的一个部分，也就是这个整体的部分，因为每个事物都被它包含和受它支配。减少怎么样？首先，若从这个世界减去什么东西，那么这个世界只会变得比当前这个世界小。其次，任何东西要想脱离它的实体同伴，散布到这个整体之外，是不可能的。[115] 这个世界的部分能变形吗？不能，它们会保持原有的位置，不会改变它们的相对位置。因为土决不能堆积在水上，水也不能堆积在气上，气也不能堆积在火上。但是很自然，重的元素，土和水，会占据中间的位置，而用土构成的支撑物就像一个基础，水在它的表面流淌，而轻的元素，气和火，很自然地占据上方的位置，尽管二者有区别，因为气就像一辆车子，火在它上面栖息，是气必定载着火。[116] 还有，我们一定不要假设这个世界通过演变而毁灭，因为元素互换的力量有一种平衡，这样的平衡会产生永久的稳定，因为这个世界既不会侵犯，也不会受侵犯。因此，这种相互交换，价值的给与取，按照相等的比例和标准，创造出健康和永久的安全。这些事情表明这个世界是永恒的。

【23】[117] 还有，塞奥弗拉斯特[①] 说，这些人认为这个世界是被造的，有毁灭，对四个方面的考虑误导了他们：大地表面的崎岖不平、大海的退缩、宇宙各部分的分解、陆地动物的完全毁灭。[118] 按照他的说法，这些人在考虑第一方面的时候提出下列证据：如若大地没有开端，那么它的部分不会静止，但我们看到大地有些部分被提升到其他部分的上方。如若大地没有开端，那么大地上的山脉会相当矮小，山峦的高度和平原相差无几，因为大雨不停地下，冬季的暴风不停地吹，把隆起的山坡夷为平地，石头变得酥松，最后全部变成平地。[119] 事实上，连续不变的大地和直冲云霄的群山，表明大地并非从来就有的。在无限的时间进程中，如我所说，大地很久以前就在下大雨，形成溪流。这是水的自然特点，有的时候，尤其是当它从

① 塞奥弗拉斯特（Θεόφραστος），逍遥学派哲学家。

高处倾泻下来的时候，它会冲走拦在它前面的东西，有的时候它就像一名挖掘者，滴水石穿，在坚硬的石头上凿出空洞。[120] 还有，他们说大海已经减退了。最著名的岛屿，罗得岛① 和德洛斯岛②，可以为证。古时候有许多岛屿消失，沉入大海，然而随着时间的流逝，大海逐渐退缩，沧海桑田，这些岛屿又逐渐显露，变得清晰可见，我们在一些书中读到过这样的记载。[121] 人们还曾把亚纳斐③ 这个名字给予德洛斯，这两个名称④ 的使用证明了我们在这里讲述的事实，因为这个岛屿变得清晰可见，而在过去它是不明显的、看不见的。所以品达⑤ 这样描写德洛斯岛："您好，众神建造的岛屿，你的子孙为众神喜爱，长发飘逸的拉托那⑥，大海的女儿，宽广大地的奇迹，没有力量能撼动大地的基础，我们凡人称之为德洛斯，而在高处那里居住着幸福者，他们称之为星辰，遥远地俯瞰蔚蓝的大地。"通过把德洛斯岛称做大海的女儿，他暗示了上面说的意思。[122] 除此之外，他们指出广阔的大海曾经有过许多很大很深的海湾，这些海湾由于海洋干涸而变为陆地，成为与之毗邻的国家的一部分，但它决不是贫瘠的，而是可以耕种的，那里留有某些标志表明那里曾经是大海，比如鹅卵石、贝壳之类海滨才有的东西。[123] 如果大海会减退，那么大地也会在多次循环以后变小，水和土这两种元素会彻底耗尽。所以，整个气也会逐渐减少，万物都会转化为一种实体，亦即火。

【24】[124] 为了确立他们的第三个观点，他们使用这样一种论证：任何事物，如果它的部分全部消灭，那么它本身也必定消灭。这个世界的所有部分都是可毁灭的，因此这个世界本身是可毁灭的。[125] 我们在前面保留

---

① 罗得岛（Ῥόδος），地名。

② 德洛斯岛（Δῆλος），地名。

③ 亚纳斐（Ἀνάφην），地名。

④ 英译者认为斐洛显然犯了一个错误，这两个岛屿显然不是同一个。

⑤ 品达（Πινδαρος），古希腊抒情诗人，约公元前 518 年—前 438 年。

⑥ 拉托那（Λατονα），地名。

了这个观点[①]，留待进一步论证，现在我们必须对其加以考察。让我们从土开始。它的什么部分，大的或小的，是时间不能使之化解的？最坚硬的石头变得疏松和衰败，它们的凝聚力衰退，而作为纽带的精神力量并非牢不可破，而只是难以丧失，不是吗？石头破成碎片，首先化为细小的粉尘，然后逐渐减少，最后什么也没有留下。还有，如若水没有被狂风鞭打，而是留在那里不动，那么它不会由于停滞而像一样死物吗？它确实改变了，变得发出恶臭，就像失去生命力的动物。[126] 至于气，它的毁灭对所有人来说都是显而易见的，因为疾病、衰败和被称做死亡的东西对气来说是一件自然的事。确实，还有谁，旨在真理而非语言的华丽，会把瘟疫描写为气的死亡，散发瘟热，摧毁一切事物？[127] 关于火，我们不需要多费口舌，因为失去支撑的时候，火马上就会熄灭，如诗人所说，它本身是跛足的。在有支撑的时候，它会直立，因为点燃的燃料还在那里；而当燃料用尽的时候，火就再也看不见了。[128] 据说印度的蛇也会发生同样的事情。它们爬到庞大的大象身上，缠绕大象。然后它寻找机会，咬开大象的血管，猛烈地吸食大象的血，不停地发出嘶嘶声。大象在一段时间里还能坚持，它孤立无援地跳跃，用它的鼻子拍打身体两侧，试图够着蛇，后来随着它的生命力不断消耗，它不再能够跳动，只能站在那里颤抖。很快，由于失血过多，它的腿部失去力量，它摔倒在地。而在它倒下的时候，死亡也降临到了蛇的身上。[129] 这条蛇的死亡方式是这样的：它不再能吸血的时候，想要松开对大象的缠绕，但却被大象压倒在地，地面非常坚硬，有许多石头，它努力扭动身躯想要逃走，但却被大象死死地压在地上。处于这样的困境，它的多种努力只能使它精疲力竭，就像人被石头砸死，或者被坍塌的墙壁压倒，它甚至无法抬起头来，只能窒息而死。如若这个世界的每个部分都会遭受毁灭，那么这个由部分组合而成的世界显然不会是不可毁灭的。[130] 他们告诉我们，第四和最后一个命题必须论证如下：如若这个世界是永恒的，那么这个世界里的动物

① 参见本文第 56 节。

也是永恒的，尤其是人类应该是永恒的，因为人类优于其他种类的动物。但是那些希望寻找自然事实的人也看到人的起源比较晚。技艺的存在可能或者必定与人的存在相一致，它们实际上是同时代的，不仅因为体系和方式对一个理智存在者来说是自然的，而且因为人的生活要离开技艺是不可能的。[131] 所以，让我们观察每一种技艺产生的时间，但请忽略那些剧作家添加给众神的神话。……① 如若人不是永恒的，那么其他生物也不是永恒的，给它们当住处的土、水、气，也不是永恒的。这就清楚地表明，这个世界是可毁的。

【25】[132] 这个特殊的诡辩必须加以驳斥，免得那些对论证不那么熟练的人会向它的权威投降。驳斥必须从这个强词夺理的诡辩者的欺骗性的论证开始："如若这个世界是永恒的，那么大地不会崎岖不平。"为什么会这样呢，我亲爱的先生？其他人会走上前来说，树木和山脉在本性上并无什么不同。树木在某些季节会落叶，在有些季节会开花。诗人用诗句告诉我们真相："秋风吹来，树叶落地，而春季到来时又会长出新叶，给森林带来新的生命。"② 以同样的方式，山脉的组成部分会断裂，其他沉淀物也会出现。[133] 不过，沉淀物需要很长时间才会显现，尽管它的来源清晰可见，因为树木的成长过程比较快捷，而山脉的成长是一个非常缓慢的过程，所以它们后来的成长要经历很长时间才能察觉。[134] 这些人对山脉的生成似乎没有什么知识，另外，他们可能羞于开口询问。但是，我们不会吝惜对他们进行指导，因为这个故事并不是新的，它也不是我们说的话，而是古代圣贤说的，为了获得知识，他们考察了必须考察的一切。[135] 当包裹在大地中的火元素被火的自然力向上提升的时候，火元素上升到一个专门的地方，得到呼吸的空间，它会挟带大量的尘土，能带多少就带多少，不过有了这种外带的东西，它的运动更加缓慢。这个属土的实体被迫与火一道长途旅行，升到

---

① 此处原文有佚失。佚失的原文可能是把众神说成技艺创造者的神话故事。参见荷马：《奥德赛》VI.233。

② 荷马：《伊利亚特》VI.147。

极高之处，它浓缩以后体积减小，最后抵达顶点，呈现出火苗的形状。[136] 然后，必定会有一场自然的对抗，最重的元素和最轻的元素发生碰撞。它们各自收缩，抗拒对方的力量。火必定要被土施加于其上的反吸引力拉向土，而土虽然受到重力的吸引而向下坠落，但被上升的火向上托举而变得轻省，最终被迫屈服于向上支撑它的更强的力量，被推向火的位置，停留在那里。[137] 所以，如果山脉不会被雨水冲刷而毁灭，有这种力量能把它们团聚在一起，也能使它们上升，牢固地拥抱它们，那么我们为什么要感到惊讶呢？如果把它们捆绑在一起的纽带松弛了，它们当然会被水化解和分散。而实际上，火的力量使它们紧紧地团结在一起，面对暴雨的侵袭，抵御风雨。

【26】[138] 这些就是我们不得不说的话，借此表明大地的崎岖不平不能证明这个世界是被造的和有毁灭的。他们试图使用大海的减退来证明这一点，对此我们可以公正地答复如下。你们不要只关注那些浮现出来的岛屿，或者很久以前被水淹没的陆地，或者随着时间的流逝重新与大陆联系在一起的海岛。争辩是研究自然的敌人，研究自然需要对真相进行深刻的考察。你们自己也要从事相反的考察，也就是说，要考察大陆的所有部分，不仅要考察海岸，而且要考察中心地区，它们都曾经被淹没，干涸的大地都曾经变成大海，可以航行大船。[139] 你们不知道那个著名的神圣西西里海峡的故事吗？古时候，西西里岛和意大利是连在一起的，但是它的两侧都是大海，海风从对面刮过来，它们之间的土地被海水淹没，变得支离破碎，它的一侧建有一座城市，名叫瑞吉姆[①]，这个名称记载了它发生的事情。其结果与人们期待的正好相反。曾经分开的大海受其影响而关联在一起，而一度曾经联系在一起的陆地分离，形成海峡，曾经是大陆的西西里被迫成为岛屿。[140] 据说还有许多城市曾经被大海吞没，消失不见了。在伯罗奔尼撒[②]也一样，

---

① 瑞吉姆（Ῥήγιον），地名。狄奥多洛、斯特拉波、塞涅卡、普林尼都提到过这个地名的由来。

② 伯罗奔尼撒（Πελοπόννησε），地名。

他们说有三座城市，“埃吉拉[①]、布拉[②]、高耸的赫利凯亚[③]，它们的城墙很快就覆盖上一层厚厚的海藻”[④]。这些古代最繁荣的城市遭到大海的侵袭，被淹没了。[141] 亚特兰蒂斯岛[⑤]，“它的面积比利比亚和亚细亚两块土地合在一起还要大”，[⑥] 如柏拉图在《蒂迈欧篇》中所说，然而由于发生了巨大的地震和海啸，它在一天一夜的时间里就突然消失，沉入海底，那里不是变成了可以航行的海洋，而是变成了无底深渊。[142] 所以，他们提出的海洋退缩的虚构对于证明这个世界是可灭的没有什么贡献，因为很清楚，大海从某些地方退缩，但也会淹没某些地方。我们不能看到一种现象就下判断，而应该观察两种现象以后再下判断；就好比在日常诉讼中，遵守法纪的法官在听完诉讼当事人双方陈词之前不会宣布他的判决。

【27】[143] 还有，他们一开始就用清晰的术语表明他们的第三个论证是不可靠的。事实真相并非如若一个事物的所有部分都是可毁灭的，那么这个事物也是可毁灭的，而是如果这个事物的所有部分同时一道被毁，那么这个事物也是可毁灭的，就好比一个人的手指头的尖端被切掉不会使他丧命，但若他的所有部分和肢体都被砍去，那么他马上就会死去。[144] 以同样的方式，如果所有元素同时丧失存在，那么必须承认这个世界很容易毁灭。但若它们各自分别转化为其他元素，拥有了它的近邻的本性，那么它不是被毁灭，而是获得了不朽，如这位哲学化的悲剧诗人所说：“有生必无死，它的部分四处散失，取了另一种形式。”[⑦][145] 最后，把技艺当做衡量人类的标准真是愚蠢到了家。任何遵循这种杂乱的推理诗句的人都会得出结论，这个世界是相当新的，它塑造成形几乎不到一千年，因为那些神话传说

---

① 埃吉拉（Αἴγειρα），地名。

② 布拉（Βοῦρα），地名。

③ 赫利凯亚（Ἑλίκεια），地名。

④ 这段引文出处不详。

⑤ 亚特兰蒂斯岛（Ἀτλαντὶς），亦译大西岛。

⑥ 柏拉图：《蒂迈欧篇》24e。

⑦ 欧里庇得斯：《残篇》839。亦在本文第 5 节、第 30 节引用。

告诉我们，那些科学发明者生活的年代不会早于一千年以前。[146] 如果他们一定要说这些技艺与人类是同时代的，那么他们这样说不是因为漫不经心和敷衍了事，而是有自然史的帮助。自然史告诉我们什么？大地上的事物的毁灭不是一次性的，而是有很多次，事物的毁灭归于两个主要原因：火与水的大屠杀。我们得知，这两样东西间隔多年以后从天上轮流下来探访人间。[147] 当宇宙大火是行动者的时候，大火从天而降，散布到许多地方，流动于这个有人居住的大地的许多地区。当大洪水是行动者的时候，它以水的各种形式遍布整个大地。河流，无论是汇聚的清泉，还是冬季的山洪，不仅河水充裕，而且超过通常的水位而急剧上涨，冲决堤坝，淹没很高的地方。河水然后流到相邻的低地，形成最初的大湖，因为水往低处流，总是流向凹陷之处，然后它又会流动淹没位于中间的划分湖泊的峡谷，使许多湖泊成为一个大湖，转变为无边无际的大海。[148] 通过这些力量的竞争，这些区域的居民轮流遭受毁灭。火对那些山区居民来说是致命的，他们并不拥有大量的水来抵抗火，水是抗击火的天然工具。另一方面，水摧毁了那些住在河畔、湖边、海滨的人，这是一种邪恶的方式，让离它比较近的人会感受到它的厉害，尽管受害者并非只有他们。[149] 由于人类的主要部分以这里提到的方式灭亡，其他还有无数的小的方式，因此技艺也被舍弃。科学本身也被舍弃，因为无人会在实践中运用科学。但是当邪恶的瘟疫减退，从那些没有成为恐怖的瘟疫牺牲品的人中间又兴起一个新的种族，开始发展和繁荣，技艺也是这样，它们不是第一次产生，而是由于拥有技艺的人的减少而失传，变得默默无闻，因此这些技艺需要再次建立。[150]我们已经尽了最大的努力，描述了关于这个世界的不可毁灭性的论证，这些论证是前人流传给我们的。而在后续文章中，我们必须对这些观点作出回应。

福拉库斯的行迹

提　要

本文的希腊文标题是“ΕΙΣ ΦΛΑΚΚΟΝ”，意为“关于福拉库斯”，英译者将其译为“Flaccus”。本文的拉丁文标题为“In Flaccum”，缩略语为“Flacc.”。中文标题定为“福拉库斯的行迹”。原文共分为21章（chapter），191节（section），译成中文约2.4万字。

本文是一篇护教性的文章，描写在罗马皇帝提庇留·凯撒统治的末期，埃及行省总督福拉库斯·阿维留斯对犹太人的残暴统治及其最终命运。本文的描写相当生动，具有较高的史料价值。

全文梗概如下：

福拉库斯在最初五年里表现得才华出众，睿智勤勉，但他允许亚历山大里亚的民众对犹太人施暴。这不是因为他性格软弱，而是由于他持有特定的意图（1—7节）。福拉库斯得到罗马帝国第二任皇帝提庇留的宠信，但在第三任皇帝盖乌斯·卡利古拉登上皇位以后，他的地位受到威胁，因为他属于与盖乌斯敌对的皇位继承人提庇留·盖美鲁斯这一派，曾参与指控盖乌斯的母亲。福拉库斯与玛克罗关系良好。尽管玛克罗保护过盖乌斯，但玛克罗很快失宠于盖乌斯，被盖乌斯处死（8—15节）。这件事情使福拉库斯感到绝望，而就在这个时候，亚历山大里亚的反犹太人的团体接近福拉库斯，希望得到他的支持。福拉库斯接受了他们的建议，对犹太人表现出敌意（16—24 节）。

盖乌斯任命阿格里帕为犹大国王。阿格里帕去他的王国就职，途经亚历山大里亚，那里的犹太人为此而感到欣喜。反犹太人的暴民上演了一出闹剧，他们把一个疯子带进体育场，把他当做国王来荣耀。福拉库斯在公开场合有礼貌地对待阿格里帕，但没有采取措施惩罚那些暴民（25—40 节）。这是福拉库斯所犯的第一个过错。反犹暴民亵渎犹太教会堂，在会堂里竖起盖乌斯的像。犹太人的祖制和习俗受到威胁（41—52 节）。

福拉库斯的第二个过错是签署了一项公告，在公告中他把犹太人说成是外国人，暴民以此为理由把犹太人赶出这座城市（53—54 节）。

福拉库斯的第三个过错是，他不仅允许暴徒把犹太人从家中驱逐出去，而且还允许暴徒抢劫他们的财物，使犹太人无法继续他们原来的营生，维持生计（54—72 节）。犹太人在抢劫中失去财产，尽管福拉库斯早已接到报告（73—77 节）。

亚历山大里亚的犹太人受到鞭笞，这种刑罚原本是埃及人使用的（78—80 节）。这些事情显然都发生在庆祝皇帝生日的时候，这种时间通常是统治者表现仁慈的时候，而在实际中犹太人遭受的野蛮虐待成了皇帝生辰节庆活动的组成部分（81—85 节）。

有些犹太人被指控在家中收藏武器。他们的家被搜查，但没有发现武器，在一次搜查中反而在埃及人家中找到大量武器。犹太妇女受到军人的搜查和冒犯，与此相连，在这场大屠杀中，犹太人还受到其他虐待（86—96 节）。

福拉库斯扣留了犹太人议事会呈给盖乌斯皇帝的请愿书，这是他犯下的最后一项罪行。福拉库斯原先答应将它呈递给皇帝。犹大国王阿格里帕访问亚历山大里亚的时候，犹太人请求这位国王代他们向罗马皇帝呈递请愿书（97—103 节）。

福拉库斯受到惩罚。皇帝突然下令逮捕了福拉库斯，听到这个消息，犹太人高唱颂歌，欢庆胜利。这件事发生在住棚节期间，大约是在皇帝生日以后一个月左右（104—125 节）。以伊西多洛和兰波为首的一批人对福拉库斯提出指控，他们曾经敦促福拉库斯迫害犹太人，但此时成了他的指控者（126—127 节）。

兰波是行政长官的书记官，他不公正地代行法官的职责，做出一系列不公正的审判（128—134 节）。福拉库斯担任总督之初非常青睐伊西多洛。后来当福拉库斯对伊西多洛不那么亲近的时候，伊西多洛变得不快。他组织了一个集会，散布有关福拉库斯的谣言。许多知名人士参加了集会，对有关总督的谣言表示愤怒。他们同情这位总督。伊西多洛彻底暴露，逃出城去（135—145 节）。福拉库斯受审，被定罪，被判流放，他的财产被没收（146—150 节）。

斐洛讲述福拉库斯被流放到安德罗斯岛的旅程，以及他到达流放地以后的困境，但福拉库斯并没有认识到对他的惩罚的公义性。最后的结局到来，盖乌斯认为流放的惩罚对福拉库斯来说太轻，于是派人去流放地将福拉库斯处死。文章结尾处描写了福拉库斯被处死的情况，断言福拉库斯的命运表明神仍旧在关注犹太人（151—191 节）。

正 文

【1】[1] 攻击犹太人的政策始于谢雅努斯①，并为福拉库斯·阿维留斯②所继承。但与其前任不同，他不是全面虐待整个犹太宗族，因为能这样做的机会比较少，而是伤害经由他手处置的每一个犹太人。确实，尽管他的攻击对象只是局部的，他是在运用某种技巧而非使用他的权力，但只要处于他的敌意之下，他就会使用他的权力。因为生性残暴的人不会通过狡诈的计谋来增添力量。[2] 埃及总督伊伯鲁斯③死后，这位曾经当过提庇留·凯撒④随员的福拉库斯成为亚历山大里亚这座城市和围绕它的整个王国的行政长官。他从一开始就充分证明自己拥有崇高的德性。他聪慧睿智，刻苦勤勉，思维敏捷，擅长演讲，才华出众。[3] 所以，他很快就熟悉了埃及的全部事务，这些事务多种多样、错综复杂，哪怕是从早年开始就加以研究的人也很难把握。他的那群书记员完全是多余的，因为没有什么大事和小事能超出他的经验，所以他不仅超过了他们，而且由于他对这些细节的掌握成为他们的老师，而不是成为他以往的指导老师的学生。[4] 他成功地管理了与税收相关的所有事务。这些事情，尽管非常巨大和重要，并没有证明他拥有一颗领袖的灵魂，而是以更加公开的方式展示了他的品质，表明他拥有更加杰出和高贵的本性。就这样，他本人保持着尊严，因为华丽的外表对统治者来说是非常有用的。在权威人士的帮助下他审判重大案件，轻松地打败傲慢者，防

① 谢雅努斯（Σηιανος），全名卢西乌斯·埃利乌斯·谢雅努斯，罗马皇帝提庇留的大臣，埃及总督塞乌斯·斯特拉波之子，对提庇留影响很大，后来像他父亲一样被任命为埃及总督。斐洛在《向盖乌斯请愿的使团》第 160 节说谢雅努斯对罗马的犹太人提出指控，谢雅努斯死后，提庇留知道他的指控是虚假的。谢雅努斯虚构这些罪名是因为他知道犹太人会保卫皇帝，反对他的叛国罪。

② 福拉库斯·阿维留斯（ΦλάκκοςἈουίλλιος），埃及行省总督。

③ 伊伯鲁斯（Ἰβήρους），埃及行省总督。

④ 提庇留·凯撒（Τιβερίου Καίσαρος），罗马帝国第二位皇帝，公元 14 年—37 年在位。

止民众拉帮结伙。那些不断地组织献祭和宴饮的团体容易酝酿政治阴谋，他采取坚决的手段予以解散。[5] 他在整个城市和王国建立起良好的秩序，然后开始把注意力转向组织武装力量。他操练军队，排兵布阵，把他们分为骑兵、重装步兵、轻装步兵，等等，他要求军官不要克扣军饷，以免士兵去抢劫和掠夺，他也要求每个士兵不要去干涉自己军务以外的事情，而要记住自己拥有保卫和平的责任。

【2】[6] 有人也许会说："我亲爱的先生，你决定要指控一个人，但你的讲话并没有提出指控，而是说了他一大通好话。你神志不清，疯了吗？"不，我的朋友，我没有发疯，我不是一个看不到论证所带来的后果的蠢人。[7] 我赞扬福拉库斯，不是由于我认为赞美敌人是对的，而是为了清晰地揭示他的罪恶。对那些因无知而犯罪的人更应当给予谅解，而那些有知识的作恶者无可争辩地已经在他的良心法庭上被判有罪。

【3】[8] 福拉库斯担任总督约六年之久，在前五年里，当提庇留·凯撒还活着的时候，福拉库斯维持着和平，有效地控制着这块土地，超过他的所有前任。[9] 但是到了最后一年，提庇留去世，盖乌斯① 登上皇位，往后所有事情开始失控。之所以如此，也许是因为他对提庇留驾崩极为悲伤。就像失去一位最亲密的朋友，他沉痛哀悼，泪如泉涌。由于他真的效忠他的党派而不只是一位被收养的儿童，他的这种毛病也会传给他的继任人。还有，他是指控盖乌斯母亲的多位指控者之一，盖乌斯的母亲因此被处死，而他的恐惧和内疚使他忽略了自己的职责。[10] 曾经有一段时间，他还没有让事情完全失控，但是当他听到共享统治权的提庇留的孙子被盖乌斯下令杀死以后，他受到沉重打击，变得沉默寡言，过了一段时间，他的思维能力也变得虚弱和麻痹起来。[11] 这是因为，当这位年轻人还活着的时候，他感到自己还有希望，然而，随着这位年轻人的死讯到来，他

---

① 盖乌斯（Γαΐους），全名盖乌斯·卡利古拉，罗马帝国第三任皇帝，公元 37 年—47 年在位。

的希望似乎也消失了，尽管他仍旧有可能得到玛克罗[①]的帮助，此人原先也像盖乌斯那样叱咤风云，为了能够担任元首，他奉献的金钱超过其他任何人，但他留下来的金钱更多。[12] 提庇留把盖乌斯当做居心不良的人加以排斥，不让他掌权，提庇留也关心自己的孙子，担心自己要是去世的话，孙子会被人当做障碍来清除。而玛克罗试图消除提庇留的疑心，把盖乌斯当做一位正直无邪，尤其忠诚于他的堂弟的人来赞扬，乃至于说盖乌斯愿意放弃元首的位置，让提庇留的孙子独自担任元首。[13] 受到这些表演的欺骗，提庇留不知不觉地给他自己、他的孙子，他的家庭，以及全人类，留下了一位无法与之妥协的敌人，亦即调解者玛克罗。[14] 玛克罗看到提庇留的行为偏离常规，提庇留的冲动在任何地方都不受约束，所以他就以各种方式告诫盖乌斯，以为盖乌斯还是原先那样，可以说玛克罗在提庇留仍旧在世的时候还是有理性的、温顺的。唉，这个可怜的家伙，由于抱着过分的善意，他受到了极端的惩罚，他的整个家庭，妻子和孩子，都和他一道被杀害，被视为累赘多余的人。[15] 每当盖乌斯远远地看见他，都会对随从说："不要微笑，而要垂头俯视，那个固执己见的监视者来了，他现在要担任一位成年人和皇帝的老师，在这种时候，他会把原先的老师赶走。"

【4】[16] 所以，当福拉库斯得知玛克罗也被处死的时候，他完全丧失了还抱有的希望，不再去处理那些事务，也不能做出任何可靠的判断。[17] 这位统治者对控制下属变得绝望，这个时候他马上变得不安宁起来，尤其是那些相当小的、人们习以为常的事件也能使他激动。这样的事情，埃及人占据首位，习惯于将微小的火星变成巨大的暴乱。[18] 就这样，福拉库斯变得无助和缺乏资源，焦虑不安，推理能力弱化，他改变所有近期政策，开始对付他最亲密的同事。他怀疑和驱逐那些对他表示友好的人，却与那些从一

① 玛克罗（Μάκρω），罗马近卫军长官，参见塔西陀：《编年史》6：15，23，29，38，45—48，50。

开始就是他的死敌的人结盟，请他们担任各类事务的顾问。但是，他们的敌意仍旧存在。[19] 这种表面上的和解显然是虚假的，只存在于口头。实际上，他们隐藏不可调解的敌意，扮演一位真正朋友的角色，最后又把他囚禁起来。就这样，这位统治者变成了下属，而下属成了领袖，他们提出各种有害的建议，并马上付诸实施。[20] 他们开始重新确认各种计划，把福拉库斯当做舞台上戴着假面具的傀儡，使他尽管拥有统治者的头衔，但只是受民众欢迎的狄奥尼修斯①、纸糊的兰波②、党派领袖伊西多洛③手中的工具，他的名称特别拥有政治的意味，他是忙碌的密谋者，是这出恶作剧的发明者。[21] 与所有这些活动有关的阴谋对犹太人的伤害最大，如福拉库斯私下所说：[22] "你们对提庇留·尼禄④ 这个孩子的预期落空了，你们对你们的同事玛克罗的希望也落空了，你们对这位皇帝的期望差强人意。我们必须为你寻找一位真正有能力的调解人去安抚盖乌斯。[23] 亚历山大里亚人的这座城市是一位调解人，它从一开始就得到奥古斯都家族的荣耀，尤其得到我们当前主人的荣耀，如果它从你们那里得到某些恩惠，那么它会进行调解，而你们能给它的恩惠不会大于接受犹太人的投降和献祭。" [24] 尽管听到这些话的时候，他有责任把讲这些话的人当做分裂的制造者和国家的敌人来加以驱逐和排斥，但他还是接受了他们的建议。起初，他以一种不那么明显的方式显示出他的敌意，拒绝公平地聆听争论各方的意见，只听取某一方的意见，而在其他所有事务中，他不给他们言论自由的权利，每当有犹太人接近他，他就转身而去，而对其他所有人，他却是容易接近的。后来，他还公开表示过他对犹太人的恶意。

【5】[25] 依靠他人的指示而非依据自己的本性来下判断，这在他的行为中显示出来，而下列事件的发生又进一步增强了他的这种倾向。盖乌

① 狄奥尼修斯（Διονύσιος），人名。

② 兰波（Λάμπω），福拉库斯总督的书记官。

③ 伊西多洛（Ἰσίδωρος），人名。

④ 提庇留·尼禄（Τιβερίου Νέρωνος），人名。

斯·凯撒[①]把王权赐给希律王[②]的孙子阿格里帕[③]，让他去统治他祖父的国土的第三个部分，那里的税收归小王腓力[④]收取，腓力是盖乌斯的叔父。[26]阿格里帕快要启程的时候，盖乌斯建议他不要从布隆狄西[⑤]渡海去叙利亚，那样的话旅程太长，容易疲劳，而要他等待季风的到来，经由亚历山大里亚走一条近路。盖乌斯告诉阿格里帕，那里有一些商船，行驰快捷，船老大们本领高强，驾驶快船就像驭手驾驭赛车，走的是一条捷径。阿格里帕照他的话去做了，部分是出于对主人的尊敬，也因为建议他走的这条路线似乎很可取。[27]他去了狄凯亚基亚[⑥]，看到有一些亚历山大里亚的商船在那里抛锚，准备航行，他和他的随从登上了商船，快乐地航行，预计几天以后就能到达目的地。傍晚时分，他们看见了法鲁斯岛。他吩咐船老大收起风帆，停泊在离岛不远处，等到夜色完全降临，再驶进港口，这样他就可以在人们都已入睡的时候下船，去他主人的住宅而不被任何人发现。[28]他要以这种隐秘的方式进行访问的原因是，他希望静悄悄地溜进城去，不被城里的任何人看见。因为他不是来看亚历山大里亚的，在这次去罗马见提庇留以前，他曾经住在亚历山大里亚，而这一次他只想抄近路回家。[29]但是妒忌是埃及人的部分本性，那里的市民充满妒忌，把其他人的任何好运均视为他们自己的不幸，在古时候我们可以说他们对犹太人天生具有敌意，他们抱怨一名犹太人以这样的方式当了国王，就好像他们中的每个人都被剥夺了祖传的王座。[30]可悲的福拉库斯在他的同伴们的鼓动和恳求下显得很激动，变得和他们一样妒忌。他们说："他待在这里就是为你做见证。人们赋予他的荣耀和声誉超过了你；他有一队长枪手做卫士，他们穿着金银装饰的盔甲，吸引了所有人的眼光。[31]在有顺风船可以把他安全送到他自己的国家去的情况下，

---

① 盖乌斯·凯撒（ΓαϊουςΚαίσαρος），即盖乌斯·卡利古拉，罗马帝国第三任皇帝。

② 希律王（Ἡρώδβασιλέως），犹大国王。

③ 阿格里帕（Ἀγρίππα），犹大国王，犹大国老国王希律·阿格里帕之孙。

④ 小王腓力（Φίλιππος τετράρχης），管辖四分之一领土的王。

⑤ 布隆狄西（Βρεντεσίουμ），地名。

⑥ 狄凯亚基亚（Δικαιάρχεια），地名。

他来到另一位统治者的领地，这样做对吗？如果盖乌斯允许或者强迫他这样做，他应当恳求盖乌斯不要让他到这里来，如果是这样的话，这个国家的统治者也就不会陷于这种处境，使声望受损了。”[32] 这些话让他再次大发脾气，由于害怕把阿格里帕打发到这里来的这个人，他在公开场合就装作是阿格里帕的朋友和同伴，而在私下场合，他通过辱骂来发泄他的妒忌与仇恨，因为他没有勇气公开这样做。[33]这座城里有一些懒惰的、无所事事的暴民，他们人数众多，整天闲逛，把他们的闲暇时间用于诽谤和传播谣言，在他的允许下，他们辱骂这位国王，这种诽谤要么是从他自己开始的，要么是由他的那些臣仆挑拨的。[34] 就这样，他们白天就在体育场里不停地嘲讽和谩骂这位国王。事实上，他们就是这些闹剧和笑话的作者，生来具有表演可耻事情的能力，他们学习做好事非常缓慢，而学习做坏事一学就会。[35] 福拉库斯对此为什么不表示愤怒？他为什么不逮捕他们？他为什么不对他们放肆的诽谤实行处罚？哪怕阿格里帕不是一名国王，但作为凯撒家族的一名成员，他难道不应当拥有某些优先权、得到某些荣耀吗？不，这些情况清楚地表明福拉库斯本人就是诽谤者。显然，如果他处罚那些诽谤者，或者至少加以制止，那么他们会停止诽谤的。如果说这些不法暴民有一个作恶的起点，那么不管朝着哪个方向，他们都不会停止作恶，而会从一件坏事到另一件坏事，总是在实施某种新形式的暴行。

【6】[36]那里有个疯子名叫卡拉巴斯①，他发起疯来不是凶狠和蛮横的，对疯子本身和接近他们的人都很危险，而是比较随和的那种类型。他赤身裸体在大街上行走，不避寒暑，白天黑夜均如此，与在街上闲逛的少年儿童嬉戏。[37] 暴民们把这些穷人赶进体育场，让这个疯子站在高处，让所有人都能看见他，他们在他头上戴上一顶纸糊的王冠，用一块毯子作王袍裹住他的身子，还有一些人看到有一束纸莎草扔在路边，就拿来给他当权杖。[38] 就像某些剧场里上演的滑稽戏，那个疯子得到了象征王权的这些标志，人

---

① 卡拉巴斯（Καραβᾶς），人名。

们骗他说他已经成为国王，年轻人肩上扛着束棒，长枪手站立在他两侧担当他的卫士。其他人向他靠近，有些人想要向他致敬，有些人想要向他寻求公义，提起公诉，还有些人向他咨询国家大事。[39] 然后，站在他周围的一群人向他高喊“玛里”（Μάριν）①，据说这是叙利亚地方人的称呼，意思是“主”。他们知道阿格里帕出生在叙利亚，他的国土也有一大块在叙利亚。[40] 福拉库斯听说了这件事，或者倒不如说他看到了所有事情，他的职责应当说是把这个疯子带走和关押，不让那些骂人者有机会侮辱优秀者，他也应当惩罚要弄这个疯子的人，因为这些人竟然敢用言语和行动公开直接侮辱一位国王，他是凯撒的朋友，从罗马元老院得到过禁卫军成员的荣誉。福拉库斯假装没有看见这些事，也没有听见这些话，不仅没有惩罚这些人，而且没有制止他们，让他们为所欲为，去表现他们邪恶的意愿和敌对的情感。[41] 这群人知道这一点，他们不是和平的、精神振奋的，而是混乱的和骚动的，他们喜爱干预，追求卑贱的生活，懒惰成性，喜爱恶作剧，他们蜂拥而入，进入体育场，让福拉库斯以可悲的价钱收买他们；而福拉库斯疯狂地追求名望，他待价而沽，不仅毁灭他自己，而且毁灭公共安全，而那群人一心一意地想要在聚会的地方竖起偶像。[42] 他们的提议完全是违法的，是史无前例的，他们明知故犯，又非常狡猾，故意使用凯撒的名号来作掩护，荣耀他们想要竖立的偶像，因为凯撒这个名号跟罪恶的行径没有关联。[43] 那么这位行省总督做了什么？他知道亚历山大里亚和整个埃及有两种居民，我们和他们，住在亚历山大里亚和这个国家的犹太人不少于一百万，他们分布在利比亚到埃塞俄比亚的边界；这也是对他们的一种攻击，祖先留下的习俗不能废除，然而他蔑视所有这些事实，允许树立偶像，尽管他可以向他们提出许多事情，要他们加以考虑，要么是作为统治者的命令向他们提出，要么是作为朋友的建议向他们提出。

【7】[44] 由于他和他们有这样一种亲密的关系，所以在他们到处作恶

---

① 参见《哥林多前书》16：22。“若有人不爱主，这人可诅可咒。主必要来。”

时，他没有运用他的权力去制止不断增强的骚乱，也可以说，他用他的权力使这整个有人居住的世界充满了种族冲突。[45] 因为非常清楚，始于亚历山大里亚的推翻犹太教会堂的传言很快就会传遍埃及行省，从埃及传到东方，传到东方各个民族，从希波塔尼亚①传到马雷亚②，这是利比亚的外围地区，再传到西方和西方的民族。[46] 犹太民族的人口如此众多，乃至于没有一个国家能够容得下他们，所以他们散居在欧罗巴和亚细亚的几个最繁荣的国家，海岛上也有，大陆上也有；他们把立着至高神的圣殿的圣城当做他们的母亲城，而那些从他们的父亲、祖父、曾祖，甚至更远的祖先那里继承下来的城市都被他们当做父亲城，他们在那里出生和长大，而他们中有些人在创建这座城市的时候就作为移民来到这里，以使创建者满意。[47] 令人恐惧的事情是，各地的民众可能会从亚历山大里亚事件中得到暗示，粗暴地对待他们的犹太公民同胞，掀起反对犹太人会堂和犹太人习俗的骚乱。[48] 你们不能期待生性平和的犹太人平静地对待后来发生的事情，不仅是因为他们所有人都会下定决心为了他们的祖制去战斗，哪怕冒着生命危险，而且也因为他们是这阳光底下唯一失去他们聚会处的民族，他们还失去了他们宁愿死上一千次也不愿失去的东西，亦即他们表达对恩人敬畏的地方，因为他们不再拥有能在其中感恩的神圣的殿宇。[49] 他们可能会对他们的敌人说："你们没看到，你们并不是在为我们的主人增添荣耀，而是在减少荣耀，你们不明白在这个适宜居住的世界上，到处都有犹太人对奥古斯都表达虔诚的尊敬，所有人都可以在聚会处看到这种尊敬是有根基的，如果我们把这些东西都摧毁了，那么就没有什么办法留下来，让我们去表达这种尊敬。[50] 如果忽略表达这种尊敬，那么当我们的体制允许我们承受最大处罚的时候，我们就要清偿我们所有未能尽到的义务。如果由于我们自己的律法的禁止，使我们未能这样做，那么奥古斯都也会乐意

---

① 希波塔尼亚（Ὑποταινία），地名。

② 马雷亚（Μαρείας），地名。

对此加以确认，我看不到我们有什么过错，大的或小的，要受到指责。我们唯一可能要受指责的事情是我们的过犯，尽管是不自觉的，我们这样做是为了防止我们自己违反我们的习俗，这些事情尽管最初要归于其他人，但最后经常影响那些要对此负责的人。”［51］正是说了他不应该说的话，而留下他应该说的话没说，所以福拉库斯以这种邪恶的方式对待我们。但是他想要讨好的那些人的动机是什么？他们真的想要荣耀皇帝吗？这座城市里缺乏神庙吗？所以它的许多部分都被视为圣地，允许所有人想竖立什么就竖立什么吗？［52］不，我们已经描述的是一种侵略行为，由那些敌对的、狡猾的阴谋者发起，这些暴行的制造者不会显得行事不公正，而受害者反对他们也不会有安全保障。确实，先生们，推翻法律、扰乱祖制、对公民同伴施暴、唆使其他城市的居民不尊重同胞的感情，这些事情无荣耀可言。

【8】［53］关闭我们的聚会处而不留下他们的名字，并以此为理由攻击我们的律法，他们这样做看起来是成功的；然后，他又开始实行另一个计划，亦即剥夺我们的公民权，所以，当维系我们生命的唯一锚具，亦即我们的祖制和参政的权力，被剥夺的时候，我们要经历最糟糕的厄运，因为没有任何缆绳可以用来保障我们的安全。［54］几天以后，他签署了一道公告，把我们说成是外国人，不给我们上诉的权利，而且不经审判就给我们定了罪。还有什么事情比这更加霸道吗？他自己成了所有人：控告者、敌人、证人、法官和惩罚机构，然后在最初犯的两个错误之外他又添加了第三个，允许那些想要抢劫犹太人的人抢劫这座城市。［55］在确保能够得到豁免以后，他们做了什么？这座城市有五个区，各以字母表开头的那些字母命名，有两个区被称做犹太区，因为大部分犹太人居住在这两个区，尽管其他散居在各处的犹太人也不少。所以，他们做了什么呢？他们把犹太人赶出四个区，让他们在一块很小的地方居住。［56］犹太人数量众多，他们被赶往海滩、粪堆、墓地，失去了他们的财产。他们的敌人在他们腾空了的房子里行走，抢劫这些犹太人的住所，就好像对待战利品一样分发这些财物，由于无人阻止，他

们打开犹太人的作坊，为了悼念德鲁昔拉①，这些作坊关了门，他们搬走作坊里的所有物件，堆放在市场中央，他们对待他人的财物就像这些财物是他们自己的那么随意。[57] 比抢劫更加可悲的恶行是使人失业。商人失去了他们的存货，没有一位农夫、水手、商贩、匠人得到允许，可以做他平常的营生。就这样，产生贫困有两种方式：第一种，抢劫，使他们在一天里就变得身无分文，剥夺他们所拥有的一切；第二种，失业，使他们不能依靠日常营生来维持生计。

【9】[58] 尽管这些事情难以承受，然而与后续行为相比，它们却又是可以容忍的。贫困确实是可悲的，尤其是受到敌人的影响而变得贫困，但与身体受到无节制的暴力伤害相比，哪怕是最轻微的伤害，贫困又是不那么可悲的。[59] 但是，我们的人民遭受了过分的痛苦，任何人说起他们经受的无节制的暴力或者凌辱都会使用不恰当的语词，我认为，都会不知所措，找不到恰当的术语来表达这种史无前例的残暴，而与战争中的征服者的行为相比，征服者对被征服者当然是残忍的，征服者的行为却显得温和。[60] 这些征服者抢占财产，捕捉许多俘虏，但若他们被打败，他们就要冒着失去自身的危险。确实，众多战俘的赎金是由他们的亲属和朋友提供的，这些捉拿者释放他们，不是可能释放，而是一定释放，他们已经变得宽容，因为他们不能抵挡获得金钱的诱惑，尽管人们可以说："只要对他们有好处，用什么方法解救他们无关紧要。"[61] 也请注意，要允许埋葬在战争中死去的敌人。温和与仁慈要求埋葬他们，那些甚至把他们的好客品德延伸到死者身上的人会按照协议归还死者的遗体，使他们不至于缺乏作为最后恩惠的葬仪。[62] 这是在战争中要对敌人做的事。让我们来看，我们昨天的朋友在和平时期做了些什么。在这座城市的许多部分进行抢劫和暴力驱赶以后，犹太人被他们的敌人从四面八方包围了。[63] 他们的居住地受到挤压，缺乏生活必需品；他们看着他们的妻儿在他们眼前死去，尽管这场饥荒是人为的，因

---

① 德鲁昔拉（Δρουσίλλα），盖乌斯的姐姐。

为这个国家的其他地方都十分富足，河水的泛滥使土地变得十分肥沃，低地上出产大量的小麦，各种谷物都取得了丰收。[64] 由于不能再忍受贫困，他们中的有些人违反先前的习惯，去他们的亲戚朋友家恳求施舍，而那种贵族精神使他们躲避当乞丐的命运，他们更适合去当奴隶，而不是当一名自由人，因为他们去市场只是为了替他们的家庭和他们自己购买食物。[65] 可怜的人啊，他们被那些手持武器的暴民捕获，他们被刺伤以后在整座城里拖行，任人践踏，完全消失，没有一具遗体可以留下来接受每个人都有权接受的葬礼。[66] 还有许多人被多种形式的虐待所伤害和毁灭，被迫伺候那些像野兽一般残忍的疯狂的暴徒；因为在任何有犹太人露面的地方，他们都会扔石头或者用棍棒殴打犹太人，他们一开始会朝着不那么致命的地方打，因为他们担心死亡来得太快，能使犹太人快速摆脱痛苦。[67] 与这些苦难相伴，制造苦难的可以不受惩罚，这一点极大地激励了暴徒，有些暴徒放弃缓慢的工具，使用最有效的武器，火与铁，用刀剑杀死了许多人，而被他们用火烧死的人也不在少数。[68] 确实，这些人在城市中心残忍地烧死全家人，丈夫与妻子，婴儿与父母，他们对老人和年轻人没有表现出半点仁慈，对天真的儿童也没有显示怜悯。点篝火缺少木头，这个时候，他们会收集柴草，这些柴草产生的与其说是烈焰，不如说是浓烟，从而使那些可怜的牺牲品死得比较缓慢，尸体被烧焦，杂乱地堆在一起，留下最可怕的景象。[69] 如果派去收集柴草的人动作太慢，他们会从战利品中取出一些家具，用来烧死这些家具的所有者。他们用来代替普通木柴的家具确实非常昂贵，尽管不太实用。[70] 许多犹太人被拉去焚烧时人还活着，他们的手脚被捆绑，他们的肢体残缺不全。遇上如此残忍的死亡，他们的生命终止了，但他们的敌人的狂暴并没有终止，仍旧还在继续。[71] 犹太人的尸体被邪恶地凌辱，被拉着经过城市的每一条街道，崎岖不平的道路使得这些尸体皮肉开裂，脏器分离，散落在四面八方，消失得无影无踪。[72] 干这种事情的人像一出闹剧中的演员，受害者的亲戚朋友前来领取受害者的尸体，仅仅因为对他们的亲属遭遇的不幸表示悲伤，他们就被逮捕、鞭打、折磨，在经受所有这些暴行以后，他们的身体为最后的十字架惩罚留下余地。

【10】[73] 福拉库斯就像一名破坏一切的盗贼，不让任何一名犹太人不受到最高程度的敌视，他设计出另外一条可怕的、前所未有的行凶作恶的攻击路线，发明了新的不公正。[74] 这位总督死了以后，我们的救星和恩人奥古斯都指派我们的元老院掌管犹太人的事务，玛吉乌斯·马克西姆① 接到任命，将要第二次担任亚历山大里亚和这个国家② 的总督。这个元老院的成员有三十八人，他们都在家中被福拉库斯逮捕，他下令将他们直接送往市场中央，捆绑起来，有些用绳索，有些用铁链，然后送往剧场，在这种场所处理这种事情是最不应该的。[75] 他们站在那里蒙受羞辱，他们的敌人则坐在他们面前，他下令将他们全部剥去衣衫鞭打，这种惩罚通常用来对付最凶恶的罪犯，结果是，有些人受到鞭笞马上死去，有些人因此长时间病倒，毫无康复的希望。[76] 这个计划所表现出来的巨大恶意还以其他方式得到最充分的证明，但下面这件事情仍旧更加清楚地表现出这种恶意。元老院的三位议员，欧杜斯③、特里弗④、安德洛⑤，在一天之内变得身无分文，暴徒把他们的住宅洗劫一空；福拉库斯知道他们的遭遇，他很早就接到我们的执政官的报告，知道了这些情况，他表示想要调解他们和城市的其他人。[77] 然而，尽管他清楚地知道他们的财产被剥夺了，但他还是当着他们的掠夺者的面痛打他们。就这样，他们遭遇双重不幸，贫困和人格凌辱，而另一方得到双重的快乐，拥有大量不属于他们自己的财富，心满意足地羞辱那些财富的所有人。[78] 我提到当时的行为有点儿犹豫，我怕这些恐怖的事情会被人认为无关紧要。然而，即使这是一件小事，它也证明了一种巨大的恶意。在城市里使用鞭笞是有区别的，而这些区别是由这些挨打的社会贤达制定的。

---

① 玛吉乌斯·马克西姆（ΜάγιοςΜάξιμος），人名。

② 指犹大国。犹大国是罗马帝国的附属国。

③ 欧杜斯（Εὔοδος），人名。

④ 特里弗（Τρύφων），人名。

⑤ 安德洛（Ἄνδρω），人名。

埃及人实际上用不同的鞭子对付不同的人，亚历山大里亚人用阔叶片抽打罪犯，而挥舞阔叶片的也是亚历山大里亚人。[79] 在对待我们的人时，福拉库斯的前任和他本人在第一个任期中也遵守这种习俗。在处置某些堕落者的时候确实有可能找不到什么东西可以维持他们的尊严，或者在放肆地虐待他们的时候找不到什么伴随的事情可以抵消这种放肆，但若依据事物自身的属性来确定事情的性质，不附带个人的恶毒情感，乃至于消除比较温和类型的所有成分，那么这样做确实是有可能的。[80] 没错，亚历山大里亚犹太人中的平民在这些事情上极为严肃，如果他们做了应受鞭笞的事，因此受到自由人、市民、执政官、元老的鞭笞，元老这个名称就包含年纪和荣耀的意思，那么他们在这方面所受的经历比那些远比他们低劣的人还要糟糕，就像最卑贱的埃及人所受到的极不公正的待遇。[81] 下面这个观点可以略去不说，如果他们犯下大量的罪行，而由于季节的原因，他必须推迟惩罚这些罪行，那么统治者应当指导政府做应当做的事，而不要假装为了荣耀他们的恩人而不惩罚任何应当受到惩罚的人，直到荣耀这位著名的奥古斯都家族成员的生日庆典活动结束。[82] 他反而给他们提供了一个违法的机会，惩罚那些没有任何过错的人，如果他希望这样做，他可以在以后的时间里这样做。但是，他匆忙安抚那些反犹太人的暴民，认为这样做有助于推进他的政策。[83] 在这种节日的前夕，我知道有过这样的事例，钉死在十字架上的人被放下来，尸体交给他们的亲属，因为人们认为埋葬他们，给他们普通的葬礼是好的。每逢皇帝的生辰，死者也应当受到某种温和的对待，以此保持节日的神圣性。[84] 但是福拉库斯没有下令取下钉死在十字架上的人的尸体。他反而下令用十字架钉死那些暂缓死刑的人。在剧场中央鞭笞他们，用火与剑折磨他们，然后他就这样做了。[85] 这场演出分成了几幕。首先是犹太人遭受鞭笞，从开始到结束，延续了三四个时辰，犹太人被吊打，捆绑在车轮上，野蛮地殴打，被拉着穿过剧场中央。然后是华丽的游行，舞者、小丑、笛手，以及其他各种戏剧竞赛的娱乐项目，应有尽有。

【11】[86] 但是我为什么要详细叙述这些事情，因为他有第二个酝酿中

的计划。他想用士兵的大量尸体作为反对我们的武器，为此他虚构了一种奇怪的谎言，说犹太人在家里储藏了各种武器。于是，他派遣一位他特别信任的名叫卡斯图斯① 的百夫长，吩咐他带上最勇敢的士兵，抓紧时间搜查犹太人的住宅，看他们是否收藏了武器。[87] 卡斯图斯匆忙赶去执行任务。而那些犹太人对他的这个计划一无所知，他们站立在那里，惊慌失措，哑口无言，他们的妻子儿女流着眼泪围拢过来，害怕自己被抓走。他们希望这是最后一次搜查了。[88] 他们听到有一名搜查者问："你们把武器藏在哪里？"这个时候，他们好像重新活过来似的，马上跑去把家中所有东西都拿出来摊开，甚至把壁龛里的东西也拿了出来。[89] 他们一方面感到非常高兴，另一方面感到深深的痛苦。他们之所以感到高兴，乃是因为这些谣言很容易驳斥，但他们首先对这些巨大的诽谤感到愤愤不平，因为这是他们的敌人编造出来的，却被人们轻易地相信；其次，他们的妻女把自己关在家中，从来不靠近大门，她们的侍女也只能在内室活动，这是为了贞洁的原因，女眷不能被男人看见，哪怕这个男人是她们的至亲，在她们眼中，有军人前来搜查，不仅是陌生的，而且是可怕的。[90] 据说，仔细搜查以后，发现了大量的自卫用的武器，头盔、护胸甲、盾牌、匕首、长矛、穿盔甲时穿的服装，成堆地生产出来，另外，还有投掷类的武器，标枪、投石、弓箭！呃！他们实际上什么都没有发现，甚至连厨师日常用的刀具都没有。[91] 最后这一点清楚地表明这些人的生活非常简洁，他们抛弃了原先开支昂贵的习俗和寻求满足的奢侈，放纵与傲慢是奢侈的孩子，是万恶之源。[92] 然而不久以前，这个地区的埃及人的武器已经被巴苏斯② 收缴了，福拉库斯把这项任务交给他，可以看到大量船只停泊在河岸的港口里，船上装满收缴来的各种各样的武器，岸上有大量驮畜，两边挂着成捆的长矛以保持平衡。还有军营里派来的运货车，几乎全都装满盔甲和服装，一辆接一辆，排成长队，从港口到存

---

① 卡斯图斯（Κάστος），人名。

② 巴苏斯（Βάσσος），人名，参见本文第 109 节。

放武器的王宫盔甲作坊，连在一起，前后有十个斯塔达[①]那么长。[93]这些武器装备的发现者很仔细地搜查过那些人的家，因为他们经常造反，所以被怀疑为喜欢反叛。确实，当局应当复制神圣的竞赛，通过一项新的规定，三年收缴一次武器，这样的话埃及人就没有时间提供武器了，或者只有一些新造的武器，而不是像现在这样拥有大量的武器，因为他们没有机会更换旧武器。[94] 但是我们为什么要受制于这件事情？我们什么时候受到过反叛的怀疑？我们什么时候没有想到要和平地对待一切？我们每日里遵循的生活方式不是无可指摘、有益于国家的良好秩序和稳定的吗？如果说犹太人确实拥有武器，那么他们已经被抢劫他们财产的人从四百所房子中驱逐出去，在外流浪。抢劫他们的人搜查了他们的财产，如果这些武器不是抢劫者自己的，那么抢劫者为什么不拿走这些武器呢，照道理讲，他们无论如何会拿走这些武器？[95] 但是，这整个过程，如我所说，是一项邪恶的阴谋，应当归于福拉库斯的残忍和当时爆发的动乱，哪怕女人也能看出事情的端倪。因为他们不仅在市场上像俘虏那样被捉拿，而且也在剧场中央被捉拿，带上戏台，无论出于何种流言和诽谤，同时承受最无法忍受的、最野蛮的暴行。[96] 如果发现她们是另外民族的人，那么她们会得到释放，因为有许多妇女未经仔细检查就被当做犹太人逮捕。但若发现她们是我们这个民族的人，那么观看演出的人会立刻转变为暴虐的僭主，他们下命令取猪肉来给这些女人吃。那些害怕受惩罚的女人吃了猪肉就会被释放，不用遭受进一步的虐待。而那些比较坚定者会转送给用刑者，遭受令人绝望的虐待，这是她们完全清白无辜的最清楚的证据。

【12】[97] 我们还要指出，除了这些劣迹，福拉库斯先前就在寻找机会，试图利用皇帝的威望来增强他自己的力量，以此伤害我们，实现他自己的计划。我们向盖乌斯奉献贡品和请愿的行为是合理合法的，也符合福拉库斯颁

---

① 斯塔达（σταδίων）是希腊人的长度单位，意译为“希腊里”，一斯塔达约合 606.75 英尺，约合 185 公尺。

布的法规，我们曾经向他本人提出过要去请愿的请求，但是他不允许我们派遣使团前去奉献贡品。[98] 他在读到我们的请愿书时多次点头表示同意，温和地微笑，他当时似乎很高兴，或者假装很高兴。他说："我赞赏你们所有人的虔诚，我会按照你们的要求，派人把你们的贡品送上去，或者由我自己来担当使者，让盖乌斯知道你们的感恩。根据我本人的了解，我自己也要证明你们是忠诚守法的，我不会添加别的什么话语，因为真相本身最值得赞扬。"[99] 听了这些诺言，我们非常高兴和感恩，我们充满了希望，就好像盖乌斯已经读到我们的请愿书。抱有这样的希望是合理的，因为任何一名总督发出的紧急公文都能及时送达。[100] 但是福拉库斯完全不考虑我们的意愿和他自己的诺言，扣留了我们的请愿书，使人以为普天之下只有我们的人民是敌对的。[101] 这些行为表明他对我们长时间地警觉，精心准备对我们进行阴险的攻击，这些攻击并非瞬间迸发的病态的疯狂，而是由于某些反常的原因而不合时宜地暴发出来的，难道不是吗？[102] 事情很清楚，照料人间事务的神驳斥了他的谄媚的话语，他精心构思的甜言蜜语包含着反对我们的危险的建议，这些建议在他无法无天的心灵中闪现，而我们在神的长期怜悯下，有理由认为我们的希望不会落空。[103] 这是因为，当国王阿格里帕访问亚历山大里亚时，我们把福拉库斯的邪恶行径告诉了他，这位国王了解了事情的经过，答应代我们呈递请愿书，按照我们的理解，国王会派人送出请愿书，他还为了可能的延误而表示歉意，说我们敏锐地理解了虔诚的职责，忠于我们的恩主；可以说，我们从一开始就渴望表现我们的虔诚，但由于这位总督的干扰，我们在一个良好的时候表现虔诚的机会被剥夺了。[104] 就在这个时刻，作为受冤屈者的卫士和保护人、作为邪恶者和邪恶行为的复仇者，正义开始进入反对他的行列。首先，他遭遇到史无前例的侮辱和灾难，这是自奥古斯都家族取得陆地和海洋主权以来任何一位总督都不曾遭遇过的。[105] 确实，在提庇留和他的父亲凯撒的时代，某些担任总督的人没有履行他们卫士和保护者的职责，误入歧途而成为独裁者和僭主，播撒了许多无望的痛苦，有过许多可怕的行为，受贿、抢劫、不公正的审判、驱逐和流放相当无辜的民众、不加审判而处死富人。但是，这些人在任职期满返回罗马的时候，皇帝要求他们提交一份报告，以此检查他们的所作所为，尤其是那些受到侵害的城邦派出使者前来的时候。[106]在这样的场合，皇帝们会进行公正的审判；他们会公平地聆听控告者和被告者双方的意见，他们制定了规则，不允许未经审判就定罪，他们对他们认为公正的事情进行奖赏，既不受敌意也不受青睐的影响，他们的审判确实依据真相。[107] 而福拉库斯是在任期还没有满的时候，在任期结束还很早的时候，就受到了公正的处理，因为正义仇恨邪恶，正义对他无限的不公正和无法无天的行为表示义愤。

【13】[108] 他被逮捕的情形如下。他原来以为盖乌斯已经不再怀疑他，因为他向皇帝呈送了充满阿谀奉承话语的急件，也因为他发表了公开演讲，里面充满了谄媚和恭维的话语和冗长虚伪的赞美，还因为这个城市的主要部分对他持有高度的尊重。[109] 他没有察觉到他在欺骗自己，因为邪恶者的希望是没有根基的。他们的预见对他们有利，但他们的经验充满恶兆，这是他们应得的。盖乌斯在意大利任命一位名叫巴苏斯的人担任百夫长，派他率兵前来。[110] 几天以后，巴苏斯乘坐一条快船离开法鲁斯岛①，黄昏时分抵达亚历山大里亚港，他吩咐船老大在海上等候，直至日落，他不想被人发现，免得福拉库斯事先得知这件事，采取某些暴力行为，而使他的使命受挫。[111] 傍晚时分，这艘船靠了岸，巴苏斯带着他的人下了船，没有被任何人认出来。在行进的路上，他们碰到一名放哨的士兵，巴苏斯命令他说出军队指挥官的住处。他想把他得到的指令秘密地告诉指挥官，一旦需要支持，指挥官可以及时派出强大的力量。[112] 得知指挥官和福拉库斯正在参加某人的宴会，巴苏斯率队匆忙赶往宴会处，宴会的主人名叫斯特法尼奥②，是提庇留凯撒的自由民。这两个人在他家中得到款待，离那里不远的时候，巴苏斯派出一名士兵化装成侍者前去侦察，想要瞒过对方，保守秘密。这名士兵装

① 法鲁斯（Φάρος），岛名。

② 斯特法尼奥（Στεφανίων），人名。

扮成仆人或者客人，进入宴会厅，仔细观察那里的情况，然后回来向巴苏斯报告。[113] 他们知道了入口处的守卫情况，知道福拉库斯的随从不多，只有十名或十五名家奴陪同，于是巴苏斯对他的士兵发出突袭的信号。几名士兵持剑把住宴会厅入口，在福拉库斯看见他们之前把他包围起来，他当时正在举杯，为某个人的健康干杯。[114] 巴苏斯走进宴会厅中央，福拉库斯看见他的时候惊慌失措，目瞪口呆，说不出话来。福拉库斯想要站起来，看到那些士兵已经把他包围，他知道他的厄运来了，甚至在听到盖乌斯想要对他采取的措施之前，在听到来人要执行什么命令之前，他已经明白了他的命运。这是因为心灵有着看见一切和听到一切的神奇力量，能够预见很久以后才发生的事情。[115] 至于其他前来赴宴的客人，他们全都颤抖着站了起来，哑口无言，害怕赴宴成为他们的罪行而受到惩罚。逃走不安全，也不可能，因为入口处已经被士兵把守。巴苏斯下令把福拉库斯带走。就这样，他在这场欢宴中最后离去，只有这样做才是对的，友好的场面应当是这样的，这个人摧毁了无数家庭的灶台和无辜者的住处，公义应当首先落在他的身上。

【14】[116] 这就是福拉库斯遭受的史无前例的打击，在他自己统治的国家里被逮捕，像一名战犯那样被带走。我确信，这是由于他虐待犹太人引起的，为了发迹，他渴望彻底根除犹太人。在他被逮捕的时候，我们有这方面的清晰证据，因为犹太人习惯在秋分时节举行宴会，庆祝住棚节。[117] 但是并非所有节庆活动都必须进行。在承受了统治者致命的、无法忍受的伤害和暴行之后他们仍旧被囚禁在牢中，他们的不幸被普通人视为应由全民共同承担，而他们每一位经历的特别的痛苦使他们极为沮丧。[118] 痛苦感觉自身易于加倍，尤其是那些不能在筵席期间赴宴的人，因为他们被剥夺了参加节庆活动所获得的快乐，也因为他们会相互交流自己的遗憾，在这个事例中，他们的软弱力量使他们降伏，找不到任何治疗的方法来补救巨大的悲惨境遇。[119] 在这种极为痛苦的状况下他们被制服，大批的人进入他们的住所，因为黑夜降临时，某些信使前来宣布已经完成了的逮捕。他们假定这不是真的，而是一出虚构出来的试探他们的恶作剧，从而使他们显得更加痛

苦。[120] 城里发出一阵骚乱，守夜的更夫在跑动，一些骑兵驶出军营，全速捷驶，被这个非同寻常的事件所激励，他们前去打探消息。很清楚，有某些重大事件发生了。[121] 当他们得知福拉库斯已经被逮捕，现在已经落难时，他们双手伸向天空，对着眷顾人间事务的神高唱颂歌，欢庆胜利。他们说："主啊，敌人遭受惩罚时我们没有欢乐，因为神圣的律法教导我们要有同情心。但是我们向你感恩是公正的，因为你怜悯和同情我们，把我们从无止境的苦难中拯救出来。"[122] 整个夜晚他们不停地唱着赞美神的颂歌，天一亮他们就涌出城门，前往附近的沙滩，因为他们原有的聚会处被夺走了，他们现在站在这个最开阔的地方，一心一意地唱响颂歌。[123]"你是凡人和不朽者最伟大的君王，我们来到这里发出请求，大地、海洋、大气和天空，它们是宇宙的组成部分，整个世界要向你谢恩。这里是我们现在仅有的场所，由于一位总督的恶意，我们全部被逐出原有的房屋，我们的城邑遭到抢劫，公共的和私人的房屋被洗劫一空，所有财物在光天化日之下被夺走。[124] 你给了我们欢乐的希望，你将修补尚未修补之物，你已经开始同意我们的祈祷。因为他是这个民族的共同敌人，在他的统治和命令下，这些不幸降临于我们，他的傲慢使他以为这样做会给他带来荣耀。但你突如其来地把他打倒，在他走得还不太远的时候，那些受他虐待的人可以听到这些报告，他们的快乐并不那么剧烈，但正是在这里，在被冤屈者的注视之下，他们很快看到一幅比较清晰的、出乎意料的画面。"

【15】[125] 除了我提到的上述两个情况，还有第三个情况，在我看来，这个情况更能体现神旨。福拉库斯在初冬时分开始他的行程，他忍受了许多艰难困苦，也品尝了大海的恐怖，这对一个用他的不虔诚行为玷污宇宙的人来说是公正的命运。当他艰难地抵达意大利以后，他的两个最凶恶的敌人，伊西多洛和兰波①，对他提出了指控。[126] 这些人曾经是福拉库斯的下属，

① 伊西多洛和兰波是福拉库斯的下属，曾经敦促福拉库斯通过迫害犹太人来确保他的地位，但后来成为福拉库斯的指控者。

但是时间不长，他们过去向这位主人致敬，把他当做恩人和救星。而现在，他们却尽力起诉他，显得声势非常浩大。他们不仅对案子的公正充满自信，而且相信自己在案件中占据极为重要的优势，因为他们看到主持审判的人是被告的死敌，确实，他们假定法官会对自己进行拯救，不会未经审判就给被告定罪，但他们在行动中把被告当做敌人来揭露，他们已经抢先一步在灵魂中进行了指控和辩护，确定了要对被告实施最大的惩罚。[127] 优越者被低劣者指控，统治者被从前的臣民指控；这就像主人受到奴仆的指控，说他们的房屋已经被剥夺或者被购买。

【16】[128] 但是，我们将会看到，与其他更大的罪恶相比，这桩罪恶较小。因为他们不是简单地处于下属的地位，对他发起突然攻击，或者是根据双方协议对他进行指控。与此相反，在他担任总督的大部分时间里，他们都是他最凶恶的敌人，他们对他的敌意超过其他所有人。兰波曾经因为对凯撒提庇留不忠而受审，对兰波一案的审判一拖再拖，前后长达两年。[129] 他的法官对他怀有恶意，把案件的审判拖了很长时间，尽管最后无罪开释，但他被长时间地悬置，从而畏惧不确定的未来，使他的生活比死亡还要痛苦。[130]后来，当他似乎打赢了官司以后，他宣称他是一场暴行的牺牲品，对方想要剥夺他的财产。因为他被迫担任主管体育的官员，但他对此表示抗议，因为他没有足够的资金来满足担任这个职务所需要的巨大开销。他提出这个借口是由于他在花钱方面的吝啬和小气，但也可能是由于他真的没有钱，他在接受这个职务时装作非常有钱，但后来被发现并不十分富裕，担任这个职务所需要的开销超过了他的邪恶行为的实际收益。[131] 当他们接受审判的时候，他站在总督们的身旁，后来他自己成了总督，接手处理这个案子。他精心消除或者故意忽略某些证据，有时候篡改审判记录，颠倒或者重组证据；修改每一个音节，或者每一处微小的改动，他都要收钱，就像一名师爷。[132] 全体民众频繁地斥责他以笔杀人，这样说是真的和恰当的，他写的字杀害了许多人，使许多人尽管还活着，但比死人还要悲惨，这些人也许打赢了官司，可以充分享受胜利，但他们在经济上遭受失败，变成赤贫，

他们的财产通过这个小贩被他们的敌人和其他人所购买。[133] 对于管理如此巨大疆域的总督来说，要想把像潮水一般涌来的公共的和私人的案件都记在心里，那是不可能的，部分原因在于他们不仅充当法官，而且还要计算税收和接受贡品，每年都要对此进行年审。[134] 但是兰波获得了最大的信任，公正和裁决以正义为基础，在法官记忆缺失的地方，他记下哪些人应当获胜，哪些人应当失败，哪些诉讼费应当归还，所以他所做的工作实际上是一种雇佣。

【17】[135] 就这样，作为一名指控者，兰波反对福拉库斯。和兰波在一起的有伊西多洛，这个人聚众滋事、制造骚乱，猎取名望、无恶不作，他是和平与安宁的敌人，擅长无事生非，制造和培育内讧和党争，他聚集了一大批乌合之众，被称做“朋党”。[136] 这座城里有许多团体，团体成员之间的友谊不是建立在健全的原则之上，而是建立在烈酒、狂欢、放荡的基础之上。这个国家的人民给它们的具体名称是“议事会”或“议事厅”。[137] 在所有或大部分团体中，伊西多洛占据了首要的位置，被人们称做筵席的主人、会议主持人或代言人。想做某些坏事时，他的一个号召就能把所有人聚集起来，并让人们按照他的吩咐去做。[138] 起初，福拉库斯对他似乎相当重视，把他当做一个重要人物，但后来他惹恼了福拉库斯，不再能得到原先的青睐，于是他就把许多人召集到体育场里来，这些人经常给他当托儿，他们狂呼乱叫，就像在市场上卖唱一样。[139] 他们挤满了这座建筑，毫无根据地针对福拉库斯发起指控，捏造从未发生过的事情，把它当做事实来传播。他们编造打油诗来谩骂福拉库斯，所以不仅是福拉库斯，而且其他所有人，都感到震惊。他们胡乱猜测，不知到底发生了什么事，但确实也有一些人在其中得到满足，因为他们自己从来没有遭受过什么痛苦，也不了解福拉库斯到底犯了什么反对国家的罪行。[140] 经过深思熟虑，政府当局决定逮捕某些人，以查明为什么会爆发如此鲁莽、突然、疯狂的骚乱。被逮捕的人未经审问就道出了事实真相，并且添加了更多的证据，他们参加暴乱可以得到报酬，包括根据协议已经支付的和以后会支付的；一些人被选为首领，负

责行贿，分发金钱，通知起事的时间和地点。[141] 城里的公民对这些阴谋感到愤怒，福拉库斯为了提醒那些麻木不仁的人，决定第二天召集最高阶层的人士开会，当着他们的面揭露那些分发金钱者。这样一来，他既能揭露伊西多洛，又可以保护他自己的统治，消除那些不公正地施加于他的诽谤。然而，听到他的召集以后到来的，不仅有那些身居高位的人，而且有整座城市的居民，除了那些将要被揭露的、接受过现金的人。[142] 做过这些荣耀事情的人在如此明显的平台上很容易被所有人认出来，可以证明伊西多洛要对反对福拉库斯的骚乱和诽谤负责，是伊西多洛用提供金钱和美酒的方法雇用许多人参加骚乱。[143] 他们问道："我们什么时候可以拿到工钱？我们是穷人，一天拿不到工钱就无法活命。这位总督让我们遭受了巨大的痛苦，难道我们不应该怨恨他吗？不！伊西多洛是所有这些事情的肇始者，他妒忌繁荣昌盛，他是守法与安宁的敌人。"[144] 在场的观众明白了事情的真相，因为这些陈述清楚地说出了这位被告的动机和意愿，于是他们大声叫喊，要求剥夺某些人的公民权，要求处死和驱逐某些人。最后这批人成了大多数，其他也还有人过来加入他们，与他们合在一起，他们齐声呼喊："把这些家伙都杀了，他们投机钻营，篡夺大权，梳理国政，使整座城市没有一处未受污染。"[145] 由于害怕被人逮捕，伊西多洛惊慌失措地逃跑了，不过福拉库斯也没有给他找更多的麻烦，因为他认为伊西多洛已经自愿出局了，这座城市的生活可以继续，不用再受内讧和阴谋的干扰。

【18】[146] 我详细描述这些事件，不仅是为了回忆早先的不公正，而且是为了颂扬关注人间事务的正义之神。这是因为，许多人从一开始就对他持有敌意，他的所有死敌也遭受过他的传讯，所以他们受到的折磨会被极度夸大。其实传讯并非凭其自身变得如此痛苦，而是由于被对手施加才变得如此痛苦。[147] 作为一名有权势的统治者，他的手中掌握着敌人的生命，而他不仅被他的属下指控，而且受到民众的谴责，因此他受到双重打击，他的垮台伴随着敌人心满意足的嘲笑，这对具有良好理智的人来说比死还要糟糕。[148] 他后来遭受了众多不幸。他的所有财产立刻被剥夺，包括他从父

母那里继承来的和他自己获得的。他对装饰品的嗜好相当独特。[149] 财富在他手里，不像在某些富人手里似的，是惰性的；他按照做工来精心挑选每一样东西，酒杯、衣服、床罩、器皿，以及房子里的其他所有装饰，全部出自他自己的精心挑选；此外，他的家仆也是精心挑选的，他们的相貌和形体是最好的，无可挑剔，各方面都能满足主人的需要。无论把什么工作指派给他们，他们都能极好地完成，在做同类工作的人中间，他们总是最好的，或者至少不劣于其他任何人。[150] 这方面有一个清晰的证据，被定了罪的人的大量财产会被公开拍卖，但是福拉库斯的财产被保存下来，上缴给皇帝，只有少数器物例外，以免与相关法律发生冲突。[151] 福拉库斯的财产被剥夺，人被流放，他不仅被赶出适宜居住的较大的和较好的大陆，而且被赶出生命能够延续的每一个较大的岛屿。因为他被流放到爱琴海[①]中最荒凉的地方，一个名叫格亚拉的小岛[②]，他没能找到人，帮他去雷必达[③]那里说情，把他的流放地从格亚拉岛换成邻近的安德罗斯岛[④]。[152]然后，他沿着大道从罗马前往布隆狄西[⑤]，几年前，当他被任命为埃及和与之相邻的利比亚的总督时，他走过这条路，当时他趾高气扬，气势非凡。所以，沿线城市的居民可以再一次看见他，只是他的脸上带着被羞辱的表情。[153] 人们对他指指点点，斥责他，辱骂他，这些曾经欢迎过他的民众对他的态度发生了转变，给他带来很大的压力。他的不幸在持续更新，他的愤怒被新惹上的麻烦点燃，就好像患病时出现的某些症状，以往已经晦暗的不幸又被唤醒。

【19】[154] 穿过伊奥尼亚[⑥]海湾以后，他在海上航行，这片海域从海湾一直延伸到哥林多。伯罗奔尼撒沿海城市的居民听说他的命运突然发生了变化，他的到来成了一道奇观。出于对他的怨恨，无论他在哪里上岸，那里的

---

① 爱琴海（Αἰγαίν），地名。

② 格亚拉岛（Γύαρα），地名。

③ 雷必达（Λεπίδως），人名。

④ 安德罗斯岛（Ἄνδρος），地名。

⑤ 布隆狄西（Βρεντεσίουμ），地名。

⑥ 伊奥尼亚（Ἰωνια），地名。

人就会蜂拥而至，有一些人对他表示同情，但也只是想在别人的命运中寻找教训。[155]在卫士的看管下，他穿越伊斯弥亚①，从莱卡乌姆② 抵达对面的海滨，再下到哥林多③ 的港口坚革哩④，在那里，他们不让他有任何休息，马上把他带上一条小船，驶出大海，冒着猛烈的狂风和剧烈的颠簸，最终艰难地抵达庇莱厄斯港⑤。[156]暴风雨平息以后，他沿着阿提卡⑥ 海岸来到索尼昂⑦ 海岬，然后经过一连串的岛屿，亦即海伦岛⑧、昔亚岛⑨、库努斯岛⑩，等等，这些小岛连成一排，最后一个就是他行程的终点，安德罗斯岛。[157]远远看见安德罗斯岛的时候，这个不幸的人泪如泉涌，嚎啕大哭。他大声喊道："天哪，我的警卫和陪同啊！我用幸福的意大利换来的就是这个安德罗斯岛吗？真该死！[158] 我是福拉库斯，我在至高无上的罗马，我生于斯，长于斯，在那里受教育，奥古斯都的孙子是我的同学和密友，我在提庇留的宫廷里被选中，成为他最亲密的朋友，他把他的财产中最伟大的埃及交给我掌管六年，难道不是吗？[159] 现在这一巨大的逆转是什么意思？它就像日蚀中在白昼出现的黑夜，占据了我的生命。这个微不足道的小岛我该叫它什么？我的流放之家，还是新祖国、倒霉的避难所？它最真实的名称也许是坟墓，因为就像在不幸中旅行，我背负着我的尸体，也就是我自己，走向坟墓。在苦难中，我要扯断我悲惨的生命之线，即使我的意识仍旧能够存活，我也宁愿永久死去。"[160] 在这样的哀叹中，他的船靠上了码头。下船的时候，他一头栽倒在地，就像肩上背负着极为沉重的担子，他的脖子在

---

① 伊斯弥亚（Ἰσθμια），地名。

② 莱卡乌姆（Λεχαίου），地名。

③ 哥林多（Κορινθ），地名。

④ 坚革哩（Κεγχρεάς），地名。

⑤ 庇莱厄斯港（Πειραιῶς），地名。

⑥ 阿提卡（Ἀττικοὶ），地名。

⑦ 索尼昂（Σουνιάδος），地名。

⑧ 海伦岛（Ἑελένη），地名。

⑨ 昔亚岛（Κία），地名。

⑩ 库努斯岛（Κύθνος），地名。

重压下，既缺乏力量抬起头来，又缺乏勇气面对他遇见的人。这些人站在道路两边，盯住他看。[161] 押送他的卫士把他带到安德罗斯的公民议事会，引见给那里的人，要他们见证这次流放。然后，在履行公务以后他们离开了安德罗斯，福拉库斯眼前不再有任何熟悉的面孔，这些熟悉的面孔会使他的痛苦更新，变得更加疼痛，也会随着他的想象变得更加生动。[162] 福拉库斯看到周围一片荒凉，处于孤寂之中，他想到，在他自己的故乡被打死是一桩比较轻的恶，与他当前的困境相比，被打死是一项他乐于接受的恩惠。[163] 他胡乱做出许多手势，就像疯子似的。他不停地跳跃，来回奔跑，鼓掌，拍腿，在地上打滚，他经常狂呼道："我是福拉库斯，是亚历山大里亚这座伟大城市的总管，是许多城市的总督，是埃及这块最幸福的土地的统治者，万千居民向她致敬，她拥有伟大的步兵、骑兵、海军，她不仅拥有许多战士，而且拥有所有英雄豪杰，我每天在大批随从的陪伴下巡视这片土地。[164] 噢，这是幻觉而不是真相吗？我是在睡梦中看见那些自由自在的日子吗？我看到影子在虚空中移动，灵魂记载了我们以为存在的东西，而这些东西并无真正的存在？是的，我受到了蒙骗。[165] 它们是实在的阴影，而非实在本身；它们是对清晰影像的摹仿，而非能将虚假暴露在光天化日之下的清晰影像。正如醒来以后看不到梦中看见的东西，它们全部消失了，逃走了，所以，包裹着我的生命的光明已经在一瞬间熄灭了。"

【20】[166] 就是这些念头牢牢地占据了他的思想，使他一头栽倒在地。出于害羞，他闭门谢客，不见任何人。他不去港口，也不进市场，而是把自己藏在家里，羞于跨过门槛。[167] 有些时候，他也会在清晨外出，此时天还没有亮，人们还在床上睡觉，没有一个人能看见他；他会在野外孤独地度过一整天，要是碰上什么人，他会扭头而去；可怜的家伙，他的灵魂受了伤，他所遭受灾难的生动回忆吞噬了他。他会在深夜回到家中，在无穷的悲伤中祈求夜晚能马上变成早晨，这样，如果说他还能入睡的话，他就不用害怕黑暗和幻影了。所以，到了清晨，他又祈祷黑夜马上到来，祈求包围着他的所有令人讨厌的光明都变成黑暗。[168] 几个月以后，他买了一小块地，

花了很多时间耕种，他在那里孤独地流泪和呻吟，哀叹这就是他的命运。［169］据说在一个深夜，他像酒神信徒那样狂歌乱舞；他走出遮身挡雨的地方，面向苍天和星辰，凝视这个真实的世界，提高了他的嗓门。［170］他喊道："众神和凡人之王啊，你并没有轻视犹太人，他们也没有误传您的天命，而所有那些说他们在你那里找不到卫士和护卫者的人，全都偏离了真正的信条。我就是这方面的明证，因为我疯狂地反对犹太人，对他们进行打击，结果却使我自己遭受了巨大的痛苦。［171］我允许人们去抢劫他们的财产，把这种权力授予抢劫者。而我自己从父母那里接受的遗产，以及通过恩惠、馈赠、礼物的方式所获得的东西，都不属于这种范畴。［172］我诋毁他们是没有公民权的外国人，尽管他们是拥有全部权利的居民；我这样做仅仅是为了讨好他们的对手，一群无序的骚乱的畜生，他们对我的阿谀奉承欺骗了我，使我失去了权力，被赶出人适宜居住的世界，封闭在这里。［173］我曾经进到剧场里，当着他们最凶恶的敌人的面，不公正地虐待他们中的某些人，所以现在就是我可悲的灵魂而非我的身体受到最无礼的侮辱和虐待；我确实没有进入剧场或城市，而是沿着整个意大利行进，抵达布隆狄西，我穿过整个伯罗奔尼撒，抵达哥林多，我经过阿提卡，抵达我的监狱安德罗斯。［174］我确信这并非我的灾难的终结，而是还有许多灾难要来抵消我所做的一切。我杀过人，当其他人要屠杀他们的时候我没有采取措施惩罚凶手。有些人被石头砸死，有些人被活活烧死，有些人被拖往广场中央，血肉模糊，尸块散落，骨骸无存。［175］我非常明白他们复仇的怒火在等着我。复仇的使者已经站在我身旁，渴望喝我的血；每一天，或者说每一个时辰，我都预料到自己的死亡，我承受了许多次死亡，而不是最后一次死亡。"［176］福拉库斯经常变得惊恐万状，身体战栗，四肢颤抖，他的灵魂因恐惧而感到心悸，他的心在剧烈地跳动。因为有一样能够给人类带来安慰的东西，亦即希望，他失去了。［177］没有任何有利的吉兆对他显现，只有象征恶兆的怪异声音，清醒的时候他感到疲惫不堪，睡眠的时候他充满恐怖，他就像田间野兽那样孤独。可是，在人群中生活是他最渴望的生活吗？不，待在城里是他最可恨的事情。孤独的乡村生活，尽管是他的一个污点，能给他带来安全吗？不，危险正在不顾一切地向他逼近。[178] 他怀疑有人在悄悄地逼近他。他说：“这个人正在搞阴谋，反对我。他走得那么快，除了想要追上我，他没有其他目的。这个和蔼可亲的人正在给我下圈套。这位直率的谈话者表现出他对我的蔑视。人们给我食物和饮水，就像给将要屠宰的动物喂食。[179] 为了抗击所有这些不幸，我还要磨炼多久？然而，我知道我不能大胆地面对死亡。因为我的命运恶毒地不许我突然扯断我的可悲的生命之线，还有它珍爱的巨大的、致命的疾病在等着我，以此作为赐给某些人的恩惠，这些人是被我恶毒地杀害的。”

【21】[180] 他在焦急地等待命运的终结，这些胡思乱想就是在这个时候产生的。连续持久的疼痛使他的灵魂混乱不堪。但是生来无情的盖乌斯决不会满足于他的复仇，他不喜欢其他人怜悯那些受惩罚者，而总是在无休止的愤怒中给受惩罚者以新的打击和伤害。他尤其痛恨福拉库斯，甚至厌恶福拉库斯的名字，怀疑所有像福拉库斯这样的人。[181] 他经常表示后悔当初没有判处福拉库斯死刑，而是判他流放，为此责备替福拉库斯说情的雷必达，尽管他还是尊重雷必达的，所以雷必达吓得要命，害怕因此冒犯盖乌斯而受惩罚。这很自然，他害怕自己替别人减轻了惩罚，却给自己带来更加严重的惩罚。[182] 所以，没有人再有任何勇气祈求仁慈的盖乌斯缓解他的激情，而是使他的激情变得更加猛烈，就像身体疾病的复发，使他的激情变得比刚开始时更加激烈。[183] 所以，他们说有一天夜晚，他在醒着躺在床上的时候想到了被流放的高官，尽管人们通常认为这些人是不幸的，而实际上他们免除了具体事务，过着一种安宁和真正自由的生活。[184] 他还提议要把这种惩罚的名称从流放改为在外国居住。他说：“对这种人的惩罚是在外国居住，他们在那里有丰富的生活必需品，可以免除各种事务，可以幸福地生活，享受和平，获取一种哲学家的生活的好处。”[185] 然后，他下令处死那些最显赫的流放者，把福拉库斯的名字放在这张名单的首位。奉命前去处死福拉库斯的人抵达了安德罗斯岛，这时候福拉库斯正好从乡下去镇里，

而这些人从港口来到镇上与他相遇。[186] 他们远远地看见了他，而他也看见了他们，这个时候他猜到了他们到来的目的。因为每个人的灵魂都有高度的预见性，尤其是处于逆境的时候。他撒腿就跑，沿着崎岖的小路飞快地逃跑，他也许忘了安德罗斯不是一片大陆，而是一个小岛，在这里速度是没有用的，因为它被大海包围。只有两种可能性，要么继续跑，直至坠入大海，要么在抵达海边时被生擒。[187] 确实，如果我们把两种恶作比较，那么死在陆地上比死在海里要好，因为自然把陆地指定给人和居住在陆地上的所有生灵，让它们以陆地为最恰当的住处，不仅在它们活着的时候是这样，而且在它们死后也是这样；它们出生的时候大地接受了它们，它们的生命最终结束时大地也会接受它们。[188] 那些行刑者不失时机地追赶福拉库斯。他们抓住了他，这个时候他们中有些人立刻开始挖坑，而其他人则用力抓住他，他抵抗、尖叫、搏斗，结果像野兽一样被打得遍体鳞伤。[189] 因为他被行刑者抓住以后就与他们拉扯在一起，他们没有办法用刀剑直接杀死他，于是就对他拳打脚踢。他遭受了更加严重的痛苦，他的双手、腿部、头部、胸部、身体两侧被砍伤，他躺倒在地，就像献祭的牺牲。这是公义的意愿，由她带来的对福拉库斯身体的切割就像被他非法处死的犹太人的数量那么多。[190] 他的血管被切开，鲜血像泉水一般从他身上流出，染红了地面。当他的尸体被拖到挖好的坑里时，各个部分已经散架，只有一些韧带还把它们连在一起。[191] 这就是福拉库斯的命运，这成了一项不容怀疑的证据，神会把这种帮助赐给犹太人，而不是撤销这种帮助。

为犹太人申辩（残篇）

提　要

本文的希腊文标题是“ΥΠΟΘΕΤΙΚΩΝ (ΥΠΕΡ ΙΟΥΔΑΙΩΝ ΑΠΟΛΟΓΙΑΣ)”，意思是“见解（为犹太人辩护）”，英译者将其译为“Apology for the Jews”。本文的拉丁文标题为“Apologia Pro Iudaeis”，缩略语为“Hyp.”。中文标题定为“为犹太人申辩”。本文已佚失，仅存残篇两段，译成中文约0.6万字。

这两段残篇的保存者是公元3世纪的基督教史学家欧西庇乌（Eusebius，约260—339年）。他在他的著作《福音初阶》（*Evangelical Preparation*）中摘录了斐洛的两段文字。欧西庇乌告诉我们，第一段摘自斐洛的《见解》（ὑποθῆτίκον,suppositions），斐洛在其中为犹太人辩护，第二段摘自斐洛的《为犹太人辩护》。不过，欧西庇乌在他的《教会史》（*Church History*，ii.18）中开列斐洛的著作，也提到斐洛的《论犹太人》。学者们一般认为，欧西庇乌在上述各处提到的斐洛的三本著作实际上是同一本书。但是斐洛的原著已经佚失。

第一段摘录在欧西庇乌原书中是第8卷第6章第1—10节、第7章第1—20节。第二段摘录在欧西庇乌原书中是第8卷第11章第1—18节。中译文保留欧西庇乌原书的章节编号。

第一段摘录的基本内容：简要解释摩西带领族人出埃及的原因（6.1），建议思考摩西带领族人成功穿越旷野，征服巴勒斯坦，强调这个宗族的民众在所有世纪中都忠于摩西和律法（6.2—9）。提供摩西律法的一般梗概，将它的严峻与异邦人的律法和实践的松弛作对照（6.1—3），尤其是誓言和自愿奉献（6.3—5）。提及慈善方面的义务（6.6—9）。把安息日当做一种体制来描述，旨在提供研究律法的机会，对聚会进行解释，讲解有关律法的普遍知识（7.10—14）。过渡到安息年，描述土地休耕（7.15—18），作为一种仁慈的规定，允许采摘休耕的土地自己长出来的果实，供穷人和需要者食用（7.19—20）。

第二段摘录的基本内容：一般描述艾赛尼派社团（11.1—2），他们朴素的共同生活（11.3—5），他们的勤劳和纯洁的活动（11.6—9），他们的收入归公共所有（11.10—11），甚至连衣物也是公共所有的（11.12），他们照顾病人和老人（11.13），他们抛弃婚姻，排斥妇女，解释他们这样做的原因（11.14—18）。最后的颂词（11.18）。

正 文

残篇一

[欧西庇乌:《福音初阶》viii. 5. 11.] 让我们继续考察通过摩西立法建立起来的体制，这位享有崇高声誉的犹太作家对此作过描述。我从引用斐洛开始，他解释了犹太人在摩西的领导下出埃及，引文出自他的一篇题为《见解》的文章，在为犹太人辩护、反驳他们的指控者的时候，他说了以下这些话：

[6.1] 他们最初的祖先属于迦勒底人，但这个从亚兰移居到埃及的宗族后来又离开了埃及，其部分原因在于人口众多，土地不足。他们养成了高昂的精神，通过托梦和异象得到神启，在神的保佑下，他们本着对祖先故土的向往，朝着那里精进。他们的这位祖先越过那里进入埃及，要么是由于神颁布了这样的法令，要么是通过他自己的某些预见。他在那里取得了无与伦比的繁荣昌盛，从他那个时代直到今天，他们的宗族生存繁衍下来，人口众多。[6.2] 稍后，他说：有人命令他们离开那里，长途跋涉，但这个人与常人无异。所以，要是喜欢的话，你们可以说有人骂他，说他是个骗子，是个江湖郎中。噢，这真是一种优秀的骗术，他竟然能够在干旱、饥饿、迷路、匮乏之中，把整个宗族带入安全之处，从邻邦那里得到丰盛的供应，进一步免除内讧，尤其是让民众服从他本人。[6.3] 你们看哪，这种情况不是一时半会儿，而是延续了很长时间，哪怕生活在舒适环境下的家庭也不能保持团结一致。然而，既非口渴和饥饿，亦非对未来的恐惧和无知，使那些感到自己上当受骗的人反对这个骗子。[6.4] 对此你会如何解释？我们要说他拥有某种技能、口才或理智，能够说服众人，不可思议地把他们全都带向死亡的境地吗？否则的话，我们必须假定，要么是他的族人生来并不愚蠢，或不知

餍足，而是温顺的，对未来拥有某种预见，或者他们非常邪恶，但是神淡化了他们的不满，使他们能够保持当前和未来的状况，就好像服从他的掌管似的。这些观点你无论认为哪一个对，似乎都有助于说明他对他们的赞扬、荣耀和热心。

[6.5] 关于这次迁徙的故事我就讲到这里。当他们来到这块土地上的时候，神圣的记载清楚说明他们如何在那里安身并占领这个国家。然而，在讨论这一有关占领的可信事实时，我想最好不要过多地牵扯历史的叙述，而是径直听从我们的理智告诉我们的结论。[6.6] 你会如何选择？我们要假定，尽管到了最后他们变得如此不幸，但他们的战士在数量上仍旧超过敌人，他们的手中仍旧握有武器，他们攻城略地，为自己的国家而战斗，打败联合起来的亚兰人和腓尼基人，不是吗？或者说，我们要假定他们不喜欢打仗，软弱无力，人数稀少，缺乏武器，但却赢得他们对手的尊敬，他们的对手自愿向他们投降，交出土地，使得他们后来能够建设他们的神庙，获得宗教和崇拜所需要的其他一切东西，不是吗？[6.7] 这就清楚地表明，甚至连他们的敌人都承认他们是神所钟爱的。抱着从他们的敌人手里夺取土地的意图，他们突然侵入这块土地。

[6.8] 如果说他们能够从敌人的眼中得到信任和荣耀，那么确实表明他们是极为幸运的。在这种好运之旁，我们可以在第二和第三的位置上放上什么品质呢？我们应当优先放上他们对律法的尊敬，他们的忠诚，或者放上他们的宗教、正义和虔诚吗？无论你们如何选择，事实都表明他们对这个赋予他们律法的人极为敬重，无论我们怎么看他，事实本身都已经为他和他们做了证明。[6.9] 所以，他告诉他们的事情，无论是出自他自己的理智力量，还是出自某些超自然的源泉，他们认为都来自于神；在时间流逝多年以后，我无法准确地说出有多少年，但无论如何多于两千年，他们没有改变他写下的任何一个字，甚至宁可死去一千次，他们也不愿接受任何与他规定的律法和习俗相反的东西。

[6.10] 在作了这些评论以后，他概述摩西在律法中为这个宗族制定的

体制如下：

[7.1] 我们在犹太人中间发现过这样的或与此相同的事情吗，待人温和与宽厚，虽有法律程序，但却减免或推迟处罚，轻判或减刑吗？完全没有，所有事情都是清楚的、简洁的。如果你犯了鸡奸罪或通奸罪，或者强奸了一个年轻人，哪怕是一名女性，那么所受到的惩罚是死刑，所以我无须提及男性的案例；如果你自己沦为妓女，或者允许你自己有这样的下流行为，所受的惩罚也是死刑。[7.2] 所以，如果你对一名奴隶或自由民施暴，监禁他，绑架他，出卖他，其结果相同。犯下盗窃罪也是一样，盗窃世俗之物或神圣之物；亵渎也一样，不仅是行为的不虔诚，而且还有随意的话语的不虔诚，不仅有亵渎神的话语（愿祂能宽恕我，我甚至不应当提起这样的想法），而且还有忤逆你自己的父母和恩人的行为，对这些罪行的处罚也一样，死刑，但不是普通的死刑，而是必须用石头砸死。他的罪过与亵渎者一样大。

[7.3] 还有其他各种各样的法规：妻子必须服事她们的丈夫，这种服事不是通过暴力的虐待强加给她们的，而是依赖于她们增进顺从所有事情。父母必须掌控他们的子女，保证他们的安全，精心照料他们。每一个个人都是他的财产的主人，除非他庄严地提到神的名字，声称把这些东西献给神。如果他口头上许下了这样的诺言，那么他一定不能再触摸它们，而要立刻停止与它们的接触。[7.4] 我无须考虑这样的案例，抢劫属于众神的或者别人奉献给众神的东西；我再重复一下，哪怕是他自己的东西，只要说了要奉献给神，那么这些东西不再属于他，如果他后悔或者否认他的许诺，那么他的信誉也就丧失了。

[7.5] 对于他对之拥有主权的任何人也一样。如果一名男子要将他妻子的食物用来祭神，那么他就一定不能把食物给他的妻子；一名父亲给他儿子的礼物，或者一名统治者给他下属的礼物，如果用来祭神，那么结果也一样。放弃奉献用的财物的最主要、最完善的方法是由祭司来拒绝它，因为神赋予祭司接受或拒绝奉献的权力。还有，那些拥有较高权柄的人可以合法地宣称神已经得到抚慰，所以没有必要接受奉献。

[7.6] 除此之外，还有其他许多事情属于未成文的习俗和体制，或者说这些事情包含在律法自身之中。一个人厌恶遭受的痛苦，他自己也一定不要把这种痛苦施加给别人。[①] 在花园、榨汁机、打谷场没有放下什么东西的人，他一定不能取走任何东西。一定不能窃取任何东西，或大或小。一定不能吝惜把火种借给需要的人，或者去封锁流动的水源。如果遇到穷人和残疾人乞讨食物，必须把食物给他们，就像给神的奉献。[7.7] 一定不可阻碍埋葬死者的遗体，而应尽可能虔诚地用尽可能多的泥土埋葬死者，不得以任何方式扰乱死者的长眠之处和墓碑。一定不可用脚镣或其他手段使陷于困境之中的人情况变得更糟；一定不能阉割男人，也不能用药物和其他办法使妇女不孕。一定不要虐待驮畜，不要违背神的或立法者的意愿；一定不要骗取和摧毁它们的后代。[7.8] 不可用不公平的秤，[②] 不可用虚假的升斗，必须替换成色不足的银钱。朋友的秘密一定不可泄露给敌人。我以上苍的名义发誓，我们为什么要拥有你们的布吉戈斯[③]，我们为什么要遵守他的戒律？还有其他一些事情要注意：一定不要让子女与他们的父母分离，哪怕他们是你的俘虏，也一定不要让妻子与她的丈夫分离，哪怕你依据合法的买卖成了她的所有者。

[7.9] 这些事情无疑比较重要和严肃，但还有其他一些事情是随时发生的小事。不可拆毁鸟巢，不可拒绝帮助向你求助的鸟儿，它们有时候似乎会这样做。不可犯诸如此类细小的过失。你可以说这些事一文不值，然而律法的相关规定是重大的，一定要按照律法的规定去做。与此相伴的警告和禁令也是重大的、可怕的。神本身对这样的行为知道得一清二楚，并且会为它们

---

① 亦可译为“己所不欲，勿施于人”。这是伦理学中的黄金律。与此最接近的圣经文字是：“要爱人如己。”（《利未记》19：18）“所以，无论何事，你们愿意人怎样待你们，你们也要怎样待人，因为这就是律法和先知的道理。”（《马太福音》7：12）

② 参见《利未记》19：35。“你们施行审判，不可行不义，在尺，秤，升，斗上也是如此。”

③ 布吉戈斯（Βουζύγις），亦称特里普托勒摩斯（Τριπτόλεμος），希腊半人半神，他在谷物女神得墨忒耳的指教下学会造犁、种植小麦和大麦，并把方法传授给人。

复仇。

[7.10]（稍后他说道）：他们在任何情况下都能保证一整天不犯任何过失，或者倒不如说，他们在许多天内都能这样做，而不是只有一天；但他们不是一直这样做，而是有一个七天的间隔，这些习惯是世俗的，很容易掌握，这岂不是很神奇吗？[7.11] 你会问：这不就是一个实施自制的案例吗，所以如果有必要，他们应当可以放弃劳作，而非参加劳动？不，在这位立法家看来，这是一项巨大的、神奇的成就。他想到的是，他们不应当只判断在其他事情上是否采取行动，而应当对他们祖先的律法和习俗拥有专门的知识。[7.12] 那么，他做了些什么呢？他要求他们第七日在同一个地方聚会，坐在一起，抱着敬仰之心，有序地聆听宣读律法，无人可以对律法一无所知。[7.13] 他们确实始终聚集在一起，坐在一起，大多数人保持安静，除了在某个时候对宣读的律法表示赞同。在场的祭司或长老为他们宣读神圣的律法，逐字逐句为他们解释，直到下午晚些时候；等他们离开的时候，他们既得到有关神圣律法的专门知识，也在虔诚方面有了相当大的进步。[7.14] 你认为这表明他们是游手好闲者吗，或者表明任何劳作对他们来说都同等重要？所以，他们不会求助于那些拥有律法知识的人，向他们询问什么应当做，什么不应当做，也不会由于对律法的无知而不断地违反律法；真实的情况是，你向他们中间的任何人询问他们祖先的律法，他都能从容地回答你的问题。丈夫似乎能把律法知识传给他的妻子，父亲传给他的子女，主人传给他的奴仆。

[7.15] 还有，人们可以毫无难处地使用安息年（第七年）这个词，尽管人们的用法不一。因为在这一年，他们就像过安息日一样不去地里劳动，不希望他们去劳动的不是他们自己，而是土地，土地要他们撂荒，不加耕种，以便增进肥力，他们相信这样做可以让土地得到休息，不会由于连续耕种而耗尽地力。[7.16] 你们可以看到，用同样的方法对待我们的身体可以使我们恢复体力。医生有休息的嘱咐不仅是为了恢复健康。不间断的劳动，尤其是单调的工作，总是被人们认为有害。[7.17] 这里有一个证据可以表

明设立安息年和安息日的目的。如果有人在第七年比从前更加勤奋地耕种同一块土地，强迫土地缴纳所有的果实，那么土地绝对会加以拒绝。他们不认为只有他们自己应当放弃工作——尽管他们要是这样做了，也没什么可奇怪的——而是那块土地在他们手中应当得到休息，以便开始一个新的起点，让人们更加重视耕作。[7.18] 那么，还有什么事情能够阻碍他们让这块土地在这一年里休耕，不在年末向耕种这块土地的人收取果实吗？如我所说，他们完全拒绝诸如此类的事情，无疑也不是只为这块土地着想。[7.19] 我们下面还有一个重大证据，表现了他们的仁慈。由于他们自己在那一年里不劳动，所以他们认为自己不应当收割那些不是通过他们辛勤劳动而生长出来的果实，这些果实不能归于他们；然而由于神的供养，让土地自己长出果实，并允许他们可以自由地使用它们，那些旅行者和有需要的人也可以使用它们。[7.20] 关于这个主题你已经听得够多了，你也不会要求我说明这些有关安息日的规则是由律法坚决加以规定的。你以前可能经常从医生、科学家和哲学家那里听到安息日对所有事物的生活有什么影响，尤其是对人类的生活有什么影响。这就是关于安息日我必须说的话。

残篇二

[11.1] 这位立法家训练他的许多门徒过一种团契的生活。这些人被称作艾赛尼派，赋予他们这个名称无疑表明他们的神圣性得到了承认。他们在犹大国的许多城市和村庄里生活，组成有许多成员的群体。[11.2] 他们说服其他人，不是依据出身，因为出身并非自愿结合的规定性标志，而是依据他们追求美德的热情和想要推进兄弟之爱的愿望。[11.3] 所以，没有一位艾赛尼派成员是儿童、年轻人或刚长胡子的小伙子，因为不稳定的品性与年纪的不成熟相应，而是他们已经完全成年或接近老年，他们不会听凭身体随波逐流，也不会受情欲的引导，而是名副其实地享有真正唯一的自由。

[11.4] 他们的生活考验了这种自由。他们中间没有人允许自己拥有任何个人财产，无论是房屋，还是奴仆、地产、牛群或其他任何大量的财富，他们把所有东西都集中到公仓里，共同享受。[11.5]他们聚居在一起，形成社团，他们相互之间是同伴，他们共进公餐，他们一直在把所有事务引向一般的幸福。[11.6] 但是，他们有各种职业，他们不知疲倦地劳动，从来不以天气变化、严寒酷暑为借口逃避劳动。太阳升起之前，他们就去完成他们熟悉的工作，只有太阳下山才能让他们返回，他们乐此不疲，就像进入体育场进行比赛的人。[11.7] 他们认为无论从事什么样的锻炼，都能使生活更有价值，使灵魂和身体更加快乐，这样的锻炼比运动员的锻炼更加持久，哪怕身体已经过了壮年，他们仍旧充满活力。[11.8]他们中间有些人在地里劳动，播种、栽培，有些人当牧人，照料各种畜群，还有一些人照料蜂群。[11.9] 其他一些人做手工劳动，避免由于我们必不可少的需要而带给我们的痛苦，用这些无过失的方式获取生计。[11.10] 有一个人被任命为司库，从事不同工作的人都把工钱交给他。他拿到工钱，就去购买充足的粮食和生活必需品。[11.11] 就这样，他们过着共同的生活，在一张桌上吃饭，满足于相同的处境，他们喜爱节俭，视奢侈为身体和灵魂的疾病。[11.12] 不仅他们的餐桌是共同的，而且他们的衣服也是共同的。在冬天，他们穿结实的外套，在夏天，他们穿便宜的背心，他可以穿自己喜欢的衣服，因为在他们中间，一个人拥有的东西属于所有人，与此相反，所有人拥有的东西也属于每一个人。[11.13] 还有，要是有人病了，就用公费来照顾他，所有人都会体谅他。对待老人也一样，哪怕他们没有子女，但仍旧被当做父母来照顾，就像生活在一个非常孝顺的大家庭中，老人们安度幸福的晚年；众人把优先权和荣耀赋予老人，把这些东西当做他们应得的，这是一种自愿的义务，是审慎思考的结果，而非出自外力的逼迫。[11.14] 此外，他们回避婚姻，因为他们清楚地察觉到，婚姻是保持共同生活唯一的或主要的危险，另一个原因是他们特别节制性欲。艾赛尼派都不娶妻，因为妻子是自私的动物，过分妒忌，擅长不断地诱惑丈夫。[11.15] 妻子跟丈夫谈话，奉承丈夫，她就像舞台上的演

员，首先诱惑男人的视觉和听觉，这些目标实现以后，她就开始勾引拥有主权的心灵。[11.16] 如果有了子女，她会充满傲慢的精神，会更加胆大无耻地说话，会通过暗示和伪装，抛弃羞耻感，强迫丈夫做所有与团契生活相对立的事情。[11.17] 丈夫要么很快地被妻子的爱所捕捉，要么在本性的推动下，将子女视为自己第一位要加以关心的对象，与他对其他人的关心不同，就这样，他不知不觉地变成了一个不同的男人，从自由进入奴役。

[11.18] 这就是艾赛尼派的生活，这种生活如此高尚，乃至于不仅有普通人，而且还有伟大的国王对他们表示敬仰，他们的赞许给艾赛尼派庄严的名字进一步添加了尊严。

论天命（残篇）

提　要

本文的希腊文标题是“ΔΕ ΠΡΟΝΙΔΕΝΤΙΑ”，英译者将其译为“On Providence”，拉丁文标题为“De Providentia”，缩略语为“Prov.”。中文标题定为“论天命”。本文原文已佚失，现存残篇两段，取自欧西庇乌《福音的准备》。残篇一（VII. 21, 336 b—337 a）共 3 节（section）；残篇二（VIII.14,386—399）共 72 节，译成中文约 1.2 万字。

《论天命》的原文由两卷书组成，采用对话形式。对话人是斐洛和亚历山大。在对话中，斐洛坚持认为这个世界由天命或神旨统治，而亚历山大则提出他的疑问和理解上的困难。学者考证，这位亚历山大可能就是斐洛的外甥亚历山大·提比略，他后来放弃了犹太教的信仰。

残篇一很短。亚历山大问，如果是神创造了这个世界，祂为什么只用四种元素作为质料。斐洛回答说，神对创造这个世界需要多少种质料作出估计，既不能不足，也不能过多。这个世界的实在既不能不足，也不能过多，否则就不能造得圆满和完整；神是一切知识的源头，所以在提供质料时肯定不会提供有缺陷的和多余的质料。

残篇二的内容可以分为以下两个部分：

第一部分（1—42 节）：亚历山大说，恶人拥有大量的善物，而善人一贫如洗，这就表明人的生活不受天命统治（1 节）。斐洛答道：神不会马上惩罚恶人，就像父亲不会马上抛弃放荡的儿子（2—6节）；恶人决不会享有真正的幸福（7—8节）；被人视为有价值的外在的善物不会被神或贤人视为有价值的东西（9—10节）；金银只不过是泥土，而我们却为了拥有它们而打斗（10—12节）；衣服、名声、力气、美貌也一样，真正的哲学家藐视它们（13—16节）；照料国王健康的医生不会浪费时间去欣赏国王的服饰，而会直接治疗他的疾病，所以灵魂的医生应当直接处理精神疾病，不要被外在的事物误导（17—20节）；看到那些圣贤甘愿贫困不值得惊讶，他们所受的虐待是他们所处的道德环境带来的必然后果，这就像下雨，既落在义人头上，又落在不义人头上（21—23节）。斐洛进一步以波吕克拉底和老狄奥尼修为例来说明问题。他认为，波吕克拉底的最终命运及其焦虑是对这个问题的回答（24—25节）；叙拉古暴君老狄奥尼修也一样，他怀疑自己的妻子不忠，还在座椅上悬挂利剑，使达摩克利斯生活在恐惧之中（26—29节）。然而斐洛对精神痛苦进行一般的反思（30—32节）。他指出，福西斯人的领袖抢劫了德尔斐神庙，他们的命运表明上苍有时候会立即惩罚罪恶（33—34节）。我们必须记得，如果有些暴君没有及时受到惩罚，那么他们有可能是神派往有罪之地的使者，神对他们的判断比我们的判断要准确，正如神出于同样的目的派送瘟疫（35—42节）。

第二部分（43—71节）：斐洛首先处理由自然现象引起的灾难，比如风暴。他用“伴随的情况”这一说法来解释大自然的作为，而这些作为原本被正确地视为天意（43—46节）。然后他举例说明这些伴随的情况间接地起作用（47—50节）。这些现象我们虽然不理解，但给我们提供了一个学习的机会，其本身是有价值的（51—52节）。我们不可将地震和瘟疫视为神的判决。有些义人受到它们的伤害是不可避免的，就好像他们遇上暴风雨（53—55节）。野兽的存在并非天命的反映。打猎有助于发展出勇敢的美德（56—58节）。爬行动物若从腐物中产生，可以视为伴随的情况（59节），它们的毒是有用的药物，同时也是一种惩罚手段（60—61节）。亚历山大说爬行动物会躲在房子里，斐洛承认房中的垃圾和废弃物会吸引爬行动物到来（62节）。

亚历山大问，为什么燕子与人住在一起，而被人当做食物来吃的那些鸟却躲得远远的。斐洛对此做出了回答（63—65 节）。斐洛指出，独目巨人的故事是虚构的，希腊的干燥天气尽管对农作物有害，但对理智有益（66—68 节）。斐洛指出，人们不需要吃新鲜的动物肉。斐洛最后说，他认为自己已经对亚历山大的难题做出了令人满意的回答（69—71 节）。

正 文

残篇一

（欧西庇乌：《福音的准备》，VII.21, 336b—337a）

至于这种实在[①] 的数量，假定它真的是被造的，那么我们不得不说的话是这样的。神对创造这个世界需要多少质料进行了估计，既不能不足，也不能过量。假设某位工匠在建造某些昂贵的东西时，估计要用的质料正好够用，那么由于是祂发明了数字、尺度和相等，要说祂没有想得恰到好处，那是非常荒谬的。确实，我会充满自信地说，这个世界既不需要较小的实在，也不需要较多的实在来建造，否则的话，它就不可能造得圆满，它的所有部分也不会造得完整，而实际上，出于一种完善的实在，它被造得非常好。在开始建造之前，要看到备有充足的质料，这是一名精通他的技艺的大师的特点。现在，一个人哪怕在知识上优于所有人，但由于不能避免凡人生来要犯的错误，所以在实践他的技艺的时候会上当受骗，不能确切知道需要多少质料。有时候他发现质料太少，不得不添加，有时候他发现质料太多，不得不拿走。但是作为存在者的祂是一切知识的源头，在提供质料时肯定不会提供有缺陷的和多余的，因为祂使用的标准被赞扬为绝对精准的。愚蠢地希望浪费时间的人肯定也会马上与我们进行对抗，他会指出其他所有工匠也会通过添加或减少质料来改进他们的建筑。但是我们要把这个无用的论证留给智者；智慧的任务是考察所有自然不得不显示的东西。

① 实在（οὐσίας），亦译实体。

残篇二

（欧西庇乌：《福音的准备》，VIII.14，386—399）

[1] 这就是他引导这场讨论所使用的方法。亚历山大说："你认为这个世界巨大的混沌之中有天命吗？人生有哪些部分是有秩序的？不，我要问的是，人生有哪些部分没有充满无序和腐败？或者说，你只是不知道，最恶劣、最卑鄙的人拥有大量的善物，财富、名望、大众的褒奖，还有权柄、健康、机敏、美貌、力量，他们舒畅地享受快乐，通过拥有的丰富资源来使他们的身体免受各种纷扰，而智慧和各种美德的热爱者和实践者却大都一贫如洗、默默无闻、地位卑下，不是吗？"

[2] 亚历山大说完后，其他一些人发表了反对意见，然后他[①]提出以下驳斥：神不是一位滥用暴力、野蛮统治、冷酷无情的暴君，而是一位仁慈守法的国王，祂用正义统治整个天空和大地。[3] 对国王来说，没有比父亲更加合适的名称，因为在家庭生活中，父亲相对于子女而言，国王相对于国家而言，神相对于世界而言[②]，世界则处于自然的不变法则之下，而神与两样最重要的事情关系最为密切：统治和保护。[4] 嗯，父母不会中断惦念他们无用的孩子，他们会对孩子的不幸状态产生怜悯，会关心和照顾他们；他们也会认为只有不共戴天的敌人才会利用他们的不幸践踏他们，而朋友和亲人应当尽力挽救他们的衰退。[5] 父母也经常在那些无用的子女而不是在行为良好的子女身上滥用他们的善意，子女非常明白父母有大量的资源，而无用的子女把唯一的希望放在父母身上，如果不能得到父母的善意，他们就会缺乏生活必需品。[6] 以同样的方式，神这位理智的父亲确实将所有被赋予理智的事物置于祂的关照之下，但也仍旧惦记那些过着卑劣生活的子女，在祂

---

① 指斐洛。

② 欧西庇乌在此处引用时省略了一些话："因此，在最伟大的诗人荷马那里，宙斯被称作众神与凡人之父。"

的仁慈本性的范围内，让它们伴随着美德和仁慈的爱进行重组，它们很适宜担任神的世界里的哨兵。

[7] 这是一种想法。哦，灵魂啊，接受它吧，仔细思量，把它当做神交给你们的东西；不过，你们也要接受另一个与它和谐一致的想法。这个想法是这样的。你们决不会偏离正道，乃至于认为恶人命中注定是幸福的，这种人在财富方面超过克娄苏①，在视力上超过林扣斯②，在力气上超过克罗通的米罗③，在美貌上超过该尼墨得④，"由于他的美貌，众神抓他去做宙斯的斟酒人"。[8] 如果他确实把他的命运的统治者，亦即他的心灵，交给一大群主人去奴役，情爱、欲望、快乐、恐惧、悲伤、愚蠢、放纵、胆怯、不义，等等，那么他的命运绝对不是幸福的；这种想法好像在引导众人偏离真正的判断，它受到两种害虫的诱惑，空洞的浮夸和想象，它们娴熟地用甜言蜜语误导不稳定的灵魂，这就是大部分人遭受灾难的根源。[9] 如果你确实睁大灵魂之眼，在人的理智能够做到的范围内沉思神的旨意，那么你将得到关于真与善的更加清晰的印象，并嘲笑那些在此被列为善物，你迄今为止加以赞赏的那些东西。因为每当善物缺席之时，恶物总是攫取荣耀，成功占据善物的地位，而当善物回归时，恶物就会撤退，不得不去占据第二的位置。[10] 所以，神的启示精妙绝伦，令人肃然起敬，你肯定明白，在神看来上面提到的这些东西没有一样是好的；在我看来，金银是土的最无价值的部分，其绝对价值低于水果。[11] 一方面是大量的金钱，另一方面是离了它我们就活不下去的食物，二者之间能有什么相同之处吗？关于这一点，饥荒是最清楚的明证，可以检验什么东西才是真正必需的和有用的。因为在这种时候，任何人都会乐意用他的全部金银财宝交换那么一丁点儿食物。[12] 然而，在

---

① 克娄苏（Κροίσου），吕底亚国王，公元前 560 年—前 546 年在位。

② 林扣斯（Λυγκέως），希腊神话人物，埃古普托斯的儿子，许珀耳涅斯特拉的丈夫。

③ 米罗（Μίλω），希腊运动员，生于克罗通，力大无比，曾六次获得奥林匹亚赛会摔跤胜利。

④ 该尼墨得（Γανυμήδους），年轻美貌的特洛伊王子，相关描写参见荷马《伊利亚特》V. 265。

生活必需品得以充分供应，像一道不可阻挡的洪流从一座城市冲向另一座城市的时候，我们奢侈地享用大自然的馈赠，并且对受限制感到不满。我们把无耻的酒足饭饱当做我们生活的指南，我们的心灵就像因为贪婪而瞎了眼睛的盲人，失去观看的能力，我们由于受到惩罚而丧失和平，陷入长期持久的战争。[13] 至于衣服，它们只是诗人所说的精织的羊毛①，而在工匠这一方要归功于织工。如果有人为他自己的名声和威望感到自豪，张开臂膀去拥抱卑劣的人，那么可以确定的是他自己的卑劣也得到了确证，因为同类相爱。[14] 让他祈愿能够得到净化他的耳朵的药物，正是通过耳朵，许多严重的疾病在伤害灵魂。让所有那些夸耀自己体力的人一定不要为他们的力气感到自豪，而要把他们的眼睛转向无数种驯养的和野生的动物，在它们那里，力量和肌肉都是天生的。一个人要是为了那些实际上属于野蛮动物的优点而感到自豪，因为他在这些方面超越了它们，那是极为荒唐的。[15] 为什么对身体的美貌而感到自豪发生在其达到全盛之前？为什么经过一个短暂的季节这种美貌就会消失？为什么使人产生错觉的明亮光线会变得模糊？尤其当他看到画家、雕刻家，以及其他艺人，在可爱的绘画、雕塑、挂毯中，用无生命的形式展现出来的获奖作品，这些作品在整个希腊的每一座城市和外部世界都很出名。[16] 不过，我说过，这些东西在神的眼中没有一样是好的。我们为什么要对神不接受它们为善物而感到惊讶呢？对神虔敬的人不会把它们当做真正荣耀和优秀的事物来接受，那些得到赐福、拥有良好天性的人也不会接受它们，他们通过学习和练习真正的哲学，进一步美化他们的本性。

[17] 然而，那些虚假地学习文化的人甚至不愿意以医生为榜样，医生是处理身体的，而身体是灵魂的仆人，尽管他们自称是在为主人治病。当一个被命运青睐的人病了的时候，哪怕他是大王本人，那些治疗身体的医生根本不会去注意那些柱廊、府邸、贵妇的凉亭、绘画、金子、银子，或是金币、酒杯、织锦、挂毯以及王宫里的其他无数装饰品。他们也不在乎国王众

① 参见荷马：《伊利亚特》XIII.599。

多的仆人、朋友、亲属、值更的下属，而是径直走到国王的床边，替他脱去衣服，握着他的手，替他把脉，看他是否健康，而不在意国王身体之外的东西，或者羡慕房里放置的珠宝、金块、丝绸、锦缎，美丽的床罩。他们常做的事情是，撩开病人的内衣检查他的身体，看他的腹部是否肿胀，看他的胸部有无发炎，看他的心律是否不齐，然后再用恰当的方法进行治疗。

[18] 所以，哲学家也一样，他们声称自己的实践技艺用于治疗女王，亦即灵魂，她是自然被造物的女王，哲学家应当藐视空洞地虚构一切的愚蠢观念，直接把握心灵本身，看愤怒是否在不规则地奔跑或不自然地颤抖；他们要看舌头是否说话粗鲁、下流、污秽、放肆；他们也要看肚子是否肿胀，因为那里有永不知足的强烈欲望；一般说来，如果发现情欲强烈、情绪不稳、疾病严重，那就要逐一进行考察，不错过任何有助于恢复健康的东西。[19] 事实上，它们受到外部事物的光芒照耀而眼花缭乱，它们看不见精神的光芒，所以一刻不停地游荡，却不能抵达理智这位国王，只能设法找到王宫的大门，在那里发出赞叹，向那些在美德的门厅处等候的人、财富、名声、健康，以及同类事物，表达敬意。[20] 不过，要接受恶人对真正善物的判断确实非常疯狂，就好比接受瞎子对颜色的判断、聋子对音乐的判断。因为恶人已经失去使用他们主导部分的能力，亦即使用他们的心灵，而愚蠢在其中显得无比黑暗。

[21] 所以，如果苏格拉底，以及你喜欢说的其他有美德的人，继续过一种贫困的生活，不用任何方法获取财富，并拒绝朋友或国王的丰盛馈赠，因为他们认为除了获取美德，其他没有任何东西是好的或卓越的，所以他们努力忽略其他一切善物，对此，我们还会感到惊讶吗？[22] 哪位拥有真思想的人会在他们面前不轻视假思想？如果拥有可朽的身体，染上困扰人类的瘟疫，生活在数量巨大、无法胜数不义之中，成为恶意的牺牲品，那么当我们应该谴责攻击者的残忍时，为什么还要指责大自然呢？[23] 如果他们生活在瘟疫流行的环境中，那么他们必定会染上瘟疫，而邪恶带来的毁灭比瘟疫流行的环境带来的毁灭更多或者不少。就像贤人站在野外，下雨时他必定

会淋湿身体，遭受风寒，或者在夏季中暑，因为这些都是自然的法则，我们身体的感觉与季节的变化相应，生活在“谋杀盛行、灾荒四起、疾病流行”的环境中，必定要接受它们连续施加的惩罚。

[24] 波吕克拉底[①] 的可怕行为是不义的和不虔诚的，所以他终生悲惨，遇上了惩罚他的人。此外，他还有一样小毛病，因此受到那位大王的惩罚并被刺穿肋骨，应验了那则神谕。他说：“我知道，我看见我本人不久前成了受膏者，太阳为我涂油，宙斯为我洗身。”这条谜语尽管是晦涩的，但它清楚地预言了后来实际发生的事情。[25] 不仅在他生命的最后阶段，而且在他从头开始的整个生命中，他的灵魂处于同等的焦虑之中，尽管他自己并不知道他的灵魂是后来才降临他的身体的。他生活在持久的恐惧和颤抖之中，害怕众多攻击他的人，他非常明白没有人会对他友好，由于他们遭遇不幸，他们全都会转变为与他势不两立的敌人。

[26] 西西里的一位历史学家证明狄奥尼修[②] 表现出极度的、持续的惊恐，他告诉我们，狄奥尼修甚至怀疑他喜爱的妻子对他不忠。这件事情是这样的，狄奥尼修下令在他的卧室的入口处铺上木板，他的妻子要来见他必须经过这个入口，要想不知不觉地进来是不可能的，而她踩着木板发出的咯吱咯吱的声音，就预示着她的到来。还有，她来的时候几乎一丝不挂，而且裸露着身体的某些部分，这些地方被男人看见是不体面的。还有，狄奥尼修在走廊的通道上挖了一条沟，就好像在田野里开挖沟渠，他害怕有人会来行刺，会在黑暗中给他造成伤害，而有了这条沟，造访者试图越过这条沟的时候就会被发觉。[27] 如此别出心裁地监视他的妻子真是一种病态的重负，他本来应当相信他的妻子，这种信任应当超过相信其他人。他的状况确实和某些登山者相似，为了能够更加清楚地看清天上的星辰，他们登上陡峭的山峰，当他们克服困难抵达某个最高的悬崖时，他们的心在最后时刻出了问

---

① 波吕克拉底（Πολυκϱατηϛ），人名。

② 狄奥尼修（Διονυσίου），叙拉古国王，暴君。

题，在最后登顶之前，他们不再有勇气下山，就好像他们停下来喘息，看着下面的万丈深渊。[28]由于他迷恋暴政，视暴政为神圣的、值得渴望的东西，所以他不考虑这种政制是否安全，不去想自己应当留下来还是逃跑。如果他留下来，那么他肯定要遇到无数的邪恶，朝他奔涌而来。如果他想要逃跑，那么他的生命会受到那些人的危险的恐吓，至少那些人的心灵被武装起来反对他，而非他们的身体。[29] 这位历史学家的另一项证明是狄奥尼修对待某人的方式。这个人① 断言帝王的生活是幸福的。而这位暴君邀他赴宴，与他共进晚餐。晚宴气势宏大，极尽奢靡，但国王突然下令将一柄用马鬃拴着的利剑悬挂在这位客人的头顶上。这位客人坐下以后，突然看到这柄利剑，此时他既无勇气当着暴君的面站起身来，也无力量在恐惧中享用美味佳肴，他根本感觉不到摆在他面前的大量东西的美好，他靠在椅子上，伸着脖子，仰望上方，等待自己的毁灭到来。[30] 看到这种情景，狄奥尼修对他说："现在你明白我们梦寐以求的生活和荣耀是怎么回事了吧?"在任何不希望欺骗自己的人的眼中，事情就是这样。因为这种事情包括大量财富在内，但不包括享受任何有价值的东西，只有那连续不断的恐惧和无法逃避的危险，给人带来一种更加可悲的疾病，带来那无法挽救的毁灭。[31] 但是，轻率的民众会被辉煌的外表欺骗，他们的情况就像嫖客上了丑陋妓女的当，她们穿上漂亮的衣服，佩戴金银首饰，脸上化了妆，但她们没有真正的美貌，只是在用虚假的美吸引注视她们的人。[32] 那些为命运青睐的人的生活充满着诸如此类的不幸，其范围若用他们自己的内心标准来衡量，超过他们实际遭遇的不幸，就像那些被迫声称自己生了病的人，他们说的话确实表露了他们的烦恼。被惩罚所包围，他们期待着惩罚降临，就像育肥了的供献祭用的牲畜，它们接受最精心的照料，但只是为了屠宰，为盛大筵席提供肉食。

[33] 有些人受到惩罚不是隐匿的，而是显著的，这些人犯了亵渎神明

---

① 指达摩克利斯，叙拉古国王狄奥尼修的宠臣，常说帝王多福。狄奥尼修请他赴宴，让他坐在自己的宝座上，头顶上挂着用马鬃拴着的利剑，使他意识到，尽管身处帝王宝座，但利剑随时都有可能落下来。

的盗窃圣物罪，这样的罪恶很多，没有必要细说。我在这里举一个例子也就够了。历史学家们描写过福基斯[①]城邦发生的圣战，这个城邦有一条法律，凡抢劫神庙者，要被扔下悬崖摔死，或者扔进大海里淹死，或者活活烧死；有三个人抢劫了德尔斐神庙，他们是菲罗美鲁[②]、奥诺玛库[③]和法伊鲁斯[④],他们受到了这样的惩罚。第一个人被扔下悬崖，就像一块石头滚下山去，死于悬崖的高度和石头的重量。第二个人被捆在马上，拍马狂奔入海，潮水涌来，连马带人沉入深渊。至于法伊鲁斯有两个故事版本，一个说他得了肺痨，另一个说他在阿拜[⑤]的神庙里被活活烧死。[34]若把这些事情都归结为运气不佳，那是纯粹的诡辩。如果人们在不同的时候分别受到惩罚，那么把它们说成命运的反复无常是相当合理的。如果所有人在相同的时间一起受到包含在律法之中的惩罚，而不是受到另外一种惩罚，那么断言它们是神圣正义的牺牲品是合理的。

[35] 我们还没有提到一些滥用暴力的人，他们攫取权柄，压制民众，不仅奴役其他民族，而且奴役他们自己的国家，如果这些叛乱分子长时间地不受惩罚，我们不会感到惊讶吗？这是因为，第一，人的判断和神的判断是不一样的。我们考察的是显现出来的东西，而祂无声无息地进入人的灵魂深处，看到我们的思想，就好像在明亮的阳光下，剥去包裹着它们的东西，看到它们赤裸的真实存在，立马区分真伪。[36] 所以，我们对自己的判断的偏爱决不要超过对神的判断，不要由此断言我们的判断更加准确无误，更加明智，我们的宗教禁止我们这样做。我们的判断有多重陷阱，感官的错觉、情欲的恶意、邪恶的最可怕的敌意；而在神的判断中，没有什么欺骗，只有公正和真理，以及按照标准被判断为值得荣耀的、只能确定为正确的一切。

---

① 福基斯（Φωκίς），地名。

② 菲罗美鲁（Φιλόμηλους），人名。

③ 奥诺玛库（Ὀνόμαρχον），人名。

④ 法伊鲁斯（Φάυιλλυς），人名。

⑤ 阿拜（Ἄβαι），地名。

[37] 第二，我的朋友，不要假定当代的暴政是无用的。因为既不是惩罚无用，也不是惩罚应当有益于善者或者无论如何不能有害于善者。惩罚应当恰当地包含在法律之中，而那些执行法律的人普遍应当受到赞扬，因为惩罚与法律的关系和暴君与民众的关系是一样的。[38] 所以，当可怕的灾荒与美德的缺乏占据了城邦、愚昧无知到处盛行的时候，神希望能够排除邪恶的潮流，就像对待大洪水，把适合人类的统治力量赋予人，以净化我们的种族。[39] 没有某些无情的灵魂这样做，邪恶就不能得到净化。正如城邦要保留行刑的刽子手来处理杀人犯、卖国贼和抢劫神庙犯，不是看在这些人有什么样的情感，而是着眼于他们的工作的有用性，所以世界这个伟大城邦的统治者[①] 确立了城邦的君主，他就像公共行刑的刽子手，神看到暴力、不正义、不虔诚，以及其他所有罪恶的泛滥，希望至少能将它们平息下去，减轻危害。[40] 所以，通过执行者的正义而使惩罚圆满完成，这在神看来是好的。因为神知道提供这种事奉的是不虔诚的、无情的灵魂，祂会在某种意义上把它们当做主要的冒犯者。正如火的力量毁灭一切燃料，乃至于到最后毁灭它自己，所以那些攫取权柄统治民众的人也一样，他们使城邦筋疲力尽，耗尽所有精力，而城邦的居民也将受到惩罚，直至最终灭亡。[41] 神使用暴君扫除在城邦、国家和民族中广泛流传的邪恶，对此我们为什么要感到惊讶呢？因为神经常性地不是使用其他使臣，而是祂自己，通过带来灾荒、瘟疫、地震而产生这种效果。还有，为了推进改进道德的目的，祂会进行各种神圣的探访，每日里都会带来数量巨大的民众死亡，而世界的一大部分地方也变得荒芜。[42] 所以，没有一个恶人是幸福的，对于当前这个主题，我想我已经说够了，这也是天命存在的一项非常有力的证据。但若你还是不信服，那么不要害怕，请你把仍旧持有的疑心告诉我，通过我们的共同努力，我们俩都将知道在何处找到真理。

[43]（后来他又说）神刮风下雨，但并非如你所设想的那样，是要给航

① 指神。

海者和农夫带来剧烈的伤害，而是为了造福于我们整个人类。祂用水清洗土壤，用微风荡涤整个大地。借助刮风下雨，祂提供粮食，使动物和植物成长和成熟。[44] 如果有时候刮风下雨伤害了航海者或在地里耕种的人，那么也没有什么可惊讶的。他们只是小部分人，而祂要关照的是整个人类。所以，就像体育学校里的训练科目是为了造福于学生，而体育总监为了适应内部的需要，有时改变时间安排，致使有些人失去了上课的机会，所以神也一样，祂掌管整个世界就好像掌管一座城邦，为了造福全体，祂不会造出寒冷的夏天，春天般的冬天；不过，尽管如此，由于这些事情的发生是不规则的，所以某些船长或陆上的农夫必定要蒙受损失。[45] 祂知道，这些元素之间的交换是塑造和构成这个世界的一项重大运作，要使它们顺畅地进行。但是，霜、雪以及其他相似的现象，是伴随气的冷却而发生的，就像打雷和闪电是云彩的碰撞和摩擦。我们不可以假设这些事情是由天命决定的，而是刮风与地上的事物的生存、成长有关系，也有其他一些事情与之相伴。[46] 同理，一名体育总监在雄心的推动下，可以经常慷慨大方地为民众提供锻炼条件，某些粗鲁放纵的民众也会用油，而不是用水净身，油滴到地面上，我们马上就有了光滑的油泥；然而，没有哪位通情达理的人会说这些光滑油泥的出现是体育场有目的的设计的结果，因为这些东西只是这位总监慷慨大方的伴随物。[47] 还有，彩虹、光晕以及其他所有相似的现象，也是伴随发生的情况，它们由混合在云彩中的光线引起，它们不是大自然最初的创造物，而是后来伴随这些创造物而发生的现象。深思熟虑者看到这些现象，以这些现象为证据，从中提出预见，预测起风或是无风，天晴或是有暴风雪。[48] 我们可以观察一下城市里的门廊。大部分门廊造得朝南，这样的话，冬季在门廊里行走的人可以享受阳光，夏季在门廊里行走的人可以享受和风。但是也有一个伴随的情况建造者的意愿中没有的。它是什么呢？它就是，我们凭经验看脚下的影子就能知道时辰。[49] 火也是自然的一项最基本的创造物，而烟是一种伴随火的情况，然而烟本身在某些时候也是有用的。比如说，在太阳光的照耀下，航标灯的火光到了白天就变弱了；在这个时候，可以用烟来发出警报，告诉人们敌人逼近了。[50] 关于日食和月食，几乎也可以说和彩虹同样的话。太阳和月亮是自然神，所以日食和月食是伴随它们的情况，然而，日食和月食预示国王驾崩和城邦毁灭，就如在上面引用的那段话中，品达① 在日食和月食发生的时候模糊地说过这种意思。[51] 至于银河，它拥有和其他星辰一样的基本性质，尽管要给它一个科学的解释非常困难，然而研究自然现象的学者一定不要在这种探索面前畏缩。探索是最有益的，研究对热爱学问的人来说也是乐趣。[52] 太阳和月亮通过天命而生成，其他一切天体亦如此，但由于我们不能追踪它们各自的本性和力量，所以只能沉默不语。[53] 尽管我们说地震、瘟疫、霹雳，以及其他相似的现象，是神的造访，但实际上并非如此。因为没有任何恶是神引起的，这些事情的发生要归结为元素变化引起的生成。它们不是自然最初的创造物，而是这些创造物产生以后出现的伴随它们的情况。[54] 如果某些品性较好的人也受到它们引起的伤害，那么一定不能因此而责备由神治理的这个世界，因为，首先，我们不能推论被我们判断为善的人是否真的如此，因为神的判断标准比人的心灵使用的标准要准确得多。其次，天命或预见满足于关注世上那些最重要的事情，就好像在一个王国里，或者在军队的指挥中，要注意的是城邦和部队，而不是某些微不足道的人或事。[55] 某些人声称处死暴君是正义的，因此处死他们的亲属也是正义的，与此相应，惩罚之大小表明了恶行之大小，瘟疫蔓延的时间也是用来核查恶行的标准，某些无辜者的死亡也是一个教训，可以进一步提醒所有其他人过一种比较聪明的生活。此外他们还指出，那些在污染的大气中行走的人必定会生病，就像在暴风雨中，或者在甲板上，人们分有同等的危险。

[56] 我感到必须指出，比较强大的野兽被创造出来，为的是让我们练习战争和打仗，而你们有娴熟的技艺保护自己，你们倡导参加这种竞赛，并试图描述它。在体育场里进行的训练和不断地参加打猎能使身体强健，也会

① 品达（Πίνδαρος），希腊诗人，生于公元前 518 年。

更多地影响灵魂，使它习惯于瞬间发力，抵抗敌人的突然进攻。[57] 本性和平的民众可以共同生活在他们的城墙之内，甚至生活在同一座房子里面，而不用害怕各种野兽的攻击，因为野猪、狮子以及其他野性十足的兽类，已经被驱逐到远离城镇的地方，在那里躲避人类的敌意。[58] 如果有人粗心大意，在毫无准备的情况下大胆地进入野兽的巢穴，那么他们一定不要因为他们所遇到的事情责备自然，因为他们在能够做准备的时候忽略了预防措施。在赛车比赛中也是这样，我看到有些人会给那些欠考虑的人让路，这些人不是坐在他们应当就座的观众席上，而是站在赛车道的中央，所以任由疾驰的赛车把他们撞倒，这是对他们的愚蠢行为的恰当奖赏。

[59] 相关的事情我已经说够了。有毒的爬行动物的产生，不是出于天命的直接结果，而是作为一种我上面所说的伴随情况出现。当它们身上的湿气由于温度升高而发生变化时，它们就苏醒了。在有些情况下，是腐物养育了它们。例如，腐败的食物和汗液分别喂养了蠕虫和虱子。但是，各种被造物出自恰当实在的生成，而通过精液和自然过程的生成，则可以合理地归于天命。[60] 关于这些毒物，我听说过两种理论，说它们是为了人类的利益而被造的，如果我克制自己不说这些观点，那么我会感到遗憾。这两种理论中的一种，其基本观点如下。有些人说，有毒的动物在许多医学治疗中是有用的，有人科学地实践这门技艺，掌握这方面的知识，为的是在特别危险的情况下挽救病人的生命，他们使用这些毒物，并且准备好了解毒剂。甚至到了今天我们仍旧可以看到，那些从事医疗的人使用这些有毒的动物，作为一种重要的药材来合成他们的药物。[61] 另一种理论显然不属于医学，而属于哲学。它声称这些动物是神造的，准备用作惩罚罪人的手段，就像将军和总督手里拿的皮鞭或铁制的武器，这些手段在其他时间都是静止不动的，而到了需要的时候，他们就会使用暴力，按照不可更改的判决，将罪犯处以死刑。[62] 但是，说这些爬虫主要隐藏在房子里是错的，因为在田野里和远离城镇的荒无人烟的地方也能看见它们，它们躲避人，就好像人是它们的主。事实尽管如此，但这样的说法还是有一定的道理。因为房屋的角落堆积

着垃圾和大量的废弃物，爬虫喜欢爬进来，那里的气味对它们有很强的吸引力。[63]如果说燕子跟我们在一起生活不值得惊讶，因为我们不打算抓它们，那么可以说自我保护的本能不仅扎根在非理性的灵魂中，也扎根在理性的灵魂中。但是我们喜欢吃的那些鸟就不会跟我们住在一起，因为它们害怕我们的意图，除非在某些情况下，法律禁止我们把这种鸟当做食物。[64] 叙利亚① 有一座海滨城市名叫阿斯卡隆。我奔赴故土去圣殿献祭，途中经过那里，看到不计其数的鸽子停在大路上，几乎每所房子上都有；当我问这是为什么时，有人告诉我，捕捉它们是不合法的，从古时候起，这里的居民就不准以鸽子为食。因此这种生灵变得非常温和，因为它们的安全有了保证，它们不仅生活在人的屋檐下，而且经常在人的餐桌上分享食物，快乐地生活。[65] 在埃及你们可以看到更加神奇的景象，因为那里的人吃鳄鱼，这种最危险的野生动物在最神圣的尼罗河里出生和长大，它是一种可以进入深水的动物。在荣耀它的人中间，可以看到大量的鳄鱼，而在有人试图消灭它们的地方，那就不是随便哪里都能见到的，所以在某些地方，在尼罗河上航行的人们不会冒险把手指头伸入水中，哪怕是非常大胆的人，因为鳄鱼就潜伏在那里，而在其他地方，鳄鱼相当温顺，人们会跳进河里游泳和玩耍。

[66]关于库克罗普斯② 这个种族的情况是神话虚构，所以那里的土地不会是无须耕种而作物自行生长，之所以这样说，理由是从无中不能生成任何事物。我们一定不要把希腊说成不毛之地。因为它也有深厚肥沃的土壤，如果说外部世界的食物比希腊还要丰富多产，那是因为用希腊出产的粮食喂养的低劣的人把希腊人的优越性给消除了。只有希腊可以说是在真正地生产人，那里的人在完善地成长，那里产生属天的植物，长出神圣的嫩枝，甚至理智也与知识亲密地联姻，其原因就是心灵吸收相宜的气而变得非常敏锐。[67] 所以，赫拉克利特恰当地说："在土地干燥的地方，灵魂是最优秀、最

---

① 圣经和合本译为"亚兰"。

② 库克罗普斯（Κυκλώπως），神话中的独眼巨人。参见荷马：《奥德赛》IX.106—111。

聪明的。”这就表明卓越的理智是清醒的、节俭的，而那些狼吞虎咽、狂食暴饮的人最缺乏智慧，因为他们的理智被吃下去的东西淹没了。[68] 因此，在希腊以外的世界，树木生长得非常高大，那里的动物也极为多产，但就是不出产理智，因为连续不断地从土中和水中汲取养料，阻碍了人对气的吸收，而气是理智的源泉。

[69] 各种鱼、鸟和陆上动物没有提供什么证据，让我们可以指责邀请我们去快乐的自然，但它们可以对我们缺乏自我约束而提出严厉的谴责。为了确保宇宙的完整，宇宙的每个部分都应当有秩序，产生各种活的动物是必然的，应当推动人这种与智慧最具亲缘关系的生灵停止食用动物，否则的话，就会把他自己变成野蛮的兽类。[70] 因此到了某一天，那些自我约束的人不再以这些动物为食，而以绿色蔬菜和水果作为面饼的佐食，当做最高的享受。对那些举办动物筵席的人，应当给他们派去教师、监察官和立法者，这些人在不同城邦所起的作用就是约束民众的食欲，不允许民众无限制地食用所有动物。[71] 紫罗兰、玫瑰、番红花，以及其他许多花朵，它们被造出来是为了提供健康，而不是为了提供快乐。因为它们的性质是无限的，它们自身的气味是有益的，浸润着芬芳，医生用它们来制作药物，这时候它们会更加有益。这是因为，有些事物在与其他事物结合时能够更加清晰地表现出它们的优点，就像雄性和雌性的结合会产生新的生命，而两性若是分离，则无法孕育新的生命。[72] 针对你提出来的其他观点，这是我能做出的最好回答，足以启迪那些人的心灵，他们倾向于拥有坚实的基础，并相信神会照料凡人的事务。

向盖乌斯请愿的使团

提 要

本文的希腊文标题是“ΦΙΛΩΝΟΣ ΑΡΕΤΩΝ ΠΡΩΤΟΝ Ο ΕΣΤΙ ΤΗΣ ΑΥΤΟΥ ΠΡΕΣΒΕΙΑΣ ΠΡΟΣ ΓΑΙΟΝ”，意为“斐洛论美德第一部分，向盖乌斯请愿的使团”，英译者将其译为“On the Embassy to Gaius (The First Part of the Treatise on Virtues)”。本文的拉丁文标题为“De Legatione ad Gaium”，缩略语为“Leg.”。中文标题定为“向盖乌斯请愿的使团”。原文共分为46章（chapter），373节（section），译成中文约4.6万字。

约于公元39年或40年，罗马皇帝盖乌斯·卡利古拉（Gaius Caligula，37年—41年在位）制定了一项计划，要把犹太人全部从亚历山大里亚城清除出去，并在犹太会堂和圣殿里安放皇帝的雕像。亚历山大里亚的犹太人社团组织了一个代表团去罗马申诉。斐洛参与了这次请愿活动。本文是斐洛对这次使命的记述。与斐洛大约生活同期的历史学家约瑟福斯（Josephus，约37年—100年）也在《犹太人古代史》中记载了这一事件。他说：“亚历山大里亚的犹太居民与希腊人之间发生了骚乱，不和的双方各选择三名使者去向盖乌斯请愿。”[1] 斐洛在文中详细解释这一事件，他的解释在许多地方与约

---

① Josephus, F., The Antiquities of the Jews, 18 : 8.1, *The Works of Josephus*, translated by William Whiston, Hendrickson Publishers, 1995.

瑟福斯不同。本文在犹太民族史上具有重要的史料价值。

文章开头（1—7节）是导言性的评论，然后讲述盖乌斯皇帝登基曾给世人带来的欣喜和希望（8—13节）。世人对他患上重病感到失望和遗憾，对他的康复感到高兴（14—21节）。接着详细描写盖乌斯的品性。盖乌斯登基以后迫使提庇留·盖美鲁斯自杀（22—31节），强迫玛克罗自杀（32—64节），并谋杀了他的岳父西拉努斯（62—65节）。这些暴行令人震惊，但人们仍旧以为盖乌斯并非真正地堕落，他这样做有某些理由（66—73节）。消灭了这些对手以后，盖乌斯声称自己远远高于其他人，就像牧人高于他的羊群（74—76节）；他宣称自己具有神性，把自己打扮成半神狄奥尼索斯、赫拉克勒斯、狄奥斯库里（77—92节）。他还假扮成赫耳墨斯、阿波罗、阿瑞斯，而他的所作所为与赫耳墨斯的和平使命完全相反，与担任医生和预言家的阿波罗完全相反，与保护弱者的阿瑞斯完全相反（93—113节）。

文章接下去详细揭露盖乌斯的邪恶行径。盖乌斯以神自居，仇视犹太人。而在所有民族中，似乎只有犹太人拒绝承认盖乌斯是神（114—119节）。盖乌斯对此十分怨恨，于公元38年对犹太人进行屠杀（120—131节），还下令要在犹太会堂和圣殿中安放他的塑像（132—136节）。无论是在托勒密时代，还是在奥古斯都时代，统治者都没有逼迫犹太人在会堂和圣殿里安放皇帝的塑像，奥古斯都也很敬重犹太人的习俗（137—158节）。提庇留在各方面与奥古斯都相似，但受到谢雅努斯的恶劣影响（159—161节）。盖乌斯轻易相信亚历山大里亚人的挑唆，在他们的影响下，反对犹太人（162—165节）。以赫利肯为首的埃及臣子与这位皇帝保持亲密联系，用各种方法诱导皇帝反对犹太人（166—177节）。犹太人的使团起初希望能与他沟通协调，但发现这是不可能的，于是决定直接向皇帝上诉（178—180节）。盖乌斯友好地接待了犹太使者，但只是一种伪善（181—183节）。可怕的消息传来，耶路撒冷的圣殿受到侵犯（184—188节）。使者们感到困惑和恐惧（189—196节）。

把皇帝的塑像引入圣殿，整件事共分五步：第一，雅奈亚事件，犹太人摧毁了雅奈亚人建立的粗鄙的祭坛，犹地亚的税吏卡必托将此事报告给盖乌斯，激起他的愤怒。盖乌斯下令给叙利亚总督佩特洛纽，要把一尊庞大的他本人的雕像安放在犹太人的圣殿里（197—206 节）。第二，佩特洛纽认为这样做很危险，试图与犹太人协调，但没有成功（207—224 节）。第三，来自各地的犹太人聚集在一起，向佩特洛纽请愿，宁死也不愿亵渎神明，与此同时要求派遣使团去见皇帝（225—242 节）。第四，佩特洛纽尽管深受感动，但不接受这项要求，他派人送信给皇帝，提出这项请求，并为推迟安放雕像道歉（243—253 节），盖乌斯对佩特洛纽的推延非常愤怒，但只是命令他尽快制造和竖立雕像（250—260 节）。第五，阿格里帕出场。他重病痊愈以后，写了一封长信给盖乌斯，细说盖乌斯的祖先和前辈如何荣耀犹太圣殿，恳求他善待犹太人和耶路撒冷圣城（261—329 节）。盖乌斯当时沿着海岸线航行，在去埃及途中，他听从了阿格里帕的恳求，暂时取消了安放雕像的命令。但是后来他又撤销了让步，并且威胁要惩罚任何敢于冒犯祭坛和他的雕塑的人（330—338 节）。盖乌斯变化无常，行事残忍，对犹太人持有刻骨的仇恨，冒犯犹太圣殿（339—348 节）。

文章的最后部分讲述犹太使者当面向盖乌斯表达诉求。这些使者陪同皇帝去视察一些花园别墅，受到盖乌斯的嘲笑和鄙视（349—362 节）。他们提出了自己的申诉，但没有被真正地听取，这位皇帝最后判定他们是愚蠢的傻瓜（363—367 节）。然后，使者们不抱任何希望地离去（368—372 节）。最后，作者许诺要为整个民族翻案（373 节）。

正 文

【1】[1] 随着岁月的流逝，我们这些上了年纪、头发花白的人早已不是儿童，但在我们的灵魂里，由于缺乏感觉，仍旧是婴儿在掌握命运，从而使得那最不稳定的命运无从改变，也使得最稳定的本性变得最不稳定，不是吗？就好像在一块画板上，我们改变了自己的行迹，对我们来说，命运的馈赠似乎比本性的馈赠更为久远，本性的馈赠似乎比命运的馈赠更不稳定。[2] 究其原因在于，我们对未来缺乏预见，被当前所统治，追随不稳定的感性知觉，而非追随无过失的理智。身体的眼睛可以察觉身边明显的东西，而理性则能抵达不可见之物和未来。理性的视觉比身体的视觉更加敏锐，但我们的视觉也会模糊，在喝了烈酒或者饮食过度时就会看不清，沾染无知这种最大的邪恶时视觉也会模糊。[3] 在当前这个时间，以及在许多决定了的重要问题上，这一点足以令人心服，尽管有人不相信神会关心凡人，尤其关心那些乞援的民族，宇宙之父和宇宙之王、万物之源，仍会以此为祂的分内之事。[4]现在，这个民族在希伯来语中被称做以色列，但是用我们的语言来表达，这个词的意思是“他看见神”，在我看来，看见祂是一切财富中最宝贵的财富，无论是公共的财富也好，私人的财富也罢。[5] 如果长者、教练、统治者、父母的形像能够激起观者对他们的敬重和相应得体的行为，过一种坚定自制的生活，那么我们可以在灵魂中发现，美德和高尚的行为是它们的坚实基础，它们的显现高于一切被造物，它们能够训练自己观察非被造的、神圣的事物，原善、卓越、幸福、神佑，真的可以称做比善者更好的东西，它们比卓越更卓越，比神佑更神佑，比幸福本身更幸福，它们是比这些事物更加伟大、更加完善的事物。[6] 由于不能飞向神，所以理性不能触摸和把握神的任何地方，理性在下降和减弱，找不到恰当的话语来详细说明神；我说不出神是谁，整个天空若能发出清晰的声音，也缺乏适当的术语来说明神，甚至无法说明附属于神的权能。[7] 这就是创世的、王权的、天命的权能，以

及其他所有既有益又带来惩罚的事物，假定带来惩罚的事物被划入有益的这一类，那么不仅由于它们是律法和法规的一部分——没有一样律法能是完成的，除非它包括两方面的规定，亦即赋予善物以荣耀，给予恶物以惩罚——而且是由于对其他事物的惩罚会经常告诫冒犯者，把他们召唤到智慧那里去，或者说，把他们召唤到邻居那里去。这是因为惩罚对众人的道德有益，他们害怕遭到伤害。

【2】[8] 提庇留死后，盖乌斯继承了对整个大地和海洋的统治权，他获得皇权不是通过内乱，而是通过法纪，因此帝国的东南西北所有部分和谐地联结在一起，希腊人与野蛮人、平民与军人，亲密无间，享受和平——看到这些情况，有谁会对他带来的惊人的、难以言表的繁荣不感到由衷的敬佩和震惊？[9] 盖乌斯掌握了大量的财物，有些是继承下来的金银财宝，有些是金锭银锭，有些是金币银币，有些是酒杯和其他陈列用的装饰品；他拥有庞大的步兵、骑兵、战船、税收，就像有一道常年流淌的河流，不断从源头流出。[10] 这里说的范围并不局限于这个有人居住的世界的至关重要的部分，但它确实可以承受世界这个名称，亦即这个由两条大河环绕的世界，幼发拉底河① 和莱茵河②，莱茵河把我们与日耳曼以及其他所有更加野蛮的民族分割开来，幼发拉底河把我们与帕提亚人、萨马提亚人③、西徐亚人分割开来，这些民族并不比日耳曼人更野蛮，如我在上面所述，这个地区从太阳升起的地方一直延伸到日落之处，有些在大洋以内，有些在大洋以外。[11] 所有这些事情对罗马人、全体意大利人和欧罗巴与亚细亚的民族来说都是喜事；而能使他们全都欢喜的事情在他的前任那里并不多。他们现在不是希望获得财产、公共的和私人的，他们认为自己已经很富足，而是希望交好运，有一连串的幸福在等着他们。[12] 就这样，在这些城邦里什么都看不见，除了祭坛、供品和献祭，人们身穿白袍，头戴花冠，衣着光鲜，打扮时髦，笑容

① 中文圣经和合本译为“伯拉河”。

② 莱茵河（Ῥήνῳ），地名。

③ 萨马提亚人（Σαρματιοι），族名。

满面；他们举行节庆、聚会、音乐、表演、赛马，通宵达旦地狂欢，热闹非凡，无拘无束，享受着各种感官快乐。[13] 在这些日子里，富人并不优于穷人，名人并不优于普通人，债权人并不优于债务人，主人并不优于仆人，这些时间人们在法律面前人人平等。确实，诗人描绘的太阳神统治下的生活不再像是虚构，幸福、繁荣、昌盛显得如此伟大，人们摆脱悲伤和恐惧，家庭和民族充满欢乐，夜以继日，一直延续七个月。[14] 然而，到了第八个月的时候，盖乌斯得了重病。他因此更换住所，用一种提庇留在世时他所遵循的、比较健康的生活方式取代奢侈的生活方式。人们的胃里已经填满烈酒和昂贵的食品，但人们的胃口仍旧不能得到满足；洗热水澡，用催吐剂，他们择时开始新一轮豪饮，伴以男女间的淫乱，以及其他一切足以摧毁灵魂和身体的事情，联合起来对人发动进攻。须知，力气和健康是对自制的奖赏，而非自制引起虚弱和病患，与死亡为邻。

【3】[15] 盖乌斯生病的消息立刻传遍四方，因为在那个时候船只还能在海上航行。初秋时分，航行的季节已经结束，水手从各地的港口返回他们的母港和停泊处，尤其是那些并不在意在外国过冬的水手。这些人告别原先奢侈的生活，变得沉闷下来。这座城市和城里的每个家庭都充满忧伤，他们最近获得的喜乐被同等强烈的悲伤所对冲。[16] 这个有人居住的世界的每个部分也都患了重病，这些人所患的疾病比盖乌斯患的疾病还要可悲。盖乌斯患病只是身体上的，而他们的灵魂、和平、希望、分有和享受善物都受到影响。[17] 饥荒、战争、毁灭、土地荒芜、财产损失、诱骗、奴役、死亡，凡此种种，都是从他们无政府状态的心灵中产生的邪恶，更加要命的是没有什么医生能够治疗这些疾病，使用仅有的治疗方法取决于盖乌斯的康复。[18] 所以，当盖乌斯的病情开始缓解的时候，哪怕连居住在地极的居民也在相当短的时间里得知，因为世上没有任何东西能比流言跑得更快，每个城市和每个城邦都在急切地盼望新的好消息的到来，直至有旅行者前来告知。在这一点上，每个大陆和海岛又恢复了从前的幸福，因为他们感到他的存在与每个人都相关。[19] 没有哪个城邦的某个成员或城邦本身会对一名统治

者的到来和存在感到如此兴奋，如同盖乌斯登上皇位的时候，以及他从疾病中康复的时候，整个世界对他的感觉。[20] 人们感到自己的生活开始从野蛮的游牧生活转变为群居的生活，从在山间洞穴和茅屋中居住转变为在有城墙的城邑里定居，从没有卫士转变为有卫士，从没有监护人转变为有一位牧养全体公民的牧人。这就是使他们感到喜乐的原因，但他们自己并不知道真相。[21] 人的心灵若处于盲目之中，就不能察觉真正的兴趣，它能做的所有事情就以猜测为导向，而非以知识为导向。

【4】[22] 一个时期以来，盖乌斯一直被人们视为救星和恩人，以为他会给亚细亚和欧罗巴带来新的幸福，并把不可毁坏的幸福带给全体人民和每一个人。然而，这种看法近来突然发生逆转，或者如他们所说，他过去隐藏在伪善面具之下的野蛮本性被揭露出来。[23] 盖乌斯是提庇留收养的孙子，而盖乌斯的堂弟是提庇留的亲孙子，盖乌斯的堂弟是皇位继承人，可以与盖乌斯一道分享统治权，然而他的堂弟被处死了，理由是谋反，尽管他的年纪本身就可以排除这种指控。[24] 按照某些人的说法，如果提庇留活的时间再长一点，盖乌斯就会出局，也会受到这种怀疑而被杀，而提庇留的亲孙子会被指定为他的祖父的皇位继承人，成为唯一的统治者。[25] 不过，提庇留在实现他的计划之前就被命运带走了，而盖乌斯以为，他凭借某种策略能够逃避人们对他的厌恨，不会认为他玩忽职守，而他的同伴对此会非常高兴。[26] 他使用了下述诡计。他把朝中的主要官员召集起来，对他们说："按照已逝的提庇留的意愿，我希望能与我的堂弟共享帝国的统治权，他虽然是我的堂弟，但在情感上我们是亲兄弟，尽管你们自己就可以看到他还是个孩子，仍旧需要监护人、家庭教师和学校老师。停止给他的灵魂或肉体增添权力的重担，减轻他的负担，使他得到缓解，还有什么能比给他这种恩惠更好？"[27] 他继续说道："我不仅仅是他的监护人、家庭教师和学校老师。我本人要做他的父亲，要让他做我的儿子。"

【5】[28] 他用这些话既欺骗听众，又欺骗这个孩子。然而，收养只是一个诱饵，不能确保他得到所期望的统治权，但会使他丧失已经拥有的东

西。盖乌斯一开始就用诡计暗算他的这位共同继承人和合伙人，他不顾一切反对意见，强行把他的堂弟与外界隔离开来，罗马法律赋予父亲对儿子拥有的绝对权力，更不必说盖乌斯作为皇帝拥有至高无上的权力，所以没有人有勇气或力量要求盖乌斯解释他的所作所为。[29]作为竞技场上唯一的胜利者，盖乌斯对他们之间的友谊和亲情丝毫也不感到遗憾，把这个不幸的孩子、他的共同继承人送进了摄政王的坟墓，人们曾经期待这位共同继承人成为唯一的皇帝，因为他与提庇留的亲属关系最近，在提庇留的儿子们都已经死亡的情况下，这个孙子在祖父眼中就应当成为皇位继承人。[30] 据说这个孩子接到命令，要他用自己的双手杀死他自己，一名百夫长和一名千夫长在场对他进行监督，他们得到指示说，其他人杀死皇帝的后代是不合法的，不能有这种亵渎之举。盖乌斯在采取这一亵渎的、不虔敬的行动时，想到了要遵守法律和圣洁，然而他的行动正是对法律和圣洁的歪曲。不过，这个孩子缺乏做这件事情的技能，因为他从来没有看见过杀人，也没有接受过军事训练，本来对当做统治者来培养的人来说，这种训练是预备性的。[31] 所以，他一开始伸出脖子，要在场的使者杀死他，而当那些使者说自己不能这样做的时候，他自己拿起剑来，无知地问使者最要害的部位在哪里，想要一下子结束自己可悲的生命。使者们可耻地扮演了教师的角色，教他用剑砍什么地方；接受了这一最初也是最后的教导，这个可怜的孩子被迫成了杀死自己的凶手！

【6】[32] 盖乌斯打赢了第一个回合，以后不会再有合伙人与他共同掌握统治权，也不会有人引起他的猜忌和怀疑；他接着马上准备进行第二回合的努力，这一次是打击玛克罗①，在确立盖乌斯的统治权的过程中，玛克罗曾经是盖乌斯的同盟者，不仅在盖乌斯被推举为皇帝之后，而且在盖乌斯当皇帝之前，帮助盖乌斯获取统治权，而在追求成功时，他的奉承谄媚从来没有遭受过失败。[33] 提庇留精明强干，行动谨慎，超过他的所有同时代人，

① 玛克罗（Μάκρω），罗马近卫军长官。

能猜到旁人内心的秘密；他厌恶盖乌斯，对依附他母亲的整个克劳狄[①]家族也怀有恶意；但是现在他只为他的孙子担心，认为若是无人保护他的孙子，盖乌斯很快就会把他的孙子搞掉。[34] 提庇留还怀疑盖乌斯，认为他不适宜担任重要职务，因为盖乌斯脾气古怪、反复无常、疯疯癫癫，待人接物极不友善，无法保持言语和行动的一致。[35] 遇有机会，玛克罗总是尽力弥补盖乌斯的这些缺陷，藉此消除提庇留的怀疑，因为提庇留的这种持续怀疑使他心存芥蒂。[36] 玛克罗对外声称盖乌斯本性优良，性格温顺，所以盖乌斯愿意忠心事奉他的堂弟，家族情感也使他的堂弟愿意退隐，让盖乌斯成为唯一的皇帝。玛克罗还说，谦虚在许多情况下是一种缺点，而盖乌斯的谦虚使头脑简单的他被人们误认为狡诈。[37] 他的这些似是而非的论证并不能说服提庇留，于是他就以自己的信誉为担保，证明他的论据的真实性。他说："我向你们保证，你们应当相信我，因为我提供了充足的证据，当攻击和摧毁谢雅努斯的任务交到我手里的时候，我是特殊意义上的凯撒提庇留的朋友。"[38] 总的说来，玛克罗对盖乌斯的赞美是成功的，盖乌斯受到怀疑和模糊的指控，他为之进行辩护，他的赞美可以说是辩护的一个恰当的名称。一般说来，当人们向提庇留提出恳求的时候，人们可以用这些术语平等地赞扬完全意义上的兄弟或儿子，甚至可以由玛克罗来赞扬盖乌斯。[39] 按照大部分人的说法，不仅玛克罗预期能够得到盖乌斯的回报，而且玛克罗的妻子也有这样的预期，玛克罗对盖乌斯和这个国家确实有一定影响，但确实无人指控玛克罗的妻子。她每天都在鼓动她的丈夫不要降低对年轻的盖乌斯的热情，减少对盖乌斯的帮助。如果妻子是个淫荡之人，那么她拥有巨大的威力，可以诱惑她的丈夫，使他麻痹，因为她的罪恶之心使她的哄骗加剧。[40] 而这位丈夫，由于不明白他的婚姻和家庭的腐败，认为妻子的哄骗是一种单纯的善行，他上当受骗，几乎不知道妻子的险恶用心是诱导他，把他最凶恶的敌人当做最亲爱的朋友。

---

① 克劳狄（Κλαυδίων），人名。

【7】[41] 玛克罗多次在毁灭的边缘拯救盖乌斯，真诚而又直率地向盖乌斯提出自己的忠告；玛克罗就像一名优秀的建筑师，希望自己的手艺能成为抗拒建筑物毁灭或解体的证据，而这种毁灭是由他或别人造成的。[42] 所以，每次看见盖乌斯在宴会上睡着了，他会把盖乌斯唤醒，对盖乌斯提出双重批评，说他之所以唤醒盖乌斯既是为了保持国家的繁荣，又是为了保障盖乌斯的个人安全，因为睡眠中的人很容易成为暗杀的目标。又比如，盖乌斯看跳舞的时候激动而又疯狂，有时加入舞蹈，有时与插科打诨的小丑逗趣，大声调笑年轻的戏子，而不是保持庄重的微笑，或者被竖琴手或歌手所感动，在这种时候，玛克罗会坐在他的身旁，拉住他，并且试图控制他。[43] 玛克罗还经常凑到他的耳朵跟前窃窃私语，温和地告诫他。玛克罗会说："你在当一名观众或听众的时候，或者在使用你的其他感官的时候，你务必不要像围着你的那些人一样，或者说你务必不要像其他任何人一样。你必须在生活的各个方面远远超过他们，就好像你的好运远远超过他们。[44] 不可认为掌握大地和海洋统治权的人应当被唱歌、跳舞、粗俗的玩笑，或者诸如此类的东西所征服，而应当始终牢记他的职责，他就像是畜群的牧人和主人，要为了他自己改良和改进他说过和做过的一切。"[45] 然后，他会继续说："参观剧场、体育场里的竞赛，或者参观战车比赛，这种时候你不要关注表演者实际上做了什么，而要关注他们的行为所显示的道德成就，以及你自己的理性。[46] 如果某些人为这些事情付出的劳动对人的生活无益，而只是在为观众提供快乐和享受，为此赢得赞扬、崇敬、奖赏、荣耀和花冠，那么掌握了最高尚、最伟大技艺的人会怎么做？[47] 管理是一门最优秀、最伟大的技艺，它能使低地和高地上的深厚肥沃的土壤得到耕种，能使载货的商船安全地在海上航行，去各个友好国家进行货物贸易，送去他们缺乏的物品，让他们用自己剩余的物品进行交换。[48] 嫉妒决不可能掌控这个适于居住的世界，甚至也不可能掌握它的一大部分，整个欧罗巴，或者整个亚细亚。但嫉妒就像一条毒蛇，会潜入某个隐蔽的地方，潜入一个人或者一个家庭，或者说如果嫉妒有足够的力量，潜入一座城市。然而，嫉妒找不

到入口进入更大的民族或者国家，尤其是进入你的家族，真正的奥古斯都家族，占领各地和掌握一切。[49] 这是因为，所有曾经繁荣和占据中心位置的那些不幸者被你们的家族流放，去了最远的角落和地狱的深渊，而尽管处于流放之中，他们还是从地极和大海把有益和有利的事物送回我们居住的这个世界。治理一切的任务则被交付到你的手中。[50] 于是，大自然陪同你上到船尾最高的位置，把舵柄交到你的手中，由你安全地驾驶这艘人类的公共大船，除了有益于你的臣民，你不会为其他任何事情感到高兴。[51] 多样性是公民个人对整个城市的贡献，但对统治者来说，向他提出有益于臣民的好建议，用尽可能最好的方式执行这些建议，是对他最适当的贡献，他要慷慨大方地把好礼物馈赠给臣民，而不为不确定的未来储藏任何适宜的东西。”

【8】[52] 这个不幸的人试图用谈话这种较好的方式吸引盖乌斯。但是由于喜爱争论，盖乌斯的禀性促使他发生转变，结果与玛克罗的期待正好相反。[53] 盖乌斯后来变得足够大胆，直接藐视他的监护人。有时看到玛克罗向他走来，盖乌斯会以一名旁观者的口吻说：“一名教师、家族教师、监护人正在走来，但我不再需要学习和监护，我已经拥有卓越的智慧。他以为皇帝应当服从臣民，把他自己视为精通统治术的行家，进而以教授统治术的老师自居，尽管我不知道他是在什么学校学到的统治术。[54] 我从在摇篮里开始就有一大群老师：父亲、兄弟、叔伯、表兄、祖父、祖先，乃至家族创始人，全都是我的父系和母系的血亲，他们身居高位，手握大权，实际上拥有当国王的潜能，拥有播撒这种才能的种子。[55] 正如身体的力量有一半保存在体形、举止和步态中，灵魂的力量有一半保存在思考和行为中，所以我们可以假设，统治能力也相应地包含在人的身体中。[56] 所以，有谁竟敢来教育我？当我还在母腹中时，我这个自然的作品就被塑造为一名皇帝，还有哪个无知者竟然胆敢来教我知识？身为普通公民，他们怎么有权窥探皇帝的灵魂？然而，他们作为学习者，竟然厚颜无耻地以引导别人掌握统治术的奥秘的人自居。”[57] 盖乌斯开始试着逐步疏远玛克罗，捏造出一些

罪名来指控玛克罗，这些罪名尽管是虚假的，却能引起人们的怀疑，被当做真的来接受。这是因为，敏捷和富有才华的本性总是产生似乎有理的论证。[58] 玛克罗说："他捏造出来的就是这样一类指控，而造就盖乌斯的是我玛克罗，我比他的父母更是他的再造者。不止一次，而是三次，提庇留想要杀死盖乌斯，若非我和我的劝告，盖乌斯马上就会被除掉。我甚至有过这样的举动，提庇留死的时候，我当时手握重兵，但我马上带兵来到提庇留的军营，告诉人们我们需要盖乌斯的完善的统治。" [59] 有些人相信这些指控，把它们当做真实的事情，而不知道讲话者的欺骗和狡猾，因为他的虚伪品质还没有显露。然而，几天以后这个不幸者和他的妻子就被除掉了，他为他过分的热情付出了代价，受到极为严厉的惩罚。[60] 这是对不感恩者施恩而得到的感谢。不感恩者对他们所获得的恩惠的回报就是最严厉地惩罚他们的恩人。玛克罗就是这样，他抱着诚挚的热情，付出巨大的辛劳，首先救了盖乌斯的命，其次确保盖乌斯单独登上皇位，然后却获得这样的奖赏。[61] 据说这个不幸的人被迫自杀，他的妻子也落到同样的下场，尽管他的妻子曾经是盖乌斯的情妇。不过，如他们所说，爱是一种变化无常的情欲，所以没有一样爱是稳定的。

【9】[62] 随着玛克罗以及他的整个家族被杀害，盖乌斯把自己武装起来，实施第三个回合的打击，而他的变节行为更加可悲。这次打击的对象是他的岳父马库斯·西拉努斯①，这个人精神高尚，出身高贵。他的女儿已经去世，但他继续关心盖乌斯，不断地向盖乌斯表达他对盖乌斯的喜爱，这种感情不太像一位岳父，反倒像一名真正的父亲，通过这样的行为，他想使这位女婿变成儿子，藉此取得与他平等的统治权。但是，他几乎不知道他的期盼有多么空洞。[63] 在所有谈话中，他像一名监护人似的不做任何掩饰，表示他想要帮助和改善盖乌斯的品格、行为和统治。确实，他拥有高贵世系与显赫姻亲使他说起话来毫无拘束，引人注目。他的女儿去世以后不久，这些亲属

① 马库斯·西拉努斯（ΜάρκοςΣιλανός），人名。

关系开始衰退，他们之间的争斗也停止了，尽管他们中间有些人身上还保持着这种活力。[64] 然而，盖乌斯把西拉努斯的告诫当做侮辱，因为他以为自己是世上最聪明、最节制的人，也是最勇敢、最公正的人，他痛恨他的这位导师，胜过他自认的那些敌人。[65] 盖乌斯还认为西拉努斯是个讨厌的家伙，因为西拉努斯想要堵塞他满足欲望的道路；盖乌斯想要除掉想为他的亡妻复仇的所有人，所以他要杀死亡妻的父亲；果不其然，盖乌斯再婚以后，阴险地杀死了他从前的岳父。

【10】[66] 后来又有一些重要人士被杀，于是盖乌斯杀死岳父这件事变得声名狼藉。大众每个月都在谈论这些讨厌的事情，尽管他们压低嗓门，小声小气地说话，恐惧使他们不敢公开议论。[67] 后来，事情又发生了变化，因为民众在意愿、言语和行动各方面都是不稳定的。他们不相信盖乌斯现在已经变得仁慈和高尚，能对所有人公平和友好，能发生如此彻底的变化。他们开始仔细寻找，试图发现新的证据。[68] 涉及他的堂弟和共同继承人，他们会说："统治权是不能分享的，这是不变的自然法则。他对弱者施加多大的压力，弱者也会对他施加多大的压力。这是一种辩护，而不是谋杀。他这样做也许是出于天意，是为了所有人的利益；这个年轻人被杀害了，有些人是他的同党，而其他一些人是盖乌斯的同党，这些事情就是产生动乱，以及内战和外战的根源。世上还有什么事情能比和平更好？然而，和平产生于正当的统治。而消除派系和纷争就是唯一正当的统治，这才能使其他一切事物正确运作。"[69] 涉及玛克罗，他们则说："他的傲慢超越了理性的边界，他没有读懂德尔斐的神谕，'认识你自己'。有格言说，知识是幸福的源泉，无知是苦恼的根源。玛克罗有什么理由改变盖乌斯的角色，把皇帝置于臣子的地位，而把一名臣子改变为统治者？他的统治对君主最有益，而对臣民最有益的是服从，玛克罗认为应当由盖乌斯来实行统治。"[70] 他们对这些事情欠考虑，所以他们把给统治者的鼓励称做给一名顾问下达的命令，无论他们是由于愚蠢而产生误解，还是在奉承谄媚中改变了话语的含义，使之远离这些话语的日常用法。[71] 涉及西拉努斯，他们说："这个人的幻想非常可

笑，竟然以为岳父对女婿的影响可以像父亲对儿子的影响一样；要知道，在私人生活中，那些占据高位和掌握大权的儿子，他们的父亲确实会搁置自己的主张，甘愿居于第二的位置。而这个傻瓜尽管已经不再是岳父，但仍旧试图扩展他的活动范围，他不明白，随着他的女儿的过世，这种姻亲关系已经结束了。[72] 婚姻使原先没有亲属关系的家庭结为姻亲，使原来的陌生人变成亲戚；但若这种关系被打破，那么他们之前结成的利益共同体也被打破，尤其是由无法弥补的事件造成这种破裂，出嫁了的妇女的死亡并非由她的婚姻所决定。”[73] 这就是他们在谈话中表达出来的想法，其中最主要的意思是他们希望这位皇帝不那么残忍。他们希望能在他的灵魂中树立仁慈和人道精神，使他在这个方面胜过他的前任，所以他们认为他在短时间内发生这样彻底的转变是难以置信的。

【11】[74] 就这样，盖乌斯取得了这场竞赛的胜利。上述三个回合分别与三个部门有关，元老院和骑士等级是两个重要部门，与他和首府的关系有关；第三个部门则与他的家庭生活有关。[75] 所以，他凭借强大的人格与胜利，使其他人可怜地产生恐惧，通过谋杀西拉努斯，他使元老们感到害怕，因为西拉努斯在元老中是首屈一指的；通过玛克罗之死，他使骑士们产生恐惧，玛克罗在骑士中间的地位有点像歌队的领袖，光荣地站在首位；通过杀死他的堂弟和皇位共同继承人，他使他的所有亲属产生恐惧，他不再受人性的约束，而是超越人性，并希望人们把他当做神来看待。[76] 盖乌斯醉心于此，据说在第一阶段他采取了这样的论证路线：“掌管畜群的牧牛人、牧养山羊的人、牧养绵羊的人，他们本身不是牛或羊，也不是山羊或绵羊，而是被赋予更高天命和职责的人；以同样的方式，我负责掌管最优秀的畜群，也就是人类，所以你们必须认为我与人不同，我不具有人的性质，而是拥有更加伟大的、神圣的天命。”[77] 他把这种观念牢固地刻在心灵上，随身携带，这个可怜的傻瓜，就好像这种神话虚构是不容置疑的真理！当他获得勇气，有胆量向公众发布他的最不敬神的关于神性的假设时，他试图使他的行动逐步与此相应，就好像踩着垫脚石上升到顶端。[78] 首先，他把自

己与那些所谓的半神联系起来，狄奥尼索斯[①]、赫拉克勒斯[②]、狄奥斯库里[③]，与他自己的权力相比，他把特洛福尼乌[④]、安菲阿拉俄斯[⑤]、安菲洛库[⑥]，以及与他们相似的人，还有他们的谕言和庆典，当做笑料来处理。[79] 然后，就像在剧场里一样，他在不同时间穿上不同的服饰，有时身披狮皮，手持棍棒，佩戴黄金饰品，把自己打扮成赫拉克勒斯，有时头上戴着帽子，装扮成狄奥斯库里，或者戴上常青藤的花冠，手持酒神杖，身披鹿皮，装扮成狄奥尼索斯。[80] 他认为自己应当与众不同，每个人确实都有自己的荣耀，不能与他人分享，但他充满妒忌和贪婪，想拥有所有人的荣耀，或者说想拥有所有神灵的荣耀。他没有把自己变成有三样身体的革律翁[⑦]，让观看者感到困惑，而是表现得非常灵巧，拥有多重形相，就像埃及人普洛托斯[⑧]，荷马说他变幻无常，能变化为以元素为成分的各种动物和植物。[81] 然而，这些形相通常是用来表示上述神灵的标志，跟你盖乌斯有什么关系？你应当模仿他们的美德。赫拉克勒斯历经千辛万苦，净化大地和海洋，他的作为对全人类来说都是最必要的、有益的，他想要摧毁两种生活中有害的、有毒的事物。[82] 狄奥尼索斯栽种葡萄，酿造出最美味的饮料，同时有益于灵魂和身体。他使灵魂进入欢愉状态，使灵魂遗忘邪恶，期待善良，也使身体更加健康、强壮和敏捷。[83] 在私生活中，他改善每一个人，使大部分家庭和家族发生改变，从卑微的、辛劳的生活方式转变为自由的、放荡的生活方式，他为所有希腊人和野蛮人的城市提供了经常性的宴饮、婚姻、节日、庆典。所有这些东西的生成都要归于狄奥尼索斯。[84] 还有，据说狄奥斯库

---

① 狄奥尼索斯（Διονύσιος），希腊酒神，首创用葡萄酿酒。

② 赫拉克勒斯（Ἡρακλῆς），希腊神话英雄，大力神。

③ 狄奥斯库里（Διοσκόρους），希腊神话人物卡斯托耳和波吕丢刻斯两人的总称，卡斯托耳善骑，波吕丢刻斯善战。

④ 特洛福尼乌（Τροφώνιος），希腊神话人物。

⑤ 安菲阿拉俄斯（Ἀμφιαραος），希腊神话人物，攻打底比斯的七英雄之一。

⑥ 安菲洛库（Ἀμφιλοχος），希腊神话人物。

⑦ 革律翁（Γηρυόν），希腊神话人物，巨人，被赫拉克勒斯杀死。

⑧ 普洛托斯（Πρώτως），希腊神话人物，变幻无常的海神或海中老人。

里两兄弟共享不朽，因为他们中间有一个是可朽的，有一个是不朽的，不朽的这一位被认定拥有较高的命运，但他并不认为自己在这方面可以自私自利，而是热爱他的兄弟。[85] 他已经度过无数个世代，知道自己是永生的，而他的弟弟是永死的，于是他为弟弟的命运感到哀伤，最后他实现了伟大而又神奇的交换，把必死的命运与自己的命运相混合，把永生与他弟弟的命运相混合，就这样形成了不平等这个不公正的源泉，而平等这个公正的源泉则消失了。

【12】[86] 盖乌斯接受了人们的崇敬，并且为了我们大家都感恩的那些利益继续这样做，而人们认为他配得上受到崇拜和最高的荣耀。所以，让盖乌斯自己来告诉我，什么原因使他变得如此自负、傲慢和膨胀。[87] 从狄奥斯库里开始说起吧。你仿效他们兄弟之间的友爱吗？你铁石心肠，极端无耻，残忍地杀害了你的兄弟和共同继承人，而他还处在花季岁月。后来，你又放逐了你的姐妹。难道她们也会抢走你的皇位，因此使你感到害怕吗？[88] 你模仿狄奥尼索斯吗？你像他那样发明了新的福利吗？你使这个有人居住的世界充满欢乐吗？你的馈赠连亚细亚和欧罗巴都无法容纳吗？[89] 实际上倒不如说，你是一名摧毁者；你毁灭新的技艺和知识，把快乐和欢娱的生活转变为不幸和悲伤，让所有人认为这种快乐的生活名不符实。你的欲望无法得到满足和平息，你偷走了所有善物和有价值的东西，从东到西，从南到北，从这里到其他所有地区，作为给人们的一种回报，你带来了一切苦难、不幸和伤害，这是邪恶的灵魂无法造就的。[90] 作为一名新狄奥尼索斯，这些事情就是你要透露给我们的吗？或者说，你还想模仿赫拉克勒斯孜孜不倦地劳动，拥有不知疲倦的勇气吗？伴随着多产和繁荣，慷慨地提供由于和平而创造的大量恩惠，你要让大陆和海岛充满法律和公义吗？你们这些极端无知的胆怯者剥夺了所有城邦的幸福，把它们转变为混乱、骚动和痛苦的温床。[91] 盖乌斯，你确实获得了丰收，但你的果实是毁灭，而你寻求分有不朽，所以你造就的灾难不是短期的，也不是短暂的，而是永久的，不是吗？所以我认为事情正好相反，哪怕你是众神之一，你的邪恶行为使你变

成了可朽者；如果说美德能够提供永恒，那么邪恶肯定带来毁灭。[92] 所以你一定不可把自己与狄奥斯库里并列，他们是最好的兄弟，而你谋杀和毁灭了你的兄弟，你也不可分享赫拉克勒斯和狄奥尼索斯的荣耀，他们造福于人类的生活，而你只会毁损和腐败他们取得的成就。

【13】[93] 盖乌斯好似恶魔缠身，神志迷乱，他抛下这些半神，开始向上挺进，把自己打扮成赫耳墨斯、阿波罗和阿瑞斯①，他攻击崇拜者赋予这些半神神灵的荣耀，认为这些神灵比那些半神更加伟大、更加神圣。[94] 首先是打扮成赫耳墨斯，盖乌斯手持牧杖，脚穿便鞋，身披斗篷，显得怪诞可笑，他似乎要在无序中展示有序、在混乱中展示一致、在错乱中展示理性。[95] 然后，在高兴的时候，他会脱去赫耳墨斯的衣服，改穿阿波罗的，头戴光芒四射的金冠，左手持弓箭，右手拥着美惠三女神，以此象征善物可以安放在右边，这是比较高的位置，惩罚可以放在左边，这是比较低的位置。[96] 此时，在他边上站立的歌队马上唱起赞歌，把他称做巴库斯②，或者埃维乌斯③，或者吕埃乌斯④，当他僭越地穿戴狄奥尼索斯的服饰时，他们用赞歌来荣耀他。[97] 他也经常身穿盔甲，手持利剑和盾牌，自誉为战神阿瑞斯，而这位新阿瑞斯的崇拜者们排队行进，残暴地杀人，卑劣地事奉这位贪婪的、嗜杀的主人。[98] 看到这些事情，人们会感到十分惊讶，奇怪而又矛盾的是一个人的行为怎么能够与他乐意与之并列的人的行为相反，他轮流穿戴这些标志性的服饰，却不认为自己应当具有相应的美德。这些服饰确实依附于偶像和雕塑，但却象征着这些神灵为人类提供的有益的东西。[99] 为什么赫耳墨斯穿着便鞋就像鸟儿伸展翅膀，不就是因为他是有益于神圣事物的解释者⑤和发言人吗？这就是赫耳墨斯这个名字的由来，当他是

① 阿瑞斯（Ἄϱεως），希腊战神。

② 巴库斯（Βάκχος），罗马酒神，相当于狄奥尼索斯。

③ 埃维乌斯（Εὔνιος），神名。

④ 吕埃乌斯（Λυαῖος），神名。

⑤ 解释者（ἵϱμ φ ζύς），亦可译为“通司”。

一名信使，甚至还不是一个贤人，更不是一位神的时候，他行动敏捷，插翅飞行，毫不迟延地传送坏消息。确实，有益的好消息应当很快传递，但是坏消息就应当缓慢地传递，如果实在不能隐瞒的话。[100] 还有，赫耳墨斯手持的信使手杖象征着和解与缔结和约，因为通过信使进行的调解，战争得以悬置或终结；没有信使的战争会制造无穷的灾难，对进攻者来说是这样，对防御者来说也是这样。[101] 然而，穿上便鞋对盖乌斯又有什么用处呢？各种坏消息和坏名称不是被埋葬在沉默中，而是以极快的速度到处传播，这种事情需要传播吗？他就像一个源泉，给这个有人居住的世界的每一个地方不断地降下灾难之雨。[102] 他没有必要手持信使的手杖，他的一言一行不是为了和平，他使内讧充满希腊和外部世界的每个家庭和城邦！不，让他赶快离开赫耳墨斯吧，让他洗涤自己的罪恶，他名不副实，实际上是个骗子！

【14】[103] 至于阿波罗的服饰，盖乌斯在哪一点上与阿波罗相似？阿波罗头戴的金冠金光闪闪，那是制造它的工匠想要很好地模仿太阳的光芒，而对盖乌斯来说，适合他的与其说是太阳或者光明，不如说是夜晚或者黑暗，或者说是比黑暗还要无光的东西，可以用这种东西来表示他的无法无天的行为；高尚和美好的事物需要用中午完全的光明来显示，而卑劣丑陋的事物，如他们所说，要把它们掷入深邃的塔塔洛斯①，在那里隐藏，这是它们命中注定要去的地方，不是吗？[104] 也要让他交换一下他的两只手所拿的东西，不要弄错秩序；让他用右手拿弓，因为他知道使用弓的真正目标是针对男男女女，针对整个家庭，针对人口众多的城市，给它们带去最终的毁灭。[105] 他应当用左手来持有或抛弃美惠三女神。他羞辱了她们的美貌，因为他用贪婪的眼睛和张大的嘴巴看着她们，不公正地抢劫巨大的财产，乃至于杀死财产的主人，他们的繁荣成了导致他们可悲结局的原因。[106] 盖乌斯还试图很好地再造阿波罗的医疗技艺。因为阿波罗是有益于健康的医学的发明者，推进了人类的健康，还设法治好了他自己的疾病，而那些本性和

---

① 地狱。

美德最仁慈的人是这些疾病的根源。[107] 而盖乌斯把疾病带给健康者，把残废带给健全的肢体，用最残忍的形式把死亡带给生命，这是凡人的作为，远远超过命运的预期。他毫不吝惜地提供各种毁灭的工具，他若不是死于公义之手，他的死亡阻止他使用这些毁灭的工具，那么各个城邦共同体里名望最高的那部分人已经灭亡。[108] 他本来已经做好安排，想要对付那些土豪和富人，尤其是那些罗马的和意大利其他地方的富人，他们积攒了大量的金银财宝，若要把它们全部摊开，那么这个有人居住的世界的整条边界也嫌太短。就这样，他轻率地从他的家乡开始抛弃和平的种子，他仇恨城邦，吞噬居民，成为制造灾难的害人虫。[109] 据说阿波罗不仅是个好医生，而且还是个优秀的预言家，能够预见未来与祸福，为了不让那些不具有任何预见能力的人受蒙蔽，他运用预见未来的知识，从已经被证明的事情中期待更高的利益，用他的心灵清晰地看见他前面的东西，用他身体的眼睛保卫和保护他自己，反对任何命定的灾难。[110] 而我们能够放过盖乌斯这些不详的声明吗？他向那些身居高位的强者宣布，要使他们贫困，要剥夺他们的公民权，要流放他们，要判处他们死刑？所以，他的行为从来没有表现出与阿波罗有什么亲缘关系？他虚假地称自己为佩安①，让他马上停止模仿真正的佩安，因为神的形相是不能像硬币那样伪造的。

【15】[111] 确实，人所能期待的最后一件事情就是让身体和灵魂属于自己，让勇猛的阿瑞斯消除二者的软弱无力。然而，就像戴着多种面具的演员，他欺骗了观众，使观众以为他就是这个样子的。[112] 考察他的身体和灵魂的特性已经没有必要，因为他的每一个姿势和动作都表现出他与这位神灵不同，我们确实知道阿瑞斯的力量，但不是神话里的阿瑞斯，而是理性王国的阿瑞斯，他的勇气来自他本身。这种力量是对邪恶的防御，是被冤枉者的助手和卫士，如其名称所示。[113] 我认为阿瑞斯这个名字源于 ἀρήγω，意思是“帮助”。阿瑞斯是战争的摧毁者、和平的创造者。而另外一个凡人

① 佩安（Παιᾶν），太阳神阿波罗的别名。

是和平的敌人、战争的朋友，是把稳定转变为骚乱和内讧的转换者。

【16】[114] 我们还需要比这更多的证据来教我们吗？盖乌斯没有权利与这些神灵或半神相似，因为他的本性、实在、生活目标与它们完全不同。但是我们看到，情欲是一样盲目的东西，尤其是当它被虚荣和野心所增强的时候，再加上拥有最高统治权，使我们先前的繁荣遭到损毁。[115] 他厌恶犹太人，因为只有犹太人反对他的原则，我们可以说，通过父母、家庭教师、教练的训导，通过更高的神圣律法的权柄，通过不成文的习俗，犹太人从摇篮里开始就接受这条原则，承认一神是这个世界的父亲和创造者。[116] 其他一切事物，男人、女人、城邦、民族、国家、地区，几乎可以说，整个有人居住的世界都在发出呻吟，而他们发出的奉承是夸张的，只能增加皇帝的虚荣。甚至还有一些人把野蛮人下跪的礼节引入意大利，使罗马的自由传统退化堕落。[117] 只有一个民族没有与其同流合污，这就是犹太人，它遭到怀疑，人们以为它持有反对意见，因为它习惯于接受死亡，把死亡当做不朽，以免毁损祖宗的任何传统，哪怕是最小的传统，就像一处建筑物，如果它的基础损毁了，建于其上的其他部分就会松散，滑落，倒塌。[118] 但是这种更替不是微小的，而是一切存在的事物中最大的，当人的被造的可朽的本性通过神化而被造得像是非被造和不朽的时候，我们的民族将之断定为最可悲的不虔敬，因为神变成人比人变成神更快。除此之外，这种更替包含着不信神和对整个世界的施恩者不感恩这种最大的邪恶，因为是施恩者通过祂的权能把无限丰盛的幸福赐予一切事物的每一个部分。

【17】[119] 然而，这个民族后来遭遇无穷的战乱。让奴隶拥有一位对他怀有敌意的主人，还有什么诅咒能比这个诅咒更大？臣民是掌握了绝对权力的皇帝的奴仆，如果说这在他的所有前任那里不是真的话，因为他们的统治是有节制的，他们对法律是遵从的，那么这对盖乌斯来说确实是真的，盖乌斯从他的灵魂中消除了一切善意，一心一意去做无法无天的事情。他把自己视为法律，并且废除了国家的立法者制定的那些法律，视之为空洞的废话。我们不仅被列为奴隶，而且被列为最低等的奴隶，而统治者则成为一名

暴虐的君主。

【18】[120] 亚历山大里亚的那些暴民察觉到了这一点，认为机会难得，于是对我们发起攻击，他们点燃了长期积累的仇恨，制造了这场骚乱。[121] 看到我们被皇帝抛弃，于是他们就用最疯狂、最野蛮的方式摧毁我们，我们的人遭受了极大的苦难，在这场战争中被消灭。他们抢占我们的房屋，把屋主人以及他们的妻子儿女赶走，使他们无家可归。[122] 然后他们抢走屋子里的家具和值钱的东西，不需要像小偷那样害怕被捕捉，也不需要在夜晚派人值守，而是在光天化日之下公开搬运，就好像这些东西是他们从房主人那里继承来的。在市场中央，他们当着房主人的面，一边瓜分战利品，一边嘲笑和辱骂这些东西的主人。[123] 这些事情本身确实可怕，但它还能是什么样子？富人变成了穷人，富裕变成了匮乏，不是由于他们自己的过错，而是灾难在突然之间发生，他们因此变得无家可归，被赶出自己的房屋，他们只能在露天栖身，在严寒酷暑中死去。[124]然而，与下面还要说的事情相比，这些事情都还是小事。遭到驱赶以后，无数的男女儿童被赶出整个城市，集中到一个很小的区域，就像畜群进入一片围栏，肇事者想要在几天之内就能看见堆积如山的尸体，犹太人因缺乏生活必需品而饿死，没有预言家提到这场突如其来的灾难，他们得不到所需要的东西，由于过分拥挤，他们窒息而死。[125] 空间狭小，那里的空气变得稀薄，不能给人提供生命力，而是变成人们的喘气。空气在被频繁地使用，人们通过嘴巴和鼻孔呼吸着恶臭的空气，像发高烧那样给空气加热，用一句谚语来说，他们在火上添火。[126] 自然把我们的内脏造得像个火炉，外面的空气是凉爽的，换气的时候空气被吸入内脏，身体的各个器官和谐地结合，保障有序的呼吸，而当那股火流添加进来的时候，空气温度变高，这些器官也就失控了。

【19】[127] 所以，这些人再也无法忍受缺乏空间的痛苦，他们冲向那些无人的地方，沙滩、墓地，渴望能够呼吸新鲜空气。如果有谁在这座城市的其他部分被逮捕，或者他们正好从别的地方到这个国家来，不知道落在我们头上的这场灾难，那么在他们能够逃走之前，他们会遭受多重不幸，要么

被人用石头砸死，要么被人用砖头砸伤，或者被人用树枝殴打，尤其是被打伤头部，头部受伤是致命的。[128] 一些游手好闲的无赖会围观犹太人，如我所说，他们被赶到城中一小块地方，而那些无赖会端坐在那里，观察这些犹太人，就好像在观察一座被包围的要塞，不让任何人逃跑。当然，也有一些缺乏生活必需品的人不顾自身的安全，说出他们全家被饿死的事实。而那些无赖逼近监视，不让犹太人逃走；犹太人一旦被抓住，他们的敌人会将他们碎尸万段。[129] 另外还有一群人在河边港口等候，抢劫那里的犹太人和货船。他们上了船，当着船主人的面搬走货物，还把船主人捆绑起来，然后用甲板上的舵、橹、桨、板作燃料，烧死船主人。[130] 那些在市中心被烧死的人是最可怜的。有时候没有木柴，他们会找来柴草，点着以后扔在这些不幸的牺牲者身上，他们是被浓烟熏死的，而不是被烈火烧死的。柴草产生的火焰比较弱，不像木柴那样熊熊燃烧。[131] 有许多人在还活着的时候就被绳索捆绑，被人拉着经过市场中央，遭受鞭笞，那些杀人者甚至连尸体也不放过。他们比最凶猛的野兽还要野蛮，撕裂和践踏牺牲者的肢体，毁灭死者的容貌，使遗体无法得到安葬。

【20】[132] 身为这个国家的总督，如果愿意的话，他能够在一个时辰内镇压这群暴民的恶行，但他假装未见所见，未闻所闻，甚至纵容他们不受约束地开战，毁灭和平，使他们更加激动、更加大胆地推进这些无耻的暴行。他们召集了许多人攻击聚会所，这座城市的每个区都有这样的聚会所。有些聚会所的房子被毁坏，有些连房屋的基础都被毁掉，有些被放火烧毁，他们在狂怒之下无视这样做会殃及相邻的房屋，只要易燃物充分，没有什么东西能够比火跑得更快。[133] 还有，那些奉献给皇帝的贡品也被扯下来焚烧，盾牌、镀金冠冕，铜牌、铭文，想到这些事情，他们的其他行为反倒是可以宽恕的了。他们异常胆大，根本不担心盖乌斯的报复。他们非常清楚盖乌斯对犹太人有一种不可名状的仇恨，所以他们推测，除了用各种方法虐待和伤害这个民族，其他没有任何事情能使盖乌斯满意。[134] 他们想进一步用一些新奇的事物去迎合他，以此确保对我们的虐待不受惩罚，在这样的时

候，你设想他们还能做些什么？某些聚会所他们是无法抢劫或焚烧的，因为周围有许多犹太人居住，于是他们就以另外一种方式发泄他们的愤怒，藉此推翻我们的律法和习俗。[135] 他们建造了一尊巨大的铜像，非常有名，是盖乌斯坐在一辆四匹马拉的马车里。当时他们手头没有新马车铜像，为了尽快实现愿望，他们就在体育场外找来一辆旧马车铜像，铜马的耳朵、尾巴、脚和许多其他部分都已经毁损，如有些人所说，这辆马车原先奉献给一位名叫克勒俄帕特拉[①] 的女子，她是叫这个名字的最后一位埃及女王的曾祖母。[136] 显而易见，每个人都明白这尊铜像对奉献者来说蕴涵着什么样的指控。如果新马车是献给一位女子的，那会怎么样？如果旧马车是献给一位男子的，那又会怎么样？只要这辆马车是献给其他人的，那么这一事实难道不会使那些为了荣耀皇帝而进行这种奉献的人感到警觉吗，他们把这样的东西摆在他们始终赞颂的人面前？[137] 无疑，他们希望得到大量的赞扬，以便得到更多更好的收益，把我们的聚会所转变为供奉这个人的神庙，他们还添加了许多新的东西，尽管他们的动机不是为了荣耀这个人，而是为了以各种方式弥补我们民族遭遇的不幸。[138] 对此，我们可以找到清晰的证据。以最早的埃及国王为例。三百年间，前后共有十位或者更多埃及国王继位，但亚历山大里亚人没有在我们的聚会所里安放任何一位国王的塑像，他们承认这些国王出于同一种族，把这些国王当做神灵来描写和谈论。[139] 这样做是很自然的，埃及人无论如何是凡人，而犬、狼、狮、鳄，以及其他许多陆上、水中和空中的野生动物，都被他们神化了，整个埃及的祭坛、神庙、神龛、圣地都是为这些动物建立的。

【21】[140] 他们也许会说他们现在不这样认为，因为他们更多的是祝愿统治者交好运，而非向统治者本人致敬，皇帝们在名望和幸运方面要高于托勒密[②]，所以应当得到最高的荣耀。[141] 好吧，你们这些最愚蠢的家伙！

---

① 克勒俄帕特拉（Κλεοπάτρας），人名。

② 托勒密（Πτολεμαῖος），埃及国王的姓氏。

我不希望骂人，但我不得不骂你们。请你们告诉我，盖乌斯从他的前任提庇留那里继承了什么样的统治权？他① 掌控海洋和陆地二十三年，不让最小的战争火星在希腊或者希腊以外的世界爆发，一直到他生命的最后阶段，他都在全心全意地维护和平，赐予人们和平的祝福？你认为他配不上这样的荣耀吗？[142]他出身低劣吗？不，他父亲的世系和他母亲的世系都是最高贵的。他在文化上是低劣的吗？不，他是他所处时代的思想大师，或者语言大师。他寿命不长吗？国王或皇帝能活到幸福的晚年实属不易，而出于对他的审慎的敬畏，他在年轻时就被人们称做老人。但如此伟大的人物却遭到你们的轻视和忽略。[143] 还有，他拥有各种超越凡人的美德，他统治的帝国无比庞大，他的高贵品性源于第一个拥有奥古斯都称号的那个人②，这个称号的意思是庄严与可敬，从他掌管这个混乱的共同体的那一刻起，他不是通过继承遗产来获得这个头衔，而是由于他本身成为可敬的源泉，并为他的追随者所继承。[144] 在他那个时代，岛屿和大陆为敌，争夺首要的地位，大陆也和岛屿为敌，争夺首要的地位，他们全都为了保护这位领袖，他在罗马人中间的名望首屈一指。还有，这个有人居住的世界分为几个大的区域，欧罗巴和亚细亚，它们相互之间展开竞争，争夺国家统治权，由于各种原因，他们从大地最遥远的部分向所有大海和陆地发动最可悲的战争，所以整个人类由于相互屠杀而筋疲力尽，若非有奥古斯都这位领袖，人类濒临彻底毁灭的边缘，把他称做邪恶的防止者是非常恰当的。[145] 这就是平息各种狂风暴雨的凯撒，是他医治了希腊人和野蛮人共有的瘟疫，这种瘟疫向四面扩散，播下灾难的种子。[146] 他不仅解开而且打断了紧紧束缚这个有人居住的世界的锁链。他不仅扑灭了公开的战争，也使土匪强盗隐身。他剿灭了海盗，使商船能在大海上航行。[147]他再造了每一个国家的自由，把无序领向有序，给所有野蛮无礼的国家带去文明与和谐，他用众多新希腊扩展了老希腊，把

① 指罗马皇帝提庇留·克劳狄·尼禄，公元 14 年—37 年在位。

② 指罗马皇帝盖乌斯·朱利乌斯·凯撒·屋大维，公元前 27 年—公元 14 年在位。

这个外部世界最重要的区域希腊化，他是和平的卫士，他把义务分派给每一个人和所有人，他也没有隐瞒他的偏爱，而是使之成为共同的财产，终其一生，他没有藏匿任何善良与卓越。

【22】[148] 他们忘了，这位伟大的恩人统治埃及四十三年，但没有在我们的聚会所安放任何东西荣耀他，既没有塑像，也没有半身像，更没有绘画。[149] 如果说赋予某人以新的、额外的荣耀是对的，那么他是一个恰当的荣耀接收者。他是可以被我们称做奥古斯都家族的总源泉和源头的人。他还是首位最大的恩公，他终结了许多人的统治，由一位舵手，亦即他本人，驾驭这条共同体的大船，他真是一位神奇的统治大师！“由许多位主人进行统治不是一件好事。”[①] 这句谚语是正确的，因为多重表决必将产生多重邪恶。除此之外，整个有人居住的世界都在投票，赋予他的荣耀不亚于天上的荣耀。[150] 城市里的神庙、通道、前庭、门廊很好地证明了这些事情，归于凯撒的宏伟建筑超越了拥有新旧建筑的所有城市，尤其是在我们自己的亚历山大里亚城。[151] 在别的城市找不到像被称做赛巴斯腾[②] 的这个区，它的港口建有一座奉献给凯撒的神庙，神庙坐落在显要的位置，面向港口；这个港口非常庞大，适宜船只停泊，神庙里有众多绘画和金银雕塑，它们气势恢宏，装饰着门廊、图书馆、内庭、树丛、通道，宽敞的庭院，还有各种奢靡的装饰品，适宜信徒们前来供奉，一般说来，他们祈求的是进出港口和航行的安全。

【23】[152] 他们的行动是有基础的，他们其实能够命令来自各地的所有人遵守各种法律，不对我们的聚会处使用武力。那么，是他们忽略了什么敬畏凯撒的标志吗？无人能替凯撒回答说他们能否这样做。那么，他们为什么要对凯撒有所保留呢？我会毫无保留地回答这个问题。[153] 他们知道凯撒小心谨慎地保留每个民族的习俗，不亚于对待罗马人的习俗，他之所以得到荣耀不是因为摧毁了某些民族自夸的体制，而是与其强大的统治相一致，

① 参见荷马：《伊利亚特》第 2 卷，第 204 行。

② 赛巴斯腾（Σεβαστεῖον），地名。

要用这样的礼物来增进这种统治的声望。[154] 他从来没有因为人们赋予他巨大荣耀而洋洋得意，自我膨胀，也从来没有希望任何人把他称做神，若有人这样称呼，他反而会表现出厌恶；这一事实还可以清楚地表明他对犹太人的认可，因为他完全知道犹太人极端厌恶诸如此类的事情。[155] 那么他是如何表达他对犹太人的认可的呢？他知道位于台伯河[①] 另一侧的罗马有一大部分被犹太人占据，他们中的大部分人是获得自由的罗马公民。他们被带到意大利来的时候是俘虏，但后来他们的所有者解放了他们，也没有强迫他们放弃他们原来的习俗。[156] 所以，他知道他们有祷告和聚会的地方，尤其是在安息日，他们会聚集在一起，学习他们祖宗的哲学。他也知道，他们为了神圣的目的而征集金钱和初果，由那些献祭者送往耶路撒冷。[157] 尽管他们小心翼翼地保持着犹太公民权，但他既没有把他们从罗马驱逐出去，剥夺他们的罗马公民权，也没有采取任何激烈的手段封闭祷告处，阻止他们聚会，反对他们奉献初果，而是让他们接受律法方面的教导。确实，他非常真诚地尊重我们的利益，他的整个家族也几乎全都支持他这样做，他奉献了大量金钱，用来装饰我们的圣殿，他下令给至高神的燔祭要连续不断地进行，所有开支均由他负责。这些献祭一直延续到今天，也会永远保持下去，这些事情足以体现帝国真正的品格。[158] 这样的事情还有很多，他在他自己的城市里每个月发放救济，当所有民众轮流领取金钱或谷物时，他从来没有排斥犹太人，没有不让他们分享这项恩惠，哪怕发放救济物品的时间是在安息日，犹太人在这个日子里不允许接受或给予物品，或者处理日常生活事务，尤其是去做赢利的事情，他仍旧下令把给犹太人的救济品保留到次日，以使他的施舍能够降临所有人。

【24】[159] 因此，任何地方，任何个人，哪怕不是对犹太人天然怀有好感，也害怕摧毁我们的任何习俗，这种事情在提庇留时代也一样，而当谢雅努斯发起他的进攻时，这种事情在意大利就变得麻烦重重。[160] 由于提

① 台伯（Τιβέϱ），河名。

庇留知道事情的真相，所以他在谢雅努斯死后立刻对在罗马的犹太居民提出虚假的指控，诽谤他们，他之所以这么做，乃是因为他想要消灭这个民族，他知道这个民族的唯一的或主要的部分会反对他的不虔诚的阴谋和行为，而当他自己成为阴谋的牺牲品时，他们又会保护这位皇帝。[161] 所以他要求派往各地的行政长官温和地对我们民族的成员讲话，在不同的城邦抚慰他们，说自己不会把惩罚扩展到所有人，而是只针对少数罪犯，他想要说明自己不会干扰任何已有的习俗，而会把这些习俗视为真诚的信仰，会把犹太人视为天生爱好和平的民族，会把这些习俗视为有助于推进秩序的行为。

【25】[162] 但是盖乌斯本人变得爱慕虚荣，不仅说他是神，而且以为他是神。然后他发现，在希腊人中间，或者在这个外部世界，没有哪个地方的人比亚历山大里亚人更加渴求无限的情欲，而非追求自然的情欲。亚历山大里亚人擅长奉承、欺骗、伪善，奉承的话语随口而出，用他们松弛的、毫无约束的嘴巴引发普遍的灾难。[163] 他们允许本地的朱鹭和毒蛇，以及其他凶猛的野兽，分享神的称号，可见他们对神的头衔有多么崇敬。尾随其后很自然的就是滥用专门属于神的名称；受到埃及人的欺骗，人们看不出埃及人不信神，也不能理解他们巨大的愚蠢或者不虔诚。[164] 由于不懂这一点，盖乌斯以为亚历山大里亚人真的把他当做神了，因为他们一直清楚地直接使用神这个名称，而不使用其他人在谈论神的时候普遍使用的间接术语。[165] 还有，他认为反对聚会处的暴力行为源于一种荣耀他的清楚的意识和真诚的愿望。他有这种印象，部分原因在于他周期性给某些亚历山大里亚人发送通告，读起这些通告来他会非常高兴，而在他看来，与迷人的通告相比，其他散文和诗歌则是非常令人不快的。他有这种印象，另外一部分原因在于他的仆人和他一道不断地对这些作品加以嘲笑和讥讽。

【26】[166] 这些仆人大部分是埃及人，而埃及人是邪恶的温床，他们的灵魂生来具有埃及本地的鳄鱼和蝮蛇拥有的毒液和脾气。这个赫利肯[①] 是

① 赫利肯（Ἑλικών），人名。

一名极为可恶的奴隶，他的主人把他偷偷地卖进这个帝国的家庭，他在这个家庭中起着合唱队领队的作用。由于他的原主人的野心，他接受过肤浅的博雅教育，他的原主人把赫利肯当做礼物献给提庇留·凯撒。[167] 在提庇留的时代，赫利肯确实没有得到什么高位，因为提庇留痛恨一切幼稚的娱乐，他早年起就倾向于保持庄严和苦行。[168] 但提庇留死后，盖乌斯继承了他的统治，赫利肯依附于他的新主人，这位新主人喜欢各种骄奢淫逸的享受。盖乌斯对他说："现在轮到你了，赫利肯！快醒来吧，有一位杰出的听众和观众在观看你的表演；你博闻强记，比其他人更擅长插科打诨，所以，你现在该如何用笑话诙谐地嘲弄那些傻瓜呢？你接受的教育科目与学校里的常规教育不同，这些科目鲜为人知，但是你的口才并不缺乏魅力。[169] 如果你将你的玩笑与怨恨混在一起，不仅用笑声扰乱对方，而且使他产生怀疑，那么你就能使你的主人完全成为你的俘虏。这是因为，他的本性乐意聆听这种与嘲笑相混的指控。如你所知，他的耳朵是敞开的，愿意听取这些人的话，把辱骂和谄媚结合在一起。[170]你们说不要去追求那些不必要的物质财富。你们辱骂犹太人和他们的习俗，但你们却是在这些习俗中长大的；你们从摇篮开始就接受这种教育，但教你们的不是一个人，而是亚历山大里亚这座城市，它用最有营养的成分教育你们。所以，把你们的学问展现出来吧！"

【27】[171] 在这些可恶念头的激励下，他接近盖乌斯，向盖乌斯大献殷勤。他从早到晚不离开盖乌斯，昼夜不停地陪伴盖乌斯，充分使用与盖乌斯独处的时间和闲暇，指控我们这个民族。他是一名彻头彻尾的恶棍，在诽谤中添加恶意的玩笑。因为他无法直接指控我们，于是就用间接的、狡猾的方法；他是一个可怕的敌人，比那些公开的敌人更难对付。[172] 还有人说，亚历山大里亚人的使者非常明白这一点，所以用大量金钱秘密地贿赂他，不仅使用金钱，而且使用获得荣耀的希望，他们偷偷地告诉他，等盖乌斯到亚历山大里亚来，他们会向盖乌斯提建议，赐给他荣耀。[173] 当着他的主人的面，也几乎相当于面对整个有人居住的世界，他对这种愿景感到十分高兴，而从极远之地到这个城市来旅行的所有人无疑都会参与向盖乌斯致敬，

所以他相信自己会得到这个最伟大、最著名的城市赋予的荣耀，于是他答应了一切。[174] 有时候人们对内部潜伏的对手一无所知，所以只能防范外来的敌人，而在察觉到事实真相以后，我们开始搜寻和检查每一个方面，希望能够平息和缓解他的想法，因为他以各种方式，从各个地方，用他的标枪和弓箭有效地打击我们。[175] 他和盖乌斯一起玩球，一起锻炼，一起洗澡，一起用餐，在盖乌斯上床之前都和他待在一起，他是盖乌斯的管家，还担任皇宫的警卫队长，这个职位比其他任何职位更加重要，只有他有接近皇帝的便利，也可以随意解释外部传来的消息，引起皇帝的疑惑。[176] 他把讽刺与指责混在一起，在取乐的时候给我们带来最大的伤害，因为占主导地位的特点，亦即讽刺，在他那里是第二位的，或者说显得像是第二位的，而指控是他唯一的和首要的任务。[177] 所以，就像水手驾船绕过每一块暗礁，他乘风破浪，驾船远航，准备了一连串的指控。这些印象牢固地停留在盖乌斯的心上，所以盖乌斯对这些指控的记忆是无法消除的。

【28】[178] 要想艰难地通过这样的海峡，我们找不到前进的道路，因为我们没有留下未翻转的石头来安慰赫利肯，也没有人敢跟他说话或者接近他，他对所有人都表现出傲慢和尖刻；还有，我们不知道是否总有人干扰他的主人，他的主人受到影响而厌恶犹太人，反对犹太人，所以我们停止朝着这个方向努力，而把我们的力量限制在更加紧迫的方面。我们决定准备一份文稿，总结我们的不幸和诉求，呈给盖乌斯。[179] 这份文稿实际上是一份请愿书的摘要，前些时候我们通过阿格里帕国王① 把这份请愿书呈给盖乌斯。他当时正要航行去叙利亚，接受赐给他的这个王国，所以有机会访问这座城市。[180] 然而事实表明，我们不知不觉地欺骗了自己，这已经不是第一次了。因为在早些时候，当我们第一次前去申诉的时候，我们原以为会碰到一位法官，进而得到我们自己的权利。但实际上，他是我们道德上的敌人，他用他那些似乎亲切的话语欺骗了我们。[181] 他在台伯河平原第一次

① 阿格里帕（Ἀγρίππα），犹大国王，全名希律·阿格里帕。

与我们相遇，与我们互致问候，他挥动右手，表达他的善意，后来他从他母亲留给他的花园里送出他的问候，派出一位名叫荷密鲁斯① 的使节送来这样的消息："我有了一个很好的机会，可以亲自聆听你们讲述你们的案情。"我们周围的每个人都欢欣鼓舞，就好像我们已经打赢了官司，就连我们这个派别中的那些目光短浅的人也有同样的感觉。[182]我相信自己已经一把年纪，受过良好的教育，此外还拥有良好的判断力，所以这些能给其他人带来快乐的事情对我来说却是一种警示。我的思想陷入沉思，我在想，"来自整个世界的使者那么多，他为什么要说只听我们的？他的目的是什么？他肯定知道我们是犹太人，而要是没有受到比其他人更糟糕的虐待，犹太人一定会心满意足。[183] 若想越过一位外国的暴君、一位拥有绝对权力的年轻人，我们肯定是疯了；就好像他依附于亚历山大里亚人的其他派别，把优先权许诺给他们，很快地为他们下判断；如果他确实没有抛弃公正的观念，能够公平聆听我们的申诉，而不是当一名判断者，那么他不会为他们辩护而反对我们"。

【29】[184] 就这样，我感到深深的不安，夜晚无法入眠。然而，当我意志消沉的时候，我藏匿了我的苦恼，因为让它表现出来是不安全的；就在这个时候，另外一个沉重的灾难突然降临到我们头上，而遭受危险的不是犹太民族的一部分，而是整个民族。[185] 我们跟随盖乌斯从罗马旅行到普特利，② 他下到海岸边，在海湾地区逗留了一段时间，他在那里拥有许多豪华的别墅。[186] 急于向盖乌斯当面陈述我们的案子，我们一直在期待被盖乌斯召见，此时有人来到我们这里，他满脸忧愁，眼睛充血，气喘吁吁。他把我们喊到一边，因为还有一些人站在附近。他问道："你们听到新消息了吗?"在向我们报告这个新消息的时候，他突然呜咽着说不出话来，泪如泉涌。[187] 等到稍微平息下来想要说话的时候，他又第二次哭泣起来，然后第三次也是这样。看到这种情形我们全都心烦意乱，要他马上把消息告诉

---

① 荷密鲁斯（῞Ομιλυς），人名。

② 普特利（Ποτέολι），地名。

我们。我们说："你到这里来不光是为了掉眼泪。如果这些事情真值得掉泪，那就不要只让你一个人悲伤。因为我们大家已经习惯于面对不幸了。"[188] 他一边哭，一边艰难地喘着气说："我们就要失去圣殿了，盖乌斯下令，要在至圣所竖立一座巨大的雕像，以宙斯的名义，奉献给他自己。"[189] 听了他的话我们目瞪口呆，震惊不已，就好像瘫痪了似的，我们站在那里全都说不出话来，又有其他人带来了同样可怕的消息。[190] 后来，我们全都聚集在一个隐蔽的地方，为这场灾难痛哭流涕，这是我们每个人的灾难，也是所有人共同的灾难，我们进行详细的讨论，把我们的想法说了出来。没有人能比处于不幸中的人更想要诉说了。我们说："让我们起来斗争吧，把我们自己从这些无法无天的致命的行动中解救出来。我们冬季在有狂风暴雨的大海上航行，不知有多大的风暴在等着我们，但是陆上风暴比海上风暴更加危险。这是因为，季节是自然的作为，自然把一年划分和生成为四季。而另外一种风暴是人的作为，它不是一个正常人的作为，而是一位年轻人的轻率举动，他拥有统治一切的权力，但却不负责任。年轻与绝对权力相结合产生无法约束的冲动，这是一种可怕的邪恶力量。[191] 这个人摧毁了完全圣洁的地方，他能允许我们靠近他，张嘴保护我们的祈祷处吗？人们对这个祈祷处显然缺乏尊敬，但这里拥有最著名、最杰出的神龛，像太阳那样光芒四射，为东方和西方所敬畏。[192] 哪怕我们得到允许，可以不受阻挠地接近他，我们能够期待的不就是不可上诉的死亡吗？所以，就这样吧，我们会去死亡，不会有更多的东西了，这是因为，为了捍卫律法而光荣的死可以被称做生。但若我们的死亡不能带来什么好处，那么让我们自己去死不也是疯狂的吗？尤其是，作为使者，我们可以这样想，这场灾难更多地会降临到派我们来的那些人身上，他们遭受的伤害超过实际的受害人。[193] 确实，在我们的同胞中，那些最讨厌邪恶的人会指责我们不虔诚，说我们对一切事物的存在产生怀疑，说我们处在危险之中的时候自私地祈求某些与我们特别有关的事情。而小事情必须让位于大事情，尤其是公共利益，失去它意味着整个政体的毁灭。[194] 所以，当我们的公共利益受到更加普遍的威胁时，有什么宗教或者公义能够努力表明我们这些亚历山大里亚人属于犹太人的法人团体呢？更可怕的是，这座圣殿被推翻还将伴随另外一道命令，即废除我们这个民族的共同名称，这个人将引发大规模的革命。[195] 如果我们申诉的两个案子都输了，有人也许会说：‘下面该怎么办呢？他们不知道如何安全返回吗？’对这样的人，我会说：‘你们要么没有真正地感受到神的诞生，要么没有在圣著中得到滋养和训练。’真正高尚的人总是有希望的，律法为那些在学习中并非浅尝辄止的人创造了良好的希望。[196] 发生这些事情也许是为了考验当前这一代人，考验他们的美德状况，考验他们是否受过教育，能够承受不幸的灾难，能通过理性来坚定信心，不至于马上崩溃。所以，能做的事情已经不复存在，那就让它去吧。但是，让我们的灵魂对神保持不灭的希望，神是我们的救主，祂经常在无望的困境中拯救这个民族。”

【30】[197] 我们就这样谈论着，但很快就对我们自己无法预见的不幸感到悲哀，想用改变当前鸦雀无声的状况来安慰我们自己。于是，我们对带消息来的那些人说：“你们为什么不能安静地坐下来，把促使盖乌斯这样做的原因告诉我们呢，让我们相信你们的话，而不是对着我们的耳朵煽风点火？”[198] 他们答道：“你们知道他这样做的主要原因和第一位的原因，任何人都知道这一点。他希望人们把他当做一位神，他以为只有犹太人不同意把他当做神，所以除了毁灭犹太人的圣殿，他不能给犹太人造成更大的伤害。他认为在各地的所有神庙中，犹太人的圣殿是最美丽的，因为圣殿经历了许多个世代的大量装饰和美化。他喜欢挑起争论，以为争论可以为他所用，认为这样做是合适的。[199] 卡必托[①] 给他送去一封信，使他的欲望变得更加强烈。这个人是犹地亚[②] 的一位税吏，敌视那里的人民。他刚到那里的时候还是个穷人，但是通过他的贪婪和贪污，他积累了各种形式的大量财富。由于害怕遭遇指控，他设计了一个阴谋，诽谤他虐待过的人，以此回避

① 卡必托（Καπίτω），人名。

② 犹地亚（Ἰουδαίας），地名。

人们对他的指控。[200] 后来的雅奈亚① 事件正好给他提供了一个实现他的目标的机会，这个地方是犹地亚地区人口最多的城市之一，各种人在那里混居杂处，大多数是犹太人，也有一些其他民族的人，邻近国家的一些移民给这里带来了灾难。这些人是新的定居者，不断地破坏犹太体制的某些部分，对原居民来说，他们成了害人虫和麻烦制造者。[201] 从旅行者那里听说盖乌斯如何推进把他自己神圣化、如何极端敌视所有犹太人，他们以为攻击犹太人的恰当机会就要到来了。于是，他们建造了一个临时祭坛，用泥土和砖块这些最普通的材料砌成，这只是他们伤害邻居的一项计划，因为他们知道犹太人不会允许自己的习俗被颠覆，但它实际上确实被颠覆了。[202] 犹太人看见这座祭坛，感到无法忍受，他们聚集在一起，推倒了祭坛，把摧毁了的圣洁还给神圣的土地。而其他人马上离开那里去找卡必托，他是整个事件的制造者，他认为自己发现了长期寻找的好运，于是就给盖乌斯写信，高度夸张地解释这些事件。[203] 盖乌斯读了他的信以后，下令在雅奈亚这座砖砌祭坛的地方竖起一尊荡妇的塑像，这座塑像安放在这座母亲城市的神庙里，塑像是镀金的，体形庞大，富丽堂皇。盖乌斯是在听取了那些聪明、卓越的顾问的意见以后这样做的，这些顾问一个是赫利肯，他是一个出身于奴隶的贵族，是个小商贩，是个人渣，还有一个是悲剧演员阿佩利斯②，据说他在青少年时期就拿他的魅力作交易，而等青春期过了以后他就走上了舞台。[204] 当然了，舞台上的表演者的交易是与舞台和观众连在一起的，观众是谦虚和节制的热爱者，不是极端无耻和下流的热爱者。阿佩利斯成为盖乌斯的顾问是因为盖乌斯听取了他的建议；盖乌斯从一个人那里掌握了开玩笑的正确方法，从另一个人那里掌握了念咒的方法，全盘考虑，维持各地的和平、安宁、公共福利。[205] 所以赫利肯这个奴隶外形的毒蝎子对着犹太人排放出他的埃及人的毒液，阿佩利斯也一样，对着犹太人排放他的

---

① 雅奈亚（Ἰάμνειαν），地名。

② 阿佩利斯（Ἀπελλης），人名。

阿斯卡隆[①]人的毒液。因为他是从这个地方来的，犹太人居住在与阿斯卡隆毗连的地区，阿斯卡隆人与这块神圣土地上的犹太居民势不两立，双方交战不止。”[206] 我们听到他说的一个词就会给我们的灵魂带来创伤。而不久以后，这些可敬的顾问的不虔诚行为得到了奖赏。由于某种原因，阿佩利斯被盖乌斯捆绑，戴上脚镣，受尽折磨，像普通民众那样承受热病般的痛苦。而赫利肯这个疯子，由于犯下其他恶行，后来被克劳狄·日耳曼尼库·凯撒[②]处死。

【31】[207] 为了保障自己的安全，盖乌斯下令奉献这座雕像，他的信不是随意写就的，而是极为谨慎地书写的。他的这封信写给总督佩特洛纽[③]，这位总督负责整个叙利亚，他命令这位总督派出一半军队在幼发拉底河驻扎，并要他把这座雕像送往犹地亚，以此提防那些东方的国王和民族。但他这样做不是给奉献增添了庄严，而是直接杀死试图阻止雕像进入的任何人。[208] 皇帝陛下，你这样做是什么意思？这是一道有先见之明的战争敕令吗？你知道他们不会顺服，而会拿起武器捍卫律法，为他们民族的习俗规制而死。确实，对神殿任何可能的侵犯都不会是出于无知。不，你预见到将要发生的事情，就好像它就在眼前和将要发生，所以你下令让这支军队进行首次献祭，再加上被奉为神圣的那尊雕像，它由于不幸的男男女女被屠杀而受到玷污。[209] 佩特洛纽读到信中的指令以后极为惊恐。他不可能反对这项指令，因为他知道盖乌斯不仅会无情地粉碎不执行命令的人，而且会摧毁行动不力的人。但佩特洛纽也不想轻易地执行这个命令，如果可能的话，他也不会允许人们执行这样的禁令因为他知道犹太人会自愿去死，哪怕死上一千次。[210] 所有民族都会保护他们自己的体制，而对犹太民族来说，这尤其是真的。他们把律法当做神赐的预言，从小就在这种教义之下受训，把与诫命相似的东西当做神明在他们的灵魂上供奉。[211] 他们总是抱

① 阿斯卡隆（Ἀσκάλων），地名。

② 克劳狄·日耳曼尼库·凯撒（Κλαυδίων Γερμανίκως Καίσα），人名。

③ 佩特洛纽（Πετρωνίως），人名。

着敬畏之心沉思律法清晰呈现的形式。对敬畏诫命的其他民族，他们表示欢迎，不亚于对待他们自己的同胞，而对那些反对或嘲弄诫命的人，他们恨之入骨，把这种人当做最凶恶的敌人。每一次宣谕都会激发这样的敬畏，但他们决不会通过过失和犯罪去设法获取那些被人们视为好运或幸福的东西，无论用什么样的名称，哪怕是在最微小的事情上。[212] 他们所有人对圣殿表现出来的热情更加热烈和奇特，关于这一点，最强烈的证据是潜入圣殿至圣所的其他民族的人不经审判就会被处死。但圣殿的外部对所有人开放，无论他们来自哪里。[213] 要处理这些事情，佩特洛纽缓慢地工作着。看到这些人如此厚颜无耻，他在他的灵魂中集聚所有理性的力量，就像在议事会中似的，寻找相关的判断，他发现这些人意见一致地想要摧毁这些从一开始就被视为神圣的东西，首先是自然的公正和虔诚的感情，其次是他们将要面临的危险，不仅来自神的威慑，而且来自参与暴乱的牺牲品的威胁。[214] 他想起组成这个民族的大量民众，他们不像任何国家的其他人，只考虑自己的命运，而是像人们几乎可以说的那样，他们要考虑整个有人居住的世界的命运。这个民族迁移到所有大陆和岛屿，它似乎并不亚于那里的原居民。[215] 让所有民众来参与这场反对他的战争确实非常危险。上苍禁止各地的犹太人通过共同协议来进行抗辩。这样做的后果是极为巨大的，难以承担。但若没有这件事，犹地亚的居民在数量上是无限的。他们的身体是最强健的，他们的灵魂具有最大的勇气，在最高的灵的推动下，他们宁死也要捍卫他们民族的习俗规制，这个民族确实具有自由的价值和高贵的出身，而非像他们的某些诽谤者所说的那样，他们民族的习俗是野蛮的。[216] 他也担心驻扎在幼发拉底河那边的军队，因为巴比伦和其他许多行省被犹太人占据，他知道这一点，不仅通过各种报告，而且凭借他的经验。为了神圣的目的，每年都有使者派往那里，把消息传给神殿，通过奉献初果，神殿积累大量的黄金和白银；这些使者在人迹罕至的羊肠小道上行进，但这条没有尽头的道路在他们看来好像是康庄大道，因为他们感到这些道路会把他们领向虔诚。[217] 所以，听说这一史无前例的奉献，佩特洛纽很自然地极为担忧，他担心那些地区的犹太人会发动突然袭击，会包围他的部队，会联合起来攻打他们，由此带来可怕的后果。[218] 然而，他后来又被相反的论证引向相反的方向。他说："这条命令是一位年轻的主人下达的，无论得出什么判断，他希望都是有益的，而一旦颁布了法令，无论它如何无益，或者会引发争议，他都会愚蠢地坚持。他已经超越人的身份，飚升为神，置身于众神之列。无论我反对还是放弃，我的生命都处于迫近的危险之中；如果我放弃，战争的前景是危险的，其结果是可疑的，将来会发生什么事情是不确定的；如果我反对，那么我这样做的根源是盖乌斯，因为他不接受上诉和抵制。"[219] 后一种观点得到许多与他一道治理叙利亚的罗马人的支持，因为他们知道盖乌斯的愤怒和报复首先会落在他们身上，会把他们当做犹太人的共犯，所以要使他的命令归于无效。[220] 建造雕像提供了一个暂缓的机会，使佩特洛纽可以更加仔细地考虑。盖乌斯没有得到来自罗马的雕像，这在我看来是我们不可见的神的旨意，是祂伸出手来保护受害者；盖乌斯也没有命令佩特洛纽在叙利亚挑选一尊人们认为最好的雕像送往耶路撒冷。然而，加速完成他的不合法的目的会使战争提前爆发。[221] 所以，佩特洛纽还有机会考虑最好采用什么样的措施，而事情过于紧急会使他丧失理智能力；后来他下令在其他相邻的国家建造雕像，他从腓尼基找来最能干的工匠，让他们在西顿① 工作，给他们提供材料。[222] 他还派人去找来犹太人的要人、祭司和行政官，部分时间向他们解释盖乌斯的意愿，部分时间建议他们接受他们主人的命令，并把不执行命令会带来的可怕后果告诉他们。因为，如他所说，驻扎在叙利亚的一支更加强大的军队已经做好准备，会给这块土地带来死亡。[223] 他以为，如果他能安抚他们，那么他也能使其他所有人不持反对立场。然而他失败了，没有实现他的目的。我们得知，他们对他最初的话语深感不安，一听说这场异乎寻常的灾难，他们目瞪口呆，纹丝不动，讲不出话来，然后他们泪如泉涌，撕扯自己的头发和胡须。[224] 最后他们说道："这就是我们能

① 西顿（Σιδών），地名。

够幸运地获得的长久幸福生活吗？我们的祖先中间无人见过这种幸福生活。现在，我们的眼睛如何能够忍受？他们将要遇上灾难，他们将要被撕成碎片，在他们看到这样的灾难之前，他们会为我们的存在感到极度痛苦，要知道，这样的情景不适宜他们的眼睛看，也不适宜他们的耳朵听，或者不适宜他们的心灵想象。”

【32】［225］他们陷入这样的悲伤和痛苦，而在这个时候，圣城的居民和这个国家里的其他人听说了他们遭遇伏击的消息，就好像有一个单一的信号从那些离开城市、村庄和房屋的空虚的肉身发出，他们的共同处境使他们发出这个信号，佩特洛纽对腓尼基人发动了突袭。［226］在他管辖下的某些民族有许多人向他报告，请求他的帮助，这样做为的是让他可以采取预防措施来防止战争。但是他们的故事还没有结束，佩特洛纽仍旧不加防备，而大批犹太人像云彩似的突然降临，占据了整个腓尼基，那里的人惊恐万分，不知道这个民族的人数如此众多。［227］要注意的第一件事是人们发出巨大的呐喊，他们顿足捶胸、痛哭流涕，发出洪亮的声音，震耳欲聋。乃至于当他们平息下来的时候，实际上并没有真正的平息，在他们的沉寂中仍旧有回声。接下去是他们向佩特洛纽靠拢，向他乞援，因为机会难得，他们的巨大不幸使他们明白了自己的处境。他们分成六个群体：老年男子、年轻男子、男孩，然后是老妇、成年妇女、少女。［228］当佩特洛纽从远处向他们走去时，他们好像接到命令，一起跪倒在地上，哀痛不已，像乞援者那样哀号和哭泣。佩特洛纽鼓励他们站起来，靠近一些，这个时候，他们勉强站起身来，灰头土脸，他们流着泪，把双手背在身后，就好像被捆绑似的，向佩特洛纽走去。［229］老人停了下来，这样说道：“如你所见，我们没有带武器，尽管有人指控我们，说我们像战场上的敌人；自然赋予我们每个人可以用来防卫的肢体，所以我们把手背在身后，让我们自己成为靶子，让那些想要杀死我们的人可以轻易地用标枪刺中我们。［230］我们带着自己的妻子儿女和整个家庭来见你，没有人留在家中；我们跪在盖乌斯的面前，就像跪在你的面前一样，你和他要么把我们从毁灭中拯救出来，要么任由我们全部彻

底毁灭。啊！佩特洛纽，我们的本性和原则是爱好和平的，我们做父母的在勤劳地养育子女，我们从一开始就接受这样的训练。[231] 盖乌斯继承皇位的时候，在叙利亚的居民中我们最先表示了欢喜，你的前任维特留斯[①]总督当时待在这座城里，从我们的城市发出的这封信对他讲述了这个消息，它像长了翅膀一样飞向其他城市。[232] 我们的圣殿不是第一个为了盖乌斯的统治而接纳献祭的，所以它就应当被第一个，甚至是唯一的一个要被剥夺祖先的崇拜传统吗？我们撤离了我们的城市、房屋和土地；我们愿意移交我们的家具、金钱和宝贵的财产，但它们现在全部被人掠夺了。我们认为我们自己是获得者，而不是给予者。我们只要求一件事情作为回报，不能用暴力改变这座圣殿，要让它保持原样，我们从祖先那里接受下来就是这个样子。[233] 但若我们不能说服你，那么我们愿意毁灭自己，这样我们就可以不用活着见到比死亡还要糟糕的灾难了。我们听说，如果我们反对安放雕像，已经有骑兵和步兵准备好对付我们。我们乐意引颈就戮！那么让他们杀死我们吧，让他们毫不费力地切开我们的血肉，对我们做征服者会做的任何事情。[234] 然而，有什么必要使用军队来献祭？我们自己就能进行献祭，我们有出身高贵的祭司，杀妻者会把妻子们带上祭坛，杀害兄弟姐妹者会把兄弟姐妹带上祭坛，杀害儿童的凶手会把少男少女带上祭坛。对那些忍受悲剧般不幸的人来说，他们需要的是悲剧诗人的词汇。[235] 然后，在用他们的鲜血沐浴以后，我们站在我们的同胞中间，这种沐浴对于那些想要洁净地去地狱的人是正确的，通过给屠杀我们的刽子手戴上桂冠，我们会把我们的鲜血与他们的鲜血相混合。[236] 在我们死亡的时候，让这些法规继续执行；神不会责备我们拥有双重动机：对皇帝恭敬有礼；忠诚于神圣的律法。如果我们因为藐视这种没有生命的生活而离开这个世界，那么这个目的将得以实现。[237] 我们听说过希腊众多博学者都在传说的一则非常古老的故事，戈耳工[②]的头

① 维特留斯（Οὐιτελλίυς），人名。

② 戈耳工（Γοργόνος），希腊神话中的三位妖女。她们是福耳库斯和刻托的女儿。三人中最小的墨杜萨最危险，任何人只要一看到她的脸，就会变成石头。

具有魔力，无论谁看见她的脸都会立刻变成石头。这个故事无疑是虚构的神话，但也能随着巨大的灾难和不可抗拒的环境表达某种真理。独裁者愤怒的欲望确实会制造死亡，或者促成死亡那样的事情。[238] 在向神殿行进的游行中抬着雕塑而没有变成石头，假如你看到我们的人中间有谁是这样的，那么上苍不容！如果他们的关节没有变得僵硬，那么他们的眼睛也会这样，所以他们甚至不能移动，他们的整个身体的每个部分都在发生改变，不是吗？[239] 佩特洛纽，我们最后的祈祷，一切祈祷中最正义的祈祷是这样的。我们不说你一定会做我们要求你做的事情，而是在我们的乞援之上添加一项请求，让我们选择一个使团，让使团能够与我们的主人见面。[240] 通过这个使团，我们也许可以说服他把荣耀完全归于神，或者保证我们的律法不被摧毁，或者让我们的权利不比其他所有民族少，甚至比那些极远之地的民族更少，连他们也能保全他们祖先的体制，或者保全他们的祖父或曾祖父的决定，是他们在确定和保守我们的习俗。[241] 听到这些话，他也许会变得软弱。大人物的判断不会保持不变；如果他们是在愤怒中做出的决定，那么很快就会失去力量。我们已经遭到诽谤，所以要允许我们清除谣言；未经审判就定罪是一件可悲的事情。[242] 但若我们不能说服他，那么还有什么能够阻止你执行你当前的意愿？所以请你等待，直到我们派出我们的使团，在你使他们失望之前，众人的热情为的是他们的宗教，而不是为了他们的利益。然而，这样说的时候我们错了，因为人还能拥有什么比神圣更加有益的东西？”

【33】[243] 这一呼吁带着巨大的鼓动和强烈的情感，伴随着急促的呼吸，甜蜜地流过每一肢体，淹没在无休止的泪水之中；他们的聆听者现在分有他们的悲伤，佩特洛纽很自然地被他听见和看见的事情所打动。他感到他们所说的事情非常公正，他看到他们流露出来的情感值得同情。[244] 于是他站起身来，特意退了下去，与他的参议官们商议。他看到站出来反对犹太人的那些人在犹豫不决，而那些持怀疑态度的人倾向于要仁慈。这一点令他高兴，尽管他知道他的将领的本性，知道难以平息他的将领的愤怒。[245]

确实，他本人早年曾热衷于文化，似乎拥有一些关于犹太哲学和宗教的基本知识，要么来自以往学过的课程，要么来自他被任命为这些国家的总督以后，亚细亚和叙利亚，这些国家的每座城市里都有很多犹太人，或者说他的灵魂具有这样的倾向，会被那些有价值的事物吸引，通过努力而掌握知识，这种本性不会聆听其他任何声音、命令、教导，而只会听从它自己。不过，我们发现神会对善人低声说出良好的决定，而他们因此得到好处，对他来说就是这种情况。[246] 那么他的决定是什么呢？他没有强迫那些工匠尽快完工，而是敦促他们用良好的技艺完成雕塑，在可能长的时间里达到众所周知的标准，因为若是敷衍了事，那么一般说来这样的作品会是很短命的，而用心制作则需要很长时间。[247] 他不同意他们派遣使团的请求。他认为这样做不安全。他不反对把这件事摆到他们所有人的统治者和主人的面前，但对民众，他既不说同意，也不说反对，因为二者都是危险的。[248] 他派人给盖乌斯送去一封信，在信中他没有指控犹太人，或者对他们的祈祷和恳求做出标准的解释，而对拖延安置神像做出解释，部分原因是建造塑像需要一定的时间，部分原因在于这个季节不适宜建造，这就为工程拖延提供了最好的理由，盖乌斯本人不仅可能，而且必定会承认这种要求的合理性。[249] 因为在这个季节小麦刚刚成熟，其他谷物也是这样，他担心犹太人在对保存他们祖先的祭仪感到绝望以后，在他们的生活受到嘲笑的时候，会荒废可以耕种的土地，或者会放火烧毁山坡和平原上的庄稼。他需要派出警卫，确保庄稼的收割，不仅保护谷地，而且保护果园的收成。[250] 他们得知，盖乌斯决定从埃及启航前往亚历山大里亚，但是如此伟大的君主不会认为应当在远海航行，这样做会很危险，需要一些船只护送，还需要为他提供舒适的旅行条件，而沿着亚细亚和叙利亚海岸迂回前进则很容易获得这些条件。[251] 这样做，他就能够每天把海上航行与陆上行进结合起来，尤其是他乘坐的船只大多数不是商船，而是战船，对战船而言，沿着海岸航行更加可行，正如远海航行对货船更加可行。[252] 因此，必须在叙利亚的所有城市，尤其是沿海城市，要为驮畜准备饲料，还要大量储存粮食。因为有许多人会从海上和陆上到来，不仅来自罗马和意大利本身，而且也从罗马到叙利亚的各个行省，这支队伍一部分由高官组成，一部分由士兵组成，步兵、骑兵、水师，而奴仆的数量不少于军人。[253] 物资供应不仅是绝对必要的，而且还有盖乌斯所需要的额外开销。佩特洛纽认为，如果读了这封信，盖乌斯不仅可能会从危险中退出，而且会赞成我们以前的想法，承认我们的延误不能归于对犹太人的偏爱，而是为了确保获得粮食丰收。

【34】[254] 陪同他的参议官对他的政策表示赞同，然后他吩咐书记员回信，并且指定了送信人，这些人经常在外旅行，知道如何抄近路把信送到。这些人抵达以后送出回信，而盖乌斯还在读那封来信；他仔细阅读每一个要点，越读越感到愤怒。[255] 他停了下来，拍着双手说："好哇，佩特洛纽，你还没有学会如何跟一位皇帝讲话；连续任职让你变得傲慢无礼。到现在你好像还不认识盖乌斯，甚至还没听说过盖乌斯；但你很快就能亲自认识他了。[256] 你关心犹太人的体制，而这个民族是我最坏的敌人；你轻视你的皇帝的命令。你害怕他们人多势众。然而，你不是掌握着一支令东方民族和他们的统治者帕提亚① 人感到害怕的军队吗？[257]哦，你富有同情心！那么，你的怜悯比盖乌斯分量更重吗？你还在用丰收作借口，但这样做是无用的，责备很快就会落到你自己头上。是的，你还是去征集粮食，为我们的旅行准备所需的物资吧。嗯，哪怕犹地亚颗粒无收，不是还有周边那么多繁荣的国家可以提供必需品、弥补某地的匮乏吗？[258]但是，开始工作之前，我为什么要呆坐在这里？为什么有人事先知道我的意图？是那个想要得到奖赏的人吧？那就让他先于别人知道它吧。我会停止讲话，但我不会停止思考。"[259] 短时间的等待以后，他指示一名书记员给佩特洛纽回信。在回信中，他似乎赞扬了佩特洛纽的深谋远虑和对未来需要的细致安排。因为他非常害怕这些担任总督的人，他看到他们有资源可以发动叛乱，尤其是那些掌握庞大的行省、指挥庞大军队的总督，比如幼发拉底河畔的叙利亚。[260]

① 帕提亚（Παρθυαίων），地名。

所以，他的讲话和信件在逢迎他们，尽管他极为愤怒，但他把深仇大恨伪装起来，等待报复的良机。他在信的结尾处说他本人的兴趣仅在于尽快安放那尊塑像，因为他已经把收获粮食说成是借口，而真正的理由，或者可能的理由，已经完成了。

【35】[261] 不久以后，国王阿格里帕按照惯例前来向盖乌斯致敬。阿格里帕不知道佩特洛纽送来的那封信，对盖乌斯在此之前和之后所写信件的内容也一无所知。然而，依据盖乌斯的异常举动和眼睛里显示的忧虑，他断定盖乌斯心中的愤怒难以压抑，因此，阿格里帕以各种方式进行试探，推断可能性如何，看自己是否做了或者说了不应该做和说的事情。[262] 但是，他没有任何发现，这个时候他很自然地推测是其他某些人激怒了盖乌斯；还有，当他看到盖乌斯皱着眉头，眼睛朝着自己凝视的时候，阿格里帕感到害怕，尽管他小心翼翼，不向盖乌斯提问。他这样推论道："我也许应当把这种威胁直接引向其他人，免得他把殷勤、轻率、冒犯归咎于我。"[263] 盖乌斯擅长根据一个人的面部表情察觉他的内心秘密，知道他的希望。盖乌斯观察到阿格里帕的激动和困惑，说："阿格里帕，你不知所措了，让我来帮你摆脱困境。[264] 这段时间你和我一直待在一起，你难道不知道我不仅用我的嗓子，而且用我的眼睛在讲话吗？[265] 在所有民族中，只有你那些卓越而高贵的同胞不承认盖乌斯是神，甚至连死刑也不能改变他们的顽固立场。当我下令把一尊宙斯神像竖立在神殿里的时候，他们唤起城里和乡下的全体民众进行请愿，这实际上是在违抗我的命令。"[266] 这时他还要添加其他指控，阿格里帕感到极为惊恐，脸色一阵红，一阵白，一阵铁青。[267] 他全身颤抖，从头到脚，身体的每个部分和每个肢体都在抽搐。等最后放松下来的时候，他已经处于崩溃的边缘，全身瘫痪，跌倒在地。不过，某些旁观者接到命令，把他扶起来送回家，他们用担架抬着他，但他昏迷了，毫无意识。[268] 盖乌斯确实还在继续激化矛盾，发泄他对这个民族的仇恨。他说："阿格里帕是我最亲密的朋友，多次给我上贡，如果他也处于这种习俗的控制之下，甚至不能听到一句反对这些习俗的话，哪怕几乎要去死，那

么，对于处在反对势力影响之下的其他人，我们还能期待什么？”［269］另外，在头一天和第二天的大部分时间里阿格里帕都陷入深度昏迷，对所发生的事情一无所知。到了第二天晚上，他略微抬了一下头，勉强睁开双眼，他感到十分疲乏，只能模模糊糊地看到周围的东西，但仍旧无法辨识它们的形状。［270］然后，他又昏睡过去了，他安静地躺着休息，就其身体状况而言，他比以前要好。［271］后来，他终于醒了过来。他问道：“我在哪里？在盖乌斯家里吗？我的主人来了吗？”［272］他们答道：“醒来吧，你在自己家里；盖乌斯不在这里；你睡着了，休息得很好；现在请转过身，抬起头来，认一认在这里陪伴你的人。他们全都是你的人，是你的朋友和自由人，是你的仆人，他们把你看得无比珍贵，你也把他们看得无比珍贵。”［273］他恢复了清醒的意识，明白大家对他的关心，医生让他们中的大部分人离开这个房间，好给病人换药和补充恰当的营养。［274］他说：“你们不用自找麻烦，煞费苦心地去给我准备食物！我是一个命运不济的可怜虫，只要吃点简单的食物就行了，不是吗？嗯，甚至连这些东西我也不一定接受，除非能够确保给这个不幸的民族提供其他帮助，这是我心中的梦想。”［275］他泪流满面，强迫自己吃了一点东西，但没有任何调味品，他甚至拒绝喝混合的饮料，只喝清水。他说：“可怜的家伙，我的肚子说自己欠债太多。我现在应当做的不就是为了当前的形势而去向盖乌斯求情吗？”

【36】［276］他取过写字板，对盖乌斯写道：“我的主人啊，由于恐惧和羞愧，我失去了当面向您求情的机会，出于恐惧我无法面对您的恐吓，出于敬畏我在您伟大的尊严面前哑口无言。但是，我现在亲笔书写向您提出请求，而不是挥舞乞援者的橄榄枝。［277］陛下，任何人都已经在心中种下对故乡的热爱、对自己的律法的高度尊敬；关于这一点我不需要对您说什么，因为您也热爱自己的祖国，就如热切荣耀您自己的习俗。每一个民族都相信它自己的规制是卓越的，哪怕它不是真的那么优秀，因为他们不太用他们的理智对这些规制进行判断，就像他们用自己的感觉去感受这些规制。［278］如您所知，我生为一名犹太人，我的家乡是耶路撒冷，最高神的神圣殿宇坐

落在那里。到我为止，我的列祖列宗和大部分国王都拥有大祭司的头衔，他们认为王权低于祭司权，认为大祭司的职位优于国王的职位，就好像神优于人。因为一个职位的职责是崇拜神，另一个职位的职责是管理人。[279] 由于我命中注定属于这个民族、城市和圣殿，所以我为此而向您恳求。对这个民族来说，它不可以得到背弃真理的名声，因为它从一开始就如此虔诚和敬神，您的所有家族也都这样。[280] 在所有事务中，虔诚是律法之下的一种诫命和许可，涉及神庙的建造和献祭的数量，无论是在亚细亚，还是在欧罗巴，奉献者在虔诚方面不会落在其他祈祷者的后面，他们不仅在一般的国家节日里献祭，而且每日里持久地献祭，通过这些献祭，奉献者宣示他们的虔诚，而不像有些人只用嘴巴和舌头在灵魂中秘密地表达他们的意愿；他们没有告诉您他们如何热爱他们的凯撒，而且真的非常热爱他。[281] 关于这座圣城，我必须得体地说话。如我所说，她是我的故乡，也是我的母邦，但她不仅是犹地亚的母邦，而且是其他许多国家的母邦；在不同的时期，这些国家在邻国土地上建立了自己的殖民地，在埃及、腓尼基和叙利亚，有被称作'山谷'的那些部分和其他一些部分；还有一些离得很远的土地，比如潘斐利亚①、西里西亚②、亚细亚的一大部分，直到庇提尼亚③和本都④那些角落，同样也延伸到欧罗巴，有帖撒利⑤、波埃提亚⑥、马其顿、埃托利亚⑦、阿提卡、阿耳戈斯⑧、哥林多，以及伯罗奔尼撒的大部分最好的地方。[282]犹太人的殖民地不仅充满大陆，而且充满大多数最受人尊敬的海岛，比如尤卑亚⑨、

---

① 潘斐利亚（Παμφυλία），地名。
② 西里西亚（Κιλκία），地名。
③ 庇提尼亚（Βιθυνία），地名。
④ 本都（Πόντους），地名。
⑤ 帖撒利（Θετταλία），地名。
⑥ 波埃提亚（Βοιωτία），地名。
⑦ 埃托利亚（Αίτωλία），地名。
⑧ 阿耳戈斯（Ἄργος），地名。
⑨ 尤卑亚（Εὔβοια），地名。

塞浦路斯[①]、克里特。更不用说幼发拉底河那边的国家了，因为除了很小一部分，它们全都属于巴比伦和其他行省，在这些非常富饶的土地上，全都有犹太居民。[283] 所以，若是我自己的家乡或母邦得到您的一份善意，不仅有益于这一个城市，而且有益于这个有人居住的世界的各个地区的无数个城市，无论是在欧罗巴，还是在亚细亚，或者是在利比亚，无论是在大陆还是在海岛，无论是在海滨还是在内地。[284] 您的巨大好运会有益于一个城市，也会有益于无数其他的城市，所以通过这个世界的每一部分，您的荣耀会得到光大，对您的赞扬和感恩会聚集在一起，到处回响。[285] 您的有些朋友使他们的家乡得到你们罗马公民的尊敬，而某些过去曾经是奴隶的人现在变成了其他人的主人。这一仁慈的行为使那些人享受快乐，如果说并不是仅有那些人才有感受，那么可以说这样的感受相当多，这一行动就是为他们做的。[286]我得到拣选，成为陪伴您的人之一，我知道我们拥有主和主人，我们在尊严上几乎不劣于其他任何人，而在忠诚方面我无出其右，几乎可以说是首屈一指。[287] 由于我就是我，看到您赐给我的大量好处使我富裕，我也许可以鼓足勇气向您提出恳求，如果不能让我的家乡获得罗马公民权，那么至少应当豁免它的纳贡，我感到向您提出任何诸如此类的请求都过于大胆，所以只提出这项非常有节制的请求，这样的行动对您来说不会损失什么，而我的国家能够得到最大的好处。下属若能得到他们的统治者的善意，还有什么恩惠能比这更大？[288]我的陛下，您在耶路撒冷做过很多次祈祷，为了继位，您第一次发布公告，而当时谣言从圣城传到大陆两端，由于这个原因，这座城市应当得到您的首要的尊敬。[289] 正如在家庭中，长子拥有首位，因为他们最先从父母那里得到名字，所以这座城市也一样，因为它是东方的城市中最先把您称做皇帝的，应当得到比其他城市更大的恩惠，至少得到与它们相同的恩惠。[290] 作为一名原告，我为了公平而说了那么多，作为一名乞援者，我也代表我的家乡，我最终到来是为了圣殿而向您祈求。

---

① 塞浦路斯（Κύπρος），地名。

我的主人盖乌斯，这座圣殿从一开始就没有接纳过任何人造的偶像，因为它是真正的神的圣地。画家和雕刻匠的作品是诸神的再现，人的感官可以察觉它们，而绘画或雕刻是不可见者的相似物，我们的祖先认为这些事情反对我们的宗教。[291] 您的祖父阿格里帕访问过这座圣殿，向它致敬，奥古斯都也这样做过，他在来信中下令要奉献各处送来的初果，永久进行献祭。您的曾祖母也……[1][292] 因此，没有任何人，希腊人或非希腊人，没有总督，没有国王，没有死敌，没有派别，没有战争、没有风暴或城市的劫掠，没有任何现存的事物，曾经给这座圣殿带来如此巨大的侵害，在那里竖立偶像、雕塑或者任何手工制品，用来崇拜。[293] 哪怕他们对居住在这块土地上的居民不怀好意或者加以敌视，然而会有一种敬畏或恐惧的直觉警告他们不要破坏任何习俗，这些习俗得到遵守是因为从一开始就荣耀万物的创造主和父亲，他们知道天谴的、无法挽回的灾难就源于这样类似的行为。因此，他们小心翼翼，不去播撒不虔诚的种子，免得将来会被迫收获它的带来彻底毁灭的果实。

【37】[294]“但是，当我能够在您面前提出许多您最亲密的亲属的证言时，我为什么还要引用这些陌生人的证言？比如，您的外祖父马库斯·阿格里帕[2] 在犹地亚，当时我的祖父是这个国家的国王，阿格里帕认为我从海滨来到位于这片土地中央的京城是恰当的。[295] 他考察了这座圣殿、看了祭司们的华服，以及本地居民的崇拜，然后他感到十分惊讶，认为自己已经看到了某些值得深刻崇敬的东西，这些事物是伟大的，他的感受难以言表。除了赞美圣地和归属于圣地的一切，他对他的那些朋友没有谈论其他内容。[296] 就这样，出于对希律王的礼貌，这些日子他一直待在这座城里，观看装饰华丽的建筑，观看大祭司穿着神圣的祭服，庄严地献祭和举行神圣的祭仪。[297] 他用所有律法允许的、有益于居民的贡物装饰圣殿，然后他声称

---

① 此处原文有佚失。

② 马库斯·阿格里帕（ΜάρκοςἈγρίππα），人名。

要赐予各种恩惠而不引起灾难，他再三向希律王道贺，也从希律王那里收到一大堆相同的贺词，然后他在人们的护送下去了港口，这不是一个城市的港口，而是整个国家的港口，人们沿途向他抛掷雨点般的花束，以此表达他们对他的虔诚的敬佩。[298] 您的另一位祖父提庇留·凯撒怎么样？他不是显然也采取了相同的政策吗？无论如何，在他担任皇帝的二十三年中，他维护了这座圣殿恪守的、从遥远的世代传承下来的传统，没有摧毁或干扰它的任何部分。

【38】[299]“另外，我可以用他的一项行动来证明他的良好品性。尽管他在世的时候，我生了许多场病，不过仍旧能够得到您的尊敬。他的一位副将彼拉丢[①] 被任命为犹地亚的总督。彼拉丢不那么尊重提庇留，乃至于惹恼了民众，但他给这座圣城里的希律王的宫殿奉献了一些镀金的盾牌。除了对这两件事实最公开的描述以外，在盾牌上写上奉献者的名字和被荣耀者的名字，他们没有制造偶像，或者做律法禁止的任何事情。[300] 但是民众理解的这件事情后来成了街谈巷议的话题，那些王子们在尊严和好运方面不亚于国王，以四名王子为首领的团体请求彼拉丢补偿由于那些盾牌而产生的对传统的伤害，请他不要去打扰所有世代流传下来的习俗，要求他保护习俗，使之不受国王或皇帝的打扰。[301] 彼拉丢当然不愿妥协，他固执己见，愚蠢地拒绝了这些请求，于是他们吼道：‘不要煽动叛乱，不要发动战争，不要摧毁和平；通过羞辱古老的律法，你们不会荣耀皇帝。不要拿提庇留作为强暴这个民族的借口，他并不希望推翻我们的任何习俗。如果你们说他希望推翻我们的习俗，那么你们自己可以下达命令，或者写信，或者做诸如此类的事情，这样我们就可以停止纠缠你，挑选我们自己的使者去向我们的主人请愿。’[302] 最后这个要点尤其激怒了他，因为他担心要是他们真的派遣一位使者，那么他们也会揭露他作为总督的其他行为，详细说明他如何收受贿赂，侮辱、抢劫、暴戾、伤害，如何未经审判就处人以极刑，不断重复、无

---

① 彼拉丢（Πιλᾶιτος），人名。

休止地极度残忍。[303] 所以，他脾气火暴，怀恨在心，陷入困境。他没有勇气取下那些已经奉献的贡物，也不希望做任何能令他的臣民高兴的事情。与此同时，他完全知道提庇留处理这些事务的政策是不变的。那些显赫的要人看到这一点，以为他对自己的行为感到后悔，但不希望表示悔过，所以不断地写信给提庇留，乞求提庇留的帮助。[304] 你们瞧，提庇留读了这些信，他用什么样的语言描写彼拉丢，对他发出什么样的威胁！提庇留异常愤怒，尽管他不轻易发火，我们没有必要对此加以描述，事实本身已经在为自己说话。[305] 甚至没有拖到第二天，他马上写信给彼拉丢，对彼拉丢先前大胆的冒犯进行谴责，吩咐彼拉丢立刻取下盾牌，把它们从京城运到海滨城市该撒利亚[①]，安放在奥古斯都的神庙里，这座城市以你的曾祖父奥古斯都的名字命名，情况就是这样。所以，两件事情都保险了，一件是赋予皇帝的荣耀，另一件是从古时候传下来的对待这座城市的政策得到遵守。

【39】[306]“在那个时候，这些有着精美绘画的盾牌没有一面是完全相同的；而现在则是一尊巨大的雕塑。这尊塑像的安放地点也在总督官邸；现在他们说要把这尊雕像安放在圣地最里面的部分，大祭司每年只在禁食节的时候进去一次，在那里焚香，按照祖先的习惯，在那里为全人类的幸福和繁荣昌盛祈祷。[307] 如果有哪位祭司，更不要说其他犹太人了，不仅是最低等级的祭司，而且是地位仅次于大祭司的那些祭司，要么独自进入，要么与大祭司一同进入，那么他们必死无疑；还有，如果大祭司每年有两天进入至圣所，或者同一天进入至圣所三四次，那么他必死无疑，无须恳求。[308] 这位立法者极为小心地保卫至圣所，这是他希望保全、不让它受到践踏和侵扰的唯一的地方。这些人在这些事务上受到过圣洁的训练，如果他们看到这座塑像被安放在那里，你认为他们愿意承受多少次死亡？我相信他们会杀了他们全家，妇女、儿童，等等，最后在他们亲属的尸体上杀死和奉献他们自己。提庇留知道这一点。[309] 要是您的曾祖父、那位最优秀的皇帝，能够

---

① 该撒利亚（Καισάρεια），地名。

活到今天，那么他会怎么办？由于他的美德和好运，他第一个得到奥古斯都的头衔，他到处播撒和平的种子，从海洋到陆地，直到地极。[310] 他难道没有听说过这座圣殿的故事，不知道里面没有供奉人造的偶像、那位不可见的存在者的可见的肖像吗？这座雕塑要竖立在圣殿里，它想要令人感到惊奇并要人们向它致敬。他对哲学并不是浅尝辄止，而是自由连续地尽情享用，几乎每天都要享用哲学的盛宴，部分凭借回忆从早年起接受的哲学教导，部分凭借与陪同他的那些博学之士的交往。在他的餐桌旁的聚会中，他大部分时间都在聆听有学问者的谈话，所以，不仅他的身体，而且他的灵魂，都可以通过各自恰当的食物得到滋养。

【40】[311] “我有大量生动的证据说明你的曾祖父奥古斯都的愿望，但在这里我只满足于举两个例子。第一个例子是他写给亚细亚行省总督的一封信，当时他得知神圣的初果遭遇不虔敬的对待。所以，他下令只允许犹太人进入会堂聚会。[312] 他说，不能在聚会中饮酒和狂欢作乐，不能让聚会成为密谋，乃至于对和平产生伤害，而应当让聚会处成为训练人们节制和公义的地方，人们在那里实践美德，奉献每年的初果作为献祭，派遣使者把贡物送往耶路撒冷的圣殿。[313] 然后他下令，不得阻止犹太人按照他们祖先的习俗进行聚会、纳贡、派遣使者去耶路撒冷。这些话哪怕不是他的原话，也肯定表达了他的意思。[314] 我的陛下和主人，我再添加一封信来说服你，这封信是盖乌斯·诺巴努斯·福拉库斯① 送来的，他声称凯撒给他写了信。[315] 下面就是这封信的抄本：‘总督盖乌斯·诺巴努斯·福拉库斯向以弗所人的行政官致意！凯撒写信给我，说犹太人无论在什么情况下，一般都会按照他们古老的、独特的习俗，制定聚会的规则，认捐送往耶路撒冷的金钱。他不希望他们在这样做的时候受到阻碍。因此，我写信给你，让你知道这是他下令要做的事情。’[316] 陛下，这岂不是一项清晰的证明，表示他想要遵循原则，荣耀我们的圣殿吗？他并不认为可以用一般的聚会来替代

① 盖乌斯·诺巴努斯·福拉库斯（Γαΐους Νοϱβανὶς Φλάκκος），人名。

犹太人的聚会，犹太人在这些聚会中收集初果，举行他们其他的宗教仪式。[317] 另外一个例子的说服力不亚于这个例子，它很清楚地表明了奥古斯都的意愿。他下令每天都要向这位至高神献上全燔祭，由他自己出钱。这种献祭一直延续到今天。贡品有两只羊羔和一头公牛，他用这些贡品为祭坛增添光彩，他非常清楚那里没有公开或秘密竖立的偶像。[318] 确实，这位伟大的统治者和首屈一指的哲学家用他的心灵推论，认为大地上必定要有一块特别的地方指定为神圣的，归于那不可见的神，祂肯定没有可见的偶像，而这个地方可以让我们参与良好的希望和分享完全的祝福。[319] 在这样一位虔诚的导师的指引下，你的曾祖母朱利娅·奥古斯塔[①] 用奠酒用的金瓶、金碗和其他许多豪华器皿装饰圣殿。那里没有偶像，什么原因使她这样做？因为妇女的判断一般说来是比较软弱的，除了感官能够察觉的东西以外，她们不理解任何心智的观念。[320] 然而，她在这件事情和其他所有事情上胜过了所有人，因为她得到过纯洁的训练，她的本性得到了补充，实践使她的推理能力具有了男子的特点，她能够获得如此清晰的印象，她对心灵事物的理解优于对感性事物的理解，而后者是前者的影子。

【41】[321]“我的主啊，有这种比较温和的处理方式作为榜样，它与您本人的王权关系非常密切，所以就像一张培育秧苗的温床，你的伟大可以从中产生和成长，而它们各自原来拥有的东西都可以保持。[322] 在这里是一些皇帝在向一位皇帝询问律法的原因，是一些奥古斯都在向一位奥古斯都提出请求，是祖先和祖父在向他们的后裔提出请求，是几位祖先向一位后裔提出请求，所以你几乎可以听到他们在说：‘不要摧毁这些体制，在它们的庇护下我们的意愿至今平安无事，没有遭遇灾难性的后果，而未来的不确定性不可能不给那些最勇敢的人带来恐惧，除非他轻视神圣的事物。’[323] 我若讲述您赐给我本人的好处，那么讲一整天都嫌时间太短，但我认为把一项主要任务当做另一个主题的附属物是不合适的。确实，我若能够拥有平安，

① 朱利娅·奥古斯塔（ἸουλίαΣεβαστὴ），人名。

事实本身也会出来说话和大声呼喊。[324] 有谁不知道是您把我从铁制的枷锁中解放出来？但是，我的陛下，不要用更加痛苦的枷锁捆绑我，因为那些被解脱了束缚的枷锁只捆住了我身体的一部分，而我看到摆在我面前的枷锁是灵魂的枷锁，必定会把我整个人捆绑得更紧。[325] 你推开了一直在迫近我们的死亡，当我恐惧得要死的时候，你激发了我的新生命，你唤醒我，使我重获新生。我的陛下，请保持你的慷慨，让你的阿格里帕可以不与生活告别，尽管我的获释似乎不是给我带来拯救，而是使我成为更加沉重的、不幸的牺牲品，因为我似乎将要遇上更加邪恶的结局。[326] 您把一个凡人所能拥有的、最大的、幸运的礼物赐给我，它过去是一个国家里的一个王国，后来是另一个更大的帝国里的一个王国，后来您又把人们所说的特拉可尼[①] 和加利利[②] 添加给它。请您不要在赐予我极为丰富的恩惠、使我摆脱赤贫的时候，让我在获得完全的光明以后重新陷入最深邃的黑暗。[327] 我宣布要放弃一切辉煌，我不祈求保持我短命的好运。我用所有这一切只交换一样东西，请不要干扰我们祖宗的体制。现在，我在我的同胞或在所有其他人中间会拥有什么样的名声？对我的人民来说，我要么肯定像个叛徒，要么不再像过去那样被当做你的朋友；不会再有其他可能了，所以还会有什么比这些灾难更大的不幸落到我的头上？[328] 我若是继续位于你的同伴之列，那么我将得到叛变的污名，除非我的家乡得到保卫，不受各种灾难的伤害，那座圣殿未受任何影响。因为您是伟大的君主，能够保卫同伴的利益，能够保护那些到您显现出来的绝对权力之下寻求庇护的人。[329] 但若您心里对我怀有敌意，请不要像提庇留那样监禁我，您倒不如打消监禁我的任何念头，让我马上自动消失。我把得救的希望寄托在您的善意之上，若非如此，我的生命还有什么价值？”

【42】[330] 他写了这封信，加上封印，派人送给盖乌斯，然后把自己

① 特拉可尼（Τραχωνῖτις），地名。

② 加利利（Γαλιλαία），地名。

关在屋子里，仍旧心烦意乱，感到极大的不安，尤其担心可能会发生的事情。因为他将要面临的危险不是微不足道的，而是涉及驱逐、奴役、大规模劫掠犹太人的大事，犹太人不仅居住在这块圣地上，而且居住在这个可以居住的世界的任何地方。[331] 盖乌斯收到了这封信，他读着信，各种情感涌上心头，对自己的计划没有成功充满怨恨，与此同时他又开始想要祈求公正。他从一个方面赞扬阿格里帕，又从另一个方面责备阿格里帕。[332] 他指责阿格里帕对自己的同胞过分殷勤，而在整个人类中只有他们顽固不化，拒绝把他奉为神明。他赞扬阿格里帕没有伪装和藏匿真实的自我，并以此证明阿格里帕拥有真正自由和高贵的品性。[333] 就这样，他保持着平静的外表，认为应当对阿格里帕的请求给予和善的回答，同意阿格里帕的主要请求，现在暂时不安放那座塑像；他派人送信给叙利亚总督普伯里乌·佩特洛纽[①]，指示他要克制，不要采取新的步骤，侵犯犹太人的圣殿传统。[334] 然而，由他授权给佩特洛纽做出让步不是一件简单的事，其中混杂了大量可怕的因素。因为他添加了一道禁令，禁止京城以外相邻地区的任何人建立荣耀自己的祭坛、神庙、偶像、雕塑，据此，佩特洛纽需要马上惩罚那些阻碍安放塑像的人，或者让人把他们送到他这里来。[335] 但这无非就是一个党争或内乱的起点，是在间接取消他那一方的直接馈赠。可以期待的是，这个派别，与其说他们对犹太人持有敌意，倒不如说他们敬畏盖乌斯，想在整个国家安放这样的塑像，而其他人则亲眼看到，他们祖传的体制是否被推翻并不掌握在他们手中，尽管他们也是众人的一部分。后来，盖乌斯奖励了那些人，因为他们最严厉地惩罚了那些诉诸暴力的人，同时又下令在圣殿里安放塑像。[336] 然而，神的旨意是前定的，祂精心照料人间事务，公正地监察和主宰一切事务，不会挑拨某个邻居去冒犯神明，所以盖乌斯没有机会不节制地挑唆任何祈祷都无济于事的不幸灾难。[337] 不过，有人会说，这样做有什么用呢？他们能够保持平静，而盖乌斯不能。他已经对自己的让步感到

① 普伯里乌·佩特洛纽（Ποπλίως Πετρωνίως），人名。

后悔，想要恢复他原先的愿望。他下令在罗马再建造一座巨大的镀金青铜塑像。他克制自己，不去打西顿的那尊塑像的主意，因为他不希望众人为此而心神不宁；等到他们平静下来、不再怀疑的时候，他再把这尊新的塑像用船秘密地运过来，在不被大众看到的情况下突然竖立起来。

【43】[338] 他打算在沿着海岸航行去埃及的时候做这件事。那个时候他心中充满对亚历山大里亚的非凡热爱。他一心想要访问这座城市，到达以后在那里待了相当长的时间。他认为这座城市是独特的，他的神性的观念在那里得以产生和滋长，占据了他的睡梦，他的神具有庞大的体形，在世界范围内具有价值，对这位神的崇拜使这座城市成为其他城市的典范，无论是个别人还是整座城市，都在仿效伟大人物和城市的品质。[339] 他在其他所有事情上实际都不可信，所以，他若是采取了任何举动，马上就会后悔，并想方设法加以取消，由此引起冲突和伤害的加剧。[340] 这种事情在这里有一个例子。他无缘无故地释放了一批犯人，然后出于一种痛苦的失望，他重新监禁他们，对他们施加了比以前更重的惩罚。[341] 还有，当有些犯人等着被处死的时候，他判决他们流放，这样做不是因为良心告诉他这些人的罪行使他们应当被处死，或者被处以其他较小的惩罚，而是由于他们的法官非常残忍，所以他们不可能不受惩罚。于是，被流放就像是上苍赐予的礼物，和遣送回国一样好，他们可以感到自己摆脱了威胁到生命的危险。[342]然而，没过多久，他又改变了主意，派了一些士兵去处理他们，这些出身高贵、品质高尚的人生活在一些岛屿上，把那里当做了他们的故乡，在那里抱着幸运的感觉忍受着他们的不幸，然而他开始屠杀他们，这一打击令人心碎，也是罗马的大人物们未曾料到的。[343] 所以，他要是给某些人一些钱作为礼物，那么他不会把它当做收取利息和复利的贷款，而是当做被窃取的财产，要那些拿钱的人承担重大损失。仅让这些可怜人回报这些钱是不够的，而是要他们奉献从父母、亲戚、朋友那里继承下来的全部财产，或者奉献经由他们自己的努力，通过职业生涯获得的财产。[344] 高官显贵们尤其认为他们自己深受另外一种方式的伤害，这种方式在友谊的伪装下服务于他的快乐。

他会在不发任何命令或通告的情况下造访他们，让他们花费大量金钱来款待他。他们中间曾经有人为了提供一顿晚餐耗尽了全部财产，开始负债。这种奢侈的开销如此巨大！[345] 所以，有些人产生了这样的想法，轻视他赐予的恩惠，认为自己实际上没有得到好处，而只是落入了陷阱和圈套，他们遭受的损失超过了他们所能承受的范围。[346] 这种反复无常的行为影响了所有人，尤其是犹太人。他对他们产生了剧烈的敌意，在占领了亚历山大里亚城里的犹太教会堂以后，他又占领了其他城市里的犹太教会堂，在里面安放与他真人一般大小的塑像。因为既然允许其他人安放塑像，他本人当然也要这样做。圣城里的这座圣殿，是唯一留下来未曾被触及的圣地，拥有圣地的所有权利，然而他开始设法使圣殿转型，把它变成一座他自己的神庙，以他盖乌斯的名字命名，"这被造的显然是一位新的宙斯"。[347] 您在说些什么？您一个纯粹的凡人也想要获得以太和苍穹吗？您不满足于拥有众多大陆、海岛、国家、地区，您对它们拥有统治权，您把神视为一钱不值，祂位于我们下面的那个世界，没有国家，没有城市，而只拥有为祂而神圣化的狭小地区，这些地区由于您想要拿走的神谕和神圣的消息而神圣化，大地周围也没有给我们留下痕迹和提醒物，所以，你敬畏和荣耀真正存在的神吗？[348] 您为人类描绘的那些事情是一些美好的希望。您不知道您的这些奇怪和荒谬的行为正在打开邪恶洪水的源头吗？要知道，做或者想一下这些行为都是不合法的。

【44】[349] 我们受到了传唤，参与有关我们公民权的一场争辩，我应当把我们的所见所闻记录下来。就在进门那一刻，从他的眼神和举止我们知道，我们遇到的不是一名法官，而是一名原告，他对我们的敌意比那些想要反对我们的人更深。[350] 法官应当做的事情是这样的：他要和那些依据高尚品行遴选出来的陪审员坐在一起，审理这个极为重要的案子；这种案子有四个世纪没有听说过了，而现在是第一次提出来，它针对亚历山大里亚成千上万的犹太人；观点对立的两派人应分别站在他的两边，各有一位代讼人代表他们说话，他自己则应不失时机地轮流倾听他们的指控和辩解；他最后应

当站起来和他的陪审员们商议，得出完全公正的裁决并公开宣布。[351] 而在实际中我们看到的是一位冷酷无情的暴君，他那专横的额头上凶眉紧蹙。他并没有做我提到的这些事情，而是派人喊来花园别墅的两个执事，这两座花园属于拉弥亚[①]和马凯纳斯[②]，相互之间邻近，也靠近这座城市，盖乌斯要在这些花园里逗留三四天。这个地方是这出悲剧上演的舞台，旨在反对我们整个民族，我们作为牺牲品直接出场。他命令他们打开别墅的所有房门，他想要仔细察看每一间屋子。[352]我们被带去见他，在我们见到他的那一刻，我们毕恭毕敬、诚惶诚恐、俯伏在地，向他行礼，称他为“奥古斯都大帝”。在回答我们的问候时，他的温柔和仁慈竟然是这个样子的，不仅使我们想要放弃我们的申诉，而且使我们魂飞魄散！[353] 他以一种嘲笑和鄙夷的口吻喊道：“你们就是那些被神憎恶的人吗？所有别的民族都承认我是神，而你们却不承认？”他朝向天空伸出双手，发出祈祷的声音，哪怕是聆听这种声音也是一宗罪，更不用说重述这些实际的话语了。[354] 站在对面的那些使者立刻感到欢欣鼓舞，他们觉得盖乌斯说的第一句话就确保了他们的使命必定成功。他们手舞足蹈，以其他众神的名义为他祈福。

【45】[355] 看到这些人把他当做超越凡人的神来颂扬，他喜形于色，而那个可恶的谄媚者伊西多洛[③]趁机对他说：“我的主啊，假如您知道眼前这些人对您何等恶毒和不敬，那么您还会更加痛恨他们和他们的族人。因为当所有人都在为您的庇护献上感恩祭的时候，只有他们不能忍受献祭。我所说的‘他们’，当然也包括其他犹太人。”[356] 我们一起惊呼道：“我们的主盖乌斯啊，我们受到了诽谤和中伤；我们确实献祭过了，还奉献了百牲，我们不仅把血撒在祭坛上，然后像其他人一样把肉带回家享用，而且我们还用圣火焚烧牺牲，我们不是只做一次，而是做了三次，第一次是在您继任皇位的时候，第二次是在您从重病中康复的时候，当时整个有人居住的世界都在

---

① 拉弥亚（Λαμία），人名。

② 马凯纳斯（Μαικήνας），人名。

③ 伊西多洛（Ἰσίδωρος），人名。

与您一道承受痛苦，第三次是在祈祷对日耳曼人的战争取得胜利的时候。”[357] 他答道：“没错，你们是献祭了，但没有献给我，尽管名义上是献给我的；所以，你们还有什么好讲？你们根本就没有向我献祭。”听了他后面说的这些话，我们陷入深深的恐惧，直至满面惊慌。[358] 他一边说，一边继续巡视那些别墅，察看不同的内庭、男女卧室，地面层、楼上层乃至所有楼层；他批评有些房子的结构有缺陷，有些房子造得不够合理，它们本来应当更加华丽。[359] 我们跟着他走来走去，被敌对者嘲弄和辱骂，就像在剧场里看滑稽戏。这件事确实是一幕滑稽表演，法官成了原告，而这位原告又是个低劣的法官，在他的眼中只有仇恨，而没有事实和真理。[360] 但若受到法官审判的这个人是尊贵的，那么他必定会保持安静。因为缄默也会以某种方式成为一种辩护，尤其对我们来说是这样的，因为我们不能回答任何他正在调查、想要压制的问题，我们的习俗和律法缝上了我们的嘴巴，麻木了我们的舌头。[361] 在下达了某些有关建筑物的指示以后，他又向我们提出一个重大问题，“你们为什么要拒绝吃猪肉？”这个问题在我们的某些对手那里激起了一阵欢笑，他们欢欣鼓舞，而另外一些对手则试图奉承他，打算发表似乎更加睿智轻松的评论。他们的笑声如此响亮，乃至于使某些跟随他的仆人都感到恼火，因为这样做是对皇帝的不敬，对皇帝来说，哪怕是发出微笑声也是不对的，除非笑声来自他的某些相当亲密的朋友。[362]我们答道：“不同的民族有不同的习俗，我们禁止使用某些东西，就如我们的对手禁止使用另外一些东西。”然后有人说：“是的，正如有许多人不吃羊羔，尽管很容易获得”，此时盖乌斯笑道：“没错，因为它不好吃。”[363] 在这样的愚弄和辱骂下，我们孤立无助。后来我们又转向另外一个话题，他说：“我们想要听听，有关你们的公民权，你们有什么要求？”[364] 我们开始谈论这个问题，给他提供消息，但是当他品尝到我们的诉求的滋味、明白决不可轻视这个问题以后，在我们能提出更强有力的观点之前，他打断了我们的陈述，快速走进这所房子里的一个大房间，在里面转圈，他下令要把周围的窗户安上透明的石头，就像安装白色的玻璃，它不会阻挡光线，但能够遮挡风和灼热的太阳。[365] 然后，他悠闲地走着，并以更加威严的语调说："你们在说什么？"但等到我们开始说明整个论证的下一条论据时，他又走进另一个房间，下令把原有的绘画挂起来。[366] 所以我们对案子的陈述是毁损脱节的，几乎可以说我们的陈述被打断、粉碎了，于是我们只好放弃，因为我们没有力量，我们在所有时间里一直在期待的东西无非就是死亡，我们陷入了我们的灵魂传给我们的极度悲伤，我低着头开始恳求真神，请祂约束这个伪装者的愤怒。[367] 神怜悯我们，神对我们表现出仁慈；他松弛下来，变得比较温和，说出这样的话来，"在我看来，他们只是不幸的人，而不是邪恶的人，他们只是愚蠢地拒绝相信我已经具有了神性"，说完这句话，他离开了那里，同时吩咐我们也离开。

【46】[368] 这个地方是一个法庭，但它却表现得像是剧场和监狱的结合，就他们发出的笑声、嘘声、嘲笑声而言，它像个剧场，而就其对我们的肉体打击和对我们整个灵魂的折磨而言，它像个监狱；这位强大的暴君通过亵渎神灵和威胁我们来对我们造成伤害，他在那里污辱的不是别人，而是他自己，因为他本来可以轻易转变心意，但他想要成为神，并认为只有犹太人不愿发誓同意他是神。[369] 我们逃出这个监狱以后才开始喘气，之所以如此并不是因为我们贪生怕死，而是因为我们若能恢复祖制，那么我们乐意选择长生，但我们知道如果这样的话，我们就证明了自己的无用和我们深刻的怀疑。无论担任什么使者，都要承受痛苦，听从派他们来的人的要求。[370] 在上述场合我们尚且能够抬起头来，在一定程度上摆脱困境，而在其他场合我们处于恐惧和焦虑中，不知道他会做出什么决定、宣布什么裁决、为什么要做出这种裁决。但听了他对我们的案子发表的看法，我们只会产生误解，不是吗？确实，这是一个残忍的场景，遍布各处的所有犹太人的命运就这样不牢靠地系于我们这五名使者之身。[371] 如果他决定要偏向我们的敌人，那么其他什么城邦能够保持安宁，或者约束自己不去攻击它的同胞居民，什么样的祈祷处会被留下来不受损害，对于那些命运已经由犹太人的古代体制所决定的人来说，什么样的公民权利不会被颠覆？首先是颠覆，然后是遇

难，最后是沉入海底，丧失他们独特的律法和他们在每座城市享有的权利。[372] 这样的考虑使我们沉入海底，浸满了水，而那些迄今为止与我们一起行动的人也放弃了。至少，当我们受到皇帝召唤的时候，他们没有和我们在一起，而是出于恐惧而偷偷地溜走了，他们完全知道皇帝珍视的就是被人们确认为神。[373] 至此，我已经以总结的方式谈论了盖乌斯对整个犹太民族的敌意，但是我也一定要为我们这个民族翻案。

创世记问答

提要

本文的拉丁文标题为“Quaestiones et Solutiones in Genesin”，缩略语为“Quaest. in Gn.”，英文标题为“Questions and Answers on Genesis”。中文标题定为“创世记问答”。如标题所示，本文是以问答形式写成的评注，对《创世记》经文作解释，其写作形式类似希腊化时期的荷马史诗评注。全文共分为4卷（book），第1卷有100个问答，第2卷有82个问答，第3卷有62个问答，第4卷有245个问答。译成中文约19万字。

斐洛的著作原本都用希腊文写成，后来到了公元5世纪的时候，有了亚兰文译本。《创世记问答》的希腊文本有部分佚失（佚失部分少于全文十分之一），而它的亚兰文译本完整保留至今。近代西方学者奥切尔（J. B. Aucher）于1826年编辑出版了斐洛几部亚兰文著作的拉丁文译本（J. B. Aucher, Philonis Judaei Paralipomena Armena:libri videlicet quatuor in Genesin, libri duo in Exodum, sermounus de Sampsone, alter de Jona, tertius de tribus angelis, etc.,Venetiis, MDCCCXXVI.）。这个版文的原本是13世纪的三部手抄本。这个拉丁译本忠实地反映了斐洛的原意，除了少数地方由于使用了希腊原文而略显晦涩。

1951年，芝加哥大学希腊哲学教授拉尔夫·马库斯（Ralph Marcus）翻译了《创世记问答》和《出埃及记问答》，作为娄卜丛书斐洛著作集的两册附录出版。马库斯在其英译者序言中声称，他的翻译大胆地重建了许多斐洛使用的哲学和宗教术语，同时试图改善奥切尔的拉丁译文。马库斯的译文和注释是我们翻译斐洛这两篇著作的主要依据。

运用喻意解经法对圣经文本，尤其是对摩西五经，进行诠释和评注，这是斐洛著述的基本内容。与斐洛其他大量经文诠释相比，以问答的形式解读圣经可以更加贴近圣经文本。在斐洛生活的那个年代，希伯来圣经和希腊文圣经都还没有划分章节，圣经章节的划分是从中世纪开始的。把希腊文的摩西五经划分为在犹太会堂里每周阅读的功课，这对斐洛来说很自然，就像基督教教父奥利金在两个世纪以后做的那样。斐洛时代的巴勒斯坦犹太人曾用三年时间阅读摩西五经，共分为154周课程，而当时巴比伦的犹太人用一年时间阅读摩西五经，共分为54周课程。正是这样的犹太人的教育环境，催生了这部《创世记问答》。

斐洛的喻意解经法是他维护犹太教信仰的重要工具。他认为，未经喻意解释的经文只不过是“在空洞咒语的驱使下伴随愚蠢话语和祭仪的词和短语”，不能接近“最神圣的奥秘”。因此，仅仅理解经文的字面意义乃是程度较低的理解。字面的意义是圣经的身体，而其喻意乃是圣经的灵魂。圣经的字面含义是重要的，但是通过喻意解释的圣经含义更加重要，因为这是圣经或神想要对人说出的更加深层的内容。斐洛力图对每句经文做出双重回答：一重回答是字面含义（τὸῥητόν），另一重回答是喻意解释（τὸ συμβολικόν）。喻意解释可以分为三种：物理学的（亦即宇宙论的或神学的）、伦理学或心理学的、神秘主义的。斐洛对经文的具体评注有时候只涉及一种解释，有时候涉及两种，偶尔地三种都有。历史地看，斐洛的喻意解经法是犹太拉比传统和教父评注家的方法论先驱。

正 文

第一卷

[1] 思考这个世界的创造时，他（摩西）为什么要说“这就是关于天地生成的书，当它们生成的时候”？①

“当它们生成的时候”这个说法表示待定、不确定，其所指显然是时间。这句话可以作为一个证据驳斥这样一种看法，宇宙在若干年内生成，这个时间是一个确定数。但是，“这就是关于天地生成的书”这个表达法指的是一本设定时间的书，它讲的是这个世界的创造，暗示创世的真相。

[2]“神在各种绿物在野地里生成之前，在各种青草生长之前，就把它们创造出来”，这些话是什么意思？②

他用这些话暗指非物体的型相。因为，“在它生成之前”这个表达法指的是“各种绿物和青草、植物和树木”的完满。如圣经所说，在它们从地上生长出来以前，神创造了植物、青草，以及其他事物，这就表明神照着可知的本性创造了非物体的、可知的型相，供那些大地上的可感事物模仿。

[3]“有一眼泉水从地上腾，滋润整个大地”，这些话是什么意思？③

一眼泉水怎么可能浇灌整个大地？不仅因为大地广袤，而且因为山脉和平原高低不平。除非我们确实可以把国王的所有骑兵部队都称做“骑兵”，所以“泉水”在这里指的是大地上所有能出水的管道，就像一眼泉水。但是，

① 《创世记》2 : 4。“创造天地的来历，在耶和华神造天地的日子，乃是这样。”

② 《创世记》2 : 5。“野地还没有草木，田间的菜蔬还没有长起来，因为耶和华神还没有降雨在地上，也没有人耕地。”

③ 《创世记》2 : 6。“但有雾气从地上腾，滋润遍地。”

圣经说的确实也不是浇灌“整个大地”，而是“它的表面”被浇灌。就好比头部是动物的统治部分，所以大地良好的、肥沃的、主要的部分能够结出果实，就是这个部分需要泉水的帮助。

[4] 这个“被造的”人是谁？他和那个“照着（神的）形像”造的人有什么区别？①

这个被造的人是可感的人，是与可知的型相相似的事物。而照着神的形像造的人是可知的、无形体的，是原型的相似物，就此而言，他又是可见的。他是最初的原本的一个复本。他就是神圣的理性、第一原则、型相的原型，万物之先的测量者。由于这个原因，这个人的被造就像陶工用泥土把他塑造出来，这里讲的是他的身体。然后，当神把生命的气息吹在他脸上的时候，他获得了灵。他的本性是混合的，既有可朽的东西，也有不可朽的东西。与型相一致的东西是不朽的，它来自不可见的本性，来自简单和纯洁。

[5] 为什么要说神将生气吹在他的脸上？②

首先，脸部是身体的主要部分。身体的其他部分被造得像个基座，而脸就像一座胸像，稳固地安放在基座之上。感官是动物的主要组成部分，感官在脸部。其次，人不仅是一种动物，而且也是一种理性动物，头部是心灵的庙宇，如某些人所说的那样。

[6] 为什么要说神“立了乐园”，祂是为谁立的？什么是乐园？③

关于乐园的字面意义，不需要提供详尽的解释。这是一个树木稠密的地方，长满了各种树木。然而，它象征着智慧或知识，神的和人的智慧，涉及事物的原因。因为在这个世界生成以后，建立这种沉思的生活是适宜的，为的是通过观看这个世界的美景以及这个世上的事物来赞扬天父。因为自然本

---

① 《创世记》2∶7。“耶和华神用地上的尘土造人，将生气吹在他鼻孔里，他就成了有灵的活人，名叫亚当。”

② 《创世记》2∶7。

③ 《创世记》2∶8。“耶和华神在东方的伊甸立了一个园子，把所造的人安置在那里。”

身没有看的功能，也没有智慧可用来赞扬万物的创造者。造物主把祂的念头像种树一样植入最高尚的事物，亦即种在理性灵魂中。至于园中的生命树，它就是知识，不仅是关于地上事物的知识，而且是万物最年长和最高尚的原因。如果有谁能够清楚地表达这一点，那么他是幸运的、福佑的、真正不朽的。然而在这个世界被造以后，智慧生成了，因为在创世之后，乐园也以同样的方式被造了出来，就如那些诗人所说，缪斯的歌舞队组建起来，为的是赞扬造物主和祂的作品。诚如柏拉图所说，造物主是最伟大、最优秀的原因，而这个世界是最美丽的被造物。①

[7] 为什么要说神在东方立了“伊甸园”？②

首先，世界的运动是从东往西的；从那一刻起，运动就开始了。其次，东部据说是世界的右边，而西部据说是世界的左边。所以，有诗人提供证明，把东部的鸟称做“右边的”，把西部的鸟称做“左边的”。如果鸟儿去了右边，那么它们朝着白天和太阳前进；如果鸟儿去了左边，那么它们是在朝着晚上和黑暗前进。伊甸这个名称肯定是一个精致的象征，表示欢乐和高兴。因为一切善物和福佑的源泉都在这块神圣的土地中。最后，因为伊甸就是智慧、光辉和光明。

[8] 神为什么要把那个被造的人，而不是把那个照着神的形像创造出来的人安置在园子里？③

有些人相信乐园是一个园子，这些人说，那个被造的人就是感觉，所以他肯定会去那可感之地。而那个照着神的形像创造出来的人是可知的和不可见的，属于无形体的那一类事物。但是我想说，乐园应当被视为智慧的象征。因为用土造成的这个人是一个混合物，由灵魂和肉体组成，他需要接受教育和开导，为的是使他能够幸福，这些教育要与哲学的法则一致。而那个照着神的形像创造出来的人不需要任何东西，他的本性是自听、自教、自

① 参见柏拉图：《蒂迈欧篇》92c。

② 《创世记》2：8。

③ 《创世记》2：8。

育的。

[9] 经文上为什么说乐园中各样的树悦人眼目，其上的果子好作食物？①

因为树有两种美德，一种树有许多树枝，另一种树结许多果实；一种树是为了视觉的快乐，另一种树是为了味觉的快乐。但是在这里使用“美丽的”这个词是不恰当的，因为植物很自然地应当是茂盛的、常青的，它们属于神圣的乐园，最后枝叶不会脱落。经上没有说果子也是美丽的，而是说果子是好的，这样说非常聪明，因为人吃食物不仅是为了快乐，而且也是为了某种效用，而效用就是善者的流溢和精华。

[10] 什么是“生命树”？它为什么在园中？②

有人相信植物是有形体的，是有死的，也有人相信有些有生命的植物是不朽的。因此，他们说生命和死亡是相互对立的。有些植物是有害的，必须消除它们的影响。但是他们不知道这种状态实际上是有益的。因为，如哲学家们所论证的那样，生成是衰败的开始。这（亦即上面所说的）不就是所谓的喻意解经吗？有些人说生命树就是大地，因为大地使所有事物生长，包括人，也包括其他所有事物。而神给这种植物指定了一个中心位置，万物的中心就是大地。有人说生命树就是天穹上的七条轨道的一个名称。有人说，它就是太阳，因为在一定意义上，太阳位于行星的中央，它是季节产生的原因，万物因太阳而生。有些人说生命树就是对灵魂的统治。因为灵魂引导它的力量去合适的地方，通过参与身体的各个组成部分而产生或增强感觉。在某种意义上，中心就是首领和头部，就好像歌舞队的领队。但是这个高贵的、杰出的人说，生命树是人身上最好的美德，亦即虔诚，由于虔诚，卓越的心灵变成不朽的。

① 《创世记》2∶9。“耶和华神使各样的树从地里长出来，可以悦人的眼目，其上的果子好作食物。园子当中又有生命树和分别善恶的树。”

② 《创世记》2∶9。

［11］什么是“分别善恶的树”？[①]

这个陈述是清楚的，但其字面意义有点难懂，向我们呈现的是一个寓言。如他所暗示的那样，这棵树就是审慎，就是学问，通过认识，区分好的和美的事物、坏的和丑的事物；也认识一切相互对立的事物：一个是优等的，一个是劣等的。在这个世界上，智慧确实不是神，而是神的作品；它观看本性，研究本性。不过，人的智慧观看本性的眼睛是模糊的，会把一样东西认作另一样东西，它的观看能力微弱，但它的理解是纯洁的、简单的、清楚的，只依凭它自己。人的智慧是一种混合的欺骗，它像眼睛一样，在观看的时候经常会出现阴影，阻碍它获得清晰的影像。因为眼睛是对身体而言的，而心灵和智慧是对灵魂而言的。

［12］滋润伊甸园，从园子里流淌出来，使之分成比逊河、基训河、希底结河[②]、伯拉河[③]这四条河的是什么？[④]

据说希底结河和伯拉河发源于亚美尼亚山区。那个地方没有乐园，也不是其他两条河的源头。这个乐园距离我们居住的这个世界十分遥远，而在大地下有一条大河流淌，形成众多地下沟渠，给许多地方送去水源。这些河流在地下奔腾，在亚美尼亚山区，以及在其他地区，为自己开辟前进的道路。这些源泉，或者说河水的奔流，是虚拟的，但这种虚拟又是恰当的，因为经文提到的四条河是完全真实的。最初是一条河，而不是一处源泉（按照经文）。除非这段话也是在讲寓言，用四条河象征四种美德：审慎被称做比逊，和节俭有关；节制被称做基训，涉及食物和饮水方面的辛劳，还有肚腹中的各种快乐，还有肚腹以下的部分，这些都是属土的；勇敢被称做希底结，用来约束我们产生的愤怒情感；正义被称做伯拉，因为除了正义，人的思想不会在其他任何事物中更加快乐和高兴。

---

① 《创世记》2：9。

② 亦即底格里斯河。

③ 亦即幼发拉底河。

④ 《创世记》2：10。“有河从伊甸流出来，滋润那园子，从那里分为四道。”

[13] 经上为什么只省略了伯拉河的位置，而说比逊河环绕哈腓拉全地，基训河围绕古实全地，希底结河在亚述的对面流淌？①

希底结河是最狂野、最具毁灭性的河流，如巴比伦人和祆教僧人所证明的那样，他们确定这条河的本性与水的本性完全不同。然而，经文好像还提到另外一个理由，所以没有提到它的位置。因为伯拉河非常温和，它产生和养育生命，希伯来和亚述的贤人称它为“扩张的”和“繁荣的”。由于这个理由，它不像其他三条河流，而是单独成为一种类型。在我看来，这里的用法好像也是象征和比喻。因为审慎是一种“理性要素的能力”，可以发现邪恶；而勇敢是一种“易怒要素的能力”，节制是一种“贪欲要素的能力”，而愤怒和情欲是兽性的。就这样，经文提到了三条河流经的地区，但没有提到伯拉河流经的地区，它就是正义的象征，不仅是它的某个部分归于灵魂，而且它一劳永逸地成为灵魂三个部分的合作者，成为它们和谐的原因，同时也是同样数目的美德和谐的原因。

[14] 神为何要把那个人安置在伊甸园中，派他工作和看守园子，而在那个时候园子并不需要工作，因为神已经在那里完工，也不需要派卫士看守，因为无人会在那里毁坏园子？②

有两件事情是耕作者应当牢记和实现的，耕种土地和看守田野里的东西，因为懒惰和入侵都可以毁掉地里的收成。尽管乐园不需要人做这两方面的事情，但无论如何，管园子的人，亦即这个最初的人，应当在一切事情上以身作则。还有，神存在于一切事物之中，神应当把耕作和看管园子的事交给这个人，比如浇水、挖沟、剪枝、排水，等等。尽管当时在那里没有其他人，但是看守园子仍是必要的，至少可以提防野兽的侵袭，以及刮风和下雨，干旱的时候，必须大量浇水，涝灾的时候，必须开挖沟渠排水。

---

① 《创世记》2∶11—14。“第一道名叫比逊，就是环绕哈腓拉全地的。在那里有金子，并且那地的金子是好的。在那里又有珍珠和红玛瑙。第二道河名叫基训，就是环绕古实全地的。第三道河名叫西底结，流在亚述的东边。第四道河就是伯拉河。”

② 《创世记》2∶15。“耶和华神将那人安置在伊甸园，使他修理看守。”

[15] 神吩咐亚当可以随意吃园中各样树上的果子，这个时候神说的这个“吃”为什么是单数的，而当神禁止人吃分别善恶树上的果子时，神为什么要用复数，“你们不可吃，因为你们吃的日子必定死”？①

首先，这里讲的虽然是一样事物，但和其他事物有关，延伸到许多事物，“善是一，是原因”，一是赐予福益的，也是接受福益的。我说的这个一，不是数字二之前的那个数字，而是指一种统一的力量，与许多和谐事物相一致，其他事物都是对一的模仿，比如一群羊、一群牛、一群牲畜、一支歌舞队、一支军队、一个宗族、一个部落、一个家庭、一个城邦。一延伸为多，这些事物形成一个共同体，相互之间紧密团结在一起；当它们还没有混合在一起、还没有什么共同点的时候，它们就是二，就是多，就处于分裂之中。因为二是分离的开始。按照同样的道理，二作为一，享有一种完全纯粹的德性，而没有邪恶。但是当善与恶混在一起的时候，它们就有了一个会带来死亡的混合作为开端。

[16]“你吃的日子必定死”这句话是什么意思？②

高尚者的死亡是另一生命的开端。因为生命是双重的：一重是可朽的身体；另一重是无形体的，是不朽。所以，恶人甚至在他仍旧在呼吸的时候就已经死亡，在他被埋葬之前，尽管他没有为自己保存过哪怕是一丁点儿真正的生命，那就是卓越的品性。然而，高贵的和高尚的人不会死亡，而是在生活了很久之后，离世进入永恒，亦即进入永生。

[17] 经上为什么说“那人独居不好，让我们给他造一个像他那样的配偶”？③

经上用这些话来表明合作关系和伙伴关系，但不是针对所有人，有些人希望提供帮助，认为相互帮助可以带来好处，尽管他们可能无法做到。爱是

① 《创世记》2∶16—17。“耶和华神吩咐他说，园中各样树上的果子，你可以随意吃。只是分别善恶树上的果子，你不可吃，因为你吃的日子必定死。”

② 《创世记》2∶17。

③ 《创世记》2∶18。“耶和华神说，那人独居不好，我要为他造一个配偶帮助他。”

一种德性的助推，但不是通过有用性，而是通过团结一致，处于爱的伙伴关系中的人才结合在一起，如毕泰戈拉格言所说的那样，“爱人确实是另一个自我”。

[18] 为什么在说了“让我们给他造一个配偶”以后，神创造了走兽和飞鸟？①

无节制的和贪吃的人会说，野兽和牲畜是必要的食物，对人有帮助。因为吃肉再加上胃的作用可以帮你获得健康和体力。而我相信，由于在他那里有恶出现，所以人在陆上的动物和飞鸟中有了敌人和对手。而对最初的那个人来说，他具有完全的美德，美德就像是他的军队和同盟者，是他亲密的朋友，当然易于管教。它们只熟悉这个人，就像仆人们熟悉一位主人。

[19] 为什么走兽和飞鸟在这个时候又再次被创造出来，而在前面那个六天的创世故事中已经宣布了它们的被造？②

这些东西在第六天被造出来的时候也许是无形体的，是象征性的走兽和飞鸟，是一种类型。而到了这个时候，它们的相似物也被造了出来，这些无形体事物的相似物是可感的。

[20] 神为什么要把所有活物都带到那个人面前，他怎样叫这个活物，就是这个活物的名字？③

经文已经消除智慧热爱者的这个巨大的困惑，因为名字是给予的，而不是由事物的本性产生的，每个事物都有一个恰当的、天然合适的名字，经过那个拥有卓越知识的贤人的深思熟虑，由他提供。对这个贤人的心灵而言，或者倒不如说，对那些最初从土中诞生的生灵而言，把名字赋予这些事物是恰当的。人类之主和一切土生的生灵之王，也应当获得这种伟大的荣耀，他们这样做也是合适的。他是第一个看见活物的，所以他第一个配得上当它们

① 《创世记》2：19。“耶和华神用土所造成的野地各样走兽和空中各样飞鸟都带到那人面前，看他叫什么。那人怎样叫各样的活物，那就是它的名字。”

② 《创世记》2：19。

③ 《创世记》2：19。

的主人，他是第一位创始人，名字的创造者。如果不给它们起名字，或者接受其他某些年轻人起的名字，那么这样做是空虚的、愚蠢的，是对老年人的荣耀的一种羞辱。然而，我们也必须设定起名字的人很精确地提供了名字，动物听到这些名字以后很快就熟悉起来。

[21] 经上为什么要说“神把活物都带到那人面前，看他叫它们什么”，对此神也不能加以肯定吗？①

说神圣的力量对此也不能加以肯定确实不妥。看起来，神不是不能肯定，而是把心灵赐给人，尤其是赐给那个最初从土中生长出来的高贵的人；与此相一致，这个人变得聪明，能够像领袖和统治者那样进行推理，知道如何让自己认知。他知道自己的心灵有良好的起源。还有，依据这一说法，他指出我们都有自由意志，因此把那些说万物由于必然性而存在的人弄糊涂了。或者说，也许是人类命中注定要使用它们，因为神把理性赋予人就是为了让他们能给动物起名字。

[22]“那人怎样叫各样的活物，那就是它的名字”，这些话是什么意思？②

这是必然的，要相信他不仅给动物起名字，而且也给植物和其他一切无生命物起名字，从最高的种类开始；而动物就是最高的种类。经文满足于提到最优秀的部分事物，而不想为愚蠢者列举所有事物的名称。给无生命物命名是容易的，既不用改变它们的处所，也无须使用灵魂的好恶。给动物起名比较困难，因为动物的身体会运动，动物的灵魂通过产生活力的感官和情欲的冲动会有各种表现。就这样，心灵能把名称给予更加困难、更加麻烦的动物的种类。由此可以推论，他为其他事物命名是容易的，就好比近在眼前。

[23]“亚当没有遇见像他自己那样的助手”，这话是什么意思？③

---

① 《创世记》2：19。

② 《创世记》2：19。

③ 《创世记》2：20。“那人便给一切牲畜和空中飞鸟，野地走兽都起了名。只是那人没有遇见配偶帮助他。”

万物皆有助于创造人类，诸如大地、溪流、海洋、空气、光明、天空，等等。还有各种果子、菜蔬、牲畜。野兽对人并不凶猛。然而，这些事物没有一样以任何方式是像人那样的助手，因为它们不是人。就这样，经文表明有一个人是另一个人的救援者和合作者，他们在身体和灵魂上完全相同。

[24]“神使亚当沉睡，他就睡了”，这些话是什么意思？①

哲学家们感到困惑和不确定，不知如何解释这里说的睡眠是怎么来的。但是这位先知清楚地处理了这个问题。睡眠本来就是一种出神，而不是由于疯狂而产生，它通过感官的松弛和理性的退隐而产生。这是因为，感觉从感性事物中退隐，理智从感觉中撤退，此时不再有主动的神经，甚至也没有运动来给那些提供特殊功能的部分提供能量，于是感觉就和感性事物分离开来。

[25] 神从那个用土造成的人身上取下来的“侧面”是什么东西，神为什么要用它造一个女人？②

这里的字面含义是清楚的。依据某种象征用法，这里的部分被当做整体的一半，既表示男人，也表示女人；而作为自然的组成部分，它表示一个和谐种类中的那些相同的部分，被称做人。不过，从喻意来看，人指称心灵，人的侧面指称感觉。非常容易发生变化的理性则被称做女人。有些人认为“侧面”指的是勇猛和力气，因此他们把身体强壮的拳击运动员称做强大的人。这位立法者说女人是用男人的肋骨造的，暗示女人是男人身体的一半。对此我们还有身体构成方面的证据，可以考察他们的共同之处，比如运动、功能、精神活力和卓越。万物皆可视为有比例的。由于制造男性要比制造女性完善，所以制造女性只需要制造男性的一半时间，亦即四十天，而相比于男性，女性是不完善的，她是男人的一半，所以制造男性需要制造女性两倍

① 《创世记》2 : 21。“耶和华神使他沉睡，他就睡了。于是取下他的一条肋骨，又把肉合起来。”

② 《创世记》2 : 22。“耶和华神就用那人身上所取的肋骨，造成一个女人，领她到那人跟前。”

的时间，亦即八十天。所以，按照女人的独特性，男人的本性加倍（或自然生长）时会有一种变化。当某物的本性具有双倍尺度时，就像男人的身体和灵魂那样，那么制造这个事物用的是一半的尺度。而当某物的身体构造是像女人那样的一半构造时，那么该事物的制造和构成用的是双倍的尺度。

[26] 经上为什么要称这个女人的相似物为“房子”？①

男人和女人和谐地来到一起，房子象征性地表示他们的圆满成功。一个家庭没有女人是不完善的、没有归宿的。男人要承担国家的公共事务，所以由女人来承担家政是合适的。缺乏女人就会招致毁灭，而身边有女人，就由她来管理家务。

[27] 为什么不像创造其他动物和男人那样用土造女人，而要用男人的肋骨造女人？②

首先，这是因为女人在荣耀方面与男人不相等。其次，因为她在年龄上也与男人不相等，她要年轻一些。因此，那些过了壮年娶妻的人会受到批评，说他们违反自然法则。第三，他希望男人应当把女人当做自己的一个非常必要的部分来照料；而女人，作为报答，应当把男人当做自己的全部来侍候。第四，他象征性地建议男人要把女人当做女儿来照料，女人要把男人当做父亲来荣耀。这是恰当的，因为女人要改变她的居所，从她自己的父母家改变为去丈夫家居住。因此，这样做是合适的，作为回报，接受某物的人应当向提供该物的人表示善意，但一个发生了改变的人（亦即那个女人）应当荣耀她的丈夫，把他当做生育他的父亲来荣耀。因为男人娶妻，妻子的父母把她当做一项储蓄托付给他，而女人则依照律法嫁给丈夫。

[28] 为什么这个被造的男人，在看到这个女人时，又说“这是我骨中的骨，肉中的肉，可以称她为女人，因为她是从男人身上取出来的”？③

面对这样一个幽灵，他可能不太赞同，喃喃自语：“用骨头和无定形的

① 《创世记》2∶22。圣经希腊文本，“房子”（οἰκοδομήν）。

② 《创世记》2∶21。

③ 《创世记》2∶23。

肉，以及其他那些无定形的东西，真有可能造出这个可爱的生灵来吗——这个美丽、迷人的生灵！这样的事情真是令人难以置信。然而，神是创造者和画家，这一点是可信的。”他也可能表示相信。他说：“没错，这是我的骨肉造成的生灵，因为她是用我的这些部分造成的。”还有，他很自然地提到骨和肉，因为人这顶“帐篷”是用骨、肉、动脉、静脉、神经、韧带、呼吸器官、血液构成的。女人被说成具有生孩子的力量，确实如此；要么是受精以后怀孕生子，要么如先知所说，她来自男人，既不是通过灵，又不是通过种子，而是像这个男人的后代，凭借一种间接的本性而产生，就好像从取下的一节葡萄藤里长出另一棵葡萄树。

[29]经上为什么说，“因此，人要离开父母与妻子连合，二人成为一体”？①

经上命令这个男人要用最合作的态度对待他的妻子，而他甚至可以忍受离开他的父母。并非因为这样做是合适的，而是因为这不是要善待妻子的原因。最奇妙的是，我们要注意经上没有说女人应当离开她的父母，与丈夫连合——因为男人比女人更加大胆——而是说为了女人的缘故男人才这样做。因为随着一种现成的冲动，男人会被带向知识的和谐。他被神灵凭附，预见到未来，他控制和停止他的欲望，以适应他的配偶，就好像手握缰绳。尤其是，由于他掌握了主人的权柄，会被怀疑为傲慢自大。而女人，处于仆人的地位，要服从男人的生活。当圣经说他们二人成为一体的时候，这里说的事情非常具体，可以察觉，其中既有痛苦也有感觉的快乐，他们可以享受快乐，也可以感受痛苦，他们可以感受相同的事情，更多地，他们也可以思考相同的事情。

[30] 为什么说这个土生的男人和土生的女人都是赤身露体的，并不感到羞耻？②

首先，因为他们都和这个世界有关，这个世界的组成部分都是裸体的，

---

① 《创世记》2：24。

② 《创世记》2：25。“当时夫妻二人赤身露体，并不羞耻。”

全都显露它们自己的品性，也使用它们自己的覆盖物。其次，因为他们的道德是朴素的，生来就不傲慢；在那个时候，还没有产生傲慢。第三，因为那个地方气候相当温和，他们既不会太冷，也不会太热。第四，他们与这个世界有着亲密的关系，所以他们不会受到它的任何部分的伤害，这些部分与他们有密切的关系。

［31］经上为什么说蛇比田野里的一切活物更狡猾？①

说真话是恰当的，蛇确实是一切动物中最狡猾的。然而，在我看来，这样说似乎是因为蛇倾向于情欲，是情欲的象征。情欲的意思是感情方面的快乐，快乐的热爱者非常能干，娴熟地掌握了技艺和手段；他们发现了各种手段，既有产生快乐的手段，又有导致某种快乐的手段。不过，在我看来，这只格外狡猾的动物打算欺骗人，这里进行的论证适用于一只非常狡猾的动物，而不适用于整个种类，出于已经提到过的原因，只适用于这条具体的蛇。

［32］这条蛇以男人的样式讲话了吗？②

首先，在这个世界被造之初，没有其他动物有语言，只有这个人能发出清晰的声音（或者讲话）。其次，当某些奇迹般的行为备妥以后，神改变了蛇的内在本性。第三，由于充满许多罪恶，所以我们的灵魂是聋的，除了能听见一两种它们习惯的语言；但是最早的动物灵魂是恶的，它纯粹而不混杂，能够更加敏锐地熟悉各种声音。由于灵魂不是只能提供有缺陷的感觉，就像属于这个可悲身体的感觉，而且也能提供庞大的身体，就像巨人的体量，所以它们必定拥有比较准确的感觉，更有哲学的视觉和听觉。推测灵魂有眼睛，能看见天上事物的本性、存在和行动，它有耳朵，能听到各种声音，这样做并非不恰当。

---

① 《创世记》3：1。"耶和华神所造的，惟有蛇比田野一切的活物更狡猾。蛇对女人说，神岂是真说，不许你们吃园中所有树上的果子么。"

② 《创世记》3：1。

[33] 这条蛇为什么对这个女人说话，不对这个男人说话？[①]

为了让他们能够慢慢地死去，这条蛇用诡计欺骗他们。女人比男人更容易受骗。因为男人的判断就像他的身体，是阳性的，能够化解或者摧毁欺骗；而女人的判断是比较阴性的，由于软弱，她容易放弃，被似是而非、与真理相似的虚假所占领。与此相应，这条蛇到老的时候会从头到尾蜕皮，它责备这个男人，因为这个男人用不朽交换了死亡。这条蛇在不同的时候更新和调整了野兽的本性。由于这个原因，这个女人受骗了，尽管她本应看清这个骗子，就好像看清样式，以获取永不衰老的生命。

[34] 这条蛇为什么要撒谎说“神说不许你们吃园中所有树上的果子”？与此相反，神说的是“你们可以吃园中所有树上的果子，有一棵树除外”[②]。

为了不被发现，它巧妙地撒谎，已经习惯了。这就是当时发生的事情。这里的命令是可以吃园中所有树上的果子，有一棵树除外。而这条蛇要诡计说：“不许你们吃园中所有树上的果子”。蛇是光滑的，它是心灵的绊脚石，它说的这句话模棱两可。因为“不许吃所有树上的果子”显然表示“一棵树上的果子都不能吃”，这当然是错的。再说，这句话也可以说成“每一棵树上的果子都不能吃”，包含“某些树上的果子不能吃”的意思在内，而这个意思是对的。所以，蛇显然说了假话。

[35] 这里给出的诫命是不可吃某一棵具体树上的果子，但这个女人在这个时候为什么要靠近它，并且说“神说你们不可吃那棵树上的果子，也不可靠近它”？[③]

第一，一般来说，味觉和各种感觉通过接触而形成。第二，为的是严厉惩罚那些吃果子的人。因为哪怕靠近这棵树也是禁止的，更不用说除了触碰这棵树，还吃了果子，享受果子了，在一个较小的错误之上添加一个大错，

---

① 《创世记》3：1。

② 《创世记》3：1。

③ 《创世记》3：3。“惟有园当中那棵树上的果子，神曾说，你们不可吃，也不可摸，免得你们死。”

他们成为自己的谴责者和惩罚者。

[36]“你们便如神能知道善恶”[①] 是什么意思？这条蛇为什么认识复数的“神”？

因为真正的神是一，而他在这里第一次提到神的名称。这句话没有预言的性质，亦即预见人类有一种多神信仰，如这里的叙事[②] 最初所证明的那样，不是通过任何理性的事物，也不是通过较好的非理性的生灵，而是通过最讨厌的、邪恶的野兽和爬虫。因为这些东西隐藏在地下，以大地的缝隙为巢穴。对理性存在者来说，把神当做唯一真正的存在者确实是恰当的，对野兽来说，它会创造许多神，而对非理性的生灵来说，它会创造根本不存在的神。还有，它以另外一种方式表现出狡猾；因为不仅有知善恶的神圣的知识，而且还有对善的接受和追求，以及对恶的厌恶和拒斥。但是它没有透露这些事情，因为这些事情是有用的；它只提到善与恶这两种相反的知识。经文中第二次提到复数的“神”不是无理由的，为的是可以说明善与恶这些神具有双重本性。因此，说具体的众神会具有相反的知识是合适的；但是更主要的原因是优于善与恶。

[37] 为什么这个女人先触摸了这棵树，吃了树上的果子，然后那个男人也吃了？[③]

按照字面意思，这里强调的是女人的优先权。因为这样说是合适的：男人应当支配不朽和一切善物，而女人应当支配死亡和一切恶物。然而在喻意解经的意义上，女人是感觉的象征，男人是心灵的象征。感觉与可感事物发生接触是必然的；通过感觉的参与，事物抵达心灵；因为感觉被物体推动，而心灵被感觉推动。

---

① 《创世记》3：5。“因为神知道，你们吃的日子眼睛就明亮了，你们便如神能知道善恶。”

② 显然指圣经中的叙事。

③ 《创世记》3：6。“于是女人见那棵树的果子好作食物，也悦人的眼目，且是可喜爱的，能使人有智慧，就摘下果子来吃了。又给她丈夫，她丈夫也吃了。”

[38]“把它给了她的丈夫”是什么意思？[①]

和刚才说的原因几乎相同，感觉来自物体，而感觉给心灵留下印象。

[39]“他们二人的眼睛就明亮了”[②]，这句话是什么意思？

他们显然并非被造为盲目的，事实上，其他所有存在者都得到完善的创造，动物也好，植物也罢；人被赋予优秀的部分，比如眼睛，难道不应该吗？还有，他在前面把属地的名称给了所有动物，所以他显然先看见了它们。或者也可能是这样的，圣经用眼睛象征性地表示灵魂的视力，只有通过灵魂才能知道一切善与恶、高尚与可耻，以及所有对立面。但若这个眼睛是分离的，是被称做理解顾问的理智，那么还有一个专门的非理性的眼睛被称做意见。

[40]“他们知道自己是赤身露体的”[③]，这句话是什么意思？

这句话的意思是这样的：通过偷吃禁果，他们才知道自己是赤身露体的。这就是意见，是恶的开端，因为他们没有使用任何东西遮蔽身体，而宇宙的部分是不朽的和不腐的；但是他们现在需要人造的东西，这些东西是易腐的。这里知道自己赤身露体，但这不是变化的原因，而是有一种陌生的东西被朝着整个世界的心灵所察觉。

[41] 他们为什么要拿无花果树的叶子为自己编裙子？[④]

首先，这是因为无花果对味觉来说是甜蜜的、令人愉快的。因此，它象征许多感性的快乐相互交织在一起，融合在一起。而用无花果树叶遮挡生殖器，这是一件更大的事情。其次，如我所说，由于无花果比其他树上的果子要甜，无花果树的叶子比其他树叶更粗糙。因此，圣经希望象征性地说明，尽管快乐的运动似乎是平滑的，但实际上可以证明它是粗糙的，没有原先感到的痛苦和后来附加的痛苦，就不可能感到快乐或高兴。在两种状态之间感

---

① 《创世记》3：6。

② 《创世记》3：7。“他们二人的眼睛就明亮了，才知道自己是赤身露体，便拿无花果树的叶子，为自己编作裙子。”

③ 《创世记》3：7。

④ 《创世记》3：7。

受痛苦始终是一件可悲的事情：一种状态是开始时的痛苦状态；另一种状态是后来添加的痛苦状态。

[42]“听见神行走的声音”[①] 是什么意思？神的话语或脚步能有声音吗，或者说神能行走吗？

任何一位可以感知的神灵——亦即星辰——都在天上，都在轨道上循环运动和旋转。但是，最高的和最初的原因是稳定的、不动的，如古人所持有的理论所说。祂赋予自己运动的象征和表现，就如祂希望自己具有运动的外表；尽管不发出声音，先知通过某种权能可以听到他们所说的神的声音。所以，就如祂听见声音但没有讲话一样，祂也提供了实际行走的印象但没有真实的行走，没有运动。你们看，在尝试恶行之前，人是稳定的、不变的、不动的、和平的、永久的；同理，以相同的方式他们相信神也是这样的，正如祂在真理之中。但是，在发生欺骗以后，他们自己变动了，改变了，所以他们相信神也会有变动和改变。

[43] 当他们隐藏自己、躲避神的面时，为什么不先提到那个最先吃了禁果的女人，而是先提到那个男人，因为经上说的是“亚当和他的妻子躲藏他们自己”？[②] 女性是比较不完善、比较无知的成分，从女性开始有了过犯和违法，而从男性开始有了敬畏、谦逊和所有善物，因为男性比较好，比较完善。

[44] 为什么他们不在其他地方，而是在园子里的树木中躲藏自己？[③]

罪人做的事情并非全部经过思考，都有智慧；会有这样的时候，窃贼坐在他们偷来的赃物上，看不到事情的后果，而他们身边和脚下的赃物已经在被人寻找和追索。所以，现在发生的就是这样的事情。他们本应远远地逃离那棵树，因为他们在那里犯有过失，在那里被抓住，所以他们违法的证据更加明显和清晰，不会突然消失。所以，圣经象征性地说每个恶人都在恶中逃

① 《创世记》3∶8。“天起了凉风，耶和华神在园中行走。那人和他妻子听见神的声音，就藏在园里的树木中，躲避耶和华神的面。”

② 《创世记》3∶8。

③ 《创世记》3∶9。“耶和华神呼唤那人，对他说，你在哪里。”

避恶，每个感性的人都诉诸感官享受，在其中休息。

[45] 全知的神为什么要问亚当“你在哪里?”为什么祂不这样问那个女人？[①]

神在这里好像不是在发问，而是在威胁和责备：嗯，你这个人，你在哪里，为什么你要远离，放弃不朽和幸福的生命，朝着死亡和不幸走去，被埋葬在那里。但是祂认为向这个女人提出这个问题是不合适的，尽管她是邪恶的开端，引诱他（男人）进入卑鄙的生活。但是这个段落也有更加合适的喻意解释。因为理性在人身上占据统治地位，主权和理性在聆听的时候也会引入女性之恶，亦即感性知觉。

[46] 为什么那个男人说“那个女人把那树上的果子给我，我就吃了”，而那个女人说“那蛇没有把果子给我，而是欺骗我，我就吃了”？[②]

这里的意思（字面上的）包含一种被认可的感情，因为女人有一种被欺骗的本性，不能正确地进行反思，而男人的本性与此正好相反。但是按照比较深层的意思，感性知觉的对象欺骗和诱惑不完善的存在者的具体感觉；感性知觉已经被它的对象传染，影响到了主权和统治性的要素。所以，感觉是提供者，心灵从感觉那里接受感觉承受的东西。感觉被感觉的对象欺骗和诱惑，而贤人的感觉，就像他的心灵反思，是不会受骗的。

[47] 为什么神首先咒诅这条蛇，其次咒诅那个女人，最后咒诅那个男人？[③]

咒诅的顺序依据做坏事的顺序。蛇首先欺骗。其次，那个女人通过蛇犯

---

① 《创世记》3∶9。

② 《创世记》3∶12—13。“那人说，你所赐给我，与我同居的女人，她把那树上的果子给我，我就吃了。耶和华神对女人说，你作的是什么事呢？女人说，那蛇引诱我，我就吃了。”

③ 《创世记》3∶14—17。“耶和华神对蛇说，你既作了这事，就必受咒诅，比一切的牲畜野兽更甚。你必用肚子行走，终身吃土。我又要叫你和女人彼此为仇。你的后裔和女人的后裔也彼此为仇。女人的后裔要伤你的头，你要伤他的脚跟。又对女人说，我必多多加增你怀胎的苦楚，你生产儿女必多受苦楚。你必恋慕你丈夫，你丈夫必管辖你。又对亚当说，你既听从妻子的话，吃了我所吩咐你不可吃的那树上的果子，地必为你的缘故受咒诅。你必终身劳苦，才能从地里得吃的。”

罪，屈从于欺骗。第三，那个男人犯罪，屈从于女人的欲望，而非顺从神的诫命。不过，这个顺序和寓言也很相配：蛇象征欲望，如前所述，女人象征感觉，男人象征心灵。所以欲望变成犯罪的邪恶起源，欲望首先欺骗了感觉，然后感觉俘虏了心灵。

[48] 为什么要让蛇受这样的咒诅——用肚子行走，终身吃土，和女人彼此为仇？①

经文说的很清楚，我们看到的意思皆可作见证。但是按照喻意解释，它的深层意思如下。蛇是欲望的象征，所以它取了热爱快乐者的形像，用肚子爬行，不停地吃喝，欲望永不知足，在吃喝中不节制和不约束。与食物有关的东西都是土性的，而它受到吃土的咒诅。欲望对感觉有一种天生的敌意，经上把它象征性地称做女人。尽管欲望似乎是感觉中最要紧的，但它们实际上是奉承者，是策划阴谋诡计的敌人。通过馈赠礼物来造成巨大伤害，这是敌人的习惯，就好比使眼睛失去视力，使耳朵有听力障碍，使其他感官麻木；欲望会使整个身体解体和瘫痪，毫无理由地丧失全部健康，并带来许多新的疾病。

[49] 为什么对女人的咒诅由增加怀胎的苦楚、多受生育儿女的苦楚、受丈夫管辖组成？②

这种经验是每一位与男人生活在一起的女人的经历。这不是一种咒诅，而是一种必然。但是男人只是象征性地感觉到生育的困难和痛苦，女人受到许多苦楚，患上许多疾病。这些事情是感觉的后果：看见，是视觉器官的后果；听见，是听觉器官的后果；嗅到，是嗅觉器官的后果；尝到，是味觉器官的后果；触及，是触觉器官的后果。由于卑鄙的生活和邪恶的人是可悲的、贫困的，所以感觉无论作用于什么，都与恐惧和痛苦混合在一起。但是按照比较深层的意思，这里发生了一个转折，这个人不是变成了一名助手，

① 《创世记》3：14—15。

② 《创世记》3：16。

因为他是没有价值的，而是变成了一名主人，因为他想要获得奖赏，而非为了公义。

[50] 为什么神直接咒诅这条蛇和这个女人，但却没有同样对待这个男人，而是咒诅地说："地必为你的缘故受咒诅。你必终身劳苦，才能从地里得吃的，遍地长出荆棘，你要吃田野里的草，辛苦流汗才能从地里得吃的"？①

因为心灵是神圣的气息，神认为不应咒诅心灵，所以把咒诅转向地和耕种。地具有和人的身体相同的本性，心灵是身体的耕种者。当耕种者是有美德的和高尚的时候，身体也会结出它的果实，亦即健康、敏锐的感觉、力量和美貌。但当他是残忍的时候，就产生了相反的性质，因为他的身体受到咒诅，接受一个不受约束、不谨慎的心灵作为它的耕种者。它的果实由无用的东西组成，只是一些荆棘，也就是悲伤、恐惧和其他疾病，而思想会打击心灵，对着心灵射出利箭。"草"是食物的象征，因为他从理性的存在者转变为非理性的动物，俯视神圣的食物；哲学通过原则和自愿的律法确认这些事情。

[51]"直到你归了土，因为你是从土而出的"，这些话是什么意思？②

因为这个男人不仅是从土而出的，而且也是从神灵而出的。首先，这个从土而出的生灵显然是由土和气复合而成的。他没有保持不朽，而是轻视神的诫命，背离了最优秀、最卓越的部分，亦即气，全身心落入土这种比较厚实和沉重的元素。其次，如果他想要拥有能使灵魂不朽的美德，那么他肯定会获得气作为他的"分"。由于他热衷于快乐，藉此已经带来灵性的死亡，所以他再一次使自身复归于土；因此经上说："你本是尘土，仍要归于尘土。"所以，土是邪恶和卑鄙之人的开端和终结，而气是有美德之人的开端和终结。

---

① 《创世记》3：17。

② 《创世记》3：19。"你必汗流满面才得糊口，直到你归了土，因为你是从土而出的。你本是尘土，仍要归于尘土。"

[52] 为什么这个从土而生的人称他的妻子为“生命”，并声称“你是众生之母”？[①]

首先，他把生命这个最恰当的名称给了那个最先被造出来的女人，因为她是由他们而出的一切后代的来源。其次，也许是因为她不是从土，而是从一个活物，从这个男人的一部分，肋骨，而获得存在的实体，得到了一个女人的身体形式，所以她被称做生命；她首先从一个活的存在者而生成，因为她是由那个最先的理性动物生的。然而，对它作喻意的解释也是可能的；象征感觉的女人不是也可以正确地被称做生命吗？因为有无生命的区别在于有无感觉，通过感觉我们得到印象和冲动，感觉是印象和冲动的原因。实际上，感觉就是一切生命之母；正如没有母亲就不能生下任何东西，没有感觉就没有任何生物。

[53] 为什么神用皮子做衣服[②]给亚当和他妻子穿？[③]

考虑到衣服的廉价和不值钱，有些人会嘲笑这句经文，认为创造主不会有这样的举动。但是品尝过智慧和美德的人肯定认为这项工作适合神，并对那些懒惰者进行训诫，这些人丝毫也不关心生活必需品的提供，而是疯狂地追求可怜的荣耀，以之为消遣，并藐视智慧和美德。他们反而喜爱奢侈的生活、能工巧匠的技艺、与善物相反的东西。这些卑鄙者不明白，节俭只需要很少东西就能使人满足，节俭就像我们的亲戚和邻居，而奢侈就像我们的敌人，应当驱逐和远离。所以，如果我们真的下判断，可以认为皮制的衣服是一种比花色袍和紫袍更加珍贵的财产。字面意义就讲到这里。但是按照其比较深层的意义，皮制的衣服象征身体的天然皮肤。当神制造第一个心灵时，神称他为亚当；然后他制造感觉，称之为生命；随后，出于必然，神也制造了他的身体，象征性地称它为皮制衣服，因为心灵和感觉在身体中应当穿上衣服，就好像穿上皮衣，这样做是恰当的，为的是让神的作品首先能够显示

---

① 《创世记》3：20。“亚当给他妻子起名叫夏娃，因为她是众生之母。”

② 衣服的原文是“tunia”，罗马人穿的长袍。

③ 《创世记》3：21。“耶和华神为亚当和他妻子用皮子作衣服给他们穿。”

神圣力量的价值。除了神以外，还有什么力量更优秀，更适宜制造人体的衣服吗？所以，是神给他们制造了衣服。神给他们直接穿上衣服。这里涉及人的衣服，有人制造，有人穿衣。而这种天然的衣服，亦即身体，是身体的制造者神的作品，神制造衣服，也给他们穿上衣服。

[54] 神对谁说“你们瞧，亚当已经与我们中的一个人相似，能知道善恶”？①

这里的“我们”是复数。但一定不要以为神在这里和祂的权柄说话，神以权柄为工具创造整个宇宙。“与……相似”这个词表示作比较的两样东西是相同的，而不是不同的。神以一种方式知道理智和感觉，人以另一种方式知道理智和感觉。那些考察和理解自然的人对自然的一般理解不同于对这些事情的精确把握和理解，一般的理解属于人力所能理解的范围。这些事情都是相似的。在人身上，它们是形像和样式，而在神那里，它们是原型和模式，是黑暗事物的光明样板。元一和天父是自生的和非创造的，不与任何事物混合与联系。神看见了祂的权柄的荣耀。

[55]“免得他伸手又摘生命树的果子吃，就永远活着”是什么意思？②

神既不会怀疑，又不会妒忌。这是确实的。然而，圣经经常使用含义模糊的术语和名称，就好像在对人讲述原则。因为最高的原则，如我所说，有两条：一条是神不像人；另一条是，如同人要管教他的儿子，所以主神要管教你们。因此，第一条原则是权威，第二条原则是纪律，第一条相当于迈上了训练的台阶，为的是自觉自愿地逐步接受训练。“免得”这个词不是表示神在怀疑，而是指出人在本性上是怀疑者，并显示存在于人身上的“情感”。无论何时有某事物的形像对某人呈现，马上就会有一种冲动对着这个形像，形像是冲动的原因。所以怀疑者的第二个不确定性产生，不知到底有没有接收到这个形像。这些话想要表明的就是这第二个“免得”。然而，神没有任

① 《创世记》3：22。“耶和华神说，那人已经与我们相似，能知道善恶。现在恐怕他伸手又摘生命树的果子吃，就永远活着。”

② 《创世记》3：22。

何邪恶的部分，不会妒忌善人的不朽或其他任何事物。有关这一点的一个明确标记就是，没有任何人的敦促，祂创造了这个世界，祂作为恩人，使争辩、无序、混乱、消极的实在变成亲切、文雅、有序、和谐的善物。真正存在的元一用祂明晰的理智种下生命树。还有，他没有用任何方式去敦促或鼓励祂把不朽与其他人分享。当人的心灵是纯洁的、没有收到任何邪恶行为或话语的印象时，祂确保将引导他进入虔诚的快乐，这是毫无疑问的，是真正的不朽。而当他开始返回邪恶，使自己堕落，想要过一种可朽的生活时，他不能获得不朽，因为邪恶的“不朽化”似乎是不可能的，如果这种事情发生，对他也是无益的。邪恶和邪恶之人活得越长，就越可悲，他自己和其他人所受到的伤害就越大。

[56] 神打发那个男人出伊甸园去耕种他所自出之土，为什么神在这个时候称园子为“乐园”？①

在耕种中，有些区别是清楚的。当他在伊甸园里耕种时，照料智慧就像照料树木，他依靠树上不朽的、有益的果子来滋养他自己，因此成为不朽的。当他被赶出这块智慧之地时，他的实践正好相反，亦即他做的工作是无知的，因此他的身体受到污染，他的心灵变得盲目，被他自己的食物饿死，日渐衰弱，承受着可悲的死亡。因此，神在这个时候称园子为乐园确实是对这个愚蠢者的指责，快乐生活的对立面是痛苦的、可怕的生活。智慧的生活实际上是无比欢乐的，最适合理性的灵魂。但是，没有智慧的生活是严酷的、可怕的。哪怕完全接受感性快乐，痛苦也会在快乐之前和之后到来。

[57] 神为什么要在伊甸园安设基路伯和四面转动发火焰的剑，把守生命树的道路？②

基路伯象征神的两项基本属性，亦即创造性和王权，由于创造性，祂被称做神，由于另一属性，王权，祂被称做主。创造性的形像是仁慈、友好、

---

① 《创世记》3：23。“耶和华神便打发他出伊甸园去，耕种他所自出之土。”

② 《创世记》3：24。“于是把他赶出去了。又在伊甸园的东边安设基路伯和四面转动发火焰的剑，要把守生命树的道路。”

行善的力量。而那王权的属性是立法和惩罚。还有，“发火焰的剑”象征天空，因为以太像火焰，围绕天空旋转。所有这些东西都在守卫园子，它们显然是智慧的监察者，就像一面镜子。因为在一定意义上，世界智慧就是神的权能的镜子，与此相应，它变得完善，而这个宇宙得到统治和管理。通向智慧的道路被称做哲学，因为创造性的权能是智慧的热爱者；统治的权能也是智慧的热爱者，这个世界也是智慧的热爱者。但是有些人说发火焰的剑是太阳，因为通过太阳的旋转它揭示了一年四季，它就是生命的卫士，是一切有生命事物的卫士。

[58]“我从神得一男子”，夏娃这样说该隐对吗？①

关于“得”，下面这两种说法是有区别的：“通过某某”或者“凭借某某”，也就是“通过质料”或者“凭借质料”。“通过某某”的意思是通过某个原因，“凭借某某”的意思是凭借某样工具。然而，宇宙的天父和创造者不是工具，而是原因。因此，他错误地反对“正确思想”，说事物的生成不是通过神，而是凭借神。

[59] 经上为什么要首先描述比较年轻的亚伯的工作，说“他是牧羊的，而该隐是种地的”？②

尽管这个义人的年纪比那个恶人轻，但他在活动方面比那个恶人年长。因此在评价他们的活动时，他被放在前面。他们中有一个是牧人，照料有生命的事物，尽管它们是非理性的，他乐意从事牧羊人的工作，因为这是通向统治和王权的预备性工作。而另一个人是种地的，地就是土，是无生命的事物。

[60] 为什么该隐在几天后拿地里最先出产的东西为供物奉献给神，而亚伯却不是在几天以后拿他羊群中头生的和肥羊献上？③

① 《创世记》4：1。“有一日，那人和他妻子夏娃同房。夏娃就怀孕，生了该隐（就是得的意思），便说，耶和华使我得了一个男子。”

② 《创世记》4：2。“又生了该隐的兄弟亚伯。亚伯是牧羊的，该隐是种地的。”

③ 《创世记》4：3—4。“有一日，该隐拿地里的出产为供物献给耶和华。亚伯也将他羊群中头生的和羊的脂油献上。耶和华看中了亚伯和他的供物。”

这段经文显示出爱自己和爱神的区别。他们中间有一个人认为自己是最先出生的，并且不虔诚地认为神只配得到以后出产的东西。因为是“几天以后”，而不是“马上”，是“其他的供物”，而不是“最先的出产”，表示的是大恶。而另一个人马上奉献头生的羊，没有丝毫拖延，他的天父也没有加以拒绝。

[61]经上说“神看中了亚伯和他的供物，但是看不中该隐和他的供物”①。经上为什么原来提到该隐在先，而现在提到该隐在后？

首先，经文的意思不是说应当先提到那个凭本性正好在先的人，而是应当先提到那个及时到来并有着健全道德的人。其次，这里就好像有两个人，一个善人，一个恶人。神转向那个善人，看着他，因为神是善和美德的热爱者，先看他与自然秩序比较吻合，神也会谴责恶人，把脸转了过去。与此相应，经上说的最好的地方，不是神首先看见供物，而是神首先看见那些献上供品的人，因为人看到大量的礼物就会表示满意，而神观看灵魂的真相，避开无知和奉承。

[62] 礼物和供物之间有什么区别？②

献祭者屠宰牲畜，切割它，把供物的血洒在祭坛上，把供物的肉带回家。而那个把某样东西当做礼物奉献的人似乎把整样东西都奉献给接受者。热爱自我的人是切割者，就像该隐，而热爱神的人是提供者，就像亚伯。

[63] 该隐从何而知他的供物不讨神的欢心？③

该隐也许是知道了他的供物不讨神的欢心的原因，因为他很伤心，变了脸色。所以，他的伤心是供物不讨欢心的征兆。他的供物若是纯洁的、无可挑剔的，那么他应当感到欢乐。

[64]“不是你行得不好，而是你没有正确地划分”是什么意思？④

---

① 《创世记》4：4—5。“亚伯也将他羊群中头生的和羊的脂油献上。耶和华看中了亚伯和他的供物，只是看不中该隐和他的供物。该隐就大大地发怒，变了脸色。”

② 《创世记》4：4—5。

③ 《创世记》4：5。

④ 《创世记》4：7。“你若行得好，岂不蒙悦纳，你若行得不好，罪就伏在门前。它必恋慕你，你却要制伏它。”

首先，正确的和不正确的划分无非就是秩序。通过公正的秩序，整个世界及其部分被创造出来。因此，世界的创造者使用分割和划分，给那些难熔的、无序的、被动的实体排序。在宇宙中，祂安放了沉重的和天然向下的事物，亦即土和水；但祂把气和火安放在上面，因为它们由于轻巧而上升。但是祂分割和划分了纯粹的本性，亦即天空，用它来包围和环绕宇宙，它也许是不可分的，但它同时又在其自身包含一切。事实上，动物和植物的生成来自湿的和干的种子——除了是分割和划分，它还能是什么呢？因此，世上的一切事物必然模仿这一秩序，尤其要求我们对这些事情感恩，要对祂做出某些回应，因为是祂把这些东西给予我们。其次，对神谢恩当然是正确的，但若祂没有得到头生的或新生的供物，那么奉献者就要受谴责。因为把最好的东西奉献给某个被造者自己，把次优的东西奉献给全智者，是不恰当的。这种划分是应当受到谴责的，表现出某种无序的秩序。

[65]“安静，你已犯罪”，这是什么意思？①

这道神谕说出了某些非常有用的东西。因为不犯罪就是最大的善。感到羞耻和惭愧的犯罪者与这个人相似，如某人所说，是年长的哥哥身旁的年幼的弟弟。因为有些人会对犯罪感到喜悦，就像对待善行，由此患上一种难以治愈或无可救药的疾病。

[66]为什么神似乎要把这个好人交到恶人手中，说“它想要恋慕你”？②

神没有把这个好人交到恶人手中，这句话的意思与此正好相反，因为神在这里不是在讲那个虔诚者，而是在讲一项已经完成的行为。神对他说：“这种对不虔诚者的回报是给你的。”所以不要责备必然性，而要责备你自己的品性，神在这里把这项行为说成是自愿的。但是，“你要制伏它”这句话指的是另一项行为。在第一处，神说你不要开始亵渎，在另一处，神说会有大罪相随。所以，祂思考并且证明这就是自愿的坏事的开端。

① 《创世记》4：7。
② 《创世记》4：7。

[67] 他（该隐）为什么在田里杀了他的兄弟？①

为的是再次播种或种植的时候，不育性和不结实性可以与果实一道现出，通过把杀人凶手带到心灵面前，可以揭示他的愚蠢。在被迫不自然地饮下人血以后，田地不会和原先一样，还能为那个用愚蠢行为所导致的鲜血来污染大地的人生长粮食。

[68] 全知的神为什么要问这个弑兄者“你兄弟亚伯在那里”？②

祂希望这个人自己能够忏悔，使这个人不会伪装，说一切事情好像都是通过必然性产生的。说杀人是必然的，就是认为杀人的行为不是自愿的；而不在我们力量范围内的事情是不受责备的。而自愿犯罪的人否认这一点，因为罪人不得不忏悔。所以，他（摩西）在他的立法的各个部分都写下这样的意思，神不是恶的原因。

[69] 为什么该隐要像回答人的问题似的说“我不知道，我岂是看守我兄弟的么”？③

这是一种无神论的观点，认为神的眼睛不能看穿一切，不能同时看清一切，所谓一切不仅包括那些可见的事物，而且还包括那些静止的事物、处于深渊中的事物。“你为什么不知道你的兄弟在哪里呢？”有些人会说。“你为什么就不知道呢，你是这个世界上的第四个人，除了你的父母和你唯一的兄弟？”然而，“我岂是看守我兄弟的”，这个回答真是一个很好的辩护！除了你的兄弟，你还应当成为什么人的看守和保护者吗？你确实表现出喜欢暴力、不义、变节、杀人这些令人憎恨、招人咒诅的行为，而且表现出你轻视你兄弟的安全，就好像这是不必要的。

[70]“你兄弟的声音从地里向我哀告”，这是什么意思？④

---

① 《创世记》4：8。“该隐与他兄弟亚伯说话，二人正在田间。该隐起来打他兄弟亚伯，把他杀了。”

② 《创世记》4：9。“耶和华对该隐说，你兄弟亚伯在哪里。他说，我不知道，我岂是看守我兄弟的么。”

③ 《创世记》4：9。

④ 《创世记》4：10。“耶和华说，你作了什么事呢，你兄弟的血，有声音从地里向我哀告。”

这句话极为典型，因为神在聆听他们的哀告，尽管他们已经死了，神知道他们过着一种无形体的生活。但是面对恶人的哀告，祂会背转脸去，尽管就真正的生命而言，恶人已经死了，恶人的身体就像一座坟墓，可以埋葬他们不幸的灵魂。

[71] 地为什么要咒诅他（该隐）？①

大地是宇宙各部分的最后一个部分。因此，如果大地咒诅他，那么其他元素，亦即泉、河、海、气、风、火、光、日、月、星辰，以及整个天穹，也会对他进行恰当的咒诅，这是可以理解的。若是无生命的和陆地的本性反对和抗拒恶行，那么更加纯洁的本性不会更加如此吗？不过，若是对着宇宙的这些部分开战，他还会有获得拯救的希望吗？我不知道。

[72]“你在地上呻吟和颤抖”是什么意思？②

这也是一条普遍的原则。每一名作恶者都有一些事情在等待他，并且很快就会到来。将要到来的事情已经会带来恐惧，而这些事情的直接呈现就会引起悲伤。

[73]“我的刑罚太重”是什么意思？③

确实没有比遭到神的遗弃更不幸的事情了。因为对堕落者来说，缺乏统治者是可怕的，难以忍受的。而遭到伟大君王的忽视和被主要权柄遗弃则是一种难以名状的不幸。

[74]“凡遇见我的必杀我”是什么意思，是因为那里除了他的父母之外没有别人吗？④

首先，世界的各个部分好像要伤害他，这个世界被造出来供善人使用和参与，但依然要惩罚恶人。其次，他恐惧野兽和毒蛇的攻击，因为自然产生

① 《创世记》4：11。“地开了口，从你手里接受你兄弟的血。现在你必从这地受咒诅。”

② 《创世记》4：12。“你种地，地不再给你效力。你必流离飘荡在地上。”

③ 《创世记》4：13。“该隐对耶和华说，我的刑罚太重，过于我所能当的。”

④ 《创世记》4：14。“你如今赶逐我离开这地，以致不见你面。我必流离飘荡在地上，凡遇见我的必杀我。”

这些野兽是为了惩罚不义之人。最后，这个人也许会想到他的父母，他首先会给他们带来新的悲伤和最初的不幸，因为他的父母不知道什么是死亡。

[75] 为什么凡杀该隐的必遭报七倍？①

我们的灵魂被造成八个部分，由这八个部分组成：理性的部分，不允许划分；非理性的部分，可以分为七个部分——五种感官、语言器官、生殖器官。这七个部分是邪恶的原因，要送交审判。死亡对主要统治者(亦即心灵)来说是可以接受的，恶就存在于它那里。因此无论谁杀死心灵，用愚蠢取代感觉，使用混合的办法，必将引起七个非理性部分的消解和解体。正如主要统治者有朝向美德的倾向，所以臣属于它的那些部分也有这种倾向。

[76] 神为什么要给这位弑弟者一个记号，免得人遇见他就杀他，什么时候适宜做相反的事情，把他交到另一个人手中处死？②

首先，有一种死亡是生者本性的改变。但是，连续的悲伤、缺少欢乐、剧烈的恐惧，会使良好的希望成为空白，会带来巨大的、多重的由感觉引起的死亡。其次，就在开头的地方，经文希望描述灵魂不朽的法则，驳斥那些人的错误信念，他们认为只有这种肉体的生活才是幸福的。人们看到这两兄弟中有一位犯下极大的罪恶，亦即亵渎和弑弟，但却仍旧活着，生儿育女，建立城邦。而那个表现虔诚的人却被狡诈摧毁了。圣言不仅清楚地宣布感性的生活不是善的，死亡不是一种恶，而且还宣称肉身的生活与生活没有关系。而有另外一种永恒的、不朽的生活，无实体的灵魂命中注定要过这种生活。据说诗人在谈到斯库拉③的时候说，“她并非有死，而是不死的怪物”④，这样说更加合适，因为它邪恶地生活，活了很多年。最后，尽管该隐起先犯下了弑弟的大罪，但是神赦免了他，神给所有法官规定了有关初犯的仁慈和

① 《创世记》4：15。“耶和华对他说，凡杀该隐的，必遭报七倍。耶和华就给该隐立一个记号，免得人遇见他就杀他。”

② 《创世记》4：15。

③ 斯库拉（Σκύλλα），希腊神话中的六头女妖，居住在意大利墨西那海峡的岩礁上。

④ 荷马：《奥德赛》12：118。

温和的法律，不是因为可以不摧毁恶人，而是表现出有点儿犹豫，神表现出耐心，怜悯而不是残忍地对待这些人。神极为聪明地规定了温和的标准，涉及初犯者，不是处死过失杀人犯，而是以另一种方式摧毁他。神不允许把他算作他父亲的家族成员，宣布不仅要把他赶出这个家族，而且要把他赶出整个人类，把他算做与理性的种族不同的种族，把他驱逐出去，使他像一名流亡者，变成野兽。

[77] 为什么五代以后拉麦要为他祖先该隐的弑兄罪而谴责自己？经上说，他对他的妻子亚大和洗拉说，“壮年人伤我，我把他杀了，少年人损我，我把他害了。若杀该隐，遭报七倍。杀拉麦，必遭报七十七倍。”①

按照数字来说，一在秩序和权能上先于十，前者是开端、元素和尺度。而十是比较年轻的，是被度量的，在秩序和权能上处于次要的位置。所以七比七十原始和年长；而七十比七年轻，处于被生的状态。这些事情是命定的，因为犯罪的第一个人确实不知道什么是犯罪，对他的惩罚也比较简单，就按照第一个可疑的数字受惩罚，这个数字我指的就是一。但是第二个人以第一个人为榜样，他找不到什么借口，他的犯罪是自愿的。由于没有通过最初比较简单的惩罚接受严肃的智慧，所以他也要承受这种惩罚，除此之外，他也要接受其次的属于十的惩罚。正如跑马场上的驯马者既可得到首要的又可得到次要的奖品，所以某些恶人会向着不义猛冲，夺取可悲的胜利，然后受到双重惩罚，首先受到的处罚是属于一（个位）的，其次受到的处罚是属于十（十位）的。因此，该隐也是这样，他是第一个弑弟者，因为他不知道这个愚蠢行为的分量，因为他从来没有遭遇过死亡，接受比较简单的惩罚，遭受属于一（个位）的七十七倍报应。但是他的模仿者不能同样以无知作为借口，为自己辩护，而应当承受双重处罚，第一重与另一个人（该隐）的处罚相等和相同，另一重处罚则属于十位上的七。因为按照律法，要提供七重

① 《创世记》4：23—24。“拉麦对他两个妻子说，亚大，洗拉，听我的声音。拉麦的妻子，细听我的话语，壮年人伤我，我把他杀了。少年人损我，我把他害了。若杀该隐，遭报七倍。杀拉麦，必遭报七十七倍。”

判断。第一，依据眼睛的判断，因为他们看了不适合看的东西；第二，依据耳朵的判断，因为他们听了不适宜听的事情；第三，依据鼻子的判断，这种判断会受到烟和汽的欺骗；第四，依据味觉器官的判断，这种器官是肚腹快乐的仆人；第五，依据触觉器官的判断，通过以上感觉的协作来克制灵魂，也会带来其他分离的行为，比如占领城市、掳掠人口、摧毁城堡，议事会就位于此处；第六，依据舌头和语言器官的判断，对那些本来应当说出来的事情保持沉默，对那些本来应当保持沉默的事情却说三道四；第七，依据下体肚腹作出的判断，由于无法无天的纵欲而将感觉置于烈火之中。这就是经文所说的意思，该隐遭报七倍，而拉麦遭报七十七倍，这里提到的原因是，拉麦作为第二个罪人，没有受到最初的罪人那样的惩罚，所以他既要接受后者的惩罚，这种惩罚是比较简单的，可以当做计数的单元，也要接受更加复杂的惩罚，就好像数字中的十位数。

［78］亚当为什么要在生塞特的时候说，“神另给我立了一个儿子代替亚伯，因为该隐杀了他”？①

按照某种自然的原则，塞特确实是亚当的另一个种子，是亚伯重生的开始。因为亚伯就像是从天上下到凡间，所以他受到伤害，而塞特就像是从下面来到上面，因此他会成长。可以确认这一点的是，亚伯这个名字的意思就是“带来并奉献”给神。然而，并非奉献任何东西都是合适的，而是奉献善物才是合适的，因为神不是恶的原因。因此，未下定义的、未分离的、晦涩的、混乱的、纷扰的事物也会受到恰当的赞扬与责备；赞扬，乃是因为他荣耀原因，责备，乃是因为他发生意外的转变，没有思考和感恩。因此，自然使他与他的双胞胎兄弟分离，使这个好人成为不朽的，使他化为一道向神求情的声音；而那个坏人则被留待毁灭。塞特可以解释为“喝水者”，这与植物发生的变化相一致，通过浇灌，植物生长、开花、结果。这些都是灵魂的

① 《创世记》4：25。“亚当又与妻子同房，她就生了一个儿子，起名叫塞特，意思说，神另给我立了一个儿子代替亚伯，因为该隐杀了他。”

象征。但是无人可以再说神是一切事物的原因，善物与恶物，神只是善物的原因，只有善物才适宜长出鲜活的嫩枝。

[79] 塞特的儿子以挪士为什么希望叫主神的名？[①]

我们可以把以挪士解释为“人”。但在这里，他不是作为一个混合物，而是作为心灵这个灵魂的逻辑部分，希望对心灵而言尤其适宜，因为无理性的动物是没有希望的。希望是对欢乐的某种预期；而在欢乐之前，有某种对善物的期待。

[80] 为什么在提到希望以后，经上说“这就是记载人的世代的书”？[②]

经上通过说出这些话，作出可靠的陈述。那么什么是人呢？与其他种类的动物相比，人拥有更大的、特别的希望部分。它就好像刻写在本性中，因为人的心灵当然会有希望。

[81] 按照亚当的谱系，为什么经上不再提到该隐，而提到塞特？经上说塞特是按照亚当的形像和样式造的，[③] 因为经文计算了从他（塞特）开始的世代。

圣经没有把愚蠢和残暴的杀人犯与理性或数字的秩序联系起来，因为如某些人所说，把他考虑为这样的杀人犯，他就像排泄物一样被抛弃。因此，圣经没有把他说成是他的尘世父亲的继承者或者后来世代的开端，而是把塞特在两个方面说成是无罪的，说他是饮水者，因为他由他的父亲浇灌，通过他的成长和进步产生希望。圣经并非随意或愚蠢地说他是按照他父亲的形像和样式造的，圣经对年长者（哥哥）进行谴责，因为他愚蠢地杀人，因此他在身体或灵魂方面没有任何东西与他父亲相同。所以，圣经已经把他与他的家族分开，而赐予他的兄弟其他的份额，赋予他长子继承权的荣耀。

---

① 《创世记》4：26。“塞特也生了一个儿子，起名叫以挪士。那时候，人才求告耶和华的名。”

② 《创世记》5：1。“亚当的后代记在下面。当神造人的日子，是照着自己的样式造的。”

③ 《创世记》5：3。“亚当活到一百三十岁，生了一个儿子，形像样式和自己相似，就给他起名叫塞特。”

[82]“以诺讨神的喜欢，他生下玛土撒拉之后两百年”，这些话是什么意思？①

圣经在《创世记》开头处为一切善物的根源立法。我的意思有如下述。经上在稍前处界定了“怜悯”和“宽恕”。然而，这一次它界定的是悔改，但不是嘲笑或以任何方式责备那些似乎犯了罪的人。与此同时，它把灵魂的回归说成是从邪恶回归美德，就好像那些落入陷阱之人脱身返回。你们瞧，在生育中他变成了男人和父亲，有了正直的开端，这被说成是讨神的喜欢。尽管他没有完全保持虔诚，但那个归于他的时期无论如何值得赞扬，因为他多年讨神的喜欢。这里提到的多年是象征性的，也许不是因为他就是这个样子，而是因为他被人们相信，认为他好像是这样的。然而圣经揭示了事物的秩序。就在该隐得到豁免以后不久，经文引入以诺悔改的事实，这就告诉我们，宽恕不会产生悔改。

[83] 为什么说以诺在他悔改之前活了一百六十五岁，在他悔改之后活了两百岁？②

一百六十五由两部分组成，一部分是从一加到十（1, 2, 3, 4, 5, 6, 7, 8, 9, 10），得五十五，另一部分是从二到二十为止的偶数相加（2, 4, 6, 8,10, 12, 14, 16, 18, 20），得一百一十。这两个部分的数目相加，得一百六十五。偶数部分是前面这个部分的两倍，因为阴性通过某些倒置比阳性更强大，就好像恶人统治了善人，感觉统治了心灵，质料统治了原因。但是悔改以后的二百（年）由一百的两倍组成，第一个一百年表示净化，而另一个一百年表示一个人在美德上的圆满。哪怕是对生了病的身体，也必须将有病的部分切除，然后引入健康，因为前者是第一的，而后者占第二位。二百这个数由四组数字构成，就好像从种子开始生长，源于四个三边形数，四个四边形数，四个五边形数，四个六边形数，四个七边形数，按某种方式以七为界。四个三

① 《创世记》5 : 22。“以诺生玛土撒拉之后，与神同行三百年，并且生儿养女。”

② 《创世记》5 : 21—23。“以诺活到六十五岁，生了玛土撒拉。以诺生玛土撒拉之后，与神同行三百年，并且生儿养女。以诺共活了三百六十五岁。”

边形数之和，一、三、六、十，得二十。四个四边形数之和，一、四、九、十六，得三十。四个五边形数之和，一、五、十二、二十二，得四十。四个六边形数之和，一、六、十五、二十八，得五十。四个七边形数之和，一、七、十八、三十四，得六十。这些数加在一起得二百。

[84] 为什么说以诺由于悔改一共活了三百六十五岁？①

首先，一年有三百六十五天。因此圣经用太阳的自转来象征这个悔改者的生命。其次，正如太阳是白天和黑夜的原因，白天在大地的上方旋转，黑夜在大地的下方旋转，所以悔改者的生命也是由黑暗和光明组成的，在情欲和不义的冲击下，它是黑暗的，在美德的照耀下，它是非常光明显赫的。最后，圣经分配给他一个圆满数，与之相应，用星辰来装饰星辰之主；这个数也包括他悔改之前的时间，遗忘他以前犯下的罪过。因为神是善的，祂大方地馈赠仁慈，同时通过这些人所期望的美德，祂消除了与惩罚相关的古老信念。

[85] 讲完以诺以后，经上为什么要添上"他令神喜悦"这些话？②

首先，因为它证明了灵魂是不朽的，而当灵魂变成无形体的时候，它们又会变得令人喜悦。其次，它赞扬了悔改者，因为以诺在同样的道德状况下坚持不再改变，直至生命终结。你们瞧，某些人在简单地体验了正直和有了健康的希望以后，又很快旧病复发。

[86]"神将他取走，他就不在世上了"，这些话是什么意思？③

首先，高尚者和神圣者的最后结局不是死亡，而是转移和靠近另一个地方。其次，有些事情非常神奇地发生了。他好像心移神驰，变得不可见。然后，他就不见了。事实表明，当人们寻找他的时候，他是不可见的，而不仅仅是他们的眼睛看花了。因为转移到另一个地方无非就是换了一个位置；但这里说的是他从一个感性的和可见的地方转变为无形体的、理智的样式。那

① 《创世记》5：23。

② 《创世记》5：24。"以诺与神同行，神将他取去，他就不在世了。"

③ 《创世记》5：24。

些原来的先知也有过这样的转变，因为无人知道他们的葬身之处。更有甚者，在天上的以利亚会以神圣的面容显现，跟随他，或者更恰当、更正确地说，他升天了。

[87] 在挪亚出生的时候，为什么他的父亲要说“这个儿子必为我们的操作和手中的劳苦安慰我们，这操作的劳苦是因为主神咒诅地”？①

这位神圣父亲的预言不是无益的，尽管不是始终有益或对一切事物有益，但他们知道至少在某一次或对某一件事有益，配得上预言中的赞扬。这个象征性的例子也不是无益的，因为挪亚是某种正义的名称，心灵为我们的操作和劳苦而安慰我们，使我们摆脱悲伤和恐惧，使我们无忧无惧。它使我们属土的本性得到安宁，由于受到咒诅，我们的身体会感染疾病；他们耗费生命追求快乐是有罪的。但若虚假的预言实现了，那么在这个具体的人的情况下，更多的不是邪恶停止发生，而是暴力的加剧，奇异的、不可避免的灾难发生，大洪水的再次到来。你们要小心地记在心中，挪亚是那个地中生长出来的人的第十代孙。

[88] 挪亚的三个儿子闪、含、雅弗是谁？②

这三个名字实际上象征三样东西：善者、恶者、非善非恶者。闪以善出名，含以恶出名，雅弗以非善非恶出名。

[89] 为什么在大洪水临近的时候，经上要说人在世上多起来？③

神的喜好总是先于祂的判断，因为祂的活动首先是行善，而毁灭是后来的事。然而，祂是爱，当大恶将要发生时，通常会先有大量的善物产生。以这样的方式，当七年灾荒将要发生时，如先知所说，埃及在同样的年份里变得丰产，节省了地力。行善的时候，祂教导凡人要约束自己，不要犯罪，免得从善变成恶。也是由于这个原因，城邦首先通过自由的习俗而变得卓越，

① 《创世记》5∶29。“给他起名叫挪亚，说，这个儿子必为我们的操作和手中的劳苦安慰我们。这操作劳苦是因为耶和华咒诅地。”

② 《创世记》5∶32。“挪亚五百岁生了闪，含，雅弗。”

③ 《创世记》6∶1。“当人在世上多起来，又生女儿的时候……”

后来要是产生了腐败，他们可以谴责自己无数不能补救的恶行，但不能让神对此负责，因为祂是无辜的，祂没有邪恶和邪恶的种子，祂最初的活动只是赠予善物。

[90]“我的灵永远不住在人里面，因为他们属于血气”，这些话是什么意思？[①]

这条律法是一则神谕。因为圣灵不是“气”，而是理智和智慧。这也和那位巧妙地建造神圣帐幕的人有关，亦即比撒列，经上说，我用圣灵充满了他，使他有智慧和知识。[②] 所以，神的灵来到凡人身上，但不会长期逗留。经上又说了这里的原因，因为凡人属于血气。血气的本质对智慧来说是相异的，血气只和欲望熟悉。因此很清楚，无形体、无实在的灵不会在任何沉重的事物面前绊倒，或者在观看和理解本质之前碰上任何障碍，因为纯洁的理智与稳定性是一道获得的。

[91] 为什么人的日子可以到一百二十年？[③]

圣经似乎在用这个数来确定人的寿命，表示许多荣耀的特权。第一，这个数（一百二十）是一至十五这些数的总和。而十五可以算做一个非常卓越的数，因为月亮在第十五日会满月，它在临近傍晚的时候从太阳那里借来光明，而在凌晨的时候又把光明还给太阳，所以夜晚没有出现黑暗，一切都是亮的。第二，一百二十是一个三边形数，也包含十五这个三边形数。第三，它（一百二十）是由奇数和偶数结合而成的，包含六十四和五十六这两个同时发生的数；六十四这个数由下列八个奇数构成：一，三，五，七，九，十一，十三，十五；通过奇数相减，或者通过二的连续平方，可以产生总数六十四，这个数既是一个立方数，又是一个平方数。再从七开始平方，产

① 《创世记》6：3。“耶和华说，人既属乎血气，我的灵就不永远住在他里面。然而他的日子还可到一百二十年。”

② 《出埃及记》31：3。“我也以我的灵充满了他，使他有智慧，有聪明，有知识，能做各样的工。”

③ 《创世记》6：3。

生和五十六不同的数，由七个平方数组成，产生下列结果：二,四,六,八,十,十二,十四，总数五十六。第四，它（一百二十）由四个数组成：一个三边形数，亦即十五；一个四边形数，亦即二十五；第三个五边形数，亦即三十五；第四个六边形数，亦即四十五，以此类推；五在各种情况下始终出现，五的三边形数就是十五,五的四边形数就是二十五,五的五边形数就是三十五,五的六边形数就是四十五。这些数每一个都是神圣的，由十五组成的数我已经说过了，二十五这个数属于利未族。三十五这个数来自算术的双重图解，几何与和谐；但是十六、十八、十九、二十一，这些数结合而成七十四,七个月的婴儿据此而生。四十五这个数是一个三倍数。但是十六、十九、二十二、二十八之和是八十五，据此形成九个月的婴儿。第五，它（一百二十）有十五个部分和它自身的双倍构成，它是六十的两倍，而六十是万物的尺度；它是四十的三倍，而四十是预言的形式；它是三十的四倍，而三十就是生成；它是二十四的五倍，而二十四是日和夜的尺度；它是二十的六倍，而二十是开端；它是十五的八倍，而十五是最辉煌的数；它是十二的十倍，而十二是黄道带；它是十的十二倍，而十是神圣的数；它是八的十五倍，而八是第一个立方数；它是六的二十倍，而六就是发生；它是五的二十四倍，而五是感觉的形像；它是四的三十倍，而四是立方体的开端；它是三十的四倍，而三十就是圆满，由开端、中间、终端组成；它是二的六十倍，而二是阴性；它是一的一百二十倍，而一是阳性。这些数的每一个都是非常自然的，如上分别所示。还有，它有双重构成，因为它可以变成二百四十，这是双重生命的标志，因为正如年数加倍了，生命也由此加倍了；一种是有身体的，另一种是没有身体的，接受预言的馈赠，它们各自成为神圣的和全善的。第六，由于头三个数相加和相乘产生六,三乘以四乘以五也是这样，得六十。同理，一百二十可由下列数得来，四乘以五乘以六，得一百二十。第七，取二十这个数，这个数是男人的开端和他的救赎，二十可以下列方式与其自身相加，或者加两次，二十、四十、六十，得一百二十。也许一百二十年并非人寿的普遍限制，而只是人在那个时候的寿命，这些人在大洪水许多年以后灭亡，这是仁慈的恩人给他们延长的，允许人们改悔。在此寿限之后，他们在后来的世代里过着更加充足的生活。

[92] 为什么巨人（伟人）是天使和凡间女子生的？①

诗人们说巨人是土生的，是大地的子女。而他（摩西）频繁地使用这个名称，希望说明这些人身材高大，与海克② 相似。他说把他们创造出来的是两样事物的混合，天使和凡间女子。但是天使的实在是灵性的；它们为了某种直接的目的而经常模仿凡人的外形，就好比想和凡间女子生育海克。但若他们的子女变得极为堕落，就会放弃他们父亲的美德，轻视优秀者，自高自大，趋向快乐的欲望，由此被谴责为自愿犯了罪恶。但有的时候他把天使称作“神的儿子”，因为它们被造为无形体的，它们的被造不通过凡人，而是通过没有形体的灵。然而这位告诫者，摩西，宁可把“神的儿子”这个名称赋予善良和杰出的人，而他把邪恶的人称做“肉身”。

[93]“神就后悔造人在地上，心中忧伤”，这些话是什么意思？③

有些人相信这些话表示神后悔了，但这样的看法是不对的，因为神不会改变主意。祂在思虑的时候也不会后悔，而是有某种清晰的反思，思考祂在地上造人的原因。由于大地是一个可悲的地方，所以甚至连天上的人也是由灵魂和肉身混合而成的；从他出生直到终结，他无非就是一个肉身的背负者。因此，天父似乎不考虑这些事情，因为确实有许多人获得邪恶，而非美德，他们被上面提到的双重冲动所统治，亦即可朽的肉身的本性和大地的可悲地位，这就是事物的最终结局。

[94] 当神威胁要除灭人的时候，祂为什么说也要除灭走兽、爬虫和飞鸟？④ 野兽犯了什么罪？

---

① 《创世记》6 : 4。“那时候有伟人在地上，后来神的儿子们和人的女子们交合生子，那就是上古英武有名的人。”

② 海克（Haiki），亚兰人神话中的英雄，相当于希腊人的大力士赫拉克勒斯。

③ 《创世记》6 : 6。“耶和华就后悔造人在地上，心中忧伤。”

④ 《创世记》6 : 7。“耶和华说，我要将所造的人和走兽，并昆虫，以及空中的飞鸟，都从地上除灭，因为我造他们后悔了。”

这句话的字面意义是这样的：最初野兽被造是为了人，是为了让它们可以事奉人，由此清晰可见，除灭野兽是不必要的。如果除灭野兽，那么人也会与它们一道被除灭，因为人若是野兽，那么它们被造的目的就不再存在了。这句话的喻意是这样的：人象征我们身上的心灵，兽象征感性知觉，若主要的统治者堕落，被邪恶腐蚀，那么所有感性知觉亦将与之一道毁灭，因为在它那里没有美德留存。

[95] 为什么神要说“我后悔造他们了”？①

首先，神讲的这句话很奇特，好像是在警告人。然而，恰当地说，神是不会生气的，祂也不会愤怒，因为祂超越一切激情。因此，祂希望能够证明人的无法无天的行为增长到了这种程度，会引起这样一位无愤怒的“元一”者的愤怒。其次，祂象征性地说到那些混乱地造成的事物是应受责备的，而那些经过聪明的反思造成的事物是值得赞扬的。

[96] 为什么说挪亚在神面前蒙恩？②

首先，要进行比较才能说明这里的理由。其他所有事物被除灭是因为忘恩负义，而神公正地把挪亚放在这些事物的位置上，说他蒙恩，不是因为只有他配得上蒙恩，而是因为整个人类普遍得到神的恩惠，但似乎只有他是感恩的。其次，由于整个世代都要被除灭，只有这一家人例外，所以必然要说这些幸存者配得上神的恩惠，他们是过去人类的一个新世代的种子和火花。还有什么恩惠能比这个恩惠更大，他们既是人类的终结，又是人类的开端？

[97] 圣经为什么不是依照挪亚的前辈，而是依照他的美德记载他的后代？③

首先，因为他那个时代的人是邪恶的。其次，这是意志在立法，因为对有美德的人来说，美德才是真正的世代。人的世代由人组成，而灵魂的世代

① 《创世记》6∶7。

② 《创世记》6∶8。“惟有挪亚在耶和华眼前蒙恩。”

③ 《创世记》6∶9。“挪亚的后代记在下面。挪亚是个义人，在当时的世代是个完全人。挪亚与神同行。”

由美德组成。因此，经上说“他是公义的、完善的、令神喜悦的。而公义、完善、令神喜悦是最大的美德”。

[98]“世界在神面前败坏，地上满了强暴”，这些话是什么意思？[①]

他(摩西）本人在谈到不义的时候已经提供了原因，也就是大地的败坏。在这种情况下要获得拯救，需要有人的正义和世界的正义，亦即天上的正义和地上的正义。

[99]“凡有血气的人，在地上都败坏了行为”，这些话是什么意思？[②]

首先，圣经把这个自爱者称做“血气”，所以可以正式称他为“血气”；这里还说他不是“相同”，而是“相同的”，显然表明这些过着无教养生活的人是“血气”。其次，血气被当做灵性腐败的原因，这确实是真的，因为血气是欲望的处所，从那里，就像从一个泉眼里，流淌出欲望的属性和其他情欲。最后，“他的”这个代词更加自然，其词尾变化源于“他自己的”这个代词的从格或主格。这是因为，当我们把荣耀奉献给某人时，除了“他本人”，我们不会冒险用其他名称称呼他。毕泰戈拉[③]学派的原则由此派生而来，当弟子们赞颂和尊崇他们光荣的老师时，他自己说害怕别人叫他的名字。在城邦和家族中，我们可以看到同样的习俗；当主人进来的时候，奴仆们说“他本人”进来了。在一些城邦里，当主人进来的时候，人们称他为“他自己”。但我为什么要详细讨论这些事情呢？我希望表示这里提到的是宇宙之父，因其美德而出名的一切善物是“祂的”。出于敬畏，圣经小心谨慎地使用真正值得敬畏的名称，因为经上就要说到人类的毁灭。但是代词的从格在谚语中有荣耀的意思，“一切血气都败坏了他的行为”，因为天父之道真的会被属血气的欲望和快乐所败坏；因为这些东西是自制、节俭、审慎、勇

---

① 《创世记》6：11。“世界在神面前败坏，地上满了强暴。”

② 《创世记》6：12。“神观看世界，见是败坏了。凡有血气的人，在地上都败坏了行为。”

③ 毕泰戈拉（Πυθαγόρας），古希腊早期自然哲学家，约于公元前570年左右出生于小亚细亚沿海的萨摩斯岛，鼎盛年约为公元前532年。

敢、正义法则的对手，通过这些美德，才能找到通向神的道路，才能拓展这条道路，使之变得圆满。

[100]“所有人都来反对我，地上满了强暴”是什么意思？①

有些拒斥命运的人经常使用这样的论证和其他许多论证，尤其是短时间内发生大量死亡的事情，比如房屋坍塌、大火、翻船、动乱、战争、骑兵作战、步兵作战、海战、瘟疫，等等。他们谈论这些事情，而我们的先知（摩西）也提到同样的事情，让我们来看他的推论。这句话的意思是“所有人的时间都来反对我”。所有人一生的时间都被限制在一个时间之内。由于这个缘故，他们不再按照命定的和谐原则生活。每个单独的一都可以归为一，会有相同的结局，与某些星辰的和谐旋转相一致，凡人的种族因此得以保存或被摧毁。因此，他们可以按其意愿接受这些事情，包括表示同意和反对。但是我们首先必须说，除了不义，没有其他任何事物会反对、抗拒、敌视“全能者”。所以圣经说“所有人的时间都来反对我”，并且加上反对的理由，亦即大地充满不义。其次，时间被恶人当做神，真正存在的“元一”则会藏匿。由于这个原因，圣经说“所有人的时间都来反对我”，就好像他们用人的时间制造了一位神，用它来反对真神。但是，经上在别处也提到这一点，在那里表达了以下相同的原则：时间远离他们，而神在我们中间，恶人以为时间是宇宙事件发生的原因；而贤人和有文化的人认为，时间不是原因，神才是原因，时间和季节也是从祂那里来的。但是祂不是一切事物的原因，而只是善物的原因，是那些与美德相一致的事物的原因。就好比祂不分有恶，没有恶的“分”，所以祂也不用对恶负责。最后，与上面这句陈述有关，经上如果说“所有人的时间已经来临了”，那么是过分的、不虔诚的，就好比说所有人都是不虔诚的。说大地充满了不义，就相当于说没有任何地方可以接受和支持公义。但是，这里只是在对已经说过的事情再次确认，因为只有神选择的判断是坚定的。

---

① 《创世记》6：18。“我却要与你立约，你同你的妻，与儿子，儿妇，都要进入方舟。”

第二卷

[1] 挪亚的方舟是如何建造的？①

如果有谁想要更多地从船体方面考察方舟，那么他会发现船体有着和人体相仿的构造，下面我们将要对它进行具体考察。

[2] 他（挪亚）为什么要给方舟建造四边形的大梁？②

首先，无论安放在何处，四边形的东西都很稳固，它的四个角都是直角；而人体的构成是无可挑剔、完美无缺的。其次，尽管我们的身体是一个器具，但它的每个组成部分相当圆，由这些部分组成的肢体是四边形的，但也可以归为圆形，比如胸膛，不过，我们宁可说肺部是四边形的。胃在由于不节制而装满食物之前也是这样，而某些大腹便便的人就更不用说了。然而，要是考察臂、手、背、腿、脚，任何人都会发现它们全都拥有四边形和一个圆面。第三，四边形的大梁的各条边是不等的，因为它的长大于宽，宽大于高。我们的身体也是这样构成的，一条边最大，一条边中等，一条边最小，最大的是长度，中等的是宽度，最小的是厚度。

[3] 经上为什么说“你要一间一间地造方舟”？③

圣经这样说是很自然的，因为人体像鸟巢一样有孔隙，它的每个部分都具有像鸟巢一样构造，因为气息从一开始就进入人体的各个部分。比如，眼睛就是这样的，在某种意义上，眼睛就是洞穴和鸟巢，视觉坐落在巢穴之中。耳朵是另一个巢穴，声音坐落于其中。鼻孔是第三种巢穴，嗅觉在这里安家。第四种巢穴是嘴巴，它比前一种巢穴要大，又有味觉在这里筑巢。这个巢穴造得大，乃是因为有一个大的发音器官要在这里筑巢，亦即舌头，如苏格拉底所说，当它四处敲打和触摸的时候，声音就真正合理地形成了。头

---

① 《创世记》6：14。“你要用歌斐木造一只方舟，分一间一间地造，里外抹上松香。”

② 《创世记》6：14。

③ 《创世记》6：14。

颇里面还有另一个巢穴。这是脑子的巢穴，被称做硬脑膜。胸是肺和心的巢穴。它是被称做内脏的其他部分的巢穴；肺是气息的巢穴，心是血液和气息的巢穴。心有两个囊，就是胸部的巢穴；一个存放血，通过血管流到全身，另一个存放气息，通过气管散布到全身。在某种意义上，二者都是较硬的或较软的巢穴，用来滋养它们的雏鸟；而骨骼较硬的部分是骨髓的巢穴，较软的部分是快乐和痛苦的巢穴。如果有人想要考察其他部分，他会发现它们都有着相同的构造。

[4] 神为什么吩咐要把方舟里外涂上松香？[①]

焦油[②]之所以有这样的名称乃是因为涂上它以后东西会变得很牢固，它把原先分离的各个部件黏合在一起，使之成为一个不可分解的、不受影响的、不可分割的整体。凭借这种胶合物，所有部分连在一起，成为一个自然的联合体。而我们的身体由许多部分组成，里外都联系在一起。身体依靠自身的凝聚力支撑自己。灵魂是这些较高的组成部分的习性，位于身体中间，身体的各个部分都会涌向整个上方的表面，再从上方的表面回到中间，所以有双生的联合体包裹着心灵的本性，使各部分更加相容，使联系更加牢固。因此，由于上面提到的这些原因，这艘方舟里外都涂上了焦油。但是，神殿里的其他约柜[③]镀了金，它是理智世界的相似物，如涉及这一主题的那篇文章所示。因为理智的世界存在于某处，可以说它是无形体的型相，是所有型相联系组合在一起。衡量起来，金子比焦油更值钱，按同样的尺度，圣殿中的约柜比挪亚的方舟更优秀。因此，神吩咐这艘方舟的形状应该是四边形的，期待它有实际的用途；而对其他约柜，神期待它们拥有不朽性，因为无形体、理智事物的本性就是不朽、不腐和永恒。这艘方舟需要行走，而神殿里的其他约柜有固定的位置。但是这种稳定性与神圣的本性相连，正如这艘方舟朝着各个方向移动，它发生的改变与有生成的事物相关。这条大洪水

---

① 《创世记》6：14。

② 亦即沥青，和合本圣经中译为“松香”。

③ “约柜”和“方舟”是同一个词。

中的方舟被展示为可朽者的典型。而神殿中的那只约柜是不可朽者遵循的典范。

[5]“长（要有）三百肘，宽（要有）五十肘，高（要有）三十肘。逐渐高起一肘而完成”，经上为什么要以这样的方式叙说方舟的尺寸？①

就其字面意义而言，要建造能装载这么多不同性别动物的船只，还要能盛载喂养它们的饲料，必定是一项巨大的工程。但就其象征意义而言，若能正确地思考和理解，这里指称的是有关我们身体构成的知识，这里使用的不是多少腕尺，而是存在于腕尺数之间的准确比例。存在于这些腕尺数之间的比例是六倍、十倍和三分之五。因为三百是五十的六倍，是三十的十倍，而五十是三十的三分之五。人体的比例与此相同。但凡有人想要解释这件事，他就会发现人拥有的尺度既不是很大又不是很小；如果拿绳子量一下身体，从头到脚，他会发现身体的长度大约是胸部的宽度的六倍，是身体的厚度的十倍，而身体宽度是身体厚度的三分之五。出于自然的人体的准确比例也与此相同，这些比例非常卓越，既非过度，又非不足。祂极好地确定方舟要在高起一肘处完成，因为身体的顶部要趋于统一；身体的顶部亦即头部，就好比国王的城堡，它里面的居住者是拥有主权的心灵。但是，身体低于脖子的部分有好几个：手的位置比较低，还有大腿、小腿和双脚，它们相互之间是分开的。如我所讲过的那样，任何想要了解这些情况的人都可以轻易发现前面提到过的这种腕尺的比例关系。然而，它们各自必定拥有确定的腕尺数量，若是忽视它们也不恰当；这种计算首先必须从长度开始。一、二、三、四、五、六、七、八、九、十、十一、十二、十三、十四、十五、十六、十七、十八、十九、二十、二十一、二十二、二十三、二十四，这二十四个数字逐个相加得三百。二十四是一个自然数，表示日夜的时辰和字母的数量。三的立方的构成是完整的、完全的、相当平等的，因为三联体不断地展

① 《创世记》6：15—16。“方舟的造法乃是这样，要长三百肘，宽五十肘，高三十肘。方舟上边要留透光处，高一肘。方舟的门要开在旁边。方舟要分上，中，下三层。”

现最初的平等，它拥有相同的开端，中端和末端。八是第一个立方数，它首先表示与其他数字平等。如前所示，二十四也有许多其他效能，它是三百的本质；这是它的第一个效能。它的另一项效能是构成十二个四边形，以一和一的双倍长度为单元，共有十个双倍数，由许多个二构成，将二分别添加到这个单元上去。构成四边形的十二个数如下：一、三、五、七、九、十一、十三、十五、十七、十九、二十一、二十三。依次相加构成四边形的数如下：一、四、九、十六、二十五、三十六、四十九、六十四、八十一、一百、一百二十一、一百四十四。一的双倍长度的数如下：二、四、六、八、十、十二、十四、十六、十八、二十、二十二、二十四,一共十二个数字。从这些数字又可以构成十二个数字：二、六、十二、二十、三十、四十二、五十六、七十二、九十、一百一十、一百三十二、一百五十六。如果你把十二个四边形中的一百四十四和十二个其他长度数字中的一百五十六加在一起，你会得到三百。你们将要得到一个本质和谐的奇数，它是完成了的，正在走向偶数和无限。这是因为，完成了的奇数依照平方的本性是相等的创造者。偶数和无限依照另一长度的构成是不相等的创造者。而这个整体是由相等和不相等构成的。因此，世界的创造者也以方舟为例，判断属地生灵中的腐朽。嗯，关于三百这个数我们已经说够了。我们现在必须说一说五十这个数。首先，它是由构成四边形中的矩形的（三角形）构成的，因为矩形的一个（三角形）由三、四、五构成；由此可得九、十六、二十五这些边长，其总和是五十。其次，边长一、三、六、十之和，再加上后随的边长一、四、九、十六之和，得五十。现在，一个四边形边长之和得二十，另一个四边形边长之和得三十，总计五十。如果三角形边长之数和四边形边长之数被结合在一起，就产生了七边形边长之数，所以它潜在地被包含在神圣的"第五十"[1]中间，先知考虑把第五十年指定为节庆年。但是第五十年是完全的，是提供自由的。第三个论证是，从一开始的三个连续的正方形数和从

① 五十的序数词。

一开始的三个立方体数之和得五十；从一开始的三个连续的正方形数是一、四、九，它们的和是十四；从一开始的三个立方体数是一、八、二十七，它们的和是三十六；二者之和是五十。还有，三十也是一个非常自然的数。因为就好像三联体是对一而言的，三十是对十而言的，所以月亮的周期因月份的集合而圆满。再次，它由最先的四个连续的正方形数构成：一、四、九、十六，加在一起得三十。因此，赫拉克利特把三十称做一个世代，这样说不算愚蠢或不恰当，他说“男子三十岁的时候可以当祖父，因为他十四岁的时候成年，可以播种，可以在一年内生儿子，这个孩子在十五年以后同样可以生下一个像他自己一样的人”。祖父、父亲、儿子，以及母亲、女儿、女儿的儿子，从这些名称中产生了完整的世代。

[6] 经上说“方舟的门要开在旁边”①，这样说是什么意思？

把门开在旁边，这样说并不庸俗，因为他在这里体面地提到的方舟指的是人体，说它的门“开在旁边”，通过这道门把排泄物排到外面去。正如苏格拉底曾经说过的那样，无论是通过摩西的教导还是由于这件事情本身所致，造物主看重我们身体的体面，把我们的排泄孔安在身体后面，免得我们在排便时看到这幅可耻的景象，感到自己污秽不堪。因此，祂用肌肉包裹人体的排泄孔，使人体身后的臀部高高隆起；还为了其他用途，把臀部造得很柔软。

[7] 经上为什么说“要造上、中、下三层”？②

经上在此处很好地暗指食物接收器，称之为“下层”，因为食物是易腐的，位于身体下部的东西更容易腐烂，而食物总是往身体下部移动。只有很少食物和饮水输送到全身，由此我们获得营养，而有更多食物都作为粪便被排除到体外。为了保存被造物，造物主的神旨把身体的中层和上层造成内脏。因为祂若是直接把从腹部到臀部的身体造成食物接收器，那就会发生可

① 《创世记》6：16。

② 《创世记》6：16。

怕的事情。首先，这样做可能会造成连续的匮乏，形成欲望和饥荒；在这种情况下这是最有可能发生的不幸，身体被瞬间排空。其次，可能会导致某种无法满足的欲望。因为接收器一旦被清空，饥饿和口渴必定马上到来，如同怀孕的妇女，进食的快乐欲望必定会变成无法满足的欲望和某种不合理的事情。因为，没有什么事情能比为了填饱肚子而完全献身更缺乏教养了。最后，死亡就在入口处等着他们，因为他们必定受制于过早死亡，当他们吃的时候，他们会马上感到饥饿，当他们喝的时候，他们会马上感到口渴，在他们填满肚子之前，他们的肚子是空的，会感到饥饿。然而，通过这些弯曲缠绕的肠子，我们免除了饥饿和所有无法满足的欲望，摆脱过早死亡的控制。只要我们摄取的食物仍旧在我们体内，而不是在某个通道内，那么它必定会发生变化。因为食物的力量会首先释放出来，在肚腹中排放出来。然后在肝脏中加热和活动。然后，味道最好的食物本身会分解为几个部分，用在儿童身上可以长身体，用在成年人身上可以长力气，而其他部分就作为粪便和排泄物排出体外。这样的分配有许多时间是在消耗，而不断地消耗当然是很容易的。在我看来，如果在这里提到的方舟指的是人体，那么自然对生命情有独钟。由于这些原因，当生灵在大洪水中遭到毁灭的时候，祂为大地准备了一个对应物。因此，方舟里装载着那些在大地上繁荣昌盛的动物。祂希望方舟停留在波涛之上，就像停留在大地上，而大地是母亲和保姆。当这些动物繁衍的时候，祂希望能把太阳、月亮、众多的繁星，还有整个天穹指给它们看。看到祂用技艺建造事物的方式，他们会更加清楚地学到了人体的原则和比例。没有什么东西能比人体的要素更需要受到支配，激情就是通过这些事情产生的，尤其是快乐和食欲这样的邪恶激情。

[8] 圣经为什么说“要有洪水泛滥，毁灭天下一切有血肉，有气息的活物”？①

---

① 《创世记》6：17。“看哪！我要使洪水泛滥在地上，毁灭天下。凡地上有血肉，有气息的活物，无一不死。”

这里几乎就是在透露将要发生的事情。因为人类发生毁灭没有其他理由，除了他们成为快乐和欲望的奴仆，他们无恶不作，因此深受其害，过着极为可悲的生活。然而，经文又添加了某些非常自然的事情，说活物所处的地方在天穹下面，因为天穹也是有生命的。用属天的本体来制造身体并非（仅有的）幸运，就好像只有被赋予生命的活物才能获得这个独特的、神奇的部分。但是，首先，天穹似乎配得上这种神圣活物的形式，它完全是理智的灵性；其次，祂也赋予那些在大地上的人一个特别的部分，一种至关重要的力量，使那些能够拥有生命的事物拥有生命。

[9] 经上为什么说“地上的一切都要死”，野兽犯了什么罪？①

第一，就好比一名国王在战斗中被杀，他的军队也和他一道灭亡，所以祂决定，当人类像一名国王一样被杀死的时候，其他野兽也要和人一道毁灭。由于这个原因，野兽在一场瘟疫中死在人的前面，尤其是那些和人一道生活的动物，比如狗，以及像狗一样的家畜，而人会迟一些死。第二，正如头被砍去，身体的其他许多部分也和它一道死去，没有人会因此而责备自然，所以，现在也没有人会责备自然。因为人就好比某种起统治作用的头，当人被毁灭的时候，其他活物也要与他一道灭亡，这不值得奇怪。第三，动物被造不是为了它们自己，如哲人所说，而是为了事奉人，荣耀人，满足人的需要。对了，要是取消这些动物被造的原因，那么它们的生命也应当剥夺。这是字面含义。至于深层的含义，我们必须这样说：当灵魂遭受情欲的洪水泛滥、被淹没的时候，大地上的那些东西——我指的是身体的属土的部分——必定与它一道死去。因为恶的生命就是死亡。当眼睛不公义地看的时候，它们看到了死亡。当耳朵不公义地听的时候，它们听到了死亡。当各种感官不公义地感受时，它们也就死亡了。

[10]“我要与你立约”是什么意思？②

---

① 《创世记》6：17。

② 《创世记》6：18。“我却要与你立约，你同你的妻，与儿子，儿妇，都要进入方舟。”

第一，祂宣布“无人是神圣实在的后代”，除了那个有美德的人。凡人死后就不再活着，他们有后代，而神是永恒的，祂把遗产传给贤人，并为他们拥有遗产而感到欣喜。凡是拥有一切的人不需要任何事物，而那些缺乏一切的人实际上一无所有。因此，出于仁慈，祂施恩于那些高尚的人，把他们缺乏的任何东西赐给他们。第二，祂把某些额外的遗产赐给贤人，因为祂不说“我要为你立约”，而说“我要与你立约”，也就是说，你是公义者和真实者的约，我要将它作为一个理性的类别来建立，拥有它，并为之感到欣喜，因为要做到这一点，必须要有美德。

[11] 经上为什么说“你和你的全家都要进入方舟，因为在这世代中，我见你在我面前是义人”？①

首先，很清楚，由于这位公义和高尚的人，许多人因为和他的关系而得救，正如水手和军队的获救，前者在于他们碰到一位好船长，后者在于他们碰到一位战斗经验丰富的人，一位优秀的指挥员。其次，祂赞扬这位义人，因为他不仅为自己获取美德，而且也为他的家人获取美德，因此这种拯救也变得高尚。后面的话说得极好，“我见你在我面前是义人”。凡人以一种方式赞扬某人的生活方式，而神以另一种方式进行判断。凡人依据可见的事物进行判断，而神依据不可见灵魂的思想进行判断。“在这世代中”，这些词的前置令人惊叹，祂以此表明“我把你视为义人”，免得人们误认为祂在谴责前一个世代，并剥夺后来者的希望。这就是字面含义。而更深的含义如下。神拯救了这个拥有主权的心灵，它是灵魂的主人，然后神也拯救了它的整个家庭。我用它来表示所有部分、所有作为部分的事物、向外投射的语言，以及有身体的事物。恰如心灵在灵魂中，所以灵魂在身体中。通过反思，灵魂的所有部分都很幸运，它的所有家人全都获益。当整个灵魂很幸福、它的家人获益的时候，身体也会获得幸福，它通过节制，以及约束各种习惯，来消除

① 《创世记》7∶1。“耶和华对挪亚说，你和你的全家都要进入方舟，因为在这世代中，我见你在我面前是义人。”

那些无法满足的欲望，而这种欲望是疾病的原因。

[12] 神为什么命令挪亚带七公七母洁净的畜类进入方舟，带两公两母不洁净的畜类进入方舟，让它们留种活在全地上？①

以一种适合神的方式，经上称七为纯洁的，称二为不纯洁的，因为依其本性，七是真正纯洁的，就好比说它是处女，没有混杂，没有做过母亲，既没有生育，也没有出生；就好比构成十的几个数字，十和永久者相似，因为祂是非被造的，无受生的，无物由祂受生，但祂是世代和有受生事物的原因，因为祂推动所有天然适合有受生事物发生的权能。但是，数字二是不纯洁的。首先，因为它是空虚的、不厚实的，而不满的东西也是不纯的。所以二也是巨大的无限者的开端。具有长方形那样的不平等，因为所有长方形都是某个数字乘以二，从而加倍。但是不等就是不纯，也是无质料的，由之而来的东西是可疑的、不和谐的，缺乏能将它带往终点的纯洁理性。它被和谐与平等的周期自动带往终点。这些是自然的方面。不过，我们现在要谈的是道德的方面。我们灵魂的非理性和非理智的部分共分为七个：五种感觉器官、语言器官和生殖器官。在有道德的人身上，这些器官全都是纯洁的，当它们属于非理性的种类时，它们的本性是阴性的，而当它们属于一位良好的拥有者时，它们是阳性的，因为有道德的人的思想也把美德带给它们，他的较好的部分不允许它们轻率地来到外在的感官，不受约束，不受限制，而是征服它们，使它们返回正确的理性。但在一个恶人身上，邪恶生下一对双胞胎，因为愚蠢的人有两个心灵，它们在两条道路上犹豫不决，混淆那些不能混合的事物，调和那些很容易分开的事物。就这样，他的灵魂有了色彩，因为他就像一个皮肤有斑点的人，他的身体得了麻风病，被死亡和凶杀的携带者玷污了他的健康的思想。然而，经上以一种自然的方式添加了这些动物进入方舟的原因，说这是为了让它们可以留种存活。就字面意义而言，具体的

① 《创世记》7∶2—3。“凡洁净的畜类，你要带七公七母。不洁净的畜类，你要带一公一母。空中的飞鸟，也要带七公七母，可以留种，活在全地上。”

动物可以死亡，但这个种无论如何会保存下来，这就是神的目的，这些种是在创世的时候形成的，可以长久留存，永不灭绝。但在象征意义上，灵魂的非理性部分要保留，纯粹的运动要保存，非神圣的生殖也要保留。因为人的本性可以容纳对立面，可以接受美德，也可以接受邪恶，圣经在解释创世的时候用知善恶的树对它们分别作了解释，因为知识和理智位于我们的心灵，我们的心灵包含二者，包含善与恶。然而，善与七有亲属关系，而恶是二的兄弟。还有，律法在美好中得以丰富，它热爱智慧，说种子不应在一个地方得到滋养，而应活在全地。这是非常自然的，同时又是非常道德的，因为大地的所有部分都会有活物的种子，这很自然；通过另外一个世代的行为，用同样的事物再次填满空虚之处，这对神来说非常合适。它也是非常道德的，我们身体的实体是属土的，它空虚而无活力，但不应当完全忽视。如果我们求助于酗酒、美食、猎艳和淫荡下流，那么我们的身体只是一具死尸。但若仁慈的神避开邪恶的洪流，使灵魂干燥，那么祂会用更加纯粹的灵魂给身体加速，赋予身体活力，智慧是灵魂的向导。

［13］为什么他们进入方舟以后，要再过七天洪水泛滥？①

仁慈的救世主允许犯了罪的人改悔，为的是当人们看到象征时间的方舟可以相信大洪水就要来了，方舟里安置着在大地上生活的几种特殊的动物；如果害怕毁灭，第一，他们应当阻挡罪恶，消除一切不虔诚和邪恶。第二，这段话清楚地描述了救世主和施恩者格外宽厚的仁慈，祂赦免凡人多年来犯下的罪恶，几乎从出生到老年，也赦免那些在几日内悔改的人。因为神没有恶意，热爱美德。因此，当祂在灵魂中看到真正的美德时，就把这样的荣耀仁慈地分派给了所有那些早先犯了罪的灵魂。第三，关于七这个数，他们进入方舟以后，神在七天内阻拦洪水，这是在提醒人们创世，天父清楚地表明要在这个世界诞生的第七天庆祝生日，就好像祂说：我是这个世界的创造

① 《创世记》7：4，10。“因为再过七天，我要降雨在地上四十昼夜，把我所造的各种活物，都从地上除灭。”“过了那七天，洪水泛滥在地上。”

者，从无中生有，而现在我要用大洪水摧毁这个世界。但是，这个世界被创的原因是“我”的善良与仁慈，而将要落在他们头上的毁灭的原因是那些经历了善的人不感恩和不虔诚。因此，祂推迟了七天发大洪水，为的是让那些缺乏信仰和信念的人可以留意这个世界的创造，让他们向万物的创造者恳求使祂的创造物永久长存，他们的恳求不需要用嘴巴和舌头，倒不如说，要用受到斥责的心灵。

［14］为什么四十昼夜降大雨？①

第一，我们说的“日”有两种意思。第一种是从早晨到傍晚的时间，从太阳升起到降落。因此有人说太阳位于大地之上就是“日”。但是“日”还有第二种意思，昼和夜加在一起算做“日”。就这样我们说一个月有三十天，除了白天的时间还有晚上的时间。这些事情明确以后，我要说圣经上说“四十昼夜”不是空洞的、无益的，而是要强调对人的出生来说这两个数字要分开，亦即四十和八十，其他许多人，医生和自然学者，都说过这一点。尤其是神圣的律法也这样写了，所以这是生理学的开始。由于毁灭将要发生在各地的所有人身上，男人和女人，由于他们之间的不和与不受约束的恶行，“法官”决定给他们确定一个毁灭的时间，与祂决定的这个世界和生灵的第一次被造相对应。创世开始的时候，种子是永恒的。必须用纯粹的无暗影的光明荣耀男人，而女人，由于她是一个混合物，所以要用夜晚、黑暗和混合物来荣耀女人。因此，在宇宙的构成中，阳性奇数一形成正方，阴性偶数二形成长方。正方形的数是明亮辉煌的，由相等的边构成。而长方形的数有夜晚和黑暗，因为它们不平等，过度会给适度之处掷下阴影。第二，数字四十是一个能产生许多事物的权能，如我们在别处所说的那样，② 经常用来表示在两种情况下赐予律法：一种针对那些正确地完成了某些值得赞美和荣耀的事情的人；另一种针对那些由于过犯而成为责备和惩罚对象的人。引证

① 《创世记》7：12。“四十昼夜降大雨在地上。”

② 《创世记问答》1：91。

这些事情需要很长的篇幅。

[15]“我要把我所造的各种生长的草木都从地上除灭”，这句话是什么意思？①

你在听到这句话的时候难道不会为这里表达的美好情感而高兴地跳起来吗？它说的不是“从地上除灭”，而是“从大地的脸上除灭”，也就是说从大地的表面消除，为的是让万物种子的生命力可以保存，不受伤害，不受任何有可能伤害它们的东西的伤害。因为造物主没有忘记祂自己的目的，祂只是摧毁那些长在大地表面的植物，留下植物在地下的根，让它可以再次生长。还有，“我要除灭”这些字是神圣的，这些字可以湮灭，但是写字用的板却会保留下来。祂以此表明，由于他们的不虔诚，祂要除灭浅薄的一代人，就像对待写在板上的字，但为了产生将来的人，祂会永久保存人的实在作为种子。后面说的话与此相一致，因为在“我要除灭”后面讲的是草木的生长。生长是对立面的化解，是对立的事物抛弃它的性质，保存它的实体和质料。这就是它的字面含义。但其更深层的含义如下：用大洪水象征灵性的化解。所以，凭借天父的恩典，我们希望从心灵中清除所有可感事物和有形体事物，这些事物就好像玷污心灵的溃疡，而心灵就像被甜美的溪流和清泉所淹没的盐滩。

[16] 经上为什么说“挪亚就遵着耶和华所吩咐的行了”？②

这是对这位义人的伟大赞扬，第一，他执行的不是神的一部分命令，而是全部，他有坚强的信念和一颗爱神的心灵。第二，神不希望给他的命令像给他的教导一样多。因为主人给他们的仆人下命令，而至亲至爱的人则教导他们的朋友，尤其是年长者教导年轻人。所以，这是一样可以在神的仆人和使臣等级中看到的神奇礼物。但这是一种额外的仁慈，也被值得赞扬的非被造的元一所喜爱。还有，经上小心地显现了两个名称，谈到了更高的权能，

① 《创世记》7∶4。“因为再过七天，我要降雨在地上四十昼夜，把我所造的各种活物，都从地上除灭。”

② 《创世记》7∶5。“挪亚就遵着耶和华所吩咐的行了。”

“摧毁者”和“行善者”，把“主”放在第一位，把仁慈的“神”放在第二位。由于这是一个审判的时间，所以经上说摧毁者首先到来。然而，作为一位仁慈善良的国王，祂留下了某些东西——基本原则，通过它们，可以填满空虚的地方。而在被造物开始的时候，“要有”这种表达法不是摧毁性的权能，而是行善的权能。所以，在创造这个世界的时候，祂改变了祂的名称。因为祂被称做神，作为行善者，在建构整个宇宙的时候，祂经常使用这个名称。而在这些工作都完成以后，祂被称做创世主，这是祂的作为国王的名称，具有摧毁性。在事物产生的地方，“神”在秩序上排在第一位；而在有惩罚的地方，“主”在“神”之前。

[17] 经上为什么说“当挪亚六百岁，七月二十七日[①]那一天”？[②]

这位义人也许应当生于第一个月的第一天，亦即一年的开端，这个月习惯上被称做圣月。否则的话，经上就不会如此准确地说大洪水发生于何月何日，即七月二十七日。但经上也许用这种方式清楚地显示了春分点的时间，因为第七个月的第二十七日就是春分。那么，大洪水为什么要发生在春分？因为这个时候万物增生，包括动物和植物。在这个万物增生的时候可以实施更加可怕的惩罚，在这个多产的季节之后发生的邪恶确证了那些应受惩罚者的不虔诚。你瞧，经上说自然本身包含着充分的圆满——谷物、大麦，以及那些播种和成长的东西，树木也开始结果。但是你们，作为凡人，却败坏了神的恩惠和恩赐的意图。若是大洪水发生在秋分，除了被收割的庄稼，大地上没有什么东西，那么它就不像洗涤田野和山峰的大洪水那样是一种惩罚了。在这个时候，第一位土生的人产生了，神谕把他称做“亚当”；他在春分的时候被造是合适的，他是人类的祖宗、祖先或者父亲，或者其他用来称呼最年老的人的名称，因为这个时候所有土生的东西长满果实。春分是在七月份，但是由于历法不同，这个月也被称做第一个月。由于挪亚在大洪水

---

① 斐洛原文是“七月二十七日”。

② 《创世记》7：11。“当挪亚六百岁，二月十七日那一天，大渊的泉源都裂开了，天上的窗户也敞开了。”

毁灭人类以后成为这个种族的开端，人类从他开始再度繁衍，所以在此范围内，他与第一位土生的人相似。六百岁以六为源泉，创造这个世界与六有关；祂借此又揭露了那些行事不虔诚的人和可耻的人，若非他们过分的恶行，通过六创造万物的祂决不会以六的形式摧毁大地上的生灵。因为六百是第三个更小的六，数字六十位于六和六百之间，十与一相似，一百是更小的一。

[18]“大渊的泉源都裂开了，天上的窗户也敞开了”，这些话是什么意思？①

这里的字面意思是清楚的，经上说天和地是宇宙的原则和端点，它们一起参与谴责和摧毁人类，有些水从大地上涌出，有些水从天空中倾倒，汇聚在一起。最明显的是经上说“大渊的泉源都裂开了”，因为泉源一旦裂开，水流就不受约束。而它更深的含义是这样的。天象征人的心灵，地象征人的感觉和身体。当它们不能保持诚实，而是参与欺骗的时候，巨大的不幸和疑惑就发生了。我这样说到底是什么意思呢？当身体的感性快乐受到约束和压制的时候，心灵有很多时候喜欢狡诈和邪恶，并怨恨一切事物。它在许多时候经历了相反的经验，感性的快乐幸运地成长，热爱奢侈生活，挥霍浪费。感觉和身体是这些事情的港湾。如果心灵是坚定的，对这些事情无动于衷，那么感觉会衰败和呆滞。而当它们一起到来时，理性也会使用所有种类的邪恶，身体里的所有感官会无比激动和放纵，身体里的所有情欲达到饱足的程度，这个时候我们遭遇了大洪水。这是真正的大洪水，因为心灵之流被愚蠢、疯狂、恶行、无感觉、鲁莽、亵渎这些无法满足的欲望打开，而身体的泉源被酗酒、美食、放荡、违法、乱伦这些无法治愈的欲望打开。

[19]“神就把他关在方舟里头”是什么意思？②

我们已经说过方舟象征人的身体结构，所以，值得注意的是我们的身体

① 《创世记》7：11。

② 《创世记》7：16。“凡有血肉进入方舟的，都是有公有母，正如神所吩咐挪亚的。耶和华就把他关在方舟里头。”

也有一层坚韧的皮肤，身体的所有部分都被包裹在皮肤里面。这就像给身体穿上一件衣服，免得冷和热的力量对它造成伤害。这里的字面含义是清楚的。为了保护方舟，神圣的力量从外面小心地包裹着它，免得水从任何部位进入，因为方舟注定要在狂风暴雨中漂浮一整年。

[20]“水势增高，抬起方舟，在水上漂来漂去”，这些话是什么意思？①

这里的字面含义是清楚的。但它的喻意如下：在一定意义上，我们的身体必须穿越大海，必定要在狂风暴雨中颠簸，我们要克服饥饿与口渴、冷与热，我们的身体会为此而烦躁不安，到处移动。

[21] 为什么水势要比所有高山高过十五肘？②

有关它的字面含义，我们应当注意的是，这里说的不是水势增加到比所有高山高十五肘，而是比最高的高山高十五肘，所以水势仍旧高于较低的那些高山。但是，对这句话要作喻意理解。高山表示我们身体的感觉，感觉在我们头部有固定位置。感觉共有五个，各自被严格地视为有三个层面，所以总共有十五个层面：视觉，看的东西，看的行为；听觉，听的东西，听的行为；嗅觉，嗅的东西，嗅的行为；味觉，尝的东西，尝的行为；触觉，触的东西，触的行为。这就是高过高山的十五肘。因为它们也被突然迸发的邪恶的大洪水所摧毁。

[22] 为什么说“所有血气都死了”？③

经上极好地、很自然地谈论活动的血气，因为血肉推动感性快乐，又被感性快乐所推动。然而，这样的运动是灵魂毁灭的原因，恰如自制和耐心是拯救的原因。

[23]“凡在旱地上的一切都死了”是什么意思？④

---

① 《创世记》7：18。“水势浩大，在地上大大地往上长，方舟在水面上漂来漂去。”

② 《创世记》7：20。“水势比山高过十五肘，山岭都淹没了。”

③ 《创世记》7：21。“凡在地上有血肉的动物，就是飞鸟，牲畜，走兽，和爬在地上的昆虫，以及所有的人都死了。”

④ 《创世记》7：22。“凡在旱地上，鼻孔有气息的生灵都死了。”

这里的字面含义人人皆知，因为在大洪水中，大地上的一切事物都完全灭绝。但是，比较深层的含义是这样的，就好像有一片森林，天气干燥的时候，森林马上会被大火吞没，灵魂也是这样，当它不与智慧、公义、虔诚混合在一起的时候，也不和其他优秀美德混合在一起的时候，只有美德可以使心灵喜乐，而干燥的心灵是不育的，就像干旱的植物不结果实，或者像一棵老树，被身体的大洪水淹没以后就死了。

[24]“祂除灭了一切从地上生长出来的活物”是什么意思？①

这里的字面含义说得很清楚。但是应当对它作下述喻意解释。经上谈论“生长”不是因为无所事事，而是因为这是自大和骄傲的名称，人们由此藐视神和人的权利。但是，当人的脸向上看，眉头紧锁的时候，自大和骄傲在我们属土的、有形体的本性的表面会显得更加清楚。有些人用腿行走，但是他们的胸、颈、头来回摆动，保持平衡；他们用一半身体向前推进，而从胸部以上，他们的后背向后倾，从而很自然地阻止俯身弯腰。但这是合理的，所有这样的人应当从主的记忆中被除灭，从圣经的神圣叙事中被除灭。

[25]“只留下挪亚和那些与他同在方舟里的”是什么意思？②

这里的字面含义是清楚的。但它的更深的含义肯定是这样的。向往智慧和公义的心灵，就像一棵树，要切除一切有害的生长，以便吸收营养。这里说的是情欲和邪恶，以及由情欲和邪恶所导致的行为不节制。但只有他和他本身留了下来。这里独特的是所有思想要与美德一致。因此经上又说，“只留下他和那些与他同在的”，以表现出真正的欢乐。他留在方舟里，方舟的意思是身体，这个身体没有各种情欲和心灵的疾病，但还没有完全变成无形体的。不过，他也应当就这种仁慈向他的救世主和天父表示感恩，亦即他得到了一位共同负轭的伙伴，他必定会束缚于这位伙伴，但这位伙伴不再是他的统治者，而是处于他的统治之下。因此他的身体没有被大洪水淹没，而是

---

① 《创世记》7：23。“凡地上各类的活物，连人带牲畜，昆虫，以及空中的飞鸟，都从地上除灭了，只留下挪亚和那些与他同在方舟里的。”

② 《创世记》7：23。

停留在洪水之上，没有被不断往上涌的洪水摧毁，洪水亦即奢侈、过度、淫荡、空洞的欲望。

[26] 经上为什么说“神记得挪亚和舟里的走兽牲畜”①，但却没有提到挪亚的妻子和子女？

如果一个男人和他的妻子，一名父亲和他的儿子的关系是和谐的，那就没有必要提到几个名字，而只需要提到一个人的名字。所以，提到挪亚，经上也就算潜在地提到了他的家人。如果男人和女人吵架，他们的子女和亲戚吵架，那么这个家就不配称做家庭，因为在应当是一的地方有了多。而当和谐存在的时候，可以用一个最年长的人来描述一个家庭，而其他人全都依附于他，就好像一棵树上长出的枝条，或者就像树上长的不会跌落的果实。这位先知在某处说过，“看哪，你的父亲亚伯拉罕，看哪，生养你的撒拉”②，这就非常清楚地说明这里只有一条根，而亚伯拉罕与这位妇女的关系是和谐的。

[27] 经上说“神记得挪亚和走兽牲畜”③，为什么先提到走兽，后提到牲畜？

首先，“他把卑劣的牲畜赶到中间去”，引用这句富有诗意的话并非不恰当。因为祂将走兽置于驯养的家畜，亦即人和牛，之间，为的是它们可以变得驯服，能和人亲密地居住在一起。其次，对监督者来说，同时将恩惠赐予走兽和牲畜似乎是不对的。因为经上马上就要讲到大洪水开始退去。这是字面含义。至于它的比较深的含义是这样的，公义的心灵居住在身体里，就像住在方舟里一样，它也拥有走兽和牛，但是没有那些具体的会咬人的和有害的走兽，而是如我所说，它拥有走兽就是拥有种子和原则的类别；没有这些

---

① 《创世记》8：1。“神纪念挪亚和挪亚方舟里的一切走兽牲畜。神叫风吹地，水势渐落。”

② 《以赛亚书》51：2。“要追想你们的祖宗亚伯拉罕，和生养你们的撒拉。因为亚伯拉罕独自一人的时候，我选召他，赐福与他，使他人数增多。”

③ 《创世记》8：1。

东西，灵魂就不能出现在身体里。因此，恶人的灵魂使用的所有东西都是有毒的、致命的，而拥有美德者的灵魂使用的东西可以将野兽的本性转换为驯服牲畜的本性。

[28]“神叫灵吹地，水势渐落”是什么意思？①

有些人会说灵的意思是风，刮风使洪水停止。但我本人不知道风如何能削弱水势。倒不如说，风会扰动水势。否则的话，大海的扩张早就停止了。因此，经上这里讲的好像是神的灵，万物因神的灵而稳定，这里还讲到世界的可怕景象，那些在天上的东西，植物和动物，都混杂在一起。因为在这个时候，洪水并非在可怕地倾泻，而是无边无际，几乎要流过赫拉克勒斯柱②和大海③。所以，整个大地和山区都遭遇了大洪水。说用风来使大洪水消退是不对的、不恰当的；但是，如我前述，使大洪水消退必定是由神的不可见的权能完成的。

[29]“渊源和天上的窗户都闭塞了”是什么意思？④

首先，很清楚，在头一个四十天里，天上倾盆大雨连续下个不停，大地上的泉源都裂开，天上的窗户也敞开，直到所有平原和山区都被淹没。在另外一百五十天里，天上的倾盆大雨没有停止，地上的泉源也没有停止，但是变得比较温和，不再增强，只是继续流水。从高地上有水流下来。经上说一百五十天以后“渊源和天上的窗户都闭塞了”表明了这一点。就这样，只要它们还没有消退，那么很清楚，它们还在活动。其次，经上举证大洪水有两个泉源：一个是大地上的泉源，另一个是天上的泉源，它们应当闭塞；经上后面又说，水势渐落，尤其是当神的权能命令它这样做的时候。这是它的

---

① 《创世记》8：1。

② 赫拉克勒斯柱，形容直布罗陀海峡两岸耸立的海岬。赫拉克勒斯是希腊神话中的大力神。他在摘取金苹果之前要跨越阿特拉斯山脉。他为了图方便，把阿特拉斯山脉一分为二，开凿直布罗陀海峡，打通了地中海和大西洋。另一说赫拉克勒斯并非开凿直布罗陀海峡，而是将它收窄，以阻挡大西洋的水怪进入地中海。

③ 指大西洋。

④ 《创世记》8：2。“渊源和天上的窗户都闭塞了，天上的大雨也止住了。”

字面含义。至于比较深的含义则是这样的。由于淹没灵魂的大洪水有两个源泉，一个来自理性，就好像来自天上，另一个来自身体和感觉，就好像来自大地，所以邪恶通过欲望进入灵魂，欲望也通过邪恶进入灵魂，神的医生的话语必然进入灵魂探访，为的是治疗它的疾病，拦阻这两道溪流。这种治疗的开端就是阻拦疾病的原因，不留下任何致病的根源。经上提到麻风病的时候也是这样说的；因为当麻风病的斑点停止生长，不再扩散的时候，经上的立法就说它是洁净的，因为违反本性的生长是不洁的。

[30]“水渐退，过了一百五十天后水就渐消”是什么意思？[①]

我们必须询问，这里讲的一百五十天是否就是洪水消退的时间，这个时间前后延续了五个月，还是暗指前面那个洪水尚未消退的时间，也就是说，指洪水仍在上涨的时间。

[31] 经上为什么说“七月二十七日[②]方舟停下来”[③]？

考虑一下洪水为何在第七个月的第二十七日消退是合适的，还可以考虑一下方舟为何随着洪水的消退而停留在山顶上，它停下来的时间也是在第七个月的第二十七日。所以，这里提到的月份和日子肯定是同形异义的，因为大洪水结束的时间是这位义人的生日，是在第七个月，是在春分的时候，而大洪水消退是在第七个月，从开始发大洪水算起，是在秋分时候。第七个月划分了春分和秋分，它们中间隔了五个月。作为春分点和秋分点的第七个月潜在地也是第一个月[④]，因为创世发生在这个月，所有事物在这个时候都圆满了。同理，秋分所在的那个月在时间上是第七个月，在荣耀方面则排第

① 《创世记》8：3。“水从地上渐退。过了一百五十天，水就渐消。”

② 这里的“七月二十七日”是犹太历的，转换为基督教的格里历是七月十七日。犹太历有两种：寺历和民历。寺历亦称教历，第二圣殿时期（始于公元前516年）之前使用，以《圣经》中记载摩西率领以色列人离开埃及的尼散月（Nisan）为元月。民历以提斯利月（Tishri）为元月，第二圣殿时期以后在民间通用。提斯历月从秋分后第一次新月开始。这是以色列地区收获的季节，而收获被视为新的一年生活的开始，提斯利月的第一天遂成为犹太新年。

③ 《创世记》8：4。“七月十七日，方舟停在亚拉腊山上。”

④ 斐洛的意思是，犹太寺历的尼散月在民历中是七月。

一，第七的开端在于气。与此相应，洪水发生在第七个月，这里说的不是时间上的，而是本性上的，以春分为其开端。

[32] 经上为什么说“到十月初一日，山顶都现出来了”①？

在数字中，十是一个限定，是一个完全数，是数的循环和终结，是许多个十的开端和终结，所以造物主认为这样很好，通过完全数十，洪水停止，山顶都现出来了。

[33] 为什么义人（挪亚）四十天后开了方舟的窗户？②

请注意，这位神学家用了同样的数字来描述大洪水的过程、停止和这场灾难的完全恢复。所以，在挪亚六百岁那年的七月二十七日，亦即在他的生日，大洪水从那年的春天开始。还有，同样是在七月二十七日，方舟在秋分的时候停在山顶上。从这三件事情可以清楚地知道，大洪水在六百零一年消失，时间也是七月二十七日；因为就在后来的这一年中，大洪水平息，大地又恢复到毁灭前的样子，春季里，各种树木鲜花盛开，枝繁叶茂，果实累累。还有，大洪水的到来是四十天，那个时候大渊的泉源都裂开了，天上的窗户也敞开了。还有，在长期与世隔绝以后，挪亚打开了窗户，就这样，稳定的希望在四十天里又回来了。还有，大洪水滞留的时间是一百五十天，而它的消退也是一百五十天，所以人们必定会对这种相等感到惊讶，因为这场灾难的增长和消退用了相同的（天）数，就像月亮一样。月亮盈亏的（天）数相等，从新月开始增长直到月圆，再返回原先月亏的样子。同理，在神的探访中，创世主保留了一定的秩序，把无序从神圣的边界驱赶出去。

[34] 义人挪亚打开的“方舟的窗户”是什么？③

这里的字面含义是清楚的，没有什么难懂或有疑问的地方。至于它的比较深的含义，下面这些话是必须说的。感觉的几个部分就好比身体的窗户。对可感事物的理解要通过它们，就像通过窗户，进入心灵，而心灵也会通过

---

① 《创世记》8∶5。“水又渐消，到十月初一日，山顶都现出来了。”

② 《创世记》8∶6。“过了四十天，挪亚开了方舟的窗户。”

③ 《创世记》8∶6。

感觉延伸出去，进而把握这些事物。这些窗户的某个部分，我指的是视觉，与灵魂有独特的联系，也熟悉光明，而光明是现存事物中最美丽的，是神圣事物的辅助者。同样是这种感觉，最早开辟了通往哲学的道路。因为它看见了太阳和月亮的运动、其他行星的漫步、整个天穹的精确旋转、无以言表的秩序与和谐，以及有一位真正确定的创世主，在这个时候它只向拥有主权的理性报告它看到了什么。这个理性用敏锐的视觉，既看见这些天文现象，又通过它们看见更高的型相以及万物之因，并且马上理解了它们，理解了创世和天命，因为它推论说可见的本性不能凭借它自身到来；这是因为，真理的和谐、秩序、尺度、比例这样的协和与真正的繁荣和幸福凭借其本身不可能到来。但是，必定有某位创世主和天父，舵手和驭手，既能生育，又能完整地保存和保护所生的事物。

[35] 挪亚为什么要先放一只乌鸦出去？①

有关字面含义，据说乌鸦是一种带来预兆和灵验的动物。因此，直到我们这个时代，许多人通过观察乌鸦的飞行和叫声来说明隐藏的意思。至于比较深的含义是这样的，乌鸦是黑色的、鲁莽的、行动敏捷的，所以它象征邪恶，因为它给灵魂带来夜晚和黑暗，它是非常快捷的，可以在一个时间里出去会见世上所有事物。它还会给那些想要抓住它的人带来毁灭，它非常鲁莽，因为它会产生傲慢和无耻。与这种德性相反的德性是生性光明、稳健、节制、虔诚。所以，把所有黑暗的残余驱逐出边界是对的，心灵的黑暗导致愚蠢。

[36] 为什么乌鸦飞出去以后没有回来，当时大地上的水都还没有干？②

对这段话要作喻意解释，因为不公义是公义之光的对手，所以不公义与它的亲戚大洪水待在一起是很愉快的，比这位义人的良好工作更值得向往。不公义是混乱和腐败的热爱者。

① 《创世记》8：7。“放出一只乌鸦去。那乌鸦飞来飞去，直到地上的水都干了。”

② 《创世记》8：7。

[37] 经上为什么要说“直到地上的水都干了”？① 干了的不是地上的水，而是水中的地，经上为什么要用这种表达法来代替水中的地？

这些话都包含喻意，大水表示无限的情欲。灵魂被情欲填满而肿胀，因此被腐蚀。而当这些情欲干涸的时候，灵魂得救了。因为这个时候情欲不能再以任何方式伤害灵魂，它们在某种意义上被削弱了，死亡了。

[38] 挪亚为什么又放出去一只鸽子，要看看水从地上退了没有，他在放乌鸦的时候为什么没有这样说？②

首先，鸽子是一种洁净的动物，它是驯服的，容易管理，是人类的同伴，和人类住在一起。因此，它得到作为牺牲被献上圣坛的荣耀。经上以一种确定的、肯定的方式说，“他又放出去”，显得鸽子就是他的同居者。而通过看“水从地上退了没有”，显得鸽子喜好交际，拥有和他同样的心灵。这些鸟，乌鸦和鸽子，是邪恶与美德的象征。因为前者是无家可归的、无情的、没有国家的、野蛮的、不可调和的、不爱交际的。而美德是有情的、爱好交际的、有帮助的。这位义人把鸽子当做有益的信使派出去，希望能得知相关的消息。但这只鸽子就像一位提供真正服务的信使，有了鸽子他可以小心提防那些有害的东西，可以带着极大的热情，乐意接受帮助。

[39] 为什么那只鸽子找不着落脚之地，又回到挪亚那里？③

这岂不是清楚地表明，乌鸦和鸽子分别是邪恶和美德的象征吗？因为，你瞧，这只鸽子在放出去以后，没有找到落脚之地。那么，那只乌鸦先被放了出去，那个时候外面仍旧洪水滔天，它怎么能够找到落脚之地呢？乌鸦既不是天鹅，又不是朱鹭，也不是某种住在水里的鸟。所以，它在这里象征邪恶，走了出去，靠近激情和欲望之流，欲望的泛滥既摧毁灵魂又摧毁生命，邪恶欢迎和陪伴激情和欲望，把它们当做密友和亲戚，与它们同居。而美德

---

① 《创世记》8：7。

② 《创世记》8：8。“他又放出一只鸽子去，要看看水从地上退了没有。”

③ 《创世记》8：9。“但遍地上都是水，鸽子找不着落脚之地，就回到方舟挪亚那里，挪亚伸手把鸽子接进方舟来。”

第一眼看到这些东西的时候就生气了，马上飞走，不再回来，它没有发现落脚之地，也就是说，它没有发现任何配得上它立足的地方。因为，有什么罪恶能比美德在灵魂中找不到安身之处更大呢，哪怕是很小的地方，可以用来休息和停留？

[40]“他伸出手去把它接了进来”是什么意思？①

这里的字面含义是清楚的。但它比较深的含义需要准确地确定。这个贤人用美德作为巡视员和信使。当他看到这些事物的本性与他自身相配时，他会与它们待在一起，对它们进行矫正，使它们更好。因为智慧是最普通、最平等、最有帮助的。但是，当智慧看见它们倔强地朝着相反方向增加，变得失控和故意时，智慧就会返回它自己的地方。美德会伸出手去接受智慧，通过讲话打开整个心灵，通过完全数、偶数和圆满数，使心灵心甘情愿地展示自己。为了考察其他事物的本性，他把智慧从自己这里派出去，但这并不意味着他与智慧分离，而是他以太阳放射光芒照耀大地的方式使一切事物明亮。在它的光明的伟大力量中，根本没有分离或划分。

[41]为什么他又等了七天，把鸽子再放出去？②

这里说的是一种良好的生活方式。尽管他看到这些心灵的本性一开始是坚硬的，但他没有放弃把它们变得较好的希望。然而，正如好医生不会一下子把所有治疗方式都用于一种疾病，而是允许本性先打开康复之道，然后再用带来健康的有益药物来治疗，所以这位有美德的人用了与哲学法则相一致的原则。七是神圣的数，天父在创造这个世界的时候按照七观看祂的作品。然而，能够观看这个世界及其中事物的学问无非就是哲学，是哲学最荣耀的部分，是哲学最精致的部分，哲学是智慧获得的知识，其本身包含一种积极而又必要的观看。

[42]“到了晚上鸽子回到他那里，嘴里叼着一片橄榄叶和一截树枝”，

---

① 《创世记》8：9。

② 《创世记》8：10。“他又等了七天，再把鸽子从方舟放出去。”

这些话是什么意思？①

“返回”、“到了晚上”、“一片橄榄叶”、“一截树枝”、“叼在嘴里”——所有这些都是精选的象征和预示。但是对这些象征必须详细研究。返回和前面讲的飞走是有区别的。因为后者带来报告，说人的本性完全腐败了，反叛了，被大洪水摧毁了，亦即被巨大的无知和缺乏教养摧毁了。但是其他人对产生这种情况感到非常后悔。要感到后悔并不容易，它是一项很困难、很艰苦的任务。由于这些原因，“到了晚上”表示要从早到晚从言行两方面考察心灵本性的各个部分，从头到尾清晰地观看它们，晚上象征终结。“叼着一片树叶”是第三个象征。树叶是植物的一小部分，同样也表示开始悔改。因为它提供微小的迹象，就好像它是一片树叶，你可以看守它，也可以抖落它。但是它有巨大的希望，可以获得矫正。第四个象征是，这片树叶不是其他树的叶子，而只能是橄榄树的叶子。油是点灯用的材料。如我所说，邪恶是深厚的黑暗，而美德是光芒四射的辉煌；悔改是光明的开始。从早到晚的意思是，不要认为悔改的开端已经是鲜花盛开和万物生长；在那个时候，它们仍旧是枯燥的，它们的基本原则是一样的。因此，干树枝是第五个象征。干树枝叼在鸽子嘴里，这是第六个象征，因为六是第一个完全数，鸽子嘴里叼的是美德，亦即智慧和公义的种子，以及一般的灵魂之善。它不仅叼着这些美德，而且也给予外人一份美德，给他们的灵魂提供饮水，用改悔浇灌他们犯罪的欲望。

[43] 为什么经上说“挪亚就知道地上的水退了”？②

这里的字面含义是清楚的。因为叶子若是从水中取出来的，那么大地仍旧被水淹没。而现在大地是干的；经上说那是“一截干树枝”，也就是说它在干涸的大地上，已经干了。至于比较深的含义是这样的，这位贤人以此为后悔的象征，用“叼来树叶”作为防止巨大无知的发生，尽管心灵已经不

---

① 《创世记》8：11。“到了晚上，鸽子回到他那里，嘴里叼着一个新拧下来的橄榄叶子，挪亚就知道地上的水退了。”

② 《创世记》8：11。

再枝繁叶茂，开花结果，而是正好相反，由于前述的原因，只是“一截干树枝”。与此同时，为了天父的善意和仁慈，人必须崇拜祂。尽管由于不公义和不虔诚，大地上的生灵遭到毁灭，但无论如何，古代的残渣余孽，那存有古代美德的光明的小种子仍旧保留下来，并且有了新的开端。它仍然象征着人们对善人的记忆这一事实，这些人是在创世之初被造出来的，没有完全被毁灭。因此某些先知的下列说法被当做律法，他们是摩西的门徒和朋友：“如果全能的神没有给我们留下种子，我们就会变得盲目和不育”，盲目和不育就是不知道什么是善，不能够生育后代。盲目和不育在迦勒底人的古代语言中称做“所多玛”和“蛾摩拉”。

[44] 为什么挪亚又等了七天以后第三次放出鸽子去，鸽子就不再回来了？①

“不再回来”字面上讲的是鸽子，实际上指的是美德。它不是疏远的象征，因为如我所说，在那个时候它还没有与自身分离，而是在以放射光线的方式观看其他本性。但是在那个时候，它还没有发现任何人受到惩罚，所以它马上回到他这里。但这个时候它不再只为一个人拥有，而是所有希望获得智慧者的共同的善，他们从很早的时候起就渴望得到智慧的知识。

[45] 为什么到了挪亚六百零一岁正月初一那一日，地上的水都干了？②

这里的“初一”与“中止”有关，因为我们既可以说正月初一，也可以说人之初，第一个人。尽管洪水的中止可以理解为发生在正月，但我们假定七月是秋分的第一个月，这个月既是第一个月，又是第七个月；这就相当于说，本性和权能方面的第一就是时间上的第七。因此，在另外一个地方，经上说“这个月③对你们来说是月份之开端，为每年的月份之首。”④因此，称

① 《创世记》8：12。“他又等了七天，放出鸽子去，鸽子就不再回来了。”

② 《创世记》8：13。“到挪亚六百零一岁，正月初一日，地上的水都干了。挪亚撤去方舟的盖观看，便见地面上干了。”

③ 指“尼散月”，犹太民历的七月。

④ 《出埃及记》12：2。“你们要以本月为正月，为一年之首。”

作“初一”表示本性和权能的“第一”，而“第七”则是时间意义上的数目，因为春分和秋分点在一年四季中是第一的和最高的。但若“第一”指的是人，那么这样说确实是最恰当的，义人确实是第一，就如船长在船上是第一，统治者在国家里是第一。但说他是第一，不仅在美德方面，而且在秩序上，因为在人类的再生中，他自身确实是开端和第一。还有，这段话极好地描述了大洪水在这个义人活着的时候就已经到来、退却，然后恢复到原先的状况。因此，当大洪水到来的时候，只有他和他的家人命中注定能够存活，在这种邪恶到来之时，只有他命中注定能够再生，这种再生就是他后来的生命。这一点在那个时候被确证无误。因为那个时候只有他期望过一种真正的生活，这种生活与美德一致，而其他人由于致命的邪恶的侵入而渴求死亡。因此，在第六百零一年，邪恶必然停止，因为六这个数含有腐败，而一这个数字含有拯救，一是最能产生灵魂和构成生命的数字。因此，大水衰退发生在一个新月，为的是让元一可以拥有突出的地位，在月份和年份上得荣耀，这个时候神想要拯救那些在大地上生活的人。那时有一个人品性突出，希伯来人用他们祖先的语言称他为“挪亚”，而希腊人称他为“公义的”。但是他身体方面的必然性没有消除，尽管他并不置于其他人的权柄之下，但他本身也没有权柄，无论如何，他不得不死，所以数字六与元一联系在一起。可以看到，大洪水的退却不是在一（年）中分几次发生的，而是在六这个与身体和不等相宜的数中间发生的，因为六是第一个长方形数。由于这个原因，经上说他“在六百零一年”和“在他那代人中间称义”。所以，他称义既不在整个人类中，又不在那被毁灭的世代中，而是在一个特定的世代中。因为在这里比较的是他自己和他所属的那一代人。这个世代值得赞扬，因为它也是神挑选出来的，他们的生命比其他所有世代更高尚，因为在这里确定了一个界限，而这个世代成了终结，也就是说，先前的那些世代必须灭亡，而作为开端的这个世代必定会到来。然而，最重要的是，这里对他的赞扬是恰当的，他探出整个身子向上观看，因为他与神有亲属关系。

[46]“挪亚撤去方舟的盖观看”，这句话是什么意思？①

这里的字面含义不需要解释。而它较深的含义是这样的，由于方舟象征身体，所以身体的覆盖物必定要被视为对身体权能的保护、保存和密切保卫，身体的权能就是快乐。快乐使身体得以真正的保存和适度的维持，与本性相一致，正如痛苦使身体崩溃。因此，当心灵受到天上的快乐的吸引时，它会期待着向上跳跃，切断所有形式的感性快乐，为的是能够消除像阴影一样覆盖身体的东西，使感性的身体能够裸露，显露无形体的本性。

[47] 为什么到了七月二十七日地就干了？②

你们看到了吗，经上前不久讲的是正月，而现在讲的是七月？如我前述，七月指的是同一时间，但与秋分点相连，在本性上第一。还有，大洪水在七月极好地到来了，在二十七日，而在一年以后的同月同日，洪水停止了，消退了。洪水在秋分时到来，生命在同一时间回归。这里的原因我们已经写过了。七月和这里的月份和天数是吻合的。还有，也是在二十七日，方舟停在山顶上。这个日子在本性上排第七，但在时间上排第一，它也在春分点上。所以，通过这个七月二十七日，区别了春分和秋分。因为大洪水发生在七月，而春分就在这个月，它在时间上是七月，而在本性上是正月。按照同样的数字，大水退去，方舟停在山顶上；这个时候又是七月，但不是同一个七月，而是有秋分点的七月，它在本性上是七月，而在时间上是正月。还有，当这种邪恶干涸的时候对它进行完全的补救，这也发生在七月二十七日春分的时候。大洪水的开端和终结同时接受了固定的界限，而他在后来的生命中位于中间。对经上所说的话我们可以作更加准确的解释：大洪水以及对灾害的补救一共花了一年时间。它的开端是在第六百年的七月二十七日，所以整个时间是完整的一年，以春分为起点，再到春分结束。因为，如我所说，就像他们败坏了长满果实的大地，所以吃了这些果实的人灭亡了，而幸

① 《创世记》8：13。

② 《创世记》8：14。“到了二月二十七日，地就都干了。”

存者得到赦免，从邪恶中被拯救出来，大地上的种子到了春天又重新发芽，树木又挂满果实。祂认为这样做是对的，正如用大洪水淹没大地，所以当洪水干涸以后，大地再次裸露出来，长出它的果实。通过神的权能，大地在一日之内长出万物，比如种子、树木、大量的青草、谷穗、花卉、果实，种类出乎意料地多，你们对此不要感到惊讶。还有，在创世中，在六天中的某一天，祂完成了植物的生长。而后来这些植物是已经完成了的，它们结出与春季丰饶的生育力相对应的果实。因为对神来说，一切都是可能的，要创造它们，神根本不需要花费时间。

[48] 大地干了以后，“神对挪亚说，你和你的妻子，儿子，儿妇都可以出方舟”，为什么听到神讲话之前挪亚不走出方舟？①

正如它的对立面不义，公义是虔诚的；而另一方面，不义是自负的和自满的。这是一个可靠的证据，不是勉强表示同意，而是相信理性，甚于相信神。尤其对那个看到整个大地突然间变成大海的人来说，他自然而又恰当地以为这种邪恶将再次返回。他也相信与此相一致的事情，亦即他按照神的吩咐进入了方舟，所以他也应当按照神的吩咐走出方舟，若是神不指导他，不事先吩咐他，他就不可能有力量完成任何事情。

[49] 为什么他们进入方舟时的顺序是“他、他的儿子、儿妇”②，而出来的时候，他们的顺序发生了改变，因为经上说“挪亚和他的妻子、儿子、儿妇都出来了”？③

就字面意义而言，经上用“进去”表示种子无生育，用“出来”表示生育。当他们进去的时候，儿子和他们的父亲一起提到，而儿妇与她们的婆婆一起提到。当他们出来的时候，作为已婚的夫妇，父亲与他的妻子一起出来，然后是几个儿子，各自和他的妻子一起出来。这是因为，神希望通过行为而非

① 《创世记》8：15—16。“神对挪亚说，你和你的妻子，儿子，儿妇都可以出方舟。”

② 《创世记》7：13。“正当那日，挪亚和他三个儿子闪，含，雅弗，并挪亚的妻子和三个儿妇，都进入方舟。”

③ 《创世记》8：18。“于是挪亚和他的妻子，儿子，儿妇，都出来了。”

话语教导祂的信徒，什么是他们要做的正确的事情。因此，祂口头上没有作任何解释，但却达到了这样的效果，那些进入方舟的人应当戒绝与他的妻子同床，而当他们要出来的时候，他们应当顺从自然，播下种子。祂吩咐人们这样做，而不是大声说出来，“经历大洪水的毁灭以后，你们这些仍旧在大地上生存的人不能沉溺于奢侈的生活，因为这是不合适的，或者说是不合法的。对你们来说，能得到生命的荣耀就足够了”。但是，与妻子上床是那些寻求感官满足者的生活的一部分。对这些人来说，对可恶的人性表示同情是适当的，因为人的本性相似。同时，他们正在观察某些可能出现的事情，免得邪恶会在某个时候追上他们。除此之外，对他们来说，当世人已经灭绝的时候，在这不合适的时候被感性快乐所诱惑，生育那些尚未存在的人，是不合适的。但是，大洪水停止和消退以后，他们从邪恶中被拯救出来，神又通过吩咐他们离开方舟要依循的秩序来指示他们尽快生育子女，具体说来，不是男人要和男人一道走出去，女人要和女人一道走出去，而是要一男一女一道走出去。至于更深的含义必须这样说。灵魂要洗涤它的罪恶的时候，男人应当和男人在一起，也就是说像父亲一样拥有主权的心灵，应当与它的具体思想在一起，具体思想是心灵的儿子，但是不要与任何女性结合，女性就是属于感官的那些东西。因为这是一场战争，参战者必须区分等级，免得与其他等级的人混在一起打败仗，而不是取得胜利。但当清洗灵魂的恰当时候到来时，一切无知和能带来伤害的邪恶变得枯竭，在这个时候把那些分离的元素结合在一起是恰当的，它不是要把阳性的思想变成阴性的，使之变得柔软松弛，而是要让那阴性的元素，亦即感觉，变得具有阳性；通过追随阳性的思想，接受阳性的种子进行生育，它可以接受具有智慧、审慎、正义和勇敢的东西，总而言之，接受所有具有美德的东西。除此之外，也还要注意，心灵发生混乱的时候就像发洪水，如果世界在某个时候就像直立的山丘，那么就不可能播种、怀孕，生育任何善物。而当无序、攻击、怪异思想的逐步进犯受到阻拦，然后枯竭的时候，它就像拥有旺盛生育力的大地，会产生美德和卓越的事物。

[50] 为什么他（挪亚）没有接到命令就筑了一座坛？①

向神感恩的行为是恰当的，在没有接到命令的情况下，也应当毫不犹豫地履行，以显示摆脱了情欲的灵魂。通过神的恩典接受善物者应当自愿对神谢恩。而等候命令的人是不感恩的，因为他是在必然性的逼迫下荣耀他的施恩者。

[51] 为什么说他为"神"而不是为"主"筑了一座坛？②

在施恩和再生的场合，比如在创世中，神只使用祂的施恩的权能，用这种权能创造万物，而把祂的统治的权能搁在一边，宁可使用前者。同理，处于重生的开端，祂改变了被称做"神"的施恩的权能。因为祂建立了祂的王权和统治权，这种权能被称做"主"，他用水来报答。

[52]"他拿各类洁净的牲畜，飞鸟献在坛上为燔祭"，这些话是什么意思？③

所有这些话都是在比较深的意义上说的，既因为他从神那里得到一切善意和礼物，这些动物都属于真正的种类，又因为这些种类是没有瑕疵的，所以他可以用清白的、最温顺的家畜作燔祭。它们是献祭用的善物，是完整的、圆满的，是果实；而果实对存在的植物来说是一种终结。这就是它的字面含义。至于更深的含义是这样的，洁净的牲畜和飞鸟指的是贤人的感觉和心灵，因为思想在心灵中漂泊。用这些东西作供品是合适的，因为它们都可以成为果实，作为感恩祭的供品献给天父，它们是完美的、洁净的、无瑕疵的。

[53] 他为什么要向神施恩的权能献祭，献祭的接受要通过两种权能，即主的权能和神的权能，因为经上说"主神闻那馨香之气"？④

---

① 《创世记》8：20。"挪亚为耶和华筑了一座坛，拿各类洁净的牲畜，飞鸟献在坛上为燔祭。"

② 《创世记》8：20。

③ 《创世记》8：20。

④ 《创世记》8：21。"耶和华闻那馨香之气，就心里说，我不再因人的缘故咒诅地（人从小时心里怀着恶念），也不再按着我才行的，灭各种的活物了。"

这是因为，在希望发生动摇的时候，我们意外地从降临在我们身上的恶中间解救出来，但这只是神的恩惠，我们在欢乐中把它描述为恩赐者，而不把它说成“主人”。但是施恩者及其两种权能都倾向于我们，祂本身接受了我们的献祭，荣耀感恩的善人，免得被人视为犹豫不决，不知要不要作出回报。祂使用祂的两种权能，使永生者极大地喜乐。

[54]“主神说，我不再因人的行为的缘故咒诅大地，因为人从小时候起心里就怀着恶念。因此我不再像在其他场合那样灭绝所有活物了”，这些话是什么意思？①

这里的主题是改悔，是一种外在于神的权能发出的激情。因为人的性情是虚弱的、不稳定的，正如他们的事务充满巨大的不确定性。但对神来说，没有什么事情是不确定的，没有任何东西是不能获得的，因为祂就是最坚定、最稳固的见解。然而，由于相同的原因，神从一开始就知道人的念头必定在小时候就转向邪恶。那么，为什么还会发生这种事情呢？祂首先通过大洪水摧毁了人类，在那之后祂又说不再摧毁他们，哪怕他们的灵魂同样留有邪恶，不是吗？应当说，经上诸如此类的话语一般都用于律法，与其说这是为了揭示真理的本性，不如说这是为了让人在教导中学习和帮助。因为在立法中可以看到有两种经文，一种说“神不像人”，另一种说永生者会实施惩罚，就像凡人惩罚他的儿子，前一种经文是真理。如果我们这样说是对的，那么神确实不像人，也不像太阳、天穹或这个可感的世界，而只像神。因为神圣的、最幸福的“元一”不承认任何相似、比较或寓言；不，倒不如说祂超越赐福本身、幸福，以及任何比这些东西更加卓越、更加优秀的东西。但是第二种经文适用于教导和解释，也就是说神像凡人一样实施惩罚，祂惩罚我们这些属土生灵的目的在于使我们不必永久面对祂的愤怒，回应祂的没有和平、无法和解的敌意。在这个时间，对罪人表达愤怒和加以惩罚也就足够了。但是为了同一个原因多次惩罚他人是野蛮残忍的行为。“神说，无

① 《创世记》8：21。

论我对几个罪人的审判是否准确，他们已经偿还，所以现在，依照我最初的建议，我考虑对他们仁慈是适当的。”所以，把“反思”用于神是恰当的，因为祂的心灵和意向是最坚定的，而我们的意愿是不稳定的、变化无常的、犹豫不决的。而且，我们在思想上反思是不恰当的，因为反思是心灵的事务。但是，凡人的心灵不可能延伸和扩散，因为它太弱小，不能轻松地穿越万物。

但是“我不再咒诅大地”这句话讲得极好。因为在那些已经给出的咒诅之外添加新的咒诅是不恰当的，因为它已经被邪恶充满。然而，尽管他们没有终点，但由于天父是善良的、仁慈的，热爱人类，所以祂宁可减轻他们的不幸，而非增添他们的不幸。但如寓言所说，要从凡人的灵魂中消除罪恶，就好比“洗砖头”或“用网打水”一样徒劳，因为人的灵魂打上了恶的烙印。

经上说，如果恶从一开始就存在，那么它的存在就不是偶然的，而是刻在心灵上的，与灵魂非常相宜。还有，由于心灵拥有主权，是灵魂的统治部分，所以经上添上“决心”指的就是反思，它的考察是准确的。但是决心不是只朝向一种恶，而显然是朝向所有恶，这种状况不是短暂地存在，而是从小就有的，从他在襁褓里的时候就开始了，就好像他在那个时候已经和恶有了一定的联系，在恶的哺育下成长。

然而，祂说“我不再灭各种活物”，这表明祂不会再毁灭全人类，而只是摧毁某些个人，他们犯了不可描述的过失。因为，祂不会留下恶不受惩罚，也不会留下恶不加约束，祂会为全人类考虑，出于祂的旨意，对那些犯了罪的人实施具体的惩罚。

[55]“稼穑，寒暑，冬夏，昼夜，永不停息”，这些话是什么意思？①

就字面意义而言，这里说的是一年四季的发生和循环，这时的天气已经不像大地上的动物和植物遭受毁灭的时候，原先的季节改变的时候，这些生灵也遭受毁灭，而当季节平安地保存下来的时候，动物和植物也会平

---

① 《创世记》8：22。“地还存留的时候，稼穑，寒暑，冬夏，昼夜就永不停息了。”

安地保存下来。它们顺从这些季节，保持健康，不会变得虚弱，各自以神奇的方式生长和繁衍。不过，自然的构成就像对立音符，低音和高音，之间的和谐，就像世界由对立面构成。凡人的品性若保持单一，遵循冷热和干湿的自然秩序，那么毁灭没有降临于大地上的所有事物，其原因就在于此。至于更深的含义是这样的，种子是开端，收获是终结。终结和开端二者都是拯救的原因。它们自身都是不完善的，所以开端需要终结，而终结寻求开端。冷热会推进冬季和秋季。秋季标志着一个时间的间隙，在每年收获庄稼之后这个间隙到来，寒冷则在炎热的夏季之后到来。但在象征意义上，它们与灵魂相关，冷表示恐惧，引起颤抖和战栗，热表示愤怒，因为愤怒就像火焰一样炽热。这些事情也有生成，也要始终忍受有生成和毁灭的事物。夏季和春季分开是因为果实；春季是为了选种，夏季是为了叶子的生长和果实的成熟。这些东西象征与心灵有关的事情，它们结的果实有两类：有些是必要的果实，比如春季的果实；有些是多余的果实，比如夏季的果实。食物是必要的，春季产生出来的种子，是为了身体，通过美德而产生出来的食物，是为了心灵。而那些多余的果实，比如夏天树上结的有形体的果实，给灵魂带来有形体的外在的善物，这些外在的果实服务于身体。身体的善物服务于灵魂，心灵的善物服务于神。还有，昼夜是衡量时间和数字的尺度；时间和数字是长久的、持续的，所以，昼象征光明的理性，而夜象征阴暗的愚蠢。

[56]神为什么要赐福给挪亚和他的儿子，要对他们说“你们要生养众多，遍满了地。凡地上的走兽和空中的飞鸟，都必惊恐，惧怕你们。连地上一切的昆虫并海里一切的鱼，都交付你们的手”？①

甚至早在创世的第六日，神就赐福给人，他们是按照神的形像创造的。因为经上说：“神照着神的形像造人，造男造女。神赐福给他们，又对他们

① 《创世记》9：1—2。“神赐福给挪亚和他的儿子，对他们说，你们要生养众多，遍满了地。凡地上的走兽和空中的飞鸟，都必惊恐，惧怕你们。连地上一切的昆虫并海里一切的鱼，都交付你们的手。”

说，要生养众多，遍满地面，治理这地。也要管理海里的鱼，空中的鸟，和地上各样行动的活物。"[①] 但是，这些话岂不确实清楚地表明，祂把挪亚当做第二代人的开端，挪亚与按照神的形像创造的第一个人具有同等荣耀，是吗？所以祂赋予前者和后者以同样的尺度，让他统治地上的活物。应当注意的是，经上显示他在大洪水中被造就为公义的国王，统治地上的活物，享有与那个用土造出来的男人同等的荣耀，而他是按照真正无形体的"在者"的形像造出来的；祂也把权柄赐给挪亚，任命他而不是任命那个用土造的人当国王，他具有和神相似的形像，而神是无形体的。因此，无形体的他是在第六日被造的，与完全数"六"相一致。而在创世完成，所有活物被造出来以后，这个人在第七天被造出来，用泥土把他造出来，这个时候已经很晚。所以，经上说，在创世的这些日子以后，在这个世界的第七天，"神还没有降雨在地上，也没有人耕地"[②]；然后经上又说："神用地上的尘土造人，将生气吹在他鼻孔里，他就成了有灵的活人。"[③] 所以，从经文的字面含义来看，经上说明与那按照神的形像被造的人一样，第二次被造的人类配得上拥有相同的王权。至于更深的含义可以解释如下。祂希望有理智的人的灵魂生养众多，以美德的形式充满心灵，就好像遍满地面，不给愚蠢留下空间；它们应当治理属土的身体和身体的感觉，让野兽感到恐惧，这是一种抗击邪恶的练习，因为恶是不驯服的、野蛮的。祂希望他们能够统治飞鸟，也就是那些向上飞翔的思想，那些满是空虚和空洞的傲慢的人，他们先前被武装起来，造成巨大伤害，不受恐惧的约束。还有，祂希望他们统治在地上爬行的动物，

---

① 《创世记》1：26—28。"神说，我们要照着我们的形像，按着我们的样式造人，使他们管理海里的鱼，空中的鸟，地上的牲畜，和全地，并地上所爬的一切昆虫。神就照着自己的形像造人，乃是照着他的形像造男造女。神就赐福给他们，又对他们说，要生养众多，遍满地面，治理这地。也要管理海里的鱼，空中的鸟，和地上各样行动的活物。"斐洛在这里也对经文做了轻微的改变。

② 《创世记》2：5。"野地还没有草木，田间的菜蔬还没有长起来，因为耶和华神还没有降雨在地上，也没有人耕地。"

③ 《创世记》2：7。"耶和华神用地上的尘土造人，将生气吹在他鼻孔里，他就成了有灵的活人，名叫亚当。"

动物象征有毒的情欲；通过每个灵魂，感性的快乐和欲望、悲伤和恐惧，潜入和刺穿灵魂，并带来伤害。而鱼，我理解为象征那些渴望过一种潮湿的、不固定生活的人，而不是过一种连续、健康和持久生活的人。

[57] 经上为什么说，“凡活着的爬行动物，都可以作你们的食物”？①

爬行动物的本性是双重的。一重是有毒的，另一重是温顺的。有毒的是那些蛇，它们用腹部代替脚在地上爬行；温顺的是那些爬行动物，它们的脚上还有腿。这是字面含义。至于它的更深的含义是这样的，激情相当于不洁的爬行动物，欢乐相当于洁净的爬行动物。因为在感性快乐之旁有欢乐的激情。在追求感性快乐的欲望之旁有反思。在悲伤之旁有懊悔和约束。在欲望之旁有警示。因此，这些激情用死亡和凶杀恐吓灵魂，而欢乐则是真正的生活，如祂本身的喻意所说明的那样，欢乐是那些拥有欢乐者的生活的原因。

[58]“我把一切都赐给你们，如同菜蔬一样”，这些话是什么意思？②

经上说“我把一切都赐给你们，如同菜蔬一样”，有人认为这个说法表示禁止吃肉。尽管这种解释也可以考虑，但我本人相信这里的规定是必须食用菜蔬，它当然也还有其他意思，比如表示添加其他菜蔬。他们现在不仅习惯于在被拣选的凡人中间生活，而且习惯于在那些荣耀节制的追求智慧的人中间生活，然而不可能让所有人不吃肉。所以这段话讲的也许不是食物，而是权柄；因为并不是所有植物都可吃，亦不是所有动物都可以安全地食用。祂看到动物中也能发现有毒的、致命的动物。所以经上的意思可能是非理性的动物要服从人，正如种植菜蔬要靠农夫。

[59]“惟独肉带着血，那就是它的生命，你们不可吃”，这些话是什么意思？③

经上似乎通过这些话来表示血是灵魂的实在，是可感的、有生命的灵魂

① 《创世记》9∶3。“凡活着的动物，都可以作你们的食物。这一切我都赐给你们，如同菜蔬一样。”

② 《创世记》9∶3。

③ 《创世记》9∶4。“惟独肉带着血，那就是它的生命，你们不可吃。”

的实在，而不是理性的、理智的灵魂的实在。因为灵魂有三个部分：一个部分是有营养的，另一个部分是可感知的，第三个部分是理性的。现在，圣灵是理性部分的实在，按照这位神学家的说法，因为在解释创世的时候，他说“祂把生命的气息吹在他的脸上，作为他的动因”。而血是可感的、有生命的灵魂的实在，因为他在另一处说：“一切活物的生命就在血中。”[①]经上说活物的生命就在血中是非常恰当的。活物有感觉和激情，但没有心灵或反映。还有，“生命就在血中”这个说法表示生命是一样东西，血是另一样东西，所以灵魂的实在确凿无疑就是灵。然而，如果没有血，灵自身不能占有任何地方，灵与血混合在一起，被血所携带。动脉是用于呼吸的血管，它自身不仅包含纯粹的、不混合的气，而且包含血，尽管数量很少。血管有两种：静脉和动脉；静脉含有的血比气多，动脉含有的气比血多，两种血管由于所含的血与气的多少而有差别。这是字面含义。至于更深的含义是这样的，经上把炽热的美德或正直称做“生命之血”。充满这种智慧的人藐视一切感性快乐，因为这种快乐是腹部和肚皮以下部分的快乐。生活放荡的人过着一种嬉戏的生活，就像风一样，或者说他们生活懒惰而瘦得皮包骨头，除了像爬虫一样在地上爬行，其他什么也不做，他们一生只舔食地上的东西，从不尝试天上的食物，这是热爱智慧的灵魂才能获取的。

[60]“流你们血的，无论是兽是人，我必讨他的罪，就是向各人的弟兄也是如此”，这些话是什么意思？[②]

猛兽有两类：一类由兽组成；另一类由人组成。但是这些猛兽不会给我们造成什么伤害，因为它们与被捕食的人没有亲属关系，尤其是它们不拥有权柄，而被它们捕食的人倒是有权柄的。圣经把那些制造伤害的人称做“兄

① 参见《利未记》17∶14。“论到一切活物的生命，就在血中。所以我对以色列人说，无论什么活物的血，你们都不可吃，因为一切活物的血就是他的生命。凡吃了血的，必被剪除。”

② 《创世记》9∶5。“流你们血，害你们命的，无论是兽，是人，我必讨他的罪，就是向各人的弟兄也是如此。”

弟”，这就证明了下述三件事情。第一，我们所有人都是亲属和兄弟，都归一位古老的国王所有，彼此相连，因为我们从同一位母亲那里得到理智的本性。第二，几乎所有巨大的纷争和阴谋都发生在有血缘关系的人之间，尤其是在兄弟之间，无论是由于遗产，还是由于家族的荣耀。家庭的纷争甚至比陌生人的纷争更糟糕，因为他们使用许多知识参与前一种争吵。实际上，那些擅长用战场技能相互攻击的人都是真正的兄弟。第三，在我看来，圣经把兄弟这个名称用于那些无情的、必须接受惩罚的过失杀人者，为的是让他们为自己所做的事情遭受痛苦而不是仁慈，因为他们杀死的不是陌生人，而是他们自己真正的兄弟。经上说得极好，神是那些杀人者的监察。即使有人藐视和轻视公义的执行，也要使这些人不要忘了仔细考虑如何才能逃脱和得到安全，因为他们是不洁的、野蛮的，要使他们知道自己将在世界末日被逮捕，在神圣的、公义的法庭受审，接受报应，这个法庭代表的是那些受到不公正对待的人和那些受到不应该受到的攻击的人。这就是字面含义。至于更深的含义是这样的，经上说，仁慈、善良、热爱人类的救世主没有忽视灵魂纯洁的价值，灵魂可以从无止境的、难以忍受的腐败中获得拯救，但要驱散所有包围它的敌人，亦即被称做兄弟的兽与人。因为在象征意义上，这些敌人是行为野蛮的兽，它们在用邪恶的凶杀威胁其他。经上称呼的人和兄弟在象征意义上是指各种思想和言词，在用舌头和嘴巴表达出来时人们可以听到这些思想和言词，它们是相连的；因此，它们会带来无法克服的灾难，除了无言词和无行为才可以抵挡这种悲惨的结果。

[61]“凡流人血的，他的血也必被人所流”，这些话是什么意思？[①]

这里的文字没有什么错误，或者倒不如说是在表示一种强调，因为经上说让别人流血的人自己也要流血；被流血和被吸收不是一回事。经上以此表示，那些不虔诚地行事的人，他们的灵魂与凡人被腐蚀的身体相似，乃至于

① 《创世记》9∶6。“凡流人血的，他的血也必被人所流。因为神造人是照自己的形像造的。”

似乎不会腐败。因为身体被化解为部分，这些部分混合在一起，再组合起来，然后又分解为它原先的要素。而艰苦的灵魂被不节制的生活方式所压倒，翻来覆去，在邪恶中成长，与邪恶一道成长。

[62] 经上为什么说“祂照神的形像造人”，而不说“照祂自己的形像”，就好像有另外一位神似的？①

神赐的这道圣谕极为卓越，极为诚实。因为凡人造的任何东西都不会与最高的“元一”和宇宙之父相似，只能与处于第二位的神相似，亦即祂的圣道。把人的灵魂的理性部分塑造为圣道的印象，这样做是对的，因为在圣道之前的神优于一切理智的本性。然而，神位于圣道之上，存在于最优者之中，具备专门的型相，还有什么有生成的事物能与祂相似？还有，经上还希望说明神用祂的圣道最公正地替有美德的、体面的人报仇，因为他们拥有某种王权，人的心灵是祂的圣道的相似物和形像。

[63]“不会再有洪水毁坏全地”，这句话是什么意思？②

通过最后这个陈述，经上清楚地告诉我们还会有许多洪水，但不会再有这样毁坏全地的大洪水。这是字面含义。至于更深的含义是这样的，这是神的恩惠，尽管这个恩惠没有帮到所有灵魂的所有美德，但无论如何在某些灵魂中装点了某些美德。所以，尽管一个人的整个身体不能精力旺盛，但无论如何，只要他努力锻炼，勤奋刻苦，他就能够取得活力。即使一个人过于虚弱，乃至于不能完全矫正他的生活方式，他也不应该对此绝望，以为自己不能达到目的。他没有按照每个人都拥有的力量进行工作，所以他是一个懒鬼，同时也是一个不知感恩的人。说他是个懒鬼，因为他是懒惰的；说他是个不知感恩的人，因为他有一个很好的起点，竟然反对“存在者”。

---

① 《创世记》9：6。

② 《创世记》9：11。“我与你们立约，凡有血肉的，不再被洪水灭绝，也不再有洪水毁坏地了。”

[64] 神为什么要把虹放在云彩中，作为大地不再有洪水的记号？[①]

有些人假定，这里说的虹就是人们说的彩虹，他们依据彩虹的形状，把虹作为彩虹的可靠记号。然而，我认为这不是一个健全的论证。首先，这个虹应当有自己专门的性质和实在，因为它被称做神的虹，神说“我把虹放在云彩中”。属于神和安放表示虹是存在的。但是彩虹自身并不具有独立的本性，它是太阳光照射在潮湿的云彩上显现的外观，而所有外观都是非存在的、无质料的。关于这一点的证据是彩虹从来不在夜晚出现，尽管晚上也有云彩。其次，必须说哪怕是在白天，当云彩笼罩天空的时候，彩虹也不会很早出现。不过，这位立法者的说法肯定是准确无误的，亦即“我把虹放在云彩中”。因为，你们瞧，有云彩的时候就不会有彩虹的外观。经上说，云彩汇聚的时候，虹会出现在云彩中。有许多时候，天空阴暗，云彩浓密，这种时候彩虹不会在任何地方出现。不过，这位神学家也许在用虹表示其他事情，也就是说他指出属地的事物不会完全分解为不适宜的点，也不会被迫自我终结。但是这两种力量都要由确定的尺度来决定。如经文本身所承认的那样，大洪水在短暂的时间内到来，“大渊的泉源都裂开了”[②]，但没有什么特别暴力的行为发生。虹不是一件武器，而是一样工具，它的样子像穿透对手的弓箭；用弓把箭射出去，箭可以飞得很远，但对近旁的事物却没有什么作用。所以这是一个标志，象征整个大地不会再有洪水，因为箭没有射向各处，远处只有空地。就这样，虹象征不可见的神的权能，这种权能存在于空中。天好的时候，空气是稀薄的；而有云彩的时候，空气会变得浓密。云彩不会完全转变为水，不会让毁灭大地的洪水再次到来，因为空气的密度决定了是否降水；有的时候空气会由于饱含水滴而显得不听话，无礼貌，在有云

---

① 《创世记》9：13—17。“我把虹放在云彩中，这就可作我与地立约的记号了。我使云彩盖地的时候，必有虹现在云彩中，我便纪念我与你们和各样有血肉的活物所立的约，水就再不泛滥，毁坏一切有血肉的物了。虹必现在云彩中，我看见，就要纪念我与地上各样有血肉的活物所立的永约。神对挪亚说，这就是我与地上一切有血肉之物立约的记号了。”

② 《创世记》7：11。

彩的时候，空气本身是会滴水的，充满了水汽。

[65] 经上为什么提到义人的三个儿子“闪，含，雅弗”，但只说了中间这一位的世系，说“含是迦南的父亲”，然后又说“这就是挪亚的三个儿子”？①

这里一开始提到四个人，挪亚和他的儿子们，经上说的是三个……② 由于这个后代与生育他们的父亲品性相似，所以经上把二者当做一个人来处理，所以它们在数字上是四，而在权能上是三。经文这个时候只讲了中间这个世代，因为这个义人会在后面讲到他自己。尽管他确实是这些后代的父亲，他们也没有责备这位父亲，但却没有给这位祖先一份他认为应当由儿子来分享的权力。其次，经上可能对那些能以敏锐的心灵之眼看到遥远之处的人作了预言，祂将在许多世代以后取来迦南地赐给那个受拣选的、神所钟爱的种族。所以经文希望告诉迦南地的国家的统治者和居民，他会实施自己特别的恶行以及他父亲的那些恶行，从无知和出身低劣两方面显示自己。这是字面含义。至于更深的含义是这样的，经上没有说迦南是含的儿子，但用了一个专门的表达法，说“含是迦南的父亲”，因为这样的品性总是这种思想的父亲。这一点还表现在对他们的名字的解释上，因为从一种语言转换为另一种语言，“含”的意思是“心”或“热”，而“迦南”的意思是“商人”或“传递者”。但是这里讲的显然不是王权的事，或者也不是在讲谁是谁的父亲或儿子，而显然是在讲思想的王权，经上指出迦南距离王权和美德十分遥远。

[66]“挪亚开始在大地上作起农夫来”，这句话是什么意思？③

经上把挪亚比作用泥土塑造出来的第一个人，因为经文对他们用了相同的表述，洪水之后，挪亚和其他人走出方舟，开始农耕。创世的时候，大地

---

① 《创世记》9：18—19。“出方舟挪亚的儿子就是闪，含，雅弗。含是迦南的父亲。这是挪亚的三个儿子，他们的后裔分散在全地。”

② 此处原文有佚失。

③ 《创世记》9：20。“挪亚作起农夫来，栽了一个葡萄园。”

曾被洪水淹没。若是洪水没有泛滥，神就不用说“水要聚在一起，使旱地露出来”①。然而，经上说“挪亚开始在大地上作起农夫来”，这样说并非不合适，因为他在人类的第二次生成中是种子，是农业和其他生活形式的开端。这就是字面含义。至于更加深层的含义是这样的，作农夫和在大地上工作是有区别的，所以那个弑兄者出现时，经上说他要在大地上工作，但没有说他要耕种土地。身体在象征意义上被称做“土”，因为身体的本性是属土的，身体做的工作很差，就像一个没有技术的雇工。而有美德的农夫拥有技艺和经验，他耕种土地，照料庄稼，监管善物。身体的心灵与身体的本性是一致的，追求身体的快乐，而农夫的心灵努力获取有用的果实，果实就是通过节欲和节制得来的东西；围绕着我们的品性生长起来的、表面的弱点需要消除，这些弱点就像需要剪除的蔓延的树枝。

[67] 这位义人为什么首先栽了一个葡萄园？②

对这位义人来说，陷入某种困惑是恰当的，因为在大洪水消退之后，他想寻找草或树，而大洪水的时候，地上的这些植物都被冲走，灭绝了。不过，前面说的那些事似乎也是真的，也就是说大地在春季干涸，植物生长起来；所以等葡萄生长起来，要找到葡萄藤就很自然了，那个义人把它们汇聚起来。但我们必须说明他为什么首先栽了一个葡萄园，而不是种小麦和大麦，因为有些果实是生活必需品，没有它们，人就不可能存活，而其他一些果实则是奢侈品。现在他把那些原先奉献给神的生活必需品留了下来，因为它们对人有用，而在生产它们的时候也没有与神有任何合作；那些奢侈品则是指派给人的，喝酒是不必要的、奢侈的。以同样的方式，没有人的合作，神本身用祂自己的手使泉眼流出水来，祂把小麦和大麦赐给凡人时也是这样。只有祂把两种营养，食物和饮水，赠给凡人。祂没有为自己留下那些奢侈生活所需要的食物，也不怨恨这些食物为凡人所拥有。

① 《创世记》1∶9。“神说：天下的水要聚在一直，使旱地露出来。事就这样成了。”

② 《创世记》9∶20。

[68]“他喝了酒便醉了”是什么意思？①

我们首先要说的是，这位义人并没有把所有酒都喝了，而只是喝了一些酒。无节制的、自我放纵的人在喝足纯葡萄酒之前不会放弃酒宴。而有节制的、节俭的人依据必要性来衡量一切。醉，指的是喝酒喝醉了。但是，醉有两种方式：一种是过量饮用葡萄酒，这是一种罪过，尤其是对恶人而言；另一种是喝了葡萄酒，但喝酒的人总是贤人。因此，这里讲的醉是在第二种意义上讲的，这个有美德的贤人醉了，不是喝得过量了，而只是喝了一些葡萄酒。

[69]“他在帐篷里赤着身子”，这句话是什么意思？②

这是在赞扬这位贤人，既在字面意义上，又在更深的意义上，他没有在外面赤身，而是在自己家里赤身，有他的房子遮挡，外人看不到他赤身。他赤裸的身体被他的房子所遮挡，房子是用石头和木头建造的。但是灵魂的遮蔽物和屏风是知识。有两种赤裸。一种是意外的，通过非自愿的过犯而发生，因为在某种确定的意义上，行事正直的人是穿衣服的，如果他摔倒了，那么不是出于他的自愿，而是像那些喝醉酒的人或虚弱不堪的人那样，步履蹒跚，左右摇晃，或者躺下睡觉，或者变得疯狂。以这些形式犯下过失的人没有邪恶的预谋。但接受良好的训诫和训练是一项义务，就像穿衣服一样。还有另外一种赤身是灵魂的赤身，这样做可以非常高尚地逃离整个沉重的身体，就像逃离一座坟墓，灵魂被埋葬在里面很长时间了，就像在坟墓里一样，感性的快乐和其他无数不幸的情欲引起无限的麻烦，使它不安。有力量承受许多伤害的人可以把它们全都剥去，由此获得幸运的赐福，而无须虚假的显示和畸形。我要说这就是那些过着无形体生活的人的美和饰品，这种生活的高尚已经得到了证明。

[70]经上为什么不简单地说“含看见他的父亲赤身”，而要说“迦南的父亲含看见他的父亲赤身”？③

---

① 《创世记》9∶21。“他喝了园中的酒便醉了，在帐篷里赤着身子。”

② 《创世记》9∶21。

③ 《创世记》9∶22。“迦南的父亲含，看见他父亲赤身，就到外边告诉他两个弟兄。”

这就证明犯了罪的是两个人，儿子通过父亲犯了罪，父亲通过儿子犯了罪，因为他们一起做了一件蠢事，就像一个人一样，他们是邪恶的、不虔诚的，还有其他邪恶。这是字面的含义。至于更深的含义，我们在前面已经说过了。

[71] “他就到外边告诉他的两个弟兄”，这句话是什么意思？①

经上的谴责逐渐增强。首先，他不是只对一个兄弟说他们的父亲无意中犯下了过失，而是对两个兄弟这样说。如果他有许多兄弟，那么他也会告诉所有兄弟，而不是只告诉他能告诉的人。他在把这件事情告诉兄弟的时候用的是嘲讽的口吻，而不是抱着敬畏的态度。还有，经上说他不是在里边而是在外边讲这件事，这就清楚地表明他不仅把这件事泄漏给他的兄弟，而且也泄漏给他们周围的男男女女。这就是字面含义。至于更深的含义是这样的，恶人总是乐意听到其他人遭遇不幸，并断定他们活该。由于这个原因，他对这位智慧的热爱者无意识地犯下的过错感到欢欣鼓舞，到处宣扬，甚至变成他的敌人和指控者，尽管恰当的做法是宽容和原谅，而非责备和指控。所以，如我前述，三者——善、恶、不善不恶——相互之间是兄弟，都是一个理性的后代，它们看管各种各样的东西；有些赞扬美德，有些赞扬邪恶，有些赞扬财富、荣耀和其他围绕身体的善物和身体之外的善物。这些观看者和狂热者对于这位贤人的堕落感到兴奋，嘲笑、指责、诽谤他，说他没有从构成灵魂的那些部分受益，对此他是热心的，是对灵魂是有益的，也没有从那些对身体有益的外在部分受益——既不是内在的美德，又不是身体的外在的善。但是他们争论说，只有他能实现他的目的，尽管他在实施错误的行为，但只有这些恶行才有益于人生。那些愚蠢行为的邪恶观看者讲述了这些事情和相似的事情，嘲笑那位美德的热爱者，美德通过这些事情生成和成形，正如某些人认为身体和外在事物是事奉的工具，这就是美德所处的状态。

[72] “闪和雅弗拿一件衣服搭在两人的肩上，倒退着进去，盖在他们父

① 《创世记》9∶22。

亲身上，这样他们就看不见父亲的赤身”，这些话是什么意思？[①]

这里的字面意思是清楚的。至于更深的含义，我们必须这样说。轻率者只看见对面的和眼前的东西就满足了。而贤人能看见后面的东西，也就是看见未来。因为正如后面的东西在前面的东西之后到来，所以未来在现在之后到来，贤人能有这样的远见，就像神话中的林扣斯[②]长了许多眼睛，能朝着各个方向观看。但是，每一个聪明的心灵，而不是人，都会退着走，也就是用透视的眼光看到后面的东西；它环顾四周，清楚地看到各个方向上的一切，发现自己的周围有篱笆和围栏，有防御工事，所以灵魂在遭受攻击和被占领之前，能够保持赤身，而不会不得体。

[73]“挪亚醒了酒”，这句话是什么意思？[③]

这里的字面含义是可以理解的。但我们必须指出它的较深的含义。心灵在强大的时候，能够清醒地看到前面和后面的事物，也就是看到当前和未来。然而，一旦盲目降临于心灵，它就不能清楚地看到现在或未来。我们已经说过，贪杯和醉酒是对那个只能看见现在而不能预见未来的人而言的。而对那个能够环顾四周，理解当前和未来事物不同本性的人来说，他只有清醒和冷静。

[74] 把含算作三兄弟中的第二个以后，经上为什么把他称做“最小的”，“他的小儿子对他作了什么”？[④]

经上显然是在作喻意解释。“最小的”不是指年纪最小和时间最迟，而是指心灵最年轻，因为恶者不能接受长辈和老人的教导，这里的长辈指的是思想，思想才是真正久远的。还有，“最小的”显然不是身体上的最小，而是心灵上的最小。

---

① 《创世记》9∶23。“闪和雅弗拿件衣服搭在肩上，倒退着进去，给他父亲盖上。他们背着脸就看不见父亲的赤身。”

② 林扣斯（Λυγκέως，Lynceus），希腊神话人物，埃古普托斯之子。

③ 《创世记》9∶24。“挪亚醒了酒，知道小儿子向他所作的事。”

④ 《创世记》9∶24。

[75] 挪亚在为闪祈祷的时候，为什么要说“主神，闪的神，应当称颂，愿迦南作闪的奴仆”？①

“主”和“神”是表示仁慈和统治这两种权能的同位语，这个世界通过这两种权能得以生成。现在，这位国王按照祂的仁慈创造了这个世界，而在创世以后又按照祂的主权使之井然有序。所以，祂认为这位贤人配得上与之共享荣耀，让整个世界共享荣耀，因为这个世界的组成部分凭着主和神的权能与他联系在一起，祂把无比丰盛的恩惠馈赠给祂的仁慈。因此，这里两次用“神”作为这种仁慈力量的名称；我们说过，一次用作统治权能的同位语，第二次则没有清晰可见的联系，为的是让这个贤人变得与神专门的恩惠和馈赠相匹配，既为这个世界所爱，又为神所爱，为世界所爱是出于共同的恩惠，为神所爱乃是出于专门的恩惠。

[76] 在为雅弗祈祷的时候，挪亚为什么要说“愿神使雅弗扩张，使他住在闪的帐篷里，又愿迦南作他的奴仆”？②

这里的字面含义可以撇下，因为它已经说得很清楚，而更深的含义则必须考察；这里说的是居于第二位和第三位的善物应当得到扩张，比如健康、敏锐的知觉、美丽、力量、财富、荣耀、高贵、友好、职位，以及诸如此类的其他事物。所以，他说“要扩张”。分别占有如此众多的善物会对那些不按公义、智慧，以及其他美德生活的人造成伤害，充分占有这些美德控制着身体的、外在的事物。然而，达成美德的难处和相距遥远使美德无法扩张。因此当卓越的美德被抛弃的时候，它会带来伤害，而不是带来利益。所以，挪亚为他祈祷，愿他拥有身体的、外在的事物；他住在这位贤人家中，为的是可以观看所有善物的范型，可以在观看以后走他自己的正道。

[77] 犯罪的是含，但经上为什么要说含的儿子迦南作雅弗的奴仆？③

首先，这位父亲和这位儿子在这里犯了同样的罪恶，两个人联合在一

① 《创世记》9：26。“又说，耶和华闪的神，是应当称颂的，愿迦南作闪的奴仆。”

② 《创世记》9：27。“愿神使雅弗扩张，使他住在闪的帐篷里，又愿迦南作他的奴仆。”

③ 《创世记》9：27。

起，并无区别，就好像使用了同一个身体和灵魂。其次，这位父亲也由于受到儿子的诅咒而感到极大的悲伤，这位儿子知道自己受惩罚，更多的是由于自己的缘故，而不是由于父亲的缘故，所以惩罚落在这些邪恶的思想、言语和行为的推动者和教唆者身上。这就是字面含义。至于更深的含义是这样的，言下之意，这里更多讲的是人，而不是品性。从这些名称就可以看出这一点，这些人的本性也可以清楚地说明这一点。因为“含”可以解释为“心”或“热”，而“迦南”的意思是“商人”或“传递者”。

[78] 为什么大洪水以后，挪亚又活了三百五十年？①

这个世界的型相被说成建立在两个七年的开端，这个贤人又活了的年份是用同一个数字乘以二十五，因为十四乘以二十五相当于七十乘以五，或者五十乘以七。计算第七年和第五十年有一个专门的顺序，这是《利未记》里讲的，这个秩序是在那里确立的。

[79] 提到挪亚的三个儿子时，含为什么总是出现在中间，而位于两端的人各不相同？

经上在提到他们的出生时，最先提到闪，整个顺序是“闪、含、雅弗”，而在提到他们的后代时，最先提到雅弗的后代，为的是能从雅弗开始计算整个家族。② 关于挪亚这些儿子的长幼秩序，那些考察圣经文字的人相信这里最先提到的闪年纪最小，而最后提到的雅弗最年长。这些人当然可以相信他们认为合适的事情。然而，我们在考察其他事物的理智本性时，必须说有善、恶、不善不恶这三样东西，不善不恶又被称做次等的善，而恶总是出现在中间，这样说为的是可以从两边抓住它，克制它，摧毁它。但是善和不善不恶，或者次等的善，可以交换它们的顺序。只要恶的呈现是无形的而非真实的，那么善就是第一位的，具有总督和统治者的等级。然而，在自愿的行为中，不公义不仅没有在心灵中停留，而且在不公义的行为中实现，所以位

---

① 《创世记》2：28。“洪水以后，挪亚又活了三百五十年。”

② 《创世记》10：1。“挪亚的儿子闪，含，雅弗的后代，记在下面。洪水以后，他们都生了儿子。”

于首位的善改变了它在这个顺序中的位置，离开它的教导和管理的职责，因为它无法理解它们，就好像医生看到了疾病，但无法医治。然而，这位最年长的优秀使臣面对这个身体的、外在的德性，小心地观察这个端点，把这头野兽限制在笼子中，告诉它不要再撕咬和伤害。当他察觉自己做不到这一点的时候，他离开原先的位置，转移到一个更加有利的位置，因为那里地势更低，更容易捕捉野兽；这位更加强大的警卫掌握着这道屏障，没有比美德更强大的事物了。

[80] 为什么基提、多单，以及海岛上的异邦人，都出自雅弗？①

雅弗的名字可以解释为“宽”，为了成长和进步，不再受这些地区的制约，这些地区指的就是大地，是自然赐予人的，他去了大地的另外一个部分，亦即大海，去了海岛。这就是字面含义。至于更深的含义是这样的，这些事物依据本性是外在的善物，比如财富、荣耀、权柄，向不拥有这些东西的人扩散和延展。更有甚者，或者与此相应，他们把这些东西团团围住，密切关注，因为他们充满欲望；他们是金钱和荣耀的热爱者，由于他们热爱权柄，所以对他们来说没有什么事情是足够的，他们的欲望永不满足。

[81] 为什么古实是含的长子？②

这位神学家③表达了一条最符合自然的原则，称古实为恶的最年长的后代，因为他是土地稀疏的本性。大地是肥沃的、丰饶的、含水的、草木丛生的，长满青草和谷物，遍布果实。而稀疏的土地是干燥的、不结果实的、不育的，是不毛之地，一刮风就尘土飞扬，使清新的空气充满灰尘。这就是恶的最初的萌芽，因为它们是善不育的结果，是灵魂所有部分不育的原因。

[82] 经上为什么说，“古实生宁录，宁录在主面前是个英勇的猎户，俗

① 《创世记》10∶4—5。“雅弗的儿子是伊莱沙，他施，基提，多单。这些人的后裔，将各国的地土，海岛，分开居住，各随各的方言，宗族立国。”

② 《创世记》10∶6。“含的儿子是古实，麦西，弗，迦南。”

③ 指摩西。

语说，像宁录一样在神面前是个英勇的猎户”？[①]

说人拥有稀疏的本性是对的，因为灵性此时尚未建立稳固的纽带，灵性还不是灵魂、本性、品性的坚韧父亲；它就像一名巨人，它评价和荣耀属地的东西胜过属天的东西，如同巨人和提坦[②]的故事所说的那样。实际上，宁录热切地希望获得属地的、腐朽的东西，总想要对属天的事物开战，在大地上建造城墙和高塔来对抗天穹，他的神奇的本性值得赞扬。然而，此岸的事物和彼岸的事物是相反的。因此说“巨人在神面前”是不合适的，这样说显然是亵渎神的。亵渎之人无非就是神的对手和敌人。因此俗语说，任何大罪之人都可比作宁录。宁录是“古实人”，[③]这个名字清楚地表明他具有的手艺是猎人的手艺。这里的谴责有两个方面：古实人受到责备是因为拥有纯粹的恶，他们不分有光明，而是追随黑夜和黑暗；而在理性中，要尽可能消除狩猎的技艺。然而，宁录处在野兽中间，他通过邪恶的激情，寻求与野兽相同的习性。

第三卷

[1]“我是主神，曾领你出了迦勒底的土地，为要将这地赐你为业”，这些话是什么意思？[④]

这里的字面意思是清楚的，更深的含义则必须叙说如下。“迦勒底人的土地”象征数学理论，而天文学是其中的一部分。迦勒底人在这个领域里的

① 《创世记》10∶8—9。“古实又生宁录，他为世上英雄之首。他在耶和华面前是个英勇的猎户，所以俗语说，像宁录在耶和华面前是个英勇的猎户。”

② 提坦（Titans），希腊神话中的巨神，天神乌拉诺斯和地神该亚的子女，共十二名，六男六女。

③ 古实人即埃塞俄比亚人。

④ 《创世记》15∶7。“耶和华又对他说，我是耶和华，曾领你出了迦勒底的吾珥，为要将这地赐你为业。”

劳作并非失败的或者怠惰的。所以祂用两样馈赠荣耀这个贤人。一样馈赠是祂使这个贤人摆脱迦勒底人的理论，这种理论特别难以把握，是大恶和不虔诚的原因，因为它把造物主的权能归因于被造物，劝说人们崇拜这个世界的产物，而不是世界的创造者。另一样馈赠是，祂把富有成效的智慧赐给这个贤人，象征性地把智慧称为“土地”。天父表明智慧和美德是不变的或不能改变的，对神来说要揭示可变的东西是不恰当的，祂揭示的东西应当保持不变。而具有变化倾向的、不确定的人不能接受真正的、恰当的启示。

[2] 亚伯兰为什么要说，“主阿，我怎能知道必得这地为业呢”？①

亚伯兰在这里寻找迹象，以认知神的约定。此处描述了两件值得赞美的事情。一件事情是心灵的情感要信靠神，与神在前面说的话相一致。另一件事情是巨大的欲望并非没有确定的迹象，而通过这种迹象可以得到预告，亦即允诺得到确认。通过使用“主”这个称号，亚伯兰对许下诺言的祂表现出虔诚的敬畏；因为他说，我知道你是主，是万物的统治者，你可以做任何事情，对你来说，没有什么事情是不可能的。尽管我本人相信你的允诺，但我现在希望和期待至少能够获得某个清晰的象征，如果不是你的允诺应验的话，这个象征启示了这种应验。我是一个凡人，尽管我具有最高程度的正直，但我不能始终保持这种冲动的期待，所以当我看见或听到好事情的时候，我会慢慢地靠近它，而不是马上走向它。因此，我祈求你告诉我认知的道路，使我能够理解未来。

[3] 神为什么说，“你为我取一只三年的母牛，一只三年的母山羊，一只三年的公绵羊，一只斑鸠，一只雏鸽”？②

神在这里提到要把五种动物奉献在神圣的祭坛上。这些供品可以分为这样一些种类：三种地上的动物，母牛、母山羊和公绵羊；两种鸟，斑鸠和鸽子。经文表明这样一个事实，这些供品最初是由那些族长确定的，他们也是

---

① 《创世记》15 : 8。“亚伯兰说，主耶和华阿，我怎能知道必得这地为业呢。”

② 《创世记》15 : 9。“他说，你为我取一只三年的母牛，一只三年的母山羊，一只三年的公绵羊，一只斑鸠，一只雏鸽。”

这个种族的创建者。神在这里说的是“为我取”，而不是“带给我”，这样说非常好，因为对凡人而言，没有任何东西可以说是他自己的，因为一切事物都是神的馈赠和恩惠，从神那里获得了某些东西而想要急切地表示谢恩，这是令神喜悦的事情。神吩咐他各种动物要取一只三年的，因为数字三是圆满的、完善的，它由开端、中间、末端组成。然而我们可以恰当地提问，神为什么要在列举三只动物的时候说有两只母的，母牛、母山羊，却有一只公的，公绵羊。奉献母牛和母山羊是为了赎罪，而奉献绵羊不是为了赎罪，难道不是吗？犯罪源于虚弱，而母畜是虚弱的。

适宜先说的就说这么多。但我并非不明白，这些事情都给了懒惰的诽谤者一个机会，也就是拒斥圣经，对圣经胡说八道。因此，他们说当前这个例子讲的无非就是献祭的牺牲，通过肢解和划分牺牲，以及观察内脏来发现征兆。至于发生了什么事情，他们说这是一种预兆，碰巧可以看见。但在我看来，这些人属于只用部分来判断整体的一类人，而非相反，属于用整体来判断部分的那一类人。这是对一切事物的最佳检验，无论这个事物是名称还是物体。

因此，立法在某种意义上是一件统一的事情，人应当把立法当做一个整体，张开眼睛，从各个方面去观察，准确、真实、清晰地考察整个立法的意图，不要破坏它的和谐或切割它的统一。事物被剥夺了它们的共同要素，就会显现出不同之处。所以，立法的意图是什么？立法是一种灵智，它要描述各种知识的型相，因为献祭的行为被解释为推测和适当的推论，以及所有各种知识，这些知识不仅可以用来追寻真理的踪迹，而且也是隐秘的，就好比通过奉承隐匿爱，就好像通过与外在的、未经检验的事物进行比较，考察自然的、真正的事物。

前面提到的五种动物的本性与宇宙的某些部分相关。牛与土相关，因为大地可以耕种。山羊与水相关，这种动物之所以这样得名是因为它的奔跑和跳跃，而水是流动的[①]；奔流的江河与波涛汹涌的大海都可以验证这一

---

① 山羊（αἲξ）和流动（ᾆξαι）的希腊文字形相似，ᾆξαι 是 ᾄττειν 的过去完成时形态。

点。绵羊与气相关，因为它是剧烈的、生气勃勃的，因此，绵羊指的是最有用的灵魂，它是对人类最有帮助的动物，因为它给人提供了衣服。由于这些原因，在我看来，神吩咐他先取来母动物，亦即母牛和母山羊，因为土和水是质料，是阴性的，而第三种动物绵羊是公的，因为气或风在某些意义上是阳性的。所有事物都可以划分为物体，或者是土，或者是水，这些东西的本性是阴性的；而灵一样的气来自更加富有生命力的灵。如我所说，它是阳性的。因此称流动和积极的原因为阳性的是恰当的，而阴性的东西是被推动的和被动的。

关于那些鸟，鸽子和斑鸠，我们可以说它们和整个天空有关，让我们把天空划分为行星轨道和恒星轨道。经上用鸽子来表示行星，因为它是温顺的、家养的动物，我们也相当熟悉行星，它们邻近大地，富有同情心。斑鸠和恒星相关，这种动物有时候喜欢孤独，不愿参加聚会，与其他动物相混。绝对无误的天球与我们距离遥远，它位于世界的尽头，亦即自然的端点。因此，这两只鸟很像天上的力量，如苏格拉底的学生柏拉图所说，“天穹很像一辆飞翔的马车”，快速行进，甚至超过在轨道上飞行的鸟儿。还有，上面提到的这些鸟擅长唱歌，先知以此暗指音乐，这种音乐由星辰的和谐运动产生，在天穹中得以完善。音乐象征人类的技能，通过理智，动物的声音和器官可以产生各种和谐的乐曲。然而，天上的乐曲不能像太阳光那样，出于它对人类命运的关心，延伸或抵达造物主的大地。听到这种乐曲的人会变得疯狂，这种乐曲能在灵魂中激发出难以言表的、无限的快乐。渴望唱歌使他们轻视食物和饮水，最后因饥饿而死亡。所以，如荷马所说，塞壬[①]的歌唱不是猛烈地吸引聆听者，使他们忘记祖国、家庭、朋友、食物吗？那最完善、最和谐的天上的音乐，在触及他们的听觉器官时，不是在迫使他们发疯吗？

---

① 塞壬（Siren），希腊神话中的美女神，人身鸟足，一共八名。她们居住在地中海的一个小岛上，用美妙的歌声引诱水手触礁毁灭。

再来考虑这样一个事实，我们上面讲过的那几样动物是三岁的，在数量上也是三。但在这里，有些事情必须说明白，以便与另一种形式的推论相一致。因为这里提到的每一样事物似乎都是属地的，也就是说，土、水、气是三个一组的。土可以区分为巨大的大陆、岛屿和半岛。水可以区分为海、河、湖。气可以区分为两个平分点，夏至和冬至可以算作一样东西，因为平分点都有相同的昼夜间隙，以同样的方式，既不热又不冷。夏至和冬至……[①] 太阳的循环运行带来三样东西：夏季、冬季、平分点。这个解释是最自然的。但我们必须讨论另一个与伦理关系更加密切的解释。

我们每个人都有三样东西：身体、感觉和理性。母牛表示身体的实在，我们的身体是驯服的，供心灵驱使，服从心灵，事奉生命。自然在质料意义上是阴性的，通过考察可以证明它完全是承受的、被动的，而非主动的。母山羊像是一个感觉综合体，要么是由于各种被感知的对象而与感官相连，要么是由于灵魂的冲动和运作给感官留下印象。有些人认为，这些印象最初是随机的，是某种冲动。感觉是阴性的，它受到被感知对象的影响，经上说被感知对象与母山羊交配。不过，公山羊与理性有亲缘关系。首先，它是阳性的，精力充沛。其次，它是这个世界的原因和基础。山羊是必需的，因为它提供衣物，而理性是必要的，因为它使生命有序。任何有序的、守规矩的事物，事实上都是有理性的。但是，理性有两种：一种理性在本性中，用它可以分析可感世界的事物；另一种理性可以在那些被称做无形体的型相中找到，用它可以分析理智世界的事物。这些理性可以比做鸽子和斑鸠。鸽子象征物理学的理论，它是一种非常温和的鸟，而视觉熟悉那些可感事物。物理学家和生理学家的灵魂向上跳跃，长出羽翼，在天上翱翔，鸟瞰世界的各个部分和几个原因。但是斑鸠与理智的、无形体的理性的型相相似；因为只有这种动物喜欢孤独，所以理性在努力超越感性，理性本质上与不可见的型相相连。

---

① 此处原文有佚失。

[4] 经上为什么说，“他就为神取来所有这些东西”？①

这里添加了“他就为神取来”，这个表达法非常好，因为这是热爱神的灵魂的行为，它接受任何优秀的、宝贵的理论和教义，但不把这些东西归于它自己，而是归于行善的神。

[5] 这些话是什么意思，“他把它们劈开分成两半，一半对一半地摆列”？②

这里说的有点像身体的结构。这些具有亲缘性的部分可以划分和分开，由于天然的缘故，相互之间面对面；生命的创造主为了使用它们，把它们劈成两半，为的是这一半可以关心另一半，可以通过交换必要的服务来相互事奉。比如在两个眼睛可以直接看到鼻子，各自朝着对方。在某种意义上，瞳孔在相互观看，不是在外面漫游或者迷路，而是各自朝着对方，尤其是当它们正好在观看某些东西的时候。还有，两个耳朵划分听听觉，它们分别朝着对方，注意同一个地方，有着相同的活动。还有，两个鼻孔划分嗅觉，它们在各自的管道里嗅着，因为它们并不转向或朝向面颊，或者停在哪里，以便其中一个可以朝向右边，另一个可以朝向左边，而是向内聚在一起，依靠共同的行为接受气味。还有，两只手被造的不可以互换，而是作为兄弟和两个分开的部分，相互面对，它们凭着本性为适当的活动事先做好准备，获取，给予，工作。还有两只脚的脚底板之间的合作，一只脚给另一只脚让路，通过双脚的运动来完成走路，只凭一只脚则不能完成。不仅脚和小腿是这样，而且大腿、脊椎、肋骨、胸、身体的左右侧也是这样，以同样的方式划分，和谐而又适宜，可以说我们考虑的是这些型相的天然联合。

一般说来，同一事物分开的两个部分，无论它是什么，可以在某个地方合在一起，也可以看到它是两套机制一个本性。比如，两只手合在一起向外伸展，手指会显得非常和谐。双脚并在一起，人就会停留在原处。又好比在剧院里，两只耳朵通过孔道合在一起。属于我们身体的这些部分天然地分

① 《创世记》15：10。“亚伯兰就取了这些来，每样劈开，分成两半，一半对着一半地摆列，只有鸟没有劈开。”

② 《创世记》15：10。

开，它们是成双成对的，具有一种装饰效果，同时又起到合作的效果。还有，以这样的形式，它们联合起来，做同样的工作，结合在一起。

不仅可以看到身体的部分以这样的方式联系起来，成双成对，在联合中分离，在分离中联合，而且灵魂的那些部分也是这样。因为灵魂就像一个公共广场，最大的划分就是分为两部分，亦即分为理性的部分和非理性的部分，每个部分又可以再划分。比如，理性的部分可以再分为心灵和语言，而可感的部分可以再分为四种感觉，因为第五种感觉，亦即触觉，对其他四种感觉来说是共同的。感觉中的两种，即我们用来看和听的感觉，是哲学的，通过它们，我们获得良好的生活。但是其他感觉，亦即嗅觉和味觉，是非哲学的，它们是仆人，它们被造出来只是为了维持生命。之所以有嗅觉是为了嗅的缘故，它们不断地发生，连续地呼吸，为有生命的动物提供食物。之所以有味觉是为了食物和饮水的缘故。就这样，味道和滋味增强了可朽的身体。而视觉和听觉帮助了不朽的心灵。

因此，我们的肢体，身体和灵魂，是由造物主创造的。但人们应当认识到，部分也可以再划分为两个部分，相互依靠。土划分为山脉和平原，水划分为甜的和咸的，甜的水或适宜饮用的水是从泉眼和小溪中产生的，咸水是从海里产生的。季节可以划分为冬季和夏季，又可再分为春季和秋季。从这一事实出发，赫拉克利特[①]写了一本论自然的书，添加大量冗长的论证，提出一些与我们的神学家相反的意见。

[6] 经上为什么说，“但是鸟没有劈开”？[②]

这里指的是古人所说的第五种循环的物体，天穹就是用这种物体造出来的。因为四元素，如他们所说，是混合物，而非真正的元素，他们依据这些元素对已经划分过的事物进行再划分，而划分后得到的部分仍旧是混合物。比如，土在其自身也包含水元素，要把握所谓的气和火，更多地要通过理解

① 赫拉克利特（Ἡράκλειτος），希腊早期哲学家，鼎盛年约为公元前500年，主张火是万物的本原。

② 《创世记》15：10。

而非观看。水不是纯粹的、不混杂的，所以它包含风和土。其他那些元素也有混合。但只有第五种实体是用不混杂的、纯粹的东西造出来的，由于这个原因，它的本性不能划分。因此，经上说得好，“他没有把鸟劈开”，因为在这个事例中，鸟指的是天体的本性，行星和恒星这两种天体的提升与斑鸠和鸽子这两种洁净的鸟相似，它们不接受分割或划分，因为它们属于第五种单纯的、不混杂的实体，所以它的本性与单一体更加相似，是不可分割的。

[7]“有鸟下来，落在那分割开的死畜肉上”①，这些话是什么意思？

如我们所说，这三种劈开的动物，母牛、母山羊和公绵羊，象征土、水、气。但我们是通过理性的比较来获得真理的，这个时候我们必须使答案与问题和谐地相适应。经上说鸟在那分割开的死畜肉上飞，这不就是在暗指和警告敌人的攻击吗？地上的每一种自然物都充满战争和内外灾难。由于捕食和贪吃，人们看到鸟在那分割开的死畜肉上飞；它们经常用强大的力量出乎意料地突袭死畜，或一般的弱者。但是，它们不会在斑鸠和鸽子上面飞，因为属天的存在者没有情欲和欺诈。

[8] 经上为什么说“亚伯兰停了下来，坐在它们的上手”？②

有些人相信当前这个段落在字面上指的是献祭者，这个有美德者停了下来，坐在聚会之处，察看牺牲的内脏，把它们当做可靠的迹象，认为它们能显示真理。然而我们这些摩西的门徒清楚明白我们这位老师的意图，他在那里掉转面庞，不相信各种预测，而只相信神，在上面的飞鸟聚在一起表示这是一个有美德的人，这是一个象征性的启示，以此可以约束恶行和贪婪，反对争吵和打斗，热爱稳定与和平。可以说，他确实是和平的卫士。由于恶人不拥有安宁与和平的城邦，所以拥有美德者会留在那里，通过一两位居民的善德来治疗当地居民的疾病，而热爱美德的神把美德作为荣耀赐给杰出的人，杰出者不仅帮助祂，而且也帮助接近祂的人。

---

① 《创世记》15：11。“有鸷鸟下来，落在那死畜的肉上，亚伯兰就把它吓飞了。”

② 《创世记》15：11。

[9] 这些话是什么意思，“日落的时候，亚伯兰沉沉地睡了，梦见有巨大的黑暗落在他身上”？①

这里讲的是某种神圣的安宁突然降临在这个有美德的人身上。因为迷狂，如名称清楚所示，无非就是离开或从理智出来。但是先知们习惯于承受迷狂。当心灵被神依凭、充满了神的时候，它就不再位于它自身之中，因为它接受了圣灵，而是让圣灵居于心灵其中。不，倒不如像他本人所说，迷狂落在他身上，不是温和的、柔软的，而是突如其来的。还有，经上添加的话很好，亦即“巨大的黑暗落在他身上”，所有这些都是心灵的迷狂，因为处于恐惧之中的他并不在他自身中。黑暗是对视觉的一种阻碍，更大的恐惧使得心灵在观看和理解中变得更加迟缓。还有，这些事情不适合作为证据来谈论，证明先知的预言具有清楚的知识，而神用预言来立下神谕和律法。

[10] 经上为什么说，“神对亚伯兰说，你要的确知道，你的后裔必寄居别人的地，那地的人要苦待他们四百年”？②

经上说的是“对他所说”，这样说很好，因为这位先知似乎要说某件事情，但他没有提出自己的预言，而是作为另一位预言者的解释者，他在心里考虑这些事情。然而，他说出来的话和喃喃自语都是真实的、神圣的：首先，人类生活在另一块大地上，因为天空下面的大地是神的领地，居住在这块大地上的人可以恰当地、合法地说是旅居者，而不是居住在他们自己领地上的居民，他们生来并不拥有这块土地。其次，整个可朽的种族都是奴隶。没有一个人不是奴隶，而是每个人都有许多主人，他们挨打，受到各种虐待，外在的和内在的；外在的虐待是冬天的寒冷、夏天的炎热、饥饿、口渴，以及许多其他苦难；内在的虐待是感性的快乐、欲望、悲伤、恐惧。但是这些虐待限于上述情欲降临他们以后的四百年内。由于这个原因，经上很

① 《创世记》15：12。“日头正落的时候，亚伯兰沉沉地睡了。忽然有惊人的大黑暗落在他身上。”

② 《创世记》15：13。“耶和华对亚伯兰说，你要的确知道，你的后裔必寄居别人的地，又服事那地的人。那地的人要苦待他们四百年。”

早就说亚伯兰停了下来，坐在劈开的死畜肉上，把落在上面的鸷鸟赶走，这里字面上讲的是那食肉的鸷鸟，而实际上讲的是折磨人的苦难。凭本性他是热心者，凭实践他是爱人者，是我们种族的医疗者，是真正驱散邪恶的药师。所有这些都是对灵魂的喻意解释。贤人的灵魂从上面下来，从以太那里下来，进入可朽的身体，在身体的田野里播种，这个时候它确实是一名不在它自己的土地上的旅居者，因为身体属土的本性外在于纯粹的心灵，它服从奴役，承受各种痛苦，直到救世主来审判这个被情欲俘虏的种族，给它定罪；由此，它再次进入自由。所以经上又说："并且他们所要服事的那国，我要惩罚，后来他们必带着许多财物从那里出来。"① 也就是说，心灵要以同样的尺度，甚至以更好的尺度，从邪恶身体的束缚中解放出来。拿来交换的不仅是拯救和自由，而且是财物，心灵不能给它的敌人留下任何好的、有用的财物。每一个理性的灵魂都会结出好果子或者丰富多产。但是，那些对此负有责任的人和思想上有道德的人无论如何也不能把这些果实保持到底。有道德的人应当下决心获取心灵里的东西，由于这个缘故他适宜拥有智慧的思想。就好比某些树木在长出初果时是多产的，但却不能保持和滋养它们，由于某些小小的原因，它们的果实在成熟之前就会跌落，变化无常者的灵魂能够理解许多导致多产的事情，但却不能完整保存它们，直到它们变得完美，所以，有道德的人收集自己的财物是恰当的。

[11] 这些话是什么意思，"但你得享长寿，平安地归到你列祖那里，被人埋葬"？②

这里讲的显然是灵魂不朽，灵魂迁移它的居所，从可朽的肉体搬回它的母邦，它最初就是从那里搬到这个地方来的。对一个将要死亡的人说"你要去你的列祖那里"，除了表示有另外一个没有身体的生命、只有贤人的灵魂才能活着以外，这里要说的还能有什么意思？经上讲到亚伯兰的列祖，这里

① 《创世记》15：14。"并且他们所要服事的那国，我要惩罚，后来他们必带着许多财物从那里出来。"

② 《创世记》15：15。"但你要享大寿数，平平安安地归到你列祖那里，被人埋葬。"

的意思不是指生他的那些人，他的祖父和曾祖，因为他们并不值得赞扬，他们可以用作达到相同等级的那些人自豪和荣耀的源泉，而是在许多人看来，列祖似乎表示身体分解以后化解而成的各种元素。然而，在我看来，它似乎表示神圣世界的无形体的圣道，在别的地方它习惯被称做“天使”。还有，“得享平安”，“享好的大寿数”，经上这样说并非不合适。邪恶的罪人要靠争斗来滋养，他们在邪恶中成长变老。而有道德的人在他的生命中得享平安，无论他的生命是有身体的，还是无身体的；可以说只有他的生命是好的，而愚蠢者没有一个能够这样，哪怕活得很长，比大象活得还要长。因此，经上准确地说，“你要平安地归到你列祖那里”，但不是在“长寿”中滋养，而是在“好的长寿”中滋养。许多愚蠢者活得很久，但只有热爱智慧者才能过上良好的、有道德的生活。

[12] 神为什么说“到了第四代，他们必回到此地”？①

数字四与其他所有数字的关系最和谐，因为它是最完善的。它是最完全的数字十的根基和基础。现在按照数字四的原则，所有事物被召回这里，如神自身所说。四本身是完善的，所以它被完善的存在者所充满。我这样说是什么意思呢？是这样的，在有生命的存在者的生长过程中，第一步，播种。第二步，顺应自然，长成各种器官和塑造成形。第三步，成形以后的生长。第四步，高于前面这些步骤，生长得以完善。同样的原则也可用于植物。先把种子撒在土中，然后它们向上和向下运动，一部分长成根，一部分长成茎秆。成长起来以后，它们在第四阶段结果。还有，树木首先结果，然后成长。到了第三阶段，它们改变颜色，变得成熟，到了第四阶段，亦即最后一个阶段，它们得以圆满和完成。于是，可以享用它们了。

[13] 这句话是什么意思，“亚摩利人的罪孽还没有满盈”？②

有人认为，摩西在讲话中用这个表述来引入命运，一切事物都会在确定

---

① 《创世记》15 : 16。“到了第四代，他们必回到此地，因为亚摩利人的罪孽还没有满盈。”

② 《创世记》15 : 16。

的时间里完成，而时间则由周期来决定。

[14] 这句话是什么意思，“日落天黑有火把燃烧”？①

这句话要么表示太阳在日落的时候显得像火焰燃烧一样，要么表示有另外一种火焰，虽然不太明亮，但与火焰相仿，傍晚的时候在天空中出现。这是对神谕的一种清晰的解释，通过猜测得来。

[15] 这些话是什么意思，“你瞧，有冒烟的炉并烧着的火把从那些肉块中经过”？②

这里的字面含义是清楚的，因为神圣的道的源泉和根基希望烧尽这些牺牲，但不是被那赐给我们使用的火烧尽，而是被那从天上以太中下来的火烧尽，为的是牺牲的神圣性能够检验天上纯洁的实在。至于更深的含义是这样的，地上的所有事物都像冒烟的炉子，因为水汽会从土和水中产生，这是对本性的划分。如上所说，作为世界组成部分的这几样事物分成两半。这些东西就像火把被最敏捷、最有效的权能，亦即神圣的话语，所点燃，冒烟燃烧。它们一方面使宇宙完整不变，另一方面通过浓烟来净化世界。最具体、最恰当的原因可以这样说。人的生命就像一只冒烟的炉子，它不具有清晰纯洁的火和纯洁的光明，而是从暗火中冒出许多烟来，产生浓烟和黑暗，就像给眼睛戴上面纱，这里讲的不是身体的眼睛，而是灵魂的眼睛，它们无法清楚地观看，直至救世主神点亮天上的火炬。我用这些比喻来表示纯洁和神圣的火花，它把分列左右的两个部分统一起来，同时照亮它们，使之成为和谐与辉煌的原因。

[16] 经上为什么说，“当那日，神与亚伯兰立约，说，我已赐给你的后裔，从埃及河直到幼发拉底大河之地”？③

这里的字面含义是在描述埃及河和幼发拉底河这两条河流之间的区域，

---

① 《创世记》15∶17。“日落天黑，不料有冒烟的炉并烧着的火把从那些肉块中经过。”

② 《创世记》15∶17。

③ 《创世记》15∶18。“当那日，耶和华与亚伯兰立约，说，我已赐给你的后裔，从埃及河直到幼发拉底大河之地。”

这个区域是两条河流之间的界限，在古时候这块土地和这条河是同名的，被称做“埃及”。诗人可以为此作证，他说：“在埃及河停泊你们从两边驶来的船。”① 至于更深的含义是这样的，它说的是幸福快乐，是灵性之善、物体之善、外在之善三者的实现。这种教义后来受到某些哲学家的赞扬，比如亚里士多德和逍遥学派哲学家。还有，据说毕泰戈拉曾为之立法。因为埃及是物体之善和外在之善的象征，幼发拉底是灵性的象征，通过它们，真正的快乐得以生成，智慧和各种美德以它为源。到了最后，我们会设法艰难地接近灵魂的事务，但是起初我们必须经历物体之善和外在之善，身体健康、感觉敏锐、俊美有力，这些东西在人年轻的时候获得、生长和繁荣。同理，这些东西与做事情获利有关，比如驾船、务农和贸易。所有这些事情都适合年轻人去做，尤其是正确描述过的事务。

[17]谁是“基尼人，基尼洗人，甲摩尼人，赫人，比利洗人，利乏音人，亚摩利人，迦南人，革迦撒人，耶布斯人”？②

这里提到的十个宗族是邪恶的，是他要加以摧毁的，与他比邻而居，是良币之中的劣币，要加以拒斥。数字十是完美的，是无限数字的尺度，它把秩序和规矩赋予贤人的世界和心灵。但是，邪恶颠覆和改变了它的实在，它俯瞰最必要的权能，因为仅有的存在者说善是对美德的追求。邪恶者乐意接受的是意见而不是真理，亦即它在观看的那样东西。

[18] 为什么亚伯兰的妻子撒莱不给他生儿女？③

这里提到的这个不育的女人是这个宗族之母。首先，这样做为的是让生育后代的种子更加强大，更加神奇。其次，这样做为的是让她的怀孕和生产更多的不是通过与一个男人的结合，而是通过神的天命。这是因为，当一位

① 荷马：《奥德赛》15：258。

② 《创世记》15：19—21。“就是基尼人，基尼洗人，甲摩尼人，赫人，比利洗人，利乏音人，亚摩利人，迦南人，革迦撒人，耶布斯人之地。”

③ 《创世记》16：1。“亚伯兰的妻子撒莱不给他生儿女。撒莱有一个使女，名叫夏甲，是埃及人。”

不会生育的女人生育的时候，她不是依靠生殖方式的工作，而是依靠神圣权能的工作。这就是字面上的含义。至于更深的含义是这样的。首先，对女人来说生（生育）孩子是非常奇特的事情，对男人来说也一样，生（播种）孩子是奇特的事情。因此，经上想要把有道德的男人的灵魂说成雄性的，而不是雌性的，考虑到他的志趣是主动的，而不是被动的。其次，心灵有两种，拥有美德的心灵和邪恶的心灵，这两种人的生育是不同的，相对的。有美德的人生出好的和有用的东西，而邪恶的人生下肮脏、可耻、无用的东西。再次，处于进步过程中的男人，可能要到最后才会靠近某种所谓的遗忘和无知。取得进步的这个人没有生下邪恶，也没有生下美德，因为他还没有完成，但他与那个没有生病，但身体亦非完全健康的人相同，正处于从长久患病返回健康的过程之中。

[19]“她有一个使女，名叫夏甲，是埃及人”①，这些话是什么意思？

夏甲的意思是“旅居”，她是一位使女，正在等候更加圆满的本性。她生来就是埃及人。她遵守学校的纪律，热爱全面的学习，在某种意义上，她是在等候美德，因为学校里的学习对需要帮助的她来说是有用的，有利于她的接受，就好像美德有灵魂作为它的处所，而学校的学习需要身体的器官；埃及象征身体，所以经上正确地把学校学习的型相描述为埃及的。还有，经上也把她称做旅居者，因为智术与天生的美德相比是一个旅居者，而只有美德是在家里的，她是中等教育的女主人，通过学校里的学习为我们提供这种教育。

[20] 撒莱为什么要对亚伯兰说主使我不能生育，求你和我的使女同房，你可以因她得孩子？②

这里的字面含义相当于说，不要妒忌，而要照顾这个贤人、丈夫，以及真正的同胞。同时还要通过给她的丈夫纳妾来补偿她的不育。在这里作为妻

---

① 《创世记》16：2。“撒莱对亚伯兰说，耶和华使我不能生育。求你和我的使女同房，或者我可以因她得孩子（得孩子原文作被建立）。亚伯兰听从了撒莱的话。”

② 《创世记》16：2。

子她还表达了一种格外的爱，因为她似乎不能生育，她也不认为应当让她丈夫的家庭承受无子的痛苦，因为她看重丈夫的所获，胜过看重她自己的身份。这就是字面的含义。至于更深的含义是这样的，还有某些后续的论证。有些人应当追求中等教育，他们不能凭借美德产出美好的、值得赞扬的行为，他们在某种意义上通过学校学习生孩子，因为广泛的学习是心灵和理性的磨刀石。但是经上讲得最好的地方是"祂使我封闭"，因为被封闭的东西可以在一个恰当的时候打开。所以他没有放弃智慧，以为自己永远无子，而是知道她会生孩子。然而，她不是现在生孩子，而是要等到灵魂显的完全纯洁的时候。而在灵魂不完善的时候，通过学校的学习，它足以拥有一种温和的教育。因此，在神圣的体育竞赛中，那些不能获得第一名奖品的人应当获得第二名，这样做是有原因的。因为赛会的掌管者把第一、二、三名的奖品放在竞赛者面前，这些掌管者就像本性，而本性在竞赛者面前放上第一名的奖品，奖给他的美德，放上第二名的奖品，奖给学校里的学习。

[21] 经上为什么称撒莱为亚伯兰的妻子，经上说"亚伯兰的妻子叫来她的使女埃及人夏甲，把夏甲交到他的手中"？①

淫荡者荒淫无度，而这位神学家在这里强调的是高贵者的婚姻。淫荡者疯狂地爱他们的妾，却轻视他们聪明的妻。所以经上讲到使用妾的时候，引进了这位有道德的人，说对他的妻子而言，他是一位比较稳定的丈夫。经上说，丈夫上了别人的床，他的这位聪明的妻子会变得更加清醒。因为丈夫与他的妾的拥抱只是为了生育子女。而丈夫与妻的结合是一种属天的爱，是灵魂协调的一种方式。这就是字面含义。至于更深的含义是这样的，提供了丰富的学校教育，他把思想托付给智慧、正义和其他美德，一旦接受了智慧的思想，尝到与智慧结婚的滋味，就坚持做智慧的配偶和丈夫。尽管使这位有美德的男人打算处理几何、算术、语法、修辞和其他学科，但他仍然在意自

① 《创世记》16：8。"对她说，撒莱的使女夏甲，你从哪里来，要往哪里去。夏甲说，我从我的主母撒莱面前逃出来。"

己的完整性，他把一件事情当做任务，把另一件事情当做副业。然而，最值得赞扬的是经上把这位使女称做妻子，因为他与使女上床不是出于他自己的意愿，而是出于他妻子的劝告。由于这个原因，经上在这里没有因为她是使女而称她为使女，而是说给他当妻子，她获得的这种地位，即便不是真实的，但无论如何在名义上是这样的。让我们再来解释一下这里的喻意，中等教育起着妾的作用，但在形式和等级上是妻子。因为学校里的一些学习与真正的美德相似，是对真正的美德的模仿。

[22] 这些话是什么意思，“她见自己有孕，就小看她的主母”？①

经上深思熟虑地称撒拉为主母，但在那个时候，她似乎受到使女的压制而黯然失色——这是一位怀孕的女人在压制一位没有生过孩子的女人。不过，这种理性原则会延伸到生活必要的所有事务。聪明的穷人比愚蠢的富人更加高傲，可耻的人比光荣的人更加高傲，病人比健康的人更加高傲。无论什么有智慧的事物都是高傲的、独立的、有主人派头的。无论什么愚蠢的事物都是奴仆，是衰弱的。经上在这里说得很好，不是她侮辱她的主母，而是她的主母受到侮辱。因为前者包含个人的指控，而后者只是宣布所发生的事情。经上不希望为了赞扬某人的缘故而谴责其他任何人，而只想弄清事情的真相。这就是字面含义。至于更深的含义是这样的，这些人接受和看重荣耀，胜过接受和看重智慧，他们把感觉当做比理性更加荣耀的东西，他们对事实更加熟悉，满足于现象，他们认为许多事物的产生更加伟大，是更加完全的善，是唯一可以荣耀的东西，而不能生育这些事物是坏的，可耻的。他们看不到心灵习惯于凭自身产生不可见的种子和理智。

[23] 为什么撒莱后悔了，她对亚伯兰说“我因你受屈。我将我的使女放在你怀中，她见自己有了孕，就小看我”？②

---

① 《创世记》16：4。“亚伯兰与夏甲同房，夏甲就怀了孕。她见自己有孕，就小看她的主母。”

② 《创世记》16：5。“撒莱对亚伯兰说，我因你受屈。我将我的使女放在你怀中，她见自己有了孕，就小看我。愿耶和华在你我中间判断。”

这个陈述包含一种怀疑和优柔寡断。这里的意思很清楚，“从那时起”相当于“我将我的使女给你的时候”。另外一个陈述，也就是她说“我因你受屈”，是在责备一个人。经上不让这位善良、高贵、真诚的丈夫受到谴责，而总是赋予他完全的荣耀，称他为“主人”，这样做是恰当的。不过，第一个陈述是真的，因为自从她把她的使女交给她的丈夫，使她成为他的妾以来，她就似乎受到轻视和侮辱。这是字面上的含义。至于更深的含义是这样的，某人把智慧的使女交给另一个人，而这位使女由于无知，通过诡辩的推理羞辱女主人。当另一个人接受学校的学习，并为其显赫地位而感到欣喜的时候，由于学校的学习非常吸引人，具有很强的诱惑力，或者说具有迫使他人就范的力量，所以他从那个时候起就不再能够找到时间与女主人结合，这里要么涉及智慧的形像，要么涉及女主人神奇的形像，直至最后将神圣的道与随后发生的其他事物切割开来，把可能的事物与真正的事物切割开来，把手段与目的区分开来，把第二位的事物与那些名列第一位的事物切割开来。所以她最后说：“愿神在你我中间判断。”

［24］亚伯兰为什么说“你瞧，使女在你手下，你可以随意待她”？①

这里的字面含义包含对这个聪明男人的赞扬，因为他称这个因他而怀孕的女人不是妻，也不是妾，而是使女。当他看到这位使女变得骄傲的时候，他没有表示气愤，而只是平息愤怒。我想指出的是，“在你手下”这句话在某种意义上包含这样的喻意，诡辩处于智慧的权柄之下，就好像诡辩与智慧同出一源，但诡辩是弯曲的，而不是正直的，不是完全纯洁地流动，而是携带许多肮脏的东西。所以，她在你手下，如何处置她是你的权力，所有学校里的科目均属于智慧，你可以随意待她。我确信你不会过分严厉地对待她，因为这是令你喜悦的事情，也就是说，要恰如其分地评价每个人，不要不恰当地荣耀或者羞辱任何人。

---

① 《创世记》16∶6。“亚伯兰对撒莱说，使女在你手下，你可以随意待她。撒莱苦待她，她就从撒莱面前逃走了。”

[25] 经上为什么说“撒莱苦待她”？[①]

这里的字面含义是清楚的。至于它的更深的含义有如下述。并非所有苦难都是有害的，有的时候有些苦难甚至是有帮助的。就好比医生手中的病人、教师手中的学童、启蒙者手中的傻瓜，这样的经验我决不会称之为苦难，而会称之为拯救，以及对灵魂和身体的帮助。这是赋予学校里的学习的那部分智慧，可以用来判断充满学问的灵魂，观察孕育着诡辩的灵魂是否固执和骄傲，如果它拥有众多善物，那么它会十分宁静，尊敬更高的、更好的本性，以之为真正的女主人，稳定性本身和对一切事物的统治权就属于她。

[26] 夏甲为什么从撒莱面前逃走？[②]

并非每一个灵魂都乐意接受训诫，而是友好的、特别温和的心灵乐意接受责备，它会变得更加熟悉它的教练员，而敌对的、恶毒的心灵仇恨、逃避、逃离教练员，它们爱听好话，而不是爱听对它们有益的话，它们认为前者更可取，更有价值。

[27] 这句话是什么意思，“主的使者在旷野书珥路上的水泉旁遇见她”？[③]

这里提到的这些事物都是象征和类型，经上用它们来表示知识渊博的灵魂，它们是美德的财产，但还没有看到它们的女主人的美貌。“遇见”、“使者”、“水泉旁”、“旷野”，这些都是象征；“在路上”指的不是别的，而正是去书珥的路。不过，我们必须从第一个象征开始说。智者拥有论证的技艺，我们并非总能发现擅长欺骗的智者和喜爱争论的人，他们习惯于玩弄诡计和欺骗。但是没有这些坏习惯的人是热心的，他们在学校里学习只是为了获得广博的知识；尽管这种人很难遇见，但并非完全不能遇见。这是因为，毁灭与不可发现同缘，发现与拯救和生命同缘。发现和遇见更加纯洁、更加高贵的灵的时候，更是如此。但是有什么东西能比天使更加纯洁，更加高贵？为了那浪迹天涯的灵魂，天使把这种探寻托付给他，因为灵魂的学习使它不能

① 《创世记》16：6。

② 《创世记》16：6。

③ 《创世记》16：7。“耶和华的使者在旷野书珥路上的水泉旁遇见她。”

确定地知道应当荣耀什么。然而，它有可能在探索中获得矫正。它现在并非不完全的，而是正确的。在这里灵魂逃离美德，不能接受训诫。“遇见”后面是第二个象征，也就是天使在“水泉旁”。我理解，这表示本性必须这么办。因为她依据每个人的实践，提供相关的知识，消除和洗涤知识的各种恶行。这段话是在赞扬这个灵魂，它作为一名司仪，在饮酒者的陪伴下，渴望知识，想要得到灵魂的律法，渴望畅饮知识之泉。所以灵魂与那些受到知识滋养的人相处，生活在充分的理性和训练之中，就好像用泉水为本性提供大量的训诫和指导。第四个象征是在“旷野”中发现，因为各种感觉使灵魂产生纷扰和焦虑，各种情欲的洪流压迫灵魂，不允许灵魂饮用纯洁的泉水。而在能逃脱的时候，灵魂就用力前往旷野，停止接触给灵魂带来纷扰的思想，恢复灵魂的健康。由此，灵魂获得了希望，不仅是生命的希望，而且是生命不朽的希望。第五个象征是“在路上”遇见，因为堕落的品性不会使用常规的道路，而能够改善自身的人则会沿着通向美德的道路前进。这条道路实际上是一道围墙，能够保护那些拯救自己的人。因为“书珥”可以翻译为“墙”。你没看到所有这些象征都在描绘一个正在进步的灵魂吗？正在进步的人不会像十足的傻瓜那样迷路。如果遇见神圣的道，他会追求它。而不纯洁、不善良的人的习惯则是逃离神圣的道，被神圣的道追逐；然而，他有一眼清泉可以洗去他的情欲和邪恶，他也可以从清泉中痛饮律法。但是，他是旷野的热爱者，想要逃离情欲和邪恶，当他看到美德之路的时候，他也就避开了邪恶之道。所有这些都是保护他的围墙，就这样，他在言行上不会受到伤害，也不会由于遇见的那些事情而承受痛苦。

[28] 天使为什么要对她说，“撒莱的使女夏甲，你从哪里来，要往哪里去”？①

这里的字面含义不需要任何解释，因为它非常清晰。至于更深的含义是

---

① 《创世记》16：8。“对她说，撒莱的使女夏甲，你从哪里来，要往哪里去。夏甲说，我从我的主母撒莱面前逃出来。”

这样的，遗忘是必要的，因为神圣的道是一名严格执行纪律的人，是一名卓越的医生，治疗灵魂的虚弱。天使对她说，你从哪里来？你不知道你还剩下什么善物吗？你确实无用和残废的吗？你看到了不可见的东西，有了感觉，但你没有察觉到，尽管好像拥有一份心灵，但在我看来你好像完全没有心灵。你要往哪里去？你要从什么样的虔诚抵达什么样的痛苦？你为什么要以这样的方式徘徊，乃至于抛弃手中的善物而追逐远处的善物？你这样做不就是在屈从愚蠢的、非理性的冲动吗？回来吧，从那里返回，回到和从前相同的道路上来。要想到智慧是你的女主人，你从前确实以她为你实践的这些事情的监督和守护者。

[29] 这句话是什么意思，“我从我的主母撒莱面前逃出来”？①

赞扬诚实的本性并视之为真理的热爱者是恰当的。因此，我们现在也适宜承认心灵是诚实的，因为它坦白了所经历之事。我把“从……面前”的意思理解为由于美德和智慧的出现“我哑口无言”。因为在这种统治者的目光的注视下，心灵在战栗和颤抖，不能忍受女主人伟大而又崇高的目光，所以它必须逃跑。有些逃避美德的人不是出于仇恨，而是出于敬畏，因为他们相信自己不配与他们的女主人生活在一起。

[30] 天使为什么对她说，“你回到你主母那里，服在她手下”？②

这里的字面含义是清楚的，我们只需考虑它的更深的含义。神圣的道训练和告诫能够接受治疗的灵魂，使之转向拥有统治权的智慧，免得被丢下，由于没有女主人的照料而陷入愚昧。圣道对灵魂进行训练，不仅使它可以返回美德，而且也能把自己交到她手中，我的意思是处于她的权柄之下。服从现在有了两种形式。一种形式是通过匮乏，使灵魂虚弱，从而使灵魂很容易被制服，逮捕和定罪。另一种形式是占统治地位的圣道下命令，灵魂出于敬畏而服从，就好像儿子对他们的父母，学生对他们的老师，年轻人对他们的

---

① 《创世记》16：8。

② 《创世记》16：9。“耶和华的使者对她说，你回到你主母那里，服在她手下。”

长者。顺从长辈和上级是最适宜的。学会了如何被统治的人也能马上学会如何统治。尽管一个人不应当设想对大地和海洋拥有所有权力，但若他不能先学会被统治，接受被统治的训练，他就不能真正地实行统治。

[31] 天使为什么对她说，"我必使你的后裔极其繁多，甚至不可胜数"？①

对有信仰的灵魂来说，值得荣耀的事情不是由于在学习上取得进步而发生反叛和抵抗，而是通过广泛学习成长为最有用的人。因为这时候他不再是一个咬文嚼字、说话啰嗦的人，他贪婪地接受学校学习中遇见的各种意见，在各种学习中寻找真理。一旦他走上这条道路，开始寻求真理，他就变得配得上女主人的注视，这位女主人是不可收买的、无可非议的、无可指责的。

[32] 这些话是什么意思，"天使对她说，你瞧，你如今怀孕要生一个儿子，可以给他起名叫以实玛利，因为神听见了你的苦情"？②

这里的字面意思没有什么问题，但它的喻意有如下述。广泛的学习并非不育，而是在美德的监管下接受智慧的种子，就好像有一位女主人在监管。怀孕以后当然要生孩子。然而，它要生的孩子不是完善的，而是不完善的，就像孩子需要照料和营养。这样说不对吗？这是因为，完善灵魂的后代显然也是完善的，言语和行为就是灵魂的后代。而那些低劣的灵魂处于襁褓之中，是不完善的，仍旧需要照料。所以这个儿子被命名为以实玛利，这个名字的意思是"神听见"。听的等级次于看。在各种感觉的比赛中，自然把第一名给了眼睛，把第二名给了耳朵，把第三名给了鼻孔，把第四名给了我们用来品尝食物的器官。

[33] 这些话是什么意思，"他为人必像野驴。他的手要攻打人，人的手也要攻打他。他必住在众弟兄的对面"？③

---

① 《创世记》16：10。"又说，我必使你的后裔极其繁多，甚至不可胜数。"

② 《创世记》16：11。"并说，你如今怀孕要生一个儿子，可以给他起名叫以实玛利，因为耶和华听见了你的苦情。(以实玛利就是神听见的意思)"

③ 《创世记》16：12。"他为人必像野驴。他的手要攻打人，人的手也要攻打他。他必住在众弟兄的东边。"

按字面含义，他这个时候还没有兄弟，因为他是他父母的第一个孩子。然而，这里说的有些事情不太清楚，必须加以考察，因为它在这里提供了一幅关于这些存在者的图画。这幅图画显然是在表示贤人，他们的母亲是广泛的学习和智慧。这位贤人在思想上是狂野的，而贤人本应有礼貌，以适应国家和文明；这个有着狂野思想的人实际上热爱竞争。所以经上又说，“他的手要攻打人，人的手也要攻打他”，由于在广泛的学习和众多的知识中受到训练，所以他否定所有人，就像那些被称做学园派和怀疑主义的人，他们的观点和学说没有根基，也不表现出任何偏好，作为哲学家，他们允许人们攻击每一个学派的学说，这些人习惯上被称做论战者。他们最初展开论战，然后成为他们自己这个学派的捍卫者，免得受制于那些反对他们的人。在某种意义上，他们都是同缘的，是同母异父的兄弟，是同一位母亲——哲学——的后代。所以圣经说，“他将住在众弟兄的对面”。学园派和那些不承担责任的人实际上采取对立的学说，反对其他人拥有的各种观点。

[34] 经上为什么说“她呼唤主的名字，主正在同她说话，你是‘看顾我的神’，因为我确实看到他出现在我面前”？①

你们要仔细观察的第一个要点是，他是神的仆人，就如夏甲是智慧的女仆。所以，在这里被称做神的是这位天使，为的是让她可以把他的实在与容貌统一起来。

神，最高的元一和万物之主，应当向智慧显现，这样做是适当的，而他作为神的道和使者，应当向智慧的女仆和随从显现。但是，她相信这位天使是神并不奇怪。因为那些不能看见第一因的人当然会产生幻觉；他们把第二位的东西当做第一位的。他们就像那些近视眼，不能看见天上的有形体的事物，亦即太阳，以为太阳照耀在大地上的光芒就是光芒本身。所有不能看见大王的人都相信元首的庄严统治权是在他的总督和那些地位在大王之下的人

---

① 《创世记》16：13。“夏甲就称那对她说话的耶和华为‘看顾人的神’。因而说，在这里我也看见那看顾我的么。”

手里。还有，在山顶上从来没有见过城市的野人，相信村庄或庄园就是大都市，居住在那里的人都是大都市的公民，因为他们根本不知道真正的大都市是什么。

[35] 这些话是什么意思，“她把这口井叫作祂的井，我看见祂在我面前”？①

井有两样东西，一是井的深度，二是井的水源。学校里的教导不是肤浅的，没有原则的，因为有训导作为它的源泉。所以她正确地说，那位天使像神一样出现在井的前面。尽管学校里的学习名列第二位，但它们好像是第一位的，因为它们是从最初的智慧划分和分离出来的，智慧对贤人来说是恰当的，而对智者来说不是这样的，智慧不是给他们看的。

[36] 为什么说这口井“正在加低斯和巴列中间”？②

“加低斯”可以解释为“神圣”，而“巴列”的意思是“冰雹”或者“小点”。

[37] 这句话是什么意思，“夏甲给亚伯兰生了一个儿子”？③

这是很自然的，因为财产（女仆）不会为自己生育，而是为所有者（主人）生育，就好比文学为文人生育，音乐为乐师生育，数学为数学家生育，因为这些人就是学问的一部分，需要这门学问。而被接受的财产似乎不需要任何东西，就好像火不需要热，因为它自身就拥有热，可以与那些靠近它的事物共享它的热。

[38] 为什么说亚伯兰生以实玛利的时候八十六岁？④

因为跟在“八十”后面的那个数，亦即数字六，是第一个完全数。六与六的组成部分相等，是第一个偶奇数，通过它的奇性拥有一个主动的原因作为它的部分，又通过它的偶性拥有一个质料的和被动的原因作为它的部分。因此，那些最初的古人，有些称它为“婚姻”，有些称它为“和谐”。这

① 《创世记》16：14。“所以这井名叫庇耳拉海莱。这井正在加低斯和巴列中间。”

② 《创世记》16：14。

③ 《创世记》16：15。“后来夏甲给亚伯兰生了一个儿子。亚伯兰给他起名叫以实玛利。”

④ 《创世记》16：16。“夏甲给亚伯兰生以实玛利的时候，亚伯兰年八十六岁。”

位神学家把创世说成是在六日内发生的。八十在数字中是最和谐的数字，由两个最卓越的数列组成，亦即双倍数和三倍数，每个数列有四个数字。它包括所有级数：算术级数，几何级数，和声级数；第一个数列由二的比例数值构成，亦即六、八、九、十二，总和是三十五。另一个数列由三的比例数值构成，亦即六、九、十二、十八，总和是四十五。这两个数，三十五和四十五，加在一起就构成八十。当这位神学家开始谈论神圣诫命的时候，他已经八十岁了。而我们这个种族第一个依照律法行割礼的人被命名为以撒，这个名字在迦勒底人的语言中是“喜乐”的意思，而在亚兰文中是“喜乐者”。他具有这样的本性，对世上所有事物感到喜乐，而不会感到不快，因为这些事情是以好的和有用的方式发生的。

[39] 为什么经上说“亚伯兰年九十九岁的时候，主神向他显现，对他说我是你的主和神”？①

与这个贤人相关，这里提到两个最高权能的称谓，这个世界由它们产生，由它们生成，由它们统治。它们中的一位权能，被称做“神”的那一位，创造了这个世界并使之有序，而另一位，被称做“主”的那一位，可以算做权能之首和王权。所以，圣经想说这个有美德的人是一位世界公民，通过叙说宇宙权能、神、独特意义上的王权的监督和卫士，赋予他与整个世界同等的荣耀。现在，这个显现发生在他九十九岁的时候，这个数字挑选得很恰当。首先，这个数仅次于一百，而一百是十的权能（乘方），当后者与其自身相乘的时候，这就是这位神学家所说的“神圣的神圣”（至圣所）。因为“柯珥”②，第一个“第十”，被称做“神圣的”，他把这个称号赋予神庙的看守者。他进一步吩咐看守者把“第十”中的“第十”挑出来，作为给予主持祭仪的官员的供物，这个“第十”的“第十”就是第一百，因为除了是第一百，“第十”的“第十”还能是什么呢？然而，九十九岁这个数字不仅由于靠近一百以及

① 《创世记》17：1。“亚伯兰年九十九岁的时候，耶和华向他显现，对他说，我是全能的神。你当在我面前作完全人。”

② 柯珥（Kor），希伯来固体容量单位，等于220公升，一柯珥等于十伊法（ephah）。

与一百的亲缘关系而显得高贵，而且也由于特别分有卓越的性质而显得高贵，因为它由五十和七个七组成。现在，第五十年（五旬年）在律法中被称作释放[①]，因为此时一切事物都是自由的，无论是无生命的事物，还是有生命的事物。安息年的权能是休息，是身体和灵魂的深度安宁，因为第七年是对自我成长的善物的纪念，所以不需要思想或辛劳，凭它自身在这个世界最初建立的时候产生本性。四十九这个数字由七个七构成，它表示的不是肤浅的善物，而是那些拥有权能和智慧的善物，是强大的、战无不胜的坚定性。

[40] 这些话是什么意思，“你当在我面前令我喜悦，清白无过，无可指责，我就与你立约，使你的后裔极其繁多”？[②]

他制定了一部最适合人类的律法。他不分担邪恶，与邪恶无涉，所以他是全善的，高贵的，具有无形体的本性。而那些处在身体里的人，就他们拒斥与其过失相应的邪恶而言，他们是善的。这是因为，人的生命显得有美德不是由于他们从头到尾没有弱点，而是由于他们受到激励，从虚弱上升为健康。由于这些原因，祂直接就说“要无可指责”，不招致责备，不说或不做任何招致责备的事情，这对于可朽者的幸福来说已经足够了。这样做就能使天父喜悦，所以祂说：“你当在我面前令我喜悦，无可指责。”这些说法是相互关联、相互对应的，因为能使神喜悦的品质不会招致责备，而清白无过、无可指责的人令神喜悦。祂对这个远非无可指责的人应许了双重的恩惠。首先，祂说祂要任命这个人担任智囊和神圣的约的卫士，然后，祂会使这个人的后裔极其繁多。“我就与你立约”，这些话表明监管和保护的事务属于一位真正高贵的和有道德的人。现在，神圣的约由所有无形体的原则组成，它们是构成这个世界的一切事物的型相和尺度。还有，祂两次说“我要使你极大地增多”，这就清楚地表明这里的增多是无法描述的，是无限的，有时候是

---

① 《利未记》25：10。“第五十年你们要当作圣年，在遍地给一切的居民宣告自由。这年必为你们的禧年，各人要归自己的产业，各归本家。”

② 《创世记》17：1—2。“亚伯兰年九十九岁的时候，耶和华向他显现，对他说，我是全能的神。你当在我面前作完全人，我就与你立约，使你的后裔极其繁多。”

人的增多，有时候是人的道德的增多。

[41] 这句话是什么意思，“亚伯兰俯伏在祂面前”？[①]

这句话是前面那些话的继续，因为祂说“要无可指责”。而应当受到指责的生活无非就是感觉，因为感觉就是欲望的首领和源泉。亚伯兰俯伏在祂面前是对的和恰当的，我理解这里指的就是他的感觉，他的感觉引导他犯下过失和罪行；而这个行为也表现了神的仁慈。这是第一点。第二点，应当说他被存在者“元一”的显现所打动，为向他显现的景象而震撼，十分窘迫，乃至于不能直接看着神，而是惊慌失措地俯伏在地，亲吻大地。第三点，这种显现是由处于表象中的祂来造就的，亦即存在者“元一”，通过与祂相反的性质，亚伯兰实际上知道自己是有变化的，因为前者保持坚定和不动，而他自己犹豫不定，俯伏在地。

[42]这些话是什么意思，“神又对他说，我与你立约，你要作多国的父”？[②]

神在前面已经说了立约的事。神说：“不要在书中寻找约，因为在最高的意义上，我本身就是真正的约。”在显现自身以后，祂又说“我视之为我的约”，也就是说：“除了我，它什么也不是，因为制定这约的就是我，还有，一切事物由此而分布和分离。”这就是由型相、无形体的尺度、通过原则构成的约的原型，这个世界就是通过它来完成的。所以，这确实就是天父赋予这位贤人的额外的恩惠，祂不仅把这个贤人带走，从大地带到天上，或者从天上带入无形体的、理智的世界，而且把这个贤人从这里带向祂本身，清楚地显现祂本身，但是观看者看到的不是真正的祂，这是不可能的，而是就观看者能够获得真正的、理智的权能本身而言的。所以祂说：“你不再是儿子，而是父亲。”这里讲的父亲不是一的父亲，而是多的父亲，不是个人的父亲，而是多国的父亲。这些应许的内容有两项就是字面的意思，而第三项则有更深的喻意。现在让我们来说第一样应许，它的字面如下：“你确实

---

① 《创世记》17：3。“亚伯兰俯伏在地。神又对他说。”

② 《创世记》17：4。“我与你立约，你要作多国的父。”

要作多国的父，要生出国来，也就是说，你的每个儿子都会成为一个国家的创建者。”另一样应许如下：你要以父亲的方式关心和监督多个国，因为出于同样的原因，神的热爱者一般也是人类的热爱者，所以这个贤人不仅极为关心他的本国同胞，而且也同时关心其他所有人，尤其是那些接受约束的人，那些品性愉悦的人，那些倾向于美德的人，那些臣服于正确理性的人。但是这第三样应许是喻意的，它的含义如下：多国在这里就好比我们每个人的灵魂有多种爱好，包括灵魂自身形成的习惯，也包括通过感官接收到的感觉而形成的偏好。如果心灵设定统治这些事物的君主就像万物之父，那么祂会使它们变得较好，会滋养那些幼稚的思想，敦促和帮助那些虽已成熟但尚不完善的思想，赞扬那些坚持正确道路，通过惩罚和谴责来抑制反叛的和固执的思想。由于想要模仿神，它接受了神的权能，仁慈的和毁灭的，就像从一个泉眼中流出的双重溪流：对那些愿意服从者仁慈，对那些反叛者和固执者予以谴责，因为赞扬会产生某些益处，其他益处则来自谴责。拥有丰厚美德的人能够从一切与其权能相应的事物中得益。

[43] 这些话是什么意思，“你的名不再叫亚伯兰，要叫亚伯拉罕”？[①]

某些无教养者，或者倒不如说，某些不属于神圣合唱队的无知者，嘲笑和驳斥本性无可指责者，他们会讥讽地说：“哦，这是多么伟大的馈赠！”万物之统治者和主仁慈地赐给这位族长一个字母，延长了他的名字，他原来的名字是两个音节，延长后是三个音节。哦，某些人被名称的外表所欺骗，擅自决定要诽谤神，这有多么可怕和亵渎；而为了尽可能拥有真理，人们把心灵用于探索内在的事实，这样做倒是恰当的。不过，名称是现成的，有人说他们在书写中得到了这些名称，但你们为什么不相信它们实际上是天意的作品，是应该得荣耀的呢？第一，A[②] 是声音的书写要素[③]，在秩序上是这样，

① 《创世记》17：5。“从此以后，你的名不再叫亚伯兰，要叫亚伯拉罕，因为我已立你作多国的父。”

② 希腊文的第一个字母“阿尔法”。

③ 即字母。

在权能上也是这样。第二，它是元音，是元音中的第一个，就像它们的首领。第三，它并非生来就是长元音，也并非生来就是短元音，而是一个具有两种音符长度的元音。它有时候可以延伸长度，然后又可以缩短，很容易具有许多不同的形式，它就像一块蜡，可以把语词塑造为多种形式。其原因在于，A 是数字“一”的兄弟，有了它，就有了一切事物的开端与终结。如果有人看见它的伟大和美丽，那么这个字母的展现就是必要的，而他怎么能够假装没看见呢？如果他看见了，那么他就表明他自己过分挑剔，是善的仇恨者。如果他没有看见，那么他很容易快乐地取笑某些他一无所知的事情，就好像他知道似的。但是这些事情，如我所说，只是顺便提及。现在我们必须考察必要的和主要的事情。通过字母 A 的添加，可以改变灵魂型相的整体位置，取代天文学的研究，为灵魂提供智慧的知识。这是因为，研究天文学的技艺是在世界的某个部分获得的，亦即在天穹和星辰的旋转和循环中获得的，而智慧与一切事物的本性相关，本性既是可感的，又是理智的。智慧是关于神事和人事及其原因的学问。在这些神的事务中，有些是可见的，有些是不可见的，是型相的观念。在这些人的事务中，有些是有形体的，有些是无形体的；要获得有关这些事务的知识确实是一项巨大的工作，需要能力和技艺。不仅要看见所有实在和本性，而且要追踪和探寻它们的各种原因，需要一种比凡人的权能更加完善的权能。对灵魂来说，这样做是必然的，它有着大量的眼睛，要完成它的生命，要接受众多善物，要在这个世界上清醒地保持警惕，它接受无遮蔽的光明，它以神为导师和领袖，获取有关事务的知识，获得它们的原因。

现在，亚伯兰这个双音节的名称被天文学和数学的术语解释为“上升的父亲”。而亚伯拉罕这个贤人的三音节的名字被解释为“声音的特殊的父亲”。用某个自然构造的器官说出来的语词就是一种回音，这个器官就是用嘴巴和舌头组成的风管。声音之父是我们的心灵，特殊的心灵是有美德的人的心灵。很清楚，这个心灵是非常杰出的，适宜并很自然地被称做话语之父，因为父亲的特殊功能是生育，语词亦由心灵生育。关于这一点有清晰的证据，因为当心灵受到思想的推动时，它就制造声音，而缺乏思想的时候，它就停止制造。演说家和哲学家可以作为这一点的证人，他们通过陈述来表明他们的意向。只要还在生育，心灵就会依照储存在它那里的许多结构产生语词，语词就像泉水一样流入正好在场的那些人的耳朵，就像流入水池。但若它不能再产生思想，声音也就停止了，因为没有什么能使它再发声。而现在，你以为它必定如此，哦，那些心中充满荒唐的赘言、空洞而又缺乏智慧的人啊，这个字母和元素是一种馈赠，通过这个字母和元素，他变得与智慧的神圣权能相配，在我们的本性中没有什么能比它更加宝贵，因为代替天文学的知识，神赋予他完整而又充溢的智慧。智慧包括天文学在内，天文学是这个整体的一部分，数学也是其中的一部分。哦，人啊！你理应把这些也记在心里，学习和娴熟地掌握考察较高事物本性技艺的人可能也是一个邪恶的人，一个不纯洁的人。而这个贤人是善的，在所有事情上都是好的。所以让我们不要再嘲笑这个馈赠，因为不可能发现更加完善的东西了。还有什么东西比邪恶更糟，还有什么东西比美德更好？善不可能不与恶相反。善能与财富、荣耀、自由、健康，或其他任何身体之善，或任何丰盛的外在财物相比吗？哲学进入我们的生活，就像要治疗灵魂，可以使我们摆脱痛苦和疾病。做一名哲学家是有美德者的生活的一部分。这项神奇的技艺是宝贵的，但更为宝贵的是它的目的，正是由于这个目的的缘故，这项技艺才存在。这就是智慧和善，被祂称做迦勒底的“亚伯拉罕”，用亚兰文来说就是“声音的特殊的父亲”，这就好比要给贤人下一个定义。人的定义是“理性的、可朽的动物”，所以这里象征性地说，贤人的定义就是“声音的特殊的父亲”。

[44] 这些话是什么意思，“我必使你的后裔极其繁多，我要使国度从你而立，君王从你而出”？①

“我必使你极其繁多”，这样做对这个贤人来说是非常正确的，因为每个恶人在长大成熟的时候，不是朝向繁多，而是朝向缺乏，正如花朵的凋谢不

① 《创世记》17：6。“我必使你的后裔极其繁多。国度从你而立，君王从你而出。”

是进入生命，而是进入死亡。然而这个人的生命就像一朵云彩，虽要承受痛苦和快速地成长，也像河里的溪水，由于溢出和拓宽使他变得更加丰盛，因为他也是神圣的智慧。“我要使国度从你而立”，这些话清楚地表明他做的事情是高尚的，就好像说这个贤人是国家和人类的基础和坚实的根基，如前所说，他也是那些持有不同意见的灵魂的支持者。这个贤人是大救星，是人神之间的代祷者，他为他的犯了罪的国人寻求宽恕。还有，祂非常正确地说“君王从你而出”，因为所有属于智慧的事物都有君王家的起源，凭本性就是王权和统治。这位贤人的私人种子是不育的、不生子女的，而他的统治的种子是能生产的、多产的。

[45] 这些话是什么意思，“我要将你现在寄居的地，就是迦南全地，赐给你和你的后裔永远为业”？①

这里的字面含义是清楚的，不需要任何解释。至于它的更深的含义可以喻意解释如下：这位有美德的人的心灵在这个有形体的地方是旅居者，而非居民。因为它的祖国是以太和天穹，而大地和属土的肉身是它的临时住所，它就在那里旅居。但是仁慈的天父赋予它权柄，让它统治所有属地之物，以此永远为业，如祂所说，为的是使它决不要再被肉体所控制，要由它自己来担任统治者，而把肉身当做仆人和跟班。

[46] 这些话是什么意思，“你们所有的男子都要受割礼，你们都要割阳皮”？②

我在这里看见有两种割礼：一种是男子的割礼；一种是肉身的割礼。肉身的割礼以割除阴茎包皮③的方式进行，而男子的割礼在我看来似乎是以理性的方式进行的。可以说，心灵是我们身上的阳性的东西，它的表皮当然必

---

① 《创世记》17：8。“我要将你现在寄居的地，就是迦南全地，赐给你和你的后裔永远为业，我也必作他们的神。”

② 《创世记》17：10—11。“你们所有的男子，都要受割礼。这就是我与你，并你的后裔所立的约，是你们所当遵守的。你们都要受割礼（受割礼原文作割阳皮），这是我与你们立约的证据。”

③ 即阳皮。

须割除和扔掉，这样做为的是让它能够变得纯粹，免除各种邪恶和情欲，成为神的祭司。这是祂用第二种割礼来表示的事情，你们要用律法开始割除你们坚硬的心，这样说的意思是你们的思想是坚硬的，反叛的，固执的，通过割去和消除傲慢，你们将使这个占统治地位的部分自由和摆脱束缚。

[47] 祂为什么只吩咐男子受割礼？①

首先，埃及人按照他们国家的习俗，给十四岁的青年行割礼，在这个岁数男性开始射精，女性开始有月经。然而，由于许多原因，这位神圣的立法者只给男性规定了割礼。第一个原因是，男性比女性更加乐意交配，在这方面有更多的准备。因此他正确地放过女性，只用行割礼留下的标志来抑制男性的冲动。第二个原因是，女性排出的月经有助于孕育胎儿。但是生殖的技艺和原因是由男性提供的。由于男性在生殖中所起的作用更大，更重要，所以应当用割礼的符号来抑制他的傲慢，而构成质料的元素是无生命的，不会接受傲慢。关于这一点就讲到这里。然而，我们必须注意后续的问题。在我们身上起观看作用的是心灵，心灵必须割除表面肤浅的生长。这些肤浅的生长实际上就是空洞的意见。心灵接受割礼以获得必要的和有用的东西，与此同时割除任何增长的傲慢原因，然后对眼睛也实行割礼，就好像要使它们不能再观看其他的东西。

[48] 祂为什么说“每个男子生下来第八日都要受割礼”？②

祂吩咐他们割除包皮。第一，这样做可以防止疾病，因为治疗生殖器的疾病比割除包皮更加困难，它就像一团火似的在包皮上长出来，而割除了包皮的人不会得这种病。如果可以通过割除某些肢体或部分来消除阻碍身体发挥功能的某些障碍，避免其他病痛和疾病，那么人类就不会是有朽的，而会转变为不朽的。通过灵魂的预见，有些人对自己行割礼，但没有任何不良后果，因为不仅有犹太人，而且还有埃及人、阿拉伯人、埃塞俄比亚人，以及

---

① 《创世记》17：10。

② 《创世记》17：12。“你们世世代代的男子，无论是家里生的，是在你后裔之外用银子从外人买的，生下来第八日，都要受割礼。”

居住在靠近热带的南部地区的人，他们几乎都行割礼。之所以如此，如果不是由于在那些地方，尤其在夏季，阴茎的包皮容易发炎和感染，还能有什么特别的原因？割除包皮使阴茎外露，这样就不会发生炎症了。由于这个原因，居住在北部区域的人无须行割礼，因为那里经常刮风。在这些地区，太阳的热度减弱，由于身体皮肤过热而产生的疾病也会减少。这种事情的可信性有一个确定的迹象，如果哪一年疾病特别多，那么疾病不会发生在冬季，而会在夏季流行，因为疾病喜欢在这个季节扩散，就像火一样。

第二，古人有行割礼的想法，不仅是为了健康的缘故，而且是想要使人口增多，因为我们看到自然是活生生的，人的身体器官也有很好的配置。作为贤人，他们知道精液会流入包皮的皱褶，散乱而无结果；但若没有这些阻碍，精液会成功地抵达恰当之处。由于这个原因，这些宗族行割礼以增加人口。我们的立法者心中熟知这个结果，所以禁止对刚出生第一天的婴儿行割礼，他心里想的是同一件事，行割礼和有性交的欲望都是为了增加人口。所以，在我看来，为了增添人口的缘故，埃及人认为十四岁的时候行割礼是恰当的，这个时候生殖的快乐欲望开始产生。而对我们来说，对婴儿施行割礼会更好，更有远见，因为已经成年的男子会犹豫不决，害怕接受割礼违反他的意愿。

第三，经上说这样做也是为了神圣供物的纯洁，因为进入圣地内庭的人通过沐浴和洒水而得以洁净。埃及人全身剃毛，消除身体隐秘部位的毛发，为的是使皮肤光亮。还有，割礼提供的帮助很大，人若看清了身体的真相，就会厌恶身体。

第四，人有两个生殖器官，一个在灵魂里，一个在身体里；灵魂里的生殖器官是思想，身体里的生殖器官是生殖器。古人倾向于把身体里的生殖器视为与思想相同的东西，思想是心灵最具生育力的东西。思想喜爱割礼，胜过其他一切。我们考察的问题现在已经是广为人知的事实。但是，我们必须谈论更具象征性的事情，这些事情自有它们的地位。

他们说，对皮肤行割礼是一种象征，就好比在律法事务中通过实践自制和忍耐而割除肤浅的、过分的欲望。正如阳皮在生殖中是多余的，会带来炎症，过分的欲望既是肤浅的，又是有害的。说它是肤浅的，因为它不是必需的；说它是有害的，因为它是身体和灵魂疾病的原因。但是经上也附带提到，通过割除这种巨大的欲望，也要割除其他欲望。男女之间的性交是最大的欲望，因为它是生殖这件大事的开端，祖先在生殖中带有生育后代的巨大欲望，因为他们喜欢拥有后代，想要照料它们，这种欲望是很自然的。这就表明，要割除的不仅是过分的欲望，而且也有傲慢这样的大恶和习惯。傲慢，如古谚所说，是对进步的消除和妨碍，因为一个人若认为自身是好的，他就不会接受更好，会以为他自己就是进步的原因。

经上很自然地指点那些认为自己是生殖原因的人，不要将他们的心灵全部凝固在万物的进步上，因为只有神才是真正的父亲。而我们之所以被称做生育者，乃是因为我们在生殖中被当做工具来使用。就如通过神奇的模仿，所有那些无生命的事物变得可见了，而那些使它们像木偶一样活动起来的原因是不可见的。这里的原因是习惯，是可见事物的运动。以同样的方式，世界的创造者从那永恒的不可见之地发出祂的权能，而我们则像木偶一样神奇地移动，亦即播种和生殖。否则的话，我们会以为牧笛是自己发声的，而不是艺术家为了产生和谐而使用的必要工具。

[49] 祂为什么吩咐第八日受割礼？①

第八这个序数词展现出多重美妙之处。第一，它是一个立方数。第二，它把相等的形式包含于自身，因为数字八是第一个长、宽、高都相等的数。第三，八的构成产生奇偶相一致的数，亦即数字三十六，毕泰戈拉学派称之为“同源数”，它是第一个奇偶相一致的数，因为从一开始的四个奇数和从二开始的四个偶数之和等于三十六。一、三、五、七这四个奇数之和是十六，二、四、六、八这四个偶数之和是二十。二者总和是三十六，它确实是一个最具有生育力的数，它是一个四边形的数，边长为六，它也是第一

① 《创世记》17：12。

个奇偶数，被某些人准确地称做“和谐”或“婚姻”。用这个数，宇宙的造物主创造了这个世界，如摩西神圣的、神奇的书所叙述的那样。第四，八的平方产生六十四，八是第一个立方数，但它同时又是一个平方数，是无形体的、理智的和不可见的事物的型相，也是有形体的实体；就其产生一个平方的平面而言，它是无形体的，但就其产生一个立方的固体而言，它是有形体的。第五，它与永远纯洁无瑕的七同缘，因为把八的组成部分加在一起产生七，因为八的一半是四，八的四分之一是二，一个第八是一，总和等于七。第六，八的平方是六十四，如我们所说，它是第一个这样的数，既是平方数，又是立方数。第七，它是从一开始的连续倍数之一：一、二、四、八、十六、三十二、六十四。八还有进一步的平方数，对此我们会在别处讲到。[①] 但是我们必须以这些事实为基础，提出与当前考察相适应的理由。

然而，还有一些事情需要先说明一下。这个宗族得到诫命，要在第八日给男童行割礼，这个宗族在迦勒底人那里被称做以色列，而这个名称在亚兰文中的意思是“看见神”。它希望成为既是天然正义的人中间的一部分，又是被拣选的人中间的一部分。依照创世的原则，这件事发生在第一个七天里，直接跟在创世之后，生育者和创造者清楚地表明要有一个创世的节日，因为祂在六日内完成了创世。至于通过八来拣选，乃是因为它是第二个七的开头。第一，正如八是七和一之和，所以被装点的这个宗族将永远是一个宗族，它接受了这个命运，它为本性所拣选，与天父的意志和喜悦相一致。第二，八在各处表示相等，表示所有维度都是相等的，如前所述，亦即长度、宽度和深度。平等产生公正，经上以此证明爱神的宗族是由平等和公正来配置的，它被带入这种状态。第三，不仅八是所有维度完全平等的尺度，而且是第一个尺度，因为它是第一个立方数。体现平等的八的秩序被指定为第二位的，而不是第一位的。所以，祂象征性地表示祂接受的第一个宗族很自然地抵达最高的和最大的平等与公正。它是人类最重要的事务，不是通过创

① 参见本文第一卷第 75 节、第 91 节；第二卷第 5 节。

世，也不是由于时间，而是凭借美德的特权，公正和平等是同类的，统一的，就好像同一个事物。第四，有四种元素，土、水、气、火，火被指定为角锥体，而气有八条边，水有二十条边，土是一个立方体。所以人们必定会认为土必定是高贵的、有美德的人的家园，应当在一个立方数中有它的分，与此相一致，整个大地是平等地构成的，应当分有生殖的部分。因为大地的本性非常多产和丰饶，它会产生所有种类的动物和植物。

[50] 为什么家里生的和从外人买的男童都要受割礼？①

这里的字面意思是清楚的，为了履行生活和事奉的义务，仆人应当模仿他们的主人。至于更深的意思是这样的，家里生的男童② 被自然所推动，而购买的男童通过理性和教导能够加以改进。这些男童都像树木一样，需要修剪，自然生长的树木也好，能够不断结果的树木也罢；生长良好的树木由于多产，会长出许多多余的花蕾，摘除它们有助于挂果。而那些要由教师来教育的人需要消除他们的无知。

[51] 这句话是什么意思，“我的约就立在你们肉体上”？③

祂希望指出，不仅有美德的人借此得益，而且神圣的道与灵魂一起被指定给身体，可以说是当身体的医生，对身体来说，需要割除过多的、有害的感性冲动，视觉、听觉、味觉、嗅觉、触觉，再造语言器官和整个身体，在欲望中取乐实际上就是感受痛苦。

[52] 祂为什么规定要处死那些婴儿，说“没有在出生第八日接受割礼的男子要从民中剪除”？④

这条律法没有宣布任何过失行为是犯罪，因为甚至连过失杀人也能得到宽恕，具体到这些城邦，他逃到那里可以找到安全。因为他在那里避难以后

---

① 《创世记》17：12。

② 奴隶、奴仆。

③ 《创世记》17：13。“你家里生的和你用银子买的，都必须受割礼。这样，我的约就立在你们肉体上作永远的约。”

④ 《创世记》17：14。“但不受割礼的男子，必从民中剪除，因他背了我的约。”

可以变得圣洁，无人有权把他从那里抓走，送上法庭审判。男童出生以后第八天没有接受割礼，他犯的是什么罪，要加以审判和处死呢？有人说对这条律法的解释包含父母的看法，因为父母在这里表现出对律法诫命的蔑视。然而另外有人说，这条律法给婴儿规定了非常过分的惩罚，应当受惩罚的似乎是那些轻视和违反这条律法的成年人，对这些人不得宽恕和豁免。这就是字面含义。至于更深的含义是，这里讲的是我们身上过度的阳性。祂吩咐要在第八天行割礼，出于我前面所说的这些原因；祂没有提到身体的其他部分，而是提到阴茎包皮，象征感性快乐和后来进入身体的冲动。所以祂在陈述中添加了律法的原则。心灵和身体若不施行割礼，身体若不涤罪和神圣化，身体的激情就会腐败，不能得救。由于这个论证不涉及人而涉及健康的心灵，所以祂又说，“灵魂将被摧毁”——这里被剪除的不是人的身体或人，而是灵魂和心灵。那么要从哪里剪除呢？“要从它的种类中”，祂说。因为整个种类是不可朽的，所以罪人从不可朽被带往可朽。

[53] 祂为什么说“你的妻子撒莱不可再叫撒莱，她的名要叫撒拉”？[①]

有些蠢人会再次嘲笑在这里添加一个字母 r 的做法，[②] 之所以如此，乃是因为他们不愿意接受事实和追随真理。在这里添加一个字母，所有和谐似乎就产生了。因为它在小处提供了大，在具体之处提供了一般，在可朽之处提供了不朽。原先是一个字母 r 的时候，她被称做撒莱，意思是“我的规矩”，而有两个 r 的时候，这个名称的意思是“统治者”。我们必须考察用什么方式可以区分它们。在这里能支配我的只有我的审慎、节制、公正、刚毅，而它们是可朽的。在我死去的时候，它们也会死去。然而，审慎本身是统治者，正义本身也是统治者，其他美德也是这样；以撒不仅统治我，而且本身也是统治者，是女王，是不朽的统治和主权。现在你看出这项馈赠的伟大了吗？祂把部分转化为整体，把种转化为属，把可朽转化为不可朽。所有这些

---

① 《创世记》17∶15。“神又对亚伯拉罕说，你的妻子撒莱，不可再叫撒莱，她的名要叫撒拉。”

② 把撒莱（Σάρα）这个名字改成撒拉（Σάρρα），添加了一个字母 ρ。

馈赠都是为了在将来产生更加完善和喜乐的幸福，幸福的名称是以撒。

［54］祂为什么说“我必赐福给她，也要使你从她得一个儿子。我要赐福给她，她也要作多国之母”？①

祂在谈论他们唯一心爱的儿子时为什么要用复数，尽管要考察这个问题现在不是恰当场合，我们还是可以说因为这里暗指他的后代，后来的宗族和国王都由他而来。这是字面含义。至于更深的含义是这样的，灵魂只拥有一样轻微的、可朽的具体美德，在这个时候灵魂仍旧是不育的。而一旦接受一部分神圣不朽的美德，它就开始孕育各个宗族和其他所有神圣事物。每一不朽美德都有许多自发的律法，会产出相似的宗族和国王。因为美德和美德的生育是国王的事务，需要天性事先的教导，对此它们拥有主权，而不是奴仆。

［55］亚伯拉罕为什么俯伏在地喜笑？②

他俯伏在地表明两件事情。一是他陷入了神圣的迷狂，因此俯伏在地。另一是他的忏悔，与我们已经说过的事情相一致。这是因为，他的心灵承认神的独立自存。而那些处于生殖之中的事物全都会有周期性的改变。他们带着敬意俯伏在地，而习惯上他们起身直立面对统治者。对应许，他恰当地表示喜笑，心中充满巨大的希望，期待这件事情能够应验，因为他清楚地接受了异象，藉此更加确定地知道神始终坚定地站立，而他很自然地俯伏在地。

［56］经上说“他心里说一百岁的人还能得孩子么，撒拉已经九十岁，还能生养么”，他为什么不相信？③

他是在心里说这些话的，而经上添加这些话并非不妥或者随意。因为用舌头和嘴巴讲那些无价值的话可以算做过失，应受惩罚。而在心里讲这些话

① 《创世记》17：16。“我必赐福给她，也要使你从她得一个儿子。我要赐福给她，她也要作多国之母。”

② 《创世记》17：17。“亚伯拉罕就俯伏在地喜笑，心里说，一百岁的人还能得孩子么。撒拉已经九十岁了，还能生养么。”

③ 《创世记》17：17。

的人完全不能算做有罪。当各种欲望从四面八方来到心灵中的时候，心灵会自发地表现出傲慢来，也有时间抗拒欲望，愤怒地驳斥欲望，想方设法回避欲望。他也许并非处于怀疑状态，而是对这一贵重的礼物感到震惊，于是他说，你瞧，我的身体已经过了生孩子的年龄。但是对神来说，万事皆有可能，哪怕是返老还童，神可以使那些已经不能生育的人再生养孩子。所以，一个一百岁的男人和一个九十岁的女人还能生孩子，那么这不是一件平常的事情，而只能是神圣权能和恩惠的清晰显现。

我们现在必须说明一百这个数有什么优点。第一,一百是十的乘方。第二,一万是一百这个数本身的乘方。一万是一的兄弟，正如一乘一等于一，一千乘以一等于一千。第三,一百这个数的所有组成部分都井然有序。第四，它由三十六和六十四组成，它同时既是一个立方数，又是一个平方数。第五，它由这么几个奇数组成：一、三、五、七、九、十一、十三、十五、十七、十九，这些奇数之和为一百。第六，它由四个数以及这四个数的幂组成，这四个数是一、二、四、八，这四个数相加等于十五，这四个数的幂是一、四、十六、六十四，相加得八十五。一切事物均有双重比例，包括四的比例和五的比例，而四在所有事物中都是倍数。第七,四个数一组，它由几个四个数组成，每个数加一，亦即一、二、三、四，加在一起得十；四个三角形数，一、三、六、十，加在一起得二十；四个四边形数，一、四、九、十六，加在一起得三十；四个五边形数，一、五、十二、二十二，加在一起得四十，上述所有数加在一起得一百。第八，从一开始的四个分开的数，亦即一、二、三、四，它们的立方数构成一百这个数，这四个数的立方是一、八、二十七、六十四，加在一起得一百。第九,一百可以划分为四十和六十，这两个数都是最自然的数。在涉及五边形图形的几十个数，直到一万，数字一百占有中间的位置。在一、十、一百、一千、一万这个数列中，一百位于中间。

涉及可见的元素，不对九十这个数保持沉默是恰当的。在我看来，九十这个数似乎在一百之后占据第二的位置，从一百中取走一个部分，得九十，这个部分是十。我发现律法[1]区分了初熟果实的两个十分之一，一个是全部产物的十分之一，另一个是剩余部分的十分之一。一个十分之一取自产出的谷物、酒、油，另一个十分之一取自剩余的部分。在这两个数字中，开头和最初的这个数是荣耀的长者，后来的这个数是第二位的。因为一百包含这位贤人的岁月的两种最初的果实，藉此神圣化，亦即第一次和第二次献祭，而数字九十包含女性的第二次生育的岁数，第一次的剩余部分中的较小部分和神圣的数字中的最大的数。因此，前者在神圣律法中被称做“一块耕种的土地”，而后者具有一般的性质，因为数字九十是有生育力的，所以妇女可以第九个月产下婴儿。但是十是神圣的和完全的。九和十相乘就构成九十的神圣的生育权能，它从九获得结果，从十获得神圣。

[57] 亚伯拉罕为什么对神说“但愿以实玛利活在你面前”？[2]

第一，他说，“哦，主啊，我们对更好的生育没有绝望，我对你的应许有信心。然而，这个儿子能够活在你面前，这样的礼物对我来说足够了，尽管从继承人的角度来说，他不是儿子，因为他是妾生的。”第二，他现在寻求的是额外的善，因为他想要的不仅是他的儿子活着，而且是活在神面前，没有什么能比活在神面前更加高尚，更加完善，活在神面前是一种成全和拯救，相当于不朽。第三，他象征性地表明那些聆听神的律法的人不仅要注意听，而且也要关注他们内在的生活，塑造心中最高贵的部分，因为只有这样的生活才是神注视下的生活，只有这样他们的话语才值得变成行为。

[58] 祂对亚伯拉罕说“是的，你瞧，你的妻子撒拉要给你生一个儿子”，为什么这里的约是神谕？[3]

这里表示的意思是这样的。祂说：“这个约是我本身要谨记的，不容否

① 参见《申命记》12∶17。“你的五谷，新酒，和油的十分之一，或是牛群羊群中头生的，或是你许愿献的，甘心献的，或是手中的举祭，都不可在你城里吃。”

② 《创世记》17∶18。“亚伯拉罕对神说，但愿以实玛利活在你面前。”

③ 《创世记》17∶19。“神说，不然，你妻子撒拉要给你生一个儿子，你要给他起名叫以撒。我要与他坚定所立的约，作他后裔永远的约。”

认。你的信念不可模糊，而应毫不犹豫，带有节制和敬畏。所以，由于你对我的坚信，从前被你当做命运来接受的事情是完全存在的。”“是的”这个词就表明这一点。

[59] 祂为什么说“至于以实玛利，我也应允你，我必赐福给他，使他昌盛极其繁多，他必生十二个族长”？①

祂说：“我应允你第一样和第二样善物，一样是天生的，另一样是通过教导而来的；天生的就是通过真的以撒而来，通过教导而来就是通过不真的以实玛利而来，因为与看相比，听就像是不真的，而看是真的，通过教导而来的不像天生的那么持久。”“他必生十二个族长”的意思是学校里的学习和训练，因为在日和年的循环中，数字十二是循环的。

[60] 祂为什么说“到明年这时节，我要与撒拉所生的以撒立约”？②

正如在人的遗嘱中，有些人被说成是继承人，有些人被说成配得上从这些后裔那里得到馈赠，所以在神的约中，以撒被说成生来就是神的好门徒，具备完善的美德。他聆听圣言，服从智慧的律法，参与学校的学习，但他不是继承人，而是蒙恩接受馈赠的人。还有，经上在这里非常聪明地说到了明年她会生下以撒，这里生的不是一个存在于时间中的生命，而是另外一个伟大的、神圣的、丰富的生命，他完全不像异邦人。

[61] 经上为什么说，亚伯拉罕受割礼的时候九十九岁，他儿子以实玛利受割礼的时候十三岁？③

九十九这个数字接近一百。与这个数字相一致，它命中注定要是种子和更加完善的一代后裔，以一百的形式出现。但是十三这个数字由两个平方数组成，四和九，或者说由偶数和奇数组成；这个偶数有双倍的质料形式的

① 《创世记》17：20。“至于以实玛利，我也应允你，我必赐福给他，使他昌盛极其繁多，他必生十二个族长，我也要使他成为大国。”

② 《创世记》17：21。“到明年这时节，撒拉必给你生以撒，我要与他坚定所立的约。”

③ 《创世记》17：24—25。“亚伯拉罕受割礼的时候，年九十九岁。他儿子以实玛利受割礼的时候，年十三岁。”

边，这个奇数拥有一个实际的型相。通过所有这些得到三，这是节庆供奉中最伟大的、最完善的，是圣经包含的支柱。这是一种解释。但提到另一种解释也是恰当的，也就是说到了十三岁或十四岁的时候，人开始有生育能力，有了种子。所以，为了避免播下相异的种子，祂照顾第一代后裔，使他们完整无缺，在他们的生殖器上留下标记。第三，祂用各种方式对将要结婚的这个人进行指导，割除他的感性快乐和色情欲望，斥责淫荡者，为的是使他们能够约束过多的拥抱，这通常不是为了生育子女，而是为了满足不受约束的快乐。

[62] 亚伯拉罕为什么要让那些外人受割礼？①

这个贤人乐于助人，又乐善好施，不仅拯救和召唤与他意见相似的同胞，而且也拯救和召唤在外国出生的、持有不同意见的人，把他自己的善物，耐心和节欲，赠予他们，因为这些美德是所有美德趋向和安居于其上的坚实基础。

第四卷

[1] 经上为什么说，主神在幔利橡树那里向亚伯拉罕显现出来，那时天正热，亚伯拉罕坐在帐篷门口举目观看？②

在我看来，这里的字面含义相当清楚。而唯一必须做的事情是通过迦勒底人的讲话来对这棵树作喻意的解释。按照赫拉克利特的说法，我们的自然是一棵喜欢隐匿自身的树。第一，把“幔利”解释为“来自观看”是恰当的，

---

① 《创世记》17：27。“家里所有的人，无论是在家里生的，是用银子从外人买的，也都一同受了割礼。”

② 《创世记》18：1—2。“耶和华在幔利橡树那里，向亚伯拉罕显现出来。那时正热，亚伯拉罕坐在帐篷门口，举目观看，见有三个人在对面站着。他一见，就从帐篷门口跑去迎接他们，俯伏在地。”

这里的意思有如下述：正如成为聪明的来自智慧，成为审慎的来自审慎，成为有多种性情的来自各种性情，所以就感觉而言，触摸的行为来自触觉，品尝的行为来自味觉，聆听的行为来自听觉，观看的行为必定来自视觉。这就是使灵性丰富、视觉清晰、心灵卓越的东西，它在迦勒底人中间被称做幔利，它在亚兰文中的意思是“来自观看”，为的是使它能更好地看，使视觉更加清晰，时刻戒备，不仅看到这个被造的世界，它的型相是哲学要观看的部分，而且看到它的父亲和造物主，亦即非被造的神。临在而又不被看见对祂来说有什么用呢？祂是不可理解的，不仅对人类来说是这样，而且对所有天上最纯的部分来说也是这样，祂使光芒四射，就像某种光源，我们最恰当地把它称做“型相”，让光芒照耀整个灵魂，用一种无形体的、属天的光明充满灵魂。在光明的引导下，心灵被“型相”带领着趋向原型。这里所说的东西比所有器官更加适合与视觉和谐，因为通过视觉才能把握显现。第二，这里的两个端点极好，一端是显现的祂，就是神，另一端是观看者，神对他显示，经上象征性地在他们中间摆上一棵橡树，亦即最强大的主权。由于这棵树是家里栽种的，不是野生的，所以它表明这个贤人有眼睛。他开始看见真正存在的“元一”，亦即万物统治者卓越强大的主权，他看到野生的树不受约束地生长，长得非常密集，不受限制，抵挡光明。这棵树，它的树干是野生的，但它的果实是橡子，人拿它来当食物，比小麦还要早；由于这个原因，他们把生命赋予它作为原则，把橡树视为唯一神的庙宇和祭坛。就像太阳的桂冠，橡树有助于健康。太阳的旋转清楚地表明一年有四季，有一个季节带来温和的节制，另一个季节带来严峻的不节制和疾病。橄榄油是一定范围内最纯洁的实体，它是点灯的燃料，而天穹饰有发光的物体，能发光的星辰就点缀在天穹上。所以，我们习惯上并不按照它们本身是什么来称呼它们，而是按照它们最有主权的首领来称呼它们，亦即称它们为橡树，在树林里树木十分稠密，尽管橡树并不寻求任何贡物。他们被称做伐木工，砍伐橡树、枞树、香柏，以及其他树木，通常是落羽杉这种直立的乔木。人工栽培的树木和野生的树木，所有树木的果实都被称做橡子和橄榄。“老橡子”是他们对那些在树干上成熟了的果实的称呼。橡子和橄榄给所有树木当国王和首领。所以这里说神向坐着的他显现是正确的，因为坐着是一种宁静的状态，是身体的平和。现在来说心灵，当它坐着，平和安静地休息的时候，有美德者的心灵希望能与神的真正存在相似，神是不知疲倦的和不可改变的，这是一种理智的本性，是一种非生命的存在，它是人的本性的原型，非常晦涩。但是，坐在帐篷门口似乎是一个象征，是身体的象征，神和圣经在另一处称之为皮肤的外衣，就好像说灵魂的外衣，因为身体是颜色、形像、声音、气息，以及各种可感事物的通道。这个拥有美德的人的理性坐在感觉旁边，当一名看守，这样做是合适的，免得有害的东西溜进来对灵魂造成伤害，而理性能使灵魂不受伤害，不受任何恶的影响。愚蠢者的感觉会显露出来，如果得不到保护，它们会被抛弃，因为没有谁能坐在入口处驱逐那些无用而有害的印象。所以，有许多穷凶极恶的灾难找到了进入灵魂的通道，与其说它们是自觉的，倒不如说是不自觉的，由于这些原因，它们不知羞耻地，不受反对地找到进入的通道，在心灵上刻下印象，灵魂因此而动摇，日夜焦虑，因为这些感觉没有任何保护，被遗弃在它们自己的器具里。

经上说这一显现发生在中午，这样说好极了，因为这是一天中最明亮的时刻。所以，理智的太阳象征性地在我们面前显现，对着纯洁的灵魂发出最明亮的、无形体的光芒，灵魂能够直接盯着这种光芒观看；在消除情欲以后，虔诚与天穹成为密友。但是它们不能长时间互相直视，因为不混杂的、不混合的、神圣的、纯洁的、扩散的、无形体的光芒的闪耀过分明亮，会使眼睛眩晕和变瞎。不过，在我看来，由于光芒在中午更加纯洁和明亮，印象能被看得更加清楚，所以神希望照料这位贤人的心灵，用神圣的光芒照耀他，使真正存在的事物的印象显得更清楚、更稳定，这种光线是没有阴影的。

[2] 这些话是什么意思，“他举目观看，见有三个人在对面站着”？①

---

① 《创世记》18：2。

对于那些能够看见的人来说，经上呈现的事情是最自然的，也就是说，“以一为三”和“以三为一”是合理的，因为凭借一个较高的原则，它们是一。而要说到主要的权能，创造性的和统治性的权能，祂对人的心灵呈现三的形像。视觉不可能如此敏锐，乃至于能够看见高于那些属于祂的权能的祂，亦即有别于其他任何事物的神。一旦举目观看神，使臣的权能也会出现，与祂的存在一道，所以，祂在一的地方造就了三合一的形像。当心灵开始理解存在的元一时，心灵就知道祂已经到达那里，祂使祂自身成为唯一，作为首领和国王显现。但是，如我稍前所述，祂不可能在不和其他事物相伴的情况下以元一的形式被看见，主要的权能会马上与祂一道存在，这也就是被称做神的创造性权能和被称做主的统治性权能。当经上说“他举目”的时候，这里指的不是身体的眼睛，因为要通过感官看见神是不可能的，而是指灵魂的眼睛。在智慧的瞬间，祂可以被眼睛看见。但是许多卑贱懒惰的灵魂总是被堵塞，因为它们在沉睡，绝对不可能跃起，亲自前往观看自然的事物，得到相关的印象。但是有道德者的灵性的眼睛是醒着的，是在看着的；或者倒不如说他没有睡觉，因为他想观看，所以他刺激自己，跳跃起来，保持清醒。这里用的是复数，所以这里说得很好，他张开的不是一只眼睛，而是灵魂里的所有眼睛，也可以说他总共只有一只眼睛。变成一只眼睛以后，他就开始以这样的方式观看崇高和神圣的意象，一的形像会以三呈现，而三的形像会以一呈现。

在这里说一下后半句经文是适当的。经上说“他们在对面站着”，这样说并非毫无意义。因为神高于一切有生成的生灵，负责监管和统治的权能也是这样。每一样必要的事物都已经说过，涉及事物的运动，以正式的方式看见一个意象是恰当的，转动心灵的眼睛来理解两个外观；一个外观是神，以及祂的两个事奉祂的最高的权能，亦即创造性的权能，祂藉此创造和运行这个世界，国王的权能，祂藉此统治有生成的事物。另一个外观是那个陌生人的外观，恰巧遇见的不是这个人，而是与人可敬的神圣本性相一致的最完善的身体。受到这两个外观的影响，他一会儿看着这个，一会儿看着那个。出于安全的缘故，他感到不确定和怀疑，但他没有无视它们，也没有像某些人那样由于懒惰而忘记它们，而是接受和理解了这两个外观，认为最好通过真理而非通过虚假来消除他的怀疑，从而获得两大美德，亦即圣洁和对人类的热爱——圣洁，就其凝视某一方面而言，他看见了神；对人类的热爱，这是另外一个方面，对陌生人而言是共同的。从经文可以清楚地看到这两个外观对他产生了影响，有关或涉及元一无论怎么说，都会被当做神的外观的证据，而有关或涉及杂多无论怎么说，都会被当做那个陌生人的外观。

经上说，“神对他显现”，“我主，我若在你眼前蒙恩”，“求你不要离开仆人往前去”，“你妻子撒拉在哪里”，“到明年这时候，我必要回到你这里”，“神对他说，撒拉为什么暗笑”——所有这些段落都指向祂的外观，以祂的外观为神。而下面这些话说的是那个陌生人的外观：“他举目观看，见有三个人在对面站着”，“他跑去迎接他们”，“你们洗洗脚，在树下歇息，吃点东西”，“他站在他们面前”，“那人站了起来”。[①] 所以，通过虔诚和爱人，圣经指导每一个被认为是文明的人。以这样文明的方式，我们种族的创始人和首领把他的生活方式树立为我们的榜样。观看眼前的意象，它不是不变的，而是在一个时候是神的外观，在另一个时候是陌生人的外观，他决定对神表现虔诚，而对那个陌生人，他也同样显示出对人的爱。以此为起点，有些人的信仰走入歧途，受到尺度、比例和结构这些观念的影响。能干的、有学问的荷马用美妙的声音描述生活和行为，指出傲慢是有害的，他说神多次幻化为美丽的人的形像，这与多神论信仰并非背道而驰。他的诗句如下：“神明们常常幻化成各种外乡来客，装扮成各种模样，巡游许多城市，探察哪些人狂妄，哪些人遵守法度。”[②]

[3] 经上为什么说“他一见，就跑去迎接他们，俯伏在地”？[③]

这是在向那些未经深思熟虑便随心所欲的人提出警告，教导他们在清楚

---

① 参见《创世记》18：2—15。

② 荷马：《奥德赛》17：485—488。

③ 《创世记》18：2。

地观看和把握事物之前不要匆忙作出反应。所以经上说“他一见，就跑去”，为的是让视觉观念先产生，然后才有那无可指责的、令人喜悦的行为。这里说的是他观看以后再跑上前去，这样说好极了，因为他并没有推迟观看，而是知道观看的价值，观看以后再跑上前去。还有，经文非常准确地说他俯伏在地，他不是对着一个凡人俯伏在地，而是对着高于天地的祂俯伏在地，祂就是整个世界共同的神。

[4]“我主，我若在你眼前蒙恩，求你不要离开仆人往前去”①，这些话是什么意思？

此时他的心灵显然借助睁大的眼睛和更加明晰的意向构成了影像，他的心灵不是在与这个三一体一起游荡或漫步，而是受到数量的吸引，朝着元一奔去。祂显现自身而非显现属于祂的权能，所以他直接看见的是他面前的元一，因为他在早先的三一体中认识了祂。他的请求是伟大的，也就是请求神不要离开他，不要往远处去，留下他的灵魂孤寂而又空虚。因为神的显现是幸福的界限，祂用祂那无形体的、永恒的光明充满整个灵魂。祂的离开是痛苦的界限，因为此后马上到来的是深重的黑暗，是灵魂被黑暗占有。所以弑兄者该隐也说“你给我的刑罚太重”②，这表明没有比被神抛弃更大的刑罚。还有，摩西在另一处说“恐怕主远离他们”③，对灵魂来说，这表示与存在者元一分离是最完全的恶。由于这些原因，他试图引导民众趋向神，但并非引导所有人，因为这是不可能的，当上苍之爱降临和掌握他们的时候，能够被引导的是爱神的灵魂。

[5] 为什么他又说“容我拿点水来，你们洗洗脚，在树下歇息歇息”？④

他在这里又在使用其他外观，以为他们是陌生人，刚抵达不确定的知识阶段，却又被最卓越的、神圣的面容所强烈吸引。他没有像主人那样下命

① 《创世记》18：3。“说，我主，我若在你眼前蒙恩，求你不要离开仆人往前去。”

② 《创世记》4：13。“该隐对耶和华说，我的刑罚太重，过于我所能当的。”

③ 《出埃及记》19：22。“又叫亲近我的祭司自洁，恐怕我忽然出来击杀他们。”

④ 《创世记》18：4。

令，也没有假定他们是自由民或奴仆，要给他们洗脚，而是认为神使祂自身变得直接可见，所以他下命令说拿水来，但是没有说让谁拿水来。还有，在说“你们洗洗脚”的时候，他没有说清楚谁为他们洗脚，也没有确定地知道他们是谁，所以在我看来他不那么自信，确认这些感性的外观就是人们看到的神，或者倒不如说，这些外观是可以理解的，是神圣者的显现。依据圣经，事情有时候是这样的，用水洗涤以后，人就神圣化了，而水本身也被脚本身神圣化。现在，脚象征身体的最后和最低部分，而气则被指定为神圣事物的最后部分，因为它使被造的、聚集在一起的事物有了生命。如果气没有触及和推动水，那么水就死了；只有通过与气混合在一起，水才变得拥有生命。所以，在生灵开始生成的时候说圣灵生在水上，[①] 这样说并非不恰当，而在这一场合，经上象征性地把圣灵称做“脚”。

[6] 他为什么要说“我再拿一点饼来，你们可以吃”，而不是说“拿给你们”？[②]

在这里，他再一次表现出对这些外观的怀疑倾向。因为说“我拿”的时候，他想象这个外观是神，但对神他不敢说“你们去拿食物”。当说“吃”的时候，他想象这是三个陌生人。这就是字面含义。至于更深的含义是这样的，当心灵开始做好准备并且让自己去拿神圣的食物，亦即律法和各种形式的智慧，这个时候象征性地说也要吃神圣的食物；这是适宜属天的奥林比亚人的食物，亦即理性灵魂的欲求和向往，理解智慧和获取完善的美德。

[7] 为什么祂要说“就照你说的行吧”？[③]

祂指责那些有两个心灵和两个舌头的人，这些人说的是一回事，做的是另外一回事。但是，祂把这个有美德的人分离出来，决定要拯救他，因为他的言辞与行为相一致，他的行为也和他的言辞相一致。就如他的言辞是这样

① 《创世记》1：2。“地是空虚混沌。渊面黑暗。神的灵运行在水面上。”

② 《创世记》18：5。“我再拿一点饼来，你们可以加添心力，然后往前去。你们既到仆人这里来，理当如此。他们说，就照你说的行吧。”

③ 《创世记》18：5。

的，他的生命也是这样的；就如他的生命是这样的，这个贤人的言辞显得也是这样的。

[8] 经上说："亚伯拉罕急忙进帐篷见撒拉，对她说，你速速拿三细亚细[①] 面调和作饼。他又跑到牛群里，牵了一只又嫩又好的牛犊来，交给仆人，仆人急忙预备好了。"[②] 他们为什么都匆匆忙忙的？

这里涉及两个形像，以此赞颂这位有美德的人。如果他相信朝他走来的是个陌生人，那么受到赞美的是他的仁慈与好客。如果他以为朝他走来的是神和祂的主要权能，那么他是有福的和幸运的。嗯，由于他们对这些陌生人所做的事情，亚伯拉罕、他的妻子和奴仆，一定会被当做好客的。至于他们对神的权能所做的事情肯定不会使他们被认为是好客的，因为神的权能是无形体的。这名男子和这名女子被认为是型相，一个是最纯洁的心灵，被称做亚伯拉罕，另一个是最完善的美德，被称做撒拉，而那个思想发出的声音，被称做"奴仆"。处于喜悦和服事神及其权能的压力之下，心灵和美德没有丝毫耽搁和犹豫。心灵以监工的方式实行统治，成为美德的一名助手，它采用恰当的刺激方式，而美德没有丝毫犹豫，拿来三细亚细面调和作饼。还有，语言带来了所需要的供品。

涉及用"三"来度量的这段话是最自然的，所有事物实际上都可以用三来度量，因为每个事物都有开始、中间和结尾。所以荷马说"万物皆可一分为三"[③]，这样说并无不妥之处。毕泰戈拉学派假定数字也有三个一组，而在图形中，直角三角形是关于一切事物的知识的基础。所以，第一个尺度是无形体的、理智的世界藉以构成的尺度。第二个尺度是用第五种元素造就的可感的天空得以建立的尺度，由此可以获得更加神奇的、神圣的本质，与其下方的事物相比，它们不可变更，不会改变，保持同一。第三个尺度是用土、

① 细亚细（seahs），犹太人的容积单位，相当于 7.3 公升。

②《创世记》18∶6—7。"亚伯拉罕急忙进帐篷见撒拉，说，你速速拿三细亚细面调和作饼。亚伯拉罕又跑到牛群里，牵了一只又嫩又好的牛犊来，交给仆人，仆人急忙预备好了。"

③ 荷马：《伊利亚特》15∶189。

水、气、火这四种力量来造出地上的事物的方式，这些事物有生成与衰败。现在，我们必须说无形体的和理智的世界藉以构成的尺度是最年长的原因。第五种元素的原因是存在者元一的创造性的权能，它是可感的和循环的本质，天空由它构成，因为它创造了一种不灭的、纯洁的、不混杂的实在，获得了不朽。而统治的权能是地上事物的原因，这些事物有变化和替代，因为它们分有生成和衰败。等到这些事物完成以后，他就以语言为助手，指点这些事物的建造者。他通过惩罚来矫正这些尺度的违反者。而那些犯有无法言传、不可描述的过失的人则会得到报应，这是对他们的惩罚。

所以，严格地说来，只有神是万物的尺度，万物包括可知的事物和可感的事物，元一是神的本质，由于观看者的弱点，本质为元一的祂被比做三一。灵魂的眼睛是清晰明亮的，但在凝视本质为元一的神时，如果没有其他与之相伴的印象呈现，祂就会变得模糊不清。因为这就好比身体的眼睛，当它们视力虚弱的时候，经常会把一盏灯看成双重的印象，所以灵魂的视觉也是这样，它不能获得合一的印象，而会很自然地获得三一的形像，它们像使臣一样事奉着元一，这些使臣就是主要的权能。

因此，摩西这位大先知和大信使希望看到不与祂的权能同在的元一，如同看见祂的同一，但是无人可以凭借技艺、智慧或其他任何东西来实现这一点，或者能从下至上挺进最高的区域。他希望得到最主要的赐福，得到神的怜悯，让祂只向热爱神的灵魂显现，因为他说："求你将你本身显示给我，使我可以认识你。"①

在谈论了三的度量以后，经上谈论得最好的是灰焙面饼，这样说不仅是因为有关天父和祂的两位最高权能的知识和理解是许多人所不知道的，而且因为根本不应当提出这样的问题。因为把奥秘揭示给那些尚未入会的、毫无价值的人，实际上是在暗中摧毁和破坏神圣的完善的律法。神不会轻视在

① 《创世记》33：13。"我如今若在你眼前蒙恩，求你将你的道指示我，使我可以认识你，好在你眼前蒙恩。求你想到这民是你的民。"

三倍的幸福和幸运的灵魂中居住，以此为祂的宫殿和家园，欢乐的赐予者可以在这里拥有欢乐，因为这是真正的欢乐。那些接受者表现出欢乐，他们最纯洁的心灵完全充满了神的形像，只有这样才可以恰当地说是充分享受了乐宴。这样说难道不恰当吗？因为这位主人是贫乏的，而到他这里来的神什么也不缺，非常富有和伟大，在祂之后又来了永不止息的源泉，但不是所有人，而是只有那些真正涤罪了的人可以畅饮清泉，受邀参加喜宴，先知和信使的灵魂在宴会上欢乐，食用不朽的、纯洁的智慧，得到神的款待。

[9] 经上为什么说“他把东西摆在他们面前，他们就吃了”？①

这里说“他们吃”显然是象征性的，他们不是在吃食物，因为这些幸福的、神佑的本性不吃食物，不喝红葡萄酒，这样说表示他们愿意理解和赞同那些对他们有吸引力的人，相信他们。正如凡人殷勤周道地款待客人，乐意给客人提供美食，所以神也这样对待那些被祂发现的真的能令祂喜悦的人。因为，更加具有象征意义的是，富有美德的人的虔诚高贵的生命是神的食粮。

[10] 经上为什么说“他在树下站在他们旁边”？②

他显然拥有众多奴仆，率领他们与异邦人的国王战斗。如果相信他们是凡人，那么他自己就成了跟班和奴仆，以显示他的好客、他高贵的生活方式、他对神的热爱；如果他相信他们是与天父一道显现的神圣权能，那么他认为应当亲自虔诚地事奉他们。

[11]“你妻子撒拉在哪里，他答道，在帐篷里”，祂为什么说这些话又要用单数？③

依据前面已经说过的话，这里的字面含义是清楚的。至于更深的含义则

---

① 《创世记》18∶8。“亚伯拉罕又取了奶油和奶，并预备好的牛犊来，摆在他们面前，自己在树下站在旁边，他们就吃了。”

② 《创世记》18∶8。

③ 《创世记》18∶9。“他们问亚伯拉罕说，你妻子撒拉在哪里。他说，在帐篷里。”

是这样的，他以此作答，指出美德在一定意义上是这个贤人的妻子和伴侣，通过她生出合乎美德的思想、高尚的行为、值得赞美的言辞。对这个问题，他答道："你瞧，美德不仅在我心灵中，而且也在这顶空洞的、平安的帐篷里，也就是在我的身体里，延展它自身，扩展到感觉和身体的其他功能性部分。"这是因为，与美德相一致，我看、听、嗅、尝、触；与智慧、健康、刚毅、公义相一致，我进行其他运动。

[12] 祂为什么要用单数说，"到明年这时候，我必要回到你这里，你的妻子撒拉必生一个儿子"？①

我们在前面已经说过祂为什么要用单数说话。② 因为这个时候讲的不是凡人，而是他想象的与祂的权能一起到来的万物之天父。但是，为了更加确定地检验他的灵魂，神推迟了祂的仁慈行为。祂希望通过推延使他变得更加口渴，使他虔诚的愿望增至无限。但是"季节"不仅是一个表示时间的名称，而且还含有完成的意思，因为季节是转型所需要的时间。祂所说的清晰地证明了每一项转型的完成。祂也希望祂喜爱的人通过这些转型来完成某件事情，这对神圣的权能来说是独特的。祂提到的"时候"更多的不是在时间的长度和间隔的意义上说的。因为用季节来给每年的时期排序是很自然的。祂以此为象征，表示来自无序的灵魂经过恰当的安排变得有序，祂说，如果看到秩序井然，祂会通过自然本身的途径赐给他一个更好的儿子。

[13] 经上为什么说"撒拉在那人后边的帐篷门口也听见了这话"？③

这里的字面含义似乎是清楚的，但是更深的含义可能如下：美德站在那个生来就有美德的人的背后，它不像一名奴仆，而像一位完善的监督者和统治者，它手持缰绳，指引整个灵魂和生活方式。这是因为，在前面的不能看见在后面的，而那些在后面的可以看见在它们旁边的。美德站立的恰当位置

---

① 《创世记》18：10。"三人中有一位说，到明年这时候，我必要回到你这里。你的妻子撒拉必生一个儿子。撒拉在那人后边的帐篷门口也听见了这话。"

② 参见本文第4卷，第2章。

③ 《创世记》18：10。

是入口处；语言是反思的入口处，各种感官是灵魂要害部分的入口处。当它们近在咫尺的时候，灵魂必定要说话和察觉相应的事物。

[14] 经上为什么说“亚伯拉罕和撒拉年纪老迈”？①

这里想要告诉我们的是年纪问题，圣经教导我们，愚蠢的人尽管可能已经成年，但他的愚蠢使他变得幼稚，所以愚蠢的人是儿童和幼稚者。而贤人尽管可能还是一名青年，但他是老迈的，因为美德是老迈的、值得尊敬的，贤人配得上老迈和较高的荣誉。因此经上正确地说“年纪老迈”，因为美德不会缺少日、月、年，以及所有表示间隔和长度的时间，自然会把优先权和领导权赋予美德。除此之外，还有光明的实在，或者倒不如说在知识的几个部门中有光明的心灵。所以，这个标志象征着美德在所有学问中是光明之光。

[15] 这句话是什么意思，“撒拉的月经已断绝了”？②

这里的字面含义是清楚的。因为圣经用委婉的说法把妇女每个月的净化称做“妇女的通道”。至于更深的含义可以喻意解释如下：灵魂可以说有一个住处，部分位于男人身上，部分位于女人身上。对男人来说，在他身上有一处可供男性思想恰当地居住，它们是聪明的，健全的，公义的，审慎的，虔诚的，充满自由和勇敢，与智慧同缘。在女人身上也有一个住处，在那里出没和居住的是女性的意见，它们是女性的追随者。女性是非理性的，与兽性、恐惧、悲伤、快乐和欲望同缘，并由此发生后续的、无法治愈的软弱和难以名状的疾病。被这些事物征服了的人是不幸的，而控制了这些事物的人是幸福的。期盼和想要得到这种幸福，抓住某个确定的时间，摆脱可怕的、无法忍受的悲伤，这就是“断绝妇女的通道”的意思；它显然属于充满律法的心灵，与男性、克服情欲、超越所有感性快乐和欲望，以及无悲伤、无恐惧相似；如果必须说真话，那么我们可以说没有情欲、不热心实践不动心，

---

① 《创世记》18：11。“亚伯拉罕和撒拉年纪老迈，撒拉的月经已断绝了。”

② 《创世记》18：11。

是徒劳的、无耻的，这样做与傲慢和鲁莽同缘，但却与已经提供的论证相一致，也就是让心灵摆脱令人烦恼和困惑的情欲。

[16]"撒拉心里暗笑，说，我主老迈，岂能有这事呢"①，这些话是什么意思?

将要充满欢乐和神圣喜悦的心灵还没有摆脱悲伤、恐惧、感性快乐和欲望，因此它会发生动摇，会犹豫不决。当心灵受到感动的时候，它不知道如何欢笑，也许除了它的可见的形像，直到这个牢固和稳定的位置有了坚实的基础；因为在流行的农艺的影响下，美德不会只在表面起作用，展示它的花朵，而会茂盛地生长很长时间，被一条不可见的纽带束缚在一起。同理，圣经确实说过这位大祭司心里欢乐，想要摆脱一切有形的思想进入喜乐，因为经上说："看见你，他心里会高兴。"后来她又非常虔诚地说，"岂能有这事呢，我主老迈"，这表示通过教导，情欲已经被完全忘记，她开始喜乐，但还没有抵达完全欢乐的终点，她承认它们真正的形像已经变得老迈。

[17] 经上说："主对亚伯拉罕说，撒拉为什么暗笑，说我既已年老，果真能生养么，神岂有难成的事么?"② 为什么撒拉好像受到指责，而亚伯拉罕笑了，却没有受到指责?

如前所述，神的话语显然既是行动又是权能，因为对神来说，没有什么是不可能的。但是，按照自然的预期，这里的所谓指责想要表示的与其说是对个人的责备，不如说是一种赞扬。因为使她感到惊讶的是所有必要的条件得以产生，生育得以顺利完成，神应当为了欢乐的诞生而在整个灵魂中显明这样一个行动，这在亚兰文中称做"欢笑"，而在迦勒底人的语言中称做"以撒"。但是可以说亚伯拉罕因其坚定不移的信仰而免受责备，他对神具有信

① 《创世记》18：12。"撒拉心里暗笑，说，我既已衰败，我主也老迈，岂能有这喜事呢。"

② 《创世记》18：13—14。"耶和华对亚伯拉罕说，撒拉为什么暗笑，说，我既已年老，果真能生养么。耶和华岂有难成的事么。到了日期，明年这时候，我必回到你这里，撒拉必生一个儿子。"

仰，对他来说神的一切不确定性都是不存在的。

[18]“到了日期，明年这时候，我必回到你这里，撒拉必生一个儿子”①，这些话是什么意思？

圣经显然非常清晰地证明，如果神回归灵魂，灵魂回归神，祂会马上充满欢乐地向他显现，这里的名称是阴性的，但它的本性是阳性的。因为远离神的他是悲伤的、痛苦的，而靠近神的他是充满欢乐的。欢乐似乎由接受来自上方的最清澈的光芒构成。

[19]“撒拉就害怕，不承认，说我没有笑，而祂说，不然，你实在笑了”②，这是为什么？

这种事情发生在一名虔诚者身上是恰当的，她看到神的伟大，知道自己不能生孩子，也知道事情的紧迫性。当她被卷入悲伤、恐惧和其他许多不幸时，经上在什么地方说她能够拥有最强烈的、完全纯粹的喜乐？只有喜乐对神的本性而言不是特有的，喜乐被阻止进入祂的王国，从驱逐了悲伤和恐惧的它的地域到它的边界，不是吗？所以，当灵魂似乎在喜笑和欢乐的时候，灵魂把握了自身，它害怕由于过分无知或鲁莽自信而驱逐某些神圣的东西，而只有神才能赐予幸福的本性。所以，神以高尚、深情、仁慈的方式接受了虔诚、敬畏、谦卑的心灵。祂对心灵说，别害怕，这件事你不需要害怕，你应当加以否认。所以，你笑了，充满了欢乐，因为我要把你喜乐的原因赐给你，就像一道溪流奔涌而下，或者像某种原型，或者像混合的纯葡萄酒——你的欢乐就像这样，因为生孩子要靠双数。

[20] 亚伯拉罕为什么要与他们同行，送他们一程？③

通过这些字面含义，经上指出他拥有充分的仁慈，因为他愿意向他们提

---

① 《创世记》18∶14。

② 《创世记》18∶15。“撒拉就害怕，不承认，说，我没有笑。那位说，不然，你实在笑了。”

③ 《创世记》18∶16。“三人就从那里起行，向所多玛观看，亚伯拉罕也与他们同行，要送他们一程。”

供任何适宜的东西，和他的全家人一道，他也几乎不能与他们分离，所以他悲伤地给他们送行；在我看来，他似乎以此践行了那位诗人的箴言，“客在勤招待，客去诚挚送客行”[①]，因为这样做才能表现出最慷慨、最适宜的本性。然而，如果不注意它的深层含义，那是不恰当的。一旦有美德的人接受神和祂的权能的非常清晰的印象，他就充满了期盼，几乎不能或者完全不能与祂分离。如果祂与灵魂在一起，并继续如此，灵魂就会崇拜祂，把握祂，拥有祂。如果祂离开了，灵魂会追随祂，带着属天的热望，靠近神。“他与他们同行”，这样说并非不恰当，而是可以更加确定地证明天父的权能，他确实知道自己一刻也不能离开天父。

[21] 祂为什么说“我所要作的事，岂可瞒着亚伯拉罕呢”？[②]

哦，幸福的灵魂啊，当那层面纱被除去，各种作品被显示出来，以便更有效地被领悟的时候，神对你显示本性和与本性一致的实在！这是沉思的生活和所有美德的顶点，亦即看见赤裸的本性和覆盖本性的遮蔽物，在主和天父移动它们、对心灵清楚显示祂的作品以后，除此之外，没有任何东西可以被荣耀为更好地观看，更值得观看和研究。因为对那些灵魂的眼睛没有恰当地哲学化的人来说，他们是盲目的，既不能看见这个世界，也不能看见其中的事物。这是因为，一切事物都应该理所当然地散开，对那些不能观看的人隐瞒自身。

[22] 祂为什么说“我知道他会吩咐他的众子和他的眷属遵守我的道，秉公行义，使我所应许亚伯拉罕的话都成就了”？[③]

经上清楚地表明作为存在者的元一的权能有先见之明，祂说“我知道他会吩咐”。因为被造的存在物很自然地依据它们的完成来知道各种事情，而神（神也是自然的）在它们开始之前就知道将来发生的事情。有美德的人配

---

① 荷马：《奥德赛》15：74。

② 《创世记》18：17。“耶和华说，我所要作的事，岂可瞒着亚伯拉罕呢。”

③ 《创世记》18：19。“我眷顾他，为要叫他吩咐他的众子和他的眷属，遵守我的道，秉公行义，使我所应许亚伯拉罕的话都成就了。”

得上得荣耀，不仅他本人荣耀美德，而且也在其他人身上产生这种愿望。神在前面谈论过荣耀。产生视力与赤身、消除本性的遮蔽物有很大关系，属于心灵的敏锐眼睛把无实在的光线的观念转换为清晰的理解，发现更加重要的应许，把第二的位置交给属于哲学的原因的观念。因为使用清晰推理的灵魂必然清楚地知道并能够理解这些事情发生的原因。

［23］这些话是什么意思，“主说，所多玛和蛾摩拉的罪恶甚重，声闻于我”？①

整个立法有两个要目，亦即邪恶和美德，立法在其下井然有序。处理美德以及各种被美德修饰的品性以后，立法回避了另一种形式，亦即邪恶，抵达邪恶的发明者和实践者。现在，这个忠实的祭司是真正公义的人，他负责管辖愚蠢和疯狂。神是一切事物的公共调停者和支持者，祂的裁决不可收买，没有欺骗，充满不混杂任何谬误的真理。“所多玛”可以译为“盲目”或“不育”，是不虔诚和非理性的名称，因为每一个下贱的人都是盲目的和不育的。“蛾摩拉”的意思是真正的、公义的“尺度”，是神圣的道，地上的一切事物藉此而得以度量——原则、数目、和谐的比例、谐音都包括在内，通过它们，存在者的型相和尺度才被看见。但是邪恶的尺度是虚假的，虚假的名称没有尺度，没有价值。没有任何事物是由恶人来度量、数数或排序的，因为他充满所有的无序和无尺度。

［24］为什么神要像人一样说，“我现在要下去，察看他们所行的，果然尽像那达到我耳中的声音一样么；若是不然，我也必知道”？②

这个说法与我们的本性相适宜，确实是在纡尊降贵，因为神通过祂的具有先见之明的权能知道一切，包括未来，如我前不久所说。祂希望指导那些按照神圣立法的指点来行动的人，但不是马上随意地给他们下命令，而要先进行考察，仔细地观察和考验他们，要他们不受骗于明显的外貌。有些事物

① 《创世记》18：20。“耶和华说，所多玛和蛾摩拉的罪恶甚重，声闻于我。”

② 《创世记》18：21。“我现在要下去，察看他们所行的，果然尽像那达到我耳中的声音一样么。若是不然，我也必知道。”

看上去是美丽的、公正的，但在衰退以后，就会成为可耻的、不公正的。另一方面，某些事物似乎是邪恶的、应受谴责的，但经过有选择的考验，它们成为善良的、值得赞扬的。所以，祂制定和宣布的教义是卓越的，与良好的生活有关，也就是说，人在进行反思、看清到底是何种事物之前，不应当轻易相信任何现象。因为最初的印象具有欺骗性。所以，在凡人中，尤其是在国王中，没有人要为不知道而感到可耻，因为就现象而言，接触现象的人不能够获得不可见的真理。所以，经上把这位宇宙统治者和君主说成不相信面前的事情，祂要考察和检验那些传闻是否与事实相符，看他们说的和做的事情是否应受谴责。有许多人言行不一，讲话邪恶而行动却符合美德，或者品性善良而在行动中违反律法。他必须明白这个道理，因为他命中注定要成为人间事务的忠诚卫士。

[25] 经上为什么又用单数说“亚伯拉罕仍旧站在主面前”？[①]

还有，这个灵魂变得充满了神，他崇拜、敬仰、荣耀位于神的权能之上的原因，站在神的面前，他对真理的追求坚定不移，毫不动摇。所以，必须把他当做一名乞援的仆人来引导，让他站在对不虔诚者实施惩罚的神面前，这样做为的是不让整个人类完全毁灭，而留下某些高尚的、热爱神的人做榜样，因为受到乞求的神是仁慈的，不会对人置之不理。神给了他理智，然而若是没有神旨，他不会乞援，所以是神利用这个贤人作为基础来对那些高尚的人表现仁慈，由此证明两种德性：一种是无法征服的统治权能，另一种是公正判断的权能，伴以人们所熟悉的温和。

[26]“亚伯拉罕近前来说，你不会将公义者与不虔诚者一道摧毁，你会将公义者与不公义者一同剿灭么”[②]，这些话是什么意思？

这里的字面含义是清楚的。至于更深的含义是这样的，这个人象征性地被说成靠近神，但实际上却不是这种特别的意思。因为祂与物体是分离的，

---

① 《创世记》18∶22。“二人转身离开那里，向所多玛去。但亚伯拉罕仍旧站在耶和华面前。”

② 《创世记》18∶23。“亚伯拉罕近前来，说，无论善恶，你都要剿灭么。”

祂远离物体，甚至从来不进入我们的心灵，因为一个可朽的、可化解的实在与一个非被造的、未被扰乱的本性是分离的和远离的。然而，灵魂拥有统治权的那个部分被称做心灵，它拥有靠近神的尊严和能力，因为它由于恳求与神同行而变得高贵，它向神献祭，加上它的恳求，极大地赞美神的仁慈，赞美神对凡人的友好和热爱。它恳求神不要将公义者与不虔诚者一道摧毁，也不要将思想统统摧毁。但在我看来，不腐败的、公义的品性似乎不和不义相混杂，现在从摆在我们面前的论证中消除。我们可以坚定地相信这样的人配得上拯救，能以各种方式得救。但是他为那些混杂掺和的人感到颤抖和战栗，就好像他们既是公义的，又是不公义的。他希望这样的人在得到光明和正义的火种以后复活，能够在精神上恢复健康。他相信，通过神把仁慈的权能用于公义者，用惩罚等待不公义者，这样做会减轻和减少公义者所涉及的不虔诚，这样做更好，更加适宜。

[27] 经上说："假若那城里有五十个义人，你还剿灭那地方么？你不会饶恕这个地方么？若在那里有四十五个，那会怎么样？还有，若在那里有四十个，那会怎么样？若在那里有三十个，那会怎么样？若在那里有二十个，那会怎么样？若在那里有十个，那会怎么样？"① 为什么在这段经文里，他从五十个人说起，说到十个人结束？他为什么一开始每次减去五个人，直到减至四十个人，然后每次减去十个人，直到最后，亦即到十个人为止？

他寻求两件事情：得拯救的义人，还有为了他们的缘故而得救的其他

① 《创世记》18：24—32。"假若那城里有五十个义人，你还剿灭那地方么。不为城里这五十个义人饶恕其中的人么。将义人与恶人同杀，将义人与恶人一样看待，这断不是你所行的。审判全地的主，岂不行公义么。假若这五十个义人短了五个，你就因为短了五个毁灭全城么。他说，我在那里若见有四十五个，也不毁灭那城。亚伯拉罕又对他说，假若在那里见有四十个怎么样呢。他说，为这四十个的缘故，我也不作这事。亚伯拉罕说，求主不要动怒，容我说。假若在那里见有三十个怎么样呢。他说，我在那里若见有三十个，我也不作这事。亚伯拉罕说，我还敢对主说话，假若在那里见有二十个怎么样呢。他说，为这二十个的缘故，我也不毁灭那城。亚伯拉罕说，求主不要动怒，我再说这一次，假若在那里见有十个呢。他说，为这十个的缘故，我也不毁灭那城。耶和华说，我若在所多玛城里见有五十个义人，我就为他们的缘故饶恕那地方的众人。亚伯拉罕说，我虽然是灰尘，还敢对主说话。"

人。这里的所有数字都是神圣的。五十构成一个长方形数。与它的权能相一致，先知宣布在第五十年获释。但是四十五是一个多产的数，由三的倍数的区间构成，首先它以级数形式出现，算术级数、几何级数、音乐级数，这里的区间是六,九,十二,十八，它们的和是四十五。胚胎的构成需要同样奇数的天数，很少是四十天，更多的是少于四十天，因为它是生产性的。还有，以同样数字的天数，胚胎在子宫中成形，婴儿几乎全都是九个月，而在七个月的婴儿那里，胚胎成形需要三十五天，他们也是这么说的。还有，三十天是月亮循环的周期。二十年是年纪循环的一个周期；二十岁也是从军的年龄。十是完美的。通过这些数字，音乐成为和谐的，在各种情况下可以看出这些数字有双重比例，比如四十比二十,二十比十。但是通过五，它们是一比一点五，就像二十比三十；而通过四，它们是四比三，比如四十比三十。但是还有一种分离的间隔，比如四十对四十。由于他代表城邦使用了有益的数字，恳求得到拯救，这些数字由和谐组成，而和谐是有益的；这样说既恰当又适宜，正如我们说不和谐是分解与毁灭的原因。

[28] 亚伯拉罕为什么说“现在我开始对主说话，虽然我是灰尘”？①

与正在接近的伟大的神相比，那些以纯粹心灵接近神的人特别明白他们自己的弱点。因为热爱心灵的神会对他说话，会承认他的行为是谦卑的。但是我们应当考虑他的恳求与土和灰尘有关，他宣布，土和灰尘是神圣的供品，是燔祭。这些都是灵魂的象征。因为土是好的，能生育的，这个贤人的心灵是多产的。灰尘是另一象征，因为任何可朽的东西都包含着混杂，需要置于虔诚的律法之下进行检验，就好像用火来检验金子。他的价值保留在他的祈祷之中。

[29]“主与亚伯拉罕说完话就走了，亚伯拉罕也回到他自己的地方去了”②，这些话是什么意思？

---

① 《创世记》18：27。“亚伯拉罕说，我虽然是灰尘，还敢对主说话。”

② 《创世记》18：33。“耶和华与亚伯拉罕说完了话就走了。亚伯拉罕也回到自己的地方去了。”

有出生和生成的人不会始终被神所凭附，但是当他受到神的激励的时候，他会离开神，返回他自身。在他的身体相当稳定，没有什么障碍绊腿的时候，他的灵魂不可能永远居住在身体里。为了必要的用途，从早到晚，最纯洁、最明亮的心灵应当与可朽的元素相结合。这就是天梯所要表示的意思，在那里不仅有天使们的上升，还有天使们的下来。这就是先知所说的意思，也就是说，他的下来和上去表示他在飞快地改变他的思想。思想的变化有了相似之处，要为身体健康而实施节欲，他们的教练员会把方法教给他们，不是为了向身体施暴，而是要使身体能够承受必要的劳动，不至于由于连续频繁的劳动而受损或受伤。也是由于这个道理，乐师小心看护他们的乐器，不演奏时就松开琴弦，免得琴弦长时间紧绷而突然折断。由于这些原因，自然也在调整动物的声音，使它不是只有一种强度，而是有各种变化，一张一弛。所以，正如音乐按其法则采用的不是只有一种独特的、强烈的音调，而是也要采用中度的音调和松弛的音调，那么对心灵来说也是这样。当它下定决心要使天父喜乐、变得为神所凭附时，我们可以正确地说这是非常幸运的。当它不再受到神的激励的时候，在它热情过后，它会回归自身，反思它自己的事务和其他适当的事情。因为虔诚和对人的热爱是相互关联的美德。这位贤人使用和观察这些美德，表现出乞援者的恭敬。当神还在那里的时候，他也留在那里；当神离去时，他也离去。天父之离去，乃是因为祂对我们这个种族的神圣眷顾，祂知道我们的本性受到束缚，受困于它的需要。所以他[①]知道自己应当离开独处，因为并非任何事情都在天父的注视下由这些儿子们去完成。

[30] 此时有三个人出现，但经上为什么要说“两个天使晚上到了所多玛”？[②]

对亚伯拉罕来说，出现的有三个人，是在正午，而对罗得来说，出现的

① 显然是指亚伯拉罕。

② 《创世记》19：1。“那两个天使晚上到了所多玛。罗得正坐在所多玛城门口，看见他们，就起来迎接，脸伏于地下拜。”

有两个人，是在晚上。圣经指出完善者和渐进者之间有一个最自然的区别。完善者拥有三个一组的印象，这是圆满的本性，是浓重的，而不是空洞的和流溢的；而另外一个人拥有两个一组的印象，是分离的，空洞的。一个察觉到天父位于祂的使臣之间，察觉到祂的两个主要权能，而另一个察觉到事奉的权能，但没有察觉到天父，因为他不能胜任观看和理解位于其间的神和权能之王。一则是在没有阴影的正午时分被最强烈的光线照亮，而另一则被白天和夜晚之间变化的光线所照亮。因为晚上处于居间的位置；它不是白天的中断，也不是夜晚的开始。

[31] 罗得为什么坐在所多玛城门口？[①]

所多玛被解释为“盲目”或“不育”，用“坐在城门口”来象征这个渐进者是恰当的。城门既不在城里，又不在城外；同样，他希望取得的进步既不在美德之内，又不在美德之外，但有的时候，就像位于城内，他处于那些被一般的属于灵魂的情欲所裹挟的人中间，这是不育和盲目产生的结果。有时候，就如在沙漠中，他追求一种纯粹的无实际关切的热情，以及一种真正的沉思的生活方式。

[32]“看见他们，就起来迎接，脸伏于地下拜”[②]，这些话是什么意思？

这个人的脸没有蒙上。嗯，我们的……[③] 尤其是跪拜在一个形像面前，在真相面前接受它。不完善的人都是这样的。他崇拜明显可见的事物，胜过不明显的不可见的事物，而心灵在感觉之前就掌握它们。

[33] 受到邀请的时候他们为什么要拒绝善意，说“不，我们要在街上过夜”？[④]

他们在这里拒绝了邀请，但不会拒绝神的朋友亚伯拉罕的邀请。其原因

① 《创世记》19：1。

② 《创世记》19：1。

③ 此处原文有佚失。

④ 《创世记》19：2。“说，我主阿，请你们到仆人家里洗洗脚，住一夜，清早起来再走。他们说，不，我们要在街上过夜。”

在于，神圣的权能接受完善者，但几乎不会接受不完善者。所以，“不”是对那些拒绝到他这里来的人的回答。而通过说“我们要在街上过夜”，他们宣布每一个愚蠢者都是狭隘的，受困于爱钱、爱享乐、爱荣耀一类的事情，这就限制了心灵的自由运动。所以，经上制定了一道极好的法则，表示对贤人来说世上的每一个地方都是宽敞的、适宜居住的，可以看见那些个别的事物。而与此不同的人甚至不拥有他自己的房子或者他自己的心灵，他会感到困惑，以为自己受到轻视，于是乎，他们只能进入一家小客栈，在那里吐露他们的情感。

[34] 这些话是什么意思，“他切切地请他们，他们这才进去”？①

这里很仔细地说他们一开始并没有走进来，而是避开了。经上用这些神圣的话语来谈论那些取得一些进步、但尚未被完全接受的人，这是不常见的。他们最后没有避开的原因在于他强迫他们进来。对于正在取得进步的他来说，要获得较好的本性不是一件易事，他这样做是自愿的，本来他可以完全放手让他们离去，不过他还是不辞劳苦地强迫他们进来，这个贤人习惯了，他自觉地寻求智慧。而另一个人受到必然性的制约，他的行为是不自觉的。

[35] 为什么他（罗得）为他们准备喝的，烤无酵饼，而亚伯拉罕为他们做面饼，没有喝的？②

据医生说，喝饮料和吃食物是不一样的，喝饮料只是为了把食物送到肚子里去。这段话表明这里为他们准备的吃喝是一种非必要的享受，是不必要的。这个贤人准备了必要的食物，这样做是恰当的、适宜的，他的伟大本性由此得以确定和限制，而对那个仍旧处于约束之中的人来说，准备那些额外的感性快乐是适宜的，它所起的作用与其说是补益，不如说是伤害。但是，没有完全涤罪的他还没有任何秘密，只有可在大庭广众之下公开的事情，他拥有的东西是公共的。但这位贤人有许多隐秘的事情。这里把植物等同于菜

---

① 《创世记》19∶3。“罗得切切地请他们，他们这才进去，到他屋里。罗得为他们预备筵席，烤无酵饼，他们就吃了。”

② 《创世记》19∶3。

蔬，这样做并不罕见，以此可以展现神的奥秘，就好像它们是可理解的，是一种隐秘的、不可见的感觉。

[36] 为什么所多玛城里的人，连老带少，都来围住那房子？①

这里说的都是他们犯罪的原因，也就是说，他们犯罪的原因是他们的年纪、他们人数众多、他们在处理事务的时候既不和谐又不团结。这里的字面含义非常清楚。但这些字面含义建立在更深含义的基础之上。这是因为，灵魂的品性是盲目的，不能产生智慧，经上称之为所多玛，灵魂围着它固有的家，亦即身体。这里的老老少少组成了一个合唱队，照料着身体，就好比他们正在向一头不知足的、未驯服的、疯狂的、不洁的野兽献上丰盛的食物和其他可感的快乐。

[37]“把他们带出来，任我们所为”②，这些话是什么意思？

这里的字面含义指的是奴性的、违法的、不得体的鸡奸。至于更深的含义，指的是那些淫荡好色的肮脏之人，他们产生成堆的欲望，用死亡恐吓那些自我节制、想要禁欲的人。他们对这些人说，你们出来，选择一种高尚的生活方式，让我们可以认识你们。这些人会得到劝告，改变他们的生活方式，而且乐意接受我们的生活方式，他们会在行动中明白，灵魂不是赤身的、无形体的，灵魂不处于贫困之中，而是和身体拥有某些共同的东西，但身体缺乏许多必需品。他们不应当虐待身体，让身体离开，而应当通过给身体提供属于它的东西来驯服它。

[38] 罗得为什么对他们说“众弟兄，请你们不要作这恶事。我有两个女儿，还是处女，容我领出来，任凭你们的心愿而行。只是这两个人既然到我舍下，不要向他们作什么”？③

---

① 《创世记》19：4。“他们还没有躺下，所多玛城里各处的人，连老带少，都来围住那房子。”

② 《创世记》19：5。“呼叫罗得说，今日晚上到你这里来的人在哪里呢。把他们带出来，任我们所为。”

③ 《创世记》19：7—8。“说，众弟兄，请你们不要作这恶事。我有两个女儿，还是处女，容我领出来，任凭你们的心愿而行。只是这两个人既然到我舍下，不要向他们作什么。”

这句经文的字面含义清楚地表明所多玛人是鸡奸者。至于更深层的含义是这样的，在一个正在进步的人的灵魂中，会有某些阳性的思想和某些阴性的产物。他希望，如果有可能的话，要让所有部分得救。否则，若是他的对手对他开战，战胜了他，他会试着保持他的阳性思想，不让他的阳性思想受伤害，但他也会为了前者的缘故抛弃阴性的东西。无人会谴责那些保存较好事物的人，因为如我所说，他们不能反抗一切事物。那么有哪些阳性的思想呢？对智慧的渴望、一般的和所有的美德、真正的和仅有的善。但是，阴性的思想处于女儿的地位，它们事奉身体的需要，并受欲望的支配。

[39]“众人说，退去吧。你是来寄居的，确实不能当法官。”① 这些话是什么意思？

这些人是邪恶和不洁的工作者，他们聚集起来对灵魂开战，还可耻地选择了一位领袖和导师。他们说：“哦，你想到我们这里来吗？我们是这里的居民和国民，而你不是，你应当仿效我们国家的方式。放荡是我们的领地，感性快乐是我们的律法和意愿。我们现在已经允许你作为寄居者自由地生活，你还敢抵抗和造反吗？你本来应当保持安静，然而你竟敢下判断和做决定，说这些事情是坏的，那些事情是比较好的，这些事情是好的、善良的、荣耀的，那些事情是邪恶的、不名誉的、可耻的，你把某些东西改变为美德，把恶的尺度用于其他事物的本性，不是这样吗？每个存在者都有愿望，世上万物皆如此。这是所多玛人的古代律法，有人称之为助手，他们就像文法学校的学生，由于疲乏而不能接受教导。”

[40] 这些话是什么意思，“那二人伸出手来，将罗得拉进屋去，把门关上，并且使门外的人，无论老少，眼都昏迷”？②

---

① 《创世记》19∶9。“众人说，退去吧。又说，这个人来寄居，还想要作官哪。现在我们要害你比害他们更甚。众人就向前拥挤罗得，要攻破房门。”

② 《创世记》19∶10—11。“只是那二人伸出手来，将罗得拉进屋去，把门关上，并且使门外的人，无论老少，眼都昏迷。他们摸来摸去，总寻不着房门。”

他们做了三件事：救他们的主人、关门、让那些想要动武的人眼睛昏迷。首先，他们对那些不受约束的放荡之人下判断，使他们不能通过武力取胜，在打败他们以后，让受他们虐待的人可以离开。其次，他们口头上让他留在屋子里，而实际上仍旧想要实现他们的愿望，达到他们的目的。这是最可怕的罪恶，也就是说欲望在遭受痛苦的灵魂中扩散和生长。由于无法实现目的而感到绝望，就像患病未曾治愈。那些感到饥渴的人的需要延长以后，治愈他们就只有一个办法，也就是让他们吃喝。对那些想要得到某些东西的人来说，唯一的治愈方法就是让他们得到它。最后，盲目的审判追上了那些受到谴责的人。这种痛苦似乎是在眼睛里，但实际上影响的是那些观看者的灵魂，因为他们看不见最神圣的形像。因此，让律法被唤起，反对那些不适宜观看神的高贵和荣耀的人，以一种配得上神的高贵、纯洁、神圣的方式，对那些盲目者施以惩罚。

[41] 这些话是什么意思，“他们放弃了，因为总寻不着房门”？①

这句话的字面含义表示一种过度的放荡，尽管他们的眼睛看不见了，但他们的愿望没有减弱，他们以为没有比盲目更大的恶，并且采取了疯狂的举动。至于更深的含义是这样的，那些以实现愿望为目的的人以为他们这样做是在追求美德，但由于他们无法找到入口，所以很快就在绝望中放弃，没有什么事情能比用智慧对抗感性快乐、用卓越对抗可耻更为坚定。

[42] 这些话是什么意思，“这些人要罗得把他家里的所有人从这地方带出去，因为他们要毁灭这地方，因为那个地方的人的叫喊在主面前甚大，主差我们来毁灭这地方”？②

“他们的叫喊在主面前甚大”，这句话通常表示可以在淫乱放荡的人中间看到的那些事情，甚至比不虔诚更加重大。因为这些人不相信有一位人

---

① 《创世记》19：11。

② 《创世记》19：12—13。“二人对罗得说，你这里还有什么人么。无论是女婿是儿女，和这城中一切属你的人，你都要将他们从这地方带出去。我们要毁灭这地方。因为城内罪恶的声音在耶和华面前甚大，耶和华差我们来，要毁灭这地方。”

间事务的监督者和巡查者，也不相信在这些事情之上会有一个神认为是好的天命。他们没有做其他事情，只做与神所说相反的事情，他们大声叫喊，与天父和祂的真理相对。“主差我们来毁灭这地方”，这个短语表示一条哲学的原则。因为通过祂自身，祂提供了美德，而通过祂的仆人，祂提供了对立。这些就是自然的法则，祂从一开始就决定这些法则要与被造物在一起。但是经上清楚地表现出公正的判断之美，要把这家人从他们要毁灭的地方带出去，于是这家人有了美德的种子和火星，成了居住在感性快乐和欲望之中的旅居者。然而经上说“我们在毁灭这个地方”，这样说并非无益，而是非常自然。这是因为，不仅杀死毒蛇是合适的，而且摧毁它们的洞穴也是合适的，因为还会有残余的毒蛇躲藏在里面。现在，同样的事情适用于灵魂，也就是说，不仅从属于感性快乐或愤怒的东西要加以消除和摧毁，而且欲望和愤怒的整个居所也要摧毁，欲望和愤怒就潜伏在这里；这样做为的是让心灵拥有宽阔的路径，摆脱恐惧，不让任何东西成为它的绊脚石，使它偏离正道。

[43] 经上为什么说，天使告诫罗得的时候，他的女婿们以为他说的是戏言？①

那些生活非常富裕、拥有无限财富和荣耀的人，那些身体健康强壮、拥有通过各种感官得来的快乐的人，相信他们自己已经获得了真正的幸福，所以他们不去寻求变化或改变，而是嘲笑说，身体里外的一切事物都有极大的伤害，那些人是短命的。这是因为，当波斯人统治陆地和海洋时，有谁会料到他们的垮台？还有，当马其顿人统治的时候，有谁会料到他们的垮台？如果有人敢这么说，他肯定会遭到讥笑，被人们当做傻瓜笨蛋。然而毋庸置疑，那些敌对的国家必定会发生变化，尽管它们同时也会变得出名；于是那些嘲笑者开始嘲笑他们，而那些嘲笑者自己也成为笑柄，因为他们认为这些

① 《创世记》19：14。“罗得就出去，告诉娶了（或作将要娶）他女儿的女婿们说，你们起来离开这地方，因为耶和华要毁灭这城。他女婿们却以为他说的是戏言。”

本性可变的东西是不变的。

[44] 为什么罗得迟延不走的时候，天使拉着他、他的妻子、他的女儿的手，把他们领出来？[①]

确定性和清晰性不仅给这些人提供信心，而且也防止邪恶的发生。正如生灵受到自然理性的控制，所以人们也要敬畏无生命的事物和恐惧神的话语；这样，他们就不会伤害那些触碰到的东西了。这就是字面含义。至于它的更深的含义是这样的，灵魂受圣经的统治和引领，仅当把握圣经，灵魂才能获救。如果灵魂与圣经分离、它们之间的联系被切断，那么它们将会遭受痛苦和不幸。

[45] 天使领他们出来以后，为什么说“逃命吧，不可回头看，也不可在这里停留”？[②]

这就像老师的习惯，老师把某些理论解释给学生听，告诉他们要牢记，要亲自讲述。神圣的话语也这样，祂会说，哦，你瞧，我们在许多情况下向你解释高贵的事情；你要把握它，它确实是高贵的，有用的。从今以后，你要主动，要以得救的方式接受教导。你要努力完整地保存这种教导，自愿与它保持一致。这也像医生对他抢救的病人说的话，哦，我把你从疾病中抢救出来，我用我的技艺为你做了一切有用的事情。现在你得救了，没有旧病复发，也不需要另一次治疗，但是你要保持完整，享受健康。就这样，这里下达的第一个嘱咐是“拯救你自己”，也就是说不要到别处去寻求拯救。第二个嘱咐是“不要回头看”，这里说的很哲学化，因为在后面的东西是身体，身体是盲目的，感觉是迟钝的。经上祈求让心灵能够敏锐地看见，避开那些放荡、愚蠢、不信神的人，把他们留在后面，自己竭尽全力，朝着节制和神圣前进。有许多人可以说是深入到里面，然后往回走，他们受到同等的伤

① 《创世记》19∶16。“但罗得迟延不走。二人因为耶和华怜恤罗得，就拉着他的手和他妻子的手，并他两个女儿的手，把他们领出来，安置在城外。”

② 《创世记》19∶17。“领他们出来以后，就说，逃命吧。不可回头看，也不可在平原站住。要往山上逃跑，免得你被剿灭。”

害，变得无助，因为他们在撤退和放弃的时候，没有坚定的决心和周全的思考。第三个神圣的嘱咐是“不可在这里停留”，也就是说心灵不要待在灵魂里。所以它说，哦，如果你希望拥有纯粹的品性，你就不要待在这个区域里，而要超越它，以避免所有的伤害，心灵会受到身体和几种感觉的伤害。但是无论保留什么样的品性，无论如何坚定地站立，他们都会坠落，因为他们依赖和信任死的东西。

[46] 这些话是什么意思，“要往山上逃跑，免得被剿灭”？①

这里的字面含义讲的是一片低洼地的毁灭。至于更深的含义似乎如下，当心灵开始走上较高的道路时，它就会变得较好，取得进步，把那些属地的、较低的事物留在后面，而这些人追随和敬佩的是那些不受约束的人。但是，变成光明的心灵被提升为较高的事物，它环顾四周，观看整个天穹和以太里面的事物，观察它们的实在、运动、和谐、亲缘和悲悯，事物和整个世界由此相互联系在一起。这种上升更加形象地被称做“山”，但它的真正名字是智慧，因为灵魂是智慧的真正热爱者，通过在以太区域的停留，渴求更高的形像和更加高尚的事物。于是，这里相应就有了神圣的回应和警告，那些努力追求低劣和属地事物的生命将要死去，而灵魂会以死者的方式漫游。只有那些渴求属天的事物，生在高处的灵魂能够获得拯救，将可朽的生命转变为不朽的生命。

[47] 这些话是什么意思，“罗得说，我不能逃到山上去，恐怕这灾祸临到我，我便死了。看哪，这座城又小又近，容易逃到，这不是一个小的么。求你容我逃到那里，我的灵魂就得存活”？②

神圣的话语在这里拓展丰盛的恩惠，召唤进步者的灵魂追求完善。但是

---

① 《创世记》19：17。

② 《创世记》19：18—20。“罗得对他们说，我主阿，不要如此，你仆人已经在你眼前蒙恩。你又向我显出莫大的慈爱，救我的性命。我不能逃到山上去，恐怕这灾祸临到我，我便死了。看哪，这座城又小又近，容易逃到，这不是一个小的么。求你容我逃到那里，我的性命就得存活。”

进步者这个时候仍旧很渺小，就像一个人久病初愈，尽管已经没有死亡的危险，但仍旧算不上健康，于是乎他就承认自己的贫乏，说他不能完全离开他的城邦和文明，迁至安全之处，变成贤人。但是，他想要进步，不再把城邦和文明当做伟大和荣耀的事物，不再对它们表示崇敬，而是把它们视为渺小的，尽管它们是必要的，但几乎没有什么用处。就这样，有三个人站在中间：贤人，进步者，恶人；贤人和恶人处于交战状态。贤人追求和平与安逸，为的是使他自己有时间过一种神圣的沉思的生活。而这个恶人追求城邦的车水马龙和拥挤喧嚣的人群。这个人十分贪婪，喜爱交易，热衷于获得权柄，视权柄为荣耀。而处于二者之间的进步者会朝着安全与和平前进；然而，他不能完全越过文明，尽管他不再像前者那样把城邦当做伟大的善举来敬佩，而是限制于他自己的看法，把从前视为伟大的东西视为渺小的、微不足道的。然而，说同一个城邦既小又不小，这个矛盾的说法拥有最自然的原因，与前面说过的事情相符。因为城邦生活对那个希望讨众人喜欢的人来说似乎是伟大的，而对那个进步者来说是渺小的。对这个问题可以有这样的解答。众所周知，生活方式有三种：沉思的生活、主动的生活、快乐的生活。沉思的生活是伟大的、优秀的；快乐的生活是微不足道的、不美的；中间这种生活是小的而又是不小的，它与另外两种生活有密切的联系。说它是小的，乃是因为它与快乐是近邻；说它不小，乃是因为它接近沉思的生活，与之同缘。

[48] 这些话是什么意思，“看哪，这事我也应允你”？①

有些人不会自吹自擂，也不会超越自己的能力对他人许下诺言，接受这种人是合适的。所以，神圣的话语赞扬这些说过的事情。有许多人渴望得到非常伟大的东西，但却错过适宜追求的中等事物。

[49] 这句话是什么意思，“你要速速地逃到那边去”？②

神的甜美的、善意的、仁慈的话语与这个能够救他自己的人分享拯救，

① 《创世记》19∶21。“天使对他说，这事我也应允你。我不倾覆你所说的这城。”

② 《创世记》19∶22。“你要速速地逃到那城。因为你还没有到那里，我不能作什么。因此那城名叫琐珥（琐珥就是小的意思）。”

当这个人许诺尽可能进步的时候，神就把他的决定当做真正的、不可更改的来接受了。所以经上说：“哦，尽管你不能够在高山上，在属天的大道上行走，但那些中等事物仍旧会吸引你，无论如何，你要鼓励自己，加速前进，所以，不要再把这些事情当做最伟大的。现在你已经坚定地确立了这些观点，不会再有任何细小的改变，那些对不虔诚者实施报复的复仇者和摧毁者是不会对毗邻你的边界下判断的。”

［50］这些话是什么意思，“由于这个原因，他称这座城为琐珥”？①

琐珥译为“山”，这样说是为了让那些进步者得到拯救，并摧毁那些无法治愈者。

［51］经上为什么说，“罗得到了琐珥，日头已经出来了。当时，耶和华将硫磺与火从天上降与所多玛和蛾摩拉”？②

这里的时间是相同的，对那些进步者来说是获得拯救，而对那些无法治愈者来说是受到惩罚。就从那一天起，在太阳升起的时候。神马上实施了惩罚，希望表明太阳、白天、光明以及其他世上的事物是卓越的，宝贵的，祂只会把它们分给贤人，不会赐给那些无法治愈的恶人。为了植物的生长，为了树上能产出果实供凡人和其他生灵食用，天空每年都要刮风下雨，经上说硫磺与火从天而降，毁灭大地上的一切事物，这样说是为了说明季节和年份的原因不是天空、太阳或者其他星辰的行进和旋转，而是天父的权能，祂坐在带翼的马车里在天空中巡游，监视整个世界，用祂认为最好的、最有用的东西来指导这个世界。这个神奇的行为表明，不是已经确定的元素，而是某种强制性的权能，使之转化为万物之要素。硫磺与火的本性很轻，由于这个原因，它们生来就位于高处，但是可恶的咒诅朝着相反的方向改变了它们的运动，从上往下，迫使这些最轻的事物变得像是最重的。进入这个困难的问题是适宜的，祂为什么不仅摧毁那里的居民，他们是不公义的、不虔诚

① 《创世记》19：22。

② 《创世记》19：23—24。“罗得到了琐珥，日头已经出来了。当时，耶和华将硫磺与火从天上耶和华那里降与所多玛和蛾摩拉。”

的，而且颠覆和焚烧城邦、家庭和所有建筑。这里应当有一条关于地点和位置的原则：一方面，有某些事物享有特权，是荣耀的；另一方面，有某些事物与之相反。有贤人居住的地方就有一些庄严荣耀的地方，比如议事厅、神龛、神庙。而在放荡的、不节制的、不虔诚的、不公义的人居住的地方，那里会遭受污染、被玷污、不洁净，玷污者就是那些没有美德，过着邪恶生活的人。由于这些原因，这个繁荣昌盛、极为荣耀的地方不断得到修饰，而那些不受约束的地方会被它的居民和民众颠覆、推翻和毁灭。还有，这个地方也被污染了。但是神圣的话语对未来的世代是一个榜样，它不寻求任何没有价值的东西，就像那些遭受诅咒、灾难，被大火焚烧的人，为的是看到他们同伴所受的痛苦，他们可以受到警告，把它记在心里，常抱恐惧之心，免得遭受审判，这样，他们也可以远离不虔诚的行为。如果人们不是用身体的眼睛，而是用心灵看见这一点，那么他们肯定会皈依美德。如果他们不能被理性所劝，那么他们至少可以通过剧烈的、必要的恐惧而变得有节制。有些人会说大地上有两个榜样，亦即乐园和所多玛这些地方：一个是不朽的美德，另一个是通过邪恶而完全毁灭。前者刚一开始就存在，与这个世界被造的时代相同；后者存在于终结之时。美德是在先的、年长的，是开端时本性的活动，而邪恶是后来的、未成年的，是由愚蠢的、不义的灵魂后来生出来的。

[52] 为什么他的妻子回头一看，就变成了一根盐柱，而不是变成其他什么东西？①

这里的字面含义非常清楚。因为天使命令他们不要回头看，而她违反了这个命令，所以她受到惩罚，尽管她所受的惩罚与所多玛人所受的惩罚不同。所多玛是硫磺与火摧毁的，而这个女人变成了盐。所有这些都表示不育和不结果实，因为这个地区被焚毁，变成盐碱地的平原也不会长出果实来。所以，圣经希望用更加神奇的奇迹来告诫你们。正如在所多玛这个例子中，本来很轻的东西会变得像沉重的东西一样下坠，盐也是这样，它本来有益于

① 《创世记》19：26。“罗得的妻子在后边回头一看，就变成了一根盐柱。”

幸福和坚忍，但却成为破坏与毁灭的原因。

现在必须讲出天使吩咐他们不要回头看的原因了。他们知道有些人看到这些麻烦也许会感到高兴。但是对别人的不幸感到狂喜是不仁慈的，尽管他们遭受的不幸可以是公正的。未来是不可见的，突然遭受的惩罚是无效的、沉重的。但是，其他人可能是软弱的，他们遭受的不幸超过了他们的承受力，他们被情感所困，怜悯和同情他们的朋友、熟人，以及那些与他们短暂生活在一起的人，怜悯和同情把他们联系在一起。所以，禁止他们回头看有两个原因：对于那些理应受到惩罚的人遭受的痛苦，他们不可大喜，也不可大悲。还有第三个原因我会马上加以解释。经上说："哦，人啊，神在实施惩罚的时候，你不要去观看，对你来说你只要知道他们遭受了应得的惩罚就够了。但是，要考察和检验他们如何遭受痛苦是冒失和无耻的行为，而不是值得敬重的行为，虔敬是理性本性的组成部分，有了虔敬，我们可以谨慎小心地长期生活在一起。"这句话的字面含义有如上述。

至于更深的含义是这样的，心灵之妻象征感觉，不仅在恶人身上，而且在进步者身上，它也会变得傲慢无礼，它倾向于感性事物，这些事物是外在的，而不是理性可见的内在事物。由于这个原因，它转回来出现在所多玛，实际上是出现在所有可见的所有物面前，它转向那些有尺度的和无尺度的事物，转向它们呼出的各种气息，各种令人愉快的气味、滋味和实在，通过自身与心灵的分离，它变成无生命的东西，而它得着生命也是由于这个缘故。

[53] 为什么亚伯拉罕"清早起来，到了他从前站在耶和华面前的地方，向所多玛和蛾摩拉与平原的全地观看，不料，那地方烟气上腾，如同烧窑一般"？①

经上极好地描写了虔诚，因为虔诚是这个贤人的组成部分，能使他站稳而不感到疲劳，当惩罚落到那些不应遭受惩罚的人身上的时候，他也会持续

① 《创世记》19：27—28。"亚伯拉罕清早起来，到了他从前站在耶和华面前的地方，向所多玛和蛾摩拉与平原的全地观看，不料，那地方烟气上腾，如同烧窑一般。"

不断地祈祷。这真是神圣和慈悲的高尚榜样！因为他说，如果你看到有些人误入歧途，那么不要害怕，不要放弃。敬畏实施惩罚和摧毁权能的权柄，他向天父乞援。在向神乞援的时候，他不会往回看，而是极大地抚慰、尊敬、崇拜祂，带着祈愿跑过去与祂相会，因为未来是不确定的。因为正如祂是温和的，所以祂也是可怕的；就祂是神而言，祂是温和的，就祂是主而言，祂是可怕的。这就是字面含义。至于更深的含义是这样的，心灵是坚定的，就如神是坚定的。你瞧，当它变得无法更改、不可改变时，它看到了周围的所有事物，那些感性的、有形体的、服从于激情的事物，并把所有这些实在都设想为气息、火炉、烟。因为发热的身体就是一个火炉，而从感官中产生的气息就像水蒸气或地上产生的烟。包围着我们的激情就像火焰，像火与风一样在那里游荡。想要近距离地考察、认识、观看它们如何从邪恶中产生是不可能的，因为它们只有对贤人来说才是确定的、清楚的，尤其是提到过的那几个部分的形像。

[54] 为什么“神在倾覆所多玛诸城的时候，想起亚伯拉罕，就打发罗得从倾覆之中出来”？①

你们明白这里的字面含义是什么了。因为罗得获救不是由于他自己的缘故，而是由于亚伯拉罕，因为后者为他做了祈祷。至于更深的含义是这样的，当天父想到家庭完善时，祂也救了他的亲戚和那个进步者。还有，“祂打发罗得从倾覆之中出来”，这样说是极好的，非常聪明的，但不是从所有倾覆之中出来。因为这位进步者的生活方式没有在所有方面正确地开始，而是跛行的，有时候会摔倒。中间的这些部分是向导，起着正确的领导作用。所以，他很有希望朝着正确的方向前进。当他的最适宜的部分是健全的时候，他就能与那些仍旧患病的人分享拯救。

---

① 《创世记》19：29。“当神毁灭平原诸城的时候，他纪念亚伯拉罕，正在倾覆罗得所住之城的时候，就打发罗得从倾覆之中出来。”

[55] 为什么罗得怕住在琐珥，同他两个女儿上山去，住在一个洞里？[①]

这里的字面含义可以这样说，他认为居住在这座被焚毁的城市附近不安全。至于更深的含义是这样的，当进步者的心灵变得更加纯洁的时候，它平静地移动着，与罪人和不适宜的生活方式分离，恰当地说，与毁灭分离。心灵有两个生来就有的女儿：商议和同意。

[56] 为什么“大女儿对小女儿说，我们的父亲老了，地上又无人按着世上的常规进到我们这里。来，我们可以叫父亲喝酒，与他同寝。这样，我们好从他存留后裔”？[②]

这种违反婚姻习俗的事情是不合法的，是一件新鲜事，但却有它的原因。因为这些处女不知道外面发生的事情，只看见那些城市以及所有居民都被焚毁，以为整个人类都被摧毁了，除了他们三个，没有任何人留下。因此，抱着不让整个大地荒无人烟，不让整个人类灭绝的预见，她们采取了这样大胆的行为，以克服她们在这件事情上的无助和困难。这就是字面含义。至于更深的含义是这样的，这段话必须对“商议”和“同意”说，它们是心灵的女儿，“商议”是大女儿，“同意”是小女儿。任何人在进行商议之前就表示同意是不可能的。它们必定和必然是由它们的父亲生的，也就是心灵所生。通过商议，心灵把那些高贵的、适宜的、说服性的东西播撒在那些目标一致、旨在获取真理者的身上。但是，同意就是几种感官在形像方面的意见。没有心灵，同意自身能做什么呢，它能表示什么同意呢？仅靠它们自己，它们是无效的、不生育的，除非它们在心灵的推动下做恰当的事，并采取恰当的行动。

[57] 为什么大女儿生了儿子，给他起名叫摩押，还大声宣布“这有什

① 《创世记》19：30。“罗得因为怕住在琐珥，就同他两个女儿从琐珥上去，住在山里。他和两个女儿住在一个洞里。”

② 《创世记》19：31—32。“大女儿对小女儿说，我们的父亲老了，地上又无人按着世上的常规进到我们这里。来，我们可以叫父亲喝酒，与他同寝。这样，我们好从他存留后裔。”

么好隐瞒的”，也就是说“他是从我父亲而来的”？①

从字面上可以看出她在这里表达一种狂喜和荣耀，因为她认为这些事情是公义的。她没有停止谈论，也没有保持沉默，就好像这件事要受到谴责似的，而是感到非常自豪，视之为一项巨大的成就。她高兴地说：“我应得荣耀，播下种子的这位父亲是我的心灵。种子播下以后并没有衰亡，而是完善地生长，配得上他的高贵出生和营养。”如果不是优秀的、卓越的“商议”，心灵这个无可指责的后代又应当是什么呢？所以这个生下来的孩子是个儿子。

[58] 为什么大女儿把儿子称做“从我父亲而来的”，而小女儿说“亚扪，我的族人的儿子”？为什么经上说到前者的时候说“这是现今摩押人的始祖”，在说到后者的时候说“这是现今亚扪人的始祖”？②

由于反思者被称做“心灵”，它的“商议”被导向善，所以“商议”当然要宣布“从我父亲而来”。因为只有从心灵中我才能获得“商议”和“想象”。“商议”本身什么都不是，除了被“想象”所替代。然而，是替代而非退隐是一件非常母性的事情。由于这个原因，她在说这个儿子亚扪的时候不再说他从父亲而来，而说他从族人而来。因为被“想象”替代的“同意”与感觉接近，而感性知觉有生育和改变。

[59] 这些话是什么意思，“亚伯拉罕从那里向南地迁去，寄居在加低斯和书珥中间的基拉耳”？③

这些话提到的内容包括这个善人的住地和寄居地，他的住地在加低斯和书珥之间，寄居地在基拉耳。经文当然希望揭示这些名称的力量，加低斯可以解释为“神圣的”，书珥可以解释为“墙”。二者的边界之间是热爱神的思想的区域。那些善人就居住在这里，就好像这里有一堵攻不破、不可毁的

① 《创世记》19：37。“大女儿生了儿子，给他起名叫摩押，就是现今摩押人的始祖。”

② 《创世记》19：38。“小女儿也生了儿子，给他起名叫便亚米，就是现今亚扪人的始祖。”

③ 《创世记》20：1。“亚伯拉罕从那里向南地迁去，寄居在加低斯和书珥中间的基拉耳。”

墙；他们得到神圣律法的滋养，与智慧的房主人高兴地生活在一起，在永久流溢的清泉中啜饮。这些神圣的话语导向一个地方。他们像寄居者一样住在基拉耳，这是一片热爱神的思想的区域。

［60］亚伯拉罕为什么说他的妻子撒拉“是他的妹子”？①

在陌生人中间把妻子称做妹子，这在任何地方都是一种带有敬意的忠告。如果有人认为这样说的人性格是轻浮的，双脚是肮脏的，表情是变化的，实际做法是完全不一样的，那么他应当受到谴责。他们无法想象并牢记，那些犯下滔天大罪的人竟然如此愚蠢，乃至于认为在那里已经得以完善的他似乎希望保持过犯，多次宣讲这些只讲一次就会带来羞耻的事情。但是，不要让这些不虔诚的事情落到我们头上，使我们想起这些与族长、父亲、创建者不相配的事情。赞颂的最佳时机就是看见那些天然事情的时候。热爱美德的心灵把美德称做“妹子”而不是“妻子”，因为把妻子称做妹子似乎只是对智慧的一种保护，表现出一种渴望和热情，这对所有那些真诚追求卓越的愿望来说都是共同的。

［61］这句话是什么意思，“基拉耳王亚比米勒差人把撒拉取了去”？②

不要以为这里讲的是这个贤人违反了婚姻律法，因为这位国王道德败坏，淫乱放荡，非常好色，他想要羞辱与陌生人相关的律法，带走别人的妻子，所以我们说这个问题是一个道德问题，所有恶人都会宣布拥护我们讲的这些事情，因为想要费力得到美德的人几乎不存在，而为了获取美德需要付出巨大的努力。

［62］这些话是什么意思，“但夜间神来在梦中对亚比米勒说，你是个死人哪，因为你取了那女人来，她原是别人的妻子”？③

---

① 《创世记》20：2。“亚伯拉罕称他的妻撒拉为妹子，基拉耳王亚比米勒差人把撒拉取了去。”

② 《创世记》20：2。

③ 《创世记》20：3。“但夜间神来在梦中对亚比米勒说，你是个死人哪，因为你取了那女人来。她原是别人的妻子。”

这里的字面含义非常清楚。至于更深的含义是这样的，它想要表达下列意思：这个傻子强烈地坚持“他拥有美德”，被神圣的道判定有罪；圣道进入他的灵魂，考察他，寻找他，强迫他承认这些美德是另外一个人拥有的，而不是他拥有的。“夜来在梦中”，这句话写得极好。因为愚蠢的灵魂小心翼翼地把自己关闭在黑暗、夜晚、沉睡之中，没有任何一个部分是觉醒的。

[63] 这句话是什么意思，“亚比米勒还没有亲近撒拉”？①

这里的字面含义表示神圣和纯洁。至于更深的含义我们必须这样说：愚蠢的灵魂不希望触及或靠近美德，由于它具有独特的本性，它不能这样做。

[64]“亚比米勒说，主阿，连无知和有义的国，你也要毁灭么？”② 这些话是什么意思？

我不知道无知是否与公义相匹配。然而，有些人说这件事情不太清晰，所以不可能确认和清晰界定这个观念，区分不恰当的事情。我会说：“我的大好人，基于公义的事实，不公义的自愿犯罪是一种由于无知而不自觉地犯下的罪行。不过在我看来，它处于公义和不公义之间的半道上，有些人称之为冷漠，因为没有一样罪过是公义的结果。我用纯洁的心和公义的手做了这件事，他说的话与此相关。这些陈述一真一假，说它是真的，因为它有一颗纯洁的心；说它是假的，因为它有着公义的手。”我会对他说：“对你来说，你的实际行动不就足以表明你的不公义吗？”

[65] 这些话是什么意思，“神在梦中对他说，我确实知道你作这事是心中正直，我也拦阻了你，免得你得罪我，因为我不容你沾着她”？③

这些话所说的确实都是神圣的话语和诫命。首先，心中正直属于那些不自觉地犯了罪的人，而非属于那些自愿犯罪的人。其次，经上对那些得到宽

---

① 《创世记》20：4。“亚比米勒却还没有亲近撒拉。他说，主阿，连有义的国，你也要毁灭么。”

② 《创世记》20：4。

③ 《创世记》20：6。“神在梦中对他说，我知道你作这事是心中正直。我也拦阻了你，免得你得罪我，所以我不容你沾着她。”

恕的人表示悲哀，而对那些不自觉地犯罪的人则无动于衷。最后，那些在圣事中行了违法之事的人，这种罪不仅针对人，而且针对神，所以注意和观察祂是合适的，祂满是恩惠，是祂颠倒了灵魂的最初冲动，用祂的旨意指导灵魂，免得灵魂一头坠入愤怒，陷入无法无天。

[66] 这些话是什么意思，“现在你把这人的妻子归还他，因为他是先知，要为你祷告，使你存活。但若你不归还他，你当知道，你和你所有的人都必要死”？①

这些话的字面含义里面包含一种抗辩，指出婚姻的背信者要遭受惩罚，尤其是这件事涉及一名先知。知道那个人并没有接近和玷污他的妻子，知道他的妻子还保持着贞洁，他就毫不犹豫地称她为“妹子”而不是“妻子”，妹子这个名称在本地人中间是甜蜜的、温柔的、适宜的、恰当的。尽管神的诫命“把这人的妻子归还他”也非常卓越，但诫命中没有说“妹子”或“撒拉”，这就相当于说，“把这人的妻子的身体完好地归还他，让它保持圣洁，不要奸污亵渎它，要让她保持贞洁，纯洁地，不受玷污地回到她的丈夫那里去。如果你不把她当做妻子来归还，那么你和你的家人都会遭受惩罚，被处死。”至于更深的含义是这样的，那些认信智慧、公义，以及一般美德的人，正如他们只能与有道德的配偶生活在一起，所以他们的灵魂也只能过一种不朽的生活。任何想要把她拉走污辱的人都不可能做到，但若出于自爱而被完全剥夺美德，那就等于疯狂地摧毁他们自己。经上说，如果你从前没有得到抚慰，那么被一种疯狂的冲动和情欲所捕获似乎是快乐的，至少会发生一些变化，所以不要为了你自己而取走属于其他人的东西。如果认为美德值得作为妻子而不是作为妹子拥有，那么美德对愚蠢者来说就是一个陌生人。她对进步者来说确实是亲戚，就好比是兄弟，而仅对完善者而言，她才是一名真正的妻子。

① 《创世记》20：7。“现在你把这人的妻子归还他。因为他是先知，他要为你祷告，使你存活。你若不归还他，你当知道，你和你所有的人都必要死。”

[67] 为什么亚比米勒要问亚伯拉罕，你作这事是怎么想的？为什么亚伯拉罕回答说，我以为神不在这里，我肯定要被你们伏击杀死？①

并非要把所有真相都告诉所有人，所以这位贤人也用变更名称来掌控整件事情。他知道，作为他的妻子，撒拉不应当腐化堕落。然而，他并没有承认这一点，而只是讲了适宜那些向他询问的人听的话，为的是让他们可以感到兴奋，他似乎正在说明这里有一种虔诚的愿望，想对陌生人表示尊敬，使他们更加在意虔诚与好客。

[68] 这些话是什么意思，“况且她也实在是我的妹子，她与我同父异母，后来成了我的妻子”？②

这里的字面含义相当清楚。至于更深的含义是这样的，经上说某些事情是最自然的，因为它们会引入美德，而美德实际上没有母亲，也不会在女性身上出现，万物之父只管播下种子，祂的生育并不需要质料。这个善人的美德有妹子和妻子这两种意思，作为妹子，因为他们俩有同一位父亲。祂生养万物，作为妻子，凡通过交配而生育者被称做妻子。所以，这位义人是公义的配偶，这位无知者是无知的配偶，这位忠诚者是忠诚的配偶，这位虔诚者是虔诚的配偶，总而言之，这位贤人是智慧的配偶。

[69] 为什么亚比米勒对撒拉说，“你瞧，我已经给了你哥哥一千银子作为你的面子和荣耀，所有妇女也和你一起讲真话”？③

由于他那不自觉地犯下的罪过，他应当惩罚自己，以补偿撒拉的面子和荣耀。但在这里，讲述真相的却是一个未曾哲学化的、没有学问的人。如果人生得到恰当的指点、不承认任何虚假的东西，那么就任何事情对任何人讲述真相就是恰当的了。但由于伪善是一种带有权威的邪恶行为，就好比在剧

① 《创世记》20：10—11。“亚比米勒又对亚伯拉罕说，你见了什么才作这事呢。亚伯拉罕说，我以为这地方的人总不惧怕神，必为我妻子的缘故杀我。”

② 《创世记》20：12。“况且她也实在是我的妹子。她与我是同父异母，后来作了我的妻子。”

③ 《创世记》20：16。“又对撒拉说，我给你哥哥一千银子，作为你在合家人面前遮羞的（羞原文作眼），你就在众人面前没有不是了。”

场里，傲慢隐藏在真相之中，而贤人需要多种技艺，他可以从中获益，模仿那些嘲笑者，为了拯救他们能拯救的人，他们说的是一回事，做的是另外一回事。在任何情况下发生这种事情都是不对的。因为一名邪恶的顾问对他的听众虚假地谈论一切是无益的，而有益于健康的性质是美德所特有的。

[70] 亚伯拉罕祷告以后，神医好了亚比米勒和他的妻子，并他的众女仆，她们便能生育了，因为神为了亚伯拉罕的妻子的缘故，已经使亚比米勒家中的妇人不能生育。① 这是为什么？

当天父希望对某人仁慈的时候，祂会认为这是一种特别的恩惠，就好像现在这种情况。由于这位贤人做了祷告，祂宽恕了这家人不自觉地犯下的罪过，尽管他们没有人祈祷。还有，经上教导一种美好的学说，针对那些下判断的人，也针对那些被判断的人，也就是说，不应当首先杀死前者，或者首先惩罚罪人，而应当在一开始的时候温和地劝说、调解那些似乎犯了过错的人；至于其他人，他们应当恳求法庭不要一直处罚众人。

[71] 为什么撒拉享寿一百二十七岁？②

这里的每一个数字，也就是七、二十、一百，都含有神圣的、独立的地位。还有，它们很好地结合在一起，各个部分之间都是和谐的。因为从一开始的这个双倍数系列，一、二、四、八、十六、三十二、六十四，加在一起得一百二十七。

[72]“她死在山谷里的亚巴城，就是迦南地的希伯仑。”③ 经上为什么要说撒拉死于何地？

“亚巴”可以译成“四的”，“希伯伦”的意思是与女人“交合”或“来往”，“迦南”的意思似乎是“她们的外貌”。

---

① 《创世记》20：17—18。“亚伯拉罕祷告神，神就医好了亚比米勒和他的妻子，并他的众女仆，她们便能生育。因耶和华为亚伯拉罕的妻子撒拉的缘故，已经使亚比米勒家中的妇人不能生育。”

② 《创世记》23：1。“撒拉享寿一百二十七岁，这是撒拉一生的岁数。”

③ 《创世记》23：2。“撒拉死在迦南地的基列亚巴，就是希伯仑。亚伯拉罕为她哀恸哭号。”

[73] 经上为什么要说“亚伯拉罕为撒拉哀恸哭号，后来亚伯拉罕从死人面前起来”？①

经上小心谨慎地说他站起来，但不是从撒拉面前，而是从他的“死人”面前。他在那里哀恸哭号，不是在他的“死人”面前，而是在撒拉面前。这样说是最自然的，因为这个善人远离那自然死亡的身体是恰当的，他是在为智慧哀恸，就好像智慧与美德分离了似的。不会腐朽的事物中间不会有什么哀伤，而智慧是不朽的，如同所有美德一样。但涉及我们凡人能够拥有的东西，我们有时候会匮乏，必定也会有悲伤。经上小心谨慎地说这个善人去那里不是为了哀伤和哭泣，而是为了这样的事物。因为出乎意料、违反意愿的事情会使软弱者变得虚弱和崩溃，而在其他各处，他只会向那些前来打倒他的人鞠躬，而不会以这样的方式完成他们的工作，他们会被占主导地位的理性打退，向后撤退。所以对一个献身于道德卓越的人来说，当某些违反他的意愿的事情发生时，站起来祈祷或者全身心地陷入此事是不妥的，他们应当逐渐向前，而在抵达目标之前退却。这则神圣的律法可以写下来作为一种警告，人们不得犯下这些罪过，不要被那些外在的事物所推动，比如别人的财产和妻女，犯下盗窃、抢劫、通奸等等罪恶，他们不可以犯下这些罪过，受到这些罪过的打击就足够了，他们应当离开，并坚定他们不可动摇的心灵。

[74] 亚伯拉罕为什么说“我在你们中间是外人，是寄居的”？②

然而，不是每个聪明的灵魂都像移民和寄居者一样住在这个可朽的身体里吗？灵魂有它真正的居所和国家，在那最纯粹的天空，我们的本性依据必然的法则从那里移居到这个地方。它这样做也许是为了仔细考察地上的事物，甚至那些也许并不分有智慧的事物也可以拥有较好的生活，或者为的是它们可以与被造的存在同缘，不会持续完全地幸福。因此在总结他的思想时，他并非不恰当地说了移民和寄居，而且添上“在你们中间”。确实，智

① 《创世记》23∶3。“后来亚伯拉罕从死人面前起来，对赫人说。”

② 《创世记》23∶4。“我在你们中间是外人，是寄居的。求你们在这里给我一块地，我好埋葬我的死人，使她不在我眼前。”

慧的热爱者并不居住在空洞的事物中，或者围着它们走，尽管他与他们一道成长，但在思想上却远离他们。因此，真的可以恰当地说，贤人不会与愚蠢者一同远航，一道旅行，成为同胞，或者一道生活，因为拥有主权的、占统治地位的心灵不会与其他任何事物联合或混合。

[75] 这些话是什么意思，“给我一块坟地，我好埋葬我面前的死人”？①

这里的字面含义是清楚的，可以说是众所周知，但是更深的含义我们可以作喻意解释，有如下述：从表面看来，贤人不会去寻找坟墓，因为身体就是灵魂的坟墓，灵魂被埋葬在里面，就像在坟墓中一样；至于坟地，说的是主权和统治权，因为，他说：“我将要变成主人，得到权柄，不再臣服于任何权柄，我可以说是不再像从前那样被埋葬在他们中间，而是我要把他们埋葬在远离我的地方。”

[76] 他们为什么对他说，“你是来自神的我们中间的王吗”？②

第一，圣经希望说明，并非只有理性的贤人，而是所有人都敬仰和荣耀这个人，他追随纯粹无瑕的智慧。人们不仅把他当做统治者，而且当做统治者之统治者、神圣的统治者、万王之王，他是卓越的、有道德的，他不是由人，而是由神挑选出来的。第二，圣经制定了一条最自然的律法，而有些学哲学的人却拒绝这条律法。这条律法是愚蠢者不可当国王，哪怕他成为全部土地和海洋的主人，只有贤人和热爱神的人可以当国王，哪怕他没有像许多人那样用暴力攫取权力、装备和资源。所以，一方面，那些对舵手、医生、乐师的技艺无知的人面对船舵、药物和药膏、笛子和竖琴会有麻烦，因为他不能按照它们的天然目的使用它们；但另一方面，这些东西对舵手、医生、乐师来说是恰当的、合适的。说它是合适的，因为有某种王者的技艺，是技艺中最高尚的。我们必须认为这个无知的、不精通的、贫乏的人是外行，而

---

① 《创世记》23：4。

② 《创世记》23：5—6。“赫人回答亚伯拉罕说，我主请听。你在我们中间是一位尊大的王子，只管在我们最好的坟地里埋葬你的死人。我们没有一人不容你在他的坟地里埋葬你的死人。”

只有懂行的、有经验的人可以称做国王。第三，经上也告诉我们，神的判断大于人的判断。因为人们把某个人当做他们的统治者和主人，因为这个人对那些可朽的质料握有大权，而神用所有智慧激励他，让他明白无生命的、无理性的质料没有任何价值，当神看到他的灵魂洗涤干净、他的心灵自由而不受奴役的时候，神会使这个有智慧的人列名于最伟大的统治者和国王之中。第四，受必然性的影响，凡人的选择是易变的、暂时的，他们的方向会改变，一会儿向上，一会儿向下，他们的习俗、事件和运气也在变化，而神的选择是不变的，而由于这些人不可收买，他们使自己成为遵守律法的人。

[77] 他们为什么说“在我们的坟地里埋葬你的死人”？①

这里的字面含义很容易解释。由于他拥有荣耀，所以他们同意让他挑选坟地。至于更深的含义是这样的，在恶人身上，欲望、感性快乐，以及无论其他什么能使身体感到兴奋的东西，可以使身体拥有生气，而在善人身上，欲望是死的，因为他是节俭的、自控的，能忍受饥饿，所以说贤人的灵魂并非远离身体，而是拥有活的身体，就像一座青铜雕像，始终携带着它。所以，那些性格相反的人说：“让我们来打理这些事情吧，我们可以挑选所有值得记住的事物，食物、饮水、衣物，以及无论什么属于豪华、奢侈、快乐生活的东西。”但是这些话使他感到不快，于是他耐心等候，细心照料，通过下跪、安慰和拥抱来抚慰他们，只要他认为这样做是合适的，恰当的，他在埋葬他的死者之前不会把他们打发走，也不会把遗体交给他们埋葬。还有，我们也要看到那些人把坟地称做“纪念物”，而这位贤人讲的是“拥有纪念物”或者“坟地的财产”。为什么呢？因为前者只考虑身体以及身体值得记住的那些方面，而他不仅考虑到这一点，而且还考虑对坟地的统治和拥有。

[78] 亚伯拉罕为什么说，“你们若有意叫我埋葬我的死人，使她不在我眼前，就请听我的话，为我求琐辖的儿子以弗仑，把田头上那麦比拉洞给

① 《创世记》23：6。

我。他可以按着足价卖给我，作我在你们中间的坟地”？[①]

首先通过下拜来表现他的智慧以后，他说：“你们使用语言不是为了骗人，而是为了灵魂和心灵的益处，你们承认我们穿着一具死的身体，我们应当埋葬它，不允许我们的激情复活和兴盛，而要让它们看不见，因为它们对反思的冲动来说是一种障碍。因此，在灵魂的议事会上代表我讲话吧，无论坟地值多少银子，都要尽快支付，也就是说要配得上理性，如我所说，这样做不是为了纪念物，而是为了拥有纪念。”

[79] 什么是“以弗仑”，为什么“他坐在赫人中间”？[②]

“以弗仑”可以解释为“尘土”，而“赫人”的意思是“离开某人的心灵”。经上用“尘土”来表示有形体的事物，用“离开某人的心灵”来表示疯狂和愚蠢。因为在愚蠢和疯狂的人中间，身体拥有真正的和主要的等级，得到那些人的事奉和照料，而那些人对任何恰当的、真正的善一无所知，也不会努力去认识它。

[80] 什么是“双穴”？[③]

这里的字面含义无须任何说明，因为在那座山下一共有两个洞穴，一个在外面，一个在里面，或者说有两道墙，一道包围，一道被包围。至于更深的含义可以评价如下：人的身体与“双穴”有些相似。因为外在的欲望是无法满足的，它以不知足的欲望为其向导和统治者。但另一方面，涉及内在事物时它以理性引导自身，使用耐心的自制。因为愚蠢者会为了外在的事物而放弃内在的事物，为了心灵的事物而放弃感性的事物，用耐心的自制置换无拘束的欲望。这位善人使用篱笆和围墙，在心灵的事物和现象中的可见事物

---

① 《创世记》23：8—9。“对他们说，你们若有意叫我埋葬我的死人，使她不在我眼前，就请听我的话，为我求琐辖的儿子以弗仑，把田头上那麦比拉洞给我。他可以按着足价卖给我，作我在你们中间的坟地。”

② 《创世记》23：10。“当时以弗仑正坐在赫人中间。于是，赫人以弗仑在城门出入的赫人面前对亚伯拉罕说。”

③ 《创世记》23：11。“不然，我主请听。我送给你这块田，连田间的洞也送给你，在我同族的人面前都给你，可以埋葬你的死人。”

的形式之间放置一道屏风。当这两个洞穴存在于恶人身上时，它的身体也是不洁的，好色的。但若灵魂居住在里面，这就把自身改变为热爱神的灵魂，获得神圣、纯洁、无可指责的生活。所以，我相信，造物主和建造师把帐幕造成双重的，用一道幔子将内部和外部分开，将内部称做至圣所，把外部称做圣所。但是所有这些事物都是心灵和理智的型相，而身体也有双重洞穴，尽管它们确实是热爱神的心灵的所有物。

[81] 为什么亚伯拉罕想要的只是洞，而以弗仑把田也送给他？①

这里的字面含义是这样的，出于对亚伯拉罕的敬仰，出于对他看见的亚伯拉罕显示的智慧的敬佩，他认为应当厚待亚伯拉罕。至于更深的含义是这样的，他认为应当把那块田也象征性地送给这位善人，为的是让身体可以拥有必需品，得到滋养。由于拥有自由的性格，同时他也很富有，所以他没有拒绝亚伯拉罕的要求，而是清楚地说："我会把我所有财产和在凡人中得荣耀和权力的东西都给你，我不会落入那些伪善者的陷阱，而会恰当地处置它们，我要向每个人说明，必要的权力就在他们所有人手中。"

[82] 为什么在他获得坟地之前，那个洞被说成是"在田里"，而在他获得坟地之后，这块田被说成是"在洞里"？②

圣经这样说是最自然的，只要心灵还没有统治身体，而身体处于外在事物的权能之下，受到这些事物的支撑，比如酒、食物以及所有在大地上从田里生长出来的东西。心灵一旦获得力量，它就迫使长期处于事奉状态的身体显示它的权能，不受制于外在事物的权能，而是正好相反，包含它们，统治它们，而不是成为它们的一个部分。

[83] 经上为什么说坟地就在"麦比拉对面"，为什么说"就是希伯仑"？③

---

① 《创世记》23：11。

② 《创世记》23：17，19。"于是，麦比拉，幔利前，以弗仑的那块田和其中的洞，并田间四围的树木。""此后，亚伯拉罕把他妻子撒拉埋葬在迦南地幔利前的麦比拉田间的洞里。幔利就是希伯仑。"

③ 《创世记》23：19。

希伯仑可以解释为“结合”或者“女人的伴侣”，这一点我们在前面已经正确地说过了。你们瞧，在某种意义上，在有两个洞穴的情况下，这些伴侣之间的结合是可能的，可以使身体真正地献身于灵魂，一个当统治者，另一个当使臣，使臣被说服，愿意去做女王宣布的任何事情，为的是让她可以赋予相同的权能，通过它可以统治外在的事物和感性的对象。

[84] 经上为什么说，“亚伯拉罕年纪老迈，主在一切事上都赐福给他”？①

这里似乎不能从年纪方面去解释，因为若将他解释为比他之前的所有人的寿命都要短，那么我们就会茫然不知所措了。他在美德方面是优先的，配得上长寿和荣耀。因此上面说的年纪老迈的意思是价值方面的增加，虔诚达到顶点，在生活的各个方面，在思想、行为、言辞上拥有卓越的判断。

[85]“管理他全业最老的仆人”② 是什么意思？

这里的字面含义是清楚的，经上指出这个人是一位仆人或管家，管理他主人的财产。至于它的喻意的和自然的意思肯定是这样的：心灵在这里谈论我们中间存在的仆人、使臣、跟班的情况，心灵比语言更加完善，心灵是统治者和主人。这里说这位仆人是最老的，因为他得到行使自然行为的权柄，像一名国王那样，用理性统治有形体的事物和不可见的事物。谈话则用美德管理所有这样的事物。

[86] 他为什么说“把你的手放在我大腿底下”？③

这里讲的事情跟婚姻有关，亚伯拉罕要这位仆人把手放在靠近生殖器的地方发誓，象征一种纯粹的联系和婚姻，这种婚姻不以感性快乐为目的，而以生育合法的子女为目的。从喻意来看，我们可以说圣经实际上用大腿指称灵魂的那个不流动的地方，那里是坚硬的、稳固的。他嘱咐那个人把理性放

---

① 《创世记》24∶1。“亚伯拉罕年纪老迈，向来在一切事上耶和华都赐福给他。”

② 《创世记》24∶2。“亚伯拉罕对管理他全业最老的仆人说，请你把手放在我大腿底下。”

③ 《创世记》24∶2。

在手中，敬畏和荣耀那个地方，这种特别的荣耀不会发生变化，而会保持完全一致的不变和真实，从而不被轻看。

[87]经上说“我要你指着天地的主起誓”①，他为什么指着天起了两个誓，指着地起了一个誓?

天是这个世界的最佳部分，所以被指定位于最高处，具有最纯粹的实在，布满星辰，星辰各自都有神一般的形像。地是这个世界的最后一个部分，所以被指定位于最低处，生活在地上的动物和植物是可朽的、有死的。他正确地把第一位的荣耀和特权赋予最佳部分，对着天父的权能，亦即创造的权能和统治的权能，他起了两个誓。而从这个较小的部分他去掉了一个名称，原因在于天和自然与它相似，始终不发生变化，也决不满足或者缺乏对天父的事奉，只是把神当做造物主来事奉，把祂当做国王来服从，我们这些土生的、可朽的生灵不能拒绝神，因为创造者必定要被想象为动力因，而我们仍旧不承认祂的王权和作为真正的主的统治权，有些人这样做是由于不虔诚，有些这样做则是由于固执和诡辩的机敏。所以，这个学派的哲学家不会为此感到羞耻和脸红，他们把天意排除在外，排斥天父对其后裔的关心。这也是这位埃及国王的看法和信念，他对自己说“我不认识主”，而这正好表明“确实，我认识神，出于自然的必然性”，只要他察觉并承认他是由造物主创造的，然而他否认自己认识主，相信这个世界和世界中的一切可以没有神旨和神的关照。

[88] 他为什么要求不要为他的儿子娶迦南地的女子为妻，就好像后来雅各的父母要求雅各的那样，“除了仆人以外”? ②

确实，这里的字面含义包含一种怀疑的焦虑和审慎的思想。因为以撒是成年人，到了结婚的年龄，但他不能娶仆人为妻，他二者必居其一：要么服从，要么反对。嗯，就他的顺服而言，他父亲做他的赞助人是很自然的。如

---

① 《创世记》24∶3。“我要叫你指着耶和华天地的主起誓，不要为我儿子娶这迦南地中的女子为妻。”

② 《创世记》24∶3。

果他不顺服，那么这些事奉是多余的。之所以这样说，乃是因为亚伯拉罕按照神谕从迦勒底人的土地移居别处，他不认为把他的儿子打发到那里去是对的，而是认为这样做是愚蠢的。首先，根据同样的道理，他作为一名赞助人来处理这些事情是不妥的，因为是他让雅各离开这个家庭，而对雅各来说，去那里娶妻也是不对的，因为他是他父亲的模仿者，非常明白给予他的指令。不过，对他来说，剩余的问题还不少。他说“作为一名跟班去那里，为的是让我的儿子不要在那里娶妻”，他在这里说的话好像不是对仆人说的，而是对主要赞助人说的，因为他说：“我恳求你们不要让我的儿子娶迦南地的女子为妻。”

所以，从这句话的喻意来看，我们可以最自然地说，以撒不需要鼓励，因为他从来没有娶迦南女子为妻。我要说的是，这些名字所指称的不是男人和女人，而是灵魂的特性。因为以撒就是心灵，是自教者，也是自学者，在无动于衷者中间它又是独特的，它始终快乐，每日快乐，在他的天父、神和所有神工中快乐。他不会变得对世上发生的任何事情都不知足，而是知道一切事情均依照本性发生，通过神圣的天命，为了一切事物的幸福和永恒。因此，他不会娶迦南女子为妻，我这样说的意思是，他不会有上面提到的那个学派的品性，因为“迦南人”换作亚兰文，意思是“离开心灵的人”。已经说过的话仍旧值得担心，他称之为“仆人”，可以指智者的虚构和骗人，对那个凭本性令神喜悦的人耍诡计。所以他用可怕的誓言来约束这个人，就好像要给他戴上缰绳，为的是软化他，使他变得温和，使他讲话时不会引起恐慌，使他克服不能直立的缺点，做到用语坚定。他说：“去那里，我的原出之地”，这里指的是家庭和家族；也就是说，他依照神的诫命而移居。“从那里为我儿子娶一个妻子。”他在那里得到警告，涉及他妻子的品性，亦即表现出移居的倾向，或者与习俗相一致，尤其是像从事星相术的迦勒底人那样，首先指不可见的、无形体的种类。

[89] 仆人询问“倘若女子不肯跟我到这地方来，我必须将你的儿子带回你原出之地么”，这个时候他为什么要说“你要谨慎，不要带我的儿子回

那里去”？①

这里的字面含义是清楚的，更深的含义则与某种哲学主张相符。他告诫说，要谨慎，不要消除高尚者的稳定品性，高尚者与善行的法则相一致。比能让宇宙创造者和万物之父喜悦更有价值的事情，不是发现事物的缺陷，就像那些变化无常的、不具有稳定品性的人习惯做的那样，而是发现琐碎事物分有的该受谴责的本性，指控那些不受指控者，是吗？

[90] 他（亚伯拉罕）为什么说，“天上的主神和地上的主神必差遣使者在你面前，你就可以为我儿子以撒娶一个妻子”？②

我确实看出他是一位先知，他发布神谕，为将要发生的事情立法。因为律法是天然的，而非凡人的发明。当热爱神的心灵变更它的居所，离开可感的土地前往别处，这时它马上会被把握，产生预言。如果不是出于某种预测和预言，他从哪里得知这名仆人能够通过使者的指引而完成他的行程呢？但是，也许有人会说：“使者有什么必要为这名仆人指路，只因为他要去为主人的儿子娶妻吗？”对此我们必须说：“先生，这样做并非徒劳无益，祂确实希望人的心灵保持本性，但也要积极主动，对发生的事情要有所回应，尽管它做任何事情都是外在的。”由于这个原因，舵手不会由于顺风而抛弃他的船舵，士兵不会由于掌握了科学知识的智慧而离开他驻扎的岗位，农夫不会由于风调雨顺、寒暑适宜而放弃耕种土地。不要对任何自动发生的事情感到惊讶，也不要对任何邪恶的事情无动于衷。有人不希望做任何事情，付出任何努力，但想要为自己获得宝石和其他所有无生命的东西，这当然不会感到愉快。然而，有许多人只希望享受增长着的感性快乐，却不愿从事任何人间事务。这就是字面含义。然而这段话也包含与前面所说的相和谐的喻意。我

① 《创世记》24：5—6。“仆人对他说，倘若女子不肯跟我到这地方来，我必须将你的儿子带回你原出之地么。亚伯拉罕对他说，你要谨慎，不要带我的儿子回那里去。”

② 《创世记》24：7。“耶和华天上的主曾带领我离开父家和本族的地，对我说话，向我起誓说，我要将这地赐给你的后裔。他必差遣使者在你面前，你就可以从那里为我儿子娶一个妻子。”

们已经说过，与心灵相比较而言，话语被称做“仆人”，这个词马上就会使人产生怀疑，产生虚弱和欺骗的形像，而提到救世主以后，经上又用另一个词来表示，称做“使者”，就好像是神圣的预言和诫命的解释者。当他前来教人的时候，他迫使自己不要犹豫不决或者感到迷惑。

[91] 这些话是什么意思，“倘若女子不肯跟你来，我使你起的誓就与你无干了，只是不可带我的儿子回那里去”？①

有人对此可能会感到茫然，他会怀疑那名女子是否与神的使者一道前来，因为他的话也包含着怀疑，他说：“倘若女子不肯跟你来，我使你起的誓就与你无干了。”然而，通过喻意解经就不能解决这个难题吗？你只需要说，如果神的使者不在那里，那名女子也许就不会来了。所以，为了确认这一点，他说倘若女子不肯跟你来，这样说就好像她希望有人相伴，有了神的发话，她就会来了。尽管她也许不相信这个年轻人，但她相信这条得拣选的道路的指引者，相信这项伟大神工会完成。这项工作是神圣的，它是灵魂的神圣婚姻，与自学成才的理性相和谐。

[92] 为什么那仆人取了他主人的十匹骆驼和他所有财物？②

十是最完全的数，骆驼是记忆的象征，因为骆驼会不停地反刍、碾磨、咀嚼食物。这就是对以往经验的回忆，无论什么心灵都通过思维来回忆经验，心灵在思维的推动下左右摇摆，然后变得井然有序，通过两件事情的结合逐步稳定下来。由于这个原因，经上说他取的不是“好财物”，而是他的“所有财物”，因为这位善人的整个生活充满幸福，没有哪个部分是空的，可以再添加或者接纳罪恶。但是经上又说“他取了他主人的所有财物”，这样说很好，因为其他有许多人在使用财物，把财物当做无益的、外在的东西，比如智者和玩弄辞藻者。哲学的律法是美好的，配得上热情和美德，尽管他

① 《创世记》24：8。“倘若女子不肯跟你来，我使你起的誓就与你无干了，只是不可带我的儿子回那里去。”

② 《创世记》24：10。“那仆人从他主人的骆驼里取了十匹骆驼，并带些他主人各样的财物，起身往美索不达米亚去，到了拿鹤的城。”

们学过哲学的律法，但他们并没有变得比较好，而在矫正其他人的生活时，他们自己的灵魂又被忽略，没有受到关照，就好像他们自己并不拥有真正的哲学，而他们挂在嘴上的哲学又是肤浅的。这就像一名丑陋的女人身着紫袍。[①] 对穿着者来说，这件衣物不是一种装饰，而是一种谴责，非常清晰地表现出她的淫荡。

[93] 什么是“美索不达米亚”？他要去哪里？什么是“拿鹤的城”？[②]

“美索不达米亚”的字面意思是巴比伦的土地，位于幼发拉底和底格里斯这两条河之间，这样的名称是恰当的。至于“拿鹤”，很清楚，这是巴比伦的这座城市的第一个名字，就像其他许多城市一样，它也改过名字。至于更深的含义是这样的，恰当地说，“拿鹤”可以解释为“别的光”。有形体的眼睛的光来自火，比如太阳之光、月亮之光，或者灯光，而智慧是灵魂之光。对他来说，静止和休息没有益处，而运动对他有益，对他附近的人也有益。在智慧的推动下，那些合适的、与他相关的事物变成全善的，而当他不运动的时候，他变得跛足和不完全。由于这些原因，尽管美索不达米亚的城市受它自身河流的限制，就好像位于激流之侧，他迈着畅通无阻的、自由的步伐开始运动，而灵魂按照本性产生运动，它在被照亮的时候变得聪明，富有知识；灵魂中有许多事情，有些要归于我们自己，有些要归于外在的原因，这些原因就像河流围绕着心灵流淌，并对心灵产生限制。

[94] 经上为什么说“天将晚，众女子出来打水的时候，他便叫骆驼跪在城外的水井那里”？[③]

这里的字面意思是清楚的，他们夜间在水井附近过夜，让他们的驴子得到休息，这样做是旅行者的习惯。至于更深的含义有如下述：记忆安静下

---

① 古罗马贵族崇尚紫色，紫色是贵族身份地位的象征，只有贵族才能穿紫色的衣服。

② 《创世记》24：10。

③ 《创世记》24：11。“天将晚，众女子出来打水的时候，他便叫骆驼跪在城外的水井那里。”

来，不再活动，好像睡着了似的，这个时候，在这座城市外面的灵魂也都会进入睡眠。我们每个人都像一座城市，而身体就像建筑物，灵魂就像居民。当记忆处于清醒状态时，它会进入这座城市把心灵唤醒，也就是说，它居住在我们中间。而当睡眠控制了它——睡眠是记忆的遗忘——它必定要从那个地方消失，也就是从我们中间消失，直到再次兴起。除了离开记忆，遗忘还能是什么呢？经上说得很好，记忆变成了睡眠，不仅在城市外面，而且在水井那里，这表明遗忘不是永久的，或者不是每天都发生的，因为泉眼就在附近，从那里可以得到记忆，而睡眠进入灵魂的另一个名称就是遗忘，摆脱记忆。清醒的真正的名称是"记忆"，清醒到来的时候，那个夜晚到井边来打水的人仍旧留了下来。嗯，经上没有说他们是谁，因为这里考察的对象不是女人，也不是水，而是热爱神的人的心灵，心灵向往水的通道。它的休息时间是太阳下山以后，这个时候感觉会远离，也不再有阴影和余光。然后，它从可见事物中得到更加清晰的、理性的印象，瞧，它抵达了神圣的泉眼，也就是智慧，智慧用水的形像来表现它的权能。有些心灵持续用嘴唇饮水，有些心灵只想解渴，还有一些心灵急迫地想要享有那些属于美德的事物。

[95] 这名旅途顺利的仆人为什么要预言将要发生的事情？①

这里的字面含义是这样的，神的使者是这名仆人旅途上的伴侣，他的热心感动了仆人，而仆人受到激励。至于更深的含义是这样的，他们属于这种类型的人，具有热爱神的品性，理性对这些品性进行了仔细的、充分的考察。发现这些品性联系在一起的时候，它感到高兴，因为这也是它的希望。嗯，现在有三种类型：第一，这个人是处女；第二，她的水瓶是倾斜的；第三，她给他们水喝。处女象征纯洁和诚意，可以用来荣耀诚实的、不朽的、没有激情的本性。还有，水瓶的倾斜象征教导和参与，不是为了任何人，而

① 《创世记》24：12—14。"他说，耶和华我主人亚伯拉罕的神阿，求你施恩给我主人亚伯拉罕，使我今日遇见好机会。我现今站在井旁，城内居民的女子们正出来打水。我向哪一个女子说，请你拿下水瓶来，给我水喝，她若说，请喝，我也给你的骆驼喝，愿那女子就作你所预定给你仆人以撒的妻。这样，我便知道你施恩给我主人了。"

是为了死亡，而非为了利益。不是为了那些人的习惯，他们像善妒的智者一样行事，带着从前听来的事情，艰难地打水，但所获甚少。因为用水瓶打水的人着急的不是水瓶里的水流在地上，而是怎样举起水瓶给其他人分享，给热爱人的人喝水，这就好像一个人能够和谐地演奏乐器，产生最卓越的、神奇的和音。

[96] 为什么经上说“话还没有说完”？①

首先，这里清楚地表明有两种话：一种位于里面，在理智中；另一种是我们说出来的话。它们各自都有特别的声音，我们说出来的话有名词和动词，而在理智中的话有思想、反思和理解，圣经非常明确地表明了这一点，说他讲出来的话都是他心灵中已经决定了的。其次，它生动地表明这样一个事实，在每个话语和思想之前，有神的卓越的仁慈，这种仁慈似乎比创世中的任何事物都要快捷。

[97] 这些话是什么意思，“利百加出来了，她是彼土利所生的”？②

正如在这个世界上，天穹具有特殊的、比其他任何事物更大的荣耀，始终与它本身同一，所以真正哲学化了的他的灵魂也是不可弯曲、不可改变的。真正与这种属天本性相同的是在他们祖先的希伯来语和迦勒底语中被称做“利百加”的那个人，这个名字可以解释为“恒久不变”，因为她既不减也不增。经上讲了她的家世，说她是彼土利生的，这个名字可以解释为“她的神的女儿”。除了智慧，还有谁可以被认为是神的女儿，智慧是一切事物和灵魂极为纯洁的头生子的母亲。

[98] 为什么说利百加肩头上扛着水瓶？③

圣经习惯用肩膀作为身体的象征，因为肩膀是手臂、前臂，还有手的开端和起源，通过手，生活中的工作和活动得以完成。水瓶是盛水的器皿，象

---

① 《创世记》24∶15。“话还没有说完，不料，利百加肩头上扛着水瓶出来。利百加是彼土利所生的。彼土利是亚伯拉罕兄弟拿鹤妻子密迦的儿子。”

② 《创世记》24∶15。

③ 《创世记》24∶15。

征教育；水象征通过智慧看见的那些事物。水瓶包含水，知识包含律法、商议和沉思。动物和植物要用水来滋养，而占主导地位的心灵要用那些通过智慧看见的事物的滋养。所以，热爱神的灵魂举重若轻，也就是说，一切事物均与知识相关。

[99] 为什么经上用了这样的双重表达，“她是个处女，容貌极其俊美，她是个处女，未曾有男子认识她”？①

经上希望清楚地说明她有两种贞洁：一种是身体方面的；另一种是不朽的灵魂方面的。她在看和知两个方面都是出色的。然而，不要认为现在呈现给我们的身体之美就是容貌之美，由各部分的匀称以及甚至连妓女也都具有的容貌之美构成。这些东西我决不会称之为美好，而是正好相反，称之为丑陋，这是它们的专有名称。在我看来，正如在镜子中可以看出身体的属性，所以在容貌和姿势中可以看出灵魂的属性。但是，无耻的面容、高耸的脖子、不停地眨眼、女子气地行走、对任何邪恶的事情不感到可耻或脸红，这些邪恶的事情表现淫荡的灵魂，清楚地刻画和描述可见身体的不可见的可耻形式。智慧的神圣话语和美德居住在他的身上，哪怕他的身体比西勒诺斯②还要畸形，他也必定是漂亮的。因为，他通过自己的谦逊而得到尊敬，这对他来说是好事，其结果就是他会接受那些观看他的人。所以圣经把某些人认为肤浅、而实际上却是必要的东西添加在她的贞洁之上，亦即“未曾有男子认识她”，因为，经上说，有男子认识的她又能是什么呢？但是，通过“男子”它呈现的不是一个有身体和灵魂的人，而是一种典型的品性，她不允许自己去腐蚀未受腐蚀的灵魂，或者去玷污未受玷污的灵魂，而是勇敢地认为它不虔诚地在心灵中播下感性快乐的腐败种子，与此相反，我们接受了神的纯粹种子，万物之父习惯于从上面给我们播下这些种子，亦即那些无形体的、理智的种子。

---

① 《创世记》24：16。“那女子容貌极其俊美，还是处女，也未曾有人亲近她。她下到井旁，打满了瓶，又上来。”

② 西勒诺斯（Silenus），森林之神。

［100］这些话是什么意思，“她下到井旁，打满了瓶，又上来”？①

圣经象征性地表明了律法的意向。无论什么灵魂降低自己的信念都会很快地表现为从那里上升，而与此相反，无论何种傲慢、自夸、膨胀，都意味着下降和被摧毁；所以，由此进入教育实践是最自然的。因为灵魂的下降就是信念的上升，信念的升高则是傲慢的沉陷。然而，就像给水瓶装满水一样，一个人若不能从神圣的泉眼中给他的整个灵魂装满水，那么他是不可能飞到美德在天上的居处的，我们把神圣的泉眼视为知识的永恒智慧。

［101］那名仆人为什么跑上前去迎着她？②

这里对仆人有两点赞扬：一是他跑上前去；另一是他迎着她。首先，这里清楚地表明，这个正在进步的人非常急切，而这个有学问的人已经获得善物。其次，神完全认可心灵的快乐和兴奋，用祂的智慧使智慧的知识完善，祂的智慧就像一眼清泉，祂慷慨大方地打开和倾泻。因为有些人十分懒惰，不愿行善。有些人心生妒忌，面对善行而不感到快乐，甚至把脸转向别处，不愿意看那些处于繁荣状态的人。经上通过赞扬与此相反的生活方式来谴责这些妒忌者。

［102］经上说“求你将瓶里的水给我一点喝”③，他（仆人）为什么要一点水喝？

这里的意思可以解释为一个人不应当索取超过他的能力的任何事物，这样的解释是合适的，因为每一事物都有值得赞扬的分寸。所以在另一段话中④经上吩咐说，灵性食物的分寸来自以太和天穹，就像一道清泉，灵性食物被希伯来人称做“吗哪”，任何人不能食用太多，也不能食用太少。教育理智者应当非常充分，开导愚蠢者则相对比较贫乏，这样做才算是平等。

① 《创世记》24：16。

② 《创世记》24：17。“仆人跑上前去迎着她，说，求你将瓶里的水给我一点喝。”

③ 《创世记》24：17。

④ 《出埃及记》16：31。“这食物，以色列家叫吗哪，样子像芫荽子，颜色是白的，滋味如同搀蜜的薄饼。”

经上在另一处[①]也说，一个人应当按照他的力量献祭，暗指我们已经说过的这些事情，免得太多或太少，小孩适宜比较少，大人适宜比较多；这就是对生活最有用的平等。所以，他要一点儿水喝是恰当的，以此可以衡量出他自己的本性，因为这里的少是仆人的少。用更加完善的本性点燃谈话的精神，天父没有给灵性的器皿留下空白，而是予以完全充满，他知道不能向这个有水的人要水喝，而要用水瓶喝，经上以此教导我们，不是可朽的凡人在赐予幸福，而是神的恩惠在赐予幸福；这对凡人来说太高了，他只能祈求参与，所以神把先前置于器皿之中的饮水赐给他饮用。

[103]为什么她又说"我主请喝"，尽管她几乎就是这位仆人的女主人？[②]

这是一个象征和理论证明，从中可以看到这段话讲的不是可朽的人，而是那些热衷于不朽品性的善人。所以，灵魂正确地希望把她取来的水给其他人喝。因为吝啬的妒忌没有触及热爱神的灵魂。她称这个人为"主人"，但不涉及奴役或自由的空洞尊严，而涉及对接受者的意愿的渴望。在无知和未经训练这些方面他不是永久不变的，但他会亲自掌握纪律和知识，因为他在劳动，代表真正的高尚者。

[104] 她为什么"急忙拿下瓶来，托在手上给他喝"？[③]

这句话的意思与前面的话完全一致。经上想要谴责智者的品性，赞扬真正的智慧寻求者。他在言语方面接受训练，逐个使用语词，但在训练中，他只对自己的灵魂有帮助，而对那些到他这里来的灵魂则没有什么益处。由于他讲话很快，这些话没有进入他们的耳朵，而好像是倾泻到旁边。就好像有人往狭小的瓶口里倒水或者倒酒，倒进瓶里的还不如溢出来的多。但是，他真正地哲学化了，他仁慈地与他人分享他的智慧，通过他的话语，给学习者的品性留下改进的余地。学生的学习能力与老师的教育能力不同，一则是

---

① 《利未记》12：8。"她的力量若不够献一只羊羔，她就要取两只斑鸠或是两只雏鸽，一只为燔祭，一只为赎罪祭。祭司要为她赎罪，她就洁净了。"

② 《创世记》24：18。"女子说，我主请喝，就急忙拿下瓶来，托在手上给他喝。"

③ 《创世记》24：18。

不完善的，一则是完善的。所以衡量被教育者的能力并把它记在心上是恰当的。

[105] 这些话是什么意思，“她给他喝了，直到他喝足”？①

她给他喝了，直到他喝足，经上依据这一事实来表明这位教师对学习者的友善和友好。这个迹象表明不能肤浅地解释学习者的需要，而应当注意到门徒和学生的学习热情以及这种热心的完全满足。因为，如我稍前所述，一个人喝水不应该超越他的能力，不能过多或者过少。在过多之处，就会有外溢，在过少之处，就会由于没有充满而给学习者的灵魂留下虚空。

[106] 她为什么说“我再为你的骆驼打水，叫骆驼也喝足”？②

圣经最终提到了这位教师的仁慈，他不仅希望把科学知识托付给学生，而且把它们整理有序，便于他长期持有，这是因为她给他的记忆饮水，记忆以骆驼为象征。真正的教师和指导者在实行教导的时候不是为了展示，而是为了有益于他们的学生，他们迫使学生反复记忆老师所说的内容，牢记他们听到的事情。

[107] 经上为什么说“她就急忙把瓶里的水倒在槽里”？③

在人身上，饮水的器皿是听的象征，因为通过聆听，那些语词进入心灵和灵魂。还有，经上说她把瓶里的水全部倒出来，以此清楚地表明善物远离了妒忌，没有为自己私藏什么东西，而是交出了各种知识，没有隐藏任何事物，如某些智者所为。这里的原因是，有些人心灵狭隘，以为只有他们知道世上存在的事物。而与此相反，善人知道自己知道得很少，或者与自然的伟大相比，自己一无所知，所以他学会了从神圣的泉眼中取水，尽管他没有自己的东西，没有从神的纯洁无误的智慧中得到任何东西。

[108] 那个人为什么不再被称做“仆人”，而被称做“人”，因为经上说

---

① 《创世记》24：19。“女子给他喝了，就说，我再为你的骆驼打水，叫骆驼也喝足。”

② 《创世记》24：19。

③ 《创世记》24：20。“她就急忙把瓶里的水倒在槽里，又跑到井旁打水，就为所有的骆驼打上水来。”

“那人定睛看她，一句话也不说，要晓得主神赐他成功没有”？①

在准备学习、开始接受教导的时候，他被当做仆人和未成年人，而当他开始进步的时候，他被当做一个理性的人，确实能够使用有声的谈话。这位进步者是一种类型的品性，他似乎看见了最美丽的形像，明白一位传授知识的聪明教师的本性。还有，他很长时间站在那里，一句话也不说，把位置让给在他里面讲话，但不用嘴巴、舌头、声音的那一位，也就是神圣的道，理智和观看的路径会导向美德和幸福，而无论他能否抵达。实际上，其他任何忙于物体质料的人都不会获得成功，无论是作为私人公民，还是作为国王。

[109] 为什么骆驼喝足了以后，那人就拿金环和金镯给那女子？②

这种事情是最自然的，因为这个人在学习的时候也学了如何记忆语词，“我主请喝”③的意思就相当于学习。他的观看和骆驼喝足了水相当于他恢复了记忆。他非常真诚而又适当地感谢他的老师，为了回报他所听到的事情，他拿金环给那女子，因为这些话是她讲的，而他用耳朵接受了她的教导。为了回报她所做的事情，他给她一个纪念，由金镯组成，用来装饰记忆和行为。

[110]经上为什么说金环重一德拉克玛④，金镯重十德拉克玛，而不说每只金镯各重五德拉克玛？⑤

这里把两样东西放在一起说，这样做很好，为的是改变这一对事物的恶的本性，使它们适应良好的统一体。这里提到一对事物，但没有进行划分，而十本来可以分为两个五。十比五要好，因为前者是最完全、最完善、最优

① 《创世记》24：21。“那人定睛看她，一句话也不说，要晓得耶和华赐他通达的道路没有。”

② 《创世记》24：22。“骆驼喝足了，那人就拿一个金环，重半舍客勒，两个金镯，重十舍客勒，给了那女子。”

③ 《创世记》24：18。

④ 德拉克玛（δραχμή）是希腊货币单位和重量单位，约合白银 4.31 克。此处圣经原文为“舍客勒”。一舍客勒约合 11.5 克白银。

⑤ 《创世记》24：22。

秀的数，适宜神圣的奥秘，而数字五是感性事物的尺度，感觉与心灵的关系就好比旅行者对国王。把比较好的事物转变为比较差的事物是愚蠢的。《民数记》已经讲过十在可知的实在方面和可感方面具有什么样的本性。然而我们必须说，在这个世界上，在人身上，十这个数就是完全。在这个世界上，有数字七（行星的数），有第八个恒星，还有那种自身可变的地上的事物，神圣的道则是万物的总督和统治者，因为它有九音程的和谐旋律。在我们的身体和灵魂中也有七个非理性的部分，此外还有心灵，心灵也是一个部分。神圣的道与这九个部分相关，是这个和谐团队的领袖和统治者，九个部分因它而和谐，旋律和乐曲发出一致的声响。因此摩西承认十是神圣的，也很自然地把九归于创世，把十归于道。它确实是神圣的，因为它与神圣的事物共鸣，和谐地吹响以宽恕为主题的喇叭声，唱响赞美诗，导致同一和谐的混合。圣经必定把一指定给耳朵，把十指定给手，因为一是数的开端，十是数的终端；这些数字是事物的象征。先听后做是恰当的，因为我们不是为学习而学习，而是为了做事而学习。一相当于听，一和听二者都是开端，一个是数字，另一个是学习，而十是做事情的终端，是数的终结，是教的行为，我们通过教来学习。单子和一不同，就好比原本超越副本，原本与副本不同，因为单子是原本，而一是单子的相似物。为什么？因为一能容纳多，就好比一群羊、一支合唱队、一个家庭、一个民族、一支军队、一个城邦，这些东西各自都是一。但是单一并非来自多，因为它是不分享的，与其他事物没有联系，它独处而不复杂，如它的名称所示。摩西一开始写下了这个单一，吩咐要用半舍客勒银子作奉献。这是一项非常合适的装饰品，适宜讲给利百加听，她是机敏和耐性的象征。

[111] 他为什么说“你是谁的女儿，请告诉我你父亲家里有我们住宿的地方没有”①？

---

① 《创世记》24 : 23。“说，请告诉我，你是谁的女儿，你父亲家里有我们住宿的地方没有。”

这里的字面含义很容易理解。至于更深的含义是这样的，这位真正的处女的美貌、贞洁、完整的灵魂使他感到震惊，说不出话来，她在行善和做高尚的事情时仍旧保持着这些品质。他感到困惑，不知生下这名女子的是否凡人，所以他问“你是谁的女儿？”他说“我看不出有哪个被造的配得上是这些美德的父亲”，这就好比说“通过展示你的家世和青春美貌的来源，指点和矫正我的无知”。正是由于羞怯，他感到窘迫，怕自己过分自信，以为她的家世是属天的和惊人的，所以他马上问道：“在以太、天穹，或者更高的空间，确实有这么一个地方，在那里有你的天父和他们的总督，神圣的道吗？如果在那里，我们应当丢下所有可朽的、易腐的事物吗，或者说我们完全应当后退，在大地上扎下根来，就好像我们是悬崖边的树木，是吗？”

[112] 这些话是什么意思，“我们家里足有粮草，也有住宿的地方”？①

有些灵魂是理性的，有些灵魂是非理性的，她也还提到有些东西适合非理性的部分，它们是恰当的，必要的，也就是那些粮食和草料，可以作为家畜饲料的任何东西。她赋予理性部分一个专门的位置，让情欲在那里化解、破裂和毁灭，因为每一样情欲都是有毒的。

[113] 这些话是什么意思，“那人极为喜悦，就低头向主下拜”？②

当这个守纪律的人听到他特别向往的东西时，也就是说，他听到自己不是无家可归的、滞留在外的，而是可以在一个地方接受美德的话语，这个时候他非常喜悦，自愿接受，低头跪拜。

[114] 为什么他没有提到主或神的名字，而是提到亚伯拉罕的名字，说“我的主人亚伯拉罕的主神是应当称颂的”？③

首先，他给奴仆规定了义务，要热爱、荣耀、尊敬他们的主。其次，他希望清楚地说明恰当地接受教育的人具有的优势。得益于“认识你自己”这

---

① 《创世记》24：25。“又说，我们家里足有粮草，也有住宿的地方。”

② 《创世记》24：26。“那人就低头向耶和华下拜。”

③ 《创世记》24：27。“说，耶和华我主人亚伯拉罕的神是应当称颂的，因他不断地以慈爱诚实待我主人。至于我，耶和华在路上引领我，直走到我主人的兄弟家里。”

句伟大的格言，他作出选择，并且认为自己最好不要被称做神的仆人，而要被称做仲裁者的跟班。这位仲裁者是创造万物的造物主和天父。不过，这个人违反这道命令，犯下极大的不公义，给自己制造了一大堆混乱。

[115]这些话是什么意思，“祂没有放弃祂的公义，诚实地待我主人”？①

经上非常自然地表明公义和真实这些美德格外神圣。因为在凡人中间不存在纯粹的东西，只有混合物。所以，只有虚假和不义与凡人混合。恰当地说，凡人中的公义和真实只是相似物和印象，而与神在一起的则是作为典范的原则、类型和型相。因此，他理所当然地要表示谢恩，因为他拥有这两种美德，神每天不间断地把两种美德赐给他，在他的灵魂中生长出对虚假和不公义的疏远，以及对真实和公义的亲密。

[116] 这些话是什么意思，“这年轻女子跑回家，告诉她的母亲”？②

拥有美德的灵魂是善物的热爱者，其身份不可变更。当灵魂察觉到有些人的愿望不能很快满足，但这些愿望是经常的和真正的，这个时候它会感到欣喜，而不会约束自己的快乐，它会清醒地、谨慎地告诉整个智慧的母家，载歌载舞，表示欢迎，以此表明他的愿望不是怪异的、虚假的，让那些听到他的愿望的人也能感到愉快。

[117] 利百加的哥哥拉班是谁？③

我们的灵魂生来就有一位理性的兄弟和一位非理性的兄弟。贞女利百加指定给理性的部分，她就是坚忍和耐心；拉班指定给非理性的部分，因为这个名称译为“洁白”，这是荣耀的象征，表现出感性事物的显赫。人们应当非常清楚地知道，正如语言有三种要素，亦即元音、半元音、辅音，我们的本性也是这样。因为心灵就像元音，感觉就像半元音，身体就像辅音。然

---

① 《创世记》24：27。

② 《创世记》24：28。“女子跑回去，照着这些话告诉她母亲和她家里的人。”

③ 《创世记》24：29。“利百加有一个哥哥，名叫拉班，看见金环，又看见金镯在他妹子的手上，并听见他妹子利百加的话，说那人对我如此如此说。拉班就跑出来往井旁去，到那人跟前，见他仍站在骆驼旁边的井旁那里。”

而，我要从结尾处开始我的讲述。正如辅音本身是完全不发音的，只有与元音相结合才会发出声音，所以身体本身独自是不运动的；通过几个对灵魂适当而又必要的有机部分，身体在理性灵魂的推动下产生运动。还有，正如半元音发出不完全的声音，它们若与元音结合就能发出圆满的有声语言，所以感觉也只有一半效用，是不完全的，它占据心灵和身体之间的位置，因为它在心灵和身体中各拥有一个部分；它不像身体那样是无生命的，也不像理性那样是理智的。当心灵延伸自己、与感觉融合、并在感官上面刻下印象的时候，它做好了理性地听和看的准备，同时又用理性去讲话和察觉。然而，就像元音凭自身或与其他声音相结合而发出声音，心灵可以自动而无须其他任何事物，因为理智的事物可以被它自身接受和把握，它也是其他事物运动的原因，就像合唱队的领队带领其他队员。但是，如我所说，感觉被理性的部分推向身体的知觉，推动身体的声音器官有效地发挥作用。

[118] 为什么拉班看见金环和金镯在他妹子的手上，便对年轻人说“你这蒙主赐福的，请进来，为什么站在外边”？①

首先，这里清楚地表明，无论拥有何种品性，人在用感觉衡量一切事物的时候必定要被某些感性事物所收买，没有礼物就不能纯洁地、神圣地下判断。当他看见金子的时候，他就喊那个人，当他喊那个人的时候，他就变得更加卑屈。这是最自然不过的事情。当他看见耳朵的饰物“一”、双手、行为的饰物“十”的时候，他被主的神圣形像深深打动，震惊不已，他大声地表示感恩，蒙主赐福。良好的教导与祂在一起，良好的工作为祂而实施，献上初熟的果实；与“一”相一致的话语是话语的最初果实，正如“一”在数字中是神圣的，话语在教导中也是神圣的。与“十”相一致的话语是行为的最初果实，因为正如“十”是数字的终结，行为也是学习的终结。

[119] 为什么拉班说“我已经收拾了房屋，也为骆驼预备了地方”，尽

① 《创世记》24 : 31。“便对他说，你这蒙耶和华赐福的，请进来，为什么站在外边，我已经收拾了房屋，也为骆驼预备了地方。”

管利百加前面已经说过“我们家里足有粮草，也有住宿的地方”？[①]

圣经说出了完全不使用感觉的贞女的心灵与接受感觉的那一类事物之间的巨大差别。这些事物属于生成与毁灭这个主题，指导我们在灵魂中要准备这样一个地方。但是另外一个人说他已经做好了准备，但不是为了放松，而是为了接受非理性的本性，因为他不能否认他经历的事情。

[120] 这个年长的人为什么以“我是亚伯拉罕的仆人”[②] 这种方式说话？

这里面更深的含义很容易发现和明白。因为仆人与成年人之间的关系就好比口头谈话和理性的内在独白。但是这里的字面意思是对这个年长者的赞扬。因为当其他人错误地宣称自己出自这样或那样的家庭或国家时，他宣称自己出自他的主人，把他的主人视为他的国家和家庭。从这里开始，他又说了三句话，他恰当地说，对我来说我的主是我的城邦、庇护所和律法，是审判每个义人和不义之人的法官。我适宜与当仆人的心灵一道生活。

[121] 他为什么说“主大大地赐福给我主人，使他昌大，又赐给他羊群，牛群，金银，仆婢，骆驼和驴”？[③]

这些话表达的称赞是恰当的，拥有主权的统治者获得赐福，而那些使臣和仆人获得人间的善物。神赐予的福祉是神奇的、神圣的，这是一种忠告，而那些属于凡人的东西是可朽的，是质料。那些听到这些话的人接受这些身体的、外在的事物是恰当的。因为有两种型相：一种据说完全配得上神；另一种是那些尚未洗涤罪过的听众的型相。神把属于每个人自己的善物赐给每个人，同时教导我们哪样东西应当在先。而这些话有这样的喻意，神仁慈地向所有人提出忠告，要他们审慎，神也把权柄赐给他们，要他们统治感官和所有非理性的部分，还有那些按照空洞的意见盲目地发明出来的东西。所

---

① 《创世记》24∶31。

② 《创世记》24∶34。“他说，我是亚伯拉罕的仆人。”

③ 《创世记》24∶35。“耶和华大大地赐福给我主人，使他昌大，又赐给他羊群，牛群，金银，仆婢，骆驼，和驴。”

以，他又说这是极为高尚的，因为这些忠告不是肤浅的，也不是毫无价值的。这些非常审慎的人很容易占据上风，但他们满足于获得第二位和第三位的福祉。所有通过智慧和审慎获得强大力量的人会向天上飞升，变得非常伟大。因此，他们对大地和大地上的事物实行真正的统治，就好像掌握他们自己的财产。

[122] 他为什么说“我主人的妻子撒拉年老的时候给我主人生了一个儿子”，而不说“亚伯拉罕生了一个儿子”？①

这里的字面含义是这位父亲在有嫡子之前有另外一个儿子，也就是他的妾生的庶子。但是这位妻子是他唯一钟爱的儿子的母亲。至于更深的含义是这样的，她是通过教导得以完善的美德，后来被称做“统治者”，这个词在希伯来文中就是“撒拉”。她生了这位道德的典范，按本性来说他是自学成才的。这种学习的开端和终结，以及过程，有时候是相互聆听，有时候是依据本性变得聪明起来。他不是为什么人而生的，而是为他的主而生的，也就是说，他的心灵坚定地把握了所有与我们相关的事情，同时也认识这些事情。经上确认他在各方面是完善的，他不是他父亲年老的时候生的，而是在他父亲年老以后生的；也就是说，这里讲的不是长度意义上的时间，因为可朽的生命都是短暂的，而是死亡以后到来的东西，是永恒与不朽。它尤其属于不可朽的灵魂，灵魂远离它的有形体的本性，适应无形体的统治者和欢乐的君主，播种快乐，因为这个没有悲伤的种族接近神。

[123] 他为什么说“我主人也将一切所有的都给了这个儿子”？②

这句话的字面含义很好地为听众指出了一个象征。因为对那些接受外在质料的人来说，听到年轻人从他父亲那里接受属于他的东西是合适的。但是自学成才者想要象征的是事物。因为经过长时间的教导，人们可以获得任何东西，自然也把这些东西当做事先预备好的礼物来赠送。现在这位先知所做

① 《创世记》24：36。“我主人的妻子撒拉年老的时候给我主人生了一个儿子。我主人也将一切所有的都给了这个儿子。”

② 《创世记》24：36。

的一些事情与族长相似，当他为第一个部落祈祷时，他说“愿拉班长寿，使他昌大”，然后他马上越过第二个和第三个部落，提到第四个部落，说“这是给犹大的赐福”。这里说的赐福首先是给拉班的，然后是给犹大的。但是这里所有东西都给了他，而另一位只作为他的一个部分，因为他在上面已经被视为唯一的、年长的。等我们考察赐福的时候，这些事情的原则将得到解释。

[124] 为什么利百加做什么事情都很匆忙，因为经上说她“急忙下到井旁打水”，“急忙拿下瓶来托在手上”，“急忙把瓶里的水倒在槽里”，“急忙跑回去告诉她母亲”？①

这些杰出的善人毫不推延地履行了他们的善工！全智的亚伯拉罕全家人也是这样。当他接待神的本性时，就用令人欢喜的食物来款待它们，倒过来也一样，当他从它们那里得到同样的东西时，他一点儿也没有耽搁，他不仅本人匆匆忙忙的，而且还命令他的妻子赶快烙饼，他的妻子同样也一点儿没有耽搁。那位仆人也飞快地做着对他来说合适的事情。而那些轻率者怀疑这些事情是否需要拖延，他们在找机会，而那些知道如何精准做事的人不会用很长的时间。经上这一点也说得很好，它说的是未来的双重静止。

[125] 他说“走真理之路”②，什么是真理之路？

它的意思是，真（真理，真实）是一种神奇的、神圣的美德，是一种摧毁虚假的力量，亦被称做谴责，而真之所以被称做真，乃是因为不遗忘，因

---

① 《创世记》24：16。“那女子容貌极其俊美，还是处女，也未曾有人亲近她。她下到井旁，打满了瓶，又上来。”《创世记》24：18。“女子说，我主请喝，就急忙拿下瓶来，托在手上给他喝。”《创世记》24：20。“她就急忙把瓶里的水倒在槽里，又跑到井旁打水，就为所有的骆驼打上水来。”《创世记》24：28。“女子跑回去，照着这些话告诉她母亲和她家里的人。”《创世记》24：46。“她就急忙从肩头上拿下瓶来，说，请喝，我也给你的骆驼喝。我便喝了。她又给我的骆驼喝了。”

② 《创世记》24：48。“随后我低头向耶和华下拜，称颂耶和华我主人亚伯拉罕的神。因为他引导我走合式的道路，使我得着我主人兄弟的孙女，给我主人的儿子为妻。”

为美德值得记忆。导向真理的道路，在我们身上的，是知识和智慧，真理就是通过知识和智慧被发现的。但是依据不自觉的原则，通过预言也能发现真理。合式和相等是一条平安的道路，它比预言更加均匀、简洁、平稳地导向真理。

[126] 这些话是什么意思，“你们若愿以慈爱和正义待我主人，就告诉我，若不然，也告诉我，使我可以或向左或向右”？①

这些话的字面含义是清楚的。至于更深的含义，它似乎表示右边由高尚的、完善的行为组成，左边由拥有外在价值的、有过失的事物组成。

[127] 利百加的兄弟为什么对那些仆人说“这事乃出于主，我们不能向你说好说歹”？②

他们心里想到这件事，知道只能服从，不能阻碍，神的诫命是真正的、绝对无误的，在行善方面是畅通无阻的。在这位贤人的坚定和自学成才之间，有一种完全的和谐。

[128] 这话是什么意思，“我们不能反对它”？③

我们可以说反对任何良好的建议都是一种恶，所以看起来，如我所说，那个未经教导就变得拥有美德的人应当与坚定不移和坚持不懈相伴，这是因为，与知识分离，它们的对立面是恶。

[129] 这些话是什么意思，“看哪，利百加在你面前，可以将她带去，给你主人的儿子为妻，这是主应许的”？④

这里想要表达的意思是清楚的。而更深的含义有如下述：你瞧，它说灵魂的眼睛受到指点，面对面地看到耐心的形式，而无羞耻感。你瞧，它就在

---

① 《创世记》24∶49。“现在你们若愿以慈爱诚实待我主人，就告诉我。若不然，也告诉我，使我可以或向左，或向右。”

② 《创世记》24∶50。“拉班和彼土利回答说，这事乃出于耶和华，我们不能向你说好说歹。”

③ 《创世记》24∶50。

④ 《创世记》24∶51。“看哪，利百加在你面前，可以将她带去，照着耶和华所说的，给你主人的儿子为妻。”

你面前。你看见它，理解它。把它拿过来，用你的灵魂接受它，所以你用一种未受损害的、不腐败的方式得到它，来来回回，免得你被那些地方和身体的鱼饵捉住。但若你像参加赛跑一样有了这种冲动，那就尽快跑上正道。你要给这位自学成才的人的耐心和毅力做担保，箴言中似乎提到过他，说“贤慧的妻是神所赐的”①，而不太像适宜理性的德性。

［130］那位仆人为什么在向主俯伏以后，要把金器、银器和衣服送给利百加和她母亲？②

这是对这位受到教导的善人之家的赞扬，因为在每一纯洁行为开始的时候向神感恩和荣耀神是适宜的。由于这个原因，这位仆人首先向主俯伏，然后献上礼物。但是俯伏无非就是真正的崇敬和热爱的象征，那些喝水的人知道这个源泉是不能靠近和触摸的，祂是无形体的。存在者长出翅膀，飞往天外，朝向万物之父和创造主，神与祂的存在者一道，用祂的权能充满一切事物，为了万物之拯救，他们呼唤“神圣的、赐福的造物主，万能的真理之神”。

［131］为什么他们说“让这处女同我们再住些日子”，而那位仆人却催促说，不要耽误我，主已经为我准备好了我的道路？③

这些人感到后悔了，因为他们在前面说：“看哪，利百加在你面前，可以将她带去。”④这样说是为了责备那些狡猾的人，反对他们不稳定的方式，他们的猜想和臆断一会儿这样，一会儿那样，充满矛盾和冲突。而他表现出坚定和热情，他大声喊道，不要耽误我，因为救世主神已经赐给我通达的通往美德之路，我会坚定地回到那里去。

---

① 《箴言》19：14。“房屋钱财是祖宗所遗留的；惟有贤慧的妻是神所赐的。”

② 《创世记》24：52—53。“亚伯拉罕的仆人听见他们这话，就向耶和华俯伏在地。当下仆人拿出金器，银器，和衣服送给利百加，又将宝物送给她哥哥和她母亲。”

③ 《创世记》24：55—56。“利百加的哥哥和她母亲说，让女子同我们再住几天，至少十天，然后她可以去。仆人说，耶和华既赐给我通达的道路，你们不要耽误我，请打发我走，回我主人那里去吧。”

④ 《创世记》24：51。

[132] 经上为什么说，“让我们把女子叫来问问她”？①

首先，圣父写下的这条律法涉及无监护人的、未订婚的处女，对待她们不可像对待使女和战俘那样强迫她们，要让她们按照自己的意愿嫁人。其次，由于心灵始终是多样的，而思想则会发生各种变化，就像奔涌的激流，不停地撞击，所以他们谨慎地说，让我们不要问她的心，而要问她的嘴，这样说的原因在于他们自愿承受这种洪水般的变化，用话语来解释。所以在另外一个段落里，摩西说“无论什么从你的嘴里说出来的事情你都要做”，而不说“无论你心里想到什么事情你都要做”，因为人听到的是声音，而神听到的是思想。所以这样做是合适的，他们没有向思想提问，而是向思想的仆人提问，亦即向说出来的话语提问。

[133] 他们问利百加“你和这人同去么”，为什么利百加这个时候马上回答说“我去”？②

赞扬询问她的这些人确实是恰当的，因为他们的尊敬和荣耀是自发的而非被迫的。这种力量可以使人马上赞扬人的理性。爱善的灵魂会避免傲慢和不虔诚，认为聚集在一起的这些民众的意愿没有价值，因为他们中的某些人实际上只是披着人皮的野兽。而不久前还是男孩的人现在已经是男人，他不再是一个自然物，而是进入了完善状态，有许多证据表明他被赐予智慧、审慎和高尚的品德，热爱主人，更有甚者，他热爱美德，热爱神。知道这一点以后，“坚定不移”表示赞成，说“我跟他去”，为的是可以继续保持坚定。因为，它的本性若是流逝和化解，而非稳定地得到增强，聚集在一起，那么对它接受美德是完全不利的。

[134]这句话是什么意思，“他们打发了利百加和属于她的所有东西”？③

这里的字面含义表达得很清楚，象征正义美德的本质是对善者的牢固把

① 《创世记》24∶57。“他们说，我们把女子叫来问问她。”

② 《创世记》24∶58。“就叫了利百加来，问她说，你和这人同去么。利百加说，我去。”

③ 《创世记》24∶59。“于是他们打发妹子利百加和她的乳母，同亚伯拉罕的仆人，并跟从仆人的，都走了。”

握，与沉思美德和智慧相一致，正义实际上是善者仅有的本质。由于这个原因，那些身体的和外在的事物是短暂的、过渡的、不确定的东西。因此，拥有这种本质是幸福的，但是不变的家庭会忽略它，而失去这种本质的家庭是不幸福的。

[135] 经上说“我们的妹子阿，愿你作千万人的母，愿你的后裔得着仇敌的城门”①，他们为什么要以这种方式祝福给利百加？

当“坚定”仍旧靠近灵魂的时候，它们是兄弟；而当它企图与灵魂分离和分解的时候，它就会消除自身，减少赐福，会说“变成许多”。但是，为那些还没有出生的人祝福，而不是为她祝福，这样的人能拥有什么呢？仇敌的城邦在这里象征我们中间的邪恶和各种入侵的情欲，它们以违法为它们的律法，违法是一种有害的统治形式。

[136]“骑上骆驼”是什么意思？和利百加一起骑上骆驼的使女是谁？②

骑上骆驼表示品性和宗教，宗教优于记忆的形式，因为“坚定”与记忆有关，而骆驼，如我们多次所说，是记忆的象征。然而，“骑上”无非就是站在记忆之上，不进入遗忘的睡眠状态。但是使女是“坚定”的使女，具有温柔、温和、温顺的品性，她们做好准备，服事她们的女主人。“坚定”的使女们的名字是不可弯曲、不易弯曲、不会犹豫、不会后悔、不会改变、不可征服的，是中立的、牢固的、稳定的、正直的，而她们的兄弟全都想要坚持不懈。

[137] 这些话是什么意思，“那仆人带着利百加走了”？③

正如我们说门徒和学生从他们的教导者那里接受真正的、卓越的知识理论，这些理论是由贤人精心挑选和修饰的，所以必须假设进步中的心灵把

---

① 《创世记》24：60。“他们就给利百加祝福说，我们的妹子阿，愿你作千万人的母，愿你的后裔得着仇敌的城门。”

② 《创世记》24：61。“利百加和她的使女们起来，骑上骆驼，跟着那仆人，仆人就带着利百加走了。”

③ 《创世记》24：61。

“坚定”当做沉思的对象。因为神学家考察的是品性、类型和美德，而不是被造的、有出生的人。

[138] 经上为什么说“以撒经过‘观看之井’，从旷野里回来”？①

哦，这里讲的是适宜神的沉思、高尚的理智和美景、值得用颂歌来纪念的最美丽的景色，身体的眼睛是看不见什么东西的！所以，啊，心灵，张开你的眼睛观看他，以撒是一个喜乐的典范，他不伤心，不断地对神创造的一切事物表示欢喜。你会看见他不是由混乱的、仓促间形成的思想所看护的，他迈着坚定的步伐，使用智慧，回避大恶、无知和缺乏约束。看见他把时间花在智慧真正的、最合适的部分，在水井边上，我把水井理解为最神奇、最神圣的源泉，圣经称之为“观看”，给沉思生活一个恰当的、自然的名称，沉思存在的神以及神的无形体的型相，作为存在于两个世界里的万物的尺度。这就是可知世界和可感世界的模式和原型，在其中我们与无形体的事物混杂在一起，因为我们较好的部分向上飞升，抵达以太以外的区域，高于天穹和一切可感事物。同理，每一位真正的先知都被称做“预言家”或“观看者”，这个名称赋予灵魂的眼睛。

[139] 为什么说他（以撒）住在南方？②

这样说和前面的说法也是一致的。每一个期待者都是神的热爱者，要避免可见的、空洞的意见，把分离和缺乏当做好事情来解释。

[140] 什么是以撒的“默想”，他为什么要在天将晚的时候走出去在田间默想，这里为什么没有提到与他交谈的人？③

这一说法与前面的内容有联系，在顺序上则保持一致。以撒的分离和缺乏，以及他对可见事物的意见是宝贵的，只是他把自己和不可见的神隔离开来。此外，我们习惯把内心长时间的独白和交谈称做“默想”。但是经上说明这个贤人的愿望不能很快得到满足，而是经常强硬地消除那些优于善人、

---

① 《创世记》24：62。“那时，以撒住在南地，刚从庇耳拉海莱回来。”

② 《创世记》24：62。

③ 《创世记》24：63。“天将晚，以撒出来在田间默想，举目一看，见来了些骆驼。”

贤人、最优者的观念。各种谈话来到一起，一场接一场，所以他决不会与谈话分离，因为他的愿望和期待是不知足的、不会停止的，藉此吸引和把握占据主导地位的心灵；心灵则由占据统治地位的存在者来引导。因此，它们上前讲话，从城邦或从家里出来，尤其是当心灵开始被神充满、被神激励、被神凭附的时候。他走出去，到了田间，为的是能够实施神圣的律法，并进入竞赛，产出适当的、健全的果实，作为灵魂的不朽的食物。这里的时间是白天转变为夜晚，太阳光的自然力量，我把它理解为可见的意见，减弱和熄灭的时候。默想发生的时候，没有人在场，只有不受干扰的宁静。经上说什么？你要知道，经文不是知识和图景的纪念，而是神圣的诫命和话语，它们使不说话的神变得为人所知，祂在附近，但不在那里。祂说话，但不发出有声音的话语，祂与某人交谈，但不发出听得见的声音，祂不会回避另一位谈话人，或者他的门徒和学生，而是赋予他们谈论无形体事务的自由、谈论有理智事物的自由，为的是通过提问他们可以理解他们还不知道的事情，也可以理解他们认为自己肯定知道的事情。与此同时，智慧之父本身也提供了证词。"所以，为了你们自己，观看和判断这场心灵的谈话，要与国王和统治者结下友谊，考察他们的结果，获取那些人的正直。后面这种人有许多时候会遭遇失败，遇到困难，而另外一种人提供欢乐、安康和永久的幸福。"

[141] 经上为什么说"举目一看，他见来了些骆驼"？①

对这个陈述产生疑问是合适的，因为除了用我们的眼睛，我们还能用什么东西观看？除了用我们的耳朵，我们也不能用其他东西聆听。然而，经上讨论的难道不是身体的眼睛，而是心灵的眼睛吗？心灵的眼睛受过教育，可以观看更高的以太区域以及天穹之上的地方，观看这个世界之外的本性。因此，根据其他记忆，他察觉到这位女子的出现，骆驼驮着她向他们走来，也就是说最优秀的美德坚持不懈，和她一起来的还有她的使女们，关于这些使女，我在上面已经说过了。

---

① 《创世记》24：63。

[142] 为什么利百加看见以撒就急忙下了骆驼？①

就字面含义来看，是因为羞怯和尊敬。至于更深的含义，是因为在真正的、诚实的恋人那里可以发现谦卑和服从，可以获取美德。要上升到这样的高度是不容易的，而她务必从骆驼上下来，以便拥有一种亲密的关系。命中注定的是她要参与交谈和说话，并从中获益。而并非命中注定的是她需要接受，因为她不能在其自身保持任何种子或者猜忌、妒忌，以及可怕情欲的残余，要把纵容和恶意的妒忌赶出她的边界，不是吗？

[143] 利百加为什么要拿帕子蒙上脸？②

作为处女，她现在打扮的方式与前面不同，她原先的方式是神奇的、美丽的，由于她自身拥有最合适的装饰，所以她不需要其他任何外在的东西。帕子是清澈明亮的美德可见的象征，它覆盖位于深处的内在部分，仅对智慧的热爱者显示，而对那些未曾入会的、无技艺的、没有神灵凭附的人来说，则是不可见的。

[144] 为什么这名仆人受一个人的指派去办事，但却向另外一个人报告，因为经上说“仆人就将所办的一切事都告诉以撒”？③

可以说，之所以如此，乃是因为这名仆人受父亲的指派，代表儿子前去办事，任务完成以后，他把好消息带给他所代表的那个人，尤其是他们在路上先相遇，他正朝着他们走来。很清楚，他后来也把这些事情讲给这位父亲听，是这位父亲派他去的，然而这一点并没有清楚地写下来，而是依据经文可以推测出来的。谈论这句话的喻意是恰当的，因为在分析亚伯拉罕和以撒的时候，他们是一回事，也就是说他们一个是传授美德的象征，另一个是自然的美德。教导的终结就是自然的开端。所以他没有在讲给儿子听以前就把这次旅行的事讲给其他任何人听。所以，考虑到他们不是作为相互提问的凡

① 《创世记》24：64。“利百加举目看见以撒，就急忙下了骆驼。”

② 《创世记》24：65。“问那仆人说，这田间走来迎接我们的是谁。仆人说，是我的主人。利百加就拿帕子蒙上脸。”

③ 《创世记》24：66。“仆人就将所办的一切事都告诉以撒。”

人，而是作为被考察灵魂的无形体类型，使它们和谐、团结、统一。因为多与一有相同之处，一与统一有不同之处。

[145] 为什么说以撒不是进了他父亲的住处，而是进了他母亲的住处，娶利百加为妻，然而这些人都住在同一个地方？①

之所以这样说，乃是因为那些希望了解和考察字面含义的人也许会说，他的父亲娶了许多妻子，所以他实际上有许多住处。“住处”是一个名称，并非仅用来指一处建筑物，而是也用来指丈夫、妻子、孩子的聚集处。然而，直至第一位妻子过世，他似乎仍旧与她住在一起，所以，他好像只有一个住处。是的，我们看不出他是与妻子分居的，还是和另外一个人有婚约。但是其他人会更加自然地说出经文的含义，会说它是喻意是自学成才者的母亲是无母的智慧，它的正确理性象征性地被称做“住处”，这个住处被改为新房，成为自学成才者与永久贞洁的“坚定”结合之处，来自她的爱决不会停止。

[146] 以撒娶利百加为妻并且爱她，但经上为什么说以撒从他母亲撒拉那里得了安慰？②

这样说是正确的，因为他没有把智慧赶走，而是找到了智慧，但他这样做不是在他年老的时候，而是在他青少年时期，那时他风华正茂，醉心于无形体之美。得了安慰的是热爱沉思的灵魂，他从小开始练习思考，涉及最早的、最初的科目，他与妻子订婚、结合，他的妻子在美德方面是坚定的。他在心里记得他从前的生活方式，知道自己从前的生活不受任何纪律约束，在这个时候他得到了安慰。由于没有虚度光阴和卑劣行为，他也因这一事实而得到安慰。

[147] 这些话是什么意思，“亚伯拉罕又娶了一妻，名叫基土拉”？③

---

① 《创世记》24 : 67。“以撒便领利百加进了他母亲撒拉的帐篷，娶了她为妻，并且爱她。以撒自从他母亲不在了，这才得了安慰。”

② 《创世记》24 : 67。

③ 《创世记》25 : 1。“亚伯拉罕又娶了一妻，名叫基土拉。”

被添加者与添加者不是一回事，添加者完全是另外一样东西。那么，添加给善人的是什么呢？它确实是坏的、相反的、不同的吗？不过很清楚，这是一种混合，既不是坏的，也不是好的。因为财富、荣耀和身体的情感，以及无论什么与身体相关的东西、外在于身体的东西，是为有美德的人度量的，然而，它们不是作为善的，而是作为对他自己善物的一种添加，它们是中性的，混杂在一起，是外在的。因此，这个添加被称做“基土拉”，这个名称可以译为“焚香”。味道是对食物的一种添加，但味道不是食物，所以有些人并非不恰当地说，嗅觉是先尝者。外科医生给人带来疼痛的危险，那些受到外科医生支配的人不能进食时，就只能嗅气味。这一点必须先说明。但还有另外一件事情也必须一起说一下，有两种感觉，亦即视觉和听觉，是有德性的，是哲学的；还有第三种感觉，亦即嗅觉，介于善者与恶者之间；还有两种坏的感觉，亦即味觉与触觉，属于恶。把这四种感觉分成两组排列，然后将嗅觉置于中间，因为它显然比味觉与触觉要清晰和纯粹，但是比视觉和听觉要呆滞和近视。由于这个原因，圣经把三种最优秀的感觉归于祂，祂是万物之主。经上说“神看着一切所造的都甚好”①，这个时候指的是视觉；经上说“祂垂听穷人的祷告”②，这个时候指的是听觉；经上说“主神闻那馨香之气”③，这个时候指的是嗅觉。由于幸福生活的顶点就是像神，这位真人就断定最好娶三个妻子，象征三种官能，它们是所有感官中最值得赞扬的，亦即听觉、视觉、嗅觉。在迦勒底人的语言中，使女被称做“夏甲”，在亚兰语中被称做“寄居”。她的后代是“神听见”，他们在希伯来语中被称做“以实玛利”。他的妻子的后代被称做“喜笑”，是心灵的眼睛和光明，因为光明和景象是令人高兴的，正如黑暗和盲目令人悲伤。这里提到的第三位妻子是“焚香”，迦勒底人称之为“基土拉”。

---

① 《创世记》1∶31。“神看着一切所造的都甚好。有晚上，有早晨，是第六日。”

② 《诗篇》102∶17。“祂垂听穷人的祷告，并不藐视他们的祈求。”

③ 《创世记》8∶21。“耶和华闻那馨香之气，就心里说，我不再因人的缘故咒诅地（人从小时心里怀着恶念），也不再按着我才行的，灭各种的活物了。”

[148] 这些话是什么意思，“亚伯拉罕将一切所有的都给了他的儿子以撒，而把财物分给他庶出的众子”？[①]

这段经文指出财产和礼物之间的差别，既在字面含义上，又在更深的含义上。它的字面含义指那些能够保障安定生活的东西，无论什么东西能够保持稳定，为我们所有，就被称做“财产”，而那些临时给予的东西则是礼物，供我们短时间内使用。至于更深的含义是这样的，被确定发现了的美德和美德表现出来的行为被称做“实在”和“财产”。然而，那些中立的、不稳定的、与身体有关，但是外在于身体的东西，被称做“礼物”。所以，它是美德的后裔喜笑，是合法的儿子，为一切事物的本性感到高兴，亚伯拉罕的妾给他生了那些中立的、未决定的儿子，而他也为这些中立的事物感到高兴。所以，以撒比那些妾生的儿子优越，就好像财产和礼物有差别。圣经前不久把以撒描写为无母的，[②]把那些妾生的儿子称做无父的。因此，可以在父亲的家族中保持和谐的是那些男性的后裔，而这些女人生的儿子和低劣的后代是不确定的，被称做阴性和非男性，由于这个原因，他们很少受到尊敬。

[149] 把财物分给庶出的众子以后，他为什么要趁自己还在世的时候打发他们离开他的儿子以撒，往东方去？[③]

就字面含义而言，它的意思是清楚的。至于更深的含义是这样的，长久保持他的美德、完善、冷淡、清白，是圣言的意愿。他就这样得以保持，而那些相反的、属土的思想则被消除和移居别处。它们生来就与美德不相容，所以希望玷污这个合法的儿子。但是，除非这位父亲还活着，还过着健全的生活，有着健全的思想，否则要消除那些相反的思想是不可能的。在仍旧活着的时候，他赶走了恶行和情欲，这样说并非不妥。他把它们赶走，不是赶到东方的区域，而是最自然地去了东方的土地，那里不是属天的、神圣的光

① 《创世记》25：5—6。“亚伯拉罕将一切所有的都给了以撒。亚伯拉罕把财物分给他庶出的众子，趁着自己还在世的时候打发他们离开他的儿子以撒，往东方去。”

② 参见本文第四卷第 145 节。

③ 《创世记》25：6。

明，而是属土的、易腐的光彩，它有着傲慢的外表和空洞的荣耀，有着很强的好胜心。心灵的努力是徒劳的，而通过心灵的努力，许多事物被人认为是财富和荣耀，是好东西。

[150] 为什么在谈论亚伯拉罕的寿命时，经上说“这些就是亚伯拉罕一生的年日”？①

经上讲“日”讲得非常好，因为它不希望讲出“年”的数字，就好像写下历史叙述的那些人，而是说这个贤人所经历的几个阶段值得赞扬，他的整个一生都非常卓越。年是一些日子的总和，但是日子不是一些年的总和。给那些按照美德生活的人增寿是合适的，但老人的年纪并非神圣的显赫。

[151] 他（亚伯拉罕）的寿命为什么是一百七十五岁？②

因为这个数字是二十五的七倍，二十五是月亮公转的一个周期，与圣经所希望的相一致，神庙里的仆役要履行祭仪，从二十五岁那年开始，服事同样的年份，到了五十岁的时候退出这种服事，照料这些事情的祭司应当模仿天体的运转。所以，正如最有用的星辰是离大地最近的星辰，亦即月亮，事奉整个大地二十五日，所以经上也认为给神庙的仆役规定相同的时间长度是对的。如上所述，七现在是最神圣的数。这位贤人的岁数所包含的数都是完善的，也就是一百、七十、五，这些数字无论是添加还是划分，都是最美的。这些与数字有关的事情值得注意。

[152] 这些话是什么意思，“亚伯拉罕寿高年迈，气绝而死”？③

这里的字面含义没有什么问题，但这个陈述需要更加自然地予以接受，这里需要解释的是身体的死就是灵魂的生，因为灵魂过着一种自主的、无形体的生活。关于这一点，赫拉克利特窃取摩西的律法和意见，说“我们生则他们死，我们死则他们生，就好比身体之生是灵魂之死”。所谓“死”就是灵魂最初的、最荣耀的生。还有，“寿高年迈”是对律法和意见的最有用

---

① 《创世记》25：7。“亚伯拉罕一生的年日是一百七十五岁。”

② 《创世记》25：7。

③ 《创世记》25：8。“亚伯拉罕寿高年迈，气绝而死，归到他列祖（原文作本民）那里。”

的描述，是就把这位善人说成“年迈的老人”而言。所有这些都是好的，是年纪的合适尺度，比卑劣的年轻人更加繁荣兴旺，而这些年轻人的身体快乐还在生长。这是因为，作为年轻人，他在言行中没有高度尊重任何情欲，没有选择这样的生活。作为男人，他没有为了发挥男子汉精神而去幼稚地发作、争吵和打斗。到了中年，随着美德的增长，他受到高度尊重。所以他并非第一次小心地开始行动，当时间的进程越过老年而停滞的时候，他给他先前的生活方式添加了一个最美好的、最可爱的方面，就像给一尊雕塑添加了一个头部。这就是不能看的身体之眼，而清晰纯粹的心灵则接受教育，要去观看。

还有，我对经上添加的话感到极为困惑，因为经上说他的“日子已满”，寿高年迈，因为天父不允许这位善人变得空虚或留下任何空间，不让邪恶进入他的心灵或他的部分。圣经说的是这位善人的日子满了，而不是他的岁数满了，经上始终将这位善人的时间置于神圣的光明之下。还有，以另外一种方式，经上确定了几种值得学习和关注的日子，就好像演说家和讲话人需要犯下某些过失和错误，自然的法则成为对他们不利的证据，涉及他们各自每天所说和所做的事情，从早晨到夜晚，从夜晚到早晨。

[153] 为什么说他（亚伯拉罕）“归到他本民那里”？①

你们瞧，经上前不久讲过他的“失误”，那里指的不是他的腐败，而是他的更加稳定的忍耐。所以，这句话的意思是很自然的。摆脱世俗和邪恶就是增添卓越和不朽。“归到他本民那里”讲的就是这个意思，尽管这个时候他的宗族还不存在，因为他本人就是这个宗族的起源和祖先。然而，经上把这个由他而来的宗族说成是已经存在的，视之为神的恩赐，因为他具有爱神的美德，所以得到这种增添。这就是字面含义。不过，让我们再讲一下它的喻意。这里说的“本民”确实是指神的民，这是一种理性的、属天的过渡。因为每个灵魂都从它被监禁的地方松绑、释放、逃跑。古人曾把坟墓称做

---

① 《创世记》25：8。

“裸坟”。圣经在另一段话中把他称做“祖先”，而不是“头生的”，他从神圣的天父那里继承了一切，但他没有母亲或没有母系方面的继承。

[154] 为什么以撒娶利百加为妻的时候是四十岁？①

四十岁是这个贤人结婚的恰当年龄，因为他年轻时接受良好的训练和指导，能够遵守纪律，朝着正确的前进方向，不会徘徊迷路，到处漫游，他在学习中能享受这些思想，获得更大的快乐。从妻子那里获得爱和情感方面的享受，完成生养孩子的使命，这是必然的。医生说，生育在四十天内完成，从把精子注入子宫到胚胎成形，尤其是男性的后裔，成为有形的生灵。这个时候他与妻子性交不是为了获得非理性的感性快乐，也不是为了满足某种欲望，而是为了生育合法的子女，所以，他在这个岁数娶妻是完全恰当的，他的岁数与胚胎在子宫中的日数相同。

[155] 利百加为什么说“若是这样，我为什么还要如此呢”？②

声称并非如此的心灵是有美德的，也是热爱美德的，心灵发出表示赞同的声音并牢记在心。心灵说这样做对我有什么用，就好比有两股相反的力量在天平上相争，一个时候被某种意见拉扯，另一个时候被真相拉向另一个方向。不确定的心灵总是不完善的，是跛足的，如果必须用真实的名字，那么它也是盲目的。但有时候它最好能拥有眼睛和敏锐的视力，来获得关于善与恶的知识。若有人超越善和恶的本性，欢迎或者偶尔看见它们的时候，他必定会接受二者之一，或者接受一个而把另外一个打发掉。

[156] 这句话是什么意思，“她就去求问主”？③

这句话是一个论证，反对傲慢自负者，他们尽管一无所知，却认为自己无所不知。他们认为世上没有比探索、怀疑、考察更加可耻和丢脸的事情

① 《创世记》25：20。“以撒娶利百加为妻的时候正四十岁。利百加是巴旦亚兰地的亚兰人彼土利的女儿，是亚兰人拉班的妹子。”

② 《创世记》25：22。“孩子们在她腹中彼此相争，她就说，若是这样，我为什么活着呢（或作我为什么如此呢）。她就去求问耶和华。”

③ 《创世记》25：22。

了。所以，由于缺乏教育，他们无法忍受去看医生，受尽疾病的折磨直到生命的尽头，而实际上医生很容易治好他们的病。而那些有受教育愿望的人喜欢进行考察，喜欢从各种来源学习一切，尽管他们可能已经年迈。

［157］这些话是什么意思，“主对她说，两国在你腹内。两族要从你身上出来，这族必强于那族，将来大的要服事小的”？①

这段话讲了四件事情。第一件事情是最令人惊讶的，因为祂讲的不是子宫里的两个孩子，而是在讲两个宗族。很清楚，祂提及的不是孩子们的名字，而是从他们而出的两个宗族，他们是后来出现的两个大宗族的族长。第二件事情，最有用的和最有帮助的是什么，他们不承认两个宗族的混合，而承认两个宗族的分离和区别，在意见的范围内，这两个宗族实际上就是审慎和轻率。由于这个原因，圣经首先提到“国”，然后提到“族”，用理性和审慎来给它们命名。这是对理解对立概念最有帮助的区别，因为它们一个指向邪恶，另一个指向美德。第三件事情，最公义的是什么，平等者不能与不平等者混合，放在一起，因此经上说得好，“这族必强于那族”，二者之中必有一个超过另一个，一个会增加，而另一个会减少或减小。还有，道德上的超越还有这样的意思，善人将要超过恶人，公义者将要超过不义者，有节制者将要超过不节制者。它们中有一个是属天的，配得上神圣的光明，另一个是属地的、可朽的，它喜欢黑暗。第四件事情，最真实的是什么，“将来大的要服事小的”，因为邪恶在时间上是大的，从我们幼年起，它就在我们身上成长，而美德是小的，是我们经历了各种困难以后才获得的，情欲会无限地扩张它们的力量，然后变得松弛。从这时起心灵开始下判断和做出区别，获得统治权。这些事情是说给我们听的，因为有谁不知道天穹不分有邪恶的部分，也不会有可感的众神在围绕天穹的轨道上出生，因为它们都是好的，在美德方面是最完善的。在这个世上，节制和审慎大于不节制和轻率，公义大

---

① 《创世记》25∶23。“耶和华对她说，两国在你腹内。两族要从你身上出来。这族必强于那族。将来大的要服事小的。”

于不公义，其他几种美德大于与它们相对立的德性。然而在人类中，这种对立的反面才是真实的，如我所说，善者更近、更小，而它的对立面，愚蠢，几乎从小就确定和连续地依附在我们身上。但无论如何，小的才是统治者，依据本性的法则，小的对大的拥有主权。

[158] 这句话是什么意思，“生产的日子到了”？①

这个贤人的生日不是不完美的，就好像说他生于某月某日，而是完美的、完善的，由一些完善的数字组成。这就是字面含义。至于更深的含义我们必须这样说，这位善人的灵魂被智慧的沉思所充满，就像日头和太阳，照亮整个理性和心灵，然后神圣的开始与世俗的分离，在区分和区别中产出对立者。

[159] 这句话是什么意思，“腹中果然是双子”？②

这里的字面含义很容易发现，很清楚。但是不要误会它的象征性含义，就好比两根树干乃同根所生，同一心灵具有善和恶的两种形式，按照本性它们是双生子。灵魂逃走了，撤退了，没有采取行动，它放弃一个目标，而朝另一个目标走去。还有，身体经验中存在着与此相同的权能，因为欲望、感性快乐、痛苦出自同一根源，如诗人所说，可以从顶端分割的事物也可以从底端分割。但是在主要权力方面，这些东西让位于它们的对立面，因为当感性快乐有力地占据上风时，痛苦就会退隐和让位，而一旦后者占据上风，感性快乐就变得强有力了。以同样的方式，每一种美德都与一种邪恶相连，反之亦然。智慧让位给愚蠢，节制让位给无节制的放肆，不义让位给公义，胆怯让位给勇敢，其他对立面亦然。

[160] 为什么“先产的身体发红，浑身有毛，如同皮衣”？③

这里说的意思是清楚的。身体发红和浑身有毛是野蛮人的象征，他像野

---

① 《创世记》25：24。“生产的日子到了，腹中果然是双子。”

② 《创世记》25：24。

③ 《创世记》25：25。“先产的身体发红，浑身有毛，如同皮衣，他们就给他起名叫以扫（以扫就是有毛的意思）。”

兽一样狂暴。发怒的人的脸色是血红色的，他浑身长毛，就像穿上皮衣一样，可以遮掩狡猾和侵犯。所以在任何地方都不容易抓住他，因为这个恶人努力使自己变得很难捕捉，但那些遵循和使用智慧的人很容易抓住他。但是，我们应当区分“头生”和“初生”。前者是雌性和质料的后裔，而“初生”是雄性的，是更加负责任的权能的后代，是由雄性生育的事物。聪明的、有教养的人是有原因的，而邪恶的人，作为一般的头生子，与被动的质料相连，它就像一位母亲那样生育。而在存在者中，有些无形体的权能可以正确地说是“初生”，有些人称它们为“形式”、“尺度”和“类型”。但是，感性事物的完成不是这样的，因为没有母亲的形式只能来自原因，而可感的事物由质料来完成，说它是被造物的母亲并非不恰当。

[161] 这个人为什么叫以扫？①

以扫的意思是“被造物”或“橡树”，二者均清楚地表示某种品性。品性邪恶之人充满虚构，沉浸于甜蜜的智慧，习惯于在其中受训，但他不会想到其他健全的东西。愚昧无知与橡树相仿，我把这种倔强、固执、执着的品性称做橡树一般的，它比弯曲或顺从的东西更容易损坏。

[162] 这句话是什么意思，“随后又生了他的兄弟”？②

就其均为同一灵魂的后代而言，美德与邪恶是兄弟。然而它们又是对手，因为它们相互对抗和争斗。尽管它们出于必然性而聚集在一起，由于某种纽带而联系在一起，但它们期待分离。当它们松弛、分离、自由的时候，它们就变成单独的了。

[163] 以扫的兄弟出生时为什么用手抓住以扫的脚跟？③

高贵的理智是斗士和竞争者，就其本性而言它是善的，它在战斗中始终反对情欲，不允许情欲上升。抓住脚跟表示胜利者的品格，它不允许情欲不

① 《创世记》25：25。

② 《创世记》25：26。“随后又生了以扫的兄弟，手抓住以扫的脚跟，因此给他起名叫雅各（雅各就是抓住的意思）。利百加生下两个儿子的时候，以撒年正六十岁。”

③ 《创世记》25：26。

受约束，肆意妄为，表现出被抓者的弱点。如果一个人接受这些事情不是用他的眼睛，而是用他的理智和心灵，那么他会在美德中抓住最大的原因。当心灵占据上风，变得更加荣耀和骄傲的时候，它用手抓住它的对手。而当它跌落在地时，情欲会变成无用的东西。那么，除了拥有杰出的道德，我们还需要什么办法来补充呢？所以他得到了取代者的名字，希伯来文称取代者为“雅各”。

[164] 为什么说以撒六十岁的时候生儿子？①

六十这个数是一个尺度，其中包括黄道十二宫在内的天体，是十二个五角形数之总和。数字六和六十也具有同样的关系。尽管整个天空和世界通过六而被造，这个完善者在他六十岁的时候生儿子，他和这个世界有亲缘关系；与此相一致，就像数字六十和六有亲缘关系，这个善人与整个世界有亲缘关系。所以，就像在这个世上有些事物具有纯粹的实在，天穹命中注定要获得这种实在，但也有一些事物是混合的、可朽的，亦即那些地上的事物，所以经上说，把这个善人的后裔区分为可朽的和不朽的也是适宜的。因为这些儿子，有一个是属天的，另一个是属地的。

[165] 为什么以扫善于打猎，常在田野，而雅各为人安静，常住在帐篷里？②

这段话可以作喻意的解释，因为恶人也有两重性，就好像猎人和常在野外的人。为什么呢？正如猎人把他的时间花在猎犬和野兽身上，所以残忍者把时间花在情欲和邪恶身上，有些情欲就像野兽，会使心灵变得粗野、倔强、固执、残忍和野蛮；有些情欲就像猎犬，它们会放纵欲望，疯狂粗野地行动。除此之外，作为一个田野里的人，他没有城邦，是一名逃避律法的人，不懂得什么是正确的行为，不受约束，肆意妄为，与义人和善人没有共同之处，是交往、仁慈、社团之敌，倡导不合群的生活。但另一方面，这

① 《创世记》25：26。

② 《创世记》25：27。“两个孩子渐渐长大，以扫善于打猎，常在田野。雅各为人安静，常住在帐篷里。”

个聪明的和文明的人拥有下列两种品性：他是单纯的；他在家生活。单纯的本性表示朴素的真相，没有奉承和伪善，而伪善、奉承和欺骗显示相反的东西。还有，料理家务与在野外生活是对立的，一种状态是家政管理，是政府管理的小范围的特例，家政管理和政府管理都和美德相连，二者是可以互换的，既因为政府管理是国家层面的家政管理，亦因为家政管理是家庭层面的政府管理。

[166] 经上为什么说“以撒爱以扫，因为常吃他的野味，利百加却爱雅各”？①

这些名字的巧妙搭配表达了正确的意思，有谁不表示钦佩？因为陈述语气的“爱”表示过去的时间，而一般现在时的“爱”表示始终相同，不接纳某种目的或者终止。这样说难道不对吗？因为接纳邪恶和虚弱，就如有时会发生的那样，是短暂的，而接受美德，在确定的意义上，是不朽的，因为它不承认心灵的后悔或改变。

[167] 以撒为什么有理由爱以扫，经上说这是因为以撒“常吃他的野味”，而以扫的母亲爱雅各却没有理由？②

这样说是非常聪明的，因为爱美德无须任何理由。关于这一点，某些比较年轻的哲学家和那些直接以摩西为根源热爱美德的人指出，只有善者是可欲的，善者因其自身的缘故而令人愉快。但是，不具有这种本性的事物被爱是由于它有用。所以经上又说，以撒爱以扫是因为以撒常吃以扫打来的野味。这是最自然的，因为这里作为食物的不是野味，而是他猎取的品性本身。确实，它依靠的就是这种方式。哲学家的灵魂不依靠任何东西来滋养或喂养，而是依靠捕获情欲和使一切邪恶陷入困境。

[168] 这句话是什么意思，“雅各在准备晚饭”？③

我知道这件事情给嘲笑这些人提供了机会，他们是无教养之人，是缺乏

① 《创世记》25：28。“以撒爱以扫，因为常吃他的野味。利百加却爱雅各。”

② 《创世记》25：28。

③ 《创世记》25：29。“有一天，雅各熬汤，以扫从田野回来累昏了。”

稳定品性之人，是不承认任何美德之人，是不承认自己未受教育之人，是不承认自己愚蠢、任性、疏忽之人，而圣经会比其他任何事物更加真实。之所以如此，其原因在于，正如盲目者只能触摸和靠近身体，而不能察觉身体的颜色、形状、形式，或其他具体属性，所以未受教育的人、未受训练的人、未受教导的人、灵魂盲目的人、厚脸皮的人也是这样，只讲述字面含义，不讲述内容，只涉及话语和文字。他们不能观察理智的内在含义。这里的字面含义不是对不节制者的无关紧要的斥责，而是对那些能被治愈者的告诫。以扫放弃了他的长子权，向他的弟弟屈服，其原因不是那微不足道的肉汤，而是因为他使自己成了肚皮快乐的奴隶。让他受谴责吧，他从来不热心约束自己。这段话也和外部意见，亦即最自然的叙述相一致。任何东西煮过以后都会溶解，原先具有的美德会减少和失去。经上认为情欲在形式上与此相似。它们原先是未加盐的，是不可信的。通过理性的撕扯和切割它的肌肉，节制和自我约束就溶解了。

[169] 经上为什么说“以扫从田野回来累昏了”？①

在族长这个事例中，放弃被说成添加，因为当他们放弃可朽的生命时，他们新增了另一种生命。然而，这个恶人只有一个缺点，因为他宁愿遭受渴望美德的痛苦，而不愿遭受渴望食物和饮水的痛苦。

[170] 为什么以扫说，“我累昏了，求你把这红汤给我喝”？②

他热爱情欲和怯懦的品性使他承认自己渴望智慧和审慎，与此同时，承认自己缺乏所有美德。由于这个原因，他直接加快速度去品尝情欲，不认为这些东西劣于他的美德，用这些煮过的东西来获取快乐。圣经称之为“红的”，加上这个词就与他的情欲有了真正的联系，因为情欲冲动会使人变得脸红，或者说这样做是恰当的，他们会以这些可耻的事情为荣。

---

① 《创世记》25：29。

② 《创世记》25：30。“以扫对雅各说，我累昏了，求你把这红汤给我喝。因此以扫又叫以东（以东就是红的意思）。”

[171] 他的名字为什么又叫以东？①

“以东”译成亚兰语的意思就是“火红的”或“属土的”，给他起这个名字是恰当的，因为他的品性是不节制的、无约束的，他不寻求属天的和神圣的事物，他寻求的事物全都是属地的和可朽的事物。他甚至在睡梦中也不知道型相是没有品质、形状、外貌、身体的，他是颜色和品质的奴隶，他的所有感觉都被颜色和品质所欺骗。

[172] 他的兄弟为什么说，“你今日把长子的名分卖给我吧”？②

这里的字面含义似乎是要说明次子的贪婪，他想要剥夺兄长的权利。但是这个善人是不贪婪的，因为他有节俭和克制相陪伴，在这些方面它们对他特别有帮助。所以他非常明白，持续地、无限制地拥有财产是使恶人犯罪的原因，是在给恶人犯罪提供机会，而拥有财产只对义人而言才是善的。他认为最有必要的是消除邪恶，就好像消除大火，而为了改善品性，心灵在焚烧质料。他以为自己受到伤害，但对他来说，这样做不是伤害，而是巨大的福益。这就是这句话的字面含义。至于更深的含义是这样的，我们应当明白，这位聪明的立法者的谈话更多的不是关于野兽、财产、收获的果实的，而是关涉灵魂的品性。就其本性而言，头生子和长子是活跃的，与几种主要的美德相一致，而那个恶人由于众人的意见而发生改变。因为在不审慎的人中间，没有人会如此疯狂，竟然承认自己是有罪的。所以他说“不要怀疑”，因为所有真相就好像是在欺骗，或者就好像是在舞台上进行表演而受到嘲笑；你应当马上承认，美德对你来说是不熟悉的、不真实的、不自然的，你一定要远离它。而对文明的、有教养的品性来说，它是熟悉的、合适的、恰当的、有亲缘关系的。

[173] 他为什么这样回答，“你瞧，我将要死，这长子的名分于我有什么益处呢”？③

---

① 《创世记》25：30。

② 《创世记》25：31。“雅各说，你今日把长子的名分卖给我吧。”

③ 《创世记》25：32。“以扫说，我将要死，这长子的名分于我有什么益处呢。”

这个比喻的字面含义是这样的，恶人的生活确实就是每日里奔向死亡、思考死亡和训练死亡。否则他就不会说“把我引向美德和幸福的是什么呢?”他说我已经为自己作了某些选择和推荐，也就是期待感性的快乐，寻求淫乐、放纵、贪婪，以及其他无论什么与此同类的事情。

[174] 这句话是什么意思，“以扫轻看长子的名分”？①

这条律法也是神恩赐的，与早先那条律法相一致。正如善人和贤人藐视和排斥恶人，所以恶人也藐视善人的思想、行为和言辞。从不和谐之中不会产生和谐。

[175] 除了在亚伯拉罕的日子里发生的饥荒，为什么这时又有了饥荒？②

询问经上为什么要添加又有饥荒发生“在大地上”，这样做是合适的，因为要是不发生在大地上，饥荒还能发生在哪里呢？说饥荒发生“在天上”是不合适的。然而，这段话就不能包含喻意吗？身体是我们周围的一种属土的实体，当有美德的、洁净的心灵居住在身体里的时候，它引起的饥荒不是食物和饮水的饥荒，而是恶行的饥荒。这种饥荒是独特的。在通过教育和教导取得进步、变得完善的人身上，这种饥荒是无知和无教育的匮乏。无知导致事物的毁灭，但毁灭的不是他的与生俱来的、与本性相一致的东西，不是沉思或实践，而是他凭着自学能力获得的东西。二者都是卓越的，与所有幸福、繁荣、睿智相一致，是无比的快乐。

[176] 这些话是什么意思，“以撒就往基拉耳去，到非利士人的王亚比米勒那里”？③

这里的字面含义清楚地说明他在旅行。至于更深的含义，我们需要更加精确的考察，才能揭示这些名称的含义。因为，“亚比米勒”的意思是“父

---

① 《创世记》25∶34。“于是雅各将饼和红豆汤给了以扫，以扫吃了喝了，便起来走了。这就是以扫轻看了他长子的名分。”

② 《创世记》26∶1。“在亚伯拉罕的日子，那地有一次饥荒。这时又有饥荒，以撒就往基拉耳去，到非利士人的王亚比米勒那里。”

③ 《创世记》26∶1。

王”，“非利士人”的意思是“外国人”，“基拉耳”的意思是“树篱”。

[177] 为什么神的话语对他说“你不要下埃及去”？①

这段话的意思是清楚的，其中没有什么晦涩或不清楚的地方。我们可作如下喻意解释。“埃及”的意思是“压迫”，因为没有其他事物会这样约束和压迫心灵，如同寻求感性快乐、悲伤和恐惧。但是，对于完善者而言，他依靠他的本性享受美德的快乐，神圣的话语尽善尽美，亦不会沉沦，陷入情欲，所以他会愉快地接受安宁，与情欲告别。由于那些节制者的虚弱，经上向他们揭示和推荐这条中庸的道路，他们之所以接受这条道路，并不是由于胆大、自信，或者能够与祂一道上升。而那些抵达顶点、实现目标的人不会去思量那些倾向于地的事物。

[178] 祂为什么说，“你要住在我所指示你的地，你要在那里寄居”？②

祂指明了旅居者和居民的区别，因为人们口头上住在他们的城邦里，而实际上他们的灵魂并没有显示出相同的性情。祂吩咐这位贤人去祂指示的那块土地寄居，但要在神谕所吩咐的那块土地上居住。我们的身体是可感的和属土的。作为位于其中的主要事物的灵魂，如果期望幸福，那么它应当和必须只在身体中旅居，但它心里想的却是它的母邦，寻求能移居到那里去，在那里居住。因此，祂为这个神圣的灵魂立法，告诫和鼓励它坚持在那里居住。而其他城邦，按照喻意解经的法则，如果不是指美德的话，它指的是这种角色，这是一个恰当的象征。

[179] 这些话是什么意思，“我必与你同在，赐福给你”？③

这些话表明，事物的联系与和谐的秩序在神谕中系统地结合在一起。因为神一定会把和睦、幸福，以及令人欢乐的话语带给人，就好像与此相反，

① 《创世记》26：2。“耶和华向以撒显现，说，你不要下埃及去，要住在我所指示你的地。”

② 《创世记》26：3。“你寄居在这地，我必与你同在，赐福给你，因为我要将这些地都赐给你和你的后裔。我必坚定我向你父亚伯拉罕所起的誓。”

③ 《创世记》26：3。

祂会把非理性的事物带走，让它们远离。对灵魂来说，没有比愚蠢和愚昧更大的邪恶了，理性被剥夺的时候，心灵就是灵魂所具有的特性。

[180] 这句话是什么意思，“我必坚定我向你父亚伯拉罕所起的誓”？①

首先，必须说明神的话语和誓言没有什么区别。如果不是向祂自己起誓，祂能向谁起誓呢？这里说祂起誓是由于我们的软弱，因为我们认为人的誓言和话语是不同的，所以神的誓言和话语也是不同的。由于祂是有福的、仁慈的、怜悯的，所以祂不论断被造物，这一点与祂的伟大相一致，也和被造物的伟大相一致。其次，祂希望受到赞扬的这个儿子能配得上他父亲的高贵，为了这位儿子的缘故，如果祂没有在他身上见证到同样的美德，那么祂不会用誓言坚定地给这位父亲确定祈祷者。因此，现在就让我们停止赞扬高贵，向圣经学习真正的高贵是什么，并且忏悔。因为这段话清楚地教导我们，界定和发现出身高贵的存在者不能仅仅满足于找到他们优秀的父亲和祖父，还要寻找那些模仿他们父亲的虔诚的人。赞扬那些不自觉地行善的人，或者赞扬那些不自觉地生成的人是错误的，因为这样做没有想到我们每个人的生成是自觉的，没有任何固定的秩序，自觉的才是最好的，是善的接受者和模仿者。

[181]这些话是什么意思，“我要加增你的后裔，像天上的星那样多”？②

这里说了两件事情：数量和质量。万物的本性一般说来是由数量和质量组成的，在这里“我要加增”的是质量，而数量则“像天上的星”一样多。所以，你的后代可以纯洁和闪亮，可以排列有序，他们服从他们的首领，他们的行为举止就像天上的星辰那样，闪耀着以太的光芒，也照亮其他万物。

[182] 这句话是什么意思，“我要将这些地都赐给你的后裔”？③

这句话的字面含义清楚地表明了这条律法的具体意思，这条律法说只有

---

① 《创世记》26：3。

② 《创世记》26：4。“我要加增你的后裔，像天上的星那样多，又要将这些地都赐给你的后裔。并且地上万国必因你的后裔得福。”

③ 《创世记》26：4。

贤人是富裕的，一切事物都属于这位贤人。至于更深的含义是这样的，祂说："我要将所有属地的和有形体的实在都赐给你，就好像让仆人服从统治者。因为我希望你不要收税，不要臣民纳贡，这些行为是由不节制、不满足的情欲决定的，你要按照一名国王的方式去当统治者和领袖，你要引领而不要被引领。"

[183] 这句话是什么意思，"地上万国必因你的后裔得福"？①

这里的字面含义非常重要，也十分清晰。至于更深的含义可以喻意解释如下：这里讲的地上万国都在我们身上。它们就是各种感觉，可能就是由各种情欲组成的。当它们依附于一位总督、监事、主管的时候，它们会变得比较好，因为按照诗人的说法，总督拥有权力，他"既是一个高贵的国王，又是一名强大的枪手"②。但是，当拥有统治权的心灵变得顺服的时候，这些感觉会经历变化，而此时的心灵就像一个恶劣的、虚弱的驭手，不能驾驭狂野的驽马，不能指挥马车正确前进，只能任凭马车随意奔驰。

[184] 祂为什么说，"都因你的父亲亚伯拉罕听从我的话，遵守我的命令，诫命，律例，法度"？③

祂说，万物为我所有。善人熟知神的权能，而神的权能就像一道清泉，只有很少人能够饮用清泉，也就是说，只有那些接受了恰当教育的人和真正向往智慧的人才能饮用。现在，这里提到四样东西，前两样是神圣的，也就是命令和诫命，因为祂作为统治者给那些尚未打算无恐惧地服从祂的人下命令，而把诫命赋予祂的朋友，他们会祈祷，对祂拥有信心。至于另外两样东西，律例和法度，它们对凡人而言是美德，凡人极大地关注律例和法度是恰当的，因为律例凭本性存在和构成，而法度依靠习俗而存在。但是凭本性存在的事物要比凭习俗存在的事物年长，所以律例比法度年长。

---

① 《创世记》26：4。

② 荷马：《伊利亚特》3：179。

③ 《创世记》26：5。"都因亚伯拉罕听从我的话，遵守我的吩咐和我的命令，律例，法度。"

[185] 经上为什么说“以撒寄居在基拉耳”？[①]

基拉耳可以解释为“树篱”，我们喻意地声称它与身体相关，与外在事物相关，它们是由空洞的、无用的意见虚构出来的。居住在树篱中的人是可悲的，他要事奉许多任性的、残忍的、无情的主人。他要忍受他们的威胁和欺骗，尽管他已经是万物中最好的了。但是，这位旅居者向往完全的自由，满足于得到生活必需品。所以他能够轻易地逃离树篱和其中的陷阱。

[186] 那些问到他的妻子的人是谁？[②]

灵魂有若干组成部分，下列相关思想是灵魂里的居民。在灵魂的理性部分里，相关思想与智慧和愚蠢相连；在灵魂的易怒部分里，相关思想与勇敢和胆怯相连；在灵魂的欲求部分里，相关思想与节制和放荡相连；在灵魂的营养部分里，相关思想与食物和饮水相连；在灵魂的感知部分里，相关思想与几种感官寻求过去的快乐和新的快乐相连。但是树篱本身的位置有它的自己人在那里，亦即依赖或依附身体和外在事物的思想。所以，这些思想试图败坏和玷污灵魂不受玷污的、神圣的、纯洁的本性。

[187] 这些话是什么意思，“他在那里住了许久”？[③]

沉思和热爱神的灵魂，其退隐被认为是长时间的旅居，哪怕只退隐一天。但是，没有时间和地点的事物才是最好的。因为地点和时间是俩兄弟，它们同时产生，同时移动。

[188]“亚比米勒从窗户里往外观看，见到以撒和他的妻子利百加戏玩”，这里说的游戏是什么？[④]

字面含义指的是以撒与他的妻子的合法玩耍。至于更深的含义是这样的，我们必须指出，并非每一种游戏都应受指责，而是有的时候游戏是合乎

---

① 《创世记》26：6。“以撒就住在基拉耳。”

② 《创世记》26：7。“那地方的人问到他的妻子，他便说，那是我的妹子。原来他怕说，是我的妻子。”

③ 《创世记》26：8。“他在那里住了许久。有一天，非利士人的王亚比米勒从窗户里往外观看，见以撒和他的妻子利百加戏玩。”

④ 《创世记》26：8。

美德的、值得赞扬的，因为它是纯粹心灵的无辜和真诚的标志。玩耍者的年纪是真诚的，没有狡猾的意味，那就是给孩子最初起名字的时候。除此之外，与我们的解释相一致，完善者的乐趣是高尚的、合乎美德的，被称作“游戏”。邪恶的、热爱奢侈的人没有或者很少有这样的乐趣，他们过着悲惨的、痛苦的生活。然而，善人始终幸福地享受这种乐趣，就好像男人，当他们的灵魂被可朽的身体感动的时候，或者当他们的灵魂在身体死亡的时候被释放，与身体分离的时候，或者当他们的灵魂没有以任何方式受制于身体的时候。神圣的存在者也是这样，摩西神圣的话语习惯于称之为使者和星辰。因为这些事物具有理智的、杰出的、神圣的本性，它们可以获得与悲伤不混杂的永久快乐。整个宇宙和天穹也一样，因为它既是理性动物，又是有美德的动物，它的本性是哲学的。由于这个原因，它没有悲伤或恐惧，它充满快乐。还有，据说甚至连天父和宇宙的创造主也过着一种持久的快乐生活，游戏和欢乐，在玩耍中寻找快乐，这种玩耍与神圣的快乐保持一致。神不需要任何东西，祂也不缺乏任何东西，但是祂在自身中，在祂的权能中感受快乐，在祂创造的世界中感受快乐。但是，在可见的证据体系中，这些东西是尺度，可以衡量一切处于可见事物形像之中的无形体的型相。因此，这位贤人正确地相信他的目的，努力去与神相似，尽可能把被造物与非被造物统一起来，把可朽者与不朽者统一起来，把不缺乏快乐与需要快乐在与神相似中统一起来。由于这个原因，他和利百加玩耍不变的、持久的游戏，利百加的名字在亚兰文中可以解释为“坚定”。恶人不知道这个游戏和灵魂的快乐，因为他没有与神奇的快乐结婚。但是，这个进步者可以看到这个游戏，就好像从窗户往外看，但他看到的不是游戏的全部，也不是游戏双方的结合。要看到全部，需要有习惯远距离观看的、特别敏锐的视力和习惯于观看的眼睛。

[189]这些话是什么意思，“以撒在那地耕种，那一年有百倍的收成”？①

① 《创世记》26 : 12。“以撒在那地耕种，那一年有百倍的收成。耶和华赐福给他。”

“那一年”是完成了的时间，由一年中的所有时间组成，被称做“在其自身内”。嗯，一百是最神圣的数，拥有全善的十的权能。但是，这句话字面上是为这位善人所作的证言，证明农耕和其他事务的繁荣，指出后来圆满的收成要比开始播种时大许多倍。至于更深的含义是这样的，大麦是凡人和非理性动物的粮食，而在我们每个人身上，心灵就是人，感觉则是野兽。因此，善物是不育的，仅当灵魂将自身呈现为一片沃土，像一块能够接受美德种子的土地，灵魂才变成多产的；看到那里生长的东西与它的几种美德相一致的时候，它会发现比播种时更多的收成，因为神会让它们进一步生长。从不可见的东西变为可见的东西，祂赐予理性和非理性的事物同样的恩惠，与一百这个最完全数相一致，一百是十这个神圣原则的神圣原则。

[190] 这些话是什么意思，“他就昌大，日增月盛，成了大富户”？[①]

由于这里的字面含义是清楚的，所以我们只需考察它的更深的含义。与那个完全数和包含自身于其中的“年”相连的显然是心灵的进步和成长，在这里要对灵魂成长的第一阶段进行解释。到达那里以后，他首先要壮大自己，但这个时候为什么还要考察那些被造为无罪的事物呢？……[②]

[191] 非利士人为什么要填埋他父亲的仆人挖的井？[③]

此处经文提到两个原因。第一个原因是轻率者的习惯，不允许给善者竖立任何柱石或纪念碑，保留任何有助于他们获得幸福的东西。第二个原因是，强烈妒忌其他人的繁荣昌盛，他们也轻视自己的福益，认为自己最好还是承受痛苦，胜过到那些他们并不期待的事物中去发现善。有人会说：“哦，世上最愚蠢的人啊，你为什么要填埋别人挖的水井，你的人也需要用水？”也有人会回答说：“不要向心怀妒忌的人寻求慷慨的歉意，他们认为接受高尚者的仁慈是一种惩罚。”这就是字面含义。但是我们必须寻找更深的含义。

① 《创世记》26：13。“他就昌大，日增月盛，成了大富户。”

② 此处原文有佚失。

③ 《创世记》26：15。“当他父亲亚伯拉罕在世的日子，他父亲的仆人所挖的井，非利士人全都塞住，填满了土。”

这口挖出来的井象征教育和知识，井是深的，井的最终目的是解渴。但是你确实要在博学者中寻找无知的制止者，为的是使他们能把无知当做负担来驱除，洗涤先前确定的对这些事情的观察。因为现在作为挖井人引进的不是这个完善的人，他的灵魂里有一口井，这口水井显然就是教育和知识的清泉，而他们就是他认为配得上事奉他的教育的仆人。这些人最近才掌握教育，逐渐地行远致深，最终实现他们的目的。所以，通过卓绝的努力，他们变得完善，实现了他们的愿望。但是外国人，希伯来人称之为“非利士人”，妒忌我们的进步，不仅用那些基础雄厚的教义来阻塞自由的空间，而且用土，亦即用属土的欲望，来填埋它们，这些欲望就是与肚皮相连的快乐，他们匆忙地填埋它。由于这些情况，心灵遭受重压而颓丧，变得非理性和非哲学。

[192] 为什么亚比米勒对以撒说“你离开我们去吧，因为你比我们强盛得多”？①

残忍和妒忌应当同时受到谴责，而恶人是盲目的。亚比米勒不认为惩罚受过训练的人和聪明人就够了，这些人表面上来自城邦，实际上来自他的灵魂，所以他的妒忌也要受惩罚。因为他说“你比我们强盛得多”，而他自己应当消除自己的弱点，祝愿其他人交好运和强盛。有些事物是在身体内的，有些事物在身体之外，但对于进一步哲学化了的他来说，所有人都应当吃一种食物。

[193] 他（以撒）为什么又挖开那些被堵塞的水井？②

按照字面含义，这位贤人的本性是仁慈的、宽容的，不会怨恨任何人，而在征服他的敌人时，他认为要对他们行善，而非伤害他们。这就是字面含义。至于更深的含义是这样的，挖开被堵塞的水井是沉思者的任务，尽管心灵在短时间内可能会受阻，当它因焦虑和分心而受阻，也就是水井被淤泥堵塞的时候，他要消除这些负担，变得轻省，为的是能够再次向上观看，能够

---

① 《创世记》26：16。“亚比米勒对以撒说，你离开我们去吧。因为你比我们强盛得多。”

② 《创世记》26：18。“当他父亲亚伯拉罕在世之日所挖的水井因非利士人在亚伯拉罕死后塞住了，以撒就重新挖出来，仍照他父亲所叫的叫那些井的名字。”

畅通无阻地看见智慧之光的第一束光芒。

［194］他为什么仍旧按照他父亲所叫的名字叫那些井？①

这里的字面含义表示以撒对他父亲的虔诚，称赞他父亲工作勤奋。由于这个原因，以撒本人也很热心，重新开挖那些填埋了的水井，为的是让这个区域的居民所具有的妒忌不会老是产生。因此，做这项工作和使用原来的名字是一致的。这是一种解释。但我们必须提供第二种解释，也就是说，这个贤人是自恋者的敌人，因为他热爱公义和真理，这些东西才是值得爱的。这两点在这位年轻人身上有清晰的表现；他表现出公义，因为他没有刻意去消除其他东西。尽管他在堕落，但他本身还是在不断地通过劳动去发现公义。他真诚地感谢最先开始挖井和给水井起名字的人。这颗心灵非常严峻。因为这位命名者无可否认是一位贤人，是他在给这些事物的意义起名，意义就像一面镜子，反映出事物的属性，这些事物的形像在镜子中也反映得很清晰。所以，重复一下我前面的陈述，由于他博学的父亲已经给这些水井命名，所以他本人也就满足于使用原先的名字，因为他知道，若是改变这些名字，他就会同时改变事物。那些几何图形也一样，每个图形都有名称，如果有人改变了名称，他也就改变了图形的本性。

［195］这口井为什么在基拉耳谷中？②

基拉耳的意思是"旅居"。但这种解释是象征性的，它有两重内容。旅居者要么屈从于在他的旅居地的那些人，要么与那些人疏离。堵塞水井象征着屈从，由那些外邦人通过改变拥有美德的灵魂的名称而实现。但是开挖和清淤也是一种疏离，因为这样一来灵魂远离了它所习惯的知识门类和艰苦的劳动，要通过劳动才能重新发现它们。因此，山谷就像旅居地，受到诱惑顺从习俗的人不停地在山谷中行走。但是那些位置高于他们的人上升迁移到美德的伟大之处。然后，当他向自己指出数字四的时候，他在探寻，想要离开

---

① 《创世记》26：18。

② 《创世记》26：19。"以撒的仆人在谷中挖井，便得了一口活水井。"

山谷和那三口井，去往远方。他离开了山谷，因为山谷意味着埋伏、陷阱和模糊不清。他离开了那些井，因为它们包含前进、卑劣和麻烦，而不是象征无烦恼、无危险、无痛苦的本性。

[196] 这些话是什么意思，“以撒年老，眼睛昏花，不能看见”？①

那些提供字面解释的人说这位先知由于天命而眼睛昏花，后来又重新得到敏锐的视力。然而，天命是一种赐福，可以获得赐福的人不是恶人，而是配得上这种赐福的人。在我看来，他们好像提供了一种似乎有理的解释。然而，这种解释并不自然，喻意解经者习惯于确定天然的含义。经上不仅恰当地写道他的眼睛变得昏花，而且写道“在他年老以后”他的眼睛变得昏花。这是很自然的。年老使得视力衰退，使整个身体也一起衰退。也就是说，他年老以后发生了改变，到了最后，被感觉包裹的灵魂开始模糊地看见神，变得能够敏锐地看见理智的事物，要是这样说确实是恰当的话。被美景捕获的他在为预言做准备，他不再使用自己的判断，而使用神的判断，呼应祂谈论的事情。这位先知成了一样乐器，而神是艺术家。还有，祂的道就像琴拨子，拨出和谐的声音，娴熟地演奏乐曲，立法由此为人所知。

[197] 以撒为什么对他的大儿子说，“拿你的器械，就是箭囊和弓”？②

这里的字面含义是已知的，所以我们把这段话的喻意解释如下：它表示这个恶人不想要和平，而是乐意打仗，他做好了打仗的准备，用武器把自己装备起来。他的本性是鲁莽的、大胆的，同时又是懦弱的、胆怯的。恐惧和鲁莽是兄弟俩，它们紧紧地联系在一起。由于这个原因，他没有使用战场上常用的武器，在那里他们的声誉和英勇可见一斑，而是远远地射箭。这是因为，射箭对胆小鬼来说是一项恰当的竞赛，他们不会坚守阵地，但却可以逃到远处放箭。

[198] 这些话是什么意思，“往田野去为我打猎，照我所爱的作成美味，

① 《创世记》27：1。“以撒年老，眼睛昏花，不能看见，就叫了他大儿子以扫来，说，我儿，以扫说，我在这里。”

② 《创世记》27：3。“现在拿你的器械，就是箭囊和弓，往田野去为我打猎。”

拿来给我吃，使我在未死之先给你祝福”？[①]

在我看来，这些文字表达了如下思想：尽管他有两个儿子，一个是好的，另一个应受责备，但是他说要给那个应受责备的儿子祝福，这不是因为他的荣耀超过了那个有美德的人，而是因为他知道后者凭自己的力量能够矫正和完成他的事务，而前者是由他自己的品性所把握和约束的，仅对他父亲的祈祷抱有获得拯救的希望。如果不能做到这一点，那么他就是最可悲的人。第一，他告诫这个儿子不要去杀牲畜，而要按照习惯去猎取野兽，与他向往非理性的、野蛮的情欲相一致，所以这个儿子可以猎取不驯服的、非家养的野兽，为自己复仇，把野兽杀了。第二，当这个儿子变得能够这样做，或者能够驱逐这些恶的时候，不是他本人喜欢这样做，而是他的父亲喜欢这样做。通过理智的事物和符合美德的言行，一切食物对善人来说都是好的。所以，这位父亲说，如果你能处置口渴的欲望，约束野蛮的情欲，把它做成甜蜜的、讨人喜欢的美味，随同你的进步一起带给我，那么不是那个和我在一起的贤人给你祝福，而是我身上的占统治地位的灵魂给你祝福。

［199］为什么利百加听了这些话，就对她儿子雅各说“你瞧，我听见你父亲对你哥哥以扫说”？[②]

经上非常仔细地称雅各为“她的儿子”，称以扫为“雅各的哥哥”，但没有称雅各为任何人的儿子。这是因为雅各被视为有序和体面的坚定，他是坚定的后裔。但是另一个儿子被当做放荡和下流的样板，不被称做“她的儿子”，因为有序属于和平。他们是兄弟俩，但只是拥有奇数和偶数这样的兄弟关系，同样的关系还有无序者和有序者。尽管它们是兄弟俩，但它们仍旧有可能是对立的，相反的。

［200］这些话是什么意思，“现在，我儿，你要照着我所吩咐你的，听从我的话，到羊群里去，给我拿两只肥山羊羔来，我便照你父亲所爱的给他

① 《创世记》27：4。“照我所爱的作成美味，拿来给我吃，使我在未死之先给你祝福。”

② 《创世记》27：6。“利百加就对她儿子雅各说，我听见你父亲对你哥哥以扫说。”

做成美味，你拿到你父亲那里给他吃，使他在未死之先给你祝福”？①

从这里要准备的食物就可以清楚地看出他身体庞大，胃口很好。献上来的肥羊羔表示庞大的身体和强大的能力，超过其他所有体能。如果一位老人能够成功地吃下两只肥羊羔，那么他年轻时能吃多少！他这样做不是由于食欲得不到满足，因为他是有节制的，没有人能在这方面超过他，而是由于他的神奇结构。他在美德方面非常伟大，又是一个伟大宗族的创建者，所以应当有一个强壮的、神奇的身体。然而，下面要说的事情更加清晰。这里提到的父母的希望和品性并没有相互对立和发生冲突，就像有些人习惯的那样，也没有划分与分离，因为夫妇俩渴望达到同一目标，尽管他们被不同的思想所推动。这对父母中有一位希望那个好儿子获得他应得的东西，而另一个则说：“你是她生的，我不以你为耻，但是我怜悯你的无助，所以我要尽可能矫正你。”这就是字面含义。至于更深的含义是这样的，实践美德的灵魂具有某种坚定的气质，被称做利百加；它拥有禁欲主义，具有雅各的名字。因此，坚定对禁欲者说，这就好比在一场精神聚会中，“到羊群里去”，也就是到熟悉的、纯洁的、形态良好的、进步的美德中去，给我取两种话语来，它们被称做孩子，其中之一是虔诚的愿望，另一个是形式上的仁慈，为的是我可以对你可爱的、体贴人的父亲，把它们说成是令人愉快的和令人满意的，得到它们的滋养，你可以熟悉他的良好建议。

[201] 雅各为什么回答说，“我哥哥以扫浑身是有毛的，我身上是光滑的。倘若我父亲摸着我，必以我为欺哄人的”？②

这句话里的推测是正确的，也似乎很有理。至于它的更深的含义有一个非常自然的解释。如果自制和约束，就像在剧场中那样，穿上放纵和淫荡的

① 《创世记》27：8—10。“现在，我儿，你要照着我所吩咐你的，听从我的话。你到羊群里去，给我拿两只肥山羊羔来，我便照你父亲所爱的给他作成美味。你拿到你父亲那里给他吃，使他在未死之先给你祝福。”

② 《创世记》27：11—12。“雅各对他母亲利百加说，我哥哥以扫浑身是有毛的，我身上是光滑的。倘若我父亲摸着我，必以我为欺哄人的，我就招咒诅，不得祝福。”

外衣，想要欺骗、漠视和藐视真相，而保护者习惯于像一名好医生，检查它们最恰当的、最重要的部位，人通过这些部分保持健康或者患病，由此掌握事实真相。但是每一事物均通过它的正确名称直接地、准确地、真实地为人所知。这个多毛的人是放纵的、好色的、不洁的、邪恶的，他食用田野里野生的果子，他的行为就像不驯服、非家养的牲畜。而身上光滑的这个人是克制和节俭的朋友。现在这位父亲摸到他的手，而他身上没有任何部分未受检验，以一种准确的方式完全为人所知。所以他说，藐视和轻视无理智者似乎是不对的，因为贤人不会羞辱这样的人。

[202] 为什么当他说“我就招咒诅，不得祝福”的时候，他母亲说“我儿，你招的咒诅归到我身上”？①

为了母亲的体贴和善意而赞美她确实是恰当的，因为她同意把儿子遭受的咒诅归到她自己身上，而把对他的双亲的荣耀归到他身上。所以，他的虔诚把他引向相反的方向，免得他好像在欺骗他的父亲，想要得到属于另外一个儿子的东西，而对他的母亲，免得当她提出硬要帮助她儿子的时候，他似乎会不服从和轻视她。所以他虔诚而又可敬，不说“我的父亲要责备我”，而说“我把你招的咒诅归到我身上”；哪怕父亲沉默不语，也没有爱我之心，我的良心无论如何也会责备我，就好像我做了什么值得咒诅的事情。

[203] 为什么利百加把家里所存的大儿子以扫上好的衣服给雅各穿上？②

这里的字面含义是清楚的、显而易见的，穿上不在场的以扫的外衣可以表示雅各自己不在场。至于更深的含义是这样的，这个恶人有另外一件外衣和许多衣服，以此隐藏自己，就好像他狡猾地掩盖许多恶行。他有一件漂亮的外衣，这是感觉的外衣，以教育为外表装饰，再延伸为讲话，有些人通过

---

① 《创世记》27：13。“他母亲对他说，我儿，你招的咒诅归到我身上。你只管听我的话，去把羊羔给我拿来。”

② 《创世记》27：15。“利百加又把家里所存大儿子以扫上好的衣服给他小儿子雅各穿上。”

学习来学会讲话。没有人是全恶的，每个人都是对立面的混合，比如公义和不义、高贵和卑鄙，总而言之，是善与恶的混合。还有，厄庇卡尔谟[①]说得极好，“过失最少的人是最优秀的，因为无人是清白的，无人可以不受指责”。欧里庇得斯[②]说：“那些不节制的人、充满敌意的人、不义的人是邪恶的。而那些拥有相反品质的人是有道德的人。然而，有些人的品质是两种品质的同等混合，所以不会有这样的人，他拥有所有恶的品质而没有一样善的品质。”

[204] 她为什么用山羊羔皮包在雅各的手上和颈项的光滑处？[③]

这里的字面含义是清楚明白的，也就是说，为了使他的父亲认不出他来，利百加把雅各伪装成他的哥哥以扫。她用山羊羔皮包在雅各的手上和颈项的光滑处，因为以扫是多毛的。至于更深的含义是这样的，手和颈项强于人的其他所有肢体，这些肢体是光滑的。这位贤人是光明的，他赤身面对真理；正如其他美德，他展示出纯洁的风尚，追求勇敢的美德。如果有时候他隐藏这一点，因某种必然性而把自己伪装成多毛的，那么他仍旧保持着同样的状态，也不会忘掉初心，而会不知不觉地改变成另外一种形式，就如在剧场里，为了观看者的利益而发生改变。这正是医生习惯做的事情，因为他们改变病人的食物、住处和他们生病以前的生活方式。对人世间的事务拥有娴熟技艺的人有时候也会做蠢事，不好色的会淫荡，勇敢的会胆怯，公义的会做不公义的事情。有时候，他不是撒谎者，但是会撒谎；他不是骗子，但是会欺骗；他不是无礼者，但是会污辱人。

[205] 这句话是什么意思，“就把她做的美味和饼交在她儿子雅各的手里”？[④]

这里想说的是，就完善的生活而言，适宜期望的不仅是追求高尚的事物

---

① 厄庇卡尔谟（Epicharmus），鼎盛年约为公元前 530 年，古希腊喜剧诗人。

② 欧里庇得斯（Euripides），约公元前 484 年—前 407 年，古希腊著名悲剧家。

③ 《创世记》27：16。“又用山羊羔皮包在雅各的手上和颈项的光滑处。”

④ 《创世记》27：17。“就把所作的美味和饼交在他儿子雅各的手里。”

和美德，而且还要实践美德。坚定和自制品性的所作所为是恰当的，因为她是自然法则之母，再加上她所做的象征节俭的饼，以及放松的、自由的、纯洁的生活。

[206] 雅各的父亲问雅各，“我儿，你是谁”，这时候雅各为什么回答说“我是你的长子以扫。我已照你所吩咐我的行了”？①

雅各几乎就是一个骗子，尽管人们并不认为他与任何邪恶相关。诽谤者把缺德称做欺骗。对那些希望可耻地生活的人来说，缺乏善比不拥有善和美德要强一些。但是，当一名密探被抓的时候，让他说“我不是你们的敌人，我是你们的朋友”；如果这样说不值得赞扬，他说的话不值一谈，那就让他说：“我自愿尽快到你们这里来，责备我自己所属的这一方。”让将军在和平时期做工作时要想到打仗，或者在和平时期要想到前线。如果国王不能以另外一种方式为他的国家和臣民谋利益，那就让他打扮成平民。让主人伪装成奴仆，为的是使他不会对家务一无所知。这些就是主要的字面含义。至于更深的含义是这样的。让我们喻意地说，我们每个人拥有的灵魂都可以说是几种人，与各种情况相符。就好比以扫在我身上，他就像一棵橡树，不能弯曲，是多毛的，他对美德的思想来说是外在的典型，他感到困惑，屈服于非理性的、不可理解的冲动。雅各也在我身上，他是光滑的、不粗糙的。在我身上既有老人，也有年轻人，既有统治者，也有非统治者，既有圣人，也有俗人。但是，当一个有美德的人处于与美德相反的状态，那么他是非常肤浅的，他会怪异地进行欺骗，而不是在道德风尚方面对每个存在者表示亲和。然而，当一个人处于邪恶状态时，他会公开谈论愚蠢的、不公义的事情，也会提供智慧和公义的虚假外表。雅各对他的父亲说“我是以扫”，按照自然的原则他这个时候说的是真话，因为他的灵魂已经发生了改变，以便与型相一致。

① 《创世记》27：18—19。“雅各到他父亲那里说，我父亲。他说，我在这里。我儿，你是谁。雅各对他父亲说，我是你的长子以扫。我已照你所吩咐我的行了。请起来坐着，吃我的野味，好给我祝福。”

[207] 为什么他的父亲说，“我儿，你如何找得这么快呢”？①

对这个问题有一个恰当的回答，也有对字面含义的一个喻意解释。这个猎人有足够的时间打猎，他几乎不用多想，很快就能找到野味。至于更深的含义是这样的，使这位贤人感到奇怪的是这个恶人竟然如此快速地接受教导，乃至于能够发现他要寻找的东西，不仅非常快捷，而且非常敏锐，因为他曾被人认为是非常无理性的和愚蠢的，确实像一棵橡树。

[208] 他（雅各）为什么回答说，“是主交到我手里的”？②

对一颗热爱神的心灵来说，这个回答是好的、适宜的。他说：“我没有使用凡人当教师，是天父把沉思的智慧和知识交到我的手里，我不仅学习智慧，而且能够发现智慧。”以神为老师的人既有利益，又有能力给其他人带来利益。他通过学习获利，通过发现门徒和熟人带来利益。后来，他就名列教师和领袖。

[209] 为什么他（以撒）说，“我儿，你近前来，我摸摸你，知道你真是我的儿子以扫不是”？③

这个善人公正地表达了他的怀疑，使他感到奇怪的是这个恶人出乎意料地在道德方面突飞猛进。第一，他过去害怕学习，懒惰而又迟钝，现在转变为学得很快。第二，他不仅记起了以前学过的知识，而且变成一位统治者，统治许多人，他变得很机智，很容易接受教育，多产多育，而不像以前那样不育。第三，他认为这些教导、传统和神圣的教义值得追求，他正确而又恰当地把它们奉献给神——他的导师。这个原因使他感到震惊，他说：“你近前来，我想要弄明白你真是我的儿子以扫还是其他人。”所以，他摸了他的儿子，但不如他心里想得那么多，他对儿子的话语和行动进行比较，发现它

---

① 《创世记》27：20。“以撒对他儿子说，我儿，你如何找得这么快呢。他说，因为耶和华你的神使我遇见好机会得着的。”

② 《创世记》27：20。

③ 《创世记》27：21。“以撒对雅各说，我儿，你近前来，我摸摸你，知道你真是我的儿子以扫不是。”

们很不一样。

[210] 为什么以撒摸着以后说“声音是雅各的声音，手却是以扫的手”[①]？

这里讲的声音不是空气通过嘴巴和舌头发出的声音，而是已经说过的那个模糊的声音，但它自身的意义无关紧要。这里指的是意志的虔诚，与生育和高贵的坚定角色相适应，处于和谐之中。由于这个原因，他自己又重复一遍，两次使用同样的表达法，“声音是雅各的声音，手却是以扫的手”，表示这不是他想要赞扬的声音，而只是承认这些善物的发明与神相一致。这种看法对不受约束的和无教养的角色来说是外在的、奇异的，而对认为艰苦的劳动更有价值、比感性快乐更加有用的人来说，这种看法是熟悉的、真实的。

[211] 这些话是什么意思，“以撒就辨不出他来。因为他手上有毛，像以扫的手一样”？[②]

需要在这里加以确证的事情比前面说的还要多，经上多次宣布善人和恶人都会有善的和高尚的行为，但他们做事情的意愿不同，前者使用他自己的理智来判断什么是善的，而那个恶人因为他贪婪的行为而显得高尚。如悲剧诗人所说，无人能够发现蠢人在做高尚的事情，除非他有意而为之或玩弄心计。[③] 根据这种解释，这句话是在暗示善人和恶人的行为有某些相似之处，但二者是不同的，因为他们各有不同类型的意愿。

[212] 为什么在给儿子祝福以后，他（以撒）又说“你真是我儿子以扫么”？[④]

神谕马上说出这样的话来，以确认接受祝福的人是前面提到的那个人。这就非常清楚地证明，通过先知赐福的是神，先知把祝福说了出来。因为有一位张开嘴，但什么也没有说，而另一位凭他预知的权能首先用声音说出了

---

① 《创世记》27：22。“雅各就挨近他父亲以撒。以撒摸着他，说，声音是雅各的声音，手却是以扫的手。”

② 《创世记》27：23。“以撒就辨不出他来。因为他手上有毛，像他哥哥以扫的手一样，就给他祝福。”

③ 欧里庇得斯：《希波吕特》，第 331 行。

④ 《创世记》27：24。“又说，你真是我儿子以扫么，他说，我是。”

祝福。所以，圣经确实把结论确定下来，说出神圣的预言，使之与被祝福的人相一致，确定得到祝福的人。

［213］经上为什么说以撒吃了野味，喝了酒，嗅了衣服上的香气，就给他祝福？①

这里的字面含义不需要任何解释。至于更深的含义是这样的，需要有某种必要的沉思。从象征意义来看，衣服是可见的体面和意见，这些东西对众人来说是适当的、极好的、认可的。这也是值得赞扬的部分，是那些美德上并不完善的人使用的办法。善人理所当然地要引进美德，既因为他向往美德，也因为他分享理智的食物。

［214］他（以撒）为什么以这种方式开始祝福，说"你瞧，我儿的香气如同主赐福之田地的香气一样"？②

这个地方充满种子、树木、花朵、果实。应当得到祝福的不是一时的芬芳，而是连续的多产。灵魂中有一个地方充满智慧和美德的树木。果实是它的几个行为，话语伴随着它们，每个行为都有它自己的香气，有些由智慧的审慎陪伴，有些由节制陪伴，其他由公义陪伴。我们的生命可以说就是由于我们的几样美德而变得芳香的，因为通过它们的话语，它们朝着附近的东西散发气息，这些东西嗅到这些无形体的气味以后极为喜乐，这种芳香比馨香、没药和其他香料的气味更加好闻。上述所有事情都是在确认在上的神。因为是掌握万物之根基的祂在赐福，祂实际上就是那位使灵性的田野里充满美德的主人。我们应当清楚地认识到，神不在之处是不完善的，很容易被占领。

［215］他（以撒）为什么说，"愿主神赐你天上的甘露，地上的肥土"？③

---

① 《创世记》27∶25—26。"以撒说，你递给我，我好吃我儿子的野味，给你祝福。雅各就递给他，他便吃了，又拿酒给他，他也喝了。他父亲以撒对他说，我儿，你上前来与我亲嘴。"

② 《创世记》27∶27。"他就上前与父亲亲嘴。他父亲一闻他衣服上的香气，就给他祝福，说，我儿的香气如同耶和华赐福之田地的香气一样。"

③ 《创世记》27∶28。"愿神赐你天上的甘露，地上的肥土，并许多五谷新酒。"

按照同一位先知的说法，他首先得到这个被造世界的最佳秩序。因为他把第一的位置赋予天，把第二的位置赋予地，希望以此教导我们这些转向美德的人，首先要获得属天的和神圣的事物，然后要获得属地的和可朽的事物。因为前者是头部和较高的部分，后者是底部和较低的部分。在人身上，心灵就像天空，因为它们都是理性的部分，一个是世界的理性部分，一个是灵魂的理性部分。而感觉就像大地，因为它们都是非理性部分。因此，他祈愿这位正在进步的人能变得更好，在理性和非理性的部分中，通过获得感觉这种脂肪和心灵的甘露来变好。从象征意义来看，甘露是神圣的道，它极大地、恰当地、温和地、连续地给占主导地位的心灵带来益处。但是与几种感觉相一致的丰富脂肪是在它们受到节制的时候提供的。还有，古人说得好极了，财富、高贵的出身、友谊、荣耀，以及其他相似的东西，是外在的、可供身体使用的，而健康、权力、敏锐的感觉，可供灵魂使用，就好像灵魂对心灵那样。这是因为感觉是它的仆人，而心灵是神的仆人。由此清晰可见，万物事奉神，从在我们身上拥有最高位置的事物开始，亦即从心灵开始。

[216] 他（以撒）为什么说“愿多民事奉你”？①

律法不会承认不平等，乃至于宣称要奴役所有国家，但它也习惯于拒绝那些已经获得自由的人。律法承认，释放所有人、把自由赋予所有人是无益的，因为有许多人无约束地滥用自由，蹂躏和践踏正确和有用的东西。由于这个原因，律法希望给大众带来利益，将一位主，亦即心灵，置于其上，作为它们的驭手，为的是可以用缰绳约束驽马的跳跃。这就是字面含义。至于它的喻意可以这样说，灵魂中有许多国家，也就是灵魂的非理性部分，我指的是愤怒和欲望，而要统治它们，没有什么比理性更有用，理性是它们天然的统治者和主。

[217] 这句话是什么意思，“愿多国国王跪拜你”？②

---

① 《创世记》27：29。“愿多民事奉你，多国跪拜你。愿你作你弟兄的主。你母亲的儿子向你跪拜。凡咒诅你的，愿他受咒诅。为你祝福的，愿他蒙福。”

② 《创世记》27：29。

他（以撒）确证和扩展这个论证，因为他起初让普通人臣服于他，现在又让王公贵族臣服于他。这里的国王指的是那些掌握异端原则的人，他们关心身体和与外在善物有关的荣耀。他们嘲笑纪律、智慧、克制、忍耐，以及其他所有保护灵魂的美德，这些灵魂没有欲望，没有疾病。

[218] 这句话是什么意思，“愿你作你弟兄的主”？①

他（以撒）进一步扩展这个论证，逼近目标，逐步提升。首先，他提到普通人，然后提到国王，最后是邻近的同族人。但是，他是仁慈和家庭生活的教师，他也有可能犯下这种经上所说的最大的错误吗？因为，有什么错误能比当弟兄的主人更大呢？这样的事情连想一想，或者说一说都不会是正确的。但是，如我前不久所说，他相信最好不要给蠢人以自由，让智慧作为蠢人的女主人对蠢人更加有益，因为这样一来，这位女主人就能像一名好医生那样，在蠢人可悲的、不幸福的生活中驱除他的热度，治疗他的情欲和疾病。然而，那些习惯于喻意解经的人会说，兄弟在这里指的是灵魂的不同部分，也就是理性的部分和非理性的部分，理性部分的等级在上，并被具有更加公义本性的律法指定为非理性部分的主人。只要有前者的统治，后者就具有良好的生活方式。但若灵魂的非理性部分变得愤怒，并由于另一个非理性的部分醉酒而撤离，那么后者就会遭受混乱的邪恶。这是因为，若是舵手不掌舵，或是驭手不驾车，或是将军不领兵，或是管家不理家务，或是政治家不治理国家，那么我们还能有什么指望呢？因此，这些事情是无法废弃的，人们不能祈求这种事情发生，不是吗？一切事情中最糟糕最可怕的就是灵魂的混乱。

[219] 这些话是什么意思，“凡咒诅你的，愿他受咒诅。为你祝福的，愿他蒙福”？②

这些话表达了一则非常自然的律法和意见，因为咒诅这位善人和贤人的

① 《创世记》27：29。
② 《创世记》27：29。

人会先受咒诅，而赞扬他的人会与他一道受到赞扬。确实，仇恨善人的人自己先被仇恨，而热爱善人的人马上也被热爱。经上没有说咒诅别人的人会蒙受咒诅，祝福别人的人会蒙福，而是说前者被他自己所咒诅，而后者会受到赞扬。

[220] 这些话是什么意思，“雅各从他父亲那里才出来，他哥哥以扫回来了”？①

这些经文字面上没有什么模糊之处，意义重大，非常适宜。两位对立者一个出来，一个进去。我的意思是这样的，贫穷和丑陋出来的时候，财富和荣耀进去。痛苦和丑陋离去的时候，健康和力量进来。以同样的方式，自制和理性离开的时候，放纵尾随而来，放纵既是情欲的诱惑者，又是情欲的领导者，而自制和理性的攻击可以克制和驱赶情欲。隔离它们的空间并不遥远，如圣经自身所说，“过了一会儿他出来”。善者与恶者作为对立面相互联系在一起，就好像跑步者努力在起点处与下一位相遇。灵魂一刻也不能被遗弃，不能瞬间发生空白。这是因为灵魂是一个必然之处，总是充满对立面，为众多居民所占据。

[221] 这些话是什么意思，“他也做了美味，拿来给他父亲”？②

你看到神圣的谕言为雅各作了见证，说他准备了他父亲喜欢的美味吗？在这个事例中，神谕没有作见证，圣言对那讨人喜欢的名字保持着沉默。那么，这样做不对吗？尽管恶人努力做那些与好人相同的事情，但他们无论如何要被人仇视，因为他们用不纯洁的心灵做这些事情。那些并不认识智者的人也在做和贤人一样的事情，甚至可能做得更加有效，因为他们在讲话方面训练有素。不过他们的讲话似乎与那些贤人的话语相反，他们讲话的语调不堪入耳，令人厌恶。由于解释者拥有不受约束的品性和生活方式，所以他们

① 《创世记》27∶30。“以撒为雅各祝福已毕，雅各从他父亲那里才出来，他哥哥以扫正打猎回来。”

② 《创世记》27∶31。“也作了美味，拿来给他父亲，说，请父亲起来，吃你儿子的野味，好给我祝福。”

没有蒙恩。倘若正直地开始讲话，就好像出自甜美的甘泉，那么这些话语是可以接受的、令人喜悦的、甜甜蜜蜜的。

[222] 他（以扫）为什么说，“请我的父亲起来，吃你儿子的野味”？①

这个儿子的说话方式和前面那个儿子的说话方式不同。后者进来的时候，用了正确而又恰当的名称称呼以撒，说“父亲”，而这个儿子的说话方式是陌生的、野蛮的，就好像在对陌生人讲话，“让父亲起来吃”。因此，在自然的必然性的驱使下，他不自觉地暴露了真相，那个有美德的、聪明的儿子在这个愚蠢的儿子之前已经奉上了食物。被捕捉的牲畜可能会变得驯服，而那些获得自由的、臣服于野蛮情欲的人是无可救药的。

[223] 为什么在问“你是谁”的时候，以撒没有像对前面那个人一样说“我儿”？②

这些话语是调味品，令人愉快和向往，神奇的圣道用它们给经文调味。蠢人受到训斥，被挫败，因为他的品性是不相容的，不能对热诚和美德的任何部分表现出亲缘关系。

[224]当以扫说“我是你的长子”的时候，他的父亲为什么大大地战兢？③

通过添加“大大地”这样的话，经上说出这个人的可悲，他要远离以撒，因为他是粗野的、不服从的。首先，尽管他是一个恶人，但他大胆地表现出自己是儿子，而不是跟班或仆人。其次，他把自己称做长子，尽管他前不久为了一点儿感性快乐而出卖了自己的长子权。他的父亲会说：“这两个称呼只能恰当地指定给前面这个人，也就是说，前面这个人既应当被称做‘儿子’，又应当被称做‘长子’，应当得到与你有差别的对待。但是这些界定与你无关，我不能把傲慢、骄傲、无礼地讲述的权柄赋予你，因为对于真相来说你是虚假的。”

---

① 《创世记》27：31。

② 《创世记》27：32。“他父亲以撒对他说，你是谁，他说，我是你的长子以扫。”

③ 《创世记》27：33。“以撒就大大地战兢，说，你未来之先，是谁得了野味拿来给我呢，我已经吃了，为他祝福。他将来也必蒙福。”

[225] 这句话是什么意思，“你未来之先我已经吃了”？①

这里的字面含义是清楚的。至于更深的含义是这样的，善人的灵魂享有一切善物，而在善物到来之前，那里有和美德疏离的思想。思想会尾随而来，就像喝醉酒的、言谈粗俗的人，扰乱饮酒者的良好行为和秩序。

[226] 这些话是什么意思，“我已经为他祝福，他将来也必蒙福”？②

在他（以扫）前面来的那个人会拿走他将来的福气，这样说是恰当的，这就是现在发生的事情。因为在这里，有一个人不受约束、不驯服的、缓慢迟钝，对一切正确的善物犹豫不决。而另一个人自身纪律严明，热心，敏锐，看到其他人比自己取得更大的进步，他会感到可耻。因此，他进一步确认了这种态度，确证了给他的祝福，对那个无学无术的人感到烦恼和生气。这就是这些事情发生的习惯方式。只要没有可怕的、邪恶的事物悄悄跟进，无论是在行动上还是在言辞中，心灵会首先享有祝福，并在王家大道上快捷奔驰。但若有某些邪恶潜入，整个灵魂会被颠覆和扰乱，灵魂仇恨邪恶的激情会膨胀，那么尽管处于妒忌之中，邪恶会进一步反对仁慈，并在此后处于和保持一种更加坚定的心灵状态。

[227] 听了他父亲的话以后，以扫为什么放声痛哭，说“我父阿，求你也为我祝福”？③

这里的字面含义有如下述：以扫感到烦恼和悲伤，更多不是因为他没有获得祝福，而是因为他的弟弟被视为更加配得上祝福。以扫是妒忌的、猜疑的，以为弟弟的损失比他自己的得益更大更多。他的放声痛哭表明了这一点，此外还有他后面说的话，“求你也为我祝福”。至于更深的含义是这样的，他愚昧无知，徘徊不定，奸诈叛逆，自相矛盾，他在行动、思想和言辞上喜欢吵架。所以你瞧，他在一个时间向往祝福，但同时又是妒忌的。他

---

① 《创世记》27：33。

② 《创世记》27：33。

③ 《创世记》27：34。“以扫听了他父亲的话，就放声痛哭，说，我父阿，求你也为我祝福。”

在同一时间既想要确证祝福，又妒忌祝福的预言。他说“求你也为我祝福”，这就承认赋予另外一个人的祝福是正确的。在言辞中承认，但在行动中不承认，这是一种人的品性，而不是一个人的品性。

[228] 以撒为什么回答说“你兄弟已经用诡计来将你的福分夺去了”？①

如果他（雅各）用诡计来骗得祝福，那么也许有人会说他不配得到赞扬；如果是这样的话，以撒怎么还会说“他将受祝福”呢？不过，经上似乎通过这些表述来表示并非每一计谋都应受责备。没有计谋，守夜人就不能抓住或制服盗贼，军队指挥官就不能在战斗中打败敌人；而通过埋伏，他们的目的似乎就能实现。这些被称做计谋的行为有一个共同的原则，运动员的竞赛也是这样，因为这些计谋和欺骗被视为光荣的，那些靠计谋制服敌人的人配得上得到奖赏和花冠。所以对于这种“用计谋”不能加以责备，视之为虚假，因为它就相当于“用技艺”，因为善人做任何事情都是有技艺的。

[229] 这些话是什么意思，“他名雅各，岂不是正对么，因为他欺骗了我两次。他从前夺了我长子的名分，他现在又夺了我的福分”？②

他（以扫）相信自己两次讲的是真话，而他（雅各）讲的是假话。雅各不是拿走了两样东西中的一样，而是保持着两样东西，亦即长子的名分和福分。这些东西是从那个自制的、有约束的人那里继承下来的，这些东西属于取得进步的那个人。如果某些蠢人为了自己而掌握了这些东西，为了实现那些似乎是好的，同时也被大多数人视为好的目的，那么无论如何，就好像它们属于另外一个人，所以他既不愿意自觉地排斥它们，也不愿意蔑视它们。所以这些话不是虚假的。但是，后面说的这些话是完全虚假的，是谎言，他说：“他现在又夺了我的福分。”对此可以正确地回答：“我的好朋友，他拿走的不是你的福分，而是一样适合他的东西。因为给你的祝福最初源于大地，

① 《创世记》27：35。“以撒说，你兄弟已经用诡计来将你的福分夺去了。”

② 《创世记》27：36。“以扫说，他名雅各，岂不是正对么，因为他欺骗了我两次。他从前夺了我长子的名分，你看，他现在又夺了我的福分。以扫又说，你没有留下为我可祝的福么。”

而给他的东西则源于天空。你不在奴仆之列，而在主人之列。你的希望是刀剑与战争，而他钟爱和平，他的希望也是缔结和平。所以，你们之间有如此巨大的差异和区别，你怎么敢说他夺了你的福分？他没有拿走任何不属于他自己的东西。”

[230] 以扫问“你没有留下为我可祝的福么”，这个时候父亲为什么回答说，“我已立他为你的主，使他的弟兄都给他作仆人，并赐他五谷新酒可以养生。我儿，现在我还能为你作什么呢”？①

他（以撒）实际上说的是，我留给你的这些东西“对于获得这些东西作为他自己财产的这个善人来说，没有一样是应当放弃的”。因为依据本性这个善人是统治者、主人和富人，而那个蠢人是穷人、仆人和乞丐。考察他把什么人当做雅各的兄弟来谈论，这样做是适当的，因为这里人只有一个，但他却是双生子。以撒似乎要我们看一下这里的喻意，这几乎是对我们的公开邀请。因为当前这个段落谈论的不是人，而是灵魂的类型，灵魂由几个非理性部分组成，比如视觉、听觉、味觉、嗅觉、触觉、激情、感性快乐、恐惧和悲伤。因为激情是灵魂的族人和兄弟。但是，当他称他为“儿子”的时候，他没有说明他的作为儿子的血统，而是证明了儿童的幼稚。

[231] 为什么以扫说“你只有一样可祝的福么，我父阿，求你也为我祝福”？②

即使完全不驯服的、不受约束的人也知道神恩的源泉是丰盛的，这个善人的心灵和思想就像源泉那样与善一起流淌。由于这个原因，他甚至受到更加严厉的谴责，因为尽管明白什么东西值得赞扬，但是他自己欢迎、选择和接受了应当受到谴责的东西。绊倒的盲人可以原谅，而视力敏锐的人要是没能避开路上的障碍，或者滑倒，或者更恰当地说，走上了无人走过的道路，

① 《创世记》27∶37。“以撒回答以扫说，我已立他为你的主，使他的弟兄都给他作仆人，并赐他五谷新酒可以养生。我儿，现在我还能为你作什么呢。”

② 《创世记》27∶38。“以扫对他父亲说，父阿，你只有一样可祝的福么，我父阿，求你也为我祝福。以扫就放声而哭。”

那么他应当正确地受到谴责。不过，还有一件事情必须说明，有一样祝福，也有多样祝福——一样是种，多样是属，因处境不同而意思有差别。

[232] 这些话是什么意思，“以撒心中不快，以扫就放声而哭”？①

他心中感到不快，不是由于年迈，他此后又活了五十多年，而是由于这个不驯服的、不受约束的人虽然理解善的和高尚的思想，但却反其道而行之。他向往得到祝福这一事实清楚地证实他假定自己要拥有某些美德的外观，这种祝福不是来自某个人，而是来一位神钟爱的人。他知道这种福气是丰盛的，这一点从他说的话里可以看得很清楚，“你没有留下为我可祝的福么，父亲?”所以，这位贤人明白，尽管有许多事情发生，但这个没教养的人什么都没有得到，可以说他受到了伤害，他对另外一个人的不受约束的品性感到悲伤。

[233] 为什么以扫放声而哭以后，他的父亲开始为他祝福？②

有人也许会说，这是因为他的父亲看到他流泪，受了感动，所以怜悯他。然而，无论谁这样说都是错的。因为这位贤人怜悯所有人，但他只为那些配得上的人祈祷。因为配得上的人是不幸的人，而不是本身犯了错误的人。所以，激起祝福的不是怜悯，而是相信另外一个人的忏悔和变好。看到以扫痛哭流泪，以撒很自然地相信以扫在为自己不幸的生活和不得体的生活方式而呻吟、悲痛和痛哭。与此相仿，神怜悯那些灵魂在埃及受到折磨的人，亦即那些以色列人，以色列这个名称的意思是“观看者”。通过呻吟、悲痛和大声叫喊，他获得了神的拯救，神针对不同的不幸分别使用“请求”、“祈求”和“恳求”这些词。因为祂体谅和宽容那些抱怨者，这对仁慈来说是必然的。

[234] 为什么他以这种方式开始祝福，“你瞧，地上的肥土必为你所住，天上的甘露必为你所得”？③

---

① 《创世记》27 : 38。

② 《创世记》27 : 38。

③ 《创世记》27 : 39。“他父亲以撒说，地上的肥土必为你所住。天上的甘露必为你所得。”

你看的出这里引进了一个讲话模式，认为属地的东西优于属天的事物吗？让我们把所有感恩归于那位仁慈者，他不允许心灵变得空洞，失去卓越和最神圣的形式，坠入属土的身体，为欲望的烈焰所焚烧，因为这是一个真正的塔塔洛斯（地狱），而是允许它有时候振翅高飞，上抵天庭，极目远眺。这是因为，有些人由于饕餮、淫荡和放纵，总是潜入水下，溺死在情欲之中。这些恶人并不希望提升自己。

[235] 这句话是什么意思，"你必倚靠刀剑度日"？①

他（以撒）非常自然地宣称，蠢人的生活是一场没有和平和友谊的战争，而义人的生活是深深的和平。因为后者享有公义、安全和诚实，而前者享有冲突和贪婪，作恶多端，总是想要超越他人。和平与愤怒相互之间是敌人。这些事情对死者来说是恰当的，而其他事情对生者来说是适宜的。在这些死者中，我应当称他为三倍可怜的，而不只是可怜的，他不得不通过感官承受死亡的痛苦。

[236] 这句话是什么意思，"你必事奉你的兄弟"？②

对这个蠢人来说，这是一项大善，也就是说，不应当让他获得自由，因为任性对这样的人来说是非常有害的，而事奉是最有益的，尤其是当他有了一位善良的主人。同理，水手执行船长的命令，听从他的指挥，这条船就得救了，奴仆服从主人，这个家庭也就得救了，居民顺从执政官、年轻人顺从长者、无技艺的顺从有技艺的，这个时候，国家就得救了。

[237] 这些话是什么意思，"到你解放你自己的时候，必从你颈项上挣开他的轭"？③

他（以撒）说："至于这一被你信以为恶的善，亦即事奉，到你这里来，既非不合适，亦非出于偶然，但是，你通过放弃自大而抛弃骄傲和空洞的荣

---

① 《创世记》27：40。"你必倚靠刀剑度日，又必事奉你的兄弟。到你强盛的时候，必从你颈项上挣开他的轭。"

② 《创世记》27：40。

③ 《创世记》27：40。

耀，从颈项上挣开他的轭。只要你还处在他的轭下，顽固地将头高高抬起，这位贤人就会认为你们不配得到事奉，可以解放。没有他，我们就不可能移动，获得自由。但若你获得许多主人，男男女女，隐藏在你身上，那么他们会不停地折磨你的灵魂。”

[238]“以扫在心里说，为我父亲居丧的日子近了，到那时候，我要杀我的兄弟雅各”，这些话是什么意思？[①]

如诗人所说[②]，愤怒和恶意不是表面的，而是发自内心的。这些意思没有用声音说出来，而是无声地说，在心里说，这就清晰地表明他的愤怒和恶意非常深刻。这个人是邪恶的罪人，他是残酷的，但又会奉承和欺骗人。此外，他没有受过教育，所以向自己提出了这些不可能实现的计划。放荡的本性把冷漠无情赋予这种人，扰乱他的灵魂的激情，他怎么有可能接近和杀死他的拥有美德的兄弟呢？这个善人通过训练和劳动而变得遵守纪律，而不是被绊倒、捕获和驱逐。真正的生活作为奖品摆在这个善人面前；而死亡摆在那个恶人面前，存在于他的感觉之中，他的痛苦无法治愈。

[239] 听到以扫这些泄愤的话以后，这位母亲为什么对雅各说：“起来，逃往哈兰我哥哥拉班那里去”？[③]

这里的字面含义是清楚的，这位母亲清楚地表现出焦虑，想要改变儿子的住处，以确保他的安全。至于更深的含义是这样的，拉班可以解释为“白”，象征可感的光明，哈兰可以解释为“出口”的地方，经上用它来表示某些感官，也就是眼睛、耳朵和鼻子。就这样，灵魂的顾问对同伴说：“你们努力想要获得清楚、明晰、稳定的生活，但由于你们住在那个妒忌者附近，完全独立地行动，你们会遭遇最大的危险。但若你们告别和谐，分离自

---

① 《创世记》27 : 41。“以扫因他父亲给雅各祝的福，就怨恨雅各，心里说，为我父亲居丧的日子近了，到那时候，我要杀我的兄弟雅各。”

② 斐洛此处可能想到古希腊诗人荷马。

③ 《创世记》27 : 42—43。“有人把利百加大儿子以扫的话告诉利百加，她就打发人去，叫了她小儿子雅各来，对他说，你哥哥以扫想要杀你，报仇雪恨。现在，我儿，你要听我的话，起来，逃往哈兰，我哥哥拉班那里去。”

己，那么你们不要马上轻视这些必要的食物或者视之为野兽才食用的食物，就好像你们已经变成无形体的，而要马上返回中道，既不要用饥饿和匮乏伤害你们的身体，也不要给它们提供最昂贵的美味；而要过一种简朴优雅的生活。有什么东西能比白颜色更简单，这在迦勒底人的语言中称做‘拉班’？那些没有牢固控制他们自己的人沿着错误的道路走得很远，也使别人朝着相反的方向犯下过失。然而，这条中间道路有一个出口，以预防的形式出现，以免经历那些不可预见、无法补救的事情。”

[240] 这些话是什么意思，“或许我会打发人去把你从那里带回来，我为什么一日丧你们二人呢”？①

由于这里的字面含义是清楚的，所以我们只说一下它的喻意，这位母亲并不认为让儿子一直居住在那个地方是好的，但在这个时候移居到那里去是有用的。她希望儿子离开家，离开他的双胞胎兄弟，也就是离开邪恶，不是去一个比较简单的、没有光明的地方，而是去一个感觉明亮的地方，用各种方式锻炼自己，在那个身强力壮的人之后变成一位有造诣的斗士，然后从那里返回，从此不再受到欺骗和伤害。他确实还是一个半大的青年，由于他的双胞胎兄弟的道德生命已经死亡，所以这位母亲正确地担心她的另一个儿子也会与简单的感官结合在一起，逐渐趋向肤浅的感觉。如果他爱上那个地方，就不会返回了，这就会给这位母亲带来更加严重的伤害，亦即丧失合乎美德的思想。

[241] 利百加为什么对以撒说“我因这赫人的女子连性命都厌烦了”？②

这里的字面含义是清楚的，因为她前面似乎由于从那个地方来的那些女子而感到烦恼。如前所说，她们妒忌她的媳妇。但是我们必须通过喻意来考察更加哲学的方面。“赫”这个名称的意思是“忘我”和“无知觉”。那些忘

① 《创世记》27：45。“你哥哥向你消了怒气，忘了你向他所作的事，我便打发人去把你从那里带回来。为什么一日丧你们二人呢。”

② 《创世记》27：46。“利百加对以撒说，我因这赫人的女子连性命都厌烦了。倘若雅各也娶赫人的女子为妻，像这些一样，我活着还有什么益处呢。”

我的思想的女儿是不受约束的冲动。这些热爱美德的灵魂对其恨之入骨，因为它们是和荣耀、秩序和体面相反的东西。

[242]“倘若雅各也娶赫人的女子为妻，我活着还有什么益处呢?”[①] 这些话是什么意思?

哲学的品性是可怕的、多疑的，它使可以获救的灵魂明白，在大地上生活会招致腐朽，而非在天上生活招致腐朽。哲学会说:“如果这位实践者从这块土地的被玷污的女儿中娶妻，也就是娶感觉为妻，那么感觉很容易希望自己被玷污，并为了获得快乐而与感觉相连，越过属天的、永远贞洁的理智，既然如此，当我看见这样的颠覆和捕获，整个灵魂就好像一座荒无人烟的城市的时候，我还有什么理由在那里活着?依据本性，他们是兄弟俩，尽管他们的品性相反，有一个从一开始就是美德的仇恨者，他行走在无踪迹的道路上，漠视正确的和笔直的道路。与有纪律的训练疏远，他欢迎无纪律的野蛮，通过愤怒、激情、恶行和狡诈，使心灵变得完全野蛮。”

[243] 他父亲为什么说，“你起身往巴旦亚兰去，到你外祖彼土利家里，在你母舅拉班的女儿中娶一女为妻”?[②]

这里的字面含义很容易理解，也就是说，这位父亲命令他的儿子旅行去外国，去找他的同族人结亲娶妻。至于更深的含义是这样的，这些话有下述象征意义。思想聚集在灵魂的议事会里，思想对灵魂较好的部分说:“你看!这个恶人发出狂叫，他在指责你。而你为什么拖延，不行动起来?你仍旧求助于弱者发动的战争，不能与坚定者一道采取行动，通过追求美德而获取胜利，所以，你还是逃走吧!如果你移居远方，远离这样的野兽，那么你的生活将会比较好，会比较幸福，而他的欲望和愤怒也会平息，尽管它们是邪恶的、致命的，会变得空虚和无用。所以，你动身吧!去美索不达米亚，去迦勒底人和巴旦亚兰人居住的地方，这里实际上是美德和邪恶之间的边界和区

① 《创世记》27∶46。

② 《创世记》28∶2。“你起身往巴旦亚兰去，到你外祖彼土利家里，在你母舅拉班的女儿中娶一女为妻。”

域，这里有进步和改善，亦即有一条通向幸福的道路。”这块现今称做美索不达米亚的土地位于两条河之间：希底结河[①]和伯拉河[②]。然而如前所述，它在灵魂中的位置介于邪恶和美德之间，它的边界由进步和改善组成。在二者之中，希底结河相当于凶猛的邪恶，而伯拉河相当于美德，它通过高兴取得“快乐”这个名称。“彼土利”的意思是“神的女儿”。它是一种权能，在血亲中据有第二的位置，名列雄性之后。雄性在灵魂中据有一个位置，高尚的话语称之为“家”，以撒从那里吩咐他去娶热爱知识的智慧作妻子。这位妻子的名字是“坚忍”，是这个名门望族的女儿。在迦勒底人的语言中，他被称做拉班，拉班在亚兰文中的意思是“白的”。还有某些人，面对这些事物，要么责备它们，要么赞扬它们。对我们来说，这些喻意是很自然的。我们超越看见的事物去寻求其他东西、考察名称的含义、不被语词的异义所欺骗，这样做是恰当的。这些事物之间的性质是不同的，有区别的：一种性质是完善的、极好的、明亮的；还有另一种性质是感性的，具有表面的色彩，就好像由恶人绘制的那些形像。

[244] 这句话是什么意思，“雅各听从父母的话往巴旦亚兰去了”？[③]

这里的字面含义是赞扬这个听从父母的话去旅行的儿子。有些人以为这里只有一位父母感到喜欢，所以这里的美德是不完全的。还有其他一些人，甚至另一位父母，对此并不感到高兴。立法者谴责这些人，用死亡威胁他们。所以很清楚，经上公开宣布赐予那些孝敬父母的人以生命和不朽，他们是健全的、圆满的、完善的。至于更深的含义是这样的，这句话象征性地表示这种类型的灵魂会荣耀占统治地位的理性，它具有父亲的力量，也具有律法的知识，它也能够承受一位母亲的荣耀，她抚养和精心照料她的孩子。

[245] 这些话是什么意思，“以扫晓得他父亲以撒看不中迦南的女子，便在他的妻子之外又娶了玛哈拉为妻，她是亚伯拉罕儿子以实玛利的女儿，

---

① 希底结河（Tigris），亦即底格里斯河。

② 伯拉河（Euphrates），亦即幼发拉底河。

③ 《创世记》28：7。“又见雅各听从父母的话往巴旦亚兰去了。”

尼拜约的妹子”？①

在当前这些话中，要看清前面这个儿子和现在提到的这个儿子之间的差别。因为前面这个儿子让他的父母感到喜悦，也让他的老师感到喜悦。而后面这个儿子没有让任何人感到喜悦，他希望秘密地、偷偷地行事，他好像要显示荣耀，但并不在意他的母亲，而只在意他的父亲。这个卑鄙的人甚至完全没有掩饰他的行为，而是准确地知道他的父亲看不上那个地方的女子，他没有把原有的妻子打发走，而是另外又娶了一位妻子，这是在罪上加罪，而他从前的罪过并未赦免。所以，先知说他厚颜无耻，他没有打发原来的妻子，又娶了一位妻子。这一事实并不被视为偶然的、随意的、附带的，而是作为他对这位女子拥有善意的证据，这位女子与智慧疏离，他的廉洁公正的父亲把这位女子判定为邪恶的。我们可以对他说：“哦，可怜的人啊，你为什么要与你的第三位妻子结合呢?”有谁能够使他进入一种改善的状态？无人能够做到这一点，正好相反，有些人能够消除不适宜的生活，有些人能够坚持不适宜的生活。他的妻子在希伯来语中叫做“玛哈拉”，意思是“从头开始”。它有可能是指感性的快乐，它被认为是每一生灵从一开始就拥有的，从最初的创世开始。感性的快乐被说成是许多邪恶之因，既针对那些拥有感性快乐的人，又针对那些接近感性快乐的人。她的父亲是以实玛利，意思就是“聆听”，因为他的聆听不分有视觉。热爱快乐的人的心灵是盲目的，不能看见那些值得观看的事物，亦即这个世界和世上存在的事物的本性，而注视和向往本性的视力是神奇的。

① 《创世记》28∶8—9。“以扫就晓得他父亲以撒看不中迦南的女子，便往以实玛利那里去，在他二妻之外又娶了玛哈拉为妻。他是亚伯拉罕儿子以实玛利的女儿，尼拜约的妹子。”

出埃及记问答

提 要

本文的拉丁文标题为“Quaestiones et Solutiones in Exodum”，缩略语为“Quaest. in Ex.”，英文标题为“Questions and Answers on Exodus”。中文标题定为“出埃及记问答”。

斐洛著作的原文都是希腊文，本篇也不例外。大约公元5世纪的时候，本篇有了亚兰文译本。近代西方学者奥切尔（J. B. Aucher）依据13世纪的三部手抄本，于1826年编辑出版了斐洛的几部亚兰文著作的拉丁文译本，其中包括本文。这个拉丁译本相当忠实地反映了斐洛的原意。

1951年，芝加哥大学希腊哲学教授拉尔夫·马库斯（Ralph Marcus）将斐洛的这些亚兰文译本迻译成英文，作为娄卜丛书斐洛著作集的两册附录出版。马库斯在其英译者序言中声称，他的翻译大胆地重建了许多斐洛使用的哲学和宗教术语，同时试图改善奥切尔的拉丁译文。马库斯的译文和注释是我们翻译斐洛这篇著作的主要依据。

如标题所示，本篇是以问答形式写成的评注，对《出埃及记》的部分经文作解释，其写作形式类似希腊化时期的荷马史诗评注。原文分为2卷（book），第一卷有23个问答，第二卷有124个问答，译成中文共约4.9万字。

正 文

第一卷

[1] 经上为什么说，“本月对你们来说是月份的开始，为一年的月份之首”？①

圣经认为，从春分点开始计算月份是恰当的。还有，说这个月是“开始”和“首”，意思相同，因为这些术语相互解释，说这个月是“首”，既是在顺序的意义上说的，又是在权能的意义上说的，从春分点开始的这段时间也是顺序和权能的“开始”，其方式与生灵之“首”和“开始”相同。就这样，那些学习天文学的人把这个名称给了上面提到的这个时间。他们把公羊座称做黄道十二星座之首，因为太阳在其中出现，从而产生春分点。除此之外，以这个时间为一年的开始是恰当的。与此相应，等到播下的种子完全长成树木的时候，它们也就到了开始结果的时候，为了神的恩典可以永久延续，它们相互轮替，把开端与终端相连，把终端与开端相连。在创造万物之初，神也创造了这个世界，在有了相应思想的同时祂创造了一切，让事物充满世界。这样做是恰当的，因为天父显然不会留下任何多余或不足。这样做尤其是为了人的缘故，祂把规矩的开端托付给人，使他马上可以发现一切事物都是完善的，都是完善地被造的。圣经假定春分点是月份循环的开端，这在各个不同民族的律法和传统的时间观念中清晰可见。圣经吩咐我们要把节庆的第二日用于祭祀，而春天是收获的季节。

但是，我们可以怀疑为什么要这样做，因为季节平分点有两个，春分和秋分，自然把它们当做平分季节的合理标准，圣经计算时间不是从秋分开

① 《出埃及记》12 : 2。“你们要以本月为正月，为一年之首。”

始，而是从春分开始。这是因为，在春天，高山和平原上的每一处肥沃土地上的植物都会生长、开花、结果，而在秋天，无论长出什么果实，植物很快就会落叶和干涸。可见，把开端归于这个较好的和更为合适的季节是必然的。还有，在我看来，秋分点是春分点的仆人，它就像是女王的仆人。它照料大地，让它得到休息，它使承受艰辛的树木变得轻省，它就像一位勇敢的运动员那样战斗，它使它们积聚力量，从这个开端能有一个新的开始。嗯，如果事情是这样的话，那么没有人会错误地说，就像天空优于宇宙的其他部分，春季在季节中先于秋季，比秋季拥有更多的主权。

但是，并非所有民族都以同样的方式对待月份和年份，而是有些民族以一种方式对待它们，有些民族以另一种方式对待它们。有些按照太阳来测算，有些按照月亮来测算。由于这个原因，神圣节日的发起者对年份的开端表达了不同的观点，设定了适宜的季节作为这种季节循环的开端。因此圣经又说，这个月份对你们来说是开端，这就清楚地道出了这个决定性的季节的数目，免得他们追随埃及人，因为他们与埃及人混居，被他们居住的这块土地上的习俗所诱惑。而神希望这个季节成为创世的开端，成为这个种族的月份和年份的开始。现在，这个世界被造的季节是春季，只要使用恰当的方法进行考察和思考，任何人都可以明白这个真理，因为在这个时候，各种植物都会开花和生长，大地结出完善的果实。嗯，如我所说，在最初的创世中，没有什么事物是不完善的。受到专门关照的这个种族应当是文明的，应该有一个卓越的特殊部分来表现它的虔诚，这个部分也就是大都市，它管理着世界和文明的整个工程。因此，神认为这样做是合适的，应当用同一个季节纪念这个世界的被造，又纪念这个顺序，春季可以作为时间的开端，因为时间与这个世界的被造是一道产生的。顺从自然和整个天命，这个种族同样用月份和年份的和谐来测算季节，把同样的优先性赋予春季，就像在创世中一样。因为根据主的吩咐，无论被安排在埃及的什么地方，他们都要改变住处，祂用清晰的话语作了这番劝告，把第一个月规定为移居的时间。但是，这个月和太阳历的第七个月相同，因为从秋分点开始的第七个月被规定为移居的时间，而在太阳历中，这是第一个月。

[2]摩西为什么要吩咐把正月初十日取来的羊羔留到本月十四日献祭？①

第一，这样的吩咐为的是让献祭者在献祭的时候不是为了应急，或者是临时起意，出于一时的冲动，没有准备，而是小心翼翼地把献祭当做向神谢恩，神是所有人的救星和恩人。第二，通过暗指事先有准备的献祭，他希望首先能够教导这一点，也就是说，将要献祭的他应当首先准备他的灵魂和身体，通过斋戒，使后者在神圣和纯洁中摆脱不洁，通过平静地把自己交给神来使灵魂洁净，尽管不是使灵魂一起摆脱困扰灵魂的情欲，因为如谚语所说，没有洗干净的脚不应当踏上通往神庙的道路。第三，他希望对这个民族考验几天，看他们的信仰是否坚定，因为他清楚地知道他们的两点心思：不愿事先准备献祭，不愿接受那些恰当的想法。第四，他清楚地介绍了埃及人的失败，因为他们不是一下子崩溃的，不是所有事情都在瞬间发生，使他们感到沮丧，他提到他们在五天中发生了邪恶，当他们的敌人打算为胜利而献祭的时候，他们不得不逐一承受这些邪恶。这就是这些话的字面含义。至于更深层的意思应当是说，一切事物的数量和本性应当归置在一起。因为，当灵魂变得明亮和可见时，它们的视力开始把握节庆，希望自己命中注定有一个无悔无惧的生活，并把这个理智的宇宙视为圆满的和完善的，像数字“十”那样和谐圆满。也就是说，它的经验，除了是节庆，还能是其他什么吗？

[3] 摩西为什么吩咐各人“按着父家取羊羔”？②

首先，氏族通常有许多亲属和大量团体成员，而由家庭和血缘形成的部落，其成员数量较少。所以，为了使这些较小的团体能和较大的团体结成亲属关系，他让他们在一处共餐，分享盐和供品，共同献祭，由此产生和谐的情感，更加坚定地团结在一起。律法总是要创造和平与统一，尤其是他们将

---

① 《出埃及记》12：3。“你们吩咐以色列全会众说，本月初十日，各人要按着父家取羊羔，一家一只。”《出埃及记》12：3。“要留到本月十四日，在黄昏的时候，以色列全会众把羊羔宰了。”

② 《出埃及记》12：3。

要去旅行。对旅行者来说，同伴是有用的，他认为他们应当在献祭以后挑选旅伴。其次，他吩咐每个人的献祭要“按着父家”，卫士和盟友的献祭也这样，因为他们每一家的对手都发生了头生子死亡的事情，所以任何人看到这种连续的死亡，都会同时既赞扬神的仁慈，又害怕神的公义行为。会有未曾预料到的事情在短时间内发生：在有些人中间会有献祭，在另外一些人中间则有头生子的毁灭；有些人会参加节庆，欢乐喜悦，另外一些人则会感到悲伤和懊悔；有些人会得到赐福和高唱颂歌，另外一些人则会哭泣、哀嚎、陷入无止境的悲哀。这就是这些话的字面含义。而它们更加深层的含义是这样的。如名称本身所示，绵羊表示“渐进”，依据他的灵魂的进步来称呼他，表示改善。他希望不是在他们的一个部分取得进步，而是在他们的所有部分取得进步，所谓部分，我指的就是他们的本性，他们可以在美德方面取得进步，成长起来，为了他们天然的亲属关系能够变得更加相似，他们的感觉、话语，以及他们拥有主权的心灵，可以更加坚定地带来由忠告和公义形成的和谐。

[4] 被解释为逾越节的“逾越”是什么？①

按照圣言的吩咐，他们在改变住处的时候用羔羊祭神，以此回报神的三项仁慈行为，也就是他们现在所获得的自由的开端和中间。这个开端就是他们能够战胜残酷的、无法忍受的主人，这些主人苦待他们，这种情况以两种方式发生：凭借他们的武力和增长的人数。这个中间就是，他们看到神遣送的惩罚和灾难压倒了他们的敌人，因为不是那些民族在反对他们，而是世界上的宗教和四种元素在用野兽般的暴力反对和伤害他们。这是字面的含义。而深层的含义是这样的。人们不仅要在改变住处时进行逾越节的献祭，而且他们的灵魂也要更加恰当地这样做，他们的灵魂要开始放弃年轻人的追求，放弃灵魂可怕的骚乱，变为较好的、成熟的状态。所以我们的心灵应当从无

① 《出埃及记》12：11。“你们吃羊羔当腰间束带，脚上穿鞋，手中拿杖，赶紧地吃，这是耶和华的逾越节。”

知和愚蠢改变为有知和智慧，从无节制和放荡改变为坚忍和节制，从恐惧和胆怯改变为勇敢和自信，从贪婪和不义改变为公义和平等。与此相比，还有另外一个逾越节，通过献祭来超越身体；还有一个心灵的逾越节，亦即超越感觉；至于一个人的思想，它的逾越是这样组成的：它不能自以为是，而应仿效先知的灵魂，愿意深入思考。

[5] 摩西为什么要吩咐，“若是一家的人太少，吃不了一只羊羔，他们就要和他隔壁的邻舍共取一只”？①

从这些文字中，你们看到他表现出对人类的爱和普遍的情感，因为圣言的吩咐不仅是要保持节日，而且是要他们与隔壁邻居分享，使他们之间做到平等和相似。这几乎就是一件最荣耀的事情——还有什么事情能比献祭更加荣耀？——通过这件荣耀的事情和分享最小的东西，他在当前这个段落中似乎要为之制定律法。这就是字面的意思。至于它的深层含义是这样的，某些灵魂拥有普遍的亲属关系，适合高尚的和谐，它们的思想与言语一致，它们的言语和行动一致。还有，其他一些事物缺乏永恒的要素和高尚的性质。现在，这些要素倾倒出爱意，始终愿意接受隔壁邻居。至于这些邻居对美德的向往，我们可以考虑那个所谓学派研究出来的理论。通过接受心灵的共同原则，受到这些理论滋养并保持实践的人弥补自己的不足。这个学派研究出来的教训不应当是天真的、幼稚的，而应当是合理的、有解释的、合乎灵性的，因为它使心灵适合灵魂之数。

[6] 摩西为什么吩咐每个人都要“按着人数”为自己准备足够的供品？②

首先，平等的过度和不足产生不平等。如果我可以使用相当神秘的术语的话，不平等是不公义之母，就好像在另一方面，平等是公义之母。但是，充分位于过度和不足之间。在这段话中，经上立下规矩：“不能过度。”其次，一个人亲自劳作，耕种土地，这在生活必需品方面是一个有节制的尺

① 《出埃及记》12∶4a。“若是一家的人太少，吃不了一只羊羔，本人就要和他隔壁的邻舍共取一只。”

② 《出埃及记》12∶4b。“你们预备羊羔，要按着人数和饭量计算。”

度。这是很自然的，它与节俭、满足、节制等美德为伍，能够承受攻击，反对无知。

[7] 摩西为什么吩咐他们要取“无残疾一岁的公羊羔”？①

所谓完善有两个身体特征：身体各部分要完整；器官不能有残疾。因为不完善的牺牲不值得送上神的祭坛。第一，牺牲应当是雄性的，因为雄性要比雌性完善。因此那些自然学家说雌性无非就是不完善的雄性。第二，由于这块土地的国王下令处死雄性，面对这件事情，也为了表示感恩，他认为用雄性动物作牺牲是对的。第三，由于这位国王非常残忍和邪恶，发布公告要处死希伯来儿童，所以他认为牧养母羊、杀死公羊是对的。由于神的友善、慈悲、力量废除了这位国王的命令，所以通过献祭公羊而使雄性动物意外存活，对此表示感恩是恰当的。这只公羊只有一岁，因为公羊在一年内长成。添上“完善”，表示他有某种事先的考虑，再添上一些表示完善的细节，也就是说它比母羊更完善，而“岁”则表示这样的动物在这段时间里足以成长完善。这就是它的字面含义。至于它的深层含义是这样的，趋向虔诚和配得上神圣的牺牲应当既是公的，又是一岁的。但我们必须说明这是什么意思。有些人在美德方面取得进步以后又会倒退，在抵达目的地之前逃跑，而在灵魂中新长成的力量会被旧时的错误所摧毁，在平静了很短一段时间以后，又会遭受强大力量的进攻。

[8] 为什么要选绵羊？②

如我所说，绵羊象征完善的进步，与此同时它也表示雄性。因为这里所说的进步无非就是通过放弃雌性而转为雄性，因为雌性甚至帮助过它们祖先的众神。最后，公羊羔选来用于日常献祭，而用山羊献祭是为了赎罪。然而，这些都是富有美德的灵魂的象征，它们期待着完善。所以首先要根除罪恶，把它拔出来清洗，使之重新变得光鲜，每天完成践行美德的功课。

---

① 《出埃及记》12：5。“要无残疾，一岁的公羊羔，你们或从绵羊里取，或从山羊里取，都可以。”

② 《出埃及记》12：5。

[9] 他为什么要吩咐他们献祭“直到本月十四日”？①

十四日有两个安息日，其本性特别荣耀，因为在这个时候，月亮受到尊崇。月亮在第十四日变得圆满，在民众眼中变得充盈。通过另外一个十四天，月亮又从充盈变得亏损，与第一个安息日相比，它亏损的大小与第二个安息日相同。由于这个原因，十四日是先于节日的，尽管它是一条通向节庆的欢乐的道路，它在此期间有责任引导我们沉思。

[10] 他为什么又说“全会众将要献祭”？②

在其他平常时间里，祭司从民众中挑选，负责宰杀和照料牺牲，主持献祭。而在逾越节，也就是这里讲的逾越节，全会众要一道荣耀祭司，因为所有祭司都要为自己举行献祭。这是为什么呢？这是因为，第一，这就是这种献祭的开端，而在这个时候利未人还未被选来担任祭司，也没有建立神殿。第二，只有救世主和拯救者才能带领所有人走向自由，祂认为他们全都享有祭司权和自由，因为他们出自相同的支派，可以证明他们全都具有同样的虔诚。我想，祂断定所有埃及人同样地不虔诚，无价值、不洁净，祂打算惩罚他们。如果他们没有在天父、审判者和祂的公义面前犯下同样的罪恶，他们就不会因此而受惩罚，所以这个时期的两个民族，埃及人和希伯来人，是相同的——一方面是同样的不虔诚，另一方面是同样的虔诚。第三，由于这个时候还没有建造神庙，所以祂指定几个好人在家中聚集献祭，这就是神庙和祭坛的由来，这样做的目的是在这个支派的第一场献祭中，没有人可以拥有比其他任何人更多的东西。第四，在具体挑选祭司的时候，祂认为这样做是公正的和适宜的。祂把祭司权赋予整个支派，为的是通过整体来尊崇部分，而非通过部分来尊崇整体。祂允许这个支派用他们自己的双手屠宰所谓逾越节的牺牲，作为第一件完成的事情，作为善物的开端。祂决定，不要再有任何事物比神圣的祭仪更美丽，神圣的祭仪应当由所有人和谐地举行。还有，

① 《出埃及记》12：6a。“要留到本月十四日。”

② 《出埃及记》12：6b。“以色列全会众把羊羔宰了。”

这个支派可以作为实施祭仪的神庙看守者、祭司、大祭司的原型和榜样。第五，祂希望每个家庭和家长都能行事高尚，不会发生任何亵渎的行为，就像一名在其言语、行为和思想中涤净了所有罪行的祭司。为了更加准确地在当前托付给他们的事务中表现出清醒，祂使用了恰当的名称，把这个时候的众人说成“会众”。当所有人聚集在一起，和谐地团结在一起，感谢他们的移居时，祂不再称他们为众人、支派或民众，而是称做“会众”。所以，他们作为会众聚集在一起，不仅在身体方面，而且在心灵方面，一心一意地献祭。

[11] 为什么逾越节的献祭在黄昏？①

也许是由于好事（善物）将在夜晚降临，而在黑暗中献祭则不合习俗；所以对那些将要在夜晚经历好事的人来说，在第九个时辰之前就进行准备是不合适的。因为这位先知并非随意，而是有意识地把时间定在黄昏。这就是字面含义。至于它的深层含义也应当说一说。爱神的灵魂所举行的真正献祭是这样组成的，一方面放弃空洞可见的显赫，另一方面试图将献祭改变为不清晰的、不可见的。黄昏时间不像中午那么明亮，但也不是全黑了，尽管白昼已经结束，开始接近夜晚，天色变得暗淡。这正是人的进步状态。因为他们既没有完全变为美德，也没有完全变得世俗。

[12] 祂为什么要吩咐他们“取血涂在各家房屋的门框和门楣上”？②

这是因为，如我前不久所说，在那个时候，各家都成为祭坛和神庙，默想神，因此神公正地视其为配得上举行神圣的献祭，取血涂在各家房屋的门框上，与此同时，他们表现出对敌人的藐视，毫不畏惧地进行献祭，见证神的丰盛馈赠，信任神的恩典。这就是字面含义。至于更深的含义是这样的。我们的灵魂有三重，所以心就像房子的门楣，理性就像两个门框。由于这些部分各自都注定要公义、虔诚和圣洁，要改变为其他美德，所以灵魂必定要

---

① 《出埃及记》12：6c。“在黄昏的时候。”

② 《出埃及记》12：7。“各家要取点血，涂在吃羊羔的房屋左右的门框上和门楣上。”

参与美德，它与美德有亲缘关系。

［13］祂为什么吩咐他们要在晚上吃逾越节的羊羔的肉？①

这里的字面含义是这样的，由于好事（善物）将在夜晚发生，所以在晚上吃逾越节献祭的牺牲也是对的。至于它的深层含义是这样的，对那些真心希望改悔的人来说，这样做是适当的，这样做可以洗涤他们不可见的灵魂，他们自己夜晚站立在黑暗之中，不说任何话，为的是不看那些可见的偶像。无论如何，荣耀追随谦卑的崇拜者，因为黑暗不会使星辰不可见，倒不如说，星辰在夜晚显得更加清晰。

［14］祂为什么吩咐逾越节的羊肉要烤了献祭？②

第一，为了快捷，因为神很快就会离去。第二，为了简便，烤羊肉比较简单，不需要什么调味品。第三，神不允许我们过奢侈的生活，煮羊肉要用多种烹调方法和调味品。

［15］祂为什么要说上面提到的祭品要与无酵饼和苦菜同吃？③

无酵饼是快捷的标志，苦菜则象征他们当奴隶时的艰苦生活和斗争。这就是它的字面含义。至于更加深层的含义是这样的，发酵的东西是高贵的，值得注意，而无酵的东西是卑贱的。它们各自都象征一种类型的灵魂，一种是傲慢自大、自我膨胀的灵魂，另一种是稳定的、谨慎的灵魂，它们选择中道而非极端，因为它们希望平等，热衷于平等。苦菜表示灵魂的变动，从充满激情到泰然自若，从邪恶到美德。那些真正悔改的人变得痛恨以往的生活方式，对以往邪恶的生活感到烦恼，他们哭泣、叹息和呻吟，因为他们已经把大部分时间交给了那个诱惑和欺骗人的情妇，亦即欲望，他们在最美好的年轻时光受到她的欺骗，不得不改变自己，他们在沉思的智慧中朝着幸福的目标前进，这个目标就是幸福的、不朽的生命。所以，希望悔改的我们要吃无酵饼和苦菜，我们首先要为我们过去无法忍受的生活而吃苦，然后通过对

---

① 《出埃及记》12：8a。“当夜要吃羊羔的肉。”

② 《出埃及记》12：8b。“用火烤了。”

③ 《出埃及记》12：8c。“与无酵饼和苦菜同吃。”

谦卑的沉思，我们吃下骄傲自大的对立面，也就是敬畏。这是因为，回忆从前的罪恶会引起恐惧，而不会给心灵带来好处的回忆可以用来抑制恐惧。

[16]“不可吃生的”，这话是什么意思？①

人类中有谁会吃生肉？只有野兽中的食肉动物吃生肉。人生来就是温顺的动物，尤其是那些品性与神圣律法相一致的人。因此，祂好像是在用寓言作解释，因为祂说那些从邪恶变成美德的人不会再后悔，不会再吃生的和没有加工过的食物，而是会给食物加热，亦即以热和火为原则。由于非理性的冲动，许多人的品性会出乎意料地变得相反，从慷慨大方变得吝啬，从残暴的、虚伪的、精美的生活方式变成粗野的生活方式，从热爱荣耀变得可耻。没有人会赞扬他们。因为，就好像说寓言，他们的改变是生的、粗糙的、不稳定的，因为他们不明白他们的改变不是朝着美德，而是朝着相反的邪恶。但那些被知识的原则所改变，通过火的力量而变得坚强的人，会由此获得一种稳定的和不变的有用性。

[17] 逾越节献祭的供品为什么“要带着头，腿，五脏”？②

我相信，这里的字面意思有如下述。祂相信整个牺牲都应当吃掉，所以祂提到牺牲的所有部分，并且表示留下任何一点都不合适。至于更加深层的含义是这样的，头是最先的，是最高的和最主要的部分。祂用内在部分与外在部分相对。因为祂说，洗涤了整个灵魂的人适宜洗涤他的内在情欲，而言语是向外的，行为则要通过有用的工具来完成，要通过头部，头部可以说是首领。

[18] 祂为什么吩咐要把逾越节献祭剩下的供品在早晨用火烧了？③

如我所说，祂不认为太阳应当首先照耀祂在夜晚完成的善物。善物为何要在夜晚完成，我们在前面已经说过了，行为的显现和对行为的赞扬就发生在夜晚。祂吩咐要在这个时候准备献祭，目的是可以把作为供品的所有肢体

① 《出埃及记》12：9a。“不可吃生的，断不可吃水煮的。”

② 《出埃及记》12：9b。“要带着头，腿，五脏，用火烤了吃。”

③ 《出埃及记》12：10。“不可剩下一点留到早晨，若留到早晨，要用火烧了。”

吃完。出乎意料、匆忙离去的时候，一定不可轻视许多必要的事情，尤其是对那些需要快速离开的人而言。让埃及人卑贱的、不洁的手去碰那些剩下的供品是不恰当的。所以，为了处理这件无法否认的事情，祂把这些剩余的供品交给了一位未曾污染的王，亦即交给了火。

[19] 祂为什么要吩咐大家“腰间束带，脚上穿鞋，手中拿杖”吃羊羔？①

这里提到的所有事情都表明这些人正在匆忙赶路。对那些将要长途旅行的人来说，应当穿鞋、束带、拿杖，以备不时之需，因为鞋子可以保护脚，束上腰带可以方便双腿移动，手杖可以供身体倚靠，驱赶毒蛇和其他野兽。要解释字面含义，这些话就足够了。至于它的更加深层的含义，我们必须这样说。腰带表示把感性的快乐和其他情欲汇集在一起，也可以说把它们释放出来，占据全部灵魂。因此，祂吩咐腰间束带并非不妥，因为腰部被视为我们身上的欲望这只多头怪兽的饲槽。手杖似乎代表了一种高贵的、训诫的、稳定的形式，因为权杖是王权的象征，而对那些不受惩罚就不能妥善行事的人来说，权杖是恪守纪律的工具。它是灵魂的形像，不动、稳定，放弃左右摇摆。鞋子表示覆盖和保护匆忙赶路的人，他不是在野地里赶路，而是在很好地旅行，行走在通往美德的道路上。所以，这里说的事情与实际发生的事情是相反的。因为祂说，“在他们的脚上”必须要有鞋子，而穿鞋者的脚与鞋子不同。从这段话以及其他许多段落来看，祂是要把心灵召回，使之对合乎本性的观念进行沉思。鞋子是无生命的，而脚是有生命的，就好像身体的其他各个部分。所以，祂说，不要让无生命的东西覆盖有灵魂的东西，正好相反，要让有生命的东西覆盖无生命的东西，为的是不让较好的东西被较坏的东西把握和包含，而要让较坏的东西被较好的东西把握和包含。造物主把灵魂造就为身体的女王和女主人，把身体造就为灵魂顺从的仆人和奴隶。

---

① 《出埃及记》12：11。“你们吃羊羔当腰间束带，脚上穿鞋，手中拿杖，赶紧地吃，这是耶和华的逾越节。”

[20] 祂为什么要说“我要向埃及人所有的神复仇，我是主”？①

这里所说的事情涉及所有不稳定、无价值的东西，因为只有上升到某个要点，伪装的神圣偶像在做出神谕式的反应时，通过说服性的话语、比喻，以及其他方式，会意外地获得知识，并偶然拥有知识的根源。这些事情的时间都很短，因为它们决不能看见神圣真理的光芒，只有一切事物的创造者才能看见，祂能使被造物安全，是它们真正的主人，当然也能包含万物。祂的这种包含直接化解了人的不稳定、无价值的信仰和力量，而由于他们自身的软弱，人是会被淹没的。所以，如这些偶像所说，愚蠢者的生活方式就是他的一切。他们的所谓完善的神具有虚假的、错误的观念，也拥有虚假的、错误的生活方式。而关于存在的“元一”的知识是真实无误的，拥有这种知识的人可以在其他任何一样事物中荣耀其真实性。

[21]“我要把你们的军队（力量）从埃及地领出来”，这话是什么意思？祂为什么不说“你们”？②

“军队”（力量）的意思是这个民族对神的虔敬。嗯，只要那些拥有这种力量的人在城市和乡村居住，城市和乡村就会运转良好和恰当，因为，若不用他们自己的美德，那么至少还有其他人的美德在装饰城市和乡村。但若这些居民离去，共善的好运就会改变。因为善人是整个共同体的柱石，是他们在支撑城邦和城邦的治理，就像一个大家庭。这就是它的字面含义。至于更加深层的含义是这样的。就好比健康若是离开身体，疾病马上就会抓住它，所以对神的虔敬，亦即驻守灵魂的军队若是离去，这个大家庭的其他成员必定会变得无能和亵渎，哪怕是一颗体面的种子也不能留下，只剩下一些火星，甚至连火星也会熄灭，巨大的、最严重的灾难当然还会发生。

---

① 《出埃及记》12：12。“因为那夜我要巡行埃及地，把埃及地一切头生的，无论是人是牲畜，都击杀了，又要败坏埃及一切的神。我是耶和华。”

② 《出埃及记》12：17。“你们要守无酵节，因为我正当这日把你们的军队从埃及地领出来。所以，你们要守这日，作为世世代代永远的定例。”

[22]“谁也不可出自己的房门，直到早晨”，这些话是什么意思？①

这些话的字面含义肯定是这样的，神希望只依靠祂自己的手来完成祂的施恩，而不要有任何人力的操作，无论是惩罚那些应受诅咒的人也好，还是帮助那些遭受不义和暴力伤害的人也罢。至于它的比较深层的含义是这样的，“早晨”象征可以感知的光，因为心灵直到这个时候还在独自居住，远离感觉的骚乱。它有的时候允许自己使用感觉，习惯于到处走动。这种行走使它产生错误，但无踪迹可寻，因为我理解的感觉就好像面对感性事物的洪流打开了大门，心灵投身于这股洪流，就好像从高高的悬崖峭壁上下坠，从完善的理智和无形体的型相上下落。但是没有穿越灵魂之门、经历巨大恐惧的人只看见那些高贵的事物，它们剥去了作为感觉外衣的闪闪发光的思想。因此圣经又说，“主必越过那门”，我以此理解感觉和所有可感知的事物。感觉一旦被释放，与自身分离，它们就属于心灵。但若它们落入身体，就会接触更加卑劣的影像，以某种方式模仿非理性动物的本性。

[23] 经上为什么说神“不容灭命的进你们的房屋，击杀你们”？②

整个立法和忠诚高贵的情感交织在一起，使我们不会把神当做任何邪恶的原因。当经上说“不容灭命”的时候，祂很清楚带来腐败和毁灭的是其他使臣，而非拥有主权的王。在这里，你们有了它的字面含义。但是我还必须要说一说它的深层含义。每个灵魂诞生的时候，有两种力量进入其中：有益的力量和有害的力量。如果有益的力量取得胜利，占了上风，那么可以看出与之相反的力量是软弱的。但若后者占了上风，那么灵魂就没有从有益的力量中得到任何好处。这个世界也是通过这些力量被造的。人们用其他名字来称呼它们：他们把有益的力量称做强大的和行善的；他们把与此相反的力量称做不受控制的和毁灭性的。因此，通过这两种力量，产生和存在日月星辰

① 《出埃及记》12：22。“拿一把牛膝草，蘸盆里的血，打在门楣上和左右的门框上。你们谁也不可出自己的房门，直到早晨。”

② 《出埃及记》12：23。“因为耶和华要巡行击杀埃及人，他看见血在门楣上和左右的门框上，就必越过那门，不容灭命的进你们的房屋，击杀你们。”

的恰当位置、它们有序的功能和整个天空。依据这些事物的较好部分它们被造，亦即依据强大的和行善的力量使不受控制的和毁灭性的本性告终。为此，那些进入这种状态和获得这种本性的人，以及与此相同的本性，会得到不朽。但是这个民族是两种力量的混合，天空和作为整体的世界接受了这种混合。在这种混合中，有时候邪恶变得较大，因此所有生灵生活在痛苦、伤害、耻辱、争夺、打斗、身体疾病之中，再加上凡人生活中的所有其他事情，如同整个世界，这些事情在人身上也是这样。这种混合既存在于恶人身上，又存在于贤人身上，但存在方式不同。蠢人的灵魂拥有不受控制的和毁灭性的本性，胜过强大的和行善的力量，居住在属土生灵的身上时，灵魂充满痛苦。然而，与此相反，谨慎高贵的灵魂宁可接受强大的和行善的力量，在自身中拥有好运和幸福，与天空一道运行，因为它拥有王权。因此圣经说得极好，神“不容灭命的进你们的房屋击杀你们”，这是实际发生的事情，因为作为毁灭原因的力量会进入灵魂，而受神庇佑的则不会毁灭，因为这些事物是有益的。那些受到神的偏爱和馈赠的人会被分离，与遗弃和寡居的经验分离。这里的意思有如下述。可见的现象混有各种不自觉的性格痕迹，它进入灵魂进行扩张，有时候赤身裸体，没有武装，有时候有武装，以某种方式阻吓死亡，它们的打击可能会落在思想上。这些打击就是对现象的承认。但是从这些事物中不能获得完全的善。

第二卷

[1]“你在上头一动工具，就把坛污秽了”，这些话是什么意思？①

这里假定那些对洁净事物动手的人会由于他们的行为而玷污这些洁净的

① 《出埃及记》20：25。“你若为我筑一座石坛，不可用凿成的石头，因你在上头一动家具，就把坛污秽了。”

事物。因为自然的事物是完全的、圆满的，不需要任何减少或添加，也根本不需要其他任何东西。

[2] 经上为什么要训诫“不可压迫寄居的，因为你们在埃及地也作过寄居的”？①

首先，圣经清楚地证明，寄居者行割礼实际上不是因为他未受割礼，而是要割除他的欲望和感性快乐，以及灵魂的其他激情。在埃及的希伯来人没有行割礼，受到当地居民的虐待，他们这样做乃是出于对陌生人的仇恨，而希伯来人凭着自我约束和忍耐与埃及人一起生活，这样做不是出于必然，而是出于他们自己的自由选择，因为他们在救世主神那里避难，神把祂有益的力量送给乞援者，把他们从困难和绝望中解救出来。因此圣经又说：“你们自己也知道寄居者的灵魂。”但若不割除多神信仰，熟悉荣耀唯一神和万物之天父，寄居者的心灵又能是什么呢？其次，有人把陌生人称做新来者。然而，那些依凭自身奔向真理的人也是陌生人，只是他们的方式与寄居在埃及的人不同。对这片土地来说这些人是新来者。新来者这个共同的名称适用于二者。

[3] 经上为什么要禁止“苦待寡妇和孤儿”？②

苦待任何人都是不允许的，无论是男人还是女人，甚至是陌生人。然而对寡妇和孤儿要给以特别的关注，因为没有能够直接关心和帮助他们的人，对寡妇来说是没有丈夫，对孤儿来说是没有父母。因此，经上希望他们能够享有天然的合作关系，由那些处于丰盛状态的人来弥补他们的不足。这就是字面含义。而它的深层含义是这样的，热爱自己的灵魂把心灵荣耀为丈夫和父亲——把心灵荣耀为丈夫可能是因为心灵在灵魂身上播下感觉的力量，凭着这种力量灵魂才能捕获感觉的对象；灵魂把心灵当做父亲来荣耀，因为心灵被认为是各种学问和技艺的父母。那些摆脱了自爱的灵魂会匆忙地追赶

① 《出埃及记》22 : 21。“不可亏负寄居的，也不可欺压他，因为你们在埃及地也作过寄居的。”

② 《出埃及记》22 : 22。“不可苦待寡妇和孤儿。”

神，想要获得祂的探视和关心，这种关心就像来自父亲，也像来自丈夫，灵魂由此获得思想、意向、言语、行为的良好种子。但是，在男人中间发生的事情经常是相反的，因为当男子与女子接触，他会把处女当做女人。当灵魂受到神的激励时，灵魂会因为这个女人而成为处女，摆脱可以在感觉和欲望中发现的女人的腐败。还有，灵魂会追赶真正的未曾婚配的处女，亦即神的真正的智慧。所以，这样的灵魂当然会变成凡俗的寡妇和孤儿，需要自己去获取，以自然的正确法则为丈夫，依靠它生活。而这位丈夫同时也像父亲一样，用更加崇高的思想告诉它们应当做什么，它们就好像是它的儿子。

[4]“你们不可苦待寡妇和孤儿”，这句话是什么意思？①

苦待这个词在有些事例中使用是恰当的，在有些事例中使用是不恰当的。涉及卑劣行为，尤其对灵魂而言，它的使用是恰当的，而涉及对财产和身体有伤害的事例，它的使用是不恰当的。因此，圣经并没有提到后一类恶行，也完全没有把它当做巨大的不幸。但是明白了邪恶的伤害会从根本上颠覆整个生活，它首先指出一个人不应当成为任何人的教师，教他愚蠢、放荡、不义，或者其他任何相似的事情，不应当教他该受诅咒的单身，而应当摧毁这类事情。不过，为了改善儿童的本性，使它们在变得僵硬和固执之前，能够比较容易接受善物的型塑，应当专心致志地建立智慧、正义和其他美德的思想流派。

[5]经上为什么说“你们不可毁谤众神”？②

嗯，他们还会指责神圣律法破坏其他人的习俗吗？第一，你们瞧，这里不仅支持那些不同的意见，接受并荣耀那些从一开始就相信众神的人，而且也约束自己的门徒，不允许他们任意辱骂和毁谤，因为他们相信得体的赞扬会更好。第二，受到当地众神欺骗而犯了错误的人，由于习俗而相信绝对无误的真理是被捏造出来的，甚至眼光敏锐的心灵也会变得盲目，不能和平地

① 《出埃及记》22：22。

② 《出埃及记》22：28。“不可毁谤神，也不可毁谤你百姓的官长。”

对待那些不乐意接受他们意见的人，并与他们和解。这就是战争的开始和起源。而对我们来说，律法把美好的财产描述为和平的根源。第三，说其他人邪恶的人必定会在同样的事情上接受相反的指责。因此，那些心里拥有尊严的人会约束自己，不去毁谤众神，为的是让真正存在的神的力量能够很好地在所有人口中得到言说和赞扬。因此，我们要做的事情似乎不是听，而是说，就好像有其他人在利用我们的声音。这是因为，自己说和请其他人以某种方式说，二者之间没有区别。

[6] 为什么说了“不可毁谤众神”以后，经上又添上“也不可毁谤统治者”这些话？①

第一，如诗人所说，统治者在谱系上与众神相近，都出于相同的种子，因为首领和统治者，如他们所说，能够凭借自己的力量行善或作恶。第二，这里指的是所有其他人，为的是让他们不要招致无法救治的惩罚。因为当统治者听到其他人谈论和他们有关的恶事，他们不会按照法律程序去惩罚谈论者，而会无限制地使用他们的力量去彻底摧毁他。第三，圣经似乎并没有为统治者立法，而是以许多方式暗示他是整个民族的统治者，他属于希伯来民族，他被任命为有美德的统治者和首领。对一个好人来说，辱骂与他不相干，赞扬才是最适宜的。因为没有任何事情能像得体的赞扬那么有益，那么体贴和关心。

[7]“你们谁也不可空手朝见我”，这话是什么意思？②

这里的字面意思是这样的，那些走近神龛的人手里应当拿着供品，要拿着无瑕疵的头生的各种活物。至于更深的意思是这样的，这里并没有发出禁止，尽管祂说“你们不可”，祂也不是在以禁止的形式表达什么意思，说这样做才完全合理。因为任何走进神的视野的人都不可能是空的，倒不如说他

---

① 《出埃及记》22：28。

② 《出埃及记》22：29。“你要从你庄稼中的谷和酒榨中滴出来的酒拿来献上，不可迟延。你要将头生的儿子归给我。”《出埃及记》23：15。“你要守除酵节，照我所吩咐你的，在亚笔月内所定的日期，吃无酵饼七天。谁也不可空手朝见我，因为你是这月出了埃及。”

必定充满各种善。就像一个走近灯的人马上就被照亮，所以他的整个灵魂也会被神充满。当然，也可以用其他名称来称呼这种灵性之光，亦即知识和智慧。

[8] 祂为什么吩咐说生下来的小牛要七天跟着母亲？①

这就是说，这样做是为了使小生命不会在诞生的时候夭折，使它能够存活。其次，由于母亲在生育后代时充满了仁慈的爱，因此它们的乳房充满乳汁，给后代提供无限的营养。爱也像其他一切事物那样，会在时间过程中衰减，而在开始生育的时候，爱拥有强大的力量。所以，祂认为在生育之后，当后代仍旧天然地依附母亲的时候，马上把它们分开是非常残忍的和非常愚蠢的。

[9]“不可布散谣言”，这话是什么意思？②

这里承认通过耳朵或其他感官来得知是徒劳的，因为虚假的欺骗会带来极大的伤害。因此，某些立法者规定传闻不能作为证据，其理由就是通过眼睛看见而相信的事情才是真的，通过耳朵听见而相信的事情是假的。

[10] 经上为什么说“不可在争讼的事上偏护穷人”？③

贫穷本身就是仁慈的缺乏，它本身需要救济，而涉及论断，要以平等为法官。公义是神圣的，不可收买的，因此说某些审判是神的审判，这样说好极了。

[11] 经上为什么要吩咐“遇见仇敌的驴迷了路，要牵回来交给他”？④

第一，这是一种极度的温和，不要伤害敌人，而要去帮助他。第二，这是一条禁令，贪婪是可耻的。要是连仇敌都不愿意伤害，那么为了自己的利益，他会去伤害谁呢？第三，这样做可以在我们中间消除争吵和打斗，它是和平的保护者，它的好处可以用许多方式来描述和显示。因此，把驴子送回

---

① 《出埃及记》22∶30。“你牛羊头生的，也要这样，七天当跟着母，第八天要归给我。”

② 《出埃及记》23∶1。“不可随伙布散谣言，不可与恶人连手妄作见证。”

③ 《出埃及记》23∶3。“也不可在争讼的事上偏护穷人。”

④ 《出埃及记》23∶4。“若遇见你仇敌的牛或驴失迷了路，总要牵回来交给他。”

去就是和平与和谐的开始。因为他把某些东西送回去，付出了一种爱，以某种方式在灵魂中创造了温和，而接受它的人，如果不是完全不感恩的，也会搁下择机报复的敌意。

[12] 为什么“若看见恨你人的驴压卧在重驮之下，不可走开，务要和驴主一同抬开重驮”？①

这句话是对前一句话的确认和添加，关于这个主题我们已经说了很多，包括前面所说的把某人丢失的东西归还给他。此外，必须要说的是，这里表现出一种格外充分的慈悲与温和，以此鼓励我们，不仅要对仇恨你的人有用，还要减轻无理性的牲畜的重驮，尤其是当它们已经被压倒的时候。当一个人受到神圣律法的教导、习惯于连牲畜也不轻视的时候，他还会轻视其他任何与他有亲缘关系的人吗？这就是字面含义。至于比较深层的含义是这样的，驴子象征我们的身体，它完全偏离正道，四处游走。为了有益于与之同缘的感性快乐，它携带了大量的酒、食物、饮料和器皿。因此，受到智慧冲击的人必然要通过相关的美德、节俭和满足，来减轻他的重负，引导误入歧途者走上正道，放弃贪婪的追求，代之以追随自然的丰盛，亦即上升和自足。

[13]“看哪，我差遣使者在你前面，在路上保护你，领你到我所预备的地方去。他是奉我名来的，你们要在他面前谨慎，听从他的话，不可惹他，因为他必不赦免你们的过犯”，这些话是什么意思？②

天使是一个理智的灵魂，或者说是一颗完整的心灵，完全没有形体，它被造就为神的使者，根据某种需要接受差遣，保护凡人，因为凡人是软弱的，人的本性是可朽的，需要接受神的馈赠和恩惠。然而，他不能够承受神

① 《出埃及记》23：5。“若看见恨你人的驴压卧在重驮之下，不可走开，务要和驴主一同抬开重驮。”

② 《出埃及记》23：20—21。“看哪，我差遣使者在你前面，在路上保护你，领你到我所预备的地方去。他是奉我名来的，你们要在他面前谨慎，听从他的话，不可惹（惹或作违背）他，因为他必不赦免你们的过犯。”

的众多馈赠。因此，必须任命理智为法官和使者，理智被称做天使。神把使者“放在面前”，此处是眼睛和其他感官的地方，这样做是为了通过视觉接受感觉，自愿地而非不自愿地追随美德的引导。然而，进入预备好的土地是一种比喻，在前面的陈述中提到过一些细节，亦即要注意聆听，而不是不服从、不关注、不奉他的名。这一点必须首先加以考察。那些鲁莽行进的人会迷路，偏离宽阔的大道，多次进入无路可行之处。当灵魂经历某些幼稚的和虔诚的事情时，情况与此相仿，因为一个是不受纪律约束之人，一个是在无利可图之处像不可阻挡的溪流一样迸发。第二件事情是进入土地的入口，也就是进入哲学的入口，可以说它是一块肥沃的土地，物产丰富，种下神圣的树木，结出丰盛的美德。因此，希望享用这些果实的人应当接受训练，学会小心谨慎，这样做是恰当的；但是，所谓谨慎就是对提建议的心灵进行监管，并打算聆听。这是因为，就像一位恋人撇下其他所有事情，急着要去实现他的愿望，一位对有关纪律方面的知识感到饥渴的人也是这样，急于学习他不知道的事情，而撇下对其他所有事情的关注，急着要去聆听，不分昼夜，盯着贤人的家门。就这样，这些话里提到了听从。接下去，为了聆听，它自然要提到与此相关的事情。依靠他的耳朵聆听的人所能得到的只是某些模糊的印象，而仔细聆听的人所得的印象比较清晰，能够知道以各种途径抵达的事情，所以它们的心灵就好像一块蜡，留下深刻的印象而不会消失，不会轻易变得愚蠢。在此陈述之后，经上提到不可不听从。因为有些人尽管在接受它们之后也接受了它们的话语，没有变得不服从，但却展现出爱好争论的、反叛的本性。祂为这样的人感到羞耻，希望通过有准备地、合法地、不断地宣示善行来告诫他们。但是无论神的话语何时得以宣示，它都是全善的、美好的、宝贵的。因为对那些不服从的人，祂说“他不会尊重你”，这样说是最自然的。当坚定的信仰在灵魂中建立，察觉到灵魂有趋向邪恶的倾向时，它会指责灵魂，成为灵魂的指控者，通过责备和恐吓，让它感到羞耻。灵魂也可以通过它自己的判断来认识到自己是完全愚蠢的。与所有提供建议的各城邦的顾问相反，它有义务不对告诫表示尊重，而对智慧和言论自由表示尊重。这是一个非常清晰的证据，天使奉神的名而来。天、地、整个世界都知道，祂拥有最高的主权。祂拥有如此巨大的力量，必定充满全能的智慧。

[14] 你们“不可将祭牲的血和有酵的饼一同献上”，这话是什么意思？①

在另一段话中，祂也作了与此相同的规定，吩咐不可将祭牲和有酵的饼一同献上。通过这两个必要的象征，祂指出人应当鄙视感性快乐，因为酵是食物的增甜剂，而不是食物本身。另一样东西则表示人不应当接受普通的信念而变得自高自大。因为二者都是不纯的、可恨的，亦即感性快乐和自大或愚蠢的信念，这两样东西都出自同一位母亲，亦即出自错觉。但是祭牲的血是灵魂的标志，被奉献给神。还有，把纯粹的、未曾混合的东西混在一起是不对的。

[15]“也不可将我节上祭牲的脂油留到早晨”，这话是什么意思？②

这句话的字面意思是，神吩咐说祭牲的脂油要当天用掉，用作祭神的燃料。至于它更深的含义，是说肥肉的本性给内脏和其他部分带来油脂，肥肉包裹体内的脏器，阻止它们过快地干燥和化解。拥有脂肪的牲畜会接受脂肪的湿气，作为至关重要的营养。所以，祂希望通过象征来说明虔诚会用它自身神秘的、神圣的虔诚来育肥每一个灵魂，使它永不休息地、警觉地观察那些值得看的事情。现在，这种体验是灵魂的喜庆，是最大的喜庆，是真正的欢乐，它不是由纯酒而是由清醒的智慧产生的。这两样东西，一样是醉酒和发狂的原因，另一样是清醒和恰当完成所有事情的原因。所以，如果它正好发生了某些凡俗的种子会发生的事情，亦即不幸的事故，心灵入眠了，那也决不会长时间地延续。

[16]“你若听从我的话，照着我一切所说的去行，我就向你的仇敌作仇

---

① 《出埃及记》23：18。“不可将我祭牲的血和有酵的饼一同献上，也不可将我节上祭牲的脂油留到早晨。”

② 《出埃及记》23：18。

敌，向你的敌人作敌人”，这些话是什么意思？①

由于有些人在听的时候没有注意倾听，或者假装没在听，所以祂在这段话中具体地说“你若听从我的话”，因此我们必须假定这里和前不久提到的天使有关。正在讲话的祂的先知确实应当是一位天使。这对那个聆听的人来说是必然的，也就是说，他确实听到了所说的事情，也在行动中执行了所说的事情，因为行动是言词的证据。他现在表示服从，并且宣布要在行动中执行祂的命令，他必定需要他的老师做他的伙伴和保护人，而这位老师看起来正在帮助祂的门徒，而实际上是在帮助祂自己的主要教义，这是祂的对手和敌人想要摧毁的。

[17]“你要尽行拆毁和打碎他们的柱像”，这话是什么意思？②

“柱像”象征被接受的意见，这些意见似乎已经确立，并得到坚决的支持。然而，这些柱像作为一般被接受的意见有些是好的，应当把它们竖立起来，让它们有坚实的地位，而另外一些意见应受谴责，因为这些意见有利于引发毁灭。与审慎相反的愚蠢、与节制相反的过度、与公义相反的不义、一般地与美德相反的邪恶，这些事情就是这样的。但是“正在摧毁的你将要摧毁，正在打碎的你将要打碎”，这些话暗示了下述意思。有些东西被人们摧毁只是为了在另外一个时间培养它们，有些东西被人们打碎只是为了在另外一个时间把它们重新拼在一起。但这是祂的意愿，与善和美相反的事物一旦被摧毁和打碎，将不会修复，而会永远保持被摧毁的状态。

[18] 祂为什么要说“我必赐福与你，赐你粮与水，也必从你们中间除去疾病”？③

第一，祂说的是食物和健康，通过“粮与水”获取食物，通过“除去疾病”

① 《出埃及记》23：22。“你若实在听从他的话，照着我一切所说的去行，我就向你的仇敌作仇敌，向你的敌人作敌人。”

② 《出埃及记》23：24。“你不可跪拜他们的神，不可事奉他，也不可效法他们的行为，却要把神像尽行拆毁，打碎他们的柱像。”

③ 《出埃及记》23：25。“你们要事奉耶和华你们的神，他必赐福与你的粮与你的水，也必从你们中间除去疾病。”

获得健康。第二，祂在这里谈论忍耐和自制，提到只接受必要的食物，因为面饼是一种平常的食物，没有什么特殊的地方，水是一种普通的饮品，健康依赖这些东西。第三，祂提到两种一般的生活和一种好的生活，因为面饼和水对生活来说是必要的，而摆脱情欲和保持健康对好的生活来说是必要的。第四，经上似乎说平常的、简单的食物是健康的原因。饮酒和烹调乃是因为人的贪得无厌和饕餮，它们是人为的，会产生疾病，是大病和重病的原因。而简单必要的食物产生健康。第五，祂在这里给我们上了最宝贵的一课，为的是说明面饼和水本身都不会提供营养，也就是说，若是神圣的理智没有仁慈地给它们添加助力，它们有时候还会带来伤害。确实，由于这个原因，经上说“我必赐你粮与水”，就好像单凭粮与水不足以提供营养，而需要神的友善和眷顾。

[19] 祂为什么说“你们那里必定没有不孕的和不育的”？①

祂把不孕和不育纳入诅咒，并且说在行事公义与合法的人中间不会有不孕的和不育的。祂把律法更加古老的不朽本性作为一种奖励，赐给那些恪守神圣律法的人，让他们为了种族的繁荣而生儿育女，繁衍后代。这就是字面含义。至于更深的含义是这样的，没有能比灵魂的无子女和不育更大的恶了。这就是无知和缺乏教育，从而使得商谈的心灵不育。生育力强和多子女来自学习和知识，所以那些大量学习的人拥有大量的子女，那些学习有关好的和卓越事物知识的人拥有好子女。那些本性懒惰和迟钝同时又不学习的人没有子女。

[20]“我要使你满了你年日的数目”，这话是什么意思？②

祂的崇拜者的生命不应当按月份计算，也不应当用数目来计算，而应当用天的数目（日）来计算。因为在计算的时候，它们实际上具有同样永恒的价值，而不用数目计算的人要受谴责。但是这段话有这样的添加是很

---

① 《出埃及记》23：26。“你境内必没有坠胎的，不生产的。我要使你满了你年日的数目。”

② 《出埃及记》23：26。

好的，也就是“我要使你满”，因为在希望进步者的灵魂中会有间隙性的空白。祂希望学了哲学的人能与祂一致，他们发出的各种声音能构成和谐，就像一件乐器，任何部分都没有不一致和嘈杂之声，而是完全和谐，言行一致。

[21] 祂为什么说“我要使在你面前的众民惊骇”？①

这里的字面意思是清楚的，因为有一种强大的力量在恐吓敌人，使之恐惧，这样比较容易击败和征服对手的力量。至于更加深层的含义是这样的，凡人为什么要荣耀神，这有两个理由，也就是热爱和恐惧，热爱是后来出现的，存在于长者之中，而恐惧是较早出现的，所以，说恐惧是热爱的向导并非不恰当，热爱是后来出现的，也是后来获得的。那么，恐惧者就不能公正恰当地行事吗？就好像轻率比审慎年轻，所以恐惧比热爱年轻，因为恐惧在卑劣者身上产生，而热爱在有德者身上产生。

[22]“我要令那里的众民在你面前惊骇”，这话是什么意思？②

首先，“我要令……惊骇”这种表达法的字面含义相当于“我要用惊骇来打击”，祂在前面谈到过打击他们的对手，给他们送去毁灭，因为恐惧是软弱的原因。其次，祂似乎在为那些卓越的民族美德作见证，不仅要使它自己的成员发生改变，而且要使它的敌人皈依；关于敌人，我的意思不仅是指那些有战争行为的人，而且也指那些异端。至于更深的含义，我们必须这样说。目光敏锐、洞察本性的审慎进入灵魂，就像进入一块土地，这个时候，那里所有异邦人的律法都变得疯狂和愤怒，偏离高尚思想，因为邪恶者不能与善良者一道居住。

[23]“我要使你的仇敌逃跑”，这话是什么意思？③

祂更加确定和清楚地宣布了前面说过的话。因为随后到来的人开始逃

---

① 《出埃及记》23：27。“凡你所到的地方，我要使那里的众民在你面前惊骇，扰乱，又要使你一切仇敌转背逃跑。”

② 《出埃及记》23：27。

③ 《出埃及记》23：27。

跑。这就是字面含义。至于更深层的含义是这样的，祂说的是可以接受的律法，年轻人不知道这些律法，而祂自己是知道的。每一个蠢人都是无家可归的，没有住处，就像一个逃亡者，被赶出美德的城邦，而我们必须把美德的城邦视为聪明的、有美德的灵魂的家乡。

[24] 祂为什么说“我要打发黄蜂飞在你前面，把你的敌人撵出去”①。

黄蜂不知从何处突然飞来，还没有被人发现就已经把人蜇伤，然后飞走；它们蜇伤了人体的主要部分：脸、眼睛、头部。它们发出可怕的声音，穿透空气而进入人的耳朵。所以，我们从一开始就不能切断同伴的帮助，就好像可以通过最小的动物来伤害敌人，尤其是当神命令这样做的时候，在这种时候哪怕是非常软弱的人也会被激活，而要是有一支军队，那就是一股不可战胜的力量。这里是在用黄蜂来比喻神遣的、意想不到的力量。当这种力量从上向下突袭的时候，它不会错过下面的目标，在实施打击以后，它也不会遇到什么反击。

[25] 祂为什么又添加理由，说明为什么不是一次，而是逐渐地将敌人赶走，也就是说明祂为什么“恐怕地成为荒凉，野地的兽多起来”？②

这句话的字面含义不需要漫长的讨论，因为野兽会像逃离它们天然的主人那样逃离人，所以它们不会进入人口稠密的城市；如果城市变小了，那么野兽就会来到居民周围。至于更深的含义是这样的，有人是初次接触学问，正在学习，如果你想要在这个时候消除他的错误，使他一劳永逸地掌握知识，那么你会适得其反，不能实现你的目的。因为此时的他若在某个地方犯了错误，那么他无法消除错误，也无法掌握洪流一般的知识，而他要从两方面，既通过消除，也通过添加，受到折磨和经历痛苦，才能继续学习。如果一个人能逐步消除无知，恰当地增添教导，那么无可否认这样的办法是有益的。甚至连一名好医生也不能让病人在一天内恢复全部健康，他知道这样做

---

① 《出埃及记》23：28。“我要打发黄蜂飞在你前面，把希未人，迦南人，赫人撵出去。”

② 《出埃及记》23：29。“我不在一年之内将他们从你面前撵出去，恐怕地成为荒凉，野地的兽多起来害你。”

带来的是伤害而不是好处。但若他把握时间，有间隙地进行治疗，在不同的时间温和地使用不同的方法，则会带来健康。缺乏耐心的、狂妄的人坚持要一劳永逸地消除无知，坚持要一次性地增加教训，这样做与其说是在减少病患，不如说是在增加疾病。

[26] 祂为什么要把事奉异端众神称做“网罗”（障碍）？①

正如那些双脚完整的人在路上失足摔倒，因为他们不能走长路，没到终点就放弃了，所以灵魂也是这样，它被虔诚引导，但在完成它的旅行时受阻，因为它在较早的时候经过了不虔诚之处。这些东西是障碍，是摔倒的原因，心灵由此变得跛足，摔倒在路边。而现在，我们说的这条路的终点是天父。

[27]“祂对摩西说，你和亚伦，拿答，亚比户上去”，这些话是什么意思？②

你们瞧，这些人聚在一起上去，他们配得上神，他们四个人一组，四是十的本质，而七乘以十或十乘以七得七十。不过应当认识到，通过字面含义，这句话是在作比喻。摩西就是最纯的、神钟爱的心灵，而亚伦就是他的话语，是真理确实无误的解释者。拿答是自愿的视觉，因为这个名字就解释为“自愿”。亚比户是来自神的真理，这个名称指的就是真理。就这样，你看到有一颗灵魂戴着所有饰品，被引向美德，令神愉悦，亦即高尚的心灵、真正的话语，自愿的虔诚，还有它们的警卫，就像一道屏障或一堵墙，亦即来自神的帮助。但是，数目四的力量将服从一位指挥官，因为你们获得的先知心灵有三样饰物。七十位长老的力量由于它们的资格而得到荣耀，不是依靠他们的年龄，而是依靠这个完全数的上升，这个数配得上得到荣耀，拥有特权。

---

① 《出埃及记》23：33。“他们不可住在你的地上，恐怕他们使你得罪我。你若事奉他们的神，这必成为你的网罗。”

② 《出埃及记》24：1。“耶和华对摩西说，你和亚伦，拿答，亚比户，并以色列长老中的七十人，都要上到我这里来，远远地下拜。”

[28] 祂为什么说“他们要远远地崇拜主”？①

正如那些靠近火的人会被烧伤，而那些站得远的人可以获得安全，所以对灵魂来说也是这样；无论什么灵魂想要看见神，如果离祂太近反而会看不见。至于远远地站着的那个灵魂，不会有火舌烧伤它，而是适度地温暖它，用生命照亮它。这里说的那个最完善的先知心灵会化解和狂喜，因为它要进入乌云，在天父的宫廷前院居住，这对它来说是适宜的、合法的。也还有一些动物能在火中活动和居住，这些动物被称做“火生的”，而其他动物在火中就会毁灭。

[29] 祂为什么说，“只有摩西可以靠近神，他们却不可靠近，百姓也不可和他们一同上来”？②

按照最卓越的神圣律法，只有先知的心灵能够靠近神，处于第二位置上的那些心灵应当上去，以开辟上天的通道，处于第三位置上的那些吵闹的民众既不可上去，也不可靠近，只有那些配得上看的人可以成为有福通道的观看者。当然，只有摩西可以上去，这样说是最自然的。因为先知的心灵受到神的激励、被神充满，这个时候，它会变得像单子，不与其他任何与双数相关的事物混杂。这里说能够化解为单一的他可以靠近神，是神的家庭成员，因为它放弃了所有凡俗的身份，转变为神圣的，成为神的亲属，并且真正地成为神。

[30] 为什么摩西清早起来，在山下筑一座坛，按以色列十二支派立十二根柱子？③

要么是只用十二块石头建造这座祭坛，为的是这个民族的所有支派可以某种形式成为神的圣坛，要么是在祭坛旁永久竖立十二块石头，这样做的目

---

① 《出埃及记》24：1。

② 《出埃及记》24：2。“惟独你可以亲近耶和华，他们却不可亲近，百姓也不可和你一同上来。”

③ 《出埃及记》24：4。“摩西将耶和华的命令都写上。清早起来，在山下筑一座坛，按以色列十二支派立十二根柱子。”

的是，当祭坛上的石头由于献祭而缺失时可以用这些石头来修补，这十二块石头也可以是对十二支派的一个恰当纪念，他希望这些柱子能够始终存在，就像恭候天父的使者。

[31] 他为什么派少年人去，而不派老年人去？[①]

因为老年人有七十人，他们把民众带到山脚下，先知上山的时候要献燔祭，再次召唤他们去行平安祭是不恰当的、怪异的，他们在前面已经献祭，如果吩咐他们的同龄人去献祭，那么他会受到那些没能与他们一道献祭的人的轻视。其次，年长的一代人是一种头生的果实和新的供品，就好像举行一场素祭，由老年人来献祭更为妥当。至于派花季少年去献祭，乃是因为他们血气方刚，正当少年，献燔祭对他们来说是有益的，以此可为民众向神和天父感恩，把他们的欲望从年轻引向虔诚，而非疯狂地放纵欲望。这是字面含义。至于更深的含义是这样的，所有聪明的、为神钟爱的灵魂自身都有老年和少年的原则，它们全都是神圣的。老年的灵魂现在用于沉思本性和包含本性的事物，而那些充满活力的灵魂用于高尚的行为，所以，这些人的灵魂生活方式是卓越的，既在沉思方面，又在实践方面，是公开宣示的，又是广为人知的。

[32] 为什么派少年人去献燔祭，又献牛作平安祭？[②]

通过少年人的手去献牛犊，为的是使牺牲和献祭者年龄上相应。这里奉献的牺牲不是羊羔，因为这些幼畜比牛犊弱小，而他似乎想从更加强壮的牲畜中挑选供物。因此少年人去献祭的牺牲是烧祭品，在它们精力充沛时把它们用作牺牲是有益的。第三种献祭是赎罪祭，不在这种地方进行，也不允许有任何过犯，因为天父会到场观看。在这个地方不能有任何东西冒犯祂。当太阳升起的时候，黑暗消退，一切都充满光明。还有，当神出现或将要出现的时候，不正是各种形式的罪恶开始被摧毁或消除的时候吗？因此，这里有

---

① 《出埃及记》24：5。“又打发以色列人中的少年人去献燔祭，又向耶和华献牛为平安祭。”

② 《出埃及记》24：5。

两种献祭是最好的，可以奉行，也就是说，燔祭用来荣耀不可收买、也买不来的天父，只能由已经被荣耀的祂来施行；而这种有益的献祭是为我们自己的，是为了回报降临于我们的善物和善事，我们经历了这些事情，也在期待它们。神把善物赐给凡人的种族，我们向祂献上健康有益的平安祭和赎罪祭，以及其他一切善物。

[33] 摩西为什么将一半血盛在盆中，一半血洒在坛上？①

他用一种与血的价值相当的方式把血分开，一部分用于给神献祭，一部分用于行神圣的涂油礼，在涂油之处，为了圣洁和纯粹，则必须要说平等和不平等、相似和不相似、同一和不同、统一和分离这样的话。而平等、相似、同一、统一，它们受命与神在一起，算做比较好的种类，而不平等、不相似、不同、分离算做比较差的种类，在它们身上，凡俗的成分占据更大的部分。然而，不仅在无形体的、理智的事物中，而且在可感的事物中看到与这种区别相对应的东西是可能的。哪怕是在宇宙天穹本身以及其他天穹中的一切事物中都可以发现它们拥有最优秀的本质，靠近神，献给神的高贵事物。而在地上的事物则拥有更多的质料和浓厚的部分，被指定给凡人的种族。还有，在我们自己身上，灵魂由理性的和非理性的部分组成。理性的部分，作为较好的，被奉为较好的本性；而非理性的，作为较差的，被视为低劣的部分，这就是我们接受的无知的、无节制的和无秩序的东西。然而，对凡人的身体有着良好判断的人无论如何会说，要把拥有主权的头部奉献给神圣的创世主和天父，而从胸部到脚的各个部分属于拥有质料的实在。因此，他把这个部分比做一个搅拌盆，因为它是混杂的、复合的，而通过它可以造就一种纯粹的祭品，奉献给神。

[34]“他取来约书念给百姓听”，这些话是什么意思？②

关于圣约我们已经详细谈过，所以当前再次讨论这个主题并不合适。然

---

① 《出埃及记》24：6。“摩西将血一半盛在盆中，一半洒在坛上。”

② 《出埃及记》24：7。“又将约书念给百姓听。他们说，耶和华所吩咐的，我们都必遵行。”

而，必须注意的是“念给这些耳朵（百姓）听”这些话。这件事的发生没有间隔和中断，因为声音抵达听众，但空气并没有振动，是讲话者的声音在听众那里回响，就像某些纯粹流动延展的声音没有分隔。没有第三样东西的介入，没有它的干预，这种接受会变得越来越弱，但当听者和话语来到一起，而无任何间隔的时候，这种声音的回响可以一种更加纯粹的形式变得更加确定。这就是它的字面含义。至于它更加深层的含义是这样的，由于任何人都不可能让那么多听众听到他的话，或者走近他们，对着他们的耳朵讲话，所以在那里必定有一位老师和一位学生。二者之一会在私下里对他的学生讲话而无任何隐瞒，甚至连那些无法谈论的事情也会讲到，而另一位是接受者，他把自己当做神圣律法的接受者和卫士，但是，无论在什么情况下，把这些事情向众人解释是不恰当的。

[35] 他为什么将搅拌盆里的血洒在百姓身上？①

所有血都是一样的，都有某种亲属关系，他希望以此表明它们都是由一个型相和本性赋予生命的，在许多情况下，他把血当做与灵魂同类的事物。哪怕在身体上它们相互隔离，但它们在心灵和思想上共享神圣的祭仪和牺牲，处在从疏离到协和共存的亲属关系之中。

[36] 为什么他又说“看，这是立约的血，主按这些话与你们立约”？②

他之所以这样做，乃是因为血是家庭亲属关系的标志。亲属关系是双重的：一重是人与人之间的，他们有着共同的祖先；另一重是灵魂之间的，它们的源头在于智慧。他在这里没有提及祖先与后代之间的亲属关系，因为这对非理性的动物来说也是一样的，而是提到源于智慧的另一重亲属关系。智慧是话语的字体和自愿的律法，这位教师宣称要把学问当做必要的东西教给那些学问的热爱者，亦即和谐与共同体。但是多神论者不可能做到这一点，为了标新立异和多样化，他们提出各种不同的观点，由此成为争吵和打斗的

① 《出埃及记》24：8。“摩西将血洒在百姓身上，说，你看，这是立约的血，是耶和华按这一切话与你们立约的凭据。”

② 《出埃及记》24：8。

根源。但是有一种观点可以作适当的调整，所有人都是这项工程的使臣和仆役。

[37]“他们看见以色列的神，祂脚下仿佛有平铺的蓝宝石，如同天色明净”，这些话是什么意思？①

首先要说的是，所有这些话最好由神学家来解释，因为没有人可以傲慢地夸口说看见过不可见的神。这个地方是唯一神圣的，神只在这个地方出现，因为祂本身从来不会移动和改变祂的位置，但是祂会派遣祂的权能，权能是祂的本质的显现。如果这样说是对的，那么我们可以说这个地方就是祂的理性，因为祂决不会可疑地运动，而是始终不变，因为天父的本性是固定不变的，祂始终保持同一的形式，比数目一更加清晰和简单。由于神具有这样的本性，所以他把神不变、不动的本性描写为“元一”。整个天穹位于神的脚下，因为它的颜色确实像蓝宝石。“底座”是众星辰的象征，它们和谐地按序排列，有比例，有进程，也就是说，它像一幅恒定的、无形体的型相的图景。这是一种非常神圣和明晰的感觉——属于可感知的类型——是可知天空的型相，是神圣本质的高贵部分，这些事情我在前面已经说过了。因此，经上说“如同天色明净”，无形体的型相是最纯洁、最明晰的，因为它们得到了最纯粹的、最简单的本质。所以，他说那个被他称做天穹的天空与可知的型相有别，因为它的纯洁性不同。

[38]经上为什么说“受拣选的人在那里看到的都没有区别”？②

这句经文有一个清晰的解释，这就是说，所有人都完整地保存下来了。至于更深的含义是这样的，受拣选者的不朽灵魂拥有智慧和其他各种美德，尤其是拥有美德之女王虔诚。因为从体面中产生的不和谐是灵魂的死亡。因此经上说得好，“都没有区别”，意思是在一个合唱队中，所有声音都混合在

---

① 《出埃及记》24：10。“他们看见以色列的神，他脚下仿佛有平铺的蓝宝石，如同天色明净。”

② 《出埃及记》24：11。“他的手不加害在以色列的尊者身上。他们观看神，他们又吃又喝。”

一起，每个人都用娴熟的手指演奏和谐的乐曲，这种和谐更多地不在于声音，而在于心灵。

[39]“他们在那里出现在神面前，他们又吃又喝”，这些话是什么意思？①

出现在神面前，他们不再停留在任何可朽之处，因为这样的地方是亵渎的、被污染的，而他们已经上升，移居到一个神圣的地方，这个地方的另一个名字就是“道”。在这里，通过神的仆人，他们看到了崇高而清晰的主人，用心灵敏锐的眼睛想象神。这种想象是灵魂的粮食，而真正的分享是生命不朽的原因。因此，他们确实“又吃又喝”。因为这些非常饥渴的人没有放弃见到神，神已变得清晰可见，而是像饥饿者发现了大量的粮食，充分满足了他们的巨大愿望。

[40]“你上山到我这里来”，这话是什么意思？②

这表明一颗圣洁的灵魂神圣化了，它不是上升到高于一切的天空，或者进入以太，或者进入天穹，而是进入一个高于诸天的地方。除了神，世上没有任何东西超过这个世界。祂说“到这里来”，表明祂决定要消除稳定性，以证明这块圣地不变的特性。那些欲望很快就能满足的灵魂在神的激励下只向上飞升了很短的距离，然后马上就返回了。它们向上飞升的距离不及它们下坠的距离，我的意思是落入塔塔洛斯。③而那些不从圣地和圣城返回的人，他们已经移居到那里，有神作为他们移居的领队。

[41]诫命为什么写在“石版”上？④

版和书写的文字是手工制造的，书写的东西容易湮灭，因为木板上有蜡，很容易磨去，打开纸草书卷，有些时候有些文字模糊不清。石头是自然的产物，但很容易凿成石版；打磨过的石碑和刻在上面的文字是永久的，固

---

① 《出埃及记》24：11。

② 《出埃及记》24：12。“耶和华对摩西说，你上山到我这里来，住在这里，我要将石版并我所写的律法和诫命赐给你，使你可以教训百姓。”

③ 塔塔洛斯（Τάρταρος），地狱。

④ 《出埃及记》24：12。

定的，由于这种质料的力量。其次，神圣的诫命要藏在某些隐蔽处，不被人们看见和学习，是不可能的，它们必须公开，到处传播。但是，由于会遭遇日晒雨淋，所以需要把那些到处传播的文字刻在坚硬的材料上，所以石版后来被放在法柜里。再次，这些版是石头的，因为石头象征着永久，而木板象征着暂时，在木板上写字和消除字迹都很容易。这是保存和解除律法的象征。书写是保存律法的象征，消除字迹是解除律法的象征，对那些违反诫命的人来说，也可以说根本没有律法。

[42] 律法是神书写的吗？①

由于神是最高意义上的立法者，所以那些被称做“真正律法”的最优秀的律法应当由祂来制定，祂把律法写下来，但不是用手写，因为祂不具备人的形像，而是随其意而写成。若是天地和整个世界因其话语而被造，所有本体作为型塑者均从神圣的本质接受其型相，那么当神说律法应当写下来的时候，律法难道不会马上被写下来吗？其次，这个世界是一个大城市，是一个合法的城市。使用最优秀的国家法令对它来说是必要的。它拥有一位高贵的律法作家和立法者也是合适的，因为在人们中间，祂以同样的方式指定了这个爱好沉思的种族作为这个世界的律法。祂为这个种族立法，也把这个种族的律法规定为这个世界的律法，因为这个被拣选的种族与这个世界相似，它的律法也和世界的律法相同。

[43] 为什么受到召唤的摩西不是单独上山，而是和约书亚一道上山？②

这两个人有可能是一个人，因为无人会说那些有着相同心灵和感觉的人是不同的人。约书亚的意思是“拯救”。然而，说他获得神的拯救不是比说他受到其他灵魂的激励更加恰当吗？先知对此有预言，因为甚至在摩西还活着的时候，他就是统领，而在摩西死后，他是摩西的继承人。因此，他上山去为两件必要的事情作担保：一件事情涉及对这个沉思种族的拣选；另一件

① 《出埃及记》24：12。

② 《出埃及记》24：13。“摩西和他的帮手约书亚起来，上了神的山。”

事情是，律法不应当被视为人的心灵的创造，而是神的命令和话语。也许，按照它的不言而喻的含义，约书亚也公开得到上山的召唤，但他不应该较早地上山，因为神认为只有那位先知才配得上这种巨大的荣耀和特权。

[44] 他为什么要留下亚伦和户珥与长老们同在？[①]

这就好像一支水师，如果没有指挥员，它就时不时地需要指挥员来掌管整支船队；对步兵来说也是一样，如果没有总司令，那么排在第二位的军官，支队长和百人队长，就要代替总司令进行必要的指挥，做有用的事情。[②] 当这些国家变得顺从大王的时候，出于各种合法的目的，它会赐给它们许多东西，在不同的国家任命一些人进行管理，这些人习惯上称做总督。至于这位先知，他将要开启升天的旅程，当然就会关注这些事情，小心地离开他的监督者的位置。对于那些怀疑他把这位义人当做律法仲裁者的人来说，这是一个胜利的象征。这就是字面含义。至于更深的含义是这样的，心灵和话语这两位兄弟合二为一。现在摩西被另一个人称做心灵，得到了较好的部分，亦即神，而被称做亚伦的话语得到了较差的部分，亦即人。不义的和邪恶的人的话语是非常黑暗的，哪怕是从伟人嘴里说出来，也是非常晦涩的。但是主的话语是非常清晰的，哪怕他的嘴里没有很好的讲话工具。确实，这是因为他与贤人户珥有联系，这个名字的意思是“光明”，这就表明贤人的话语是光明的，因为他不是在话语中，而是在行动中揭示了他的美。

[45]“神的荣耀停于西乃山”，这些话是什么意思？[③]

圣经清楚地使这些人蒙羞，无论是通过亵渎或是通过愚蠢，他们相信神

① 《出埃及记》24∶14。“摩西对长老说，你们在这里等着，等到我们再回来，有亚伦，户珥与你们同在。凡有争讼的，都可以就近他们去。”

② 军团（Legion）是古罗马军队的作战单位。军团的数目以及军团的人数在不同历史时期有所不同。帝国时期，每个军团包括 10 个大队（Cohort），每个大队包括 3 个支队（Maniple），每个支队包括 2 个百人队（Centuria）。每个军团的定额大约为 5000 人。军团士兵有重装步兵、轻装步兵、骑兵、水手。

③ 《出埃及记》24∶16。“耶和华的荣耀停于西乃山，云彩遮盖山六天，第七天他从云中召摩西。”

会移动或改变祂的位置。因为，你瞧，这里说的“下来的”东西很清楚不是神的本体，神的本体只能被理解为祂的存在，这是祂的荣耀。荣耀这个观念有双重含义。一方面，它表示权能的存在，比如一位国王的军队也可称为“荣耀”。另一方面，它表示只相信神和依靠神，乃至于在心灵中产生神降临时的形像，祂不在那里，但为了确保这些律法所规定的事情，祂好像下来了。还有，山是最适宜接受神的显现的，如“西奈”这个名称所示，因为译成我们的语言，它的意思是“不可接近”。现在这个神圣的地方真的难以接近了，因为即使是最神圣的心灵也不能上升到这样的高度，所以只能是接近它。

[46] 为什么云彩遮盖山六天，摩西应召在第七天？①

六是一个偶数，祂分配这六天时间，用来创造世界和拣选这个善于默想的民族。首先，这里希望说明祂已经创造了这个世界和这个为了美德而拣选的民族。其次，由于祂希望这个民族像整个世界一样有序排列，所以就像在后者中一样，它可以有一个恰当的秩序，与正确的律法相一致，与神不变动的本性相一致。不过，这位先知应召是第二次重生，比第一次出生更好。因为他的第一次出生与身体相混合，有可朽的父母，而前者是具有主权的、不混合的、简单的灵魂，他从能生产的形式转变为不能生产的形式，他没有母亲，只有一位父亲，也就是作为万物之父的祂。因此，这是来自上苍的召唤，或如我们所说，他的神圣的出生与七天的始终纯洁的本性相一致。他在第七天应召，与他的第一次出生为人不同，前者是从以太而来，没有身体。因此，给这个土生的人指定六这个数字最恰当，而对出生不同的这个人可以指定七这个数字，他具有更高的本性。

[47]“主的荣耀在视者的眼前形状如烈火”，这话是什么意思？②

这里说的是，如前所述，神的荣耀是一种权能，神通过这种权能显示自

① 《出埃及记》24：16。

② 《出埃及记》24：17。“耶和华的荣耀在山顶上，在以色列人眼前，形状如烈火。”

身；这种权能的形像就像一道烈焰，或者倒不如说，它并非只是这样显示给视者，因为神希望显示的不是从属于祂的本质的东西，而是能够令视者震惊的东西。所以经上又说，在视者的后代面前最清楚地显示了火焰的形像，而不是真正的火焰。其次，由于山在民众眼前显得不可接近，所以祂使其荣耀形状如烈火，为的是，如果祂希望的话，无人可以轻视他自己的安全而靠近神。他们是愚蠢的，同时又是轻率的，因为他们相信火焰就是神的本质，而圣经清楚地宣布这里显现的是神的荣耀和权能的形式，而不是真正存在的神，火焰不是祂的权能，而只是祂的荣耀，但在视者看来，由于提到过的这些原因，他们眼中的显现不是祂本来的样子。这就是它的字面含义。至于它的更深的含义是这样的，正如火焰所到之处会摧毁一切物体，所以，当神的思想清晰地抵达灵魂的时候，祂也会摧毁一切与虔诚相对的异端思想，使整个心灵进入神圣的状态。

[48] 摩西为什么进入云中？①

摩西受到来自云中的召唤，所以他会跟随这个声音。其次，这个讲话的声音很自然地就把云彩分开来，这个时候云彩就容易穿过，而云彩分开的两面则变浓了。

[49] 摩西为什么在山上待了四十昼夜？②

关于四十这个数字及其在自然中的位置，前面已经作过详细解释，③ 所以不需要进一步详细谈论。然而，再说一下这个移居的一代受到谴责和日渐衰弱也许是必要的，他们在四十年中衰败，尽管他们接受了许多恩惠，但却以许多方式表现出不感恩。所以，他待在山上四十天，和四十年这个数字相同，通过说情和代祷，他调和了天父和这个民族，尤其是在这个时候，神已经把律法赐予他们，并讲了如何建造简便的神庙，这种神庙被称做会幕。所以，这些律法是赐给谁的？确实是赐给那些要灭亡的人的吗？这些神谕是为

① 《出埃及记》24：18。“摩西进入云中上山，在山上四十昼夜。”

② 《出埃及记》24：18。

③ 参见《创世记问答》第 1 卷第 25 节；第 2 卷第 14 节；第 4 卷第 154 节。

谁说的？是为那些稍后就要被摧毁的人的吗？然而，在我看来，人们可以说“他有可能预见到将要降临的审判吗”？但是说这种话的人应当在心里记住，每个受到神的激励的灵魂都能预言很多将来的事情，而通过反思能够预言的事情不多，就好像通过迷狂和确定性似的。

[50] 祂为什么吩咐他们收下那些甘心乐意的人的祭品？①

在当前这个段落中，经上用“心”取代“拥有最高统治权的心灵”。于是，祂希望把首次献祭的人说成“甘心乐意的人”，因为神什么也不缺。而不甘心乐意的人带来的供品会被遗忘，因为他在欺骗自己，即使献上银器或其他宝物，他也没有带来首次献祭的供品，他的方式与那个不情愿的人的献祭是一样的，他只是把不是供品的牺牲投入燔祭的火中，而不是在真正的献祭。

[51]“你们要为我造圣所，使我可以住在你们中间”，这些话是什么意思？②

它的字面含义确实是这样的，圣所（神龛）在这里被说成是某种神庙的原型，亦即帐幕。至于更深的含义是这样的，神始终出现在祂的造物之中，这样的造物是最神圣的，我指的是这个世界。在它的所有部分，在天、地、水、气之中，可以看到祂仁慈的权能，围绕这个世界旋转。救世主是仁慈的和行善的，祂希望把这个理性的种族与所有生灵分开。因此祂用充足的馈赠来荣耀他们，赐给他们各种善物，祂仁慈地显现，只要有恰当的地方，这些地方因洗涤而变得神圣和纯洁。哦，心灵啊，如果你不为自己做准备，除去欲望、快乐、悲伤、恐惧、愚蠢、不义和其他相关罪恶，不改变和不适应神圣的愿景，那么你就会盲目地终结你的生命，不能看见理智的太阳。然而，你若是正当地开始学习，向神奉献，在某种意义上成为天父的一座有生命的神龛，而不是拥有两只闭上的眼睛，你会看见第一因，从深沉的睡眠中觉醒。然后，“元一”会向你显现，祂引起无形体的光线向你照耀，把其他

---

① 《出埃及记》25：1—2。“耶和华晓谕摩西说，你告诉以色列人当为我送礼物来，凡甘心乐意的，你们就可以收下归我。”

② 《出埃及记》25：8。“又当为我造圣所，使我可以住在他们中间。”

善物的清晰本质和丰富源泉向你呈现。因为，能够见到神是幸福的开端和终结。但是这种事情不会对这样的人发生，如我前述，因为他没有使他的灵魂成为一块圣地和神龛。

[52]“你要照我在山里所指示你的样式制造帐幕和其中的一切器具”，这些话是什么意思？①

自然中每一可感的相似物在理智的型相中都有其根源，经上在当前这段话和其他许多段落中宣布了这个道理。还有，作为一名讲述无形体的原型事物的老师，它极好地表明这些事物不是生成的和被造的，而是非生成和非被造的。向一个有理智的人揭示理智事物的型相和万物的尺度确实是合适的，这个世界就是依照这个尺度造出来的。由于这些原因，也只有先知受到上苍的召唤，为的是这个凡人种族的不朽的愿景不被剥夺，不向大众传播和公开这些神圣的本质。他应召上了高山，而其他人都没有这样的福分。浓密的云彩遮盖了整个地方，妨碍人们观看，这并非因为不可见事物的本性能被肉眼所见，而是因为可知事物的多重象征可以通过眼睛的清晰图景来得到描绘，也就是说，学习者可以通过观看，而非通过象征，通过把某些型相分配给某些象征，来获得对它们的正确理解。

[53] 为什么要用“不腐烂的木头”作法柜？②

头部是生灵的主要部分，以同样的方式，神圣的柜子的主要部分也是它的顶部，因此它理所当然地拥有最优秀、最神圣的地方，只用于安放内在的圣地，因此用来制造它的材料必然也是不会腐烂的，因为存放在法柜中的律法是不朽的。其次，圣地和所有存放在圣地里的事物的秩序不是为了有限的时间，而是为了无限的世代。由于这个原因，这位工匠，亦即神圣的理性选择了最合理的材料，尤其是能够长期不变的材料。这就是它的字面含义。而更深的含义是这样的。实际上，没有任何地上的东西是不会腐烂的，是不会

① 《出埃及记》25：9。“制造帐幕和其中的一切器具都要照我所指示你的样式。”

② 《出埃及记》25：10。“要用皂荚木作一柜，长二肘半，宽一肘半，高一肘半。”

腐朽的。因此，经上说的“不腐烂的木头”象征性地暗指用来连接这个世界各个部分的东西，这些部分彼此密实地结合在一起，构成了整个世界。在我看来，这种性质在灵魂的理性美德中也能看到，各种美德不会萎缩，不会衰老，不会腐烂。

［54］为什么他要给柜子里外包上精金？①

其他人在欺骗性地建造它的外部形像，掩盖了它的内部，未作打理或关注。还有，为了使法柜富丽堂皇，使观看者震惊，他们用了各式各样的物品装饰法柜。神圣的摩西先装饰法柜的内部，后装饰法柜的外部，用了金子这种最主要的和宝贵的材料，这些金子是提纯过的精金。这就是字面含义。而更深的含义是这样的，在自然中，有一类东西是不可见的，有一类东西是可见的。不可见的这一类由无形体的事物组成，这类事物存在于理智世界。可见的一类东西由物体组成，这就是感性的世界。这两种东西一种是内在的，一种是外在的。它们的创造者造就了无形体的内在的种类和有形体的外在的种类，它们是不会衰败的和不会腐烂的，此外，它们似乎也是高尚的和宝贵的。因此，宝贵的金子可以喻意地用于人的构造，适用于灵魂。不可见的灵魂可以用各种美德来装饰，就像用金子可以装饰可见的物体的处表和运动。生活方式由两种东西组成并得以完善：一种是纯粹的心灵，这是不可见的；另一种是无可指责的行为，行为有许多观看者。

［55］他吩咐他们要镶在柜子四周的“牙边”是什么？②

他用“牙边”（波浪形的花边）来表示星辰，因为它们在天上环行，周而复始，有些星辰的轨道与整个天穹相同，有些星辰有特别指定给它们的轨道。就好像沿着中轴旋转而不改变位置，星辰自身在旋转，但并没有离开，所以天穹自身旋转，但并没有改变位置。其次，“用花边样的牙边装饰”相当于说灵魂和身体的腐败，因为心灵不断地向不同方向转动，不具有稳定

① 《出埃及记》25：11。“要里外包上精金，四围镶上金牙边。”

② 《出埃及记》25：11。

性，而始终像一条河那样流动的身体在不同的阶段会有不同的疾病，它不可能不发生变化。再次，人生的历程就像经历着各种暴风骤雨的大海，每个人按照不同的运气会遇上各种纷扰。大地上没有任何东西是稳定的，每一事物都以这样或那样的方式上下颠簸，就像一艘船在大海里逆风航行。

[56] 他为什么要在法柜的四脚上安上四个金环，每边两个？①

凡是存在的事物都有两边，一边是理智的，一边是感觉的，每边各有一个封印。理智这一边有两个部分：一个是不朽事物的标记；另一个是可朽事物的标记。还有，感觉这一边被分成两个部分：一个是轻的，是趋于向上的本体，气和以太属于这种本体；另一个是重的，趋于向下的，土和水属于这种本体。其次，有些人用这两边来表示春分和秋分，以此划分四季。有两个温暖美丽的季节，夏季和秋季；有两个寒冷的季节，冬季和春季。这些东西在可感世界中拥有完善的状态和稳定的行为，而它们在理智世界中拥有标记和提示。

[57] 什么是用“不腐烂的木头”造的杠子？②

这一陈述表示两个神圣的原则：一个是柱石和基础，是理智世界的稳定性；另一个是关于感性世界的，建立在稳定性之上，就好像一个基础。它们各自有自己的安排，尽管天穹实际上很重，但看上去好像很轻。还有，这些原则是不朽的，因为它们就是神的话语。

[58] 为什么要把杠子穿在柜旁的环内，是为了方便抬柜吗？③

这两个世界有两条原则，经上称之为“杠子”。盖上封印以后，它们表示事件的命中注定的必然秩序，表示互相整合在一起的有序事件之间的和谐关系。因此，它们在可见的世界里有相似物和形像，而在理智的世界里它们有事物的等级秩序的象征和原型，这些事物按照自然始终如一的秩序前进或倒退。

---

① 《出埃及记》25：12。“也要铸四个金环，安在柜的四脚上，这边两环，那边两环。”

② 《出埃及记》25：13。“要用皂荚木作两根杠，用金包裹。”

③ 《出埃及记》25：14。“要把杠穿在柜旁的环内，以便抬柜。”

[59]“你要将我赐给你的法版放在法柜里”，这话是什么意思？①

由于法柜象征这个无形体的世界，所以这个世界必然象征被祂称做“约”的律法，祂正确恰当地说，律法应当放在法柜中，而实际上是放在这个理智世界中，为的是可以把它的所有组成部分和扩展部分附加于这些律法。

[60] 什么是施恩座，祂为什么称它是“掩蔽物”？②

这里提到的“施恩座”象征仁慈行善的权能。它被称做“掩蔽物”（盖子），因为它建立在这个理智世界之上。由于这个完善的形式在上面，所以说仁慈的权能在上面是对的，因为所有事物都被祂建立，并坚定地依靠祂。

[61] 为什么这个施恩座只有长度和宽度，没有高度？③

几何学家把只有长度和宽度，没有高度的东西称做平面。只有通过其他权能，尤其是通过仁慈行善的权能，才能看见存在的“元一”的平面。而那些善物的接受者，马上可以看见施恩者出现在它们眼前，还有祂贞洁的女儿们，美惠女神。

[62] 什么是“基路伯”？④

可以把“基路伯”解释为“巨大的承认”，换言之，可以解释为“丰盛地倾倒出来的知识”。但它们是两种权能的象征：创世的权能和王室的权能。然而，按照我们的想法，创世的权能较为年长，尽管围绕着神的诸种权能是同龄的，但创世的权能仍旧被认为先于王室的权能。因为“元一”不是尚未存在的事物的国王，而是已经存在的事物的国王。在圣经中，创世的权能已经被赋予神这个名称，因为古人把创世称做“安放”，而王室的权能被称做“主”，因为“一切之主”是献给国王的名称。

[63] 为什么要用金子锤出来？⑤

---

① 《出埃及记》25：16。“必将我所要赐给你的法版放在柜里。”

② 《出埃及记》25：17。“要用精金作施恩座（施恩或作蔽罪下同），长二肘半，宽一肘半。”

③ 《出埃及记》25：17。

④ 《出埃及记》25：18。“要用金子锤出两个基路伯来，安在施恩座的两头。”

⑤ 《出埃及记》25：18。

金子是珍贵实体的象征，而“锤”是有技能的本性的象征。存在的“元一”的主要权能应当是型相之型相，是分有最纯的、单一的、最宝贵的实体，此外还分有最有技能的实体。

[64] 祂为什么要把基路伯安在施恩座的两头？[①]

这表明整个天穹和世界的界限由两位最高的警卫来守卫，一位是神创造万物的权能，另一位是祂作为现存事物的统治者的权能。每一种权能都命定要照料这个世界，把它作为最恰当的、关系最密切的所有物，创造事物的权能似乎不应当被摧毁，不得过度的王室的权能以象征平等的律法为调停，事物则永久地承受。这是因为，作为现存事物的摧毁者，战争通过过度和不平等而到来。而良好的秩序和平等是和平的种子，是获得拯救和持久生存的原因。

[65] 祂为什么说基路伯要高张翅膀，遮掩施恩座？[②]

神的各种权能都有翅膀，努力向上，希望能踏上去天父那里的道路。它们就像翅膀一样遮掩了宇宙的这些组成部分，表明这个世界有警卫保护，亦即由前面已经提到的两种权能保护，创世的权能和王室的权能。

[66] 为什么基路伯要脸对脸，朝着施恩座？[③]

这些权能，创世的权能和王室的权能，应当面对面观看，看到它们自己的美，同时相互激励，共同创造事物，这样做是极好的、适当的。其次，由于神是“元一”，祂既是造物主，又是国王，所以它们当然也会接受划分了的权能。因为有序地划分权能，一个可以创造，另一个可以统治，这样做确实是有用的。但它们又以另一种方式结合在一起，通过相互之间永久的名称上的依附，为的是创世的权能可以成为王室的权能的观看者，王室的权能可

① 《出埃及记》25：19。“这头作一个基路伯，那头作一个基路伯，二基路伯要接连一块，在施恩座的两头。”

② 《出埃及记》25：20。“二基路伯要高张翅膀，遮掩施恩座。基路伯要脸对脸，朝着施恩座。”

③ 《出埃及记》25：20。

以成为创世的权能的观看者。它们在施恩座上面对面地观看，这样做是对的，因为若是神对这些共存的事物不仁慈，祂就不会通过创世的权能创造任何事物，也不会通过王室的权能拥有一位立法者。

[67]“我要在那里与你相会”，这些话是什么意思？①

这颗最明晰、最擅长预言的心灵接受有关存在的“元一”的知识和学问，不是从存在的“元一”本身，因为祂本身不能包含祂的伟大，而是从祂的主要的和执行的权能。而从祂的辉煌能够抵达灵魂，为的是通过次要的辉煌它能够看到更多令人敬佩的辉煌。

[68]“我要从施恩座之上二基路伯中间对你说话”，这话是什么意思？②

通过这样的说法，祂首先说明神高于所有仁慈的权能、创世的权能，以及其他各种权能。其次祂要说明，在创世的权能中间祂讲得对。这颗心灵察觉的事情有如下述。神圣的道恰当地位于中间，没有留下任何虚空，而是充满一切事物，成为似乎分成两边的居间者和仲裁者，带来友谊与协和，因为它始终是共同体的原因与和平的工匠。现在，法柜的具体特点已经说过了，但我们还必须总结复述一下，为的是发现这些事物是什么东西的象征。现在这些象征是法柜、存放在法柜中的律法、法柜上面的施恩座、施恩座上的基路伯，这些象征以迦勒底人的方言说出，就在它们上面，在它们中间，是声音和讲话，再往上是讲话者。所以，要是一个人能够准确地观看和理解这些事物的本性，那么在我看来他应当宣布放弃他渴求的那些东西，不被它们像神一样的美丽所捕获。不过，让我们考虑一下这些事物各自是什么。首先，祂比“元一”、单一、开端要年长。然后出现的是存在的“元一”的道，是存在物的真正种子般的实体。然后来自神圣的道，就好像来自一道清泉，迸发出两个权能。一个是创世的权能，工匠通过它给所有事物安放和排序，这被称做“神”。另一个是王室的权能，因为创世主通过它统治被造物；这种

① 《出埃及记》25：22。“我要在那里与你相会，又要从法柜施恩座上二基路伯中间，和你说我所要吩咐你传给以色列人的一切事。”

② 《出埃及记》25：22。

权能被称做“主”。从这两种权能生长出其他权能。从创世的权能这一边长出仁慈行善的权能，它的名字是慈悲，而从王室的权能生长出立法的权能，它的恰当名称是惩罚。在这些权能之下和之外是法柜；法柜是理智世界的象征。法柜象征性地包含所有在最里面的至圣所确立的所有事情，也就是被祂称做“约”的无形体世界和律法，立法的和惩罚的权能，施恩座，仁慈行善的权能，在它们之上是创世的权能，它是仁慈行善的权能的源泉，还有王室的权能，它是惩罚和立法的权能的根基。神圣的道在它们中间出现，在圣道之上，是讲话者。这里列举的事物数量总共达到七样：亦即理智世界，两种相联的权能（惩罚的和有益的），两种在它们之先的权能（创世的和王室的），它们与工匠的亲缘关系超过与被造物的关系，第六样东西是讲话，第七样东西是讲话者。但若你从上面开始算起，那么你会发现讲话者第一，圣道第二，创世的权能第三，统治的权能第四，然后是仁慈的权能第五，在创世的权能之下，惩罚的权能第六，在王室的权能之下，这个型相的世界第七。

[69] 什么是“桌子”？它为什么要包上精金？①

象征性地谈论无形体的事物以后，祂神圣地叙说了至圣所里的法柜，现在，祂开始谈论感性世界里的那些东西，正确而又恰当地从桌子开始。由于饭桌是进食用的家具，没有任何理智的东西需要进食，而只有那些命中注定具有肉体本性的生灵才需要进食，所以祂用桌子作为感觉和物体性的实体的象征。不仅如此，桌子还表示一类共享，由许多人分享盐和供品。这就导致人为了自身的缘故而热爱他的同胞。任何地方都没有如此可爱的东西，这个部分是用它自己的实体构成的。天父使吃东西的人喜乐，祂是这些食物的生产者，吃东西的人从天上得到教训，要进行交换和回报，就好像对待同父同母的兄弟。还有，这张桌子是用精金做的，因为这个世界的整个实在中间有经受过考验的部分，一切事物都要得到更大的完善，无论是凭它自己的实

① 《出埃及记》25：23—24。“要用皂荚木作一张桌子，长二肘，宽一肘，高一肘半。要包上精金，四围镶上金牙边。”

体，还是凭它自己的本性。

[70] 桌子边上为什么要“镶上金牙边”？①

一切事物的有形体的实体都要经历转向和改变，为的是创造构成这个世界的各个部分。

[71] 桌子上为什么有杯子、香炉、奠酒的碗和调羹？②

杯子是食物的象征，调羹是设宴的象征，因为纯酒是用它们来度量的，香炉是焚香的器皿，碗用来倒奠酒。因此，通过食物和纯酒，可以表明神的恩典浩大，祂不仅提供必需品，而且慷慨地提供任何享受。通过焚香和奠酒，经上指明了这些人进食的快乐。那些由可见的食物提供营养的人也以寓言的形式，说拥有卓越美德的灵魂是一杯奠酒，就好像倒出奠酒表示把一个人的美德献给神。对天父的心来说，这个行为是期许的，合适的，喜悦的，就好像最甜蜜的芬芳的馨香。

[72] 祂为什么说“你要在我面前的桌子上常摆陈设饼”？③

饼是必要食物的象征，没有这些食物就没有生命；在神的吩咐下，农夫生产食物和饮水。因此祂又说，“你要在我面前常摆陈设饼”，因为“常”的意思是不间断，连续，而“在我面前”的意思是令神喜悦，既有赐予恩惠的喜悦，又有接受感恩的喜悦。

[73] 为什么灯台“变成”精金的？④

灯台是最纯的实体，亦即天穹的象征。由于这个原因，经上后面说它是用一块精金造成的。这个世界的其他部分全都由四种元素构成，土、水、气、火，而只有天穹是唯一更高的元素，现代人视之为构成世界的第五元素。就其充满星辰而言，天穹就像一盏灯台。祂正确地说它“变成”，因为

① 《出埃及记》25：24。

② 《出埃及记》25：29。“要作桌子上的盘子，调羹，并奠酒的爵和瓶，这都要用精金制作。”

③ 《出埃及记》25：30。“又要在桌子上，在我面前，常摆陈设饼。”

④ 《出埃及记》25：31。“要用精金作一个灯台。灯台的座和干与杯，球，花，都要接连一块锤出来。”

天穹的被造和照明按照某个周期由某位工匠来完成，准确地发生转变，神圣的技艺描述了它的本性。

[74] 为什么灯台的座和干与杯，球，花，都要一块儿锤出来？①

这位神学家是全智的，所以，以他的智慧，他清楚地知道天穹本身是一种和谐与统一，把天空中的所有事物联系在一起，就好像把肢体安在躯干上，让它们相互适应，共同成长。

[75] 什么是“从两旁杈出六个枝子，这旁三个，那旁三个”？②

因为树干不是直的，而是弯的，所以位于黄道十二宫内的星辰在初夏和冬至之间到来，祂说是星辰从两旁靠近，而中间是太阳的位置。但祂给其他行星在两边各分配了三个位置：比较卓越的一组是土星、木星、火星，而在里面的一组是水星、金星、月亮。

[76] 为什么各旁三个枝子上有三个杯，形状像杏花，有球，有花？③

每年的每个季节，太阳穿越黄道十二宫的三个区域，祂把黄道十二宫称做“搅拌碗”，因为有三种权能是独特的、相互分开的，共同划分了一年四季。比如，春季由白羊座、金牛座、双子座组成；还有，在夏季，我们有巨蟹座、狮子座、处女座；在秋季，我们有天秤座、天蝎座、人马座；在冬季，我们有摩羯座、水瓶座、双鱼座。祂把黄道十二宫的形状和本性比作坚果，这也许是因为坚果先发芽，后开花。进行这样的比较似乎也是为了确立和谐的声音，因为我并非不明白这里所提到的节日的坚果这个名称，因为坚果的外壳会发出嘎嘎声。而把碗做成球状是因为天上无论什么东西都是完整的球体，拥有完善的形状，就如这个世界。这里之所以提到百合花④，可能是因为它是白色的，而星辰之所以是明亮的，可能也是因为它像百合花一样

① 《出埃及记》25：31。

② 《出埃及记》25：32。“灯台两旁要杈出六个枝子，这旁三个，那旁三个。”

③ 《出埃及记》25：33。“这旁每枝上有三个杯，形状像杏花，有球，有花，那旁每枝上也有三个杯，形状像杏花，有球，有花。从灯台杈出来的六个枝子都是如此。”

④ 圣经和合本译为“杏花”。

有光芒围绕，因为每颗星星都在放射光芒。这个说法也包含对品性的描述。百合花有一种与其他花卉相反的性质，有些花在冬天长出花蕾，有些花在春天长出花蕾，百合花在夏天到来的时候长出花蕾，而这个时候其他花朵已经凋谢。百合花象征着人与神、亵渎的或受到污染的与神圣的献祭、不完善者与完善者之间的区别。其他花朵开放时需要水的滋润，而百合花在天狼星出现的时候和天狼星出现以后开放，在烈日当空、非常炎热的时候。因此有先知说，沉思的民族应当像百合花一样开放，它不像其他民族那样能同时享受繁荣，而是在其他民族已经度过它们的全盛期以后，以色列民族才开始开花，它的开放没有那些诱因，因为它开放的时候没有水，而且烈日当空。

[77] 为什么灯台上有四个杯？①

我们已经说过，灯台的每个枝子代表一个季节穿越黄道十二宫的三个区域，而灯台代表一年里的所有季节，一共四个。这些季节经历某些混合以后产生年，因为一年无非就是四个季节的完成，年是由季节混合而成的。季节的本性不是单一的、不和谐的，而是有一种混合的和谐和一种可以互换的共同元素。前面的季节的完成正好就是后继的那个季节的开端。

[78] 灯台上为什么有七盏灯？②

众所周知，七盏灯是行星的象征，因为神圣的"七"属于这些被视为神圣的事物。这些穿越黄道十二宫的行星的运动和旋转是地上的事情发生的原因，所有这些事情习惯于发生在气和水的混合之中，发生在所有动物和植物之中。

[79] 祂为什么说灯台要从一边放光？③

行星不会在天穹的所有部分和边缘穿行，只会在一个部分穿行，而在南

---

① 《出埃及记》25∶34—36。"灯台上有四个杯，形状像杏花，有球，有花。灯台每两个枝子以下有球与枝子接连一块。灯台出的六个枝子都是如此。球和枝子要接连一块，都是一块精金锤出来的。"

② 《出埃及记》25∶37。"要作灯台的七个灯盏。祭司要点这灯，使灯光对照。"

③ 《出埃及记》25∶37。

部区域，由于行星的运动靠近我们所在的这个区域，所以影子不在我们南面，而在我们北面。由于这个原因，祂说灯台要从一边放光并无不妥，以此表示行星的旋转是在南部区域。

[80] 什么是灯台的“提升者”和“台基”？①

“提升者”之所以得名，乃是因为用灯芯在灯台上“提升”灯油，而对放光的星辰来说，它们的所有光明都来自天球。正如眼睛能看见的光明均由灵魂给予，因为灵魂是最光明的，所以放射光芒的星辰习惯于从最纯粹的以太接受它们的光明。

[81] 祂为什么规定灯台的重量是“精金一他连得”？②

祂描述了法柜、供桌、香炉，提供了它们的尺寸，但祂没有提到灯台的尺寸，只是说了它的重量，之所以如此，其原因在于，如我前述，灯台象征整个天穹。现在，作为一个球体的天穹适合平等的原则，不包含什么器具和不平等的尺度。但是它有重量，一切有重量的事物都在追随它。这是因为，地上没有任何事物是独立自存的，而一切或大或小的事物都有弹性，就好像受到这位神奇工匠的影响，祂就是天上不可见的圣道。这里把“他连得”说成是一，因为天穹是一，它的形状或权能不像其他任何事物的形状和权能。四元素相互之间有亲缘关系，既在实体方面，又在运动方面。在实体方面，它们相互转化，在运动方面，火和气受限于源自一个中心的向上的直线运动，而水和土受限于源自一个中心的向下的直线运动。但是天穹不是直线运动，而是圆形运动，它从圆心抵达各边的距离都是相等的，是最完善的。按照那些天文学家的说法，大地有六十个组成部分，祂指定“他连得”作为天穹的形式，因为一个“他连得”由六十个“弥那”③组成，不是吗？

---

① 《出埃及记》25：38。“灯台的腊剪和腊花盘也是要精金的。”“腊剪”的含义是“提升者”，“腊花盘”的含义是“台基”。

② 《出埃及记》25：39。“作灯台和这一切的器具要用精金一他连得。”“他连得”（τὰλαντ）又译“塔伦特”，古希腊重量单位和货币单位。1 塔伦特约合 25.8 公斤。

③ 弥那（μνᾶ），又译明那，古希腊重量单位和货币单位。1 明那约合 431 克，60 明那合 1 塔伦特（25.8 公斤）。按阿提卡币制，1 明那约合 431 克白银，1 塔伦特约合 25.8 公斤白银。

[82]“你要照着在山上指示你的样式造它们”，这话是什么意思？①

通过“样式”，祂再次表明无形体的天穹是感性世界的原型，因为它是一个可见的样式、形像和尺度。祂说要通过“看”这些事物来考察它们，这也告诫我们要使我们的灵魂清醒，为的是能够看到无形体的型相，这是因为，如果这里仅仅只是一个用身体的眼睛观看可感事物的问题，那么显然不需要什么神圣诫命了。

[83] 什么是“帐幕”？②

首先，祂用法柜暗指无形体的、理智的世界，用桌子暗指感性世界的实体，用灯台暗指天穹，然后开始按序说明那些地上的事物，亦即气、水、火、土，用帐幕来表示这些事物的本性和实体。帐幕是一座便携的神庙，但不是固定的神庙。天穹下面的那些事物同样也是易变的、无常的，而只有天穹是不变的、自洽的、自我同一的。但这个说法也揭示了某些性质的轮廓。因为当他们穿越旷野的时候，那里没有庭院或房屋，只有为了特殊目的而制造的帐篷，用来抵御寒冷，他认为应当有一所最神圣的神庙献给天父和万物的创造者。还有，他指出，让无须任何事物的神的名与那些需要帐幕的人待在一起，使人能够相信神，并接受虔诚和高贵的圣德。嗯，至于那些看见神圣帐幕的人会把它比做自己的住处，除了鞠躬行礼，请求祂的权能监察、保卫、监护赐福，他们还能做些什么呢？哦，天使啊，亲近神就是亲近祂的权能！

[84] 帐幕为什么有十幅幔子？③

关于数目十，我们在别处已经说了很多次，而那些拖延讨论的人在这里转换一下论题也很容易。但是我们希望语言简洁，适时回忆一下我们说过些什么也就够了。

---

① 《出埃及记》25∶40。“要谨慎作这些对象，都要照着在山上指示你的样式。”

② 《出埃及记》26∶1。“你要用十幅幔子作帐幕。这些幔子要用捻的细麻和蓝色，紫色，朱红色线制造，并用巧匠的手工绣上基路伯。”

③ 《出埃及记》26∶1。

[85] 幔子为什么要用捻的细麻和蓝色，紫色，朱红色线制造？[①]

这里讲的是编织用的材料，用四样材料象征四种元素，土、水、气、火，地上的事物用它们造成，而天球用特殊的实体制造，把最卓越的事物放在一起。经上用细麻来表示土，因为细麻是土生的，来自土；用紫色线表示水，因为水是它的产物；用蓝色线表示气，因为气本身是黑的，没有光明，被别的事物照射才放光；用朱红色的线表示火，因为它的颜色是火红的。所以他认为献给万物创造者的神庙应当用这些东西织成，如同这个世界的被造一样，因为宇宙的神庙存在于神的神庙之前。

[86] 祂为什么又说，"你要用手工织幔子"？[②]

从多中生一能使事物的性质完善。构成世界的实体也是这样，它由四种元素混合而成，四种材料通过编织产生一块完善的布料。

[87] 每幅幔子的尺寸为什么是长二十八肘，宽四肘？[③]

数目四是神圣的，最应当获得赞扬。但是现在我们必须确定数目二十八的天然德性。它是一个与其自身的组成部分相等的完全数，它的实体来自三，由于这个原因，它与第一个六相一致，因为六是第一个与它的部分相等的数。因此，这个数拥有一个好性质。通过数字七它还拥有另外一项性质，因为它由一到七的数目之和组成：一、二、三、四、五、六、七相加，得二十八。它的第三项性质是，它是数目七的倍数，因为四乘七或七乘四得二十八。现在数目四也以同样的形式与数目七相联，没有比它更完善的数了。通过这些数，这位神学家说帐幕建起来了，每幅幔子长二十八肘，帐幕总长二百八十肘，总的宽度则是四十肘。关于数目四十产生各种生灵的权能已经说过了。[④] 至于数目二百八十，它是四十乘以七的结果，数目七奉献给神。

---

① 《出埃及记》26：1。

② 《出埃及记》26：1。

③ 《出埃及记》26：2。"每幅幔子要长二十八肘，宽四肘，幔子都要一样的尺寸。"

④ 参见《创世记问答》iv.154。

[88] 祂为什么说“这才成了一个帐幕”？①

有人会说：“这位神学大师难道不知道多不是一吗？尤其是你说过，一座帐幕由十幅幔子组成，而不是许多帐幕由十幅幔子组成。”所以，帐幕是一，是一个更加稳定的印记，表示地上事物的统一，不是吗？尽管土与水不同、水与气不同、气与火不同、火与它们各自不同，然而它们全都适宜采用一种决定了的形式。从如此之多的事物中得以完善的东西应当是一，这是很自然的，尤其是元素之间的相互交换清楚地证明了它们的共同本性。

[89]“板腰间的中闩要从这一头通到那一头”②，这话是什么意思？

在这堵单墙的中间有一道闩，介于二十个柱子之间，把它们连接在一起。祂用“中闩”来表示必然的、在天上照料各种事物的圣道。通过它们，把所有事物联系在一起，成为一个不可分割的整体。

[90]“你要照着在山上指示你的样式立起帐幕”，这话是什么意思？③

通过说出“要照着在山上指示你的样式立起帐幕”，祂再次说明这个型相的范式方面的本质。但是，这位先知在那里没有看到任何有形体的事物，他看到的东西全都是无形体的。说这个帐幕就立在他们面前，这是因为地上的事物已经被赋予较低的位置，但它们再次被提升，竖立在圣道之上，因为神圣的道是万物安全的基础和“中闩”。你难道没有看见土和水被神圣的道用全智的技艺和最完善的方法捆绑在一起吗，就好像在所有气和火中间，天穹包围着土和水，它们不是固定的，而是相互联系在一起的？

[91] 什么是“幔子”？④

帐幕的内部和外部可以用幔子隔开，因为帐幕内部是真正神圣的，而帐幕外部尽管也是神圣的，但不包含帐幕内部那样的或与之相同的本性。还

---

① 《出埃及记》26∶6。“又要作五十个金钩，用钩使幔子相连，这才成了一个帐幕。”

② 《出埃及记》26∶28。

③ 《出埃及记》26∶30。“要照着在山上指示你的样式立起帐幕。”

④ 《出埃及记》26∶31。“你要用蓝色，紫色，朱红色线，和捻的细麻织幔子，以巧匠的手工绣上基路伯。”

有，幔子表示地上这个世界的组成部分是可变的，它的方向在发生变化，而天上的区域是不变的，没有什么过渡的事情。幔子表示这些事情如何发生、如何相分离，因为以太和气实质上就是一种遮蔽。

[92] 祂为什么要吩咐使用“蓝色线、紫色线、朱红色线、细麻捻的线”织幔子？①

正如祂吩咐要用四种材料编织帐幕的十幅幔子，所以祂也吩咐要用这些材料编织遮蔽物。幔子在一定意义上就是遮蔽物，尽管它们并非悬挂于入口处，而是设于整个帐幕。如我所说，它们是四元素的标记和象征。

[93] 祂为什么要吩咐把幔子挂在帐幕的四根柱子上？②

四根柱子造就为立体的，但在帐幕中，每样东西都是有形体的事物的象征，而无形体的事物建立在四维之上。点的形成秩序与一维相一致，线与二维相一致，面与三维相一致，立体与四维相一致，无形体事物的实在建立在四维之上。或者说，依据立体画出理智的进展过程，你会被引向感性的形式，就如在这座帐幕里可见的柱子共有五十根，省去两根隐藏在角落里的。它们的权能就是直角三角形的权能。

[94] “你要用这幔子将圣所和至圣所隔开”，这话是什么意思？③

我已经说过，帐幕的神圣部分可以归类为可感的天穹，而它的内在部分被称做至圣所，可以归类为理智的世界。无形体的世界是由作为中介的道确立的，它像一个遮蔽物，把无形体的世界与可见的世界区分开来。那么道不是四个一组的吗，通过它产生有形体的立方体？帐幕的神圣部分可以归类为不可见的理智世界，而帐幕的其他部分可以划分为三个，与感性事物相连，所以在它们之间有些事物马上就是不可见的和可见的实在。

---

① 《出埃及记》26：31。

② 《出埃及记》26：32。“要把幔子挂在四根包金的皂荚木柱子上，柱子上当有金钩，柱子安在四个带卯的银座上。”

③ 《出埃及记》26：33。“要使幔子垂在钩子下，把法柜抬进幔子内，这幔子要将圣所和至圣所隔开。”

[95] 祂为什么吩咐把桌子和灯台安在帐幕的外面？①

我在前面已经说明祂用桌子表示可感的实体，用灯台表示可感的天空。它们被安放在遮蔽物的外面，因为里面的事物是不可见的、理智的，而那些比较外面的事物是可见的、可感的。

[96] 祂为什么把挂在外面的东西称做“门帘”，而不是称做“幔子”，就如挂在里面的东西一样？②

因为这些在圣地里面的事物都倾向于是无形体的事物，它们有翅膀，会向上飞升，所以它们的实在接近神。现在这个遮蔽物就是从“张开的翅膀”派生而来的。其次，它与外面的可感事物有近亲关系，可以正确地被称做“遮蔽物”，可感的事物几乎很难一直向上飞升，因为它确实没有无形体事物那样的翅膀，以同样的方式，作为被遮蔽的东西，对它的理解是不清晰的。情况难道不是这样吗？每一可感事物都经历过彻底的感觉，感觉是不稳定的，与错误信念相连，而理智与理性相连，心灵则是绝对无误的，是知识的朋友。

[97]“帘子”为什么要放在五根柱子上？③

祂极好地、仔细地把“五”指定给第二样遮蔽物，因为帐幕的这个部分朝着可感实体的方向。“五”是表示感性的数字。但祂指定给前者和内部的数字是“四”，如我所说，因为它涉及无形体的事物，而无形体的事物终结于“四”。

[98] 祂为什么要把这座坛称做“祭坛”？④

---

① 《出埃及记》26∶35。“把桌子安在幔子外帐幕的北面，把灯台安在帐幕的南面，彼此相对。”

② 《出埃及记》26∶36。“你要拿蓝色，紫色，朱红色线，和捻的细麻，用绣花的手工织帐幕的门帘。”

③ 《出埃及记》26∶37。“要用皂荚木为帘子作五根柱子，用金子包裹。柱子上当有金钩，又要为柱子用铜铸造五个带卯的座。”

④ 祭坛（θυσιατήριον）。《出埃及记》27∶1。“你要用皂荚木作坛。这坛要四方的，长五肘，宽五肘，高三肘。”

因为只有这座坛不会消耗牺牲，而是保存它们。烈火烧毁血肉，但牺牲的圣洁保留下来，因为牺牲不是血肉，而是神圣者纯洁无染的生命。

[99] 这座坛为什么是四方的，长和宽都是五肘？①

这是因为，这座坛用于奉献可感的、血腥的牺牲，而如我前述，五是表示可感事物这个类别的数字。其次，它的长度和宽度是一样的，因为所有供品均由虔诚的心奉献，无论是一百头公牛，还是只有面饼。神既不会喜欢面饼，也不会厌恶贫穷。再次，四边形是这样一个事实的象征，献祭者应当在各处站稳，不能有任何不足，或者在灵魂上是跛足的，而是拥有健全的理性，为健全的生活献上感恩祭。

[100] 这座坛为什么高三肘？②

这句话的字面意思涉及几位祭司的事奉，他们站在坚实的基础上，可以轻易地履行职责而隐匿他们的肚腹，因为欲望这个多头的野兽在远处围困着心，而愤怒这个邪恶的顾问使心可以比头部优越。头部是心灵的神庙，思想安居其中，感觉在那里事奉。至于更深的含义，三个一组是一种三层结构，它是一个完全数，没有虚空，充满了某些东西，而在二联体中分开。所以，祂以此象征性地说明奉献的灵魂的高度，认为它是完全充满的、拥挤的，它本身虽然没有任何空虚之处，但可以接受某些邪恶或情欲的行为。不过需要记住祭坛的尺寸会增加，五乘五乘三得七十五，这些事情我们以前已经说过了。③

[101] 这座坛为什么有角，这些角不是附加的，而是与坛连接在一起？④

这是因为，用任何无角的动物进行献祭都是不恰当的，无论是作供品，还是当别的用。因此，用作供品奉献的牺牲有以下三类：绵羊、公牛、山羊。除此之外，还有七种动物可以当食物：瞪羚（小羚羊）、鹿、野山羊、

---

① 《出埃及记》27：1。

② 《出埃及记》27：1。

③ 可能在斐洛已经佚失的著作中，现存著作没有讨论过七十五。

④ 《出埃及记》27：2。“要在坛的四拐角上作四个角，与坛接连一块，用铜把坛包裹。”

水牛、白臀羚羊、大羚羊、长颈鹿；它们都有角。祂希望指定这些动物当食物，但不能用它们来献祭，尽管它们与那些献祭用的牺牲相似。因此那些需要使用它们的人不能用它们来献祭。其次，祭坛的角向四边倾斜，面朝四方，朝东，朝西，朝南，朝北，因为世界各地的人全都应当把它们初生的果实和新的供品送到这个祭坛上来，把牺牲献给神，世界之父。再次，这也是一种象征，祂把角赐给那些长角的动物作为防御的武器。正如献祭用的动物，亦即绵羊、公牛和山羊，用角抵御它们的敌人，所以祂也希望制止不虔诚的人献祭，通过圣言的教导来反对和制止真理的敌人，就好像用角刺向每一个灵魂，使之赤身裸体，显示出前不久藏匿的不洁和卑劣的行为。由于这些原因，这些角不是从外面放到坛上去的，而是按照祂的吩咐，与祭坛本身连成一体，因为献祭用的牺牲自身也有角。

[102] 祂为什么吩咐坛上一切器具都要用铜制作？①

这座坛是一座供奉血腥牺牲的祭坛，因为人们既奉献牺牲，又奉献初生果实来表示感恩；他们奉献新粮和面粉、酒和油，用它们来和面，还献上一筐果子。所有这些东西都属于铜的和铁的种类。因为金属于无形体的和理智的事物，银属于可感的天穹，青铜属于属土的事物，战争由此而生。因为在古代，青铜是制造战争武器的质料。荷马在他有关特洛伊战争的史诗中确实说过这一点，诗中人物在有铁器之前使用青铜武器。

[103] 祂为什么吩咐点灯要用清橄榄油？②

祂规定，把任何外国的东西带到圣地附近来是不合适的，祂把其他种类的油当做外国产的，也就是芝麻油、枣椰树油、其他干果榨的油。因此，如名称所示，橄榄榨的油是最合适、最自然的。“油”③ 这个名称可用来指称各

---

① 《出埃及记》27：3。“要作盆，收去坛上的灰，又作铲子，盘子，肉锸子，火鼎，坛上一切的器具都用铜作。”

② 《出埃及记》27：20。“你要吩咐以色列人，把那为点灯捣成的清橄榄油拿来给你，使灯常常点着。”

③ 油（ἐλαιῶν），这个词源于油橄榄（ἐλαια）。

种油，这个词从“油橄榄”派生而来，橄榄油是它的真正含义。其次，尽管掺入杂质的各种油被归为橄榄油，但橄榄油本身是独特的，因为橄榄在榨油的时候没有掺和其他东西，就好像葡萄在制酒的时候那样。还有，祂说“没有沉积物”说得好极了，这里的准备工作就是精选材料，清橄榄油适宜在圣地使用，圣地上的一切应当是光芒闪耀的，特别是点灯用的油，因为它具有各种纯粹的实在，并且没有沉积物。在现存事物中还能发现什么东西比光更精致、更明亮？还有，它照亮其他事物，但首先照亮它自己。你已经有了字面含义。但是光的象征意义是智慧，通过智慧可以知道一切事物的本性，而橄榄油是智慧的材料和准备。这样的准备有数学、几何、音乐、学校里的学习、哲学的追求，还有首要的，有道德的人的训导，这些事物都没有什么沉积物。

［104］祂为什么吩咐要“从晚上到早晨”点灯？①

祂这样做不是为了给那些在圣所里的人照明——因为有谁会在幔子内的圣所里呢？没有人会待在里面——而是为了用灯来象征放射光芒的星辰。星辰从晚上到早晨闪耀光芒，为整个世界提供必要的事奉。祂认为这样做是合适的，点灯象征天体，它们从晚上到早晨组成一个合唱队。

［105］祂为什么吩咐亚伦和他的儿子点灯？②

摩西说神和先知之灵凭附在亚伦身上，所以他责备和羞辱在他后面的大祭司，说他懒散，因为大祭司否认神把神圣的事奉托付给第二位和第三位助手，他这样否认是因为他自己没有感受到履行各种事奉时的无法形容的快乐。没有什么事情能比给神当仆人更加愉快、更加快乐、更加适宜、更加高尚，给神当仆人超过当最伟大的国王。在我看来，那些早先的国王似乎同时又是大祭司，他们的行为表明，统治其他人的人自己应当成为事奉神的仆人。

---

① 《出埃及记》27：21。“在会幕中法柜前的幔外，亚伦和他的儿子，从晚上到早晨，要在耶和华面前经理这灯。这要作以色列人世世代代永远的定例。”

② 《出埃及记》27：21。

[106] 祂为什么说他们要在“法柜前的幔外点灯”? ①

那些在幔子内的事物是无形体的、理智的，不需要可感的灯光，因为它们自身是它们自己的灯，是比那些能够看见的星辰更加明亮的星辰，不是吗?但是，祂把幔子内的那个东西称做“约”，象征唯一真实的神的约，而那些人手写的契约与此相似，神的约本身也是永久的、安全的。它是一切事物的共同尺度，是型相和理智的形式。现在，外在的事物也是安全的了，但它们安全的方式仍旧不同，因为它们拥有可感的、可变的本性，它们自身没有无形体事物那样的永久性，它们具有外在的束缚，有些事物本身完全是永久的，而其他一些事物在经历了很长时期以后会化解。

[107] 祂为什么说他们要以为大祭司作圣衣为荣耀? ②

这里说的圣衣是长到脚踝的华美的袍子，而不是亚麻布的衣服，因为穿亚麻布的衣服不是为了荣耀，而是为了更大的、更完善的荣耀。进入至圣所的时候，他穿着亚麻布的衣服，而当他在可感世界当着凡人的面履行祭仪时，他穿着长到脚踝的袍子，在凡人中间，贵重的东西被认为是荣耀的。然而，真正荣耀的东西是不整洁、不美丽、天然的，这样的东西被天父视为荣耀的。不过，荣耀和光荣有区别吗?荣耀是凡人赞扬的，而光荣是那些真正最光荣的人接受的;最光荣的事情是神圣的事情，所以当大祭司穿着长到脚踝的袍子做好准备时，他参与了两件事情，亦即在神面前拥有尊严和被凡人满意地接受。这就是字面含义。但它还有更加深层的含义。长到脚踝的袍子表示它用多种质料织成。但是“荣耀”，如古谚所说，是一种错误的意见，而不确定的意见本身就是不完善的。但若意见与真理相混合，它就变成真意见，意见在这里被转化为光荣的东西。因此，祂希望说明恶人的生命属于意见，由虚假的意见主宰，依附于虚假的意见，而贤人的生命，真正的大祭司的生命，是光荣的，因为它是真理的产物，凭借真理，他改变和接受虚假的

---

① 《出埃及记》27:21。

② 《出埃及记》28:2。“你要给你哥哥亚伦作圣衣为荣耀，为华美。”

东西，使之进入他的较好的本性。

[108] 为什么要有两条肩带连接两头？[①]

肩带表示需要严肃的劳动，因为肩带是圣衣的一部分，神圣的事物是严肃的。劳动有两种形式：一种是令神喜悦的意愿，是虔诚的意愿；另一种是对凡人行善，被称做善良和仁爱。因此他鼓励我们要献身于各种劳动。这位神学家希望我们知道这两件事情，为的是那些在另一处说过的事情能够通过行动来确认，亦即“你与神与人较力，都得了胜”[②]。但是，这两条肩带必须一条在右边，一条在左边。右边的一条有它的位置，由于令神喜悦的缘故，这是一项值得热心参与的劳动；而左边的一条也有它的位置，为的是对凡人有帮助的，与他们的仁慈思想有关。

[109] 上面刻有十二位以色列族长名字的两块红玛瑙是什么？[③]

两块宝石象征两个半球，一个在大地之上，一个在大地之下，各有六块印记。作为这个说法的证据，有三件事情要讲。一是它们的形状，因为石头是圆的，就像半球是圆的。二是它们的颜色，因为绿宝石与天空的颜色相仿。三是刻在宝石上的名字的数量，因为每个半球各有六个黄道十二宫的区域，有些在大地之上，有些在大地之下，黄道十二宫的一半是放光的。祂正确地把铭文称做“印记”，因为所有位于黄道十二宫的不动的星辰是型相和型相的印记，而地上的物体是运动的。

[110] 什么是胸牌[④]？祂为什么称胸牌为“决断”？为什么要用和肩带一样的方法制作胸牌？[⑤]

如这个名称所示，它是圣道的象征。圣道有两个意思：一个意思是在自

---

① 《出埃及记》28：7。“以弗得当有两条肩带，接上两头，使它相连。”

② 《出埃及记》32：28。“你与神与人较力，都得了胜。”

③ 《出埃及记》28：9—10。“要取两块红玛瑙，在上面刻以色列儿子的名字，六个名字在这块宝石上，六个名字在那块宝石上，都照他们生来的次序。”斐洛把红玛瑙写作绿宝石。

④ 胸牌（λόγιον），用布料缝制的圣衣的饰物。

⑤ 《出埃及记》28：15。“你要用巧匠的手工作一个决断的胸牌。要和以弗得一样的作法，用金线和蓝色，紫色，朱红色线，并捻的细麻作成。”

然的思想中发现的道，另一个意思是“说话”。它是判断的原则，因为每个事物都由圣道和理性来决定，来区别，依据存在于自然思想中的道，不同话语的道发出声音。还有，最卓越的是，它的工艺是“和肩带一样的做法”，一个人必须用行为来完成他的话语，就好像使二者一致，因为一切无工艺的事物是不完善的、跛足的。

[111] 胸牌为什么是四方的，迭为两层，长和宽都是一虎口？①

胸牌之所以是两层的，首先，因为它有两个道：一个道在天然的思想中，拥有跳跃的活力；另一个道在说话中，是一种流射。后者是两重的：一部分倾向于真理；一部分倾向于虚假。其次，它之所以是两层的，乃是因为心灵观看两种对象：神圣的对象和凡人的对象。声音试图借助二者来修饰自己，也对二者作出解释。胸牌是四方的，这是一个象征性的说法，因为道在各个方面都应当是稳定的、不动的，无论是在思想上，还是在使用舌头和嘴巴的解释中。它的长度是一虎口，它的宽度也是一虎口，这是因为一虎口是一肘的六分之一，一肘相当于六虎口，所以它的长度和宽度都是六分之一肘。这个象征给出了这种形像。心灵是一，是不同理智的统一者，就好像这些相同事物的和谐。说话的道是一，它也是不同理智的统一者，亦即把字母变成音节，把音节变成语词，把许多语词变成作品和长篇演讲。天然的联系把这些有着巨大不同的事物聚集在一起。心灵也有长度和宽度，因为它在理解中延伸到所有理智，正如语言有两个维度，按照说出来的语词，心灵的长度和宽度也得到扩张。

[112] 胸牌上为什么镶有四行宝石，每行有三颗？②

四行表示一年四季，各由一种元素构成。三颗宝石象征三个月份，以此划分季节。因为黄道十二宫由十二个星座组成，每年划分为四个季节，旋转

① 《出埃及记》28：16。“这胸牌要四方的，迭为两层，长一虎口，宽一虎口。”

② 《出埃及记》28：17—20。“要在上面镶宝石四行，第一行是红宝石，红璧玺，红玉，第二行是绿宝石，蓝宝石，金钢石，第三行是紫玛瑙，白玛瑙，紫晶，第四行是水苍玉，红玛瑙，碧玉。这都要镶在金槽中。”

的太阳穿过三个星座，产生一个季节。这里也有一种质地，因为所有季节都尽快地趋向于一个终点，就好像所有季节的圆满，它们交织在一起，由此完成一年。这个段落也包含对某些品性的描述。四美德中的每一美德都由三样东西中的一种元素构成，亦即习惯、拥有的事物、拥有，以感觉为例，比如视觉、被看见的事物、观看，还有听觉、听到的事物、聆听。同理，还有知识、被知的事物、知道，又如节制、被节制的事情、进行节制。还有勇敢、勇敢地完成了的事情、拥有勇敢，更常见的是称之为“男子汉气概”。这也可用于公义、公义的行为、拥有公义，被称做“公义地行事”。

[113] 为什么每一行宝石都要镶在金槽中？①

这四行就这样构成了黄道十二宫里的一年四季。每一行都有以太围绕，分成三个部分，并且把它们相互之间再次关联在一起。接近终点的时候，不仅这些星辰相互胶着，而且这些季节也是这样，一个结束，另一个开始，但如我所说，它们之间有一个间隙，由清晰纯粹的以太把它们隔开，以太围绕着这三个月，把它们镶在金槽里，以太也像金子一样，是一种宝贵的实在。

[114] 为什么这些宝石都要按照支派首领的名字刻上支派的名字？②

由于十二块宝石代表黄道十二宫里的十二只动物，是十二位支派首领的象征，祂把他们的名字刻在宝石上，希望把他们变成星辰，在一定意义上，给每位支派首领分配一个星座，或者倒不如说，使每位支派首领本人变成了一个星座和天体，为的是让这些支派首领不会像其他凡人那样在大地上漫游，而是变成天上的行星，在以太中运动，在那里确立。祂说他们的名字是“印章”（图书），也就是某样不变的东西，始终保持原样。正如印章用它的图样给许多实体盖印，但其自身始终不变，在把它的图样与其他事物分享的时候，它不受其他任何事物的影响，所以祂认为应当使每位族长不朽，成为一个理想的型相，使他永恒，使他在变化和运动中不受任

① 《出埃及记》28：20。

② 《出埃及记》28： 21。“这些宝石都要按着以色列十二个儿子的名字，仿佛刻图书，刻十二个支派的名字。”

何偶然性的影响，强化与部落相仿的美德，把这些美德分配给这个民族的各个等级。

[115] 大祭司进到至圣所时，他戴的胸牌为什么刻有名字？①

胸是心的位置，愤怒居住在胸中，愤怒特别需要理性的控制和指引。没有控制者和指引者，随处会产生愤怒，灵魂会像没有压舱石的船一样遭受狂风暴雨，上下颠簸，在大海中倾覆。还有，出于关心和提醒，祂不说胸牌始终在他胸前，而只是说他在进到至圣所时要戴在胸前。因为圣地是虔诚圣洁之处，是各种美德汇聚之处，心灵抵达这里的时候，也能获得完全的理性，控制和指引灵魂，约束情欲，尤其是约束愤怒，愤怒习惯上是最倔强的激情。

[116] 为什么把启示和真理放在胸牌上？②

因为它的理性是双层的，一层居住在思想里，另一层居住在说话和显现中。祂正确地给它们分派了两种美德，一层分派一个，亦即把真理分派给在思想中的理性形式，把启示分派给说话。有美德的人的心灵一定不要把任何事物考虑为比真理更加合适的或者更加相关的，一个人必须努力发现真理，而语言没有比清晰地揭示要说明的对象更大的需要。

[117] 为什么这件全蓝的袍子被称做"内袍"？③

他们说，这是因为这件全蓝的圣衣象征气，而气几乎是全黑的，可以正确地称这件圣衣为"内袍"，它在外袍之下，外袍覆盖了他的胸部，而气位于天穹和以太之下。不过，这位神学家喻意解释他的哲学信念令我感到惊讶，赞叹不已。他把整个天空比做胸，因此在他的叙述中，两块蓝宝石安在大祭司的肩带上，装饰他的胸部，他的胸牌上缀了十二颗宝石，一共四排，每排三颗。现在，他用第二件被称做"内袍"的蓝色长袍来表示气，用其他

① 《出埃及记》28 : 30。"又要将乌陵和土明放在决断的胸牌里，亚伦进到耶和华面前的时候，要戴在胸前，在耶和华面前常将以色列人的决断牌戴在胸前。"

② 《出埃及记》28 : 30。

③ 《出埃及记》28 : 31。"你要作以弗得的外袍，颜色全是蓝的。"

部分来表示土和水。不过，有些人会说：“哦，神学家啊，这个世界的头在什么地方？教教我们吧，因为你告诉我们这个世界有胸，你说胸就像天空。”在我看来，他似乎会对这个问题保持沉默，因为对不愚蠢的人来说这个问题很明白，他只是不愿意用有序的思想来帮助他们的心灵。然而，要是有人感到理解过于沉重，那就让他聆听吧。万物之首就是永恒的神的永恒的道，就好像在神的下面是祂的脚或其他肢体，在道的下面是整个世界，祂就经过这个世界坚定地站在这个世界之上。现在，不是由于救世主是主人，祂经过或者坐在这个世界之上，祂的座位与祂的父亲和神的座位在一起，而是由于这个完善的世界需要最有序的天命的照料和指挥，因为祂自身是完全虔诚的，神圣的道是这个世界的头，正如生灵需要一个头，没有头它就不可能活着。

[118]为什么这件长袍的中间要留一领口，周围织出领边，免得破裂？①

有些元素生来就是重的，比如土和水，有些元素生来就是轻的，比如气和火。因此，从一开始，拥有重的气被安放在水旁边。由于重与轻相反，所以会有一种元素担心忍受另一种元素的压迫，如果出现这种障碍，这个世界就会不和谐，不统一。由于这个原因，中间区域需要有一个合适的开口，以神圣的道为调停者，它是对一切事物最强大、最稳定的约束，它能够把宇宙的组成部分及其对立面编织在一起，用力使这些事物趋于统一，相互联系，相互爱护，而他们的本性是极为对立的。还有，这段话也表现出对品性的描述，织领边是一项繁重的工作，要织得非常密实，而他认为应当把口子开在中间。现在，嘴是两样东西的器官，亦即食物和语言。如柏拉图所说，人有一个可朽事物的入口，亦即食物的入口，而语言是不朽的事物，嘴是它的出口。两项功能必须以这样的方式实施，它们不能忍受破裂，这是暴饮暴食者和胡说八道者会发生的事情，出于多话和饶舌，他们在某种意义上说出了本应保持沉默的事情，把那些不适合听的东西倾倒在别人的耳朵里。而那些嗜

① 《出埃及记》28：32。“袍上要为头留一领口，口的周围织出领边来，仿佛铠甲的领口，免得破裂。”

酒如命和放纵情欲的人尽管会打嗝，但他们的欲望永远不能满足。他劝告那些学习哲学的人与他一道约束自己的肚皮和嘴巴。

[119] 祂为什么吩咐要在这个袍子的底边上系上石榴形的花边？①

这件内袍是深蓝色的，就像天空的颜色。由于水低于气，所以把石榴形的花边安在袍子的底边上是正确的，花边（ῥόα）这个名称之所以得名，源于"流动"（ῥεῖν）、"流动的"（ῥύσις）。嗯，要说最主要的流动的液体是什么，除了水还能是什么呢？

[120] 祂为什么要在袍子周围的底边上系上铃铛和石榴形的流苏？②

在前面的段落中，祂用肩带和胸上的东西表示天空，称这些东西为胸饰，祂用深蓝色的袍子来表示较低的区域，亦即气；然后是水，位于气的下方，用石榴形的花边来表示。然而，除了石榴形的花边以外，祂还提到了花，用花来表示土，因为开花的事物都是从土里生长出来的。铃铛位于石榴形的流苏和花之间，表示这些元素的和谐共存。因为，这个世界若不能产生和谐的混合，使各种声音交相呼应，就好像一个合唱队在歌唱，那么这个世界就不能完善。不过，由于有四种元素，所以祂慎重地加以谈论，把铃铛与火和气区别开来，因为灵魂的运动只能源于自身，这是人们普遍同意的，尤其是那些斯多亚学派的哲学家。但是土和水可以统一，因为土和水本身都是这个世界的物体。嗯，物体本身是无知的、不运动的，需要有圣道，通过音乐的技艺，把物体转变和接纳到万物的和谐与统一之中去。

[121] 什么是"精金的牌子"？③

树叶有精美的结构，但缺乏厚度，所以显得像一个平面。嗯，平面是无实体的。如果它被称做叶子不是由于"飞"，那么它可以象征无形体的事物

---

① 《出埃及记》28：33。"袍子周围底边上要用蓝色，紫色，朱红色线作石榴。在袍子周围的石榴中间要有金铃铛。"

② 《出埃及记》28：34。"一个金铃铛一个石榴，一个金铃铛一个石榴，在袍子周围的底边上。"

③ 《出埃及记》28：36。"你要用精金作一面牌，在上面按刻图书之法刻着'归耶和华为圣'。"

和实体的理智形式吗？那些生来向上的事物会变为长翅膀的，但决不会转变为向下的。因此，祂也称之为“纯粹的”（精的），因为它是不混合的、明亮的，可感的事物是由许多东西混在一起的混合物。编织在一起的事物的型相原先相互之间并不结合，它具有纯洁性，就像羔羊。

[122] 祂为什么说，“你要在牌上刻上‘归主为圣’”？①

无形体的、理智的实在本身应当是无印记的，没有形状，但却被永恒存在的“元一”的圣道型塑为一枚印章，这样做使祂喜悦。因此，祂极好地把印章说成“印记”，因为在它们身上部分呈现出类型拥有的印记。但是圣道建立在所有物体之上，是无形体的，圣道不是祂给物体留下印象，而是祂被物体留下印象，因为对所有实体而言，祂是外在的，对所有有形体和无形体的元素而言，祂是外在的。

[123] 为什么牌子要系在蓝色的袍子上？②

这是因为，深蓝色的袍子几乎就是黑色的，黑色是墨水的颜色，是不透明的。但是，型相是不可见的，这个牌子是型相的象征，因为它是不可见的和理智的事物的实在。

[124] 为什么这牌子要放在亚伦的额上，而不是放在他的头上？③

头是头发、皮肤、骨头的集合物，而脑的位置在额头。嗯，这位神学家说心灵拥有主权的部分居住在脑部。由于这个原因，灵魂的主要部分和拥有主权的部分在头的前部，心灵和理性被分配到这里，这块牌子安放在这里，作为理智实在的象征，作为圣道的相似物，作为一枚印章，亦即型相之型相。

---

① 《出埃及记》28：36。

② 《出埃及记》28：37。“要用一条蓝细带子将牌系在冠冕的前面。”

③ 《出埃及记》28：38。“这牌必在亚伦的额上，亚伦要担当干犯圣物条例的罪孽，这圣物是以色列人在一切的圣礼物上所分别为圣的。这牌要常在他的额上，使他们可以在耶和华面前蒙悦纳。”

论 动 物

提 要

本文的拉丁文标题为“De Animalibus”，英译者将本文标题译为“On Animal”，缩略语为“Anim.”。中文标题定为“论动物”。

本文原用希腊文写成，写作时间约为公元50年。到了公元6世纪下半叶，本文有了亚兰文译本。保存至今的有亚兰文本和四节希腊文残篇。现存该文手抄本28种。现代学者巴塞尔大学的亚伯拉罕·特里安（A.Terian）断定这些手抄本均出自一个原本。

近代西方学者奥切尔（J. B. Aucher）于1822年编辑出版了本文的拉丁文译本。奥切尔追随欧西庇乌引用的希腊文标题，将本文标题定为“不会说话的动物是否拥有理智”。现代学者亚伯拉罕·特里安诠释了本文（Terian, A., Philonis Alexandrini De Animalibus: The Armenian Text with an Introduction, Translation, and Commentary, Studies in Hellenistic Judaism, Supplements to Studia Philonica 1, Chico: Scholars Press, 1981.），并提供了一个英文译本（见该书67—108页）。原文分为100节（section），译成中文约2.1万字。

文章采用对话形式。对话人有斐洛和他的侄儿吕西玛库（Lysimachus）。对话中提到的亚历山大（Alexander）是吕西玛库的舅舅和岳父。本文的内容属于自然哲学。斐洛在文中引用的思想主要来自斯多亚，同时也借鉴了柏拉图对话《斐德罗篇》。

全文可分为两部分：

第一部分（1—71节）。亚历山大写了一篇文章，讨论动物有没有理智。斐洛朗读了这篇文章。亚历山大在文中论证说：不仅人拥有理智，不会讲话的动物也拥有理智（1节）。父亲关心孩子，卫士照料孤儿，男人保护女人，这些不仅适用于人类，而且也适用于所有动物（10节）。理智是一切存在者最优秀的部分，动物尽管没有分到理智，但它们盗用了理智（11节）。理智有两种：一种是位于心灵的理智，另一种是说话的理智。这两种理智在动物身上显得不完善，但它们无论如何是存在的（12节）。许多动物会说话（13—16节）。蜘蛛擅长谋划，用娴熟的技艺勤奋地织造蜘蛛网（17节）。蜜蜂筑巢、燕子造窝、猴子演戏、小鹿走火圈、大象跳舞，表明动物有理智（20—28节）。许多动物拥有智慧、知识、敏锐的目光、卓越的预见（30—40节）。许多动物的心灵能够推理（41—46节）。动物拥有自制、勇敢、荣誉、正义等美德（47—65节）。但是，动物也拥有愚蠢、纵欲、胆怯、不正义等邪恶（66—71节）。

第二部分（72—100节）。斐洛驳斥亚历山大的论证。斐洛说，我本人接受过这方面的教育，很容易理解这些事情（72—76节）。动物做某些工作既不凭借工具或技艺，也不依靠内在的理智（77—78节）。植物枝繁叶茂、开花结果，靠的是本性（79节）。鹧鸪逃离老鹰、蛤被触碰变得僵硬、公牛打斗、蝎子使用毒螯、蛇使用毒液，这些都是它们的本性所使然（80节）。老鼠钻洞是本性所使然，而不是预见在起作用（81节）。动物不会欺骗，因为欺骗是一种理智（82—83节）。动物不会使用推论（84节）。动物不分有理智，不理解神、宇宙、律法等等事务（85节）。动物在本性的召唤下追求天然的德性，使人误以为动物拥有和人相似的美德和邪恶（86—93节）。动物不具有疏离和合作这样的理智行为（94—95节）。动物的许多行为都是无意识的，并非出于理智的推动（96节）。动物做许多事情并未经过理智的思考（97节）。动物不能发出音节分明的声音，它们的声音不是真正概念的表达（98—99节）。我们不能把动物提升到人的水平。认为动物拥有理智，这是对拥有最优秀禀赋的人的侮辱（100节）。

正 文

[1] 斐洛：吕西玛库，你记得我们的[①] 侄儿亚历山大最近引用过的论证，拥有理智的不仅有人，而且还有不会讲话的动物。

[2] 吕西玛库：尊敬的斐洛，从那个时候起，有人三次公开而又友好地向这位谈话者提出某些不同的意见，他是我的舅舅，也是我的岳父。你不会不知道，他的女儿已经跟我订婚了。要让我们重新讨论这个冗长的、困难的、令人疲乏的主题，对我没有什么吸引力，因为对它的解释是荒唐的，显然歪曲证据，影响了我们清晰的视线。

[3] 斐洛：关于那些重大的论断，大家都会赞成要仔细聆听，因为没有其他什么事情能比批判性地考察所强调的学说能对学问有如此重大的帮助。要是他真的希望继续学习，那么他不会允许自己分心去关注其他事务。所以，告诉我，他为什么丢下他的其他事务，用这些专门用来给耳朵挠痒痒的话语自娱自乐？对那个先前已经放弃礼貌的人来说，这样的行为会被认为既不具有善意，又不恰当。因此，不要预想你的要求会得到特别有意义的回应。你的要求几乎不能得到满足。

[4] 吕西玛库：斐洛，他拥有的东西不就是理智吗？想到亲友、阶层、社团、国家，你不会不明白有多少事情与此相关。

[5] 斐洛：我知道你对这些事情感兴趣，因为你确实总是在渴望聆听新鲜事物，所以我要开始谈论这件事情了，希望你能保持安静，不要老是打断我的讲话，进行强有力的评论。

[6] 吕西玛库：这样的限制是不合理的。但是为了便于寻求指导，我必须服从你的命令。所以，我就安静地坐在这里，恢复我的谦恭，这对一名学

① 这里使用复数人称代词“我们的”，表示礼貌。亚历山大是斐洛的侄儿，是吕西玛库的舅舅和岳父。参见本文第 2 节、第 72 节、第 75 节。

生来说是适宜的；而你就高贵地坐在我前面的平台上吧，做好准备，可敬而又博学地教你的学说。

[7] 斐洛：我是要开始解释，但我不会教，因为我是一名解释者，不是一名教师。那些教的人把他们自己的知识传授给其他人，而那些解释者通过准确回忆从别人那里听来的事情来进行解释。不过，对少数亚历山大里亚人和罗马人他们不会这样做——杰出的或者卓越的，拥有特权的上层精英，那些音乐或其他学问中的佼佼者——他们聚集在某个特定的地方。

[8] 这位年轻人[①] 表现出一种恭敬的品性，但没有今天某些人持有的过分自信，而是一种最谦虚的自由民的自信——甚至是自由民的后代。他坐下来，部分是为了他自己的教导，部分是由于延续他父亲的品性和不断受到敦促。

[9] 稍后，有一名奴仆被打发去附近的一个地方，取来一份抄本。斐洛拿过抄本来朗读。下面就是亚历山大的这篇文章：

[10] 做父亲的关心幼小的孩子，卫士有照料孤儿的责任，男人要保护女人，为了适应未来的需要，这些都是最基本的。能提供帮助的人决不应当犹豫不决。上面说的这些事情就是要弥补相互之间的弱点，这一点不仅适用于全人类，而且也适用于所有动物。我并非不明白自私是一种普遍的恶，会导致真理的知识之光的湮灭，它会顺着蜿蜒的道路进入灵魂，撕裂灵魂拥有主权的部分。还有，那些厌恶接受教导的人讨厌这样的讲话，会对它感到厌倦。而我们学习智慧，洗涤污垢，用纯洁的心灵追随纯洁的真理，这是神从未赐予人的最宝贵的财产。

[11] 正如男人忽视女人的软弱——这在每个社团都是共同的，无论是战时还是平时——只注意克服自己的弱点，认为软弱的女性不适合处理国家事务，所以我认为，当人类看到所有不会讲话的动物均俯身向下，而他们自己向上直立的时候，他们就知道拥有良好品性的自己与不会说话的动物之间

---

① 指亚历山大。

有什么差别了。由于他们的心灵和身体一样得到提升，所以他们轻视这些属土的动物。理智是一切存在物中最优秀的东西，但是动物没有分到任何理智。倒不如说，它们只能在私下里盗用理智，就好像从自然得到不可收回的奖赏。但是人拥有理智，他可以驳斥谬误，否定错误的论证；由于他拥有学习能力和洞察一切的愿望，所以他能够发现真理。

[12] 然而，理智有两种：一种位于心灵，它像一道小溪从灵魂拥有主权的部分流淌出来；另一种理智是说话的理智，它在嘴唇和舌头上自然而然地盘旋，并对听觉起作用。尽管这两种理智在动物身上显得不完善，但它们无论如何是基本的要素。

[13] 不过，心灵确实要联系感觉来理解抽象的概念，而感觉又是通过聆听得来的。这一点要首先加以考虑。通过聆听和自学，许多鸟学会了发声，许多鸟被教会了说话，比如乌鸦和印度鹦鹉。我知道，在埃及亚历山大里亚，许多富有的家庭养了鹦鹉，它们能像学校里的学生那样声音洪亮地反复说话。把情人接吻的声音演示给它们，它们一旦学会，就用接吻的声音来问候，或对问候做出回应。它们是王公贵族特有的物品；它们奉承国王、皇帝、贵族，以及像他们一样的人。

[14] 它们有讲述以往的习惯，通过回忆想起古老的传言。据说马其顿的那些国王，特别是埃及的拉基德斯①，他们养的乌鸦能够惟妙惟肖地模仿人的声音，能够走上前来问候，比如说："你好，托勒密国王！"它们巧妙而又恰当地使用舌头，对其他许多鸟来说，也有可能做到这一点——甚至那些没有很好地驯化的鸟。有些声音总是引导人们相信隐秘的力量。还有，声音有两种用途：一种是讲话，一种是唱歌。关于前一种声音你已经听够了，让我们现在来考虑后一种声音。有些鸟的耳朵没有完全聋掉，但只在某个范围内发声，这样的鸟我们就没有必要讨论了。

[15] 八哥、斑鸠、燕子不仅叽叽喳喳地叫，而且总是有节奏地唱歌，

① 拉基德斯（Lagides），人名，即下文的托勒密。

这样一来就使得表演和谱写乐曲成为可能。如果有人希望通过仔细聆听来研究它们，那么他应当去周边的公园，而不要犹豫不决，因为在那里确实有所有种类会唱歌的鸟儿，它们好像在竞争，但实际上它们在一起和谐地唱歌。在那里，他肯定很快就能发现，有些人低估了那些不会说话的动物发出的声音，这些人既犯了错误，又表现得过于自私。

[16] 然而，只是冗长地谈论说话的理智，而忽视心灵里面发生的事情，又有什么用呢？这一点应当加以考察。猎人寻找野猪和狮子的踪迹而不考察与它们的理智灵魂有关的理智，这样做确实是愚蠢的。然而，有些人既非为了在林子里狩猎，又非为了寻找无生命的东西，他们进入丛林、灌木、沼泽、洞穴，观察不同种类的动物，试图发现是否只有人的心灵是按照神的样式造成的，人的心灵接受极大的荣耀而与其他动物分离，人的心灵具有明显的特点，或者说神也把同样的优势赐给所有动物。

[17] 在我看来，真理的朋友根本不涉及是否美丽，也不会无意识地承认理智能力植根于每一个被赋予灵魂的生灵之中。有些人把下面这一点当做清晰的证明。蜘蛛不是非常擅长进行各种谋划吗？你没有观察到它如何以一种令人惊讶的方式进行工作吗？因为，除了它还有谁能够如此勤奋地纺纱织布？我不是在这里讥讽，而是相比较而言。有谁在技艺方面可以名列第二？甚至可以说，所有那些从小就对技艺表现得冷漠而不刻意追求的动物，实际上都已经被它超越了。它取来一些无用的物体，就好像取来一团羊毛，用娴熟的技艺织造蜘蛛网。首先，它吐出蛛丝，就像人用手纺纱一样。然后，它神奇地织造出精妙的面纱。它十分耐心，不停地编织，它的心灵中像有一架竖琴，还有弓弦和圆形——圆形总是比直线更加持久。还有一项清晰的证据，风朝着各个方向吹来，这个时候有些东西会慢慢地堆积，但蜘蛛网几乎不会破损。

[18] 关于擅长织造的蜘蛛，还有一件事情令人感到惊讶，这就是它们拥有各种技艺。以纺纱为己任的不能织布，而以织布为己任的不能纺纱。然而，蜘蛛把它需要的所有东西都包含于自身。它以最完善的方式进行创造，

而不需要一名同伴的帮助。这是多么神奇啊！它得到的恩典不仅有从事这种技艺的能力，而且也在工具上得到满足。它自身拥有技艺和工具，可以完成各方面的工作。

[19] 尽管人们在一起合作，但若没有舵和帆，水手们就不能准确无误地驾船抵达目的地。同理，若无食物、饮水和药品，医生就不能成功地治病。这里提到的艺术家不也是这样吗？他们熟悉各种工具，也有精力，但若没有这些东西，他们就不能进行实践。尽管蜘蛛这种动物显得微不足道和无用，但它决不需要工具去织造完善的网。要完成它挑选织造的任何东西，它自身拥有装备。确实，我认识一些画家和工匠，赞赏他们努力保存他们的作品；绘画和雕塑，这些东西已经成为他们自身的一部分。有些人试图摧毁这些作品，这些人成为他们不可调解的敌人，遭到他们的仇视。蜘蛛显然也在做同样的事情。网一旦织成，蜘蛛就在网上藏匿自身，就像位于蛛网中心的一个小点，观察所有那些有可能打破蛛网的飞翔的昆虫。它小心翼翼地关注任何不期而至的东西。如果有什么事情发生，它会马上跃起，对那带来毁坏的虫子实施报复。然后它会修补破洞。

[20] 不仅农夫养蜂，而且强大的国王也养蜂。蜜蜂的理智几乎无法与人的心灵的思维能力相区别。春季里，肥沃的平原和山丘鲜花盛开，一群群蜜蜂在果园、花园、藤架、绿地上飞翔，寻找麝香草的花蕾和一般称做忍冬的几种葡萄，吮吸甜美的花蜜，汲取蜜露。依靠身体的制造机能，它们把蜜露转换成蜂蜜。转变的方式是这样的：蜜蜂得到蜜露，就好像蜜露与它是同一种物体，它变得饱足，急着要把蜜露排出体外，但又不浪费这些东西。(但是建造蜂巢需要人的帮助，因为蜜蜂消费的东西是神赐的，是大地的产物，这对植物和动物来说都一样。）排泄的时候，蜜蜂就在制造结实的蜂巢，大小适中，相当坚硬。这种动物的双重结构具有双重意义：一重结构是蜡，就像构成身体的物体；还有一重是蜜，就像居住在身体里的灵魂。蜂蜡填满以后就被压紧，以保护那些尚未完成的蜂巢，抵抗邪恶的动物对它发动攻击。蜂巢像一座宫殿，有围墙，它靠近城市，而城市也有厚厚的城墙环绕。由于

暴露的地方最容易受到攻击，所以城墙里面建有瓮城和狭窄的通道，使敌人难以接近，不能轻易攻破。

[21] 紧密环绕蜂巢不仅是重要的，而且蜜蜂在坚固的城墙后面像卫队长一样掌管着城墙的守卫。在我看来它似乎占据优先的位置，从某个观察点可以清楚地看到所有城门的情况。如果对手不活动，那么它也同样保持安静；而当敌人进攻时，它就会马上发起反击。担心敌人发起突然袭击，它打算增强城墙，从里面给城墙添加扶壁。从掩蔽处飞出来的时候，蜜蜂会嗡嗡叫，这表明它们打算马上发起进攻。它们会竖起螯刺来恐吓敌人，在需要报复的时候，它们会使用所有手段。

[22] 燕子怎么样？这种动物不是在审慎地使用预见吗？使用黏土或者使用能找到的其他材料，它根据两个要点来给自己筑巢：它要考虑燕巢的形状和大小，也要考虑筑巢的场地是否稳固。为了逃离残忍的兀鹰，它首先会求助于人，就像某些人去神庙寻找避难所。还有，它从地面起飞，可以直冲云霄。它会在椽子后面设置一道圆形的墙，把它的巢悬挂在那里。它会与老鼠相争，追逐它们。所以，如埃及人所说，“猫是多毛的”，因为猫吃老鼠。这种鸟巢的结构比任何人造的建筑物更加完善。鸟儿在孵化幼鸟之前会作精心准备，表明鸟儿很有心计。孵出后代以后，它也不会停止工作，而是到处收集食物，喂养雏鸟，把食物平等地分给每一只雏鸟，防止它们贪婪和争夺。它把食物放进雏鸟嘴里，表现出母爱或保姆和奶妈般的温柔。它甚至很早就做好准备，训练雏燕转过身来，把屎拉在鸟巢外面，因为它担心鸟巢会因为排泄物堆积而散架。它一心一意地喂养幼鸟，重返旧地取食而不会迷路。它也不会进到别的鸟巢，而只是精心打理它自己的鸟窝。

[23] 不仅有些鸟儿通过自学获得知识，而且有许多鸟儿热衷于聆听和回应它们的教练的命令——无论是在失败时受到恐吓，还是在成功时获得奖励。我们还有必要再提到那些受过训练的动物吗？狮、虎、狼的幼崽是天生的猎手，它们生性凶猛，以肉为食，遇到猎人的时候就会发起攻击。我们驯养的几种家畜能够掌握一些可以习得的技艺。猴子是一切动物中最任性的，

前天就有一只猴子在剧场里表演赶车。四只山羊拉着这辆车，而猴子就像驭手一样把这辆战车赶上戏台，在台上打斗。它挥舞着鞭子，勒着嚼口，朝着山羊的耳朵尖叫，给观众带来极大的欢乐。

[24] 地面上拉起一条细细的长绳，小鹿能够爬上去，在绳子上行走，如履平地，或如行走在平坦的大道上。每次像要摔下去的时候，它都能及时调整姿势，保持身体平衡。我曾经见过这样的事情。小鹿在戏台上跳舞，用它的前腿踢球。这一举动似乎很神奇，因为它并没有能够接球的手。它在戏台上的表演非常神奇。轮圈上的火把熊熊燃烧，整个轮圈飞快地转动。小鹿站在轮圈上，就像在火焰中行走。驯服的猿猴走过来，它观察整个圆形的平台，这个平台由它负责掌管。然后，这两只动物就这么站着，做好了表演的准备。小鹿向右边转动它的头，用嘴接住火把，然后抬起头来，把火把交给驯服的猿猴。猿猴从小鹿嘴里接过火把，就像从某人手中接过来一样，它举起火把挥舞，就好像一个孩子拿着一盏灯。它表演得很好，小心翼翼地不让火焰烧着其他东西。聚集起来的观众对此感到惊讶，而我认为这些表演真是太神奇了。表演期间，猿猴偶尔会害怕地盯着驯兽师看，我想它可能是在担心会有什么事情发生；要是观众们感到高兴或者不安，它也会盯着观众看。表演结束以后，它的恐惧消失了，就像一名获胜的角斗士表现出愉悦。它会激动地跳跃，眼神显露出兴奋，它的愉悦是非常明显的。这些举动无非就是普遍愉悦的表现。与此同时，那只小鹿在不停地点头，它的角就好像那只驯服的猿猴的手。

[25] 有些动物学会了伺候人，它们做的工作就像仆人在有礼貌地伺候主人。这些动物和它们的驯兽师为了公共娱乐而在剧场里例行演出。这些事情并非只是有趣，而是值得更高的期待。对傻子来说，这种表演肯定是可笑的，因为他们的灵魂的眼睛是盲目的，而对有着清晰视觉的贤人来说，这种表演是严肃的，因为贤人有着启蒙了的心灵。所以，他们明白这些动物的理智本性，而不会嘲笑动物。让我们把这些假设撇在一边，先去弄清事情的真相。你会被重新说服，知道这些动物受到神的尊敬，也受到热爱神的人类的

尊敬和称赞。

[26] 说到前面提到过的这些动物，有些人认为只有家养的动物会学习，野生的动物不会学习。然而，哪怕是某些野生动物，那些不可接近的动物，也被送到驯化者那里驯化。

[27] 象这个种族，尤其是利比亚的大象，不是最野蛮的吗？然而，竞选执政官取胜的凯撒·日耳曼尼库斯[①] 宣布要在各处举办大型表演，以示庆祝，在这个时候，拜庇乌斯[②] 做了一件大事，一件完全新奇的事情。他把一群象作为礼物送给凯撒，这些象已经习惯享用人的家庭里的食物和饮水。对这些体积庞大的动物我们还有什么可说？它们一进入剧场，就会排成一行，就好像观众的沉默在给它们下达命令。大象首先一起跪下来，脸朝下，对胜利者表示顺服。然后它们站起身来，挥舞着鼻子，向人们问好。观众鼓掌以后，尽管它们已经两次向观众问候，但它们还是垂下它们的鼻子，就像人放下他的右手。不一会儿，它们有些坐了下来，坐在那些事先试验过的牢固的铁床上，大象庞大的体重不会摧毁铁床，而其他大象则站立着，就像它们的仆从，不断地给它们提供食物，让它们饮酒作乐。一头年轻的小象站起身来，摇摇晃晃地离开酒桌，在甜蜜音乐的伴随下翩翩起舞，有喇叭和竖琴为它伴奏。其他大象对着舞蹈者摇晃鼻子，一遍遍地发出喇叭一样的声音，作为鼓掌。然后，有一头大象擎着一盏灯走过来。象群看到它的时候就知道表演时间到了，于是它们站了起来，准备离开。世上没有任何地方能有这样的醉酒表演。它们步履蹒跚，跌跌撞撞，在离开的时候几乎迈不开腿。它们站起来，像喝醉酒一样，被领着离开剧场。

[28] 据说在埃及亚历山大里亚，曾经有一头大象学会了写字，还能对外界说：“这是我自己写的。”这样的动物还学会了色情表演。如某部戏剧所说：“一头大象迷恋一只骆驼，像对待幼童那样对待它，亲吻、拥抱、抚摸；

---

① 日耳曼尼库斯（Germanicus），人名。

② 拜庇乌斯（Baebius），人名。

甚至给它提供食物，溺爱它。夜以继日，大象拒绝与骆驼分开，除非有驯兽师的命令。”①

[29] 所以，自然在每个灵魂中安放了一颗拥有主权的心灵。有些心灵拥有非常清晰的印记和形像；有些心灵中的印记则是不清晰的。但是，人的心灵中的印记和形像是很深刻的，是清晰的。

[30] 除了已经说过的这些动物，我们可以不带轻视地说，其他许多动物也拥有智慧、知识、敏锐的视觉、卓越的预见，所有这些都与理智相连——这些东西都被称做“理智灵魂的德性”。它们的理智能力不是欺骗性的。与此相关的证据很明显：它们为了获取必要的食物而使用的权宜之计；它们的计谋、策略和各种发明创造。珊瑚虫一遇到捕猎者身体就会变硬，变得像块石头。它会变成石头去捕捉小鱼，甚至像石头一样去撞击。至于那种被称做电鳐的鱼会对着其他鱼放电，把它们电晕了，以便轻易地捕捉它们，就像用鱼钩钓鱼，使它们丧失抵抗的力量。至于那种被称做海星的东西，就像厨师，技艺娴熟地给自己准备美餐。我认为，当它感觉到附近有大鱼存在时，就会使用体内产生的热量勇敢地发动攻击，大鱼无法抵抗这种热量；而海星则毫不费力地喂饱了自己。

[31] 水里的、天空中的、大地上的动物都拥有大量的智慧。没有哪种动物被剥夺了智慧，尽管地区的不同和身体的差别把它们区分开来。牡蛎是一个很好的例子，它的肉是可吃的。牡蛎藏在两片硬壳之间，一边一片。无论有什么东西触碰，硬壳就会合上。捕捉甲壳类动物相当困难。但是被它捕捉倒很容易，因为它会用食道发出的热量化解猎物。它的肌肉有弹性，紧张的时候能使硬壳紧闭，松弛的时候硬壳张开，可以吞下食物。

[32] 还有，动物极为需要食物的时候不会感到惊慌。它们诉诸以前发明的伎俩，追踪猎物的气味，潜伏在灌木丛、洞穴或树林里。嗅到猎物的气味以后，它们就会从巢穴里跑出来，开始狩猎。出了埋伏之处，它们马上就

---

① 出处不详。

开始吞食食物。

[33] 有些动物非常注意自我保护，它们不仅能够逃脱其他动物设下的圈套，而且还能逃脱人的巧妙设计。据说，麋鹿褪去鹿角以后会寻找藏身之所，它们攀上高山，在浓密的树林里，或者在无法接近的悬崖峭壁上，在无人居住的沙漠里隐居。所以，麋鹿一旦丧失自我保护能力，就像被解除了武器，变得沮丧，碰上各种麻烦。逃跑似乎是它们唯一的决定。所以有这么一条谚语："鹿褪角之处才是真正最孤僻的地方。"鹿角褪去以后，伤口会很疼，为了不让飞蝇叮咬伤口，它们白天隐藏在洞穴和密林中，用树叶掩盖身体。夜晚鸟儿休息的时候，它们才起来吃草，这样就不用担惊受怕。当鹿角再次长出嫩芽来的时候，它们甚至在平常的日子里都不敢出去，害怕折断还未充分长成的鹿角。因为鹿角还很柔软的时候，太阳的暴晒会使它开裂，就像陶工的泥胎被火烧得开裂。为了确信鹿角已经充分长成，它们会用角抵着树干摩擦碰撞，检查鹿角是否已经足够坚硬。

[34] 抚养幼崽的时候，不是只有一种动物，而是所有种类的动物，都表现出它们拥有理智的预见。有些动物会向崇山峻岭挺进，有些动物会深入西徐亚和利比亚沙漠，有些动物会在浓密的森林中藏身。你会发现有许多动物在迁徙，被吸引到某个地方去生育后代。它们一起行动，精心照料它们的幼崽，表明它们拥有丰富的智慧。

[35] 鹧鸪确实能在各个方面运用理智，做出令人惊讶的事情。由于害怕被发现和捕获，它们不断改变筑巢和进食的地方。它们小心翼翼地远离捕捉它们的网罗。当它们感到有什么动物已经在捕捉它们的雏鸟时，它们会出来非常有技巧地应对。它们低飞掠过，慢慢地逼近，然后飞快地逃离。它们飞得很快。它们想要转移捕鸟者的注意力，以便给它们的雏鸟留下逃跑的时间。明白自己已经飞了一段距离，它们就会振翅高飞，直冲云霄，然后在高空中傲慢不恭地飞着。捕鸟者由于受到嘲弄而感到失望，它们由于受到欺骗而感到困惑，马上变得沮丧。

[36]塞墨勒[①] 是海里的一种鱼，谈论这种鱼的人说它们会使用某些精灵的伎俩。如果事先警告还不能使人们注意它们的各种邪恶诡计，那么到了最后，人们会发现自己的追求是没有回报的。这种鱼能感觉到钓鱼人的邪恶，无论鱼饵有多么好，多么美味，它们要么挣脱鱼钩，要么躲开鱼钩。若是继续咬饵，它们就会吃到鱼线，这样就能完成两件有利的事情：拯救它们自己；折磨那些试图伤害它们的人。

[37] 有人认为那个色雷斯[②] 猎鹰的故事是最迷人的。我第一次听的时候不相信它，直到这个行省的许多居民和某些来访的外国人也谈论这个故事——这些人心灵单纯，缺乏深入的思考——把他们知道的事情都告诉我们。他们说狩猎的时候这些猎鹰齐心协力，敏捷地帮助捕鸟人。猎鹰住在浓密的森林里，在那里可以找到许多种鸟，猎鹰与捕鸟人合作，这些人小心翼翼地接近猎物，也不拒绝与他人分享成果，似乎只有这样对待一同狩猎的同伴才是公平的。他们树立了一个多么好的互相帮助的榜样啊！首先，捕鸟人会摇晃树木。那些虚弱的小鸟无法抵挡摇晃，它们会由于害怕而坠地，或者试图飞走。这时候猎鹰猛扑过来，把它们啄落在地，为那些捕鸟人做准备，把捕鸟变成了一场简单的游戏。这些鸟儿跌落在地的时候，充满恐惧和困惑，完全不知所措。所以它们很容易被捉住，那些捕鸟人甚至用手就能捕捉。不过，捕鸟人无论如何还是乐意把捕捉到的猎物分给猎鹰，部分是为了补偿它们的合作，部分是邀请它们在将来的合作中提供帮助。

[38] 动物的智慧会生长，会变得富有，所以当拥有最基本智慧的时候，它们就在智慧方面超过了人类。我们某个人要是生了病，不知道如何治疗，那么他会去看医生，而医生会向他推荐恢复健康的医治方法。但是动物绝对不需要去找它们的同类，因为它们本能地自学成才，掌握治病的技艺。麋鹿被毒蜘蛛咬伤了，它们会用单脚跳来治疗。在克里特[③]，被箭射伤的山羊会

---

① 塞墨勒（semele）在希腊神话中是大地女神，但此处是一种鱼的名字。

② 色雷斯（Thrace），地名。

③ 克里特（Crete），地名。

去寻找一种被称做白鲜的草药，吃了以后伤口很容易痊愈。

[39] 据说乌龟害怕死亡，吞食蝮蛇以后，它们会吃牛至草[①]；因为只有用这种办法，它们体内的毒素才能化解。有些人不相信这一点，他们马上开始考察这种植物的疗效，并在大多数情况下取得上述效果。吞食蝮蛇的乌龟如果能在附近发现牛至草，那么它会马上把牛至草连根拔起。但若它在冒险吞食毒蛇以后找不到牛至草，那么乌龟会死去。

[40] 曾经有人观察到动物不仅会治疗自己的疾病，而且会装病，免得被迫去工作。据说，经过英勇奋斗使雅典成为杰出城邦的那些人中间有一位阿里司托吉顿[②]，他有一匹烈马，性格倔强，一出现在赛马场上，马腿就瘸了。但若它发现喂马的人就要来了，那么它会放弃欺骗；还有，当它挨打的时候，它就不再慢吞吞的了。这种伪装实际上清楚地表明它的心智非常机敏。

[41] 说母牛、公牛、山羊、绵羊的心灵能够推理，这样说并不肤浅。它们能够抵抗最野蛮的野兽的攻击。它们也不缺乏知识——不仅是那些关于吃喝和马槽的知识，而且是与它们的善恶相连的所有知识。它们的心灵能够察觉很多事情，是机敏的，也是理智的。与它们相比，我们在管理自己的住处方面是可笑的。

[42] 你观察过蚂蚁吗？尽管只是体型微小的动物，但是通过勤劳和精神力量，它取得了伟大的成就。夏天，当雨季到来之前，它努力筑巢。为了提防寒冷和雨水的伤害，它在秋季结束之前把自己与外界隔离开来。潮湿的冬季到来了，它在窝里安居，那里堆满了丰收的粮食，想吃就吃，丝毫没有后顾之忧；一旦粮食短缺，它又会在另一个季节开始觅食。它也能避开饥荒。它把小麦粒或大麦粒，或者无论什么粮食，都劈成两半，防止麦粒发芽和食物短缺。

① 牛至草（marjoram），植物名。

② 阿里司托吉顿（Aristogiton），人名。

[43] 要讲述其他动物关心同样的事情，不断地储藏粮食，一天的时间都不够。没有一样动物——地上的、水里的、空中的——会缺乏供给，因为它们使用预见来照料自己。除非拥有一颗能够推理的心灵，否则它们怎么能够区分有用的东西和无用的东西、有价值的东西和无价值的东西？它们的洞察力和理解力接受过很好的考验，这与理智的灵魂有紧密的联系。

[44] 它们有办法对付各种相反的情况，克服障碍，这很明显，一点儿也不奇怪。涉及冷热、苦甜、黑白、大小，或者从这些对立面产生的任何不便之处，它们都能用推理的心灵区别对待，使对立面快乐和统一。它们期待快乐的产生，逃避可恶的、痛苦的事情。尽管它们不能表达精神概念，因为它们没有能够清楚说话的舌头，但它们用丰富的智慧引导自己，表现出许多理智的特点。对于敏锐的观念来说，有些东西比声音更加明显，亦即行为所揭示的真相比声音更明显。

[45] 猎狗追逐野兽。猎狗来到一条很深的沟前，旁边有两条小径，一条通向右边，一条通向左边，但要到达小径还有一点儿路要走，它需要考虑应当走哪边。它来到右边这条小径，没有发现野兽的踪迹，于是它折返原处，走上另一条小径。但是那里也没有什么清晰的痕迹，更没有闻到什么气味，于是它跳下深沟，匆忙地继续追赶。这不是偶然取得的结果，而是通过心灵的审慎获得的答案。

[46] 逻辑学家把这种思考的推断称做“第五种无法证明的推论”，因为野兽可以从右边的小径逃跑，也可以从左边的小径逃跑，或者已经跳跃到其他地方去了。同样的路径和相似的话语也适用于人。但是，我们从其他任何人那里听到的解释都不如伊索① 在其著作最优秀部分所作的解释那么重要和准确，动物没有创造寓言，但以许多方式展现了它们的智慧和知识。在这些寓言中，经常有精明的聆听者在人中间出现，把它们称做狐狸是恰当的。这些动物的智慧和它们心灵的各种谋划使许多人感到惊讶。甚至连最愚蠢的猴

① 伊索（Aesop），古希腊寓言作家。

子也能很有才艺地打手势和施魔法；在取得成功以后，它会嘲笑那些不如它聪明的人。

[47] 尽管有关动物如何聪明地引导自己还有其他许多解释，但是我们提到的这些解释已经足够了。值得注意的是，它们展现的德性不仅有智慧，而且有自制。需要用一个词来表示某件事的时候，它们只发出一个声音。它们会纵情享受筵席或酒宴吗，或者享受使用技艺给我们可恶的胃口提供快乐的厨师做的美味佳肴或者点心师做的美味糕点吗？我们生性非骄慢，习惯于抿嘴、锁眉，或者挺直脖颈。我们充满非理智的思想，有着一颗不能生育的心灵，容易接受他人的奉承。如诗人所说："据说我们是神的后代，与神有着亲密的联系。但我们却被食物和饮料所奴役，这些低级的东西确实使我们堕落，从上面的天堂坠落到下面的大地。"还有，对于我们身体的弱点，我们应当感到羞耻。不知足和缺乏约束当然会使年轻人患上小病，而老年人则会患上无法治愈的大病。

[48] 有些动物出生以后，会有意识地调整食物，有些吃草的动物，很少一点儿草就能使它满足。它们不太喝水，几天喝一次。有的时候，它们可以几个月不吃不喝。有些动物冬眠，整个季节不用喝水。使它们满足的是湿冷的空气而不是水，是潮湿的露水而不是青草。其他动物也能放弃肚腹以下部分的快乐，变得非常有节制。有些动物在春季交配，有些动物在秋季交配，有些动物整年自动戒绝交配。雌性动物屈从于交配只是为了受孕，然后它们就会逃离雄性；灵验的自然法则不喜欢腐化，而腐化是雄性动物与雌性动物性放纵的结果。

[49] 与这些贞洁的动物相比，人类难道不应当为他们无节制的性放纵感到脸红吗？因为我们在每一年的哪个季节停止过性交的快乐，停止实行我们长期养成的这种恶习？有些人不满足于和妻子过性生活，要去别处寻找妓女，对这种事情他们不以为耻，反以为荣，甚至相互交流经验。有些年轻人蔑视死亡，选择纵欲。他们无视其他人的婚姻权利，哪怕在执政官面前受审也不会感到脸红。他们既不怕当前有关通奸的法律，又不怕那些愤怒的丈夫

的死亡威胁，尽管丈夫们有杀死奸夫的自由，而这些年轻人缺乏经验并不妨碍他们干坏事。有些人定下心来要干坏事，他们陷入激烈的情欲，不合法地放纵性欲，进行鸡奸和兽奸。他们不仅扰乱了社团，而且扰乱了自然秩序。然而，真理本身宣判他们犯了罪，违反了无法更替的律法，做了不道德的事情，因为把种子给予未成年人，既浪费了种子，又摧毁了种子。

[50] 在动物中间还有其他自制的准确事例，值得那些无耻地放纵性欲的人借鉴，知道这些事例以后，他们会想到要抵御性欲，哪怕不是马上实施，也应当逐渐抗拒。不仅在我们家养的那些动物中，而且在其他种类的动物中，有些动物显然拥有自制的能力。许多清晰的事例可以令那些心存疑窦的人信服，我应当引用一个例子，其他事例我就不提了。埃及的鳄鱼——这是一种食人肉的两栖动物——想要交配的时候，雄鳄鱼会让雌鳄鱼来到河岸边，让它翻过身来，然后很自然地贴近它。交配完以后，雄鳄鱼又用前足把雌鳄鱼翻过身来。但是雌鳄鱼交配和怀孕以后就会变得非常邪恶，它会假装又有了交配的欲望，表现得像个妓女，摆出想要交配的姿势。所以，雄鳄鱼马上就会过来，用嗅觉或其他办法，探查雌鳄鱼的邀请到底是真还是假。凭着本性，雄鳄鱼对这种隐秘的事情保持着警惕。通过相互瞪眼观看，雄鳄鱼真的查清了雌鳄鱼的意图，于是雄鳄鱼用爪子挖出雌鳄鱼的内脏，吃了下去，这些内脏是柔软的。然后，雄鳄鱼又撕开雌鳄鱼的硬皮，折断它的脊椎骨，把它的肉撕成碎片。

[51] 关于自制就讲到这里。我们难道不需要讨论勇敢吗？野猪、小公牛、大象，或者其他力气很大的野兽，会不知道如何用令人惊讶的战斗技艺快速进攻吗？我确实见过它们冲锋陷阵，在它们脚下尘土飞扬，就像一群摔跤手在搏斗，它们红着眼睛盯着对手，无比愤怒地挺着犄角前进，想要刺穿对手。去过林子里打猎的人告诉我们，野猪看见猎人的时候会停下来，在附近的树干上磨它的獠牙，而在此之前它是不会冲过来的。灰熊会分头行动，诱骗追踪者。它们会折断追踪者的脖子，打断追踪者的脊梁，技艺娴熟地制约追踪者。它们还会使用各种狡猾的伎俩，驯兽师通常会把这些伎俩教给它

们；但若我们再分开来细说这些伎俩，那我们就显得太肤浅了。

[52] 前些日子，我看到一条蟒蛇与一条埃及眼镜蛇打斗。我不仅感到吃惊，而且也被它们说服，相信了一些它们的事情。所以，不仅理智的存在者拥有丰富的理智，而且其他生灵也拥有理智，不是吗？有毒的眼镜蛇会阴险狡诈地参与打斗。它爬在地上，尾巴盘绕，昂头挺胸。它的高度达到我们的胸膛，它的脖子能够扩张和膨胀，里面充满愤怒和毒液。就像人们挥手示意，它们也会前后移动舌头，愤怒地发出嘶嘶声。蟒蛇会快速攻击其他任何敌对的动物，当它想要攻击那条眼镜蛇的时候，眼镜蛇会放低身体，只将前额抬起，小心翼翼地观察和等候。眼镜蛇在考虑自己的攻击时间是否合适，是否已经准备好给对方以致命的一击。当眼镜蛇明白自己的进攻计划可以有力地实施时，它就静悄悄地跟踪蟒蛇，像野兽那样，从后面突然发起攻击。它会勒住蟒蛇，使蟒蛇窒息。

[53]这些动物对自己的指挥比百夫长① 和军团司令② 更加有效，因为它们不需要相互奉承，它们更加高效而无须激励。它们总是保持高度警惕。它们从来不允许自己懈怠，总是勇往直前。

[54] 我参加过一个去罗马的使团，那个时候我经常观看动物之间的竞赛。这种动物就像优秀的赛手，速度快捷，用尾巴从两侧拍打自己的胸膛和肋骨，驱赶自己，就像驭手在赛跑时用鞭子做的事情那样，不仅实施严厉的惩罚，而且刺激马的腿脚。请注意，诗人确实说过，它“用尾巴从两侧拍打它的胸膛和肋骨，为的是激励自己战斗”。

[55] 许多动物极为期待在打斗中有勇敢的表现，如果打斗是不激烈的，是胆怯的，那么它们显然会感到羞耻。据说狮子拒绝打败仗，哪怕在许多次搏斗中只有一次失败，它们就会离开战场，低沉地吼叫，到处游荡，显然表

---

① 百人队（Centuria），罗马基本作战单位，约为 60—80 人。百人队指挥官称做百夫长（Centurions）。

② 军团（Legion），罗马军队编制，一般由 4500—6000 人组成。军团司令（tribune）共 6 名，一年中每名司令员轮流指挥两个月。

现出羞耻感。它们的行为和脸上的表情表明它们感到震惊和困惑。而一旦洗涮了这种耻辱感，它们立刻就会变得欢欣鼓舞。然后，它们又会返回原点，重新参加打斗。

[56] 马这种动物是荣誉的热爱者，正如希腊人与野蛮人战斗而受到奖励，马也在赛场上得到奖励。这不仅在各种微不足道的小游戏中是真的，而且在神圣的赛会中也是真的，人们出于各种目的从各地前来参加神圣的赛会：有些人是为了获胜，有些人想要观看比赛，有些人是为了做生意。确实，那些最渴望参加神圣赛会的人，若是回家以后无话可说，那真是太可耻了。

[57] 奥林比亚赛会、奈梅亚赛会、庇提亚赛会、伊斯弥亚赛会①，这些赛会开始赛马的时候，观众的大部分注意力被马吸引，他们观看精心喂养和体态健壮的马，雇佣的驯马师通过细致的照料激发了这些动物天生的速度。感到赛马就要开始，马儿就会走向起点，一开始小步行走，然后迈开大步。然后，到了出发的时候，它们蹿出去，飞奔而去。

[58] 前天有一场极好的战车表演，吸引了大批民众。这是一场比赛，赛车场有七个车道，战车有四匹马拉。有些战车很自然地落在了后面，而最快的两辆战车并驾齐驱。驭手们在一种急迫的精神的敦促下策马前进——这是他们应该做的——而不是在身体的推动下前进，他们所做的事情只是在陪伴驭马。驭手不自觉地为对荣誉的热爱所裹挟。离开驭手，这些驭马也会指挥自己，坚定地继续前进，甚至步子迈得更大。它们老练地按照驭手规定的速度前进。它们的行进不会徒劳无益，比如不必要的拐弯，偏离跑道，而是始终保持方向，在跑道上稳定地前进。遇到参加比赛的其他战车，它们会突然快跑超越那些战车，在那些很容易失误的地方合理地发力。拐弯的时候，为了保证战车能够转过来，左边的驭马会放慢速度，而它右边的同伴会迈着

① 奥林比亚赛会（Olympian Games）、奈梅亚赛会（Nemean Games）、庇提亚赛会（Pythian Games）、伊斯弥亚赛会（Isthmian Games）是古希腊四大赛会。

大步绕过外圈。

[59] 关于大象这种最野蛮的动物，我们还有其他一些故事要说。其中最古老的一个故事来自安提阿[①]。在亚细亚[②]有一位酋长养了一群大象，用来帮助士兵打仗，抗击敌人的骑兵，因为在大象的践踏下，战马会感到害怕而受惊狂奔。他用英雄的名字给这些力大无比的象命名。最高的荣耀赋予埃阿斯[③]，这是所有大象中最有德性的一头大象，外貌上如此，行为上亦如此。在去城堡的路上，象群要渡过一条河，埃阿斯一直站在河岸上，我想它可能不愿意渡河。与它一道行进的那些大象小心翼翼地保持着队形，无所畏惧，它们这样做是合适的。酋长在这个时候召唤象奴，这是需要他们马上用心的时候。他还确定要用银子和崇高的荣誉来奖励率先渡河的大象。嗯，开始渡河的时候，帕特洛克罗[④]以为这次渡河很普通，因此轻视其他所有大象，想要赢得荣誉。埃阿斯也很难拒绝崇高的荣誉，或者对低劣的等级产生热情。忒拉蒙[⑤]之子埃阿斯在短时间内不会屈服，因为它被激怒了，就像阿喀琉斯[⑥]的军队。所以它不愿意保持队形，而是朝着城堡猛跑，因为它拒绝耻辱，追求荣誉。而那个人[⑦]做的事情也一样，他不仅受到勇敢的激励，而且也追求勇敢之后的真正幸福。

[60] 除了已经提到过的这些美德，有些会游泳的动物、地上和天空中的动物还会行使正义。大海里的海珧[⑧]和海珧卫士[⑨]之间的合作关系是明显的；它们确实一同进食，平等地分享食物。埃及的鸻鸟[⑩]和鳄鱼做同样的事

---

① 安提阿（Antioch），地名。

② 亚细亚（Asia），地名，亚洲。

③ 埃阿斯（Ajax），希腊神话英雄。

④ 帕特洛克罗（Patroclus），希腊神话英雄。

⑤ 忒拉蒙（Telamon），希腊神话英雄，埃阿斯之父。

⑥ 阿喀琉斯（Achilles），希腊神话英雄，帖撒利国王珀琉斯与女神忒提斯之子。

⑦ 指埃阿斯这个人，而不是指名叫埃阿斯的这头大象。

⑧ 海珧（pinna, pen shell），江珧科双壳类软体动物，壳子外形像鹅毛笔，亦称笔贝。

⑨ 海珧卫士（pinna-guard），与海珧伴生的一种动物。

⑩ 鸻鸟（plover），鸟类的一属，体小，嘴短而直，只有前趾，没有后趾，多居住在海滨。

情。舟鰤[①] 对于合作有着永久的协议，信任它们自己种类中的弱小者。

[61] 在鸟类中，鹳表现得极为正义，它通过喂养父母来报答父母的养育之恩。刚开始能够飞行，它就给自己规定了一条优先的任务，这就是喂养曾经养育过它的父母。某些陆地上的动物可能也有类似的行为。但由于我们既不能察觉它们的所有本能，又不能看见或者确定它们会这样做，所以我们不得不相信已有的证据，也就是说我们本人没有看见这样的证据。宇宙不应当只由某些部分组成，而应当由所有部分组成。还有，我们可以看到某些被赋予理智的部分也被赋予正义或非正义，因为二者均与理智相关，就好像灌输到人身上似的，正义和非正义也同样被灌输到我们已经讲过的这些动物身上。鹳喂养它们的父母，给长者以关心，但它们也会实施惩罚。著名的海珧卫士会与海珧分享食物，也会公平对待有害者和它们的对手，不去消灭它们。至于蜜蜂，几乎所有蜂群都认为雄蜂对蜂巢不利，所以它们会杀死雄蜂。确实，如赫西俄德所说："它们坐享别的蜜蜂的劳动成果。"[②]

[62] 我们可以看到，为了获得主要的美德，动物甚至会自动戒绝吃肉，而希腊人则以长期奉行野蛮人的习俗而闻名。他们断奶以后就沉溺于酒肉，醉心于快乐主义的生活。他们不断地寻求新的快乐，让整个城邦充满无耻的放纵。他们的原则腐败了，他们的罪行骇人听闻。这样一个热衷于毕泰戈拉[③] 哲学的、受过教育的民族，竟然不能节制肉欲，不能恪守贞洁，不能消除疾病。

[63] 不仅通过一种内在关系，包括对动物的驯服，而且也通过仁慈互惠的行为，身体当然拥有事奉灵魂的目的。由于被爱者以爱对爱者做出回报，所以帮助者也希望能得到被帮助者的回报。

[64] 我们可以证明动物具有伟大的平等和正义，如果它们不比人更好的话，它们的正义决不比人少。动物会挑选首领和任命官员，也不会忘记给

---

① 舟鰤（pilot fish），一种鱼。

② 赫西奥德：《工作与时日》，第 599 行。

③ 毕泰戈拉（Pythagoras），古希腊哲学家，鼎盛年约为公元前 530 年。

官员指派工作。它们全心全意地追随它们挑选的首领。我们的眼睛可以证明我们所说的这些话。一头小公牛可以带领整个牛群，一只公山羊可以牧养一大批山羊，一只公绵羊可以放牧一群绵羊。动物的数量庞大，就像由国王派遣的使臣所率领的军队。这表明这种追随是神所使然。

[65] 无疑，蜂群会拥戴一名蜂王，听它的指挥，工蜂恐惧而又颤抖地服伺蜂王。否则的话，蜂王的所有奴仆都会受到惩罚。蜂群繁荣兴旺，数量增加，就像城市人口增多，这个时候，它们会迁移到其他地方，在那里定居，就像建立一个殖民地。如果有哪个蜂群疏于监管，被无政府主义所动摇——就好像遇上暴民统治——蜂群就会分裂和分散。我也看到有许多鸟儿追随某个领队，排队在空中飞翔。鱼儿成群结队地在河流、湖泊、大海里游泳，左右纵横，就像百夫长和军团司令率领下的成群的士兵。所以这几种动物拥有政治的美德，这在它们的家政管理中也得到证明。它们的判断和预见都是明显的证据。

[66] 这些内在的理智表明动物也有邪恶，它们拥有的邪恶不亚于它们拥有的美德。我几乎不需要说明动物会犯和人一样的错误，愚蠢、不节制，胆怯、不正义，以及与之相关的其他邪恶，它们像人一样放荡不羁。然而，动物命中注定缺乏真理。有些动物是狡诈的，比如狼和狐狸。有些动物非常好色，比如公山羊和鸽子。确实，它们在这个方面近于疯狂。公鸽有打碎鸽蛋的习惯，母鸽在孵蛋的时候，公鸽就围着母鸽转。动物炽热的情欲发作的时候，它们的交配对象不限于自己这个种族。与此相反，由于得不到满足，它们会邪恶地与异类交配。人类也会有这样的想法，不断地放纵食欲和性欲。他们嫖娼卖淫，追求新的情人，在猎奇中寻求刺激。据说，克里特米诺斯[①]国王的女儿帕西淮[②]与公牛交配，生下怪物弥诺陶[③]。有些人同样喜欢

① 米诺斯（Minos），克里特国王。

② 帕西淮（Pasiphae），人名。

③ 弥诺陶（Minotaur），半人半牛的怪物。

兽奸，就像竖琴手格劳克[①] 追逐那只公山羊。如果没有不同种类动物之间的杂交，怎么会有相貌奇异的怪兽出现呢？

[67] 在阿该亚[②]，据说曾经有一头海豚深深地爱上了一位相貌英俊的男孩。它把男孩驮在背上，从海岸驶向大海，多次在浪尖上滑行。有许多次，它带着男孩潜入深水，游了很长距离之后又把男孩送回岸边。但是这个男孩年纪轻轻就死了——这是他的命运——海豚悲伤不已，气绝而亡，由于呼吸道堵塞。

[68] 有些动物非常担心自己会屈服于最软弱的动物，甚至害怕强者的身影。由于恐惧，它们躲进洞穴、山谷、深山，有些躲进高原和森林，不断警觉地注视周围。只有鸟的飞行不会使它们害怕。麋鹿可以确证我的话。它们显然生性胆怯，并由此得到了一样巨大的防御用的武器。与其他头上有两只犄角的动物不同，它们的犄角有许多分叉，就像一丛灌木。由于它们迫切需要保护自己，所以它们的武器必须大小适宜。不过，给胆怯者配上庞大的武器又有什么好处呢？更不必说连装饰品也能使漂亮的女人变丑。所以，用装饰品使自己变得俗气是非常可耻的。

[69] 如果举行一场惊恐比赛，野兔的名次无疑仅次于鹿的名次。这种动物老是在那里怕得发抖。它不相信任何东西。我指的不仅是野兽，而且还有各种自然物。喷涌的泉水、拍击的海浪、大风，还有大地上的其他事情，都会使它受到惊吓。它在小溪旁、灌木丛、干树叶里藏身。所以，在我看来，诗人们认为野兔由于胆怯和惊愕而是蜷身的动物，这样说并非徒劳无益。理智是一切事物的助手，能够帮助这种动物，弥补它的惊恐，让它具有快跑的能力。它的腿移动起来就像翅膀那样敏捷。与大多数动物不同，它不是懒洋洋的、有恶臭的，或者说裹着一层厚厚的皮。或者倒不如说，它像海绵一样柔软；由于呼吸充分，它迈出的步伐非常轻盈。

---

① 格劳克（Glauce），人名。

② 阿该亚（Achaia），地区名。

[70] 就像这些动物极为胆怯，其他有些动物极为胆大。我们还有必要谈论野猪、豹子、狮子的攻击性吗，它们准备行不义之事，伤害其他动物？甚至连狗在面对陌生面孔时也会变得疯狂和凶狠，尽管这种动物是人喂养的。远远地看到有人，它就会不停地狂吠，当然了，它会一边进攻，一边咆哮。接近目标的时候，它判断自己是否会受到伤害。它瞪着血红的双眼，张开血盆大口，愤怒地发起进攻。它不仅抵挡朝它扔来的石块，而且还藐视标枪和弓箭的打击，继续前进。

[71] 现在，这些动物各自都得到了它的份额。很显然，不仅有人，而且有其他各种动物，继承了理智的能力。进一步说，人们相信它们拥有美德和邪恶。所以，对于那些从来没有听说过这个主题，也没有亲自研究过，因此对此依然无知的人，我们可以同情地加以原谅。而对那些拥有神赐的天赋、自然的能力、基础知识，并受过口头教导的人，我们可以对他们表示愤怒，我们这样做是公平的，就像对待真理的敌人和迟钝者。

[72] 吕西玛库：尊敬的斐洛，这些就是我们的侄儿亚历山大来的时候讲述和讨论过的事情。

[73] 斐洛：妙极了，吕西玛库，时间过得飞快！这些事情不仅可以让农夫感兴趣，而且也会让那些在哲学中训练有素的人感兴趣。我本人并非没有接受过这方面的教育；事实上，我从小就在这样的教导下长大，知道人们对它们的解释和它们迷人的名称，很容易理解这些事情。我虽然没有彻底研究过这些动物，但我肯定很好地知道它们。你也并非一无所知，如你说话的腔调所示，以及你在聆听时不断地点头。你听人讲过这些事情，除此之外你还有什么需要呢？你似乎被这些事情迷住了，就像酒神崇拜者和科里班忒[①]，他们自己宣布的启示与后来研究者、解释者的报道是不一样的。一方面是发预言，是舌头上下运动以及停留在嘴角边缘的结果；另一方面是灵

① 科里班忒（Corybantes），众神之母库柏勒的祭司，他们在施行秘法时，狂歌乱舞，并用长矛胡乱碰撞，在疯狂中互伤。

魂的主导部分的逆行，通过使用神奇的发音器官，发出有意义的声音。

［74］父亲或母亲对他们的子女的情感是不一样的。当父母对听众讲述他们的经验时，甚至连最诚实的、聪明的、有知识的父母也会掺入难以描述的情感。他们会添加许多名词和动词。你会说这样做是好的、恰当的。不过，从解释者的观点来看，我敬佩你的方法。你叙述这个主题就好像作者本人在朗读他的作品。在我看来，你没有遗漏任何东西。

［75］至于那些年轻人最近提出的问题、各种最新发现，以及描述这些发现所使用的术语，我没有被这些东西说服，就像反复无常的心灵，它的习惯就是容易被那些迷人的东西所吸引。但是我要彻底检验真理，如人们习惯做的那样，在批判性地分析真理以后，使之为一切人所知。我一定不要老是对那些说服性的论证太敏感；否则我们的侄儿已经写下的东西，那些与健全的知识相反的东西，就会被人接受了。如果你想要关心这些事情，那么我现在就来讨论它们；如果你想再等等，那就让我们另外找个时间再来讨论。

［76］吕西玛库：斐洛，你难道不明白其他所有义务对我来说都不重要，因为我热爱学习，渴望真理？如果你希望现在就把这些事情教给我，那么我会感到非常高兴的。

［77］斐洛：吕西玛库，我已经准备好了。但是我们要注意，我们的提问和猜测不要犯下亵渎神圣心灵的罪过。被当做纺织工的蜘蛛和制造蜂巢的工蜂怎么样？它们做这些事情既不凭借工具或技艺，也不依靠内在的理智。除了勤奋工作，它们没有特别的才能来揭示真理。技艺是一种习得的技能，没有先前获得的知识作为技艺的基础，怎么会有才能呢？

［78］举例来说，鸟儿飞翔，水里的动物游泳，地上的动物行走。这些事情是通过学习来完成的吗？当然不是。上述每一种动物都是凭其本性完成。同样，工蜂建造蜂巢凭的是本性，而不是学习。蜘蛛也是天生就能织造精美的蛛网。如果一个人希望能够摆脱关于动物的错误思想，那么他应当去观看树木，注意各种复杂的细节。这些东西有许多美学的特征，但是没有技艺中的技能。

[79] 你没见过葡萄在春天开始结果吗？首先，它长出覆盖花蕾的叶子。然后，它就像一位母亲，逐渐滋养花蕾，使它们成长，把酸葡萄变成甜葡萄，直到果实完全成熟。葡萄受过这方面的教导吗？通过令人惊讶的、神奇的本性，它不仅结出果实，而且枝繁叶茂，美不胜收。它的相貌是充满诱惑的。它的清秀美丽不仅强烈地吸引眼睛，而且也吸引嗅觉器官；因为它散发出一种甜蜜而又芬芳的气味，弥漫周围的空气。

[80] 关于其他植物，我们也有许多话可说；然而我要抑制自己，不是因为懒惰，而是为了文章简洁，避免令人生厌的冗长。我知道有许多事情可以省略。我认为，用一个比喻就可以弄清整件事情。因此，我们肯定不可见的本性和所有有序的、机敏的事物是理智的存在者带来的，但决不是由那些没有灵魂的事物带来的。然而，不仅这些动物，而且前面提到过的那些动物，它们不能做任何预见和思考；无论它们做什么，都是无意识地完成的，通过它们独特的本性。例如，鹧鸪逃离老鹰，它们的雏鸟被爬虫惊吓；蛤一被触碰就变得像一块僵硬的石头，两片壳夹得紧紧的，无法打开。这些事情的发生也凭借理智吗？不，这只不过是凭借独特的本性，每一种动物凭借本性都能做恰当的工作。所以，翅膀一旦长齐，鸟儿就飞走了；犄角一旦长大，公牛就开始打斗。同样，我们决不要认为蝎子会故意举起它的毒螯，出于它自主的选择给对手造成直接伤害。蛇用它们的毒液与攻击者搏斗。它们知道杀死牺牲品的是什么东西吗？食物的提供、疾病的治疗、隐秘的自保的力量，这些都是为了能够给攻击者造成伤害，而所有相应的准备工作也都是本性所使然。

[81] 老鼠钻洞不依靠学习。然而，哪怕是最小的老鼠在长大之前全都渴望挖洞，不是吗？与此相同，雏燕会转身把屎拉在燕窝外面。那么，有哪一种动物真的具有有益的感觉，或者有意识地做这种事情？动物们做的那些好事是通过预见完成的，还是在动物生长的过程中完成的？

[82] 认为动物的行为有着巨大的欺骗性，认为动物拥有基本的智慧，这样想是很困难的。当然了，考察这种智慧的人没有意识到他们自己实际上

是无知的。哪怕动物拥有什么理智，那也是微不足道的、肤浅的、迟钝的。那些仍旧像孩子一样的动物，它们掌握的知识是不确定的、变动的，它们的心灵与大人的理智心灵相比是幼稚的。

[83]阿里司托吉顿[①]的马哪怕没有伤了腿，走起路来也是慢吞吞的，因为它没有欺骗。它只是好像在欺骗，因为欺骗是一种理智。它腿上的伤痛也许已经拖得很久，它仍旧想要休息。当它的疼痛感重新强烈起来的时候，它想要安静地休息不是很普通的事情吗？

[84] 甚至连那种认为猎犬使用第五种推论[②]追踪野兽的想法也应当打消。对于那些拾蛤者，或者对那些拾海货的人，也可以说同样的话。他们似乎是在追随某种确定的套路，而不是在进行逻辑思考，他们对哲学没有感觉，甚至在梦中都没有。我们不得不说，一切寻找者都在使用第五种推论！这些论断，以及其他相似的论断，是虚妄的谬误，那些人更加习惯于似是而非的说法和智术，而非对真理进行严格的考察。

[85] 我们同意动物拥有某些高尚的和善良的品德，其他有许多功能可以帮助它们保持勇敢；通过观察，我们可以看到这些事情。我们可以察觉到，每一事物或者所有动物都具有一种确定性。但是动物确实不分有理智能力，因为理智能力要延伸到众多抽象概念，要延伸到神、宇宙、律法、行省事务、国家、国家事务，以及其他无数事物，对这些事物，动物一样也不理解。

[86] 马儿抬头嘶鸣，麋鹿和野兔是胆怯的，狐狸是狡猾的，其他许多动物关爱它们的后代。不过，心灵敏锐的洞察确实不是为了每一个灵魂；或者倒不如说，每一事物都被恰当地赋予了自然设计和塑造的东西，作为身体和灵魂的组成部分，构成每一事物的恰当功能，使之朝着它自己的完善和整个存在前进。

---

① 参见本文第 40 节。

② 参见本文第 46 节。

[87] 狮子明白自己已经打败了的时候就会逃跑，甚至不会往后看；这个时候它们不再拥有哪怕是最轻微的掌权的野心。但是，它们已经学会了放纵，就像那些追求权力而不接受教育的人。真正的权力不会使掌权者自身受到嘲笑。在我看来，马、鹿，以及其他追求权力的动物似乎在做同样的事情。不过，它们并没有掌握支配权，反而受到食物的引诱，追随驯化它们的任何人。

[88] 这些动物有基本的关注，描述这些关注人们一定不要有拘束，它们在朝着适合它们的德性前进，按照它们的能力，它们肯定能获得这些德性。现在我们来想一下孔雀，它们向主人展示鲜亮的、色彩斑斓的羽毛，提供一幅美景；但这不是在卖弄，而是在听从本性的召唤，追求自然的美丽。

[89] 以为那头名叫埃阿斯的安提阿大象①在被剥夺最高荣誉的时候会感到愤怒，这种想法是可笑的。愤怒表示野兽的放肆和凶猛。它们的浪费、它们对某些事物过分的关注、它们对食物的追求，可能是它们贪求荣誉的原因。

[90] 决不要以为狗、野驴、小山羊、各种猴子，以及其他所有在舞台上表演的动物，通过理智学会了神奇的表演。它们通常是由于需要食物才去表演。每一种分有灵魂的动物都会承受痛苦，痛苦的饥饿使它们服从已有的统治。

[91] 但若你认为蚂蚁和蜜蜂是家务管理者，不能从事国务管理，那么请允许我再次驳斥这种想法，否定这种观点。假定它们对家务管理并非一无所知，而从事国务管理与家务管理需要同一种德性。它们是相似的，尽管在重要性上不同；一件事涉及家务，另一件事涉及国务。如果认为它们不能进行国务管理，那么必须说它们也不能进行家务管理。

[92] 蚂蚁具有预见，把食物收藏在库房里，对此我们该怎么看？蜜蜂做工就像是在尽义务，它们采集花粉，建造美丽的蜂巢，在蜂巢里收藏了数量惊人的蜂蜜。然而，我需要再次强调，这些事情不是通过动物的预见完成

---

① 参见本文第59节。

的，而是出于它们支配一切的本性。它们并没有用思想去做任何事情；它们的工作就是攻击各种被造物，从任何地方攫取它们发现的东西，直到完成它们恰当的工作。

[93] 关于海珧和海珧卫士①，有人说它们证明了动物之间的合作。这样说没有什么错，有些人喜欢通过迷人的虚构来证明他们的论断是真理。但这真的不算什么，如果它们知道智慧，那就会受到智慧的谴责。

[94] 你不要误入歧途。你以为，以树木和灌木丛为例可以说明这些事情，但这是十分可疑的。这些树木虽然不分有灵魂，但并不缺乏表示亲密或冷淡的手段；它们在活动和成长，会像情人那样亲吻和拥抱，比如橄榄树、常春藤、榆树、葡萄，等等。它们也会拒绝和躲避某些东西。它们不仅会公开地、面对面地抬起头来对抗其他植物，而且也会转过身去，就好像它们有脚，绝不靠近某些植物。还有，它们甚至不愿长出花蕾。如果正好是开花季节，那么有些植物会开花，有些植物的花会跌落，或者逐渐萎缩。

[95] 同理，葡萄会躲避甘蓝，也会躲避月桂。但我并不认为，任何人，无论有多么愚蠢，可以大胆地说它们之间的行为是友好的或敌对的。按照自然的最高理智，某些植物在某些地点生长，而其他植物则会离开，不会相互依附。以此为例，人们可以驳斥动物之间会有疏离、合作，或其他任何只与人相关的理智行为这种观点。所有这样的行为，以及它们的自然秩序，是由理智决定的，是理智带来的。至于说有些动物拥有相似或相同的形像，这样的说法当然非常低劣，因此也没有什么说服力。有些事情是可以证明的，但那些有关尊敬、愿意、感谢之类的事情，相关印象非常模糊。可以说这些印象都不是真的。真正的属性和独特的印象属于人的灵魂。

[96] 再说，即使鹳不喂养或者不回报父母，我们也不能指责它不正义，尽管这一行为显得像是一种不正义的行为，因为它的行为是无意识的。雄蜂浪费工蜂的劳动成果，我们也不能把这一行为当做过犯；因为它们这样做是

① 参见本文第 60 节。

无意识的，或者倒不如说，它们是在食欲的推动下才这样做的。你难道没有注意到无人会去责备婴儿吗，无论他做了什么，因为他还没有到达有思想的岁数？婴儿尽管还没有长大，但他本性上是一个理智的人，只不过他刚刚接受智慧的种子，还没有得到发展，但他很快就会成熟。在他的成长过程中，他会开枝散叶，就像森林里的火星，被微风扇着点燃。但是，其他生灵的灵魂并不具有理智的源泉。它们缺乏理智的能力。

[97] 研究动物史的人还有许多其他的说法，涉及在动物身上发现美德和邪恶。我指的是那些习惯于啰嗦的人，他们讲起话来毫无原则，采用令人厌烦的方式。但是，对所有那些驳斥他们前提的人，我们要给予充分的支持。预见是一种审慎选择的结果，动物不能用预见做任何事情。尽管它们的某些行为与人的行为相似，但它们就这样做了，并未加以思考。按照自然最初的意图，它们把自己的后代播撒在各处。

[98] 嗯，关于精神的理智，我们已经讲得足够了。下面，我们必须考虑一下发音。尽管画眉、乌鸦、鹦鹉，以及所有相似的鸟儿，都能发出不同的声音，但它们不能以任何方式发出音节分明的声音。进一步说，我认为管乐器有着惊人的相似性，它们发出来的强大声音确实是非理智的、粗糙的、缺乏清晰的解释。先前提到过的那些动物发出的声音也是没有意义的、微不足道的。当它们啁啾叫的时候，这些声音并不是真正概念的表达。

[99] 让我们以喇叭、竖琴，以及各种乐器，作为共同的范例。当空气穿过它们的时候，它们会发出强大的声音，与人的声音相似。但这些声音是不清晰的，没有表达独特的含义。任何人想要思考多种声音的表达，都会发现很容易形成同样的看法。人们可以证明，聆听者相互之间是不同的，不能期待所有人得到相同的印象。这些有缺陷的声音甚至还不如那些结巴发出来的声音。确实，但凡没有被赋予悦耳语言的动物，必定充满了黑暗。

[100] 现在让我们停止批判自然，免得亵渎神灵。把动物提升到人类的水平，把平等赋予不平等者，这是最大的非正义。把严肃的自我约束归于无动于衷的、几乎看不见的生灵，这是对拥有最优秀禀赋者的侮辱。

索 引

A

D

E

F

G

H

I

J

M

N

O

P

V

X

Z

责任编辑：张伟珍
封面设计：石笑梦

图书在版编目（CIP）数据

斐洛全集：三卷 /［古希腊］斐洛 著；王晓朝 译．— 北京：人民出版社，
2023.11
ISBN 978 – 7 – 01 – 025640 – 5

I. ①斐… II. ①斐… ②王… III. ①犹太哲学 – 文集 IV. ① B382–53

中国国家版本馆 CIP 数据核字（2023）第 073276 号

斐洛全集
FEILUO QUANJI

［古希腊］斐 洛 著
王晓朝 译

人民出版社 出版发行
（100706 北京市东城区隆福寺街 99 号）

北京盛通印刷股份有限公司印刷 新华书店经销

2023 年 11 月第 1 版 2023 年 11 月北京第 1 次印刷
开本：710 毫米 ×1000 毫米 1/16 印张：120.25
字数：1724 千字 印数：0,001–4,000 册

ISBN 978 – 7 – 01 – 025640 – 5 定价：660.00 元（全三卷）

邮购地址 100706 北京市东城区隆福寺街 99 号
人民东方图书销售中心 电话（010）65250042 65289539